LA SOCIÉTÉ FÉODALE

MARC BLOCH

LA SOCIÉTÉ FÉODALE

Préface de Robert Fossier

LE GRAND LIVRE DU MOIS

ISBN 2-7028-2293-2

Préface

La Société féodale a cinquante ans. Pour un livre de synthèse, c'est un bel âge quand se pressent en bataillons serrés, depuis qu'il fut écrit, les travaux d'érudition ou les vues d'ensemble qui en foulent le terrain d'étude ; peut-être même davantage depuis les dernières décennies qu'auparavant ; peut-être aussi avec un esprit critique plus éveillé ou plus aigu. Une génération nouvelle d'historiens de la société, des réactions mentales et de l'économie, qui n'a cure des grands anciens, laboure, et hardiment, le champ délimité par Bloch. Mais elle se garde de mépriser les premiers sillons. Certes le domaine, aujourd'hui, est plus vaste, mieux connu, plus ouvert. Mais *La Société féodale* en reste le noyau, et c'est la première lecture qu'on demande au chercheur débutant, la relecture qu'on attend du routier.

Lorsque la destinée met un terme à une carrière savante ou politique, surtout si son arrêt est cruel et brutal, on parle de « testament » en lisant la dernière œuvre du disparu. On n'y a pas manqué pour *La Société féodale*, née à l'orée de cette nuit dont Bloch ne devait plus sortir. Je me demande pourtant si les pages sauvées du *Métier d'historien* n'ébauchaient pas une œuvre de philosophie historique plus ample encore, témoin d'une pensée en pleine fécondité. Il n'importe au reste, car dans la démarche de Marc Bloch, historien de la société féodale, l'œuvre est bien un aboutissement. Les pierres d'attente témoignent d'une préoccupation qui remonte à 1911, et qui a aiguisé sa curiosité pour les ruraux d'Île-de-France, les serfs du chapitre de Paris ou ceux de Rosny, sur la servitude personnelle et l'attache à la glèbe, sur les *colliberti* et les domaines royaux, le haut Moyen Âge et les invasions, près de dix travaux que sa bibliographie montrerait, scandant sa recherche sur près de vingt-cinq ans. Une esquisse en 1931 pour l'*Encyclopædia of the social sciences,* une autre dans la *Cambridge,* et, en 1934, cette candidature à une chaire d' « histoire comparée des sociétés européennes » au Collège de France et qui fut rejetée pour des motifs rien moins que scientifiques.

La Société féodale connut, lors de sa parution en deux volumes en 1939 et 1940, deux malheurs, l'un de conjoncture : les barrières nationalistes, la guerre, la haine des Juifs réduisaient les recenseurs au silence ; l'autre de nature : l'ouvrage dérangeait les certitudes, bouleversait les schémas traditionnels. Il ne fit donc l'objet que d'un très modeste écho outre-Atlantique ; l'Allemagne, l'Espagne, l'Italie ne voulurent pas du livre d'un futur proscrit ; l'Angleterre resta étrangement muette. Seul, mais dans les *Annales* — comment l'éviter ? —, Lucien Febvre y consacra un modeste compte rendu d'une perfidie feutrée. Puis le silence tomba, et dans les hommages rendus plus tard à la victime du nazisme, le livre se confondit dans l'œuvre. Elle s'en dégageait pourtant au même titre que *Les Caractères originaux,* par son aspect novateur, puissant, sensible, par l'ampleur de la synthèse, aujourd'hui encore irremplacée. Comme il arrive souvent de bien des œuvres achevées et mûries, ce qu'un débutant y lit lui semble bien évident, parce qu'il oublie que c'est justement de ce livre qu'est venue l'évidence. Il n'est pas d'historien, y compris hors de France, qui ne s'en recommande, et, en vérité, qui prétendrait aujourd'hui s'attaquer à l'histoire de la société sans faire sienne la phrase célèbre : « Le bon historien ressemble à l'ogre de la légende ; là où il flaire la chair humaine, il sait que là est son gibier » ?

Marc Bloch n'a pas inventé la notion de société féodale, et il s'en est vigoureusement défendu. C'est déjà ce que l'on disait au XVIIe siècle, en habillant de ces termes le groupe nobiliaire, sans beaucoup se soucier des dépendances et des liens d'homme à homme. Plus avant encore, Boulainvilliers y voyait la forme de gouvernement antimonarchique qu'il appelait de ses vœux et que Montesquieu condamnait. Les historiens anglais, de Hume et Smith à Maitland et Seebohm, rompus à l'étude des communautés paysannes autant que soucieux de comparer les états de dépendance dans l'Europe médiévale, ont su, mieux que d'autres, dégager la notion de liens entre les hommes, les « lois » de la féodalité, l'idée d'une société composite. Mais l'apport de Marx donna tout son relief au débat : en considérant la féodalité, ou ce « féodalisme » qu'on utilise à tort et à travers, comme un type d'organisation économique et sociale propre à une phase de l'aventure humaine et reposant sur l'appropriation des hommes et d'une part de leur travail, il parvint à briser le corset qui cantonnait la recherche soit dans l'étude de la seigneurie, soit dans celle du fief, soit, pis encore, dans celle du pouvoir politique.

Bloch ne s'est jamais clairement exprimé sur les influences dont il se sentait imprégné, bien qu'une intime fréquentation avec l'historiographie allemande puisse faire pencher le jugement dans cette direction. Aussi ses biographes se sont-ils acharnés à fouiller son subconscient. Parce qu'il s'intéresse au groupe avant l'individu, qu'il est adepte du dynamisme de la cohésion sociale, on en a fait un zélateur de Dürckheim ; parce qu'il rejette la vision positiviste et juridique, et qu'il croit à une science des sociétés, on l'a dit disciple de Fustel ; parce qu'il peint et sonde cœurs et âmes, on le voit héritier de Michelet. Mais le seul « maître » dont il ait ouvertement loué l'exemple est Jacques Flach, dont les *Origines de l'ancienne France,* bien oubliées aujourd'hui, firent l'objet de ses éloges en 1920. Il y voyait le modèle d'une explication sociologique du monde médiéval, adoptant le mot « féodal », sans être dupe des pièges qu'il contenait, taillant dans le maquis des dissertations « inaugurales » et magistrales sur le « droit féodal ».

Les mérites de Flach sont certains. Y réduire ceux de Bloch serait absurde. C'est que *La Société féodale* n'est pas un livre commun ; il est le premier d'une longue suite de travaux qui prétendent saisir l'homme dans sa globalité, qui rêvent d'une « histoire totale » où seraient sondés conjointement reins et cœurs, esprit et corps, sur une durée longue et changeante. Naturellement Michelet ou Fustel savaient déjà que l'Histoire a l'homme pour matière, qu'elle est avant tout la science des sociétés, mais des sociétés passées, des sociétés immobiles. Pour Bloch l'historien ne peut être un fouilleur de ruines, fût-il poète sensible et fin psychologue ; il doit replacer les êtres dans la mobilité, les comprendre à la lumière de l'actuel, se poser à soi-même les questions qui les brûlèrent ; à ce prix seul tombera la barrière entre le vrai et le plausible. Pourquoi ne pas se passionner aujourd'hui pour les guerres de religion ou les défrichements ? Pourquoi ne pas mesurer l'action de l'homme sur les éléments naturels qui le cernent ? L'Histoire sera universelle, la « science des hommes dans le temps », et aucune autre réflexion n'a autant besoin de s'abreuver à toutes les sources de la recherche, à la carcasse du droit comme à l'anthropologie contemporaine, à la botanique comme à la théologie, à la biologie comme à la mode. Encore faut-il savoir peindre et charmer pour colorer cette vie frémissante : foin du froid discours du droit, ou de la sécheresse mathématique. Les phénomènes humains sont trop délicats pour en confier le tableau à un financier quand il y faut un danseur. Et Marc Bloch, en connaisseur, réserve ses faveurs à celui qui use du « tact des mots ».

Malheureusement il doit convenir que « comme entreprise raisonnée d'analyse de l'esprit humain », l'Histoire est dans l'enfance. Elle l'était du moins voici un demi-siècle. Elle a progressé depuis, mais c'est à Bloch qu'elle le doit, à la méthode dont il use, et qui paraît aujourd'hui évidente.

Lutter d'abord contre deux forces qui s'exercent, au premier regard, en sens opposés, et qui ont encore probablement de beaux jours devant elles. La première est le « sens commun », pis : le « bon sens », que dénonçait déjà Fustel, composé de postulats irraisonnés comme ceux du vieillard Ouï-Dire de Rabelais, et qui, dans leur ultime avatar, deviennent des « lois » ou des « modèles » qu'on frémit de violer, carapaces qui immobilisent le geste ou étouffent l'esprit, mais que portent encore tant de doctrinaires sourcilleux. L'autre danger se pare de plus honorables défroques : l'érudition pure et dure, celle qui garde l'œil fixé sur le détail sûrement établi, au nom d'une vérité exsangue, bien incapable de s'insérer dans la coulée de l'Histoire. On a reconnu l'héritage d'Auguste Comte et de Charles-Victor Langlois, ce souci de l'exactitude qui faisait dire à Seignobos que l'Histoire avait pour objet de poser des questions mais de n'y pas répondre.

Et comment mieux combattre ces deux ennemis qu'en comparant et en comprenant ? Comprendre, maître mot de Bloch, auquel il revient si souvent ; comprendre qu'un vassal l'est de son seigneur, mais aussi de son Dieu ; qu'un paysan récolte peu, non par faiblesse, mais par dédain du profit ; que le compte courant ouvert à Dieu chez les Peruzzi est une conviction plus qu'une précaution. « Au commencement était l'esprit » ; c'est lui qui guide la pensée et la main de l'historien, lui qui tourne l'interrogation vers ce qui peut être compris, lui qui transforme la morne succession des actes d'un cartulaire en une tranche de vie. Comparer ensuite, non pour dresser des catalogues, mais pour élargir l'horizon. Voilà une démarche toute géographique ou archéologique : admirateur des progrès très remarquables de la géographie française au début de ce siècle, Marc Bloch a parfaitement intégré ses leçons ; un phénomène ne peut être saisi que par son action sur d'autres phénomènes identiques ou contraires. A une époque où tant de chercheurs, hors de nos frontières et, hélas, parfois chez nous négligent cette dimension, il faut saluer et souligner ce souci d'ouverture. Certes, dans un horizon plus large, le témoignage peut s'altérer et se dissoudre, mais d'autres le confortent et la durée s'impose sans laquelle l'étude des « moments » n'a pas de sens.

Me voici parvenu au pied de l'œuvre. Résumer *La Société féodale* paraît de mince intérêt ; en souligner les points forts et en montrer les zones d'ombre viendra en son temps. Je serai plus utile, sans doute, en mettant en lumière la méthode en action, puis en dégageant les voies neuves que Bloch ouvrit et où l'on se presse aujourd'hui.

Ce qui frappe encore fortement et qui désarçonna les historiens d'avant-guerre, c'est le plan adopté. L'étude d'une société imposait jusque-là un recours immédiat au droit des personnes et des biens, au mieux un avant-propos politique. Ici, en premier lieu, la vie quotidienne, les modes de pensée ; il y a bien un long développement préalable sur les troubles que causent les invasions des IXe et Xe siècles, mais outre la nouveauté qu'il y avait à mêler Normands, Sarrasins et Hongrois, Bloch ne les évoque que pour leur action sur le mouvement social. Non une recherche des « causes » ou des « origines » : il sait celles-là mobiles, insaisissables, rejaillissant les unes sur les autres. Le comportement des individus en est marqué comme il l'est par la croyance ou la nourriture. Puis on aborde les liens de dépendance, non la tenure, proprement ou non qualifiée de « féodale », ce qui viendra ensuite, mais le sang, la famille, la clientèle ; encore les dépendances sont-elles scrutées de haut en bas de la société et sans rupture puisqu'il s'agit du même phénomène sous des masques divers. Seulement ensuite est abordé le problème des classes sociales — le mot ne fait aucun doute pour Bloch —, et celui de la hiérarchie des commandements. Ainsi la société est-elle éclairée de l'intérieur vers l'extérieur selon une démarche qui nous semble aujourd'hui évidente, mais qui fit frémir le positivisme.

Trop persuadé de la mobilité des êtres et des choses pour s'accommoder d'un tableau, Marc Bloch rompit avec la tradition d'une évolution régulière et lente, englobant dans le même ensemble le temps de Charlemagne et celui de Barberousse. Il chercha deux temps forts où la société connut une orientation nouvelle, à défaut d'une brisure, l'un au terme de l'époque carolingienne, lorsque commence, vers 900, le « premier âge féodal », l'autre dans la deuxième moitié du XIe siècle, inaugurant un « deuxième âge ». Sans doute, depuis cinquante ans, a-t-on déplacé ces bornes au gré des soucis de tel ou tel, l'un sensible aux faits de croyance, l'autre aux techniques ou à l'économie, le troisième aux rites et aux formes ; mais l'idée féconde est restée d'une séparation entre le Moyen Âge des « Barbares » et des Carolingiens, et celui des seigneurs et des féodaux. En arrêtant pratiquement son récit au milieu du XIIIe siècle, Marc Bloch a également senti que s'ouvre alors une phase nouvelle où le mot « féodal » a perdu l'essentiel de son poids.

Comparer et comprendre, ai-je rappelé plus haut. Et du premier terme, *La Société féodale* offre un terrain rêvé d'application. Qu'il s'agisse des niveaux de la vassalité ou des nuances de la féodalité, de la servitude et de la noblesse, des comtes et des rois, l'horizon s'élargit, peut-être plus vers l'Empire ou les Îles britanniques que vers les rivages méditerranéens, de son temps encore mal éclairés. Mais c'est « comprendre » qui importe davantage. Et comment comprendre sans recourir à tous les témoins, sans les interroger tous, sans parcourir en de multiples sens le champ de l'histoire totale. Voilà qui était neuf alors, et dont l'exemple sera capital. Marc Bloch a tout lu, et nourrit son lecteur d'exemples puisés à des sources qui coulent sur toute l'Europe. Démarche classique, dira-t-on, le moins qu'on puisse attendre de l'historien des textes ; mais il faut dire de tous les textes : or Bloch est le premier qui ait arraché le roman, l'épopée, le poème aux griffes du linguiste ou du littérateur, pour y puiser des mots ou écouter l'écho qu'il faudra ensuite immerger dans l'histoire sociale. L'épopée, notamment, lui paraît riche de « bruits » et de « silences », « fidèle interprète de la réalité », « source véridique et spontanée » ; il y consacre des pages étonnantes, mesure les limites de la mémoire, pèse le poids des fantasmes, comme on le fait aujourd'hui souvent, mais grâce à lui. Il appelle de ses vœux une histoire de l'écrit qui fasse part égale à tous les types de rédaction, certes, mais qui projette aussi la lumière sur le rôle de cet écrit dans une société tout imprégnée d'oral : poids de la charte brandie sous le nez de rustres analphabètes, majesté du latin qui frappe de crainte le seigneur « illettré », rôle de l'écriture dans l'essor des archives et de la bureaucratie royales. Qui dit écrit dit aussi linguistique. Tout en s'accusant d'ignorance, Bloch s'y avance hardiment : pour mesurer les emprunts aux Scandinaves, ou sonder la toponymie villageoise, ou comparer les prénoms, ou encore faire sa place à la langue dans l'éveil des « nationalités ».

Les problèmes posés par le rôle qu'il fallait attribuer au droit ont sans doute troublé Marc Bloch. Ici on ne pouvait guère innover dans le fond, puisque, justement, c'était le droit qui soutenait jusqu'alors l'idée qu'on avait de la féodalité. Ce linceul de formes et de « lois » a dû lui sembler lourd à soulever, parce que le droit, s'il « cliche » un état social, ne témoigne ni de la réalité mouvante, ni des arrière-pensées, qu'il entendait traquer. Il ne pouvait pourtant en faire fi, ni quand il parle des obligations vassaliques, ni quand il évoque les charges de la servitude, ou les problèmes de succession. Mais il s'efforce sans cesse, et le dit, d'éclairer le droit par l'anthropologie : à une époque où cette science se charpentait encore mal, c'était voir loin que d'expliquer les linéaments et les contraintes de la famille, la distinction de la noblesse ou la valeur des peines par les « pulsions » qui animent les sociétés « primitives ». Et sa faveur va manifestement à l'étude du droit coutumier, du droit « vulgaire », quand bien même on y sent l'empreinte du droit savant.

On a bien compris, au travers de ces exemples, que les ressorts de l'esprit semblent à Marc Bloch un pôle de la recherche historique : il y recourt sans cesse, bannissant les froides analyses juridiques ou même l'appel aux « causes » politiques. Le *chasement* des vassaux ? ne plus humilier les plus riches dans la maison du seigneur. Les exigences fiscales — aides ou taille c'est tout un —? prendre et gaspiller, qui sont les signes de la « noblesse ». La « Renaissance » du XIIe siècle ? une simple accélération de l'analyse mentale. La peur, la vengeance, le pardon, l'espoir, la honte deviennent les acteurs du drame humain ; nous sommes bien loin du « droit des personnes et des biens ».

Il y a quelque chose d'artificiel à extraire d'une œuvre par nature synthétique des passages ou des idées dont le contexte fait la valeur. Mais il est nécessaire pourtant de mettre en lumière des apports capitaux ou des voies neuves de recherche. J'en ai retenu six que, sans logique apparente, je placerai en ordre d'intérêt croissant.

Le problème de la servitude a préoccupé Marc Bloch ; il y a consacré beaucoup plus de travaux qu'à la noblesse ; peut-être faut-il y trouver la raison de développements finalement assez modestes dans *La Société féodale*. Du moins peut-on considérer que le tableau qu'il y a brossé du servage a eu, longtemps, valeur de dogme. Il a dressé la liste des « charges spécifiques » de cet état, admis que l'hérédité de la tenure rustique était signe d'aliénation, proposé qu'à la disparition des alleux a correspondu un afflux, une « précipitation dans les nœuds » de la servitude et qu'en somme le monde rural est composé d'une « énorme majorité de serfs ». Ces assertions, d'ailleurs beaucoup moins catégoriques à la relecture qu'on ne l'a dit — ce n'était pas dans sa manière —, ont suscité pendant longtemps et presque tout de suite de vives contestations, parfois d'une véhémence comique. Aujourd'hui, on a très fortement rectifié cette image, dans le temps et l'espace, quant au volume et aux contraintes de la classe servile. Sur ce point Bloch s'est probablement trompé. Mais c'est souvent le sort d'une hypothèse que d'être abattue.

Marc Bloch a certainement été plus heureux en parlant de la vassalité et de l' « odeur de pain de ménage » qui l'accompagne. Il a tout d'abord arraché le cordon entre l'hommage et la dévolution de terre, jusqu'alors tenue pour essentielle et inévitable. Ses vassaux sont bien des guerriers domestiques, des « nourris » affamés, des pousse-cailloux, avant de devenir, fort tard, des seigneurs. Au passage, saluant l'initiative qui est carolingienne, il voit bien dans les maîtres de ce temps une « poignée » d'hommes, laïcs ou d'Église, animés d'une « immense bonne volonté », mais démunis de tout. Nul ne conteste plus ce premier stade de l'histoire « féodale », même si l'on fait ici et là force réserves sur l'identité chevalier-vassal au Xᵉ siècle, ou l'accession du *miles* à la « noblesse » à la fin du XIᵉ siècle. Il a évidemment manqué à Bloch les exemples méditerranéens, mal saisis en son temps, comme je l'ai dit.

Le problème de la noblesse aux deux âges féodaux a manifestement envoûté Bloch. Sur le genre de vie de cette aristocratie, son goût pour la violence, pour l'étalage de la force physique, la chasse ou le tournoi, il a écrit des pages qui restent intactes, d'une pénétration et d'une vivacité émouvantes. Il est vrai qu'on a critiqué son idée d'un effacement complet d'une vieille noblesse de sang « barbare » ou sénatoriale, voire celle de l'aspect « passe-partout » de la dignité noble et que, sur ce plan, des réserves s'imposent sans doute. Mais le portrait de la classe nobiliaire reste un élément d'anthologie pour tout médiéviste.

Il n'y a presque plus de réticence à avoir pour les autres volets que je veux déployer. Sur les liens de sang d'abord. Si l'on songe que l'histoire de la famille est aujourd'hui un des lieux privilégiés de la recherche médiévale, on est saisi d'admiration devant la place que Marc Bloch lui a accordée, le premier, il y a cinquante ans : le rôle des amitiés charnelles, les formes successives du groupe familial, les ondes collectives de son activité, la pression du couple au sein du lignage, bien d'autres aspects encore semblent avoir été écrits de nos jours mêmes. Et l'antinomie, aussi, entre la force de la famille, élément de stabilité de la « société féodale », et sa faiblesse, élément de progrès de la « féodalité ».

Décrire les invasions du Xe siècle, et en souligner l'effet sur le mental et le politique, est bien, mais somme toute assez banal. Y voir une articulation capitale dans l'éveil ultérieur de l'Europe relève d'une vision autrement féconde. En montrant les hommes qui se déplacent, les villages qui se regroupent, les échanges qui, par force, démarrent, le bouleversement moral, l'emploi croissant du fer, Bloch a non seulement souligné la flexure capitale depuis les temps anciens, mais pressenti la totale réorganisation de l'économie, de la société et de l'esprit qui ouvre le véritable Moyen Âge.

Et je terminerai par ce qui m'apparaît comme visionnaire : les « aventures du corps ». En vérité Bloch renonce : il n'a aucun moyen à sa portée pour les scruter ; mais il a bien vu ce qui aujourd'hui encore, péniblement, nous semble un palier à atteindre. « C'est, dit-il, une grande naïveté que de prétendre comprendre les hommes sans savoir comment ils se portaient » ; ni ce qu'ils mangeaient, ni ce qu'ils souffraient, ni même combien ils étaient. Tant d'ouvrages réputés, tant de savants renommés, de nos jours, n'en soufflent mot. Qu'il en ait perçu l'importance essentielle suffirait à assurer son mérite à *La Société féodale*.

Résumons-nous. Un ouvrage comme celui-ci, rompant avec tant d'idées vénérables, annonçant tant d'hypothèses fécondes, ne peut avoir été sans défauts. De jeunes historiens les ont, parfois, durement soulignés. Ces faiblesses s'excusent souvent : la grande absente, l'archéologie au sol ou aérienne, qui a illuminé les cadres de vie, était alors dans l'enfance ; la statistique médiévale — il est « impossible » de compter, dit Bloch — n'avait pas ses règles ou il ne les a pas vues ; la zone d'ombre du sud de l'Europe, que tant de documents dévoilent depuis vingt ans, lui était cachée. Parfois il paraît suivre des chemins davantage battus, comme s'il économisait les difficultés, sur la seigneurie, la justice, les obligations ou la transmission du fief. Il y a d'évidentes lacunes, graves peut-être : l'argent, la ville se voient mal, les techniques à peine ; l'économie, béquille de la société, se devine plus qu'elle ne se dévoile. Bref, comme l'a récemment dit un jeune médiéviste, il a décrit l'aristocratie laïque de 900 à 1200, plus que la « société féodale » en son ensemble, ou le « féodalisme » à plus forte raison. Et il est vain de se demander si, l'orage passé, il aurait complété ce qu'il appelait modestement un « essai ». Le drame l'a emporté et nous laisse dans le doute.

Mais quand même cette œuvre, magistrale et puissante, aurait ses faiblesses, quand même elle aurait seulement « le charme d'une fouille inachevée », elle occupe dans nos connaissances une place majeure. Un « questionnaire » disait d'elle Marc Bloch ; en vérité oui, la source de tant de recherches qui plongent en elle leurs racines, et qui, souvent, l'avouent. L'art de la perspective, la justesse du mot, le charme du style, le sens de l'image l'ont préservée des rides. C'est à cela que se reconnaît le chef-d'œuvre.

Robert FOSSIER
1989

A Ferdinand Lot.
Hommage de respectueuse
et reconnaissante affection.

Introduction

Orientation générale de l'enquête

Il n'y a guère plus de deux siècles qu'en s'intitulant *La Société féodale,* un livre peut espérer donner par avance une idée de son contenu. Non que l'adjectif, en lui-même, ne soit fort ancien. Sous son vêtement latin — *feodalis* —, il date du moyen âge. Plus récent, le substantif « féodalité » n'en remonte pas moins au XVIIe siècle, au plus tard. Mais l'un et l'autre mot conservèrent longtemps une valeur étroitement juridique. Le fief étant, comme on le verra, un mode de possession des biens réels, on entendait par féodal « ce qui concerne le fief » — ainsi s'exprimait l'Académie —, par féodalité tantôt « la qualité de fief », tantôt les charges propres à cette tenure. C'étaient, dit, en 1630, le lexicographe Richelet, des « termes de Palais ». Non d'histoire. Quand s'avisa-t-on d'en grandir le sens jusqu'à les employer à désigner un état de civilisation ? « Gouvernement féodal » et « féodalité » figurent, avec cette acception, dans les *Lettres Historiques sur les Parlemens,* qui parurent en 1727, cinq ans après la mort de leur auteur, le comte de Boulainvilliers (1)*. L'exemple est le plus ancien qu'une enquête assez poussée m'ait permis de découvrir. Peut-être un autre chercheur sera-t-il, un jour, plus heureux. Ce curieux homme de Boulainvilliers, pourtant, à la fois ami de Fénelon et traducteur de Spinoza, par-dessus tout virulent apologiste de la noblesse, qu'il s'imaginait issue des chefs germains, avec

* Les notes sont reportées en fin de volume.

moins de verve et plus de science une sorte de Gobineau avant la lettre, — on se laisse volontiers tenter par l'idée de faire de lui, jusqu'à plus ample informé, l'inventeur d'une classification historique nouvelle. Car c'est bien de cela, en vérité, qu'il s'agit, et nos études ont connu peu d'étapes aussi décisives que le moment où « Empires », dynasties, grands siècles placés chacun sous l'invocation d'un héros éponyme, tous ces vieux découpages, en un mot, nés d'une tradition monarchique et oratoire, commencèrent ainsi de céder la place à un autre type de divisions, fondées sur l'observation des phénomènes sociaux.

Il était cependant réservé à un plus illustre écrivain de donner droit de cité à la notion et à son étiquette. Montesquieu avait lu Boulainvilliers. Le vocabulaire des juristes, par ailleurs, n'avait rien pour l'effrayer ; d'avoir passé par ses mains, la langue littéraire ne devait-elle pas sortir toute enrichie des dépouilles de la basoche ? S'il paraît avoir évité « féodalité », trop abstrait, sans doute, à son gré, ce fut lui, incontestablement, qui au public cultivé de son siècle imposa la conviction que les « lois féodales » caractérisèrent un moment de l'histoire. De chez nous, les mots, avec l'idée, rayonnèrent sur les autres langues de l'Europe, tantôt simplement calqués, tantôt, comme en allemand, traduits (*Lehnwesen*). Enfin la Révolution, en s'élevant contre ce qui subsistait encore des institutions naguère baptisées par Boulainvilliers, acheva de populariser le nom que, dans un sentiment tout opposé, il leur avait octroyé. « L'Assemblée Nationale », dit le fameux décret du 11 août 1789, « détruit entièrement le régime féodal ». Comment désormais mettre en doute la réalité d'un système social dont la ruine avait coûté tant de peines (2) ?

Ce mot, pourtant, promis à une si belle fortune, était, il faut l'avouer, un mot fort mal choisi. Sans doute les raisons qui, à l'origine, décidèrent de son adoption semblent assez claires. Contemporains de la monarchie absolue, Boulainvilliers et Montesquieu tenaient le morcellement de la souveraineté, entre une multitude de petits princes ou même de seigneurs de villages, pour la plus frappante singularité du moyen âge. C'était ce caractère qu'en prononçant le nom de féodalité ils croyaient exprimer. Car, lorsqu'ils parlaient de fiefs, ils pensaient tantôt principautés territoriales, tantôt seigneuries. Mais ni toutes les seigneuries, en fait, n'étaient des fiefs, ni tous les fiefs des principautés ou des seigneuries. Surtout il est permis de douter qu'un type d'organisation sociale très complexe puisse être heureusement qualifié, soit par son aspect exclusivement politique, soit, si l'on prend « fief » dans toute la rigueur de son acception juridique, par une forme de droit réel, entre beaucoup d'autres. Les mots cependant sont comme des monnaies très usées, à force de circuler de main en main ; ils perdent leur relief étymologique. Dans l'usage aujourd'hui courant, « féodalité » et « société féodale » recouvrent un ensemble intriqué d'images où le fief proprement dit a cessé de figurer au premier plan. A condition de traiter ces expressions simplement comme l'étiquette, désormais consacrée, d'un contenu qui reste à définir, l'historien peut s'en emparer sans plus de remords que le physicien n'en éprouve, lorsqu'au mépris du grec, il persiste à dénommer « atome » une réalité qu'il passe son temps à découper.

C'est une grave question que de savoir si d'autres sociétés, en d'autres temps ou sous d'autres cieux, n'ont pas présenté une structure assez semblable, dans ses traits fondamentaux, à celle de notre féodalité occidentale pour mériter, à leur tour, d'être dites « féodales ». Nous la retrouverons au terme de ce livre. Mais ce livre ne lui est pas consacré. La féodalité dont l'analyse va être tentée est celle qui, la première, reçut ce nom. Comme cadre chronologique, l'enquête, sous réserve de quelques problèmes d'origine ou de prolongement, se bornera donc à cette période de notre histoire qui s'étendit, à peu près, du milieu du IXe siècle aux premières décennies du XIIIe ; comme cadre géographique, à l'Europe de l'Ouest et du Centre. Or, si les dates n'ont à attendre leur justification que de l'étude même, les limites spatiales, par contre, semblent exiger un bref commentaire.

***

La civilisation antique était centrée autour de la Méditerranée. « De la Terre », écrivait Platon, « nous n'habitons que cette partie qui s'étend depuis le Phase jusqu'aux Colonnes d'Hercule, répandus autour de la mer comme des fourmis ou des grenouilles autour d'un étang. » ([3]) En dépit des conquêtes, ces mêmes eaux demeuraient, après bien des siècles écoulés, l'axe de la *Romania*. Un sénateur aquitain pouvait faire carrière au bord du Bosphore, posséder de vastes domaines en Macédoine. Les grandes oscillations des prix secouaient l'économie depuis l'Euphrate jusqu'à la Gaule. Sans les blés d'Afrique, l'existence de la Rome impériale ne saurait pas plus se concevoir que, sans l'Africain Augustin, la théologie catholique. Par contre, le Rhin aussitôt franchi, commençait, étrange et hostile, l'immense pays des Barbares.

Or, au seuil de la période que nous appelons moyen âge, deux profonds mouvements dans les masses humaines étaient venus détruire cet équilibre — dont nous n'avons pas à rechercher ici dans quelle mesure il était déjà ébranlé par le dedans —, pour lui substituer une constellation d'un dessin bien différent. Ce furent d'abord les invasions des Germains. Puis les conquêtes musulmanes. A la plus grande partie des contrées naguère comprises dans la fraction occidentale de l'Empire, une même domination parfois, la communauté des habitudes mentales et sociales en tout cas, unissent désormais les terres d'occupation germanique. Peu à peu, on verra s'y joindre, plus ou moins assimilés, les petits groupes celtes des îles. L'Afrique du Nord, au contraire, s'apprête à de tout autres destins. Le retour offensif des Berbères avait préparé la rupture. L'Islam la consomme. Par ailleurs, sur les rives du Levant, les victoires arabes, cantonnant dans les Balkans et dans l'Anatolie l'ancien Empire d'Orient, en avaient fait l'Empire Grec. Des communications difficiles, une structure sociale et politique très particulière, une mentalité religieuse et une armature ecclésiastique fort différentes de celles de la latinité l'isolent désormais, de plus en plus, des chrétientés de l'Ouest. Vers l'Est du continent, enfin, si l'Occident rayonne largement sur les peuples slaves et propage, chez quelques-uns d'entre eux, avec sa forme religieuse propre, qui est le catholicisme, ses modes de pensée et même certaines de ses institutions, les collectivités qui appartiennent à ce rameau linguistique n'en poursuivent pas moins, pour la plupart, une évolution pleinement originale.

Borné par ces trois blocs — mahométan, byzantin et slave —, sans cesse occupé, d'ailleurs, depuis le xe siècle, à pousser en avant ses mouvantes frontières, le faisceau romano-germanique était loin, assurément, de présenter, en lui-même, une parfaite homogénéité. Sur les éléments qui le composaient, pesaient les contrastes de leur passé, trop vifs pour ne pas prolonger leurs effets jusque dans le présent. Là même où le point de départ fut presque pareil, certaines évolutions, par la suite, bifurquèrent. Cependant, si accentuées qu'aient pu être ces diversités, comment ne pas reconnaître, au-dessus d'elles, une tonalité de civilisation commune : celle de l'Occident ? Ce n'est pas seulement afin d'épargner au lecteur l'ennui de lourds adjectifs que, dans les pages qui vont suivre, là où on eût pu attendre « Europe Occidentale et Centrale », il nous arrivera de dire « Europe » tout court. Qu'importe, en effet, l'acception du terme et ses limites, dans la vieille géographie factice des cinq « parties du monde » ? Seule compte sa valeur humaine. Or, où donc a germé et s'est épanouie, pour se répandre ensuite sur le globe, la civilisation européenne, sinon parmi les hommes qui vivaient entre la Tyrrhénienne, l'Adriatique, l'Elbe et l'Océan ? Ainsi sentaient déjà, plus ou moins obscurément, ce chroniqueur espagnol qui, au VIIIe siècle, se plaisait à qualifier d'« Européens » les Francs de Charles Martel, victorieux de l'Islam, ou, deux cents ans environ plus tard, le moine saxon Widukind, empressé à vanter, dans Otton le Grand, qui avait repoussé les Hongrois, le libérateur de l'« Europe » (4). En ce sens, qui est le plus riche de contenu historique, l'Europe fut une création du haut moyen âge. Elle existait déjà quand s'ouvrirent, pour elle, les temps proprement féodaux.

***

Appliqué à une phase de l'histoire européenne, dans les limites ainsi fixées, le nom de féodalité a beau, nous le verrons, avoir été l'objet d'interprétations parfois presque contradictoires ; son existence même atteste l'originalité instinctivement reconnue à la période qu'il qualifie. Si bien qu'un livre sur la société féodale peut se définir comme un effort pour répondre à une question posée par son titre même : par quelles singularités ce fragment du passé a-t-il mérité d'être mis à part de ses voisins ? En d'autres termes, c'est l'analyse et l'explication d'une structure sociale, avec ses liaisons, qu'on se propose de tenter ici. Une pareille méthode, si elle s'avère, à l'expérience, féconde, pourra trouver son emploi dans d'autres champs d'études, bornés par des frontières différentes, et ce que l'entreprise a sans doute de neuf fera, je l'espère, pardonner les erreurs de l'exécution.

L'ampleur même de l'enquête, ainsi conçue, a rendu nécessaire de diviser la présentation des résultats. Un premier tome * décrira les conditions générales du milieu social, puis la constitution de ces liens de dépendance, d'homme à homme, qui, avant toutes choses, ont donné à la structure féodale sa couleur propre. Le second s'attachera au développement des classes et à l'organisation des gouvernements. Il est toujours difficile de tailler dans le vivant. Du moins, comme le moment qui vit à la fois les classes anciennes préciser leurs contours, une classe nouvelle, la bourgeoisie, affirmer son originalité et les pouvoirs publics sortir de leur long affaiblissement, fut aussi celui où commencèrent à s'effacer, dans la civilisation occidentale, les traits les plus spécifiquement féodaux, des deux études successivement offertes au lecteur — sans qu'entre elles une séparation strictement chronologique ait paru possible — la première se trouvera être surtout celle de la genèse ; la seconde celle du devenir final et des prolongements.

Mais l'historien n'a rien d'un homme libre. Du passé, il sait seulement ce que ce passé même veut bien lui confier.

* Les deux tomes sont réunis en un volume dans la présente édition (*Note de l'Éditeur*).

En outre, lorsque la matière qu'il s'efforce d'embrasser est trop vaste pour lui permettre le dépouillement personnel de tous les témoignages, il se sent incessamment limité, dans son enquête, par l'état des recherches. Certes, on ne trouvera ici l'exposé d'aucune de ces guerres de plumes dont l'érudition a, plus d'une fois, donné le spectacle. Comment souffrir que l'histoire puisse s'effacer devant les historiens ? En revanche, je me suis attaché à ne jamais dissimuler, quelles qu'en fussent les origines, les lacunes ou les incertitudes de nos connaissances. Je n'ai pas cru courir, par là, le danger de rebuter le lecteur. Ce serait au contraire à dépeindre sous un aspect faussement sclérosé une science toute de mouvement qu'on risquerait de répandre sur elle l'ennui et la glace. Un des hommes qui ont poussé le plus avant dans l'intelligence des sociétés médiévales, le grand juriste anglais Maitland, disait qu'un livre d'histoire doit donner faim. Entendez : faim d'apprendre et surtout de chercher. Ce livre-ci n'a pas de vœu plus cher que de mettre quelques travailleurs en appétit ([5]).

TOME PREMIER

LA FORMATION DES LIENS DE DÉPENDANCE

PREMIÈRE PARTIE

Le milieu

Livre premier : Les dernières invasions

Chapitre premier

Musulmans et Hongrois

I. L'EUROPE ENVAHIE ET ASSIÉGÉE

« Vous voyez éclater devant vous la colère du Seigneur... Ce ne sont que villes dépeuplées, monastères jetés à bas ou incendiés, champs réduits en solitudes... Partout le puissant opprime le faible et les hommes sont pareils aux poissons de la mer qui pêle-mêle se dévorent entre eux. » Ainsi parlaient, en 909, les évêques de la province de Reims, assemblés à Trosly. La littérature des IXe et Xe siècles, les chartes, les délibérations des conciles sont pleines de ces lamentations. Faisons, tant qu'on voudra, la part de l'emphase, comme du pessimisme naturel aux orateurs sacrés. Dans ce thème sans cesse orchestré et que d'ailleurs confirment tant de faits, force est bien de reconnaître autre chose qu'un lieu commun. Certainement, en ce temps, les personnes qui savaient voir et comparer, les clercs notamment, ont eu le sentiment de vivre dans une odieuse atmosphère de désordres et de violences. La féodalité médiévale est née au sein d'une époque infiniment troublée. En quelque mesure, elle est née de ces troubles mêmes. Or, parmi les causes qui contribuèrent à créer ou à entretenir une si tumultueuse ambiance, il en était de tout à fait étrangères à l'évolution intérieure des sociétés européennes. Formée, quelques siècles auparavant, dans le brûlant creuset des invasions germaniques, la nouvelle civilisation occidentale, à son tour, faisait figure de citadelle assiégée ou, pour mieux dire, plus qu'à demi envahie. Cela de trois côtés à la fois : au midi, par les fidèles de l'Islam, Arabes ou Arabisés ; à l'est, par les Hongrois ; au nord par les Scandinaves.

II. LES MUSULMANS

Des ennemis qui viennent d'être énumérés, l'Islam était certainement le moins dangereux. Non qu'on doive se hâter de prononcer, à son propos, le mot de décadence. Longtemps, ni la Gaule, ni l'Italie n'eurent rien à offrir, parmi leurs pauvres villes, qui approchât la splendeur de Bagdad ou de Cordoue. Sur l'Occident, le monde musulman, avec le monde byzantin, exerça jusqu'au XIIe siècle, une véritable hégémonie économique : les seules pièces d'or qui circulassent encore dans nos contrées sortaient des ateliers grecs ou arabes ou bien — comme plus d'une monnaie d'argent, également — en imitaient les frappes. Et si les VIIIe et IXe siècles ont vu se rompre, pour toujours, l'unité du grand khalifat, les divers États qui s'étaient alors élevés dans ses débris demeuraient des puissances redoutables. Mais il s'agissait beaucoup moins, désormais, d'invasions proprement dites que de guerres de frontières. Laissons l'Orient, où les Basileis des dynasties amorienne et macédonienne (828-1056), péniblement et vaillamment, procédèrent à la reconquête de l'Asie Mineure. Les sociétés occidentales ne se heurtaient aux États islamiques que sur deux fronts.

L'Italie méridionale d'abord. Elle était comme le terrain de chasse des souverains qui régnaient sur l'ancienne province romaine d'Afrique : émirs aghlabites de Kairouan ; puis, à partir du début du Xe siècle, khalifes fatimides. Par les Aghlabites, la Sicile avait été peu à peu arrachée aux Grecs qui la tenaient depuis Justinien et dont la dernière place forte, Taormine, tomba en 902. En même temps, les Arabes avaient pris pied dans la péninsule. A travers les provinces byzantines du Midi, ils menaçaient les villes, à demi indépendantes, du littoral tyrrhénien et les petites principautés lombardes de la Campanie et du Béséventin, plus ou moins soumises au protectorat de Constantinople. Au début du XIe siècle encore, ils poussèrent leurs incursions jusqu'aux montagnes de la Sabine. Une bande, qui avait fait son repaire dans les hauteurs boisées du Monte Argento, tout près de Gaète, ne put être détruite, en 915, qu'après une vingtaine d'années de ravages. En 982, le jeune « empereur des Romains », Otton II, qui, de nation saxonne, ne s'en considérait pas moins, en Italie aussi bien qu'ailleurs, comme l'héritier des Césars, partit à la conquête du Sud. Il commit la surprenante folie, tant de fois répétée au moyen âge, de faire choix de l'été pour conduire vers ces terres brûlantes une armée habituée à de tout autres climats et, s'étant heurté, le 25 juillet, sur la côte orientale de la Calabre, aux troupes mahométanes, se vit infliger par elles la plus humiliante défaite. Le danger musulman continua de peser sur ces contrées jusqu'au moment où, au cours du XIe siècle, une poignée d'aventuriers, venus de la Normandie française, bousculèrent indistinctement Byzantins et Arabes. Unissant la Sicile avec le Midi de la péninsule, l'État vigoureux que finalement ils créèrent devait à la fois barrer pour jamais la route aux envahisseurs et jouer, entre les civilisations de la latinité et de l'Islam, le rôle d'un brillant courtier. On le voit : sur le sol italien, la lutte contre les Sarrasins, qui avait commencé au IXe siècle, s'était prolongée longtemps. Mais avec, dans les gains territoriaux, de part et d'autre, des oscillations d'assez faible amplitude. Surtout elle n'intéressait guère, dans la catholicité, qu'une terre extrême.

L'autre ligne de choc était en Espagne. Là, il ne s'agissait plus, pour l'Islam, de razzias ou d'éphémères annexions ; des populations de foi mahométane y vivaient en grand nombre et les États fondés par les Arabes avaient leurs centres dans le pays même. Au début du Xe siècle, les bandes sarrasines n'avaient pas encore tout à fait oublié le chemin des Pyrénées. Mais ces incursions lointaines se faisaient de plus en plus rares. Partie de l'extrême nord, la reconquête chrétienne, malgré bien des revers et des humiliations, progressait lentement. En Galice et sur ces plateaux du nord-ouest que les émirs ou khalifes de Cordoue, établis trop loin dans le sud, n'avaient jamais tenus d'une main bien ferme, les petits royaumes chrétiens, tantôt morcelés, tantôt réunis sous un seul prince, s'avançaient dès le milieu du

XIe siècle jusqu'à la région du Douro ; le Tage fut atteint en 1085. Au pied des Pyrénées, par contre, le cours de l'Èbre, pourtant si proche, resta assez longtemps musulman ; Saragosse ne tomba qu'en 1118. Les combats, qui d'ailleurs n'excluaient nullement des relations plus pacifiques, ne connaissaient, dans leur ensemble, que de courtes trêves. Ils marquèrent les sociétés espagnoles d'une empreinte originale. Quant à l'Europe « d'au delà des cols », ils ne la touchaient guère que dans la mesure où — surtout à partir de la seconde moitié du XIe siècle — ils fournirent à sa chevalerie l'occasion de brillantes, fructueuses et pieuses aventures, en même temps qu'à ses paysans la possibilité de s'établir sur les terres vides d'hommes, où les attiraient les rois ou les seigneurs espagnols. Mais, à côté des guerres proprement dites, il convient de placer les pirateries et les brigandages. Ce fut par là surtout que les Sarrasins contribuèrent au désordre général de l'Occident.

De longue date, les Arabes s'étaient faits marins. Depuis leurs repaires d'Afrique, d'Espagne et surtout des Baléares, leurs corsaires battaient la Méditerranée occidentale. Cependant, sur ces eaux que ne parcouraient que d'assez rares navires, le métier de pirate proprement dit était de faible profit. Dans la maîtrise de la mer, les Sarrasins, comme, au même temps, les Scandinaves, voyaient surtout le moyen d'atteindre les côtes et d'y pratiquer de fructueuses razzias. Dès 842 ils remontaient le Rhône jusqu'aux abords d'Arles, pillant les deux rives sur leur passage. La Camargue leur servait alors de base ordinaire. Mais bientôt, un hasard devait leur procurer, avec un établissement plus sûr, la possibilité d'étendre singulièrement leurs ravages.

A une date que l'on ne saurait préciser, probablement aux environs de 890, une petite nef sarrasine, qui venait d'Espagne, fut jetée par les vents sur la côte provençale, aux abords du bourg actuel de Saint-Tropez. Ses occupants se terrèrent, tant que le jour dura, puis, la nuit venue, massacrèrent les habitants d'un village voisin. Montagneux et boisé — on l'appelait alors le pays des frênes, ou « Freinet » ([6]) — ce coin de terre était favorable à la défense. Tout comme, vers le même moment, en Campanie, leurs compatriotes du Monte Argento, nos gens s'y fortifièrent sur une hauteur, au milieu des fourrés d'épines, et appelèrent à eux des camarades. Ainsi se créa le plus dangereux des nids de brigands. A l'exception de Fréjus, qui fut pillée, il ne semble pas que les villes, à l'abri derrière leurs enceintes, aient eu directement à souffrir. Mais dans tout le voisinage du littoral, les campagnes furent abominablement dévastées. Les pillards du Freinet faisaient en outre de nombreux captifs, qu'ils vendaient sur les marchés espagnols.

Aussi bien ne tardèrent-ils guère à pousser leurs incursions bien au-delà de la côte. Très peu nombreux assurément, ils ne semblent pas s'être volontiers risqués dans la vallée du Rhône, relativement peuplée et barrée de villes fortes ou de châteaux. Le massif alpestre, par contre, permettait à de petites bandes de se glisser très avant, de chaîne en chaîne ou de hallier en hallier : à condition, bien entendu, d'avoir le pied montagnard. Or, venus de l'Espagne des Sierras ou du montueux Maghreb, ces Sarrasins, comme dit un moine de Saint-Gall, étaient de « vraies chèvres ». D'autre part, les Alpes, malgré les apparences, n'offraient pas un méprisable terrain de razzias. Des vallées fertiles s'y nichaient, sur lesquelles il était aisé de tomber à l'improviste, du haut des monts environnants. Tel, le Graisivaudan. Çà et là, des abbayes s'élevaient, proies entre toutes attrayantes. Au-dessus de Suse, le monastère de Novalaise, d'où la plupart des religieux avaient fui, fut pillé et brûlé, dès 906. Surtout, par les cols circulaient de petites troupes de voyageurs, marchands ou bien « romieux » qui s'en allaient prier sur les tombeaux des apôtres. Quoi de plus tentant que de les guetter au passage ? Dès 920 ou 921, des pèlerins anglo-saxons furent écrasés à coups de pierres, dans un défilé. Ces attentats dorénavant se répétèrent. Les djichs arabes ne craignaient pas de s'aventurer étonnamment loin vers le nord. En 940, on les signale aux environs de la haute vallée du Rhin et dans le Valais où ils incendièrent l'illustre monastère de Saint-Maurice d'Agaune. Vers la même date, un de leurs détachements cribla de flèches les moines de Saint-Gall, en train de processionner paisiblement autour de leur église. Celui-là du moins fut dispersé par la petite troupe de dépendants qu'à la hâte avait réunie l'abbé ; quelques prisonniers, emmenés dans le monastère, se laissèrent héroïquement mourir de faim.

Faire la police des Alpes ou des campagnes provençales dépassait les forces des États du temps. Point d'autre remède que de détruire le repaire, au pays du Freinet. Mais là un nouvel obstacle s'élevait. Il était à peu près impossible de cerner cette citadelle sans la couper de la mer, d'où lui venaient ses renforts. Or ni les rois du pays — à l'ouest les rois de Provence et de Bourgogne, à l'est celui d'Italie —, ni leurs comtes ne disposaient de flottes. Les seuls marins experts, parmi les chrétiens, étaient les Grecs, qui d'ailleurs en profitaient parfois, tout comme les Sarrasins, pour se faire corsaires. Des pirates de leur nation n'avaient-ils pas, en 848, pillé Marseille ? De fait, à deux reprises, en 931 et 942, la flotte byzantine parut devant la côte du Freinet, appelée, en 942, au moins et probablement déjà onze ans plus tôt, par le roi d'Italie, Hugue d'Arles, qui avait de grands intérêts en Provence. Les deux tentatives demeurèrent sans résultats. Aussi bien, en 942, Hugue, tournant casaque au cours même de la lutte, n'avait-il pas imaginé de prendre les Sarrasins pour alliés, afin de fermer, avec leur aide, les passages des Alpes aux renforts qu'attendait un de ses compétiteurs à la couronne lombarde ? Puis le roi de France Orientale — nous dirions aujourd'hui « Allemagne » —, Otton le Grand, en 951, se fit roi des Lombards. Ainsi il travaillait à édifier dans l'Europe centrale et jusqu'en Italie une puissance qu'il voulait, comme celle des Carolingiens, chrétienne et génératrice de paix. Se tenant pour l'héritier de Charlemagne, dont il devait, en 962, ceindre la couronne impériale, il crut de sa mission de faire cesser le scandale des pillages sarrasins. Tentant d'abord la voie diplomatique, il chercha à obtenir du khalife de Cordoue l'ordre d'évacuer le Freinet. Puis il songea à entreprendre lui-même une expédition et ne l'accomplit jamais.

Cependant, en 972, les pillards firent une trop illustre capture. Sur la route du Grand Saint-Bernard, dans la vallée de la Dranse, l'abbé de Cluny, Maïeul, qui revenait d'Italie, tomba dans une embuscade et fut emmené dans un de ces refuges de la montagne dont les Sarrasins, incapables de rejoindre chaque fois leur base d'opération, usaient fréquemment. Il ne fut relâché que moyennant une lourde rançon versée par ses moines. Or Maïeul, qui avait réformé tant de monastères, était l'ami vénéré, le directeur de conscience et, si l'on ose dire, le saint familier de beaucoup de rois et de barons. Notamment, du comte de Provence Guillaume. Celui-ci rejoignit sur la route du retour la bande qui avait commis le sacrilège attentat et lui infligea une rude défaite ; puis, groupant sous son commandement plusieurs seigneurs de la vallée du Rhône auxquels devaient être par la suite distribuées les terres regagnées à la culture, il monta une attaque contre la forteresse du Freinet. La citadelle, cette fois, succomba.

Ce fut pour les Sarrasins la fin des brigandages terrestres à grande envergure. Naturellement, le littoral de la Provence, comme celui de l'Italie, restait exposé à leurs insultes. Au XIe siècle encore, on voit les moines de Lérins se préoccuper activement de racheter des chrétiens que des pirates arabes avaient ainsi enlevés et emmenés en Espagne ; en 1178, un raid fit de nombreux prisonniers, près de Marseille. Mais la culture, dans les campagnes de la Provence côtière et subalpine, put reprendre et les routes alpestres redevinrent ni plus ni moins sûres que toutes celles des montagnes européennes. Aussi bien, dans la Méditerranée elle-même, les cités marchandes de l'Italie, Pise, Gênes et Amalfi, avaient-elles, depuis le début du XIe siècle, passé à l'offensive. Chassant les Musulmans de la Sardaigne, allant les chercher même dans les ports du Maghreb (dès 1015) et de l'Espagne (en 1092), elles commencèrent alors le nettoyage de ces eaux, dont la sécurité au moins relative — la Méditerranée n'en devait jamais connaître d'autre, jusqu'au XIXe siècle — importait tant à leur commecce.

III. L'ASSAUT HONGROIS

Comme naguère les Huns, les Hongrois ou Magyars avaient surgi dans l'Europe presque à l'improviste, et déjà les écrivains du moyen âge, qui n'avaient que trop bien appris à les connaître, s'étonnaient naïvement que les auteurs romains n'en eussent point fait mention. Leur primitive histoire nous est d'ailleurs beaucoup plus obscure que celle des Huns. Car les sources chinoises qui, bien avant la tradition occidentale, nous permettent de suivre les « Hioung-Nou » à la piste, sont ici muettes. Certainement ces nouveaux envahisseurs appartenaient, eux aussi, au monde, si bien caractérisé, des nomades de la steppe asiatique : peuples souvent très divers de langage, mais étonnamment semblables par le genre de vie qu'imposaient des conditions d'habitat communes ; pasteurs de chevaux et guerriers, nourris du lait de leurs juments ou des produits de leur chasse et de leur pêche ; ennemis-nés, surtout, des laboureurs du pourtour. Par ses traits fondamentaux, le magyar se rattache au type linguistique dit finno-ougrien ; les idiomes dont il se rapproche aujourd'hui le plus sont ceux de quelques peuplades de la Sibérie. Mais, au cours de ses pérégrinations, le stock ethnique primitif s'était mêlé de nombreux éléments de langue turque et avait subi fortement l'empreinte des civilisations de ce groupe ([7]).

Dès 833, on voit les Hongrois, dont le nom apparaît alors pour la première fois, inquiéter les populations sédentaires — khanat khasar et colonies byzantines —, aux environs de la mer d'Azov. Bientôt, ils menacent à chaque instant de couper la route du Dniepr, en ce temps voie commerciale extrêmement active par où, de portage en portage et de marché en marché, les fourrures du Nord, le miel et la cire des forêts russes, les esclaves achetés de toutes parts allaient s'échanger contre les marchandises ou l'or fournis soit par Constantinople, soit par l'Asie. Mais de nouvelles hordes sorties, après eux, de par delà l'Oural, les Petchénègues, les harcèlent sans cesse. Le chemin du sud leur est barré, victorieusement, par l'empire bulgare. Ainsi refoulés et cependant qu'une de leurs fractions préférait s'enfoncer dans la steppe, plus loin vers l'est, la plupart d'entre eux franchirent les Carpathes, vers 896, pour se répandre dans les plaines de la Tisza et du Danube moyen. Ces vastes étendues, tant de fois ravagées, depuis le IVe siècle, par les invasions, faisaient alors dans la carte humaine de l'Europe comme une énorme tache blanche. « Solitudes », écrit le chroniqueur Réginon de Prüm. Il ne faudrait pas prendre le mot trop à la lettre. Les populations variées qui jadis avaient eu là d'importants établissements ou qui y avaient seulement passé avaient vraisemblablement laissé après elles bien des petits groupes attardés. Surtout, des tribus slaves assez nombreuses s'y étaient peu à peu infiltrées. Mais l'habitat demeurait, sans conteste, très lâche : témoin, le remaniement presque complet de la nomenclature géographique, y compris celle des cours d'eau, après l'arrivée des Magyars. En outre, depuis que Charlemagne avait abattu la puissance Avare, aucun État solidement organisé n'était plus capable d'offrir une sérieuse résistance aux envahisseurs. Seuls des chefs appartenant au peuple des Moraves avaient, depuis peu, réussi à constituer, dans l'angle nord-ouest, une principauté assez puissante et déjà officiellement chrétienne : le premier essai, en somme, d'un véritable État purement slave. Les attaques hongroises la détruisirent, définitivement, en 906.

A partir de ce moment, l'histoire des Hongrois prend un tour nouveau. Il n'est plus guère possible de les dire nomades, au sens fort du mot, puisqu'ils ont, dans les plaines qui portent aujourd'hui leur nom, un établissement fixe. Mais de là, ils se lancent, par bandes, sur les pays environnants. Ils ne cherchent pas à y conquérir des terres ; leur seul dessein est de piller, pour revenir ensuite, chargés de butin, vers leur site permanent. La décadence de l'empire bulgare, après la mort du tsar Siméon (927), leur ouvrit le chemin de la Thrace byzantine, qu'ils saccagèrent, à plusieurs reprises. L'Occident surtout, beaucoup plus mal défendu, les attirait.

Ils étaient de bonne heure entrés en contact avec lui. Dès 862, avant même le passage des Carpathes, une de leurs expéditions les avait conduits jusqu'aux marches de la Germanie. Plus tard, quelques-uns d'entre eux avaient été engagés, comme auxiliaires, par le roi de ce pays, Arnulf, dans une de ses guerres contre les Moraves. En 899, leurs hordes s'abattent sur la plaine du Pô ; l'année suivante, sur la Bavière. Dorénavant, il ne se passe guère d'année où, dans les monastères de l'Italie, de la Germanie, bientôt de la Gaule, les annales ne notent, tantôt d'une province, tantôt d'une autre : « ravages des Hongrois ». L'Italie du nord, la Bavière et la Souabe eurent surtout à souffrir ; tout le pays sur la rive droite de l'Enns, où les Carolingiens avaient établi des commandements de frontières et distribué des terres à leurs abbayes, dut être abandonné. Mais les raids s'étendirent bien au-delà de ces confins. L'ampleur du rayon parcouru confondrait l'imagination, si l'on ne se rendait compte que les longues courses pastorales, auxquelles les Hongrois s'étaient autrefois adonnés sur d'immenses espaces et qu'ils continuaient à pratiquer dans le cercle plus restreint de la puzta danubienne, avaient été pour eux une merveilleuse école ; le nomadisme du berger, déjà, en même temps pirate de la steppe, avait préparé le nomadisme du bandit. Vers le nord-ouest, la Saxe, c'est-à-dire le vaste territoire qui s'étendait de l'Elbe au Rhin moyen, fut atteinte dès 906 et, depuis lors, plusieurs fois mise à mal. Dans l'Italie, on les vit pousser jusqu'à Otrante. En 917, ils se faufilèrent, par la forêt vosgienne et le col de Saales, jusqu'aux riches abbayes qui se groupaient autour de la Meurthe. Désormais la Lorraine et la Gaule du nord devinrent un de leurs terrains familiers. De là, ils se hasardèrent jusqu'en Bourgogne et au sud même de la Loire. Hommes des plaines, ils ne craignaient point cependant de franchir au besoin les Alpes. Ce fut « par les détours de ces monts » que, venant d'Italie, ils tombèrent, en 924, sur le pays nîmois.

Ils ne fuyaient pas toujours les combats contre des forces organisées. Ils en livrèrent un certain nombre, avec des succès variables. Cependant ils préféraient à l'ordinaire se glisser rapidement à travers pays : vrais sauvages, que leurs chefs menaient à la bataille à coups de fouet, mais soldats redoutables, habiles, quand il fallait combattre, aux attaques de flanc, acharnés à la poursuite et ingénieux à se tirer des situations les plus difficiles. Fallait-il traverser quelque fleuve ou la lagune vénitienne ? Ils fabriquaient à la hâte des barques de peaux ou de bois. A l'arrêt, ils plantaient leurs tentes de gens de la steppe ; ou bien ils se retranchaient dans les bâtiments d'une abbaye désertée par les moines et de là battaient les alentours. Rusés comme des primitifs, renseignés au besoin par les ambassadeurs qu'ils envoyaient en avant, moins pour traiter que pour espionner, ils avaient bien vite pénétré les finesses, assez lourdes, de la politique occidentale. Ils se tenaient au courant des interrègnes, particulièrement favorables à leurs incursions, et savaient profiter des dissensions entre les princes chrétiens pour se mettre au service de l'un ou l'autre des rivaux.

Quelquefois, selon l'usage commun des bandits de tous les temps, ils se faisaient payer une somme d'argent par les populations qu'ils promettaient d'épargner ; voire même, ils exigeaient un tribut régulier : la Bavière et la Saxe durent, pendant quelques années, se soumettre à cette humiliation. Mais ces procédés d'exploitation n'étaient guère praticables que dans les provinces limitrophes de la Hongrie propre. Ailleurs ils se contentaient de tuer et de piller, abominablement. De même que les Sarrasins, ils ne s'attaquaient guère aux villes fortes ; lorsqu'ils s'y risquaient, ils échouaient généralement, comme ils avaient fait, dès leurs premières courses autour du Dniepr, sous les murs de Kiev. La seule cité importante qu'ils enlevèrent fut Pavie. Ils étaient surtout redoutables aux villages et aux monastères, fréquemment isolés dans les campagnes ou situés dans les faubourgs des villes, en dehors de l'enceinte. Par-dessus tout, ils paraissent avoir tenu à faire des captifs, choisissant avec soin les meilleurs, parfois ne réservant, dans une population passée au fil de l'épée, que les jeunes femmes et les tout jeunes garçons : pour leurs besoins et leurs plaisirs, sans doute, et principalement pour la vente. A l'occasion, ils ne dédaignaient pas d'écouler ce bétail humain sur les marchés mêmes de l'Occident, où les acheteurs n'étaient pas tous gens à y regarder de près ; en 954, une fille noble, prise aux environs de Worms, fut mise en vente dans la ville ([8]). Plus souvent, ils traînaient les malheureux jusque dans les pays danubiens, pour les offrir à des trafiquants grecs.

IV. FIN DES INVASIONS HONGROISES

Cependant, le 10 août 955, le roi de France Orientale, Otton le Grand, alerté à la nouvelle d'un raid sur l'Allemagne du sud, rencontra, au bord du Lech, la bande hongroise, sur son retour. Il fut vainqueur, après un sanglant combat, et sut exploiter la poursuite. L'expédition de pillage ainsi châtiée devait être la dernière. Tout se borna désormais, sur les limites de la Bavière, à une guerre de « border ». Bientôt, conformément à la tradition carolingienne, Otton réorganisa les commandements de la frontière. Deux marches furent créées, l'une dans les Alpes, sur la Mur, l'autre, plus au nord, sur l'Enns ; cette dernière, rapidement connue sous le nom de commandement de l'est — *Ostarrichi*, dont nous avons fait Autriche —, atteignit, dès la fin du siècle, la forêt de Vienne, vers le milieu du onzième, la Leitha et la Morava.

Si brillant qu'il fût et malgré tout son retentissement moral, un fait d'armes isolé, comme la bataille du Lech, n'aurait évidemment pas suffi à arrêter net les razzias. Les Hongrois, dont le territoire propre n'avait pas été atteint, étaient loin d'avoir subi le même écrasement que jadis, sous Charlemagne, les Avars. La défaite d'une de leurs bandes, dont plusieurs avaient déjà été vaincues, eût été impuissante à changer leur mode de vie. La vérité est que, depuis 926 environ, leurs courses, aussi furieuses que jamais, n'en étaient pas moins allées s'espaçant. En Italie, sans bataille, elles prirent fin également après 954. Vers le sud-est, à partir de 960, les incursions en Thrace se réduisent à de médiocres petites entreprises de brigandage. Très certainement un faisceau de causes profondes avait fait lentement sentir son action.

Prolongement d'habitudes anciennes, les longues randonnées à travers l'Occident étaient-elles toujours fructueuses et heureuses ? A tout prendre, on en peut douter. Les hordes commettaient sur leur passage d'affreux dégâts. Mais il ne leur était guère possible de s'alourdir d'énormes masses de butin. Les esclaves, qui certainement suivaient à pied, risquaient de ralentir les mouvements ; ils étaient, au surplus, de garde difficile. Les sources nous parlent souvent de fugitifs : tel ce curé du pays rémois qui, entraîné jusqu'en Berry, faussa compagnie, une nuit, à ses envahisseurs, se blottit, plusieurs jours durant, dans un marais et finalement, tout plein du récit de ses aventures, parvint à regagner son village ([9]). Pour les objets précieux, les chars, sur les déplorables pistes du temps et au milieu de contrées hostiles, n'offraient qu'un moyen de transport beaucoup plus encombrant et beaucoup moins sûr qu'aux Normands, sur les beaux fleuves de l'Europe, leurs barques. Les chevaux, dans des campagnes dévastées, ne trouvaient pas toujours à se nourrir ; les généraux byzantins savaient bien que, « le grand obstacle auquel se heurtent les Hongrois dans leurs guerres vient du manque de pâturages » ([10]). En cours de route, il fallait livrer plus d'un combat ; même victorieuses, les bandes revenaient toutes décimées par cette guérilla. Par la maladie aussi : terminant dans ses annales, rédigées au jour le jour, le récit de l'année 924, le clerc Flodoard, à Reims, y inscrivait avec joie la nouvelle, reçue à l'instant, d'une « peste » dysentérique à laquelle avaient succombé la plupart, disait-on, des pillards du Nîmois. A mesure, par ailleurs, que les années passaient, les villes fortes et les châteaux se multipliaient, restreignant les espaces ouverts, seuls véritablement propices aux razzias. Enfin, depuis l'année 930 ou environ, le continent était à peu près affranchi du cauchemar normand ; rois et barons avaient désormais les mains plus libres pour se tourner contre les Hongrois et organiser plus méthodiquement la résistance. De ce point de vue, l'œuvre décisive d'Otton fut beaucoup moins la prouesse du Lechfeld que la constitution des marches. Bien des motifs devaient donc travailler à détourner le peuple magyar d'un genre d'entreprise qui, sans doute, rapportait de moins en moins de richesses et coûtait de plus en plus d'hommes. Mais leur influence ne s'exerça si fortement que parce que la société magyare elle-même subissait, au même moment, de graves transformations.

Ici, malheureusement, les sources nous font presque totalement défaut. Comme tant d'autres nations, les Hongrois n'ont commencé à avoir d'annales qu'après leur conversion au christianisme et à la latinité. On entrevoit cependant que l'agriculture peu à peu prenait place à côté de l'élevage : métamorphose très lente, d'ailleurs, et qui comporta longtemps des formes d'habitat intermédiaires entre le nomadisme véritable des peuples bergers et la fixité absolue des communautés de purs laboureurs. En 1147, l'évêque bavarois Otton de Freising, qui, s'étant croisé, descendait le Danube, put observer les Hongrois de son temps. Leurs huttes de roseaux, plus rarement de bois, ne servaient d'abris que durant la saison froide ; « l'été et l'automne, ils vivent sous la tente ». C'est l'alternance même qu'un peu plus tôt un géographe arabe notait chez les Bulgares de la Basse-Volga. Les agglomérations, fort petites, étaient mobiles. Bien après la christianisation, entre 1012 et 1015, un synode interdit aux villages de s'éloigner à l'excès de leur église. Sont-ils partis trop loin ? ils devront payer une amende et « revenir » ([11]). Malgré tout, l'habitude des très longues chevauchées se perdait. Surtout, sans doute, le souci des moissons s'opposait désormais aux grandes migrations de brigandage, durant l'été. Favorisées peut-être par l'absorption, dans la masse magyare, d'éléments étrangers — tribus slaves dès longtemps à peu près sédentaires ; captifs originaires des vieilles civilisations rurales de l'Occident —, ces modifications dans le genre de vie s'harmonisaient avec de profonds changements politiques.

Nous devinons vaguement, chez les anciens Hongrois, au-dessus des petites sociétés consanguines ou censées telles, l'existence de groupements plus vastes, d'ailleurs sans grande fixité : « le combat une fois fini », écrivait l'empereur Léon le Sage, « on les voit se disperser dans leurs clans (γένη) et leurs tribus (φυλάι) ». C'était une organisation assez analogue, en somme, à celle que nous présente aujourd'hui encore la Mongolie. Dès le séjour du peuple au nord de la mer Noire, un effort avait été tenté, cependant, à l'imitation de l'État khasar, pour élever au-dessus de tous les chefs de hordes un « Grand Seigneur » (tel est le nom qu'emploient, d'un commun accord, les sources grecques et latines). L'élu fut un certain Arpad. Depuis lors, sans qu'il soit aucunement possible de parler d'un État unifié, la dynastie arpadienne se tint évidemment pour destinée à l'hégémonie. Dans la seconde moitié du xe siècle, elle réussit, non sans luttes, à établir son pouvoir sur la nation entière. Des populations stabilisées ou qui, du moins, n'erraient plus qu'à l'intérieur d'un territoire faiblement étendu étaient plus aisées à soumettre que des nomades voués à un éternel égaillement. L'œuvre parut achevée lorsqu'en 1001 le prince descendant d'Arpad, Vaïk, prit le titre de roi ([12]). Un groupement assez lâche de hordes pillardes et vagabondes s'était mué en un État solidement implanté sur son morceau de sol, à la manière des royautés ou principautés de l'Occident. A leur imitation aussi, dans une large mesure. Comme si souvent, les luttes les plus atroces n'avaient pas empêché un contact des civilisations, dont la plus avancée avait exercé son attrait sur la plus primitive.

L'influence des institutions politiques occidentales avait été d'ailleurs accompagnée par une pénétration plus profonde, qui intéressait la mentalité entière ; lorsque Vaïk se proclama roi, il avait déjà reçu le baptême sous le nom d'Étienne, que l'Église lui a conservé, en le mettant au rang de ses saints. Comme tout le vaste « no man's land » religieux de l'Europe orientale, depuis la Moravie jusqu'à la Bulgarie et la Russie, la Hongrie païenne avait d'abord été disputée entre deux équipes de chasseurs d'âmes, dont chacune représentait un des deux grands systèmes, dès lors assez nettement distincts, qui se partageaient la chrétienté : celui de Byzance, celui de Rome. Des chefs hongrois s'étaient fait baptiser à Constantinople ; des monastères de rite grec subsistèrent en Hongrie jusque très avant dans le xie siècle. Mais les missions byzantines, qui partaient de trop loin, durent finalement s'effacer devant leurs rivales.

Préparée dans les maisons royales, par des mariages qui déjà attestaient une volonté de rapprochement, l'œuvre de conversion était menée activement par le clergé bavarois. L'évêque Pilgrim, notamment, qui de 971 à 991 occupa le siège de Passau, en fit sa chose. Il rêvait pour son église, sur les Hongrois, le même rôle de métropole des missions qui incombait à Magdebourg, sur les Slaves au-delà de l'Elbe, et que Brême revendiquait sur les peuples scandinaves. Par malheur, à la différence de Magdebourg comme de Brême, Passau n'était qu'un simple évêché, suffragant de Salzbourg. Qu'à cela ne tînt! Les évêques de Passau, dont le diocèse avait été fondé, en réalité, au VIIIe siècle, se considéraient comme les successeurs de ceux qui, du temps des Romains, avaient siégé dans le bourg fortifié de Lorch, sur le Danube. Cédant à la tentation à laquelle succombaient, autour de lui, tant d'hommes de sa robe, Pilgrim fit fabriquer une série de fausses bulles, par où Lorch était reconnu comme la métropole de la « Pannonie ». Il ne restait plus qu'à reconstituer cette antique province ; autour de Passau, qui, tous liens brisés avec Salzbourg, reprendrait son rang prétendument ancien, viendraient se grouper, en satellites, les nouveaux évêchés d'une « Pannonie » hongroise. Cependant ni les papes, ni les empereurs ne se laissèrent persuader.

Quant aux princes magyars, s'ils se sentaient prêts au baptême, ils tenaient beaucoup à ne pas dépendre de prélats allemands. Comme missionnaires, plus tard comme évêques, ils appelaient, de préférence, des prêtres tchèques, voire vénitiens ; et lorsque, vers l'an mille, Étienne organisa la hiérarchie ecclésiastique de son État, ce fut, d'accord avec le pape, sous l'autorité d'un métropolite propre. Après sa mort, les luttes dont sa succession fut l'enjeu, si elles rendirent, pour un temps, quelque prestige à certains chefs demeurés païens, en fin de compte n'atteignirent pas sérieusement son œuvre. De plus en plus profondément gagné par le christianisme, pourvu d'un roi couronné et d'un archevêque, le dernier venu des peuples de la « Scythie » — comme dit Otton de Freising — avait définitivement renoncé aux gigantesques razzias de jadis pour s'enfermer dans l'horizon désormais immuable de ses champs et de ses pâtures. Les guerres, avec les souverains de l'Allemagne proche, demeurèrent fréquentes. Mais c'étaient les rois de deux nations sédentaires qui, dorénavant, s'affrontaient ([13]).

Chapitre II

Les Normands

I. CARACTÈRES GÉNÉRAUX DES INVASIONS SCANDINAVES

Depuis Charlemagne, toutes les populations de langue germanique qui résidaient au sud du Jutland, étant désormais chrétiennes et incorporées aux royaumes francs, se trouvaient placées sous l'emprise de la civilisation occidentale. Plus loin, par contre, vers le Nord, d'autres Germains vivaient, qui avaient conservé, avec leur indépendance, leurs traditions particulières. Leurs parlers, différents entre eux, mais beaucoup plus différents encore des idiomes de la Germanie proprement dite, appartenaient à un autre des rameaux issus naguère du tronc linguistique commun ; nous l'appelons aujourd'hui le rameau scandinave. L'originalité de leur culture, par rapport à celle de leurs voisins plus méridionaux, s'était définitivement accusée à la suite des grandes migrations qui, aux IIe et IIIe siècles de notre ère, vidant presque d'hommes les terres germaines, le long de la Baltique et autour de l'estuaire de l'Elbe, avaient fait disparaître beaucoup d'éléments de contact et de transition.

Ces habitants de l'extrême Septentrion ne formaient ni une simple poussière de tribus, ni une nation unique. On distinguait les Danois, dans la Scanie, les îles, et, un peu plus tard, la péninsule jutlandaise ; les *Götar* dont les provinces suédoises d'Œster-et de Vestergötland gardent aujourd'hui le souvenir (14) ; les Suédois, autour du lac Mälar ; enfin les peuplades diverses qui, séparées par de vastes étendues de forêts, de landes à demi enneigées et de glaces, mais unies par la mer familière, occupaient les vallées et les côtes du pays que l'on devait bientôt appeler la Norvège. Cependant il y avait entre ces groupes un air de famille trop prononcé et, sans doute, de trop fréquents mélanges pour que leurs voisins n'eussent pas l'idée de leur appliquer une étiquette commune. Rien ne paraissant plus caractéristique de l'étranger, être, par nature, mystérieux, que le point de l'horizon d'où il semble surgir, les Germains d'en deçà de l'Elbe prirent l'habitude de dire simplement : « hommes du Nord », *Nordman*. Chose curieuse : ce mot, malgré sa forme exotique, fut adopté tel quel par les populations romanes de la Gaule : soit qu'avant d'apprendre à connaître, directement, la « sauvage nation des Normands », son existence leur eût été révélée par des récits venus des provinces limitrophes ; soit, plus probablement, que les gens du vulgaire l'eussent d'abord entendu nommer par leurs chefs, fonctionnaires royaux dont la plupart, au début du IXe siècle, étant issus de familles austrasiennes, parlaient ordinairement le francique. Aussi bien, le terme demeura-t-il d'emploi strictement continental. Les Anglais, ou bien s'efforçaient de distinguer, de leur mieux, entre les différents peuples, ou bien les désignaient, collectivement, par le nom de l'un d'eux, celui des Danois, avec lesquels ils se trouvaient plus particulièrement en contact ([15]).

Tels étaient les « païens du Nord », dont les incursions, brusquement déclenchées aux alentours de l'an 800, devaient, pendant près d'un siècle et demi, faire gémir l'Occident. Mieux que les guetteurs qui, alors, sur nos côtes, fouillant des yeux la haute mer, tremblaient d'y découvrir les proues des barques ennemies, ou que les moines, occupés dans leurs *scriptoria* à noter les pillages, nous pouvons aujourd'hui restituer aux raids « normands » leur arrière-plan historique. Vus dans leur juste perspective, ils ne nous apparaissent plus que comme un épisode, à vrai dire particulièrement sanglant, d'une grande aventure humaine : ces amples migrations scandinaves qui, vers le même temps, de l'Ukraine au Groenland, nouèrent tant de liens commerciaux et culturels nouveaux. Mais c'est à un ouvrage différent, consacré aux origines de l'économie européenne, qu'il faut réserver le soin de montrer comment par ces épopées, paysannes et marchandes aussi bien que guerrières, l'horizon de la civilisation européenne s'est trouvé élargi. Les ravages et conquêtes en Occident — dont les débuts seront d'ailleurs retracés dans un autre volume de la collection — nous intéressent ici seulement comme un des ferments de la société féodale.

Grâce aux rites funéraires, nous pouvons nous représenter avec précision une flotte normande. Un navire, caché sous un tertre de terre amoncelée, telle était en effet la tombe préférée des chefs. De notre temps, les fouilles, en Norvège surtout, ont ramené au jour plusieurs de ces cercueils marins : embarcations d'apparat, à vrai dire, destinées aux paisibles déplacements, de fjord en fjord, plutôt qu'aux voyages vers les terres lointaines, capables pourtant au besoin de très longs parcours, puisqu'un vaisseau, copié exactement sur l'une d'elles — celle de Gokstad — a pu, au XXe siècle, traverser, de part en part, l'Atlantique. Les « longues nefs », qui répandirent la terreur en Occident, étaient d'un type sensiblement différent. Non pas à ce point, cependant, que, dûment complété et corrigé par les textes, le témoignage des sépultures ne permette d'en restituer assez facilement l'image. C'étaient des barques non pontées, par l'assemblage de leur charpente chefs-d'œuvre d'un peuple de bûcherons, par l'adroite proportion des lignes créations d'un grand peuple de matelots. Longues, en général, d'un peu plus de vingt mètres, elles pouvaient se mouvoir soit à la rame, soit à la voile, et portaient chacune, en moyenne, de quarante à soixante hommes, sans doute passablement entassés. Leur rapidité, si l'on en juge par le modèle construit à l'imitation de la trouvaille de Gokstad, atteignait, sans peine, une dizaine de nœuds. Le tirant d'eau était faible : à peine plus d'un mètre. Grand avantage, lorsqu'il s'agissait, quittant la haute mer, de s'aventurer dans les estuaires, voire le long des fleuves.

Car, pour les Normands comme pour les Sarrasins, les eaux n'étaient qu'une route vers les proies terrestres. Bien qu'ils ne dédaignassent point, à l'occasion, les leçons de chrétiens transfuges, ils possédaient, par eux-mêmes, une sorte de science innée de la rivière, si rapidement familiers avec la complexité de ses cheminements que, dès 830, quelques-uns d'entre eux avaient pu servir de guides, depuis Reims, à l'archevêque Ebbon, fuyant son empereur. Devant les proues de leurs barques, le réseau ramifié des affluents ouvrait la multiplicité de ses détours, propices aux surprises. Sur l'Escaut, on les vit jusqu'à Cambrai ; sur l'Yonne, jusqu'à Sens ; sur l'Eure, jusqu'à Chartres ; sur la Loire, jusqu'à Fleury, bien en amont d'Orléans. En Grande-Bretagne même, où les cours d'eau sont, au-delà de la ligne des marées, beaucoup moins favorables à la navigation, l'Ouse les mena cependant jusqu'à York, la Tamise et un de ses affluents jusqu'à Reading. Si les voiles ou les rames ne suffisaient pas, on avait recours au halage. Souvent, pour ne pas trop charger les nefs, un détachement suivait par voie de terre. Fallait-il gagner les bords, par des fonds trop bas ? ou se glisser, pour une razzia, dans une rivière trop peu profonde ? les canots sortaient des barques. Tourner au contraire l'obstacle de fortifications qui barraient le fil de l'eau ? on improvisait un portage ; ainsi, en 888 et 890, afin d'éviter Paris. Là-bas, vers l'est, dans les plaines russes, les marchands scandinaves n'avaient-ils pas acquis une longue pratique de ces alternances entre la navigation et le convoiement des bateaux, d'un fleuve à l'autre ou le long des rapides ?

Aussi bien ces merveilleux marins ne craignaient-ils nullement la terre, ses chemins et ses combats. Ils n'hésitaient pas à quitter la rivière pour se lancer, au besoin, à la chasse du butin : tels ceux qui, en 870, suivirent à la piste, à travers la forêt d'Orléans, le long des ornières laissées par les chariots, les moines de Fleury fuyant leur abbaye du bord de Loire. De plus en plus, ils s'habituèrent à user, pour leurs déplacements plutôt que pour le combat, de chevaux, dont ils prenaient naturellement la plus grande part dans le pays même, au gré de leurs ravages. C'est ainsi qu'en 866 ils en firent une grande rafle en Est-Anglie. Parfois, ils les transportaient d'un terrain de razzia à l'autre ; en 885, par exemple, de France en Angleterre (16). De la sorte, ils pouvaient s'écarter de plus en plus de la rivière ; ne les vit-on pas, en 864, abandonnant leurs nefs, sur la Charente, s'aventurer jusqu'à Clermont d'Auvergne, qu'ils prirent ? En outre, allant plus vite, ils surprenaient mieux leurs adversaires. Ils étaient très adroits à élever des retranchements et à s'y défendre. Bien plus, supérieurs en cela aux cavaliers hongrois, ils savaient attaquer les lieux fortifiés. La liste était déjà longue, en 888, des villes qui, en dépit de leurs murailles, avaient succombé à l'assaut des Normands : ainsi Cologne, Rouen, Nantes, Orléans, Bordeaux, Londres, York, pour ne citer que les plus illustres. A vrai dire, outre que la surprise avait parfois joué son rôle, comme à Nantes, enlevée un jour de fête, les vieilles enceintes romaines étaient loin d'être toujours bien entretenues, plus loin encore d'être toujours défendues avec beaucoup de courage. Lorsqu'à Paris, en 888, une poignée d'hommes énergiques sut mettre en état les fortifications de la Cité et trouva le cœur de combattre, la ville qui, en 845, à peu près abandonnée par les habitants, avait été saccagée et par la suite avait probablement subi, à deux reprises encore, le même outrage, résista cette fois victorieusement.

Les pillages étaient fructueux. La terreur que, par avance, ils inspiraient ne l'était pas moins. Des collectivités, qui voyaient les pouvoirs publics incapables de les défendre — tels, dès 810, certains groupes frisons —, des monastères isolés avaient d'abord commencé de se racheter. Puis les souverains eux-mêmes s'habituèrent à cette pratique : à prix d'argent, ils obtenaient des bandes la promesse de cesser, au moins provisoirement, leurs ravages ou de se détourner vers d'autres proies. En France Occidentale, Charles le Chauve avait donné l'exemple, dès 845. Le roi de Lorraine, Lothaire II, l'imita en 864. Dans la France Orientale, ce fut, en 882, le tour de Charles le Gros. Chez les Anglo-Saxons, le roi de Mercie fit de même, peut-être, dès 862 ; celui du Wessex, certainement, en 872. Il était dans la nature de pareilles rançons qu'elles servissent d'appât toujours renouvelé et, partant, se répétassent presque sans fin. Comme c'était à leurs sujets et, avant tout, à leurs églises que les princes devaient réclamer les sommes nécessaires, tout un drainage s'établissait finalement des économies occidentales vers les économies scandinaves. Encore aujourd'hui, parmi tant de souvenirs de ces âges héroïques, les musées du Nord conservent, dans leurs vitrines, de surprenantes quantités d'or et d'argent : apports du commerce, assurément, pour une large part ; mais aussi pour beaucoup, comme disait le prêtre allemand Adam de Brême, « fruits du brigandage ». Il est d'ailleurs frappant que, dérobés ou reçus en tribut sous la forme tantôt de pièces de monnaie, tantôt de joyaux à la mode de l'Occident, ces métaux précieux aient été généralement refondus pour en faire des bijoux selon le goût de leurs acquéreurs : preuve d'une civilisation singulièrement sûre de ses traditions.

Des captifs étaient aussi enlevés et, sauf rachat, emmenés outre-mer. Un peu après 860 on vit ainsi vendre, en Irlande, des prisonniers noirs qui avaient été raflés au Maroc ([17]). Ajoutez enfin, chez ces guerriers du Nord, de puissants et brutaux appétits sensuels, le goût du sang et de la destruction, avec, par moments, de grands déchaînements, un peu fous, où la violence ne connaissait plus de freins : telle la fameuse orgie durant laquelle, en 1012, l'archevêque de Canterbury, que ses ravisseurs avaient jusque-là sagement gardé pour en tirer rançon, fut lapidé avec les os des bêtes dévorées au festin. D'un Islandais, qui avait fait campagne en Occident, une saga nous dit qu'on le surnommait « l'homme aux enfants », parce qu'il se refusait à embrocher ceux-ci sur la pointe des lances, « comme c'était la coutume parmi ses compagnons » ([18]). C'en est assez pour faire comprendre l'effroi que partout répandaient devant eux les envahisseurs.

II. DE LA RAZZIA A L'ÉTABLISSEMENT

Cependant, depuis le temps où, en 793, les Normands avaient pillé leur premier monastère, sur la côte de Northumbrie, et, durant l'année 800, forcé Charlemagne à organiser en hâte, sur la Manche, la défense du littoral franc, leurs entreprises avaient, peu à peu, beaucoup changé de caractère comme d'envergure. Ç'avaient été, au début, le long de rivages encore septentrionaux — Iles Britanniques, basses terres bordières de la grande plaine du Nord, falaises neustriennes —, des coups de main saisonniers qu'à la faveur des beaux jours organisaient de petites troupes de « Vikings ». L'étymologie du mot est contestée ([19]). Mais qu'il désignât un coureur d'aventures, profitables et guerrières, n'est point douteux ; ni non plus que les groupes ainsi formés ne se fussent généralement constitués, en dehors des liens de la famille ou du peuple, tout exprès pour l'aventure même. Seuls les rois de Danemark, placés à la tête d'un État au moins rudimentairement organisé, s'essayaient déjà, sur leurs frontières du sud, à de véritables conquêtes. D'ailleurs, sans beaucoup de succès.

Puis, très rapidement, le rayon s'élargit. Les nefs poussèrent jusqu'à l'Atlantique et plus loin encore vers le Midi. Dès 844, certains ports de l'Espagne occidentale avaient reçu la visite des pirates. En 859 et 860, ce fut le tour de la Méditerranée. Les Baléares, Pise, le Bas-Rhône furent atteints. La vallée de l'Arno fut remontée jusqu'à Fiesole. Cette incursion méditerranéenne était d'ailleurs destinée à rester isolée. Non que la distance eût rien pour effrayer les découvreurs de l'Islande et du Groenland. Ne devait-on pas voir, par un mouvement inverse, au XVIIe siècle, les Barbaresques se risquer jusqu'au large de la Saintonge, voire jusqu'aux bancs de Terre-Neuve ? Mais sans doute les flottes arabes étaient-elles de trop bonnes gardiennes des mers.

Par contre les raids mordirent de plus en plus avant dans l'épaisseur du continent et de la Grande-Bretagne. Point de graphique plus parlant que, reportées sur la carte, les pérégrinations des moines de Saint-Philibert, avec leurs reliques. L'abbaye avait été fondée, au VIIe siècle, dans l'île de Noirmoutier : séjour bien fait pour des cénobites, tant que la mer était à peu près paisible, mais qui devint singulièrement dangereux, lorsque parurent sur le golfe les premières barques scandinaves. Un peu avant 819, les religieux se firent construire un refuge de terre ferme, à Dées, au bord du lac de Grandlieu. Bientôt, ils prirent l'habitude de s'y rendre chaque année dès le début du printemps ; lorsque la mauvaise saison, vers la fin de l'automne, semblait interdire les flots aux ennemis, l'église de l'île s'ouvrait de nouveau aux offices divins. Cependant, en 836, Noirmoutier, sans cesse dévastée et où l'approvisionnement sans doute se heurtait à des difficultés croissantes, fut jugée décidément intenable. Dées, naguère abri temporaire, passa au rang d'établissement permanent, tandis que, plus loin vers l'arrière, un petit monastère récemment acquis à Cunauld, en amont de Saumur, servait dorénavant de position de repli. En 858, nouveau recul : Dées, trop proche de la côte, dut à son tour être abandonné et l'on se fixa à Cunauld. Malheureusement le site, sur la Loire, si aisée à remonter, avait été médiocrement choisi. Dès 862, il fallut se transporter en pleine terre, à Messay, dans le Poitou. Ce fut pour s'y apercevoir, au bout d'une dizaine d'années, que la distance avec l'Océan était encore trop courte. Cette fois toute l'étendue du Massif Central, comme écran protecteur, ne parut pas de trop ; en 872 ou 873, nos gens s'enfuirent jusqu'à Saint-Pourçain-sur-Sioule. Là même, ils ne demeurèrent pas longtemps. Plus loin encore vers l'est, le bourg fortifié de Tournus, sur la Saône, fut l'asile où, depuis 875, le corps saint, cahoté sur tant de routes, trouva enfin le « lieu de quiétude » dont parle un diplôme royal ([20]).

Naturellement ces expéditions à longue distance exigeaient une organisation bien différente de celle dont s'étaient accommodées les brusques razzias de jadis. D'abord, des forces beaucoup plus nombreuses. Les petites troupes, groupées chacune autour d'un « roi de mer », s'unirent peu à peu et l'on vit se constituer de véritables armées ; tel le « Grand Ost » (*magnus exercitus*) qui, formé sur la Tamise, puis, après son passage sur les rives de la Flandre, accru par l'apport de plusieurs bandes isolées, ravagea abominablement la Gaule, de 879 à 892, pour revenir enfin se dissoudre sur la côte du Kent. Surtout il devenait impossible de regagner chaque année le Nord. Les Vikings prirent l'habitude d'hiverner, entre deux campagnes, dans le pays même qu'ils avaient élu comme terrain de chasse. Ainsi firent-ils, à partir de 835 ou environ, en Irlande ; dans la Gaule, pour la première fois, en 843, à Noirmoutier ; en 851, aux bouches de la

Tamise, dans l'île de Thanet. Ils avaient d'abord pris leurs quartiers sur la côte. Bientôt ils ne craignirent point de les pousser beaucoup plus avant dans l'intérieur. Souvent ils se retranchaient dans une île de rivière. Ou bien ils se contentaient de se fixer à portée d'un cours d'eau. Pour ces séjours prolongés, certains emmenaient femmes et enfants ; les Parisiens, en 888, purent entendre, depuis leurs remparts, des voix féminines entonner, dans le camp adverse, le vocero des guerriers morts. Malgré la terreur qui entourait ces nids de brigands, d'où partaient constamment de nouvelles sorties, quelques habitants du voisinage s'aventuraient chez les hivernants, pour y vendre leurs denrées. Le repaire, par moment, se faisait marché. Ainsi, flibustiers toujours, mais désormais flibustiers à demi sédentaires, les Normands se préparaient à devenir des conquérants du sol.

Tout, à la vérité, disposait les simples bandits de naguère à une pareille transformation. Ces Vikings, qu'attiraient les champs de pillage de l'Occident, appartenaient à un peuple de paysans, de forgerons, de sculpteurs sur bois et de marchands, autant que de guerriers. Entraînés hors de chez eux par l'amour du gain ou des aventures, parfois contraints à cet exil par des vendettas familiales ou des rivalités entre chefs, ils n'en sentaient pas moins derrière eux les traditions d'une société qui avait ses cadres fixes. Aussi bien, c'était en colons que les Scandinaves s'étaient établis, dès le VIIe siècle, dans les archipels de l'Ouest, depuis les Fär-Öer jusqu'aux Hébrides ; en colons encore, véritables défricheurs de terre vierge, qu'à partir de 870 ils procédèrent à la grande « prise de sol », à la *Landnáma* de l'Islande. Habitués à mêler le commerce à la piraterie, ils avaient créé autour de la Baltique toute une couronne de marchés fortifiés et, des premières principautés que, durant le IXe siècle, fondèrent, aux deux bouts de l'Europe, quelques-uns de leurs chefs de guerre — en Irlande, autour de Dublin, de Cork et de Limerick ; dans la Russie kiévienne, le long des étapes de la grande route fluviale —, le caractère commun fut de se présenter comme des États essentiellement urbains qui, depuis une ville prise pour centre, dominaient le bas pays environnant.

Force est de laisser ici de côté, si attachante soit-elle,

l'histoire des colonies formées dans les îles occidentales : Shetland et Orcades qui, rattachées, depuis le Xe siècle, au royaume de Norvège, ne devaient passer à l'Écosse qu'au terme même du moyen âge (1468) ; Hébrides et Man, constituées, jusqu'au milieu du XIIIe siècle, en une principauté scandinave autonome ; royaumes de la côte irlandaise, lesquels, après avoir vu leur expansion brisée au début du XIe siècle, ne disparurent définitivement qu'un siècle environ plus tard, devant la conquête anglaise. Dans ces terres placées à la pointe extrême de l'Europe, c'était aux sociétés celtiques que se heurtait la civilisation scandinave. Seul doit être retracé par nous avec quelque détail l'établissement des Normands dans les deux grands pays « féodaux » : ancien État franc et Grande-Bretagne anglo-saxonne. Bien que de l'un à l'autre — de même qu'avec les îles voisines — les échanges humains aient été jusqu'au bout fréquents, que les bandes armées aient toujours aisément traversé la Manche ou la mer d'Irlande, que les chefs, si quelque échec les avait désappointés sur l'une des rives, aient eu pour habitude constante de s'en aller chercher fortune sur le littoral d'en face, il sera nécessaire, pour plus de clarté, d'examiner séparément les deux terrains de conquête.

III. LES ÉTABLISSEMENTS SCANDINAVES : L'ANGLETERRE

Les tentatives des Scandinaves pour s'installer sur le sol britannique se dessinèrent dès leur premier hivernage : en 851, comme on l'a vu. Depuis lors, les bandes, se relayant plus ou moins entre elles, ne lâchent plus leur proie. Parmi les États anglo-saxons, les uns, leurs rois tués, disparurent : tels, le Deira, sur la côte occidentale, entre le Humber et la Tees ; l'Est-Anglie, entre la Tamise et le Wash. D'autres, comme la Bernicie, dans l'extrême nord, et la Mercie, au centre, subsistèrent quelque temps, mais très diminués d'étendue et placés sous une sorte de protectorat. Seul le Wessex, qui s'étendait alors sur tout le sud, réussit à préserver son indépendance, non sans de dures guerres, illustrées, à partir de 871, par l'héroïsme, avisé et patient, du roi Alfred. Produit accompli de cette civilisation anglo-saxonne qui, mieux qu'aucune autre dans les royaumes barbares, avait su fondre en une synthèse originale les apports de traditions culturelles opposées, Alfred, roi savant, fut aussi un roi soldat. Il parvint à soumettre, vers 880, ce qui restait encore de la Mercie, ainsi soustraite à l'influence danoise. Par contre il fallut, au même moment, abandonner à l'envahisseur, par un véritable traité, toute la partie orientale de l'île. Non que cet immense territoire, limité approximativement, vers l'Est, par la voie romaine qui joignait Londres à Chester, ait formé alors, aux mains des conquérants, un seul État. Rois ou « iarls » scandinaves, avec çà et là, sans doute, de petits chefs anglo-saxons, comme les successeurs des princes de Bernicie, se partageaient le pays, tantôt unis entre eux par toutes sortes de liens d'alliance ou de subordination, tantôt se querellant. Ailleurs de petites républiques aristocratiques s'étaient constituées, sur un type analogue à celui de l'Islande. Des bourgs fortifiés avaient été élevés, qui servaient de points d'appui, en même temps que de marchés, aux diverses « armées », devenues sédentaires. Et comme force était de nourrir les troupes venues d'au-delà des mers, des terres avaient été distribuées aux guerriers. Cependant, sur les côtes, d'autres bandes de Vikings continuaient leurs pillages. Comment s'étonner si, vers la fin de son règne, la mémoire toute pleine encore de tant de scènes d'horreur, Alfred, traduisant, dans la *Consolation* de Boèce, le tableau de l'Age d'Or, ne put se retenir d'ajouter à son modèle ce trait : « alors on n'entendait point parler de vaisseaux armés en guerre ([21]) ? »

L'état d'anarchie où vivait ainsi la partie « danoise » de l'île explique qu'à partir de 899, les rois du Wessex qui, seuls, dans la Grande-Bretagne entière, disposaient d'un pouvoir territorial étendu et de ressources relativement considérables, aient pu, s'appuyant sur un réseau de fortifications peu à peu construites, tenter et réussir la reconquête. Depuis 954, après une lutte très rude, leur autorité suprême est reconnue sur tout le pays précédemment occupé par l'ennemi. Non que les traces de l'établissement scandinave aient été par là le moins du monde effacées. Quelques earls, il est vrai, avec leurs groupes de suivants, avaient plus ou moins volontairement repris la mer. Mais la plupart des envahisseurs de naguère demeurèrent en place : les chefs conservaient, sous l'hégémonie royale, leurs droits de commandement ; les gens du commun conservaient leurs terres.

Cependant, de profondes transformations politiques s'étaient opérées en Scandinavie même. Par-dessus le chaos des petits groupes tribaux, de véritables États se consolidaient ou se formaient : États bien instables encore, déchirés par d'innombrables luttes dynastiques et sans cesse occupés à se combattre les uns les autres, capables cependant, au moins par sursauts, de redoutables concentrations de forces. A côté du Danemark, où le pouvoir des souverains s'affermit considérablement à la fin du xe siècle, à côté du royaume des Suédois, qui avait absorbé celui des Götar, vint alors se placer la dernière-née des monarchies septentrionales que créa, vers l'an 900, une famille de chefs locaux, établis d'abord dans les terres, relativement ouvertes et fertiles, autour du fjord d'Oslo et du lac Mjösen. Ce fut le royaume du « chemin du Nord », ou, comme nous disons, de Norvège : le nom même, de simple orientation et sans aucune résonance ethnique, évoque un pouvoir de commandement tardivement imposé au particularisme de peuplades naguère bien distinctes. Or aux princes, maîtres de ces plus puissantes unités politiques, la vie du Viking était chose familière ; jeunes gens, avant leur avènement, ils avaient couru les mers ; plus tard, si quelque revers les forçait de fuir, momentanément, devant un plus heureux rival, on les voyait repartir pour la grande aventure. Comment, une fois capables d'ordonner, sur un territoire étendu, d'importantes levées d'hommes et de navires, n'auraient-ils point regardé encore vers le rivage pour chercher, par-delà l'horizon, l'occasion de nouvelles conquêtes ?

Lorsque les incursions en Grande-Bretagne recommencèrent à s'intensifier, depuis 980, il est caractéristique que nous trouvions bientôt à la tête des principales bandes deux prétendants à des royautés nordiques: l'un à la couronne de Norvège, l'autre à celle de Danemark. Tous deux, par la suite, furent rois. Le Norvégien, Olaf Trygvason, ne revint jamais dans l'île. Le Danois, par contre, Svein « à la Barbe Fourchue », n'en oublia point le chemin. A vrai dire, il semble y avoir été ramené tout d'abord par une de ces vendettas qu'un héros scandinave ne pouvait, sans honte, renier. Comme, entre-temps, les expéditions de pillage avaient continué sous d'autres chefs, le roi d'Angleterre, Aethelred, ne crut pouvoir mieux se défendre contre les brigands qu'en prenant quelques-uns d'entre eux à son service. Opposer ainsi les Vikings aux Vikings était un jeu classique, plusieurs fois pratiqué par les princes du continent et, presque toujours, avec un médiocre succès. Éprouvant à son tour l'infidélité de ses mercenaires « danois », Aethelred s'en vengea en ordonnant, le 13 novembre 1002 — jour de la Saint-Brice —, le massacre de ceux d'entre eux qu'il fut possible d'atteindre. Une tradition postérieure, qu'on ne peut contrôler, raconte qu'au nombre des victimes figurait la propre sœur de Svein. Dès 1003, le roi de Danemark brûlait des villes anglaises. Désormais une guerre presque incessante dévora le pays. Elle ne devait prendre fin qu'après la mort de Svein comme d'Aethelred. Dans les premiers jours de l'an 1017, les derniers représentants de la maison de Wessex s'étant réfugiés en Gaule ou ayant été expédiés par les Danois vainqueurs dans le lointain pays des Slaves, les « sages » de la terre — entendez l'assemblée des grands barons et des évêques — reconnurent comme roi de tous les Anglais le fils de Svein, Knut.

Il ne s'agissait pas d'un simple changement de dynastie. Knut, si au moment de son avènement en Angleterre il n'était pas encore roi du Danemark, où régnait un de ses frères, le devint deux ans plus tard. Par la suite, il conquit la Norvège. Il tenta au moins de s'établir chez les Slaves et Finnois d'au-delà de la Baltique, jusqu'à l'Estonie. Aux expéditions de pillage dont la mer avait été le chemin succédait, tout naturellement, un essai d'empire maritime. L'Angleterre n'y figurait que comme la province la plus occidentale. A la vérité, ce fut le sol anglais que Knut choisit pour y passer toute la fin de sa vie. C'était au clergé anglais qu'il faisait volontiers appel pour organiser les églises de mission de ses États scandinaves. Car, fils d'un roi païen, peut-être tardivement converti, Knut lui-même fut un dévot de l'Église romaine, fondateur de monastères, législateur piétiste et moralisant à la manière d'un Charlemagne. Par là il se rapprochait de ses sujets de la Grande-Bretagne. Lorsque, fidèle à l'exemple de plusieurs de ses prédécesseurs anglo-saxons, il fit en 1027, son pèlerinage à Rome « pour la rédemption de son âme et le salut de ses peuples », il y assista au couronnement du plus grand souverain de l'Occident, l'Empereur Conrad II, roi d'Allemagne et d'Italie, rencontra en outre le roi de Bourgogne et, en bon fils d'un peuple qui avait toujours été commerçant aussi bien que guerrier, sut obtenir de ces portiers des Alpes, pour les marchands d'Angleterre, de fructueuses exemptions de péages. Mais c'était des pays scandinaves qu'il tirait le principal des forces avec lesquelles il tenait la grande île. « Aale s'est fait dresser cette pierre. Il a levé l'impôt pour le roi Knut en Angleterre. Dieu ait son âme. » Telle est l'inscription en caractères runiques qui se lit encore aujourd'hui sur une stèle funéraire, près d'un village de la province suédoise d'Upland ([22]). Légalement chrétien malgré la présence, sur ses diverses terres, de nombreux éléments encore païens ou très superficiellement christianisés, ouvert, par le canal du christianisme, aux souvenirs des littératures antiques, mêlant enfin à l'héritage de la civilisation anglo-saxonne, elle-même à la fois germanique et latine, les traditions propres des peuples scandinaves, cet État, centré autour de la mer du Nord, voyait s'entrecroiser curieusement toutes sortes de courants de civilisation. Peut-être fut-ce vers ce temps ou probablement un peu plus tôt, dans la Northumbrie peuplée d'anciens Vikings, qu'un poète anglo-saxon, mettant en vers de vieilles légendes du pays des Götar et des îles danoises, composa le *Lai de Beowulf*, plein des échos d'une veine épique encore toute païenne — l'étrange et sombre lai aux monstres fabuleux, que, par un nouveau témoignage de ce jeu d'influences contraires, le manuscrit, auquel nous le devons, fait précéder d'une lettre d'Alexandre à Aristote et suivre d'un fragment traduit du *Livre de Judith* ([23]).

Mais cet État singulier avait toujours été assez lâche. Les communications sur de si grandes distances et par des mers fort rudes comportaient beaucoup d'aléas. Il y avait quelque chose d'inquiétant à entendre dire à Knut, dans la proclamation qu'en 1027, faisant route de Rome au Danemark, il adressait aux Anglais : « Je me propose de venir vers vous, mon royaume de l'Est une fois pacifié... aussitôt que cet été j'aurai pu me procurer une flotte. » Les parties de l'Empire où le souverain n'était pas présent devaient être remises à des vice-rois, qui ne furent pas toujours fidèles. Après la mort de Knut, l'union, qu'il avait créée et maintenue par la force, se brisa. L'Angleterre fut d'abord, comme royaume à part, attribuée à un de ses fils, puis, un court moment encore, réunie au Danemark (la Norvège ayant décidément fait sécession). En 1042 enfin, ce fut, de nouveau, un prince de la maison de Wessex, Édouard, dit plus tard « le Confesseur », qui y fut reconnu roi.

Cependant, ni les incursions scandinaves sur les côtes n'avaient complètement cessé, ni les ambitions des chefs du Nord ne s'étaient éteintes. Saigné à blanc par tant de guerres et de pillages, désorganisé dans son armature politique et ecclésiastique, troublé par les rivalités des lignées de barons, l'État anglais n'était visiblement plus capable que d'une faible résistance. De deux côtés, cette proie toute prête était guettée : au-delà de la Manche, par les ducs français de Normandie, dont les sujets, pendant toute la première période du règne d'Édouard, élevé lui-même à la cour ducale, avaient peuplé déjà l'entourage du prince et le haut clergé ; au-delà de la mer du Nord, par les rois scandinaves. Lorsqu'après la mort d'Édouard l'un des principaux magnats du royaume, Harold, Scandinave lui-même de nom, à demi Scandinave d'origine, eut été sacré roi, deux armées, à peu de semaines d'intervalle, débarquèrent sur la côte anglaise. L'une, sur le Humber, était celle du roi de Norvège, un autre Harold ou Harald, le Harald « au dur conseil » des Sagas : vrai Viking qui n'était parvenu à la couronne qu'après de longues aventures errantes, ancien capitaine des gardes scandinaves à la cour de Constantinople, commandant des armées byzantines lancées sur les Arabes de Sicile, gendre d'un prince de Novgorod, enfin hardi explorateur des mers arctiques. L'autre, sur le littoral du Sussex, était commandée par le duc de Normandie, Guillaume le Bâtard ([24]). Harald le

Norvégien fut battu et tué au pont de Stamford. Guillaume vainquit sur la colline de Hastings. Sans doute les successeurs de Knut ne renoncèrent pas d'un coup à leur rêve héréditaire : à deux reprises sous le règne de Guillaume, le Yorkshire vit reparaître les Danois. Mais ces entreprises guerrières dégénéraient en simples brigandages :les expéditions scandinaves, à leur terme, revenaient au caractère de leurs commencements. Soustraite à l'orbite nordique, à laquelle elle avait pu, un moment, sembler définitivement appartenir, l'Angleterre fut, pour près d'un siècle et demi, englobée dans un État qui s'étendait sur les deux rives de la Manche, pour toujours rattachée aux intérêts politiques et aux courants de civilisation du proche Occident.

IV. LES ÉTABLISSEMENTS SCANDINAVES : LA FRANCE

Mais ce duc de Normandie même, conquérant de l'Angleterre, tout français qu'il fût par la langue et par son genre de vie, ne s'en rangeait pas moins, lui aussi, parmi les authentiques descendants des Vikings. Car, sur le continent comme dans l'île, plus d'un « roi de mer » s'était finalement fait seigneur ou prince de la terre.

L'évolution y avait commencé de très bonne heure. Dès les environs de 850, le delta du Rhin avait vu le premier essai de constitution d'une principauté scandinave, insérée dans l'édifice politique de l'État franc. Vers cette date, deux membres de la maison royale de Danemark, exilés de leur pays, reçurent en « bienfait » de l'empereur Louis le Pieux le pays qui s'étendait autour de Durstede, alors le principal port de l'Empire sur la mer du Nord. Agrandi plus tard de divers autres morceaux de la Frise, le territoire ainsi concédé devait demeurer d'une façon à peu près permanente aux mains de personnages de cette famille, jusqu'au jour où le dernier d'entre eux fut tué par trahison, en 885, sur les ordres de Charles le Gros, son seigneur. Le peu que nous entrevoyons de leur histoire suffit à montrer que, les regards tournés tantôt vers le Danemark et ses querelles dynastiques, tantôt vers les provinces franques où ils ne craignaient pas, tout chrétiens qu'ils étaient devenus, d'entreprendre des raids fructueux, ils ne furent que des vassaux sans foi et de mauvais gardiens de la terre. Mais cette Normandie néerlandaise, qui ne vécut point, possède aux yeux de l'historien toute la valeur d'un symptôme avant-coureur. Un peu plus tard, un groupe de Normands, encore païens, semble avoir vécu assez longtemps à Nantes ou autour de la ville en bonne intelligence avec le comte breton. A plusieurs reprises les rois francs avaient pris à leur service des chefs de bande. Si ce Völundr, par exemple, dont Charles le Chauve avait, en 862, reçu l'hommage, n'avait pas été tué peu après dans un duel judiciaire, nul doute qu'il n'eût bientôt été nécessaire de le pourvoir de fiefs ni que cette inévitable conséquence ne fût acceptée d'avance. Visiblement, au début du xe siècle, l'idée de pareils établissements était dans l'air.

Comment, en fin de compte, et sous quelle forme un de ces projets prit-il corps ? Nous le savons très mal. Le problème technique a ici trop de gravité pour que l'historien puisse sans malhonnêteté s'abstenir d'en faire confidence à son lecteur. Entrouvrons donc, un instant, la porte du laboratoire.

Il y avait, en ce temps, dans diverses églises de la chrétienté, des clercs qui s'appliquaient à noter, année par année, les événements. C'était un vieil usage, né jadis de l'emploi des instruments du comput chronologique pour y inscrire les faits saillants de l'an écoulé ou en cours. Ainsi, au seuil du moyen âge, alors que l'on datait encore par consuls, avait-on procédé pour les fastes consulaires; de même, plus tard, pour les tables de Pâques destinées à indiquer, dans leur succession, les dates, si variables, de cette fête qui commande l'ordre des liturgies presque tout entier. Puis, vers le début de la période carolingienne, le mémento historique s'était détaché du calendrier, tout en conservant sa coupe rigoureusement annuelle. Naturellement, la perspective de ces mémorialistes différait beaucoup de la nôtre. Ils s'intéressaient aux chutes de grêle, aux disettes de vin ou de blé, aux prodiges, presque autant qu'aux guerres, aux morts des princes, aux révolutions de l'État ou de l'Église. Ils étaient en outre, non seulement d'intelligence inégale, mais aussi fort inégalement informés. La curiosité, l'art d'interroger, le zèle variaient selon les individus. Surtout, le nombre et la valeur des renseignements recueillis dépendaient de l'emplacement de la maison religieuse, de son importance, de ses liens plus ou moins étroits avec la cour ou les grands. A la fin du IXe siècle et au cours du Xe, les meilleurs annalistes de la Gaule furent, sans conteste, un moine anonyme de la grande abbaye Saint-Vaast d'Arras, et un prêtre de Reims, Flodoard, qui, à l'avantage d'un esprit particulièrement délié, joignait celui de vivre dans un incomparable foyer d'intrigues et de nouvelles. Malheureusement les *Annales de Saint-Vaast* s'interrompent tout net au milieu de l'an 900 ; quant à celles de Flodoard, au moins telles qu'elles nous ont été conservées — car il faut, bien entendu, compter aussi avec les injures du temps —, leur point de départ se place en 919. Or, par la plus fâcheuse des aventures, le hiatus se trouve correspondre précisément à l'établissement des Normands en France Occidentale.

A dire vrai, ces agendas ne sont pas les seuls ouvrages historiques laissés par une époque que le passé préoccupait beaucoup. Moins d'un siècle après la fondation de la principauté normande de la Basse-Seine, le duc Richard Ier, petit-fils de son fondateur, décida de faire retracer les exploits de ses ancêtres et les siens propres. Il chargea de ce soin un chanoine de Saint-Quentin, Doon. L'œuvre, exécutée avant 1026, est pleine d'enseignements. On y surprend à la tâche un écrivain du XIe siècle occupé à compiler les renseignements extraits d'annales antérieures, qu'il ne cite jamais, avec quelques communications orales, dont il fait grand état, et avec les embellissements que lui suggéraient tantôt ses souvenirs livresques, tantôt, plus simplement, son imagination. On y saisit au vif quels ornements un clerc instruit tenait pour dignes de rehausser l'éclat d'un récit et un flatteur avisé pour propres à chatouiller l'orgueil de ses patrons. A l'aide des quelques documents authentiques par où on la peut contrôler, on y sonde la profondeur d'oubli et de déformation dont, au bout de quelques générations, la mémoire historique des hommes de ce temps était susceptible. En un mot c'est sur la mentalité d'un milieu et d'une époque un témoignage infiniment précieux; sur les faits mêmes qui s'y trouvent rapportés, au moins en ce qui regarde la primitive histoire du duché de Normandie, un témoignage à peu près nul.

De ces événements si obscurs, voici donc ce qu'à l'aide de quelques médiocres annales et d'un tout petit nombre de documents d'archives, on arrive à apercevoir.

Sans négliger absolument les bouches du Rhin et de l'Escaut, c'était sur les vallées de la Loire et de la Seine que, de plus en plus, s'était porté, à partir de 885 ou environ, l'effort des Vikings. Autour de la Basse-Seine, notamment, une de leurs bandes s'était installée à demeure, en 896. De là elle rayonnait, de toutes parts, à la recherche du butin. Mais ces expéditions lointaines n'étaient pas toujours heureuses. Les pillards furent battus en Bourgogne, à plusieurs reprises, sous les murs de Chartres, en 911. Dans le Roumois et la région avoisinante, en revanche, ils étaient maîtres et sans doute, pour se nourrir durant les hivernages, avaient-ils déjà dû y cultiver ou faire cultiver la terre : d'autant que, cet établissement formant foyer d'attraction, les premiers arrivés, qui n'étaient qu'en petit nombre, avaient été rejoints par d'autres vagues d'aventuriers. Si l'expérience montrait qu'il n'était pas impossible de brider leurs ravages, les déloger de leurs repaires semblait, par contre, dépasser les forces du seul pouvoir intéressé : celui du roi. Car de pouvoirs plus proches, il n'était plus question : dans ce pays horriblement ravagé et qui pour centre n'avait plus qu'une ville en ruine, les cadres de commandement locaux avaient totalement disparu. Par ailleurs, le nouveau roi de France Occidentale, Charles le Simple, sacré en 893 et partout reconnu depuis la mort d'Eudes, son rival, paraît avoir, dès son avènement, entretenu le dessein d'un accord avec l'envahisseur. Il y donna suite, durant l'année 897, en appelant près de lui le chef qui commandait alors les Normands de la Basse-Seine et en lui servant de parrain. Cette première tentative demeura sans résultats. Mais comment s'étonner qu'il en ait, quatorze ans plus tard, repris l'idée, s'adressant cette fois à Rollon qui, à la tête de la même « armée », avait succédé au filleul de naguère ? Rollon, de son côté, venait d'être vaincu devant Chartres; cette défaite n'avait pu manquer de lui ouvrir les yeux sur les difficultés qui s'opposaient à la poursuite des razzias. Il crut sage d'accepter l'offre du roi. C'était, des deux parts, reconnaître le fait accompli. Avec, par surcroît, aux regards de Charles et de ses conseillers, l'avantage de se rattacher, par les liens de l'hommage vassalique et, en conséquence, l'obligation de l'aide militaire, une principauté, déjà, en réalité, toute formée et qui désormais aurait les meilleures raisons du monde de garder la côte contre les outrages de nouveaux pirates. Dans un diplôme du 14 mars 918, le roi mentionne les concessions consenties « aux Normands de la Seine, c'est-à-dire à Rollon et à ses compagnons... pour la défense du royaume ».

L'accord eut lieu à une date que rien ne nous permet de fixer avec exactitude : certainement après la bataille de Chartres (20 juillet 911); probablement peu après. Rollon et beaucoup des siens reçurent le baptême. Quant aux territoires cédés, sur lesquels Rollon devait dorénavant exercer, en gros, les pouvoirs, pratiquement héréditaires, du plus haut fonctionnaire local de la hiérarchie franque : le comte, ils comprenaient, nous dit la seule source digne de foi — Flodoard, dans son *Histoire de l'Église de Reims* —, « quelques comtés » autour de Rouen : selon toute apparence, la partie du diocèse de Rouen qui s'étendait de l'Epte à la mer et une fraction de celui d'Évreux. Mais les Normands n'étaient pas hommes à se contenter longtemps d'un espace aussi réduit. Aussi bien de nouveaux afflux d'immigrés les poussaient-ils impérieusement à s'agrandir. La reprise des guerres dynastiques, dans le royaume, ne tarda pas à leur fournir l'occasion de monnayer leurs interventions. Dès 924, le roi Raoul remettait à Rollon le Bessin ([25]); en 933, au fils et successeur de Rollon, les diocèses d'Avranches et de Coutances. Ainsi progressivement, la « Normandie » neustrienne avait trouvé ses contours désormais presque immuables.

Restait cependant la Basse-Loire, avec ses Vikings : même problème que sur l'autre estuaire, et pour commencer, même solution. En 921, le duc et marquis Robert qui, frère de l'ancien roi Eudes, détenait dans l'Ouest un grand commandement et se conduisait pratiquement en souverain autonome, céda aux pirates du fleuve, dont quelques-uns seulement s'étaient fait baptiser, le comté de Nantes. La bande scandinave cependant semble avoir été moins forte et l'attraction exercée par les établissements de Rollon, régularisés une dizaine d'années plus tôt, l'empêchait de s'accroître. En outre le Nantais n'était pas précisément, comme les comtés autour de Rouen, un bien vacant, ni qui fût isolé. Sans doute, dans le royaume ou duché des Bretons Armoricains, où il avait été incorporé peu après 840, les luttes entre les prétendants, les incursions scandinaves elles-mêmes, avaient amené une extrême anarchie. Les ducs, néanmoins, ou les prétendants à la dignité ducale, notamment les comtes du Vannetais tout proche, se considéraient comme les maîtres légitimes de cette marche de langue romane ; pour la reconquérir, ils avaient l'appui des troupes qu'ils pouvaient lever parmi leurs fidèles de la Bretagne propre. L'un d'eux, Alain Barbe Torte, revenu en 936 de l'Angleterre où il s'était réfugié, chassa les envahisseurs. La Normandie de la Loire, à la différence de celle de la Seine, n'avait eu qu'une existence éphémère ([26]).

L'établissement des compagnons de Rollon sur la Manche ne mit pas fin d'un coup aux dévastations. Çà et là des chefs isolés, d'autant plus âpres au pillage qu'ils s'irritaient de ne pas avoir reçu eux aussi des terres ([27]), coururent encore quelque temps la campagne. La Bourgogne fut de nouveau mise à sac en 924. Parfois des Normands de Rouen se joignaient à ces brigands. Les ducs eux-mêmes n'avaient pas rompu d'un coup avec les habitudes anciennes. Le moine de Reims, Richer, qui écrivait dans les dernières années du xe siècle, manque rarement à les traiter de « ducs des pirates ». De fait, leurs expéditions guerrières ne différaient pas beaucoup des razzias d'autrefois. D'autant qu'ils y employaient fréquemment des troupes de Vikings, tout frais arrivés du Nord : tels, en 1013, plus d'un siècle par conséquant, après l'hommage de Rollon, les aventuriers, « haletant de désir vers le butin » ([28]), que conduisait un prétendant à la couronne de Norvège, Olaf, alors païen, mais destiné, après son baptême, à devenir le saint national de sa patrie. D'autres bandes opéraient pour leur propre compte sur le littoral. L'une d'elles, de 966 à 970, se hasarda jusque sur les côtes d'Espagne et prit Saint-Jacques de Compostelle. En 1018 encore on en vit paraître une autre sur les côtes du Poitou. Peu à peu, cependant, les barques scandinaves désapprirent le chemin des eaux lointaines. Par delà les frontières de la France, le delta du Rhin s'était lui aussi à peu près libéré. Vers 930, l'évêque d'Utrecht put regagner sa ville où son prédécesseur avait été incapable de résider d'une façon durable, et la fit rebâtir. Assurément les rives de la mer du Nord restaient ouvertes à bien des coups de mains. En 1006, le port de Tiel, sur le Waal, fut pillé, et Utrecht menacé ; les habitants mirent eux-mêmes le feu aux installations des quais et du bourg marchand, que ne protégeait aucune enceinte. Une loi frisonne, un peu plus tard, prévoit, comme un événement presque normal, le cas où un homme du pays, enlevé par les « Normands », aura été enrôlé de force, par eux, dans une de leurs bandes. Longtemps les marins scandinaves continuèrent ainsi à entretenir pour leur part, dans l'Occident, cet état d'insécurité si caractéristique d'une certaine tonalité de civilisation. Mais l'époque des courses lointaines, avec hivernage, et, depuis la défaite du Pont de Stamford, celle des conquêtes, au-delà des mers, étaient passées.

V. LA CHRISTIANISATION DU NORD

Cependant le Nord lui-même peu à peu allait se christianisant. Une civilisation qui, lentement, passe à une autre foi : l'historien ne connaît guère de phénomène qui prête à de plus passionnantes observations, surtout lorsque, comme c'est ici le cas, les sources, malgré d'irrémédiables lacunes, permettent d'en suivre les vicissitudes d'assez près pour en faire une expérience naturelle, capable d'éclairer d'autres mouvements de même ordre. Mais une étude détaillée déborderait le cadre de ce livre. Quelques points de repère devront suffire.

Il ne serait guère exact de dire que le paganisme nordique ne fit pas une sérieuse résistance, puisque trois siècles furent nécessaires pour le mettre à bas. On entrevoit pourtant quelques-unes des raisons internes qui facilitèrent la défaite finale. Au clergé, fortement organisé, des peuples chrétiens, la Scandinavie n'opposait aucun corps analogue. Les chefs de groupes consanguins ou de peuples étaient les seuls prêtres. Sans doute les rois, en particulier, pouvaient craindre, s'ils perdaient leurs droits aux sacrifices, de ruiner par là un élément essentiel de leur grandeur. Mais, comme nous le dirons plus tard, le christianisme ne les forçait pas à tout abandonner de leur caractère sacré. Quant aux chefs de familles ou de tribus, on peut croire que les changements profonds de la structure sociale, corrélatifs à la fois aux migrations et à la formation des États, portèrent un coup redoutable à leur prestige sacerdotal. L'ancienne religion ne manquait pas seulement de l'armature d'une Église ; il semble bien qu'au temps de la conversion elle ait présenté, en elle-même, les symptômes d'une sorte de décomposition spontanée. Les textes scandinaves mettent assez souvent en scène de véritables incroyants. A la longue, ce grossier scepticisme devait conduire moins à l'absence, presque inconcevable, de toute foi, qu'à l'adoption d'une foi neuve. Enfin, le polythéisme même ouvrait au changement d'obédience un chemin aisé. Des esprits auxquels toute critique du témoignage est inconnue n'inclinent guère à nier le surnaturel, d'où qu'il vienne. Lorsque les chrétiens se refusaient à prier les dieux des divers paganismes, ce n'était pas, à l'ordinaire, faute d'en admettre l'existence ; ils les tenaient pour de méchants démons, dangereux certes, plus faibles cependant que l'unique Créateur. De même, des textes nombreux nous l'attestent, lorsque les Normands apprirent à connaître le Christ et ses saints, ils s'habituèrent rapidement à les traiter comme des déités étrangères, qu'on pouvait bien, avec l'aide de ses dieux propres, combattre et railler, mais dont l'obscure puissance était trop à craindre pour que la sagesse, en d'autres circonstances, ne fût point de se les rendre propices et de respecter la mystérieuse magie de leur culte. Ne vit-on pas, en 860, un Viking, malade, faire un vœu à saint Riquier ? Un peu plus tard, un chef islandais, sincèrement converti au christianisme, n'en continuait pas moins d'invoquer Thor, dans certains cas difficiles ([29]). De reconnaître le Dieu des chrétiens comme une force redoutable à l'accepter comme le seul Dieu, la distance se pouvait franchir par étapes presque insensibles.

Coupées de trêves et de pourparlers, les expéditions de pillage elles-mêmes exerçaient leur action. Plus d'un marin du Nord, au retour de ses courses guerrières, rapporta à son foyer la religion nouvelle, comme un autre butin. Les deux grands rois convertisseurs de la Norvège, Olaf, fils de Trygvi, et Olaf, fils de Harald, avaient tous deux reçu le baptême — le premier sur le sol anglais, en 994, le deuxième sur celui de la France, en 1014, — au temps où, sans royaumes encore, ils commandaient des bandes de Vikings. Ces passages ou glissements à la loi du Christ se multipliaient à mesure que, le long de leur route, les aventuriers, venus d'outre-mer, rencontraient un plus grand nombre de leurs compatriotes établis à demeure sur des terres anciennement chrétiennes et pour la plupart gagnés aux croyances des populations sujettes ou voisines. De leur côté, les relations commerciales, antérieures aux grandes entreprises guerrières et que celles-ci n'interrompirent jamais, favorisaient les conversions. En Suède, la plupart des premiers chrétiens furent des marchands, qui avaient fréquenté le port de Durstede, alors le principal nœud des communications entre l'empire franc et les mers septentrionales. Une vieille chronique gotlandaise écrit, des habitants de l'île : « Ils voyageaient avec leurs marchandises vers toute contrée... ; chez les chrétiens, ils virent les coutumes chrétiennes ; quelques-uns furent baptisés et ramenèrent avec eux des prêtres. » De fait, les plus anciennes communautés dont nous trouvions trace s'étaient formées dans des bourgs de négoce : Birka, sur le lac Mälar, Ripen et Schleswig aux deux extrémités de la route qui, de mer en mer, traversait l'isthme jutlandais. En Norvège, vers le début du XIe siècle, selon la pénétrante observation de l'historien islandais Snorri Sturluson, « la plupart des hommes qui habitaient le long des côtes avaient reçu le baptême, alors que dans les hautes vallées et sur les étendues montagneuses, le peuple demeurait tout païen » ([30]). Pendant longtemps, ces contacts, d'hommes à hommes, au hasard des migrations temporaires, furent pour la foi étrangère des agents de propagation singulièrement plus efficaces que les missions lancées par l'Église.

Celles-ci, néanmoins, avaient commencé de bonne heure. Travailler à l'extinction du paganisme apparaissait aux Carolingiens à la fois comme un devoir inhérent à leur vocation de princes chrétiens et comme la voie la plus sûre pour étendre sur un monde, désormais uni dans une même prière, leur propre hégémonie. De même, aux grands empereurs allemands, héritiers de leurs traditions. La Germanie proprement dite une fois convertie, comment n'eût-on pas songé aux Germains du Nord ? Sur l'initiative de Louis le Pieux, des missionnaires s'en furent annoncer le Christ aux Danois et aux Suédois. Comme jadis Grégoire le Grand avait songé à le faire pour les Anglais, de jeunes Scandinaves furent achetés sur les marchés d'esclaves pour être formés à la prêtrise et à l'apostolat. Enfin, l'œuvre de christianisation obtint un point d'appui permanent par l'établissement, à Hambourg, d'un archevêché, dont le moine picard Anschaire, à son retour de Suède, fut le premier titulaire : métropole, pour l'instant, dépourvue de suffragants, mais devant qui s'ouvrait, au-delà des frontières scandinaves et slaves toutes proches, une immense province à conquérir. Cependant, les croyances ancestrales avaient encore de trop fermes racines, les prêtres francs en qui on voyait les serviteurs de princes étrangers soulevaient de trop vives suspicions, les équipes de prédicateurs elles-mêmes, en dépit de quelques âmes de feu comme Anschaire, étaient trop difficiles à recruter pour que ces grands rêves pussent si promptement prendre corps. Hambourg ayant été pillé en 845 par des Vikings, l'église mère des missions ne survécut que parce qu'on se décida à lui unir, en le détachant de la province de Cologne, le siège épiscopal de Brême, plus ancien et moins pauvre.

Du moins était-ce là une position de repli et d'attente. De Brême-Hambourg, en effet, repartit au Xe siècle un nouvel effort, qui fut plus heureux. En même temps, venus d'un autre secteur de l'horizon chrétien, les prêtres anglais disputaient à leurs frères d'Allemagne l'honneur de baptiser les païens de la Scandinavie. Habitués de longue date au métier de pêcheurs d'âmes, servis par les communications constantes qui liaient les ports de leur île aux côtes d'en face, moins suspects surtout, leur moisson paraît bien avoir été plus abondante. Il est caractéristique qu'en Suède, par exemple, le vocabulaire du christianisme soit composé d'emprunts à l'anglo-saxon plutôt qu'à l'allemand. Il ne l'est pas moins que de nombreuses paroisses y aient pris pour patrons des saints de la Grande-Bretagne. Bien que, selon les règles hiérarchiques, les diocèses plus ou moins éphémères qui se fondaient dans les pays scandinaves dussent dépendre de la province de Brême-Hambourg, les rois, quand ils étaient chrétiens, faisaient volontiers sacrer leurs évêques en Grande-Bretagne. A plus forte raison l'influence anglaise rayonna-t-elle largement sur le Danemark et même la Norvège au temps de Knut et de ses premiers héritiers.

Car, à la vérité, l'attitude des rois et des principaux chefs était l'élément décisif. L'Église le savait bien, qui toujours s'était avant tout attachée à les gagner. A mesure notamment que les groupes chrétiens se multipliaient et, en raison même de leur succès, trouvaient devant eux des groupes païens plus conscients du danger et, par suite, mieux résolus à la lutte, c'était dans le pouvoir de contrainte exercé par les souverains, souvent avec une extrême dureté, que les deux partis mettaient leur plus sûr espoir. Aussi bien, sans leur appui, comment jeter sur le pays ce réseau d'évêchés et d'abbayes, faute duquel le christianisme eût été incapable de maintenir son ordre spirituel et d'atteindre les couches profondes de la population ? Réciproquement, dans les guerres entre prétendants, qui sans cesse déchiraient les États scandinaves, les discordes religieuses ne manquaient pas d'être exploitées : plus d'une révolution dynastique vint ruiner, pour un temps, une organisation ecclésiastique en voie d'établissement. Le triomphe put être reconnu comme assuré le jour où, dans chacun des trois royaumes, tour à tour, on vit se succéder sans interruption des rois chrétiens : en Danemark, d'abord, depuis Knut ; en Norvège, depuis

Magnus le Bon (1035) ; et sensiblement plus tard en Suède, depuis le roi Inge qui, vers la fin du XIe siècle, détruisit l'antique sanctuaire d'Upsal, où si souvent ses prédécesseurs avaient offert en sacrifice la chair des bêtes et celle même des hommes.

Comme en Hongrie, la conversion de ces pays du Nord, jaloux de leur indépendance, devait forcément entraîner la constitution dans chacun d'eux d'une hiérarchie propre, directement soumise à Rome. Il se trouva un jour, sur le siège archiépiscopal de Brême-Hambourg, un politique assez fin pour s'incliner devant l'inévitable et, faisant la part du feu, chercher du moins à sauver quelque chose de la suprématie traditionnellement revendiquée par son église. L'archevêque Adalbert — depuis 1043 — conçut l'idée d'un vaste patriarcat nordique, au sein duquel, sous la tutelle des successeurs de saint Anschaire, se seraient créées les métropoles nationales. Mais la Curie romaine, médiocrement amie des pouvoirs intermédiaires, se garda de favoriser ce dessein, qu'au surplus les querelles des barons, en Allemagne même, ne permirent pas à son auteur de pousser avec beaucoup d'esprit de suite. En 1103 un archevêché fut fondé à Lund, dans la Scanie danoise, avec juridiction sur toutes les terres scandinaves. Puis la Norvège, en 1152, obtint le sien propre, qu'elle établit à Nidaros (Trondhjem) auprès du tombeau, véritable palladium de la nation, où reposait le roi martyr Olaf. La Suède enfin, en 1164, fixa sa métropole chrétienne tout près du site où s'était élevé, aux temps païens, le temple royal d'Upsal. Ainsi l'Église scandinave échappait à l'Église allemande. Parallèlement, dans le domaine politique, les souverains de la France Orientale, malgré leurs innombrables interventions dans les guerres dynastiques du Danemark, ne parvinrent jamais à imposer d'une façon durable aux rois de ce pays le versement du tribut, signe de sujétion ; ni même à avancer sérieusement la frontière. Entre les deux grands rameaux des peuples germaniques la séparation était allée se marquant avec une force croissante. L'Allemagne n'était pas, ne devait jamais être toute la Germanie.

VI. A LA RECHERCHE DES CAUSES

Fut-ce leur conversion qui persuada les Scandinaves de renoncer à leurs habitudes de pillages et de lointaines migrations ? Concevoir les courses des Vikings sous les couleurs d'une guerre de religion déclenchée par l'ardeur d'un implacable fanatisme païen, l'explication, qui a parfois été au moins esquissée, heurte par trop ce que nous savons d'âmes enclines à respecter toutes les magies. Ne peut-on, par contre, croire aux effets d'un profond changement de mentalité, sous l'action du changement de foi ? Assurément, l'histoire des navigations et invasions normandes serait inintelligible sans cet amour passionné de la guerre et de l'aventure qui, dans la vie morale du Nord, coexistait avec la pratique d'arts plus tranquilles. Les mêmes hommes qu'on voyait hanter, en adroits commerçants, les marchés de l'Europe, depuis Constantinople jusqu'aux ports du delta rhénan, ou qui, sous les frimas, défrichèrent les solitudes de l'Islande, ne connaissaient ni plus grand plaisir ni plus haute source de renom que « le cliquetis du fer » et « le choc des boucliers » : témoins, tant de poèmes et récits mis par écrit seulement au XIIe siècle, mais où retentit encore le fidèle écho de l'âge des Vikings ; témoins aussi, les stèles, pierres funéraires ou simples cénotaphes, qui, sur les tertres du pays scandinave, le long des routes ou près des lieux d'assemblées, dressent aujourd'hui encore leurs runes, gravées, en rouge vif, sur la roche grise. Elles ne commémorent point, pour la plupart, comme un si grand nombre de tombes grecques ou romaines, les morts paisiblement endormis au foyer natal. Le souvenir qu'elles rappellent est, presque exclusivement, celui de héros frappés au cours de quelque expédition sanglante. Il n'est pas moins évident que cette tonalité de sentiment peut sembler incompatible avec la loi du Christ, comprise comme un enseignement de douceur et de miséricorde. Mais, nous aurons par la suite maintes fois l'occasion de le constater, chez les peuples occidentaux, durant l'ère féodale, la foi la plus vive dans les mystères du christianisme s'associa, sans difficultés apparentes, avec le goût de la violence et du butin, voire avec la plus consciente exaltation de la guerre.

Certes, les Scandinaves communièrent désormais avec les autres membres de la catholicité dans un même credo, se nourrirent des mêmes légendes pieuses, suivirent les mêmes routes de pèlerinages, lurent ou se firent lire, pour peu qu'ils eussent quelque désir d'instruction, les mêmes livres où se reflétait, plus ou moins déformée, la tradition romano-hellénique. Cependant l'unité foncière de la civilisation occidentale a-t-elle jamais empêché les guerres intestines ? Tout au plus admettra-t-on que l'idée d'un Dieu unique et omnipotent, jointe à des conceptions toutes nouvelles sur l'autre monde, ait porté, à la longue, un coup fort rude à cette mystique du destin et de la gloire, si caractéristique de la vieille poésie du Nord et dans laquelle plus d'un Viking, sans doute, avait puisé la justification de ses passions. Qui estimera que c'en était assez pour ôter aux chefs toute envie de suivre les traces de Rollon et de Svein ou pour les empêcher de recruter les guerriers nécessaires à leurs ambitions ?

A dire vrai, le problème, tel que nous l'avons posé plus haut, souffre d'un énoncé incomplet. Comment rechercher pourquoi un phénomène a pris fin, sans se demander d'abord pourquoi il s'était produit ? Ce n'est, peut-être, en l'espèce, que reculer la difficulté : car le commencement des migrations scandinaves n'est guère moins obscur dans ses causes que leur arrêt. Non d'ailleurs, qu'il y ait lieu de s'attarder à scruter longuement les raisons de l'attirance exercée sur les sociétés du Nord par les terres, généralement plus fertiles et plus anciennement civilisées, qui s'étendaient à leur midi. L'histoire des grandes invasions germaniques et des mouvements de peuples qui les précédèrent n'avait-elle pas déjà été celle d'un long glissement vers le soleil ? La tradition des pillages par voie de mer était elle-même ancienne. Par un accord remarquable, Grégoire de Tours et le poème du *Beowulf* nous ont tous deux conservé le souvenir de l'expédition que, vers 520, un roi des Götar entreprit sur les côtes de Frise ; d'autres tentatives semblables ne nous échappent sans doute que par la faute des textes. Il n'en est pas moins certain qu'assez brusquement, vers la fin du VIIIe siècle, ces courses lointaines prirent une ampleur jusque-là inconnue.

Faut-il donc croire que l'Occident, mal défendu, fût alors

une proie plus facile que par le passé ? Mais outre que cette explication ne saurait s'appliquer à des faits exactement parallèles dans le temps, comme le peuplement de l'Islande et la fondation des royaumes varègues sur les fleuves de la Russie, il y aurait un insupportable paradoxe à prétendre que l'État mérovingien, pendant sa période de décomposition, dût paraître plus redoutable que la monarchie de Louis le Pieux, voire de ses fils. Visiblement c'est à l'étude des pays du Nord eux-mêmes qu'il convient de demander la clef de leur destin.

La comparaison des nefs du IXe siècle avec quelques autres trouvailles, qui se rapportent à des dates plus anciennes, atteste que, pendant la période immédiatement antérieure à l'âge des Vikings, les marins de la Scandinavie avaient beaucoup perfectionné la construction de leurs barques. Nul doute que sans ces progrès techniques les courses lointaines à travers les océans eussent été impossibles. Mais fut-ce vraiment pour le plaisir d'utiliser des bateaux mieux conçus que tant de Normands décidèrent d'aller chercher aventure loin de leur pays ? On croira plutôt qu'ils se préoccupèrent d'améliorer leur outillage naval afin, précisément, de se lancer plus avant sur la mer.

Une autre explication, enfin, a été proposée, dès le XIe siècle, par l'historien même des Normands de France, Doon de Saint-Quentin. La cause des migrations, il la voyait dans le surpeuplement des pays scandinaves ; l'origine de celui-ci, dans la pratique de la polygamie. Laissons cette dernière interprétation : outre que les chefs seuls entretenaient de vrais harems, les observations démographiques n'ont jamais établi — loin de là — que la polygamie soit particulièrement favorable à l'accroissement de la population. L'hypothèse même du surpeuplement peut paraître, au premier abord, suspecte. Les peuples victimes d'invasions l'ont presque toujours mise en avant, dans l'espoir, assez naïf, de justifier leurs défaites par l'afflux d'un nombre prodigieux d'ennemis : tels les Méditerranéens, naguère, devant les Celtes, les Romains devant les Germains. Ici cependant elle mérite davantage considération : parce que Doon la tenait probablement, non de la tradition des vaincus, mais de celle des vainqueurs ; surtout, en raison d'une certaine vraisemblance intrinsèque. Du IIe au IVe siècle, les mouvements de peuples qui devaient finalement amener la ruine de l'Empire romain avaient eu certainement pour effet de laisser dans la péninsule scandinave, les îles de la Baltique, le Jutland, de grandes étendues vides d'hommes. Les groupes demeurés en place purent, plusieurs siècles durant, s'étaler librement. Puis un moment vint, vers le VIIIe siècle, où l'espace sans doute commença de leur faire défaut : du moins, compte tenu de l'état de leur agriculture.

A dire vrai, les premières expéditions des Vikings en Occident eurent pour objet beaucoup moins la conquête d'établissements permanents que la prise d'un butin destiné à être rapporté au foyer. Mais c'était là encore un moyen de parer au manque de terre. Grâce aux dépouilles des civilisations méridionales, le chef, qu'inquiétait le resserrement de ses champs et de ses pâtures, pouvait maintenir son train de vie et continuer à ses compagnons les libéralités nécessaires à son prestige. Dans les classes plus humbles, l'émigration épargnait aux cadets la médiocrité d'un foyer trop encombré. Probablement plus d'une famille paysanne dut ressembler alors à celle que nous fait connaître une pierre funéraire suédoise du début du XIe siècle : sur cinq fils, l'aîné et le plus jeune sont demeurés au pays ; les trois autres ont succombé au loin, l'un à Bornholm, le second en Écosse, le troisième à Constantinople ([31]). Enfin une de ces querelles ou de ces vendettas, que la structure sociale et les mœurs conspiraient à multiplier, forçait-elle un homme à abandonner le *gaard* ancestral ? La raréfaction des espaces vides lui rendait plus difficile que par le passé la recherche, dans le pays même, d'une nouvelle demeure ; traqué, il ne trouvait souvent d'autre asile que la mer ou les contrées lointaines dont elle ouvrait l'accès. A plus forte raison, si l'ennemi qu'il fuyait était un de ces rois auxquels l'habitat moins lâche permettait d'étendre, sur des territoires plus vastes, un pouvoir de commandement plus efficace. L'habitude et le succès aidant, le goût très vite s'ajouta au besoin et l'aventure, qui s'avérait généralement fructueuse, devint à la fois un métier et un sport.

Pas plus que le début des invasions normandes, leur terme ne saurait s'expliquer par la situation des pouvoirs politiques dans les pays envahis. Sans doute la monarchie ottonienne était, mieux que celle des derniers Carolingiens, capable de protéger son littoral; Guillaume le Bâtard et ses successeurs eussent constitué, en Angleterre, des adversaires redoutables. Cependant, il se trouva, précisément, que ni les uns ni les autres, n'eurent, ou peu s'en faut, rien à défendre. Et l'on croira difficilement que la France depuis le milieu du xe siècle, que l'Angleterre sous Édouard le Confesseur aient paru des proies trop dures. Selon toute vraisemblance l'affermissement même des royautés scandinaves, après avoir, dans ses origines, momentanément amplifié les migrations, en jetant sur les routes de l'Océan beaucoup de bannis et de prétendants déçus, aboutit en fin de compte à en tarir la source. Désormais les levées d'hommes et de navires étaient monopolisées par les États, qui avaient, notamment, organisé avec un soin minutieux la réquisition des vaisseaux. Les rois, d'autre part, ne favorisaient guère les expéditions isolées qui entretenaient l'esprit de turbulence et fournissaient aux hors-la-loi de trop faciles refuges, ainsi qu'aux conspirateurs — comme le montre la saga de saint Olaf — le moyen d'accumuler les richesses nécessaires à leurs noirs projets. On racontait que Svein, une fois maître de la Norvège, les avait interdites. Les chefs peu à peu s'habituèrent aux cadres d'une vie plus régulière, où les ambitions cherchaient leur assouvissement dans la mère-patrie elle-même, auprès du souverain ou de ses rivaux. Pour se procurer des terres nouvelles, on poussa plus activement le défrichement intérieur. Restaient les conquêtes monarchiques, comme celles que fit Knut et auxquelles s'essaya Harald au Dur Conseil. Mais les armées royales étaient de lourdes machines, difficiles à mettre en train dans des États d'armature si peu stable. La dernière tentative d'un roi de Danemark sur l'Angleterre, au temps de Guillaume le Bâtard, échoua, avant même que la flotte eût levé l'ancre, devant une révolution de palais. Bientôt les rois de Norvège bornèrent leurs desseins à renforcer ou établir leur domination, sur les îles de l'Ouest, de l'Islande aux

Hébrides ; les rois de Danemark et de Suède à poursuivre contre leurs voisins slaves, lettons et finnois de longues campagnes qui, à la fois entreprises de représailles — car, par un juste retour, les pirateries de ces peuples troublaient constamment la Baltique —, guerres de conquête et croisades, ne manquaient pas aussi de ressembler parfois, de fort près, aux raids dont les bords de l'Escaut, de la Tamise ou de la Loire avaient si longtemps souffert.

Chapitre III

Quelques conséquences et quelques enseignements des invasions

I. LE TROUBLE

De la tourmente des dernières invasions, l'Occident sortit tout couvert de plaies. Les villes mêmes n'avaient pas été épargnées, du moins par les Scandinaves, et si beaucoup d'entre elles, après le pillage ou l'abandon, se relevèrent tant bien que mal de leurs ruines, cette brèche dans le cours régulier de leur vie les laissa pour longtemps affaiblies. D'autres furent moins heureuses : les deux principaux ports de l'empire carolingien sur les mers septentrionales, Durstede sur le delta du Rhin, Quentovic à l'embouchure de la Canche, tombèrent définitivement au rang, le premier d'un médiocre hameau, le second d'un village de pêcheurs. Le long des routes fluviales les échanges avaient perdu toute sécurité : en 861, des marchands parisiens, fuyant sur leur flottille, furent rejoints par les barques normandes et emmenés en captivité. Surtout les campagnes souffrirent affreusement, au point d'être parfois réduites en véritables déserts. Dans le Toulonnais, après l'expulsion des bandits du Freinet, le sol dut être défriché à nouveau ; les anciennes limites des propriétés ayant cessé d'être reconnaissables, chacun, dit une charte, « s'emparait de la terre selon ses forces » ([32]). Dans la Touraine, si souvent parcourue par les Vikings, un acte du 14 septembre 900 met en scène une petite seigneurie à Vontes, dans la vallée de l'Indre, et un village entier à Martigny, sur la Loire. A Vontes, cinq hommes de condition servile « pourraient tenir la terre s'il y avait la paix ». A Martigny, les redevances sont dénombrées soigneusement. Mais c'est au passé ; car, si l'on distingue encore dix-sept unités de tenure, ou manses, elles ne rapportent plus rien. Seize chefs de famille seulement vivent sur cette glèbe appauvrie : un de moins que les manses, par conséquent, alors que normalement une partie de ceux-ci eussent dû être occupés chacun par deux ou trois ménages. Parmi les hommes, plusieurs « n'ont ni femmes ni enfants ». Et le même tragique refrain se fait entendre. « Ces gens-là pourraient tenir la terre, s'il y avait la paix (33). » Toutes les dévastations, d'ailleurs, n'étaient pas l'œuvre des envahisseurs. Car, pour réduire l'ennemi à merci, force était souvent de l'affamer. En 894, comme une bande de Vikings avait été contrainte de se réfugier dans la vieille enceinte de Chester, l'ost anglais, dit la chronique, « enleva tout le bétail autour de la place, et brûla les moissons et fit manger par ses chevaux tout le pays environnant ».

Naturellement, les paysans, plus qu'aucune autre classe, étaient par là acculés au désespoir. Si bien qu'on les vit, à plusieurs reprises, entre Seine et Loire et près de la Moselle, s'unissant par serment dans un grand sursaut d'énergie, courir sus aux pillards. Leurs troupes, mal organisées, se firent chaque fois massacrer (34). Mais ils n'étaient pas seuls à pâtir, durement, de la désolation des campagnes. Les villes, lors même que leurs enceintes tenaient bon, avaient faim. Les seigneurs, qui tiraient leurs revenus de la terre, étaient appauvris. En particulier, les seigneuries d'Église ne vivaient plus qu'avec peine. D'où — comme plus tard, après la guerre de Cent Ans — une profonde décadence du monachisme et, par contrecoup, de la vie intellectuelle. L'Angleterre, principalement, fut touchée. Dans la préface de la *Règle Pastorale* de Grégoire le Grand, traduite par ses soins, le roi Alfred évoque douloureusement « le temps où avant que tout ne fût ravagé ou brûlé, les églises anglaises regorgeaient de trésors et de livres (35) ». De fait, ce fut le glas de cette culture ecclésiastique anglo-saxonne dont l'éclat naguère avait rayonné sur l'Europe. Mais sans doute l'effet le plus durable, en tous lieux, se résuma-t-il dans une terrible déperdition de forces. Lorsqu'une sécurité relative eut été rétablie, les hommes, eux-mêmes diminués en nombre, se trouvèrent devant de vastes étendues, jadis cultivées, qu'avait recouvertes la brousse. La conquête du sol vierge, encore si abondant, en fut retardée pour plus d'un siècle.

Aussi bien ces ravages matériels n'étaient-ils pas tout. Il faudrait également pouvoir mesurer le choc mental. Celui-ci fut d'autant plus profond que la tempête, surtout dans l'Empire franc, succédait à un calme au moins relatif. Sans doute, la paix carolingienne n'était pas bien ancienne et on ne l'avait jamais vue bien complète. Mais la mémoire des hommes est courte et leur capacité d'illusions, insondable. Témoin, l'histoire des fortifications de Reims, qui se répéta, d'ailleurs, avec quelques variantes, dans plus d'une autre ville ([36]). Sous Louis le Pieux, l'archevêque avait sollicité de l'empereur la permission de prélever les pierres de l'antique enceinte romaine, pour les employer à la reconstruction de sa cathédrale. Le monarque qui, écrit Flodoard, « jouissait alors d'une paix profonde et, fier de l'illustre puissance de son Empire, ne redoutait aucune invasion de barbares », donna son consentement. A peine plus de cinquante ans s'étaient écoulés que, les « barbares » revenus, il fallut en toute hâte bâtir de nouveaux remparts. Les murs et les palissades, dont l'Europe, alors, commença de se hérisser, furent comme le symbole visible d'une grande angoisse. Le pillage désormais était devenu un événement familier que les personnes prudentes prévoyaient dans leurs contrats. Tels, ce bail rural des environs de Lucques qui, en 876, stipulait la suspension du loyer « si la nation païenne brûle ou dévaste les maisons et leur contenu ou le moulin ([37]) »; ou encore, dix-huit ans plus tôt, le testament d'un roi de Wessex : les aumônes dont il charge ses biens seront payées seulement si chaque terre ainsi grevée « reste peuplée d'hommes et de bétail et n'est pas changée en désert » ([38]). Diverses d'application, pareilles par le sentiment, de tremblantes prières, que nous ont conservées quelques livres liturgiques, se répondaient d'un bout à l'autre de l'Occident. En Provence : « Trinité éternelle ... délivre ton peuple chrétien de l'oppression des païens » (ce sont ici, certainement, les

Sarrasins). Dans la Gaule du Nord : « de la féroce nation normande, qui dévaste nos royaumes, libère-nous, ô Dieu ». A Modène, où l'on s'adressait à saint Gemignano : « contre les flèches des Hongrois, sois notre protecteur ([39]). » Qu'on veuille bien, une minute, imaginer l'état d'esprit des fidèles qui, chaque jour, s'associaient à ces implorations. Ce n'est pas impunément qu'une société vit en posture de perpétuelle alerte. Certes les incursions arabes, hongroises ou scandinaves ne portaient pas toute la responsabilité de l'ombre qui pesait sur les âmes. Mais elles en portaient une large part.

La secousse cependant n'avait pas été que destructrice. Du trouble même naquirent certaines modifications, parfois profondes, dans les lignes de force, à l'intérieur de la civilisation occidentale.

Des déplacements de population eurent lieu, en Gaule, qui, si nous pouvions faire autrement que les deviner, nous paraîtraient sans doute de grande conséquence. Dès Charles le Chauve on voit le gouvernement se préoccuper, sans beaucoup de succès, de renvoyer, dans leurs foyers, les paysans qui avaient fui devant l'envahisseur. Les gens du Bas-Limousin, qu'à plusieurs reprises les textes nous montrent cherchant asile dans les montagnes, croira-t-on que tous aient regagné, chaque fois, leur point de départ ? Aussi bien les plaines, en Bourgogne notamment, semblent-elles avoir été, plus que les hautes terres, atteintes par le dépeuplement ([40]). Parmi les anciens villages qui, de toutes parts, disparurent, tous n'avaient d'ailleurs pas été détruits par le fer ou le feu. Beaucoup furent simplement abandonnés pour des refuges plus sûrs : comme à l'ordinaire, l'universel danger poussait à la concentration de l'habitat. Mieux que les pérégrinations des laïques, nous connaissons celles des moines. Comme, le long des chemins de l'exil, ils emportaient, avec leurs châsses, leurs pieuses traditions, tout un brassage légendaire s'ensuivit, fort propre à fortifier, en même temps que le culte des saints, l'unité catholique. Notamment le grand exode des reliques bretonnes répandit fort loin la connaissance d'une hagiographie originale, facilement accueillie par des âmes que flattait la singularité même de ses miracles.

Mais ce fut en Angleterre que, par suite d'une occupation étrangère particulièrement étendue et durable, la carte politique et culturelle subit les altérations les plus sensibles. L'effondrement des royaumes, naguère puissants, de la Northumbrie, dans le Nord-Est, et de la Mercie, dans le Centre, favorisa l'ascension du Wessex, déjà commencée durant la période précédente, et des rois issus de cette terre méridionale fit, au bout du compte, comme dit une de leurs chartes, les « empereurs de toute la Bretagne » ([41]) : héritage que Knut, puis Guillaume le Conquérant devaient en somme se borner à recueillir de leurs mains. Les villes du Sud, Winchester, puis Londres, attirèrent désormais vers les trésors dont leurs châteaux avaient la garde le produit des impôts prélevés dans tout le pays. Les abbayes northumbriennes avaient été d'illustres foyers d'étude. Là avait vécu Bède, de là était parti Alcuin. Les pillages des Danois, auxquels vinrent s'ajouter les ravages systématiques entrepris par Guillaume le Conquérant, afin de châtier et prévenir les révoltes, mirent fin à cette hégémonie intellectuelle. Bien plus : une partie de la zone septentrionale échappa pour toujours à l'Angleterre elle-même. Coupées des autres populations de même langue par l'établissement des Vikings dans le Yorkshire, les basses-terres de parler anglo-saxon, autour de la citadelle northumbrienne d'Édimbourg, tombèrent sous la domination des chefs celtes des montagnes. Ainsi le royaume d'Écosse, dans sa dualité linguistique, fut, par un choc en retour, une création de l'invasion scandinave.

II. L'APPORT HUMAIN : LE TÉMOIGNAGE DE LA LANGUE ET DES NOMS

Ni les bandits sarrasins, ni, hors de la plaine danubienne, les coureurs hongrois ne mêlèrent leur sang, en proportion appréciable, à celui de la vieille Europe. Les Scandinaves, par contre, ne se bornèrent pas à piller : dans leurs établissements de l'Angleterre et de la Normandie neustrienne, ils introduisirent, incontestablement, un élément humain nouveau. Comment doser cet apport ? Les données anthropologiques sont, dans l'état actuel de la science, incapables de rien fournir de certain. Force est de faire appel, en les recoupant, à divers ordres de témoignages, de nature plus indirecte.

Chez les Normands de la Seine, dès 940 ou environ, la langue nordique avait cessé, autour de Rouen, d'être d'un usage général. A cette date, par contre, elle continuait d'être parlée dans le Bessin, peut-être peuplé, plus tardivement, par un nouvel arrivage d'immigrés ; et son importance dans la principauté demeurait assez grande pour que le duc régnant crût nécessaire de la faire apprendre à son héritier. Par une coïncidence frappante, c'est vers le même temps que nous observons, pour la dernière fois, l'existence de groupes païens assez puissants pour jouer un rôle dans les troubles qui suivirent la mort du duc Guillaume Longue-Épée, assassiné en 942. Jusque dans les premières années du onzième siècle, autour de ces « iarls de Rouen » longtemps fidèles, nous dit une saga, « au souvenir de leur cousinage » avec les chefs du Nord ([42]), il faut bien que des hommes se soient encore trouvés qui, sans doute bilingues, restaient capables d'user des idiomes scandinaves. Comment expliquer autrement que, vers l'an mille, les proches de la vicomtesse de Limoges, enlevée, sur les côtes poitevines, par une bande de Vikings et emmenée par ses ravisseurs « au-delà des mers », aient eu recours, pour obtenir sa libération, aux bons offices du duc Richard II ; que ce même prince, en 1013, ait pu prendre à son service les hordes d'Olaf ; que, l'année suivante, quelques-uns de ses sujets aient peut-être combattu dans l'armée du roi danois de Dublin ([43]). Dès ce moment, cependant, favorisée à la fois par le rapprochement religieux et par le ralentissement des apports humains qui, dans la période immédiatement postérieure au premier établissement, s'étaient succédé à brefs intervalles, l'assimilation linguistique devait être à peu près achevée ; Adémar de Chabannes, qui écrivait en 1028 ou peu avant, la tenait pour accomplie ([44]). Au parler des compagnons de Rollon, le dialecte roman de la Normandie et, par son intermédiaire, le français commun n'ont guère emprunté que quelques termes techniques qui, presque tous — si nous laissons provisoirement à part la vie agraire —, se rapportent soit à la navigation, soit à la topographie des côtes : « havre » et « crique », par exemple. Si les mots de ce type restèrent bien vivants, malgré la romanisation, c'était qu'il avait été impossible d'en trouver les équivalents dans la langue d'un peuple terrien, inhabile à construire les navires comme à décrire la physionomie d'un littoral.

L'évolution, en Angleterre, suivit de tout autres lignes. Pas plus, à vrai dire, que sur le continent, les Scandinaves ne s'y obstinèrent dans leur isolement linguistique. Ils apprirent l'anglo-saxon. Mais ce fut pour le manier d'une façon bien singulière. Tout en se pliant tant bien que mal à sa grammaire et en adoptant une grande partie de son lexique, ils n'en persistèrent pas moins à y mêler, en grand nombre, des mots de leur parler originel. En contact étroit avec les immigrés, les indigènes, à leur tour, s'habituèrent à user largement de ce vocabulaire étranger. Le nationalisme de la parole et du style était alors un sentiment inconnu. Même chez les écrivains les plus attachés aux traditions de leur peuple : un des plus anciens exemples d'emprunts à la langue des Vikings ne nous est-il pas fourni par le chant de la bataille de Maldon, qui célèbre la gloire de guerriers de l'Essex, tombés, en 991, dans un combat contre une bande de ces « loups meurtriers » ? Plus n'est besoin ici de feuilleter les dictionnaires techniques. Des noms parfaitement usuels, tels que « ciel » (*sky*) ou « compagnon » (*fellow*) ; des adjectifs d'emploi aussi courant que « bas » (*low*) ou « malade » (*ill*) ; des verbes que tout homme a sans cesse à la bouche — « appeler », par exemple, (*to call*) ou « prendre » (*to take*) — ; certains pronoms même (ceux de la troisième personne du pluriel) : autant de termes qui nous paraissent aujourd'hui anglais entre les anglais et qui pourtant, avec bien d'autres, sont en réalité nés dans le Nord. En sorte que les millions d'hommes qui, au vingtième siècle, parlent, de par le monde, le plus répandu des langages européens s'exprimeraient dans la vie de chaque jour tout différemment si les rivages de la Northumbrie n'avaient jamais vu les barques des « hommes de la mer ».

Bien imprudent, cependant, serait l'historien qui, à cette richesse comparant l'indigence de la dette contractée par le français envers les parlers scandinaves, imaginerait entre les chiffres des populations immigrées un écart exactement proportionnel à celui des emprunts linguistiques. L'influence d'une langue qui meurt sur une concurrente qui survit est bien loin de se mesurer exactement au nombre des individus auxquels la première servait, originellement, de moyen d'expression. Les conditions propres aux faits de langage ne jouent pas un rôle moins considérable. Séparé par un véritable abîme des dialectes romans de la Gaule, le danois et le norrois, à l'époque des Vikings, se rapprochaient au contraire beaucoup du vieil anglais, né comme eux du germanique commun. Certains mots étaient pareils des deux parts, pour la valeur sémantique comme pour la forme. D'autres, qui avaient même sens, offraient des formes voisines entre lesquelles l'hésitation était aisée. Là même où le terme scandinave a supplanté un terme anglais, d'aspect tout différent, l'introduction en a été souvent facilitée par la présence, dans la langue indigène, d'autres mots qui, de même racine, se rattachaient à un ordre d'idées analogue. Il n'en reste pas moins que la formation de cette sorte de sabir demeurerait inexplicable si de nombreux Scandinaves ne s'étaient trouvés vivre sur le sol de l'Angleterre et y entretenir des relations constantes avec les anciens habitants.

Si beaucoup de ces emprunts finirent par s'infiltrer dans la langue commune, ce fut d'ailleurs, presque toujours, par l'intermédiaire des parlers propres à l'Angleterre du Nord et du Nord-Est. D'autres demeurèrent confinés dans les dialectes de ces régions. Là en effet — notamment dans le Yorskhire, le Cumberland, le Westmoreland, le nord du Lancashire et le pays des « Cinq Bourgs » (Lincoln, Stamford, Leicester, Nottingham et Derby) — les earls, venus d'au-delà des mers, avaient taillé leurs seigneuries les plus importantes et les plus durables. Là aussi et surtout avait eu lieu la grande prise de sol. En 876, racontent les chroniques anglo-saxonnes, le chef viking qui résidait à York livra le pays de Deira à ses compagnons « et ceux-ci désormais le labourèrent ». Et plus loin, à l'année 877 : « après la moisson, l'armée danoise vint dans la Mercie et s'en partagea une partie. » Sur cette occupation paysanne, les indications de la linguistique, dont ce n'est pas le moindre intérêt, confirment pleinement le témoignage des narrateurs. Car la plupart des mots empruntés désignaient d'humbles objets ou des actions familières et seuls des ruraux, frayant avec des ruraux, avaient pu apprendre à leurs voisins, pour le pain (*bread*), l'œuf (*egg*) ou la racine (*root*), des noms nouveaux.

L'importance, sur le sol anglais, de cet apport en profondeur · ne ressort pas avec une moindre netteté de l'étude des noms de personnes. Les plus instructifs ne sont pas ceux dont usaient les hautes classes. Car, chez elles, le choix obéissait avant tout aux prestiges d'une mode hiérarchique, d'autant plus volontiers suivie qu'aucun autre principe, aux xe et xie siècles, n'en combattait bien efficacement l'attrait : les règles de la transmission familiale avaient perdu toute vigueur ; les parrains n'avaient pas encore pris l'habitude d'imposer leurs noms à leurs filleuls ni les pères ou mères, même parmi les plus pieuses gens, celle de ne donner à leurs enfants que des saints pour éponymes. De fait, après la Conquête de 1066, les noms d'origine scandinave, jusque-là très répandus dans l'aristocratie anglaise, ne tardèrent guère plus d'un siècle à être unanimement abandonnés par tout ce qui prétendait à une certaine distinction sociale. Ils restèrent, par contre, beaucoup plus longtemps en usage dans les masses paysannes et même bourgeoises, que ne talonnait point l'impossible désir de s'assimiler à une caste victorieuse : en Est-Anglie jusqu'au xiiie siècle ; dans les comtés de Lincoln et d'York, jusqu'au siècle suivant ; dans celui de Lancastre, jusqu'à l'extrême fin du moyen âge. Certes rien n'autorise à penser qu'ils fussent alors portés exclusivement par les descendants des Vikings. Comment ne pas croire, au contraire, que dans les campagnes, au sein d'une même classe, l'imitation comme les intermariages avaient exercé leur action habituelle ? Mais ces influences ne purent jouer que parce que de nombreux immigrants étaient venus s'établir au milieu des anciens habitants, pour vivre auprès d'eux de la même humble vie.

Sur la Normandie neustrienne, le peu qu'en l'absence, malheureusement, de recherches d'érudition assez poussées, il soit possible d'entrevoir conduit à imaginer une évolution sensiblement parallèle à celle des comtés les plus scandinavisés de l'Angleterre. Bien que l'usage de quelques noms de provenance nordique, comme Osbern, ait été conservé dans la noblesse jusqu'au XIIe siècle au moins, les hautes classes, dans leur ensemble, paraissent s'être ralliées de bonne heure aux modes françaises. Rollon lui-même n'avait-il pas donné l'exemple en faisant baptiser son fils, né à Rouen, sous le nom de Guillaume ? Aucun duc, depuis lors, ne revint sur ce point aux traditions ancestrales ; visiblement ils ne désiraient pas se distinguer des autres grands barons du royaume. Ainsi qu'en Grande-Bretagne, d'autre part, les couches inférieures de la population se montrèrent beaucoup plus fidèles à la tradition : témoin, l'existence, aujourd'hui encore, en pays normand, d'un certain nombre de patronymes tirés d'anciens prénoms scandinaves. Tout ce que nous savons de l'onomastique familiale, en général, nous interdit de penser qu'ils aient pu se fixer, héréditairement, avant le XIIIe siècle au plus tôt. Comme en Angleterre, ces faits évoquent un certain peuplement paysan ; moins nombreux qu'en Angleterre, ils suggèrent un peuplement moins serré.

Aussi bien, que, dans les contrées où eux-mêmes avaient creusé tant de vides, les Vikings aient, à leur tour, fondé plus d'un établissement nouveau, la toponymie suffirait à nous en assurer. En Normandie, à vrai dire, il n'est pas toujours aisé de faire le départ entre les noms de lieux scandinaves et une couche germanique plus ancienne, qui proviendrait d'une colonisation saxonne, clairement attestée, vers le temps même des invasions barbares, dans le Bessin au moins. Il semble cependant que, dans la plupart des cas, le litige doive être tranché en faveur de l'immigration la plus récente. Si l'on dresse, par exemple, comme il est loisible de le faire avec quelque exactitude, la liste des terres possédées autour de la Basse-Seine, vers la fin de l'époque mérovingienne, par les moines de Saint-Wandrille, deux enseignements caractéristiques s'en dégagent : les noms sont tous gallo-romains ou d'époque franque, sans confusion possible avec l'apport nordique postérieur ; un très grand nombre se trouvent aujourd'hui rebelles à toute identification, certainement parce qu'au temps de l'invasion normande la plupart des localités elles-mêmes furent détruites ou débaptisées ([45]). Seuls, d'ailleurs, importent ici les phénomènes de masse, qui sont les moins sujets au doute. Les villages à consonance scandinave se pressent, très proches les uns des autres, dans le Roumois et le Caux. Au-delà l'ordre en devient plus lâche avec, par endroits, de petites constellations encore relativement ramassées : tel le groupe qui, entre Seine et Risle, aux abords de la forêt de Londe — dont le nom lui-même est nordique — rappelle les défrichements de colons familiarisés, dès la mère-patrie, avec la vie de coureurs des bois. Selon toute apparence, les conquérants évitaient à la fois de se disperser à l'excès et de trop s'écarter de la mer. On ne relève, semble-t-il, aucune trace de leur occupation dans le Vexin, l'Alençonnais ou le pays d'Avranches.

De l'autre côté de la Manche, mêmes contrastes, mais répartis sur de beaucoup plus vastes espaces. Extrêmement serrés dans le grand comté d'York et dans les régions qui, au sud de la baie de Solway, bordent la mer d'Irlande, les noms caractéristiques — tout entiers scandinaves ou parfois seulement scandinavisés — vont s'égaillant à mesure que l'on s'enfonce vers le Midi ou le Centre : au point de se réduire à quelques unités lorsque, avec les comtés de Buckingham et de Bedford, on atteint le voisinage des collines qui limitent, vers le nord-est, la plaine de la Tamise.

Certes, parmi les lieux ainsi baptisés à la mode des Vikings, tous n'étaient pas forcément des agglomérations nouvelles ou dont le peuplement eût été, de fond en comble, renouvelé. Il est, par exception, des faits indiscutables. Les colons qui, se fixant sur les bords de la Seine, au débouché d'un petit vallon, imaginèrent d'appeler cet établissement, en leur langage, « le froid ruisseau » — c'est aujourd'hui Caudebec —, comment croire qu'ils ne fussent pas tous, ou peu s'en faut, de parler nordique ? Plusieurs localités, dans le nord du Yorkshire, se dénomment « village des Anglais », *Ingleby* (le mot *by* par ailleurs étant incontestablement scandinave) : appellation qui, de toute évidence, eût été dépourvue de sens si, dans ce pays, à un moment donné, ce n'avait été pour un lieu habité une grande originalité que de posséder une population anglaise. Là où, en même temps que l'agglomération elle-même, les diverses sections de son terroir revêtirent des noms également importés, il est visible que l'humble toponymie des champs n'a pu être ainsi remaniée que par des paysans. Le cas est fréquent dans l'Angleterre du Nord-Est. En Normandie, une fois de plus, force est d'avouer l'insuffisance des recherches. D'autres témoignages, malheureusement, offrent moins de certitude. Un grand nombre de villages, dans la Grande-Bretagne comme autour de la Seine, sont désignés par un nom composé dont le premier terme est un nom d'homme, d'origine scandinave. Que ce personnage éponyme, dans lequel on ne saurait guère voir qu'un chef, fût un immigré n'implique pas nécessairement pour ses sujets une naissance semblable. Parmi les pauvres hères dont le labeur nourrissait le seigneur Hastein, de Hattentot en Caux, ou le seigneur Tofi, de Towthorpe en Yorkshire, qui nous dira combien, avant l'arrivée de ces maîtres, avaient déjà, de père en fils, vécu sur le sol qu'ils engraissaient de leurs peines ? A plus forte raison ces réserves s'imposent-elles lorsque, dans le double nom, le second élément, qui, dans les exemples précédents, était, comme le premier, de provenance étrangère, appartient, au contraire, à la langue indigène : les hommes qui, parlant de la terre du seigneur Hakon, l'appelaient Hacquenville avaient assurément oublié la langue des envahisseurs ou, plus probablement, ne s'en étaient jamais servi.

III. L'APPORT HUMAIN : LE TÉMOIGNAGE DU DROIT ET DE LA STRUCTURE SOCIALE

Dans le domaine juridique, non plus, tous les témoignages ne sont pas d'égale portée. L'influence d'une poignée de gouvernants étrangers suffit à expliquer certains emprunts. Parce que les earls, dans l'Angleterre conquise, rendaient la justice, ils habituèrent leurs sujets, même anglais, à invoquer la loi sous le nom familier aux hommes d'au-delà des mers : *lagu*, *law*. Ils découpèrent la zone occupée en circonscriptions à la mode du Nord : *wapentakes*, *ridings*. Sous l'action des chefs immigrés, tout un droit nouveau s'introduisit. Vers 962, après les victoires des rois de Wessex, l'un de ceux-ci, Edgar, déclarait : « Je veux que parmi les Danois le droit séculier demeure réglé selon leurs bonnes coutumes ([46]). » De fait, les comtés que naguère Alfred avait dû abandonner aux Vikings restèrent, pour la plupart, jusqu'au XIIe siècle, réunis sous l'étiquette commune de « pays de loi danoise » (*Danelaw*). Mais la région ainsi dénommée s'étendait bien au-delà des limites à l'intérieur desquelles la toponymie révèle un peuplement scandinave intense. C'est que, dans chaque territoire, les usages régnants étaient fixés par les grandes assemblées judiciaires locales, où les puissants, fussent-ils d'une autre origine que la masse, avaient voix prépondérante. En Normandie, si le féal continua quelque temps d'être désigné par le terme importé de *dreng*, si, par ailleurs, la législation de paix conserva, jusqu'au bout, une empreinte scandinave, ces survivances sont de celles qui ne permettent, sur l'ampleur de l'immigration, aucune conclusion certaine : car le vocabulaire du compagnonnage intéressait seulement un milieu assez restreint et l'ordre public était, par essence, chose du prince ([47]). Dans son ensemble et réserve faite, comme nous le verrons plus tard, de certaines particularités relatives à la hiérarchie des classes militaires, le droit normand perdit très vite toute couleur ethnique originale. Sans doute la concentration même de l'autorité aux mains des ducs, qui, de bonne heure, se plurent à adopter les mœurs du haut baronat français, était-elle plus favorable à l'assimilation juridique que, dans le Danelaw, le morcellement des pouvoirs.

Des deux parts, pour mesurer l'action en profondeur de l'occupation scandinave, c'est vers la structure de groupes inférieurs en dimension à la province ou au comté qu'il faut, de préférence, regarder : vers les bourgs anglais, dont plusieurs, comme Leicester et Stamford, gardèrent une longue fidélité aux traditions judiciaires des guerriers et des marchands qui s'y étaient établis, au moment de l'invasion ; surtout, en Normandie aussi bien qu'en Angleterre, vers les petites collectivités rurales.

L'ensemble des terres dépendant de la maison paysanne s'appelait, dans le Danemark du moyen âge, *bol*. Le mot est passé en Normandie, où il s'est fixé plus tard, dans certains noms de lieux ou bien a glissé au sens d'enclos, comprenant, avec le jardin ou le verger, les bâtiments d'exploitation. Dans la plaine de Caen et dans une grande partie du Danelaw, un même terme désigne, au sein des terroirs, les faisceaux de parcelles allongées côte à côte suivant une orientation parallèle : « delle » ici, *dale* là-bas. Une si frappante coïncidence, entre deux zones sans rapports directs entre elles, ne saurait s'expliquer que par une influence ethnique commune. Le pays de Caux se distingue des régions françaises avoisinantes par la forme particulière de ses champs, qui sont grossièrement carrés et répartis comme au hasard ; cette originalité semble supposer un remaniement rural, postérieur au peuplement des alentours. Dans l'Angleterre « danoise », le bouleversement fut assez grave pour amener la disparition de l'unité agraire primitive, la *hide*, et son remplacement par un autre étalon plus petit, la « charruée » ([48]). Quelques chefs, satisfaits de prendre au-dessus de manants nés sur le sol même la place des anciens seigneurs, auraient-ils eu le désir ou la force de transformer ainsi le modeste lexique des champs et de toucher au dessin des finages ?

Il y a plus. Entre la structure sociale du Danelaw et celle de la Normandie, un trait commun se marque, qui dénonce une profonde parenté des institutions. L'attache servile, qui, dans le reste de la France du Nord, nouait entre le seigneur et son « homme » un lien héréditaire si fort et si dur, les campagnes normandes ne l'ont point connue ou si, peut-être, elle avait commencé de se former, avant Rollon, le développement alors s'en arrêta net. De même, l'Angleterre du Nord et du Nord-Est fut longtemps caractérisée par l'étendue des franchises paysannes. Parmi les petits cultivateurs, beaucoup, tout en étant généralement justiciables de tribunaux seigneuriaux, avaient rang d'hommes pleinement libres ; ils pouvaient changer à volonté de domination ; ils aliénaient en tout cas leurs terres à leur gré et, au total, subissaient des charges moins lourdes et mieux fixées que celles dont le poids pesait soit sur quelques-uns de leurs voisins moins favorisés, soit, en dehors du pays « danois », sur la plupart des manants.

Or il est sûr qu'à l'époque des Vikings, le régime seigneurial était absolument étranger aux peuples scandinaves. Des conquérants, cependant, qui, peu nombreux, se seraient bornés à vivre du travail des populations vaincues, auraient-ils répugné à maintenir celles-ci dans la sujétion ancienne? Que les envahisseurs aient transporté, dans leurs établissements nouveaux, leurs traditionnelles habitudes d'indépendance paysanne suppose, de toute évidence, un peuplement beaucoup plus massif ; ce n'était pas un asservissement ignoré de la mère-patrie que les guerriers du commun, échangeant, après le partage du sol, la lance contre la charrue ou la houe, étaient venus chercher si loin. Sans doute assez rapidement, la postérité des premiers arrivants dut accepter quelques-uns des cadres de commandement qu'imposaient les conditions ambiantes. Les chefs immigrés s'efforcèrent d'imiter le fructueux exemple de leurs pairs d'autre race. Une fois réinstallée, l'Église, qui tirait des revenus seigneuriaux le meilleur de sa subsistance, agit dans un sens analogue. Ni la Normandie, ni le Danelaw ne furent des pays sans seigneurie. Mais, pour de longs siècles, la subordination y demeura moins astreignante et moins générale qu'ailleurs.

Ainsi tout ramène aux mêmes conclusions. Point d'image plus fausse que de se représenter, à l'exemple des compagnons « français » de Guillaume le Conquérant, les immigrés scandinaves sous l'aspect, uniquement, d'une classe de chefs. Certainement, en Normandie, comme dans l'Angleterre du Nord et du Nord-Est, bien des guerriers paysans, pareils à ceux que met en scène la stèle suédoise, débarquèrent des nefs du Nord. Établis tantôt sur les espaces enlevés aux anciens occupants ou qu'avaient abandonnés les fuyards, tantôt dans les interstices de l'habitat primitif, ces colons furent assez nombreux pour créer ou débaptiser des villages entiers, pour répandre autour d'eux leur vocabulaire et leur onomastique, pour modifier, sur quelques points vitaux, l'armature agraire et jusqu'à la structure même des sociétés campagnardes, d'ailleurs déjà profondément bouleversées par l'invasion.

Cependant, en France, l'influence scandinave fut, au total, moins forte et, sauf dans la vie rurale, qui est, par nature, conservatrice, s'avéra moins durable que sur la terre anglaise. Là-dessus le témoignage de l'archéologie confirme ceux qui ont été précédemment invoqués. Malgré la lamentable imperfection de nos inventaires, on ne saurait douter que les vestiges de l'art nordique ne soient en Normandie beaucoup plus rares qu'en Angleterre. Plusieurs raisons expliquent ces contrastes. La moindre étendue de la région scandinavisée française la rendait plus perméable aux actions extérieures. L'antithèse, beaucoup plus tranchée, entre la civilisation autochtone et la civilisation importée, par le fait même qu'elle ne favorisait pas les échanges de l'une à l'autre, poussait à l'assimilation, pure et simple, de la moins résistante des deux. Le pays, vraisemblablement, avait toujours été plus peuplé ; par suite, sauf dans le Roumois et le Caux, abominablement ravagés, les groupes indigènes, restés en place après l'invasion, gardaient plus de densité. Enfin arrivés en quelques vagues, durant une période assez courte — alors qu'en Angleterre l'afflux, par ondes successives, s'était poursuivi pendant plus de deux siècles — les envahisseurs furent sans doute, même proportionnellement au terrain occupé, en nombre sensiblement plus faible.

IV. L'APPORT HUMAIN : PROBLÈMES DE PROVENANCE

Peuplement, plus ou moins intensif, par les gens du Nord, soit. Mais de quelles régions du Nord exactement ? La discrimination, aux contemporains mêmes, ne paraissait pas toujours aisée. D'un dialecte scandinave à l'autre on se comprenait encore sans trop de peine et les premières bandes surtout, composées d'aventuriers réunis pour le pillage, étaient vraisemblablement fort mêlées. Cependant les divers peuples possédaient chacun leurs traditions propres et, de tout temps vivace, le sentiment qu'ils avaient de leur individualité nationale semble bien, à mesure que se constituaient dans la mère-patrie les grands royaumes, s'être fait de plus en plus aigu. Sur les champs de conquête, d'âpres guerres mirent aux prises Danois et Norvégiens. Tour à tour on vit ces frères ennemis se disputer les Hébrides, les petits royaumes de la côte irlandaise, celui d'York et, dans les Cinq Bourgs, les garnisons danoises appeler, contre l'armée rivale, le roi anglais du Wessex ([49]). Ce particularisme, qui reposait sur des différences parfois profondes entre les coutumes ethniques, ne fait que rendre plus souhaitable de pouvoir déterminer, établissement par établissement, l'origine précise des envahisseurs.

Des Suédois figurèrent, on l'a vu, parmi les conquérants de l'Angleterre, sous Knut. D'autres prirent part au pillage des États francs : tel ce Gudmar dont le cénotaphe, dans la province de Södermanland, évoque la mort « là-bas, vers l'Ouest, en Gaule » ([50]). La plupart de leurs compatriotes, cependant, préférèrent d'autres chemins : les rives orientales ou méridionales de la Baltique étaient trop proches, les proies qu'offraient les marchés des fleuves russes trop tentantes pour ne pas les retenir avant tout. Familiers avec la route de mer qui contournait la Grande-Bretagne par le nord, les Norvégiens fournirent le plus gros contingent à la colonisation des archipels semés tout le long de ce périple, de même qu'à celle de l'Irlande. Ce fut de là, plus encore que de la péninsule scandinave, qu'ils partirent à la conquête de l'Angleterre. Ainsi s'explique qu'ils aient été presque les seuls envahisseurs à peupler les comtés de la côte occidentale, depuis la baie de Solway jusqu'à la Dee. Plus avant dans les terres, on relève encore leurs traces, relativement nombreuses dans l'ouest du Yorkshire, beaucoup plus rares dans le reste de ce comté et autour des Cinq Bourgs. Mais, cette fois, partout mêlées aux établissements danois. Ceux-ci, dans toute la zone mixte, furent au total infiniment plus denses. Visiblement la plupart des immigrants, fixés sur le sol anglais, appartenaient au plus méridional des peuples scandinaves.

Sur la Normandie, les sources narratives sont d'une désespérante pauvreté. Qui pis est, elles se contredisent : alors que les ducs semblent s'être donnés eux-mêmes comme de souche danoise, une saga norroise fait de Rollon un Norvégien. Resteraient les témoignages de la toponymie et des coutumes agraires ; les uns comme les autres ont été jusqu'ici insuffisamment scrutés. La présence d'éléments danois paraît certaine ; de même celle d'hommes de la Norvège du Sud. En quelles proportions ? et selon quelle répartition géographique ? C'est ce qu'il est, pour l'instant, impossible de dire ; et si j'ose indiquer que les contrastes si nets entre les terroirs cauchois, d'une part, ceux de la plaine de Caen de l'autre, pourraient bien se ramener, en fin de compte, à une différence de peuplement — les champs irréguliers du Caux rappelant ceux de la Norvège, les champs allongés du Bessin ceux du Danemark —, je ne risque cette hypothèse, encore bien fragile, que par fidélité à un dessein très cher : la volonté de ne jamais laisser oublier au lecteur que l'histoire a encore tout le charme d'une fouille inachevée.

V. LES ENSEIGNEMENTS

Qu'une poignée de bandits, juchés sur une colline provençale, ait pu, près d'un siècle durant, répandre l'insécurité tout le long d'un immense massif montagneux et barrer à demi quelques-unes des routes vitales de la chrétienté ; que, plus longtemps encore, de petites hordes de cavaliers de la steppe aient été laissées libres de ravager en tous sens l'Occident ; que d'année en année, depuis Louis le Pieux jusqu'aux premiers Capétiens, voire, en Angleterre, jusqu'à Guillaume le Conquérant, les barques du Nord aient impunément jeté sur les côtes germaines, gauloises ou britanniques des bandes empressées au pillage ; que, pour apaiser ces brigands, quels qu'ils fussent, il ait fallu leur verser de lourdes rançons et, aux plus redoutables d'entre eux, céder finalement des terres étendues : ces faits sont surprenants. De même que les progrès de la maladie révèlent au médecin la vie secrète d'un corps, de même, aux yeux de l'historien, la marche victorieuse d'une grande calamité prend, envers la société ainsi atteinte, toute la valeur d'un symptôme.

C'était par la mer que les Sarrasins du Freinet recevaient leurs renforts ; ses flots portaient jusqu'aux terrains de chasse familiers les nefs des Vikings. La barrer aux envahisseurs eût été, sans nul doute, le plus sûr moyen de prévenir leurs ravages. Témoins, les Arabes d'Espagne interdisant aux pirates scandinaves les eaux méridionales ; plus tard, les victoires de la flotte enfin créée par le roi Alfred ; au XIe siècle, le nettoyage de la Méditerranée par les villes italiennes. Or, au début du moins, les pouvoirs de commandement chrétiens manifestèrent, à cet égard, une incapacité presque unanime. Ne vit-on pas les maîtres de cette côte provençale, où se nichent aujourd'hui tant de villages de pêcheurs, implorer le secours de la lointaine marine grecque ? Ne disons point que les princes manquaient de vaisseaux de guerre. Dans l'état où se trouvait l'art naval, il eût suffi assurément de réquisitionner des barques de pêche et de commerce ou de réclamer, au besoin, pour en avoir de plus perfectionnés, les offices de quelques calfats ; n'importe quelle population de matelots eût fourni les équipages. Mais l'Occident semble avoir été alors presque totalement déshabitué des choses de la mer et cette étrange carence n'est pas la moins curieuse révélation que nous offre l'histoire des invasions. Sur le littoral de la Provence, les bourgs, jadis, sous les Romains, placés tout au bord des criques, s'étaient enfoncés dans l'intérieur ([51]). Alcuin, dans la lettre qu'il écrivit au roi et aux grands de Northumbrie, après le premier pillage normand, celui de Lindisfarne, a un mot qui fait rêver : « jamais, » dit-il, « on n'eût cru à la possibilité d'une pareille navigation » ([52]). Il ne s'agissait, pourtant, que de traverser la mer du Nord! Lorsque, après un intervalle de près d'un siècle, Alfred se décida à combattre les ennemis sur leur propre élément, il dut recruter une part de ses marins dans la Frise, dont les habitants étaient spécialisés, de longue date, dans le métier, à peu près abandonné par leurs voisins, de caboteurs le long des rivages septentrionaux. Le service de mer indigène ne fut véritablement organisé que par son arrière-petit-fils Edgar (959-975) ([53]). La Gaule se montra encore beaucoup plus lente à savoir regarder au-delà de ses falaises ou de ses dunes. Il est significatif que, dans sa fraction la plus considérable, le vocabulaire maritime français, au moins sur le front ouest, soit de formation tardive et fait d'emprunts tantôt au scandinave, tantôt à l'anglais même.

Une fois sur terre, les bandes sarrasines ou normandes, comme les hordes hongroises, étaient singulièrement difficiles à arrêter. Il n'est de police aisée que là où les hommes vivent proches les uns des autres. Or, en ce temps, même dans les régions les plus favorisées, la population, au regard de nos mesures actuelles, n'avait qu'une faible densité. Partout des espaces vides, des landes, des forêts offraient des cheminements propres aux surprises. Ces fourrés marécageux, qui, un jour, dérobèrent la fuite du roi Alfred, pouvaient aussi bien cacher la marche des envahisseurs. L'obstacle, en somme, était celui même auquel naguère se heurtaient nos officiers lorsqu'ils s'efforçaient de maintenir la sécurité sur les confins marocains ou en Maurétanie. Décuplé, cela va de soi, par l'absence de toute autorité supérieure capable de contrôler efficacement de vastes étendues.

Ni les Sarrasins, ni les Normands ne s'armaient mieux que leurs adversaires. Dans les tombes des Vikings, les plus belles épées portent les marques d'une fabrication franque. Ce sont les « glaives de Flandre » dont parlent si souvent les légendes scandinaves. Les mêmes textes coiffent volontiers leurs héros de « heaumes welches ». Coureurs et chasseurs de la steppe, les Hongrois probablement étaient meilleurs cavaliers, meilleurs archers surtout que les Occidentaux ; ils n'en furent pas moins à plusieurs reprises vaincus en bataille rangée. Si les envahisseurs possédaient une supériorité militaire, elle était beaucoup moins de nature technique que d'origine sociale. Comme plus tard les Mongols, les Hongrois étaient formés à la guerre par leur genre de vie même. « Quand les deux partis sont égaux par le nombre et par la force, le plus habitué à la vie nomade remporte la victoire. » L'observation est de l'historien arabe Ibn-Khaldoun ([54]). Elle a eu dans l'ancien monde une portée presque universelle : du moins jusqu'au jour où les sédentaires purent appeler à leur secours les ressources d'une organisation politique perfectionnée et d'un armement vraiment scientifique. C'est que le nomade est un « soldat-né », toujours prêt à partir en campagne avec ses moyens ordinaires, son cheval, son équipement, ses provisions ; qu'il est servi aussi par un instinct stratégique de l'espace, fort étranger généralement aux sédentaires. Quant aux Sarrasins et surtout aux Vikings, leurs détachements étaient dès le départ constitués exprès pour la lutte. Que pouvaient, en face de ces troupes mordantes, les levées improvisées, réunies à la hâte depuis les quatre coins d'un pays déjà envahi ? Comparez, dans les récits des chroniques anglaises, l'allant du *here* — l'armée danoise — avec la gaucherie du *fyrd* anglo-saxon, lourde milice dont on n'obtient une action tant soit peu prolongée qu'en permettant, par un jeu de relèves, le retour périodique de chaque homme à sa terre. Ces contrastes, à vrai dire, furent vifs surtout au début. A mesure que les Vikings se muaient en colons et les Hongrois, autour du Danube, en paysans, de nouveaux soucis vinrent entraver leurs mouvements. Par ailleurs, l'Occident, avec le système de la vassalité ou du fief, ne s'était-il pas donné, lui aussi, de bonne heure, une classe de combattants professionnels ? L'incapacité où ce mécanisme, monté pour la guerre, fut jusqu'au bout, somme toute, de fournir les moyens d'une résistance, vraiment efficace, en dit long sur ses défauts internes.

Mais ces soldats de métier consentaient-ils réellement à se battre ? « Tout le monde s'enfuit », écrivait, dès 862 ou peu après, le moine Ermentaire ([55]). De fait, jusque chez les hommes en apparence les mieux entraînés, les premiers envahisseurs semblent avoir produit une impression de terreur panique dont les effets paralysants évoquent irrésistiblement les récits des ethnographes sur la fuite éperdue de certaines tribus primitives, pourtant fort belliqueuses, devant tout étranger ([56]) : braves en face du danger familier, les âmes frustes sont à l'ordinaire incapables de supporter la surprise et le mystère. Le moine de Saint-Germain-des-Prés qui, très peu de temps après l'événement, a raconté la remontée de la Seine, en 845, par les barques normandes, voyez avec quel accent troublé il observe « qu'on n'avait jamais ouï parler d'une chose semblable ni lu rien de pareil dans les livres ([57]). » Cette émotivité était entretenue par l'atmosphère de légende et d'apocalypse qui baignait les cerveaux. Dans les Hongrois, rapporte Rémi d'Auxerre, « d'innombrables personnes » croyaient reconnaître les peuples de Gog et Magog, annonciateurs de l'Antéchrist ([58]). L'idée même, universellement répandue, que ces calamités étaient un châtiment divin disposait à courber la tête. Les lettres qu'Alcuin expédia en Angleterre après le désastre de Lindisfarne ne sont qu'exhortations à la vertu et au repentir ; de l'organisation de la résistance, pas un mot. Là encore, cependant, c'est de la période la plus ancienne que datent les exemples de couardise vraiment avérée. Plus tard, on reprit un peu plus de cœur.

La vérité profonde est que les chefs étaient beaucoup moins incapables de combattre, si leur propre vie ou leurs biens se trouvaient en jeu, que d'organiser méthodiquement la défense et — à peu d'exceptions près — de comprendre les liens entre l'intérêt particulier et l'intérêt général. Ermentaire n'avait point tort quand, parmi les causes des victoires scandinaves, il plaçait, à côté de la poltronnerie et de la « torpeur » des chrétiens, leurs « dissensions ». Que les affreux bandits du Freinet aient vu un roi d'Italie pactiser avec eux ; qu'un autre roi d'Italie, Bérenger Ier, ait pris à son service des Hongrois, un roi d'Aquitaine, Pépin II, des Normands ; que les Parisiens aient, en 885, lancé les Vikings sur la Bourgogne ; que la ville de Gaète, longtemps l'alliée des Sarrasins du Monte Argento, ait consenti seulement contre des terres et de l'or à prêter son appui à la ligue formée pour chasser ces brigands : ces épisodes, entre bien d'autres, jettent un jour singulièrement cruel sur la mentalité commune. Les souverains s'efforçaient-ils, malgré tout, de lutter ? Trop souvent l'entreprise s'achevait comme, en 881, celle de Louis III qui, ayant construit, afin de barrer la route aux Normands, un château sur l'Escaut, « ne put trouver personne pour le garder ». Il n'est guère d'ost royal dont on n'eût pu répéter, pour le moins, ce que, probablement non sans une pointe d'optimisme, un moine parisien disait de la levée de 845 : parmi les guerriers convoqués beaucoup vinrent ; non pas tous ([59]). Mais, sans doute, le cas le plus révélateur est-il celui d'un Otton le Grand, qui, puissant entre tous les monarques de son temps, ne réussit jamais à faire réunir la petite troupe dont l'assaut eût mis un terme au scandale du Freinet. Si, en Angleterre, les rois du Wessex, jusqu'à l'effondrement final, menèrent vaillamment et efficacement le bon combat contre les Danois, si en Allemagne Otton agit de même contre les Hongrois, dans l'ensemble du continent la seule résistance vraiment heureuse vint plutôt des pouvoirs régionaux qui, plus forts que les royautés parce qu'ils étaient plus proches de la matière humaine et moins préoccupés de trop vastes ambitions, se constituaient lentement au-dessus de la poussière des petites seigneuries.

Quelque riche en enseignements que soit l'étude des dernières invasions, il ne faudrait pas cependant laisser ses leçons nous masquer un fait plus considérable encore : l'arrêt des invasions elles-mêmes. Jusque-là ces ravages par des hordes venues du dehors et ces grands remuements de peuples avaient véritablement donné sa trame à l'histoire de l'Occident, comme à celle du reste du monde. Dorénavant, l'Occident en sera exempt. A la différence, ou peu s'en faut, du reste du monde. Ni les Mongols, ni les Turcs ne devaient faire plus tard autre chose qu'effleurer ses frontières. Il aura certes ses discordes ; mais en vase clos. D'où la possibilité d'une évolution culturelle et sociale beaucoup plus régulière, sans la brisure d'aucune attaque extérieure ni d'aucun afflux humain étranger. Voyez, par contraste, le destin de l'Indo-Chine où, au XIVe siècle, la splendeur des Chams et des Khmers s'effondra sous les coups des envahisseurs annamites ou siamois. Voyez surtout, plus près de nous, l'Europe Orientale, foulée, jusqu'aux temps modernes, par les peuples de la steppe et les Turcs. Qu'on se demande, une minute, ce qu'eût été le sort de la Russie sans les Polovtsi et les Mongols. Il n'est pas interdit de penser que cette extraordinaire immunité, dont nous n'avons guère partagé le privilège qu'avec le Japon, fut un des facteurs fondamentaux de la civilisation européenne, au sens profond, au sens juste du mot.

Livre deuxième : Les conditions de vie et l'atmosphère mentale

Chapitre premier

Conditions matérielles et tonalité économique

I. LES DEUX AGES FÉODAUX

L'armature d'institutions qui régit une société ne saurait, en dernier ressort, s'expliquer que par la connaissance du milieu humain tout entier. Car la fiction de travail qui, dans l'être de chair et de sang, nous contraint de découper ces fantômes : *homo œconomicus, philosophicus, juridicus*, elle est nécessaire sans doute ; mais supportable seulement si l'on refuse d'en être la dupe. C'est pourquoi, malgré la présence, dans la même collection, d'autres volumes consacrés aux divers aspects de la civilisation médiévale, il n'a pas semblé que les descriptions, ainsi entreprises sous des angles différents du nôtre, pussent dispenser de rappeler ici les caractères fondamentaux du climat historique qui fut celui de la féodalité européenne. Est-il besoin de l'ajouter ? En inscrivant cet exposé presque en tête du livre, on ne songe nullement à postuler, en faveur des ordres de faits qui y seront brièvement retracés, je ne sais quelle illusoire primauté. Lorsqu'il s'agit de confronter deux phénomènes particuliers, appartenant à des séries distinctes — une certaine répartition de l'habitat, par exemple, avec certaines formes des groupes juridiques —, le problème délicat de la cause et de l'effet se pose assurément. Mettre face à face, en revanche, au long d'une évolution plusieurs fois séculaire, deux chaînes de phénomènes, par nature dissemblables, puis dire : « voici de ce côté toutes les causes ; de l'autre, voilà tous les effets », rien ne serait plus vide de sens qu'une pareille dichotomie. Une société, comme un esprit, n'est-elle pas tissue de perpétuelles interactions ? Toute enquête cependant a son axe propre. Points d'aboutissement au regard d'autres recherches autrement centrées, l'analyse de l'économie ou de la mentalité sont, pour l'historien de la structure sociale, un point de départ.

Dans ce tableau préliminaire, d'objet sciemment limité, force sera de ne retenir que l'essentiel et le moins sujet au doute. Une lacune volontaire mérite, entre toutes, un mot d'explication. L'admirable floraison artistique de l'ère féodale, au moins depuis le XIe siècle, ne demeure pas seulement, aux yeux de la postérité, la plus durable gloire de cette époque de l'humanité. Elle servit alors de langage aux formes les plus hautes de la sensibilité religieuse comme à cette interpénétration, si caractéristique, du sacré et du profane qui n'a pas laissé de plus naïfs témoignages que certaines frises ou certains chapiteaux d'églises. Elle fut aussi, bien souvent, comme le refuge des valeurs qui ailleurs ne parvenaient pas à se manifester. La sobriété dont l'épopée était si incapable, c'est dans les architectures romanes qu'il la faut chercher. La précision d'esprit que les notaires, dans leurs chartes, ne savaient pas atteindre, elle présidait aux travaux des constructeurs de voûtes. Mais les rapports qui aux autres aspects d'une civilisation unissent l'expression plastique sont encore trop mal connus, nous les entrevoyons trop complexes, trop susceptibles de retardements ou de divergences pour qu'il n'ait pas fallu se résoudre ici à laisser de côté les problèmes posés par des liaisons si délicates et des contradictions, en apparence, si étonnantes.

L'erreur, d'ailleurs, serait lourde de traiter la « civilisation féodale » comme constituant, dans le temps, un bloc d'un seul tenant. Provoquées sans doute ou rendues possibles par l'arrêt des dernières invasions, mais, dans la mesure même où elles étaient le résultat de ce grand fait, en retard sur lui de quelques générations, une série de transformations, très profondes et très générales, s'observent vers le milieu du XIe siècle. Non point brisure, certes, mais changement d'orientation, qui, malgré d'inévitables décalages, selon les pays ou les phénomènes envisagés, atteignit tour à tour presque toutes les courbes de l'activité sociale. Il y eut, en un mot, deux âges « féodaux » successifs, de tonalités fort différentes. On s'efforcera, dans ce qui suit, de rendre justice, autant qu'à leurs traits communs, aux contrastes de ces deux phases.

II. LE PREMIER AGE FÉODAL : LE PEUPLEMENT

Il nous est et sera toujours impossible de chiffrer, fût-ce approximativement, la population de nos contrées, durant le premier âge féodal. Aussi bien existait-il assurément de fortes variations régionales, constamment accentuées par les à-coups des troubles sociaux. En face du véritable désert qui, sur les plateaux ibériques, imprimait aux confins de la chrétienté et de l'Islam toute la désolation d'un vaste « no man's land », en regard même de l'ancienne Germanie, où se réparaient lentement les brèches creusées par les migrations de l'âge précédent, les campagnes de la Flandre ou de la Lombardie faisaient figure de zones relativement favorisées. Quelle que fût cependant l'importance de ces contrastes, comme de leurs retentissements sur toutes les nuances de la civilisation, le trait fondamental demeure l'universel et profond affaissement de la courbe démographique. Incomparablement moins nombreux, sur toute la surface de l'Europe, que nous ne les voyons, non seulement depuis le XVIIIe siècle mais même depuis le XIIe, les hommes étaient aussi, selon toute apparence, dans les provinces naguère soumises à la domination romaine, sensiblement plus rares qu'aux beaux temps de l'Empire. Jusque dans les villes, dont les plus notables ne dépassaient pas quelques milliers d'âmes, terrains vagues, jardins, champs même et pâtures se glissaient de toutes parts entre les maisons.

Cette absence de densité était encore aggravée par une répartition fort inégale. Assurément, les conditions physiques, comme les habitudes sociales, conspiraient à maintenir, dans les campagnes, de profondes variétés entre les régimes d'habitat. Tantôt les familles ou, du moins, certaines d'entre elles s'étaient établies assez loin les unes des autres, chacune au milieu de son exploitation propre : ainsi, en Limousin. Tantôt, au contraire, comme dans l'Ile-de-France, elles se massaient, presque toutes, en villages. Dans l'ensemble, cependant, la pression des chefs, surtout le souci de la sécurité étaient autant d'obstacles à une trop forte dispersion. Les désordres du haut moyen âge avaient entraîné de fréquents rassemblements. Dans ces agglomérations, les hommes vivaient au coude à coude. Mais elles étaient séparées par de multiples vides. La terre arable elle-même, dont le village tirait sa nourriture, il la fallait, proportionnellement au nombre des habitants, beaucoup plus vaste que de nos jours. Car l'agriculture était alors une grande dévoratrice d'espace. Sur les labours, incomplètement défoncés et privés, presque toujours, d'engrais suffisants, les épis ne croissaient ni bien lourds ni bien serrés. Jamais, surtout, le finage entier ne se couvrait à la fois de moissons. Les systèmes d'assolement les plus perfectionnés exigeaient que, chaque année, une moitié ou un tiers du sol cultivé demeurât en repos. Souvent même, jachères et récoltes se succédaient en une alternance sans fixité, qui à la végétation spontanée accordait un temps toujours plus long qu'à la période de culture ; les champs, en ce cas, n'étaient guère que de provisoires et brèves conquêtes sur les friches. Ainsi, au sein même des terroirs, la nature sans cesse tendait à reprendre le dessus. Au-delà d'eux, les enveloppant, les pénétrant, se déroulaient forêts, broussailles et landes, immenses zones sauvages, dont l'homme était rarement tout à fait absent, mais que, charbonnier, pâtre, ermite ou hors-la-loi, il hantait seulement au prix d'un long éloignement de ses semblables.

III. LE PREMIER AGE FÉODAL : LA VIE DE RELATIONS

Entre les groupes humains ainsi égaillés, les communications souffraient bien des difficultés. L'écroulement de l'empire carolingien venait de ruiner le dernier pouvoir assez intelligent pour se soucier de travaux publics, assez puissant pour en faire exécuter au moins quelques-uns. Même les anciennes voies romaines, moins solidement construites qu'on ne l'a parfois imaginé, s'abîmaient, faute d'entretien. Surtout les ponts, qu'on ne réparait plus, manquaient à un grand nombre de passages. Ajoutez l'insécurité, accrue par la dépopulation qu'elle avait elle-même en partie provoquée. Quelle surprise, en 841, à la cour de Charles le Chauve, lorsque ce prince voit arriver à Troyes les messagers qui lui apportent d'Aquitaine les ornements royaux : un si petit nombre d'hommes, chargés de bagages si précieux, traverser sans encombres de si vastes étendues, infestées de toutes parts par les rapines ([60])! La chronique anglo-saxonne s'étonne beaucoup moins lorsqu'elle relate comment en 1061, un des plus grands barons d'Angleterre, le comte Tostig, fut arrêté et rançonné par une poignée de bandits, aux portes de Rome.

Comparée à ce que nous offre le monde contemporain, la rapidité des déplacements humains, en ce temps, nous paraît infime. Elle n'était point, cependant, sensiblement plus faible qu'elle ne devait le rester jusqu'à la fin du moyen âge, voire jusqu'au seuil du XVIIIe siècle. A la différence de ce que nous observons aujourd'hui, c'était sur mer qu'on la voyait la plus grande, de beaucoup. De 100 à 150 kilomètres par jour ne constituaient pas, pour un navire, un record exceptionnel : pour peu, cela va de soi, que les vents ne fussent point trop défavorables. Par voie de terre, le parcours journalier normal atteignait, semble-t-il, en moyenne de trente à quarante kilomètres. Entendez pour un voyageur sans fièvre : caravane de marchands, grand seigneur circulant de château en château ou d'abbaye en abbaye, armée avec ses bagages. Un courrier, une poignée d'hommes résolus pouvaient, en bandant leur effort, faire le double ou plus. Une lettre écrite par Grégoire VII, à Rome, le 8 décembre 1075, arriva à Goslar, au pied du Harz, le 1er janvier suivant ; son porteur avait abattu, à vol d'oiseau, environ 47 kilomètres par jour, dans la réalité, évidemment, bien davantage. Pour voyager, sans trop de fatigue ni de lenteur, il fallait être monté ou en voiture : un cheval, un mulet ne vont pas seulement plus vite qu'un homme ; ils s'accommodent mieux des fondrières. D'où l'interruption saisonnière de beaucoup de liaisons, moins en raison du mauvais temps que par manque de fourrages : les *missi* carolingiens déjà s'attachaient à ne commencer leurs tournées que l'herbe une fois levée ([61]). Cependant, comme à présent en Afrique, un piéton exercé parvenait à couvrir, en peu de jours, des distances étonnamment longues et, sans doute, franchissait-il plus vite qu'un cavalier certains obstacles. C'était, en partie, par coureurs que Charles le Chauve, organisant sa deuxième expédition d'Italie, songeait à assurer à travers les Alpes ses liaisons avec la Gaule ([62]).

Mauvaises et peu sûres, ces routes ou ces pistes n'étaient pas, pour cela, désertes. Bien au contraire. Là où les transports sont difficiles, l'homme va vers la chose plus aisément qu'il ne fait venir la chose à lui. Surtout aucune institution, aucune technique ne pouvaient suppléer au contact personnel entre les êtres humains. Il eût été impossible de gouverner l'État, du fond d'un palais : pour tenir un pays, point d'autre moyen que d'y chevaucher sans trêve, en tous sens. Les rois du premier âge féodal se sont littéralement tués de voyage. Au cours, par exemple, d'une année qui n'a rien d'exceptionnel — en 1033 —, on voit l'empereur Conrad II passer successivement de la Bourgogne à la frontière polonaise et, de là, à la Champagne, pour revenir enfin en Lusace. Le baron, avec sa suite, circulait constamment d'une de ses terres à l'autre. Ce n'était pas seulement afin de les mieux surveiller. Force était de venir consommer sur place les denrées, dont le charroi vers un centre commun eût été incommode autant que dispendieux. Sans correspondants, sur lesquels il pût se décharger du soin d'acheter ou de vendre, à peu près certain d'ailleurs de ne jamais trouver réunie, en un même lieu, une clientèle suffisante pour assurer ses gains, tout marchand était un colporteur, un « pied poudreux », qui poursuivait la fortune par monts et par vaux. Assoiffé de science ou d'ascèse, le clerc devait battre l'Europe en quête du maître désiré : Gerbert d'Aurillac apprit les mathématiques en Espagne et la philosophie à Reims ; l'Anglais Étienne Harding, le parfait monachisme dans l'abbaye bourguignonne de Molesmes. Avant lui, saint Eude, le futur abbé de Cluny, avait parcouru la France dans l'espoir d'y découvrir une maison où l'on vécût selon la règle.

Aussi bien, en dépit de la vieille hostilité de la loi bénédictine contre les « gyrovagues », les mauvais moines qui sans cesse « vagabondent en rond », tout, dans la vie cléricale, favorisait ce nomadisme : le caractère international de l'Église ; entre prêtres ou moines instruits, l'usage du latin comme langue commune ; les affiliations entre monastères ; la dispersion de leurs patrimoines territoriaux ; les « réformes » enfin, qui, secouant périodiquement ce grand corps ecclésiastique, faisaient des lieux touchés les premiers par l'esprit nouveau à la fois des foyers d'appel, où l'on venait de toutes parts chercher la bonne règle, et des centres de dispersion d'où les zélotes s'élançaient à la conquête de la catholicité. Combien d'étrangers furent ainsi accueillis à Cluny ! Combien de Clunisiens essaimèrent vers les pays étrangers ! Sous Guillaume le Conquérant, presque tous les diocèses, presque toutes les grandes abbayes de la Normandie, que commençaient d'atteindre les premières ondes du réveil « grégorien », avaient à leur tête des Italiens ou des Lorrains ; l'archevêque de Rouen, Maurille, était un Rémois qui, avant d'occuper son siège neustrien, avait étudié à Liège, enseigné en Saxe et pratiqué en Toscane la vie érémitique.

Mais les humbles gens non plus n'étaient point rares sur les chemins de l'Occident : fugitifs, chassés par la guerre ou la disette ; chercheurs d'aventures, mi-soldats, mi-bandits ; paysans qui, avides d'une existence meilleure, espéraient trouver, loin de leur première patrie, quelques champs à défricher ; pèlerins enfin. Car la mentalité religieuse elle-même poussait aux déplacements et plus d'un bon chrétien, riche ou pauvre, clerc ou lai, pensait ne pouvoir acheter le salut du corps ou de l'âme qu'au prix d'un voyage lointain.

On l'a souvent observé, le propre des bonnes routes est de faire le vide autour d'elles, à leur profit. A l'époque féodale, où toutes étaient mauvaises, il n'en était guère qui fût capable d'accaparer ainsi le trafic. Assurément les contraintes du relief, la tradition, la présence ici d'un marché, là d'un sanctuaire jouaient à l'avantage de certains tracés. Avec beaucoup moins de fixité, cependant, que ne l'ont cru parfois les historiens des influences littéraires ou esthétiques. Un événement fortuit — accident matériel, exactions d'un seigneur en mal d'argent — suffisait à détourner le courant, parfois durablement. La construction, sur l'ancienne voie romaine, d'un château, aux mains d'une race de chevaliers pillards — les sires de Méréville —, l'établissement, à quelques lieues de là, du prieuré dionysien de Toury, où marchands et pèlerins trouvaient au contraire bon accueil : en voilà assez pour détourner définitivement vers l'Ouest le tronçon beauceron de la route de Paris à Orléans, dorénavant infidèle aux dalles antiques. Surtout, du départ à l'arrivée, le voyageur avait presque toujours le choix entre plusieurs itinéraires, dont aucun ne s'imposait absolument. La circulation, en un mot, ne se canalisait pas selon quelques grandes artères ; elle se répandait, capricieusement, en une multitude de petits vaisseaux. Point de château, de bourg ou de monastère, si écartés fussent-ils, qui ne pussent espérer recevoir quelquefois la visite d'errants, liens vivants avec le vaste monde. Rares, en revanche, étaient les sites où ces passages se produisaient avec régularité .

Ainsi les obstacles et les dangers de la route n'empêchaient nullement les déplacements. Mais de chacun d'eux, ils faisaient une expédition, presque une aventure. Si donc les hommes, sous la pression du besoin, ne craignaient pas d'entreprendre d'assez longs voyages — le craignaient moins, peut-être, qu'ils ne devaient le faire en des siècles plus proches de nous —, ils hésitaient devant ces allées et venues répétées, à court rayon, qui dans d'autres civilisations sont comme la trame de la vie quotidienne : surtout, lorsqu'il s'agissait de modestes gens, par métier sédentaires. D'où une structure, à nos yeux étonnante, du système des liaisons. Il n'était guère de coin de terre qui n'eût quelques contacts, par intermittence, avec cette sorte de mouvement brownien, à la fois perpétuel et inconstant, dont la société tout entière était traversée. Par contre, entre deux agglomérations toutes proches, les relations étaient bien plus rares, l'éloignement humain, oserait-on dire, infiniment plus considérable que de nos jours. Si, selon l'angle où on la considère, la civilisation de l'Europe féodale paraît tantôt merveilleusement universaliste, tantôt particulariste à l'extrême, cette antinomie avait avant tout sa source dans un régime de communications aussi favorable à la lointaine propagation de courants d'influence très généraux que rebelle, dans le détail, à l'action uniformisatrice des rapports de voisinage.

Le seul service de transport de lettres à peu près régulier qui ait fonctionné durant l'ère féodale tout entière unissait Venise à Constantinople. Il était pratiquement étranger à l'Occident. Les derniers essais pour maintenir au service du prince un système de relais, sur le modèle légué par le gouvernement romain, s'étaient évanouis avec l'empire carolingien. Il est significatif de la désorganisation générale que les souverains allemands eux-mêmes, héritiers authentiques de cet empire et de ses ambitions, aient manqué soit de l'autorité, soit de l'intelligence nécessaires pour faire revivre une institution pourtant si indispensable au commandement de vastes territoires. Souverains, barons, prélats devaient confier leurs correspondances à des courriers expédiés tout exprès. Ou bien — principalement parmi les personnes moins élevées en dignité. — on s'en remettait à l'obligeance de passants : tels, les pèlerins qui cheminaient vers Saint-Jacques de Galice ([63]). La lenteur relative des messagers, les mésaventures qui à chaque pas menaçaient de les arrêter faisaient que seul le pouvoir sur place était un pouvoir efficace. Amené à prendre constamment les plus graves initiatives — l'histoire des légats pontificaux est, à cet égard, riche d'enseignements —, tout représentant local d'un grand chef tendait, par un penchant trop naturel, à les prendre à son propre profit et à se muer, finalement, en dynaste indépendant.

Quant à savoir ce qui se passait au loin, force était à chacun, quel que fût son rang, de se reposer pour cela sur le hasard des rencontres. L'image du monde contemporain que portaient en eux les hommes le mieux informés présentait bien des lacunes ; on peut s'en faire une idée par les omissions auxquelles n'échappent pas même les meilleures parmi ces annales monastiques qui sont comme les procès-verbaux de pêcheurs de nouvelles. Et elle marquait rarement l'heure juste. N'est-il pas frappant, par exemple, de voir un personnage aussi bien placé, pour se renseigner, que l'évêque Foubert de Chartres s'étonner, lorsqu'il reçoit pour son église des cadeaux de Knut le Grand : car, avoue-t-il, il croyait encore païen ce prince, baptisé, en fait, depuis l'enfance (64). Fort convenablement informé des affaires allemandes, le moine Lambert de Hersfeld, s'il passe au récit des graves événements qui se déroulèrent, de son temps, dans la Flandre, limitrophe de l'Empire cependant et, pour partie, fief impérial, voici qu'il accumule aussitôt les bourdes les plus étranges. Médiocre base que des représentations aussi rudimentaires, pour toute politique à vastes desseins!

IV. LE PREMIER AGE FÉODAL : LES ÉCHANGES

L'Europe du premier âge féodal ne vivait pas absolument repliée sur elle-même. D'elle aux civilisations avoisinantes, il existait plus d'un courant d'échanges. Le plus actif probablement était celui qui l'unissait à l'Espagne musulmane : témoins les nombreuses monnaies d'or arabes qui, par cette voie, pénétraient au nord des Pyrénées et y furent assez recherchées pour devenir l'objet de fréquentes imitations. La Méditerranée Occidentale, par contre, ne connaissait plus guère de navigation au long cours. Les principales lignes de communication avec l'Orient étaient ailleurs. L'une, maritime, passait par l'Adriatique, au fond duquel Venise faisait figure d'un fragment byzantin, enchâssé dans un monde étranger. Par terre, la route du Danube, longtemps coupée par les Hongrois, était presque déserte. Mais, plus au nord, sur les pistes qui joignaient la Bavière au gros marché de Prague et de là, par les terrasses sur le flanc septentrional des Carpathes, se poursuivaient jusqu'au Dniepr, des caravanes circulaient, chargées, au retour, de quelques produits de Constantinople ou de l'Asie. A Kiev elles rencontraient la grande transversale qui, à travers les plaines et de cours d'eau en cours d'eau, mettait les pays riverains de la Baltique en contact avec la mer Noire, la Caspienne ou les oasis du Turkestan. Car le métier de courtier entre le Nord ou le Nord-Est du continent et la Méditerranée orientale échappait alors à l'Occident ; et sans doute celui-ci n'avait-il rien d'analogue à offrir, sur son propre sol, au puissant va-et-vient de marchandises qui fit la prospérité de la Russie kiévienne.

Ainsi concentré en un très petit nombre de filets, ce commerce était, en outre, fort anémié. Qui pis est : la balance paraît en avoir été nettement déficitaire. Au moins avec l'Orient. Des pays du Levant, l'Occident recevait à peu près exclusivement quelques marchandises de luxe, dont la valeur, très élevée par rapport à leur poids, permettait de passer outre aux frais et aux risques du transport. En échange il n'avait guère à offrir que des esclaves. Encore semble-t-il bien que, parmi le bétail humain razzié dans les terres slaves et lettones au-delà de l'Elbe ou acquis des trafiquants de la Grande-Bretagne, la plus grande partie prît le chemin de l'Espagne islamique ; la Méditerranée Orientale était, par elle-même, trop abondamment pourvue de cette denrée pour avoir besoin d'en importer des quantités fort considérables. Les gains de la traite, au total assez faibles, ne suffisaient donc pas à compenser, sur les marchés du monde byzantin, de l'Égypte ou de la proche Asie, les achats d'objets précieux et d'épices. D'où, une lente saignée d'argent et surtout d'or. Si quelques marchands, sans doute, devaient leur fortune à ce lointain négoce, la société, dans son ensemble, n'en tirait guère qu'une raison de plus de manquer de numéraire.

Assurément, la monnaie, dans l'Occident « féodal », ne fut jamais tout à fait absente des transactions, même chez les classes paysannes. Surtout elle ne cessa jamais d'y jouer le rôle d'étalon des échanges. Le débiteur payait souvent en denrées ; mais en denrées, ordinairement « appréciées » une à une, de façon que le total de ces évaluations coïncidât avec un prix stipulé en livres, sous et deniers. Évitons donc le mot, trop sommaire et trop vague, d'« économie nature ». Mieux vaut parler simplement de famine monétaire. La pénurie d'espèces était encore aggravée par l'anarchie des frappes, résultat, elle-même, à la fois du morcellement politique et de la difficulté des communications : car, à chaque marché important, il fallait, sous peine de disette, son atelier local. Réserve faite de l'imitation des monnayages exotiques et quelques infimes piécettes mises à part, on ne fabriquait plus que des deniers, qui étaient des pièces d'argent, de teneur assez faible. L'or ne circulait que sous forme de monnaies arabes et byzantines ou de leurs copies. La livre et le sou n'étaient que des multiples arithmétiques du denier, sans support matériel qui leur fût propre. Mais les divers deniers, sous un même nom, avaient, selon leur provenance, une valeur métallique différente. Pis encore, en un même lieu, chaque émission, ou peu s'en faut, entraînait des variations dans le poids ou l'alliage. A la fois rare, au total, et, en raison de ses caprices, incommode, la monnaie circulait en outre trop lentement et trop irrégulièrement pour qu'on pût jamais se sentir assuré de s'en procurer, en cas de besoin. Cela, faute d'échanges suffisamment fréquents.

Là encore, gardons-nous d'une formule trop rapide : celle d'économie fermée. Elle ne s'appliquerait même pas exactement aux petites exploitations paysannes. Nous connaissons l'existence de marchés où les rustres certainement vendaient quelques produits de leurs champs ou leurs basses-cours : aux gens des villes, aux clercs, aux hommes d'armes. C'était ainsi qu'ils se procuraient les deniers des redevances. Et bien pauvre était celui qui jamais n'achetait quelques onces de sel ou de fer. Quant à l'« autarcie » des grandes seigneuries, elle eût supposé que leurs maîtres se fussent passés d'armes ou de bijoux, n'eussent jamais bu de vin, si d'aventure leurs terres n'en produisaient point, et se fussent contentés, pour leurs vêtements, des grossières étoffes tissées par les femmes de leurs tenanciers. Ainsi donc, il n'était pas jusqu'aux insuffisances de la technique agricole, aux troubles sociaux, aux intempéries enfin qui ne contribuassent à entretenir un certain commerce intérieur : car, lorsque la récolte venait à manquer si beaucoup, littéralement, mouraient de faim, la population entière n'en était pas réduite à cette extrémité et nous savons que, des pays plus favorisés vers ceux que frappait la disette, un trafic de blé s'établissait qui prêtait à beaucoup de spéculations. Les échanges n'étaient donc point absents ; ils étaient par contre, au suprême degré, irréguliers. La société de ce temps n'ignorait certes ni l'achat ni la vente. Mais elle ne vivait pas, comme la nôtre, d'achat et de vente.

Aussi bien le commerce, fût-ce sous la forme du troc,

n'était pas le seul ni, peut-être même le plus important des chenaux par où s'opérât alors, à travers les couches sociales, la circulation des biens. C'était à titre de redevances, remises à un chef comme rémunération de sa protection ou simplement comme reconnaissance de son pouvoir, qu'un grand nombre de produits passaient de main en main. De même, pour cette autre marchandise qu'est le travail humain : la corvée fournissait plus de bras que le louage d'ouvrage. En un mot, l'échange, au sens strict, tenait dans la vie économique moins de place, sans doute, que la prestation ; et parce que l'échange ainsi était rare et que pourtant seuls les miséreux pouvaient se résigner à ne subsister que de leur propre production, la richesse et le bien-être semblaient inséparables du commandement.

Cependant, à la disposition des puissants eux-mêmes une économie ainsi constituée ne mettait, en fin de compte, que des moyens d'acquisition singulièrement restreints. Qui dit monnaie dit possibilité de réserves, capacité d'attente, « anticipation des valeurs futures » : toutes choses que, réciproquement, la pénurie de monnaie rendait singulièrement difficiles. Sans doute s'efforçait-on de thésauriser sous d'autres formes. Les barons et les rois accumulaient dans leurs coffres la vaisselle d'or ou d'argent et les joyaux ; les églises amassaient les orfèvreries liturgiques. Le besoin d'un déboursement imprévu se faisait-il jour ? on vendait ou engageait la couronne, le hanap ou le crucifix ; ou bien on les envoyait fondre à l'atelier monétaire voisin. Mais cette liquidation, en raison précisément du ralentissement des échanges, n'était jamais aisée ni d'un profit sûr ; et les trésors eux-mêmes n'atteignaient pas au total une somme bien considérable. Grands comme petits vivaient au jour le jour, obligés de s'en remettre aux ressources du moment et presque contraints de dépenser celles-ci sur-le-champ.

L'atonie des échanges et de la circulation monétaire avait une autre conséquence encore et des plus graves. Elle réduisait à l'extrême le rôle social du salaire. Celui-ci, en effet, suppose du côté du donneur d'ouvrage un numéraire suffisamment abondant et dont la source ne risque pas de se tarir à chaque minute ; du côté du salarié, la certitude de pouvoir employer la monnaie ainsi reçue à se procurer les denrées nécessaires à la vie. Autant de conditions qui manquaient au premier âge féodal. A tous les degrés de la hiérarchie, qu'il s'agît pour le roi de s'assurer les services d'un grand officier, pour le hobereau de retenir ceux d'un suivant d'armes ou d'un valet de ferme, force était de recourir à un mode de rémunération qui ne fût point fondé sur le versement périodique d'une somme d'argent. Deux solutions s'offraient : prendre l'homme chez soi, l'y nourrir et l'y vêtir, lui fournir, comme on disait, la « provende » ; ou bien lui céder, en compensation de son travail, une terre qui, par exploitation directe ou sous forme de redevances prélevées sur les cultivateurs du sol, lui permît de pourvoir lui-même à son propre entretien.

Or, l'une et l'autre méthode conspiraient, bien qu'en des sens opposés, à nouer des liens humains très différents de ceux du salariat. Du provendier au maître à l'ombre duquel il vivait, comment l'attache n'eût-elle pas été beaucoup plus intime qu'entre un patron et un salarié, libre, une fois sa tâche terminée, de s'en aller avec ses sous dans sa poche ? On la voyait, au contraire, presque nécessairement se relâcher, aussitôt le subordonné établi sur une terre que, peu à peu, par un mouvement naturel, il tendait à considérer comme sienne, tout en s'efforçant de diminuer le poids des services. Ajoutez qu'en un temps où l'incommodité des communications et l'anémie des échanges rendaient malaisé de maintenir dans une relative abondance de vastes maisonnées, la provende était, au total, susceptible d'une extension bien moindre que le système des rémunérations foncières. Si la société féodale a perpétuellement oscillé entre ces deux pôles : l'étroite relation d'homme à homme et le nœud détendu de la tenure terrienne, la responsabilité en revient, pour une large part, au régime économique qui, à l'origine du moins, lui interdit le salariat.

V. LA RÉVOLUTION ÉCONOMIQUE DU SECOND AGE FÉODAL

Nous nous efforcerons, dans la seconde partie de ce livre, de décrire le mouvement de peuplement qui, de 1050 à 1250, transforma la face de l'Europe : sur les confins du monde occidental, colonisation des plateaux ibériques et de la grande plaine au-delà de l'Elbe ; au cœur même du vieux pays, les forêts et les friches incessamment grignotées par la charrue ; dans les clairières ouvertes parmi les arbres ou la brousse, des villages tout neufs s'agrippant au sol vierge ; ailleurs, autour des sites d'habitat séculaires, l'élargissement des terroirs, sous l'irrésistible pression des essarteurs. Il conviendra alors de distinguer les étapes, de caractériser les variétés régionales. Seuls, pour l'instant, nous importent, avec le phénomène en lui-même, ses principaux effets.

Le plus immédiatement sensible fut sans doute de rapprocher les uns des autres les groupes humains. Entre les divers établissements, sauf dans quelques contrées particulièrement déshéritées, fini, désormais, des vastes espaces vides. Ce qui subsiste de distances est, par ailleurs, devenu plus aisé à franchir. Car, favorisés, précisément, dans leur ascension par le progrès démographique, des pouvoirs ont surgi ou se sont consolidés auxquels leur horizon agrandi impose de nouveaux soins : bourgeoisies urbaines, qui sans le trafic ne seraient rien ; royautés et principautés, intéressées elles aussi à la prospérité d'un commerce dont elles tirent, par les impôts et les péages, de grosses sommes d'argent, conscientes en outre, bien plus que par le passé, de l'importance vitale qui s'attache pour elles à la libre circulation des ordres et des armées. L'activité des Capétiens, vers ce tournant décisif que marque le règne de Louis VI, leur effort guerrier, leur politique domaniale, leur rôle dans l'organisation du peuplement répondirent, pour une large part, à des soucis de cette nature : conserver la maîtrise des communications entre les deux capitales, Paris et Orléans ; par delà la Loire ou la Seine, assurer la jonction soit avec le Berry, soit avec les vallées de l'Oise et de l'Aisne. A vrai dire, il ne semble pas que les routes, si la police y était devenue meilleure, aient été, en elles-mêmes, notablement améliorées. Mais l'équipement en travaux d'art fut porté beaucoup plus loin. Que de ponts jetés, au cours du XIIe siècle, sur toutes les rivières de l'Europe ! Enfin un heureux perfectionnement dans les pratiques de l'attelage vint augmenter, vers le même moment, dans des proportions très fortes, le rendement des charrois.

Dans les liaisons avec les civilisations limitrophes : même métamorphose. La Méditerranée sillonnée par des vaisseaux de plus en plus nombreux ; ses ports, du rocher d'Amalfi à la Catalogne, élevés au rang de grandes places de commerce ; le rayonnement du négoce vénitien sans cesse accru ; la route des plaines danubiennes elle-même parcourue par les lourds chariots des caravaniers : ces faits sont déjà considérables. Mais les relations avec l'Orient n'étaient pas seulement devenues plus faciles et plus intenses. Le trait capital est qu'elles avaient changé de nature. Hier presque uniquement importateur, l'Occident s'est fait puissant fournisseur de produits ouvrés. Les marchandises qu'il expédie ainsi par masses vers le monde byzantin, vers le Levant islamique ou latin, voire, quoique dans une moindre mesure, vers le Maghreb, appartiennent à des catégories très diverses. L'une d'elles, cependant, domine de loin toutes les autres. Dans l'expansion de l'économie européenne, au moyen âge, les draps jouèrent le même rôle directeur qu'au XIXe siècle, dans celle de l'Angleterre, la métallurgie et les cotonnades. Si en Flandre, en Picardie, à Bourges, dans le Languedoc, en Lombardie, ailleurs encore — car les centres drapiers sont presque partout répandus —, on entend bruire les métiers et battre les moulins à foulon, c'est au service des marchés exotiques autant, ou peu s'en faut, que de la consommation intérieure. Et sans doute cette révolution, qui vit nos pays commencer par l'Orient la conquête économique du monde, il conviendrait, pour l'expliquer, d'évoquer des causes multiples, de regarder, — si faire se peut — vers l'Est aussi bien que vers l'Ouest. Il n'en est pas moins vrai que seuls les phénomènes démographiques, qui viennent d'être rappelés, l'avaient rendue possible. Si la population n'avait été plus qu'auparavant abondante et la surface cultivée plus étendue ; si, mieux mis en valeur par des bras plus nombreux, soumis notamment à des labours plus souvent répétés, les champs n'étaient devenus capables de plus épaisses et plus fréquentes moissons, comment eût-on pu rassembler, dans les villes, tant de tisserands, de teinturiers ou de tondeurs d'étoffe et les nourrir ?

Le Nord est conquis, comme l'Orient. Dès la fin du XIe siècle, on vendait à Novgorod des draps de Flandre. Peu à peu, la route des plaines russes périclite et se ferme. C'est vers l'Ouest que désormais se tournent la Scandinavie et les pays baltes. Le changement qui s'amorce ainsi s'achèvera lorsqu'au cours du XIIe siècle, le commerce allemand s'annexera la Baltique. Dès lors les ports des Pays-Bas, Bruges surtout, vont être le lieu où s'échangent avec les produits septentrionaux, non seulement ceux de l'Occident lui-même, mais aussi les marchandises qu'il fait venir de l'Orient. Un puissant courant de relations mondiales joint, par l'Allemagne et surtout par les foires de Champagne, les deux fronts de l'Europe féodale.

Un commerce extérieur aussi favorablement équilibré ne pouvait manquer de drainer vers l'Europe monnaies et métaux précieux, d'y accroître par suite, dans des proportions considérables, le volume des moyens de paiement. A cette aisance monétaire, au moins relative, s'ajoutait, pour en multiplier les effets, le rythme accéléré de la circulation. Car, à l'intérieur même du pays, les progrès du peuplement, la facilité plus grande des liaisons, l'arrêt des invasions qui avaient fait peser sur le monde occidental une telle atmosphère de trouble et de panique, d'autres causes encore, qu'il serait trop long de scruter ici, avaient ravivé les échanges.

Gardons-nous cependant d'exagérer. Le tableau demanderait à être soigneusement nuancé, par régions et par classes. Vivre du sien devait rester, pour de longs siècles, l'idéal — rarement atteint, d'ailleurs — de beaucoup de paysans et de la plupart des villages. D'autre part, les transformations profondes de l'économie obéirent à une cadence assez lente. Chose significative : des deux symptômes essentiels dans l'ordre monétaire, l'un, la frappe de grosses pièces d'argent, beaucoup plus lourdes que le denier, n'apparut qu'au début du XIIIe siècle — et encore à cette date en Italie seulement —, l'autre, la reprise de la frappe de l'or, sur type indigène, se fit attendre jusqu'à la seconde moitié de ce même siècle. A beaucoup d'égards, le second âge féodal vit moins l'effacement des conditions antérieures que leur atténuation. L'observation vaut pour le rôle de la distance comme pour le régime des échanges. Mais qu'alors les rois, les hauts barons, les seigneurs aient pu recommencer de se constituer, à coup d'impôts, d'importants trésors, que, parfois sous des formes juridiques gauchement inspirées des pratiques anciennes, le salariat ait repris, parmi les modes de rémunération des services, une place peu à peu prépondérante, ces signes d'une économie en voie de renouvellement agirent à leur tour, dès le XIIe siècle, sur toute la contexture des relations humaines.

Ce n'était pas tout. L'évolution de l'économie entraînait une véritable révision des valeurs sociales. Il y avait toujours eu des artisans et des marchands. Individuellement, ces derniers du moins avaient même pu, çà et là, jouer un rôle important. Comme groupes, ni les uns ni les autres ne comptaient guère. A partir de la fin du XIe siècle, classe artisane et classe marchande, devenues beaucoup plus nombreuses et beaucoup plus indispensables à la vie de tous, s'affirmèrent de plus en plus vigoureusement, dans le cadre urbain. Avant tout, la classe marchande. Car l'économie médiévale, depuis le grand renouveau de ces années décisives, fut toujours dominée, non par le producteur, mais par le commerçant. Ce n'était pas pour ces gens-là que, fondée sur un régime économique où ils ne tenaient qu'une place médiocre, s'était constituée l'armature juridique de l'âge précédent. Leurs exigences pratiques et leur mentalité devaient naturellement y introduire un ferment nouveau. Née dans une société d'un tissu très lâche, où les échanges étaient peu de chose et l'argent rare, la féodalité européenne s'altéra profondément aussitôt que les mailles du réseau humain se furent resserrées, que la circulation des biens et du numéraire se fut faite plus intense.

Chapitre II

Façons de sentir et de penser

I. L'HOMME DEVANT LA NATURE ET LA DURÉE

L'homme des deux âges féodaux était, beaucoup plus que nous, proche d'une nature, de son côté, beaucoup moins aménagée et édulcorée. Le paysage rural, où les friches occupaient de si larges espaces, portait d'une façon moins sensible la marque humaine. Les bêtes féroces, qui ne hantent plus que nos contes de nourrices, les ours, les loups surtout, vaguaient dans toutes les solitudes, voire parmi les campagnes cultivées elles-mêmes. Autant qu'un sport, la chasse était un moyen de défense indispensable et fournissait à l'alimentation un appoint presque également nécessaire. La cueillette des fruits sauvages et celle du miel continuaient de se pratiquer comme aux premiers temps de l'humanité. Dans l'outillage, le bois tenait un rôle prépondérant. Les nuits, que l'on savait mal éclairer, étaient plus obscures, les froids, jusque dans les salles des châteaux, plus rigoureux. Il y avait, en un mot, derrière toute vie sociale, un fond de primitivité, de soumission à des puissances indisciplinables, de contrastes physiques sans atténuation. Nul instrument n'existe qui permette de peser l'influence qu'un pareil entourage pouvait exercer sur les âmes. Comment ne pas supposer, cependant, qu'il contribuât à leur rudesse ?

Une histoire plus digne de ce nom que les timides essais auxquels nous réduisent aujourd'hui nos moyens ferait leur place aux aventures du corps. C'est une grande naïveté de prétendre comprendre des hommes sans savoir comment ils se portaient. Mais l'état des textes, plus encore l'insuffisante acuité de nos méthodes de recherches bornent nos ambitions. Incontestablement très forte dans l'Europe féodale, la mortalité infantile n'était pas sans y endurcir quelque peu les sentiments vis-à-vis de deuils presque normaux. Quant à la vie des adultes, elle était, indépendamment même des accidents de guerre, en moyenne relativement courte : du moins, autant que l'on en peut juger par les personnages princiers, auxquels se rapportent les seules données tant soit peu précises dont nous disposons. Robert le Pieux mourut vers la soixantaine ; Henri Ier, à 52 ans ; Philippe Ier et Louis VI, à 56. En Allemagne, les quatre premiers empereurs de la dynastie saxonne atteignirent respectivement 60 ans — ou environ, — 28, 22 et 52 ans. La vieillesse semblait commencer très tôt, dès notre âge mûr. Ce monde qui, nous le verrons, se croyait très vieux, était en fait dirigé par des hommes jeunes.

Parmi tant de morts prématurées, beaucoup étaient dues aux grandes épidémies, qui s'abattaient fréquemment sur une humanité mal outillée pour les combattre ; chez les humbles, en outre, aux famines. Jointes aux violences journalières, ces catastrophes donnaient à l'existence comme un goût de perpétuelle précarité. Là fut probablement une des raisons majeures de l'instabilité de sentiments, si caractéristique de la mentalité de l'ère féodale, surtout durant son premier âge. Une hygiène certainement médiocre contribuait aussi à cette nervosité. On s'est donné, de nos jours, beaucoup de peine pour démontrer que la société seigneuriale n'ignorait pas les bains. Il y a quelque chose de puéril à oublier, en faveur de cette observation, tant de fâcheuses conditions de vie : notamment, la sous-alimentation chez les pauvres ; chez les riches, les excès de table. Enfin, comment négliger les effets d'une étonnante sensibilité aux manifestations prétendument surnaturelles ? Elle rendait les esprits constamment et presque maladivement attentifs à toute espèce de signes, de rêves ou d'hallucinations. Le trait, à vrai dire, était surtout marqué dans les milieux monastiques, où les macérations et le refoulement ajoutaient leur influence à celle d'une réflexion professionnellement centrée sur les problèmes de l'invisible. Nul psychanalyste n'a jamais scruté ses songes avec plus d'ardeur que les moines du Xe ou du XIe siècle. Cependant les laïques aussi participaient à l'émotivité d'une civilisation où le code moral ou mondain n'imposait pas encore aux gens bien élevés de réprimer leurs larmes et leurs « pâmoisons ». Les désespoirs, les fureurs, les coups de tête, les brusques revirements proposent de grandes difficultés aux historiens portés, par instinct, à reconstruire le passé selon les lignes de l'intelligence ; éléments considérables de toute histoire sans doute, ils ont exercé sur le déroulement des événements politiques, dans l'Europe féodale, une action qui ne saurait être passée sous silence que par une sorte de vaine pudeur.

Ces hommes, soumis autour d'eux et en eux-mêmes à tant de forces spontanées, vivaient dans un monde dont l'écoulement échappait d'autant plus à leurs prises qu'ils le savaient mal mesurer. Coûteuses et encombrantes, les horloges à eau n'existaient qu'à un très petit nombre d'exemplaires. Les sabliers semblent avoir été d'usage médiocrement courant. L'imperfection des cadrans solaires, surtout sous des ciels facilement brouillés, était flagrante. D'où l'emploi de curieux artifices. Préoccupé de régler le cours d'une vie fort nomade, le roi Alfred avait imaginé de transporter partout avec lui des cierges d'égale longueur, qu'il faisait allumer tour à tour ([65]). Ce souci d'uniformité, dans le sectionnement de la journée, était alors exceptionnel. Comptant ordinairement, à l'exemple de l'Antiquité, douze heures de jour et douze de nuit, quelle que fût la saison, les personnes les plus instruites s'accommodaient de voir chacune de ces fractions, prise une à une, croître et décroître sans trêve, selon la révolution annuelle du soleil. Il devait en être ainsi jusqu'au moment où, vers le XIVe siècle, les horloges à contrepoids entraînèrent, enfin, avec la mécanisation de l'instrument, celle de la durée.

Une anecdote, rapportée par une chronique du Hainaut, met admirablement en lumière cette sorte de perpétuel flottement du temps. A Mons, un duel judiciaire doit avoir lieu. Un seul champion se présente, dès l'aube ; une fois arrivée la neuvième heure, qui marque le terme de l'attente prescrite par la coutume, il demande que soit constatée la défaillance de son adversaire. Sur le point de droit, pas de doute. Mais est-il vraiment l'heure voulue ? Les juges du comté délibèrent, regardent le soleil, interrogent les clercs que la pratique de la liturgie a pliés à une plus sûre connaissance du rythme horaire et dont les cloches le scandent, plus ou moins approximativement, au profit du commun des hommes. Décidément, prononce la cour, l'heure de « none » est passée ([66]). De notre civilisation, habituée à ne vivre que les yeux constamment fixés sur la montre, combien elle nous paraît loin, cette société où un tribunal devait discuter et enquêter pour savoir le moment du jour !

Or l'imperfection de la mesure horaire n'était qu'un des symptômes, entre beaucoup d'autres, d'une vaste indifférence au temps. Rien n'eût été plus aisé ni plus utile que de noter, avec précision, des dates aussi importantes, en droit, que celles des naissances princières ; en 1284 pourtant, il fallut toute une enquête pour déterminer, tant bien que mal, l'âge d'une des plus grandes héritières du royaume capétien, la jeune comtesse de Champagne ([67]). Aux xe et xie siècles, d'innombrables chartes ou notices, dont la seule raison d'être cependant était de préserver un souvenir, ne portent aucune mention chronologique. D'autres sont-elles, par exception, mieux pourvues ? Le notaire, qui emploie simultanément plusieurs systèmes de références, souvent n'a pas réussi à faire concorder ses divers calculs. Il y a plus : ce n'était pas la notion de la durée seulement, c'était le domaine du nombre, en son entier, sur qui pesaient ces brumes. Les chiffres insensés des chroniqueurs ne sont pas qu'amplification littéraire ; ils attestent l'absence de toute sensibilité à la vraisemblance statistique. Alors que Guillaume le Conquérant n'avait certainement pas établi en Angleterre plus de cinq mille fiefs de chevaliers, les historiens des siècles suivants, voire même certains administrateurs, auxquels il n'eût pourtant pas été bien difficile de se renseigner, lui attribuaient volontiers la création de trente-deux à soixante mille de ces tenures militaires. L'époque eut, surtout à partir de la fin du xie siècle, ses mathématiciens, qui tâtonnaient vaillamment à la suite des Grecs et des Arabes ; les architectes et les sculpteurs savaient pratiquer une assez simple géométrie. Mais, parmi les comptes qui nous sont parvenus — et cela jusqu'à la fin du moyen âge —, il n'en est guère où on ne relève des fautes étonnantes. Les incommodités de la numérotation romaine, ingénieusement corrigées d'ailleurs par l'emploi de l'abaque, ne suffisent pas à expliquer ces erreurs. La vérité est que le goût de l'exactitude, avec son plus sûr étai, le respect du chiffre, demeurait profondément étranger aux esprits, même des chefs.

II. L'EXPRESSION

D'une part, la langue de culture, qui était, presque uniformément, le latin ; de l'autre, dans leur diversité, les parlers d'usage quotidien : tel est le singulier dualisme sous le signe duquel vécut l'ère féodale presque tout entière. Il était particulier à la civilisation occidentale proprement dite et contribuait à l'opposer vigoureusement à ses voisines : mondes celte et scandinave, pourvus de riches littératures, poétiques et didactiques, en langues nationales ; Orient grec ; Islam, au moins dans les zones réellement arabisées.

Dans l'Occident même, à vrai dire, une société pendant longtemps fit exception : celle de la Grande-Bretagne anglo-saxonne. Non qu'on n'y écrivît le latin et fort bien. Mais on n'écrivait pas que lui, à beaucoup près. Le vieil anglais s'était élevé de bonne heure à la dignité de langue littéraire et juridique. Le roi Alfred voulait que les jeunes gens l'apprissent dans les écoles, avant, pour les mieux doués, de passer au latin ([68]). Les poètes l'employaient en des chants que, non contents de les réciter, ils faisaient transcrire. De même, les rois, dans leurs lois ; les chancelleries, dans les actes établis pour les rois ou les grands ; et jusqu'aux moines, dans leurs chroniques : cas véritablement unique, en ce temps, d'une civilisation qui sut maintenir le contact avec les moyens d'expression de la masse. La conquête normande brisa net ce développement. De la lettre adressée par Guillaume aux gens de Londres, aussitôt après la bataille de Hastings, jusqu'à quelques rares mandements vers la fin du XIIe siècle, plus un acte royal qui ne soit rédigé en latin. A une seule réserve près, les chroniques anglo-saxonnes se taisent à partir du milieu du XIe siècle. Quant aux œuvres que l'on peut, avec quelque bonne volonté, dire littéraires, elles ne devaient réapparaître que peu avant l'an 1200 et seulement, au début, sous la forme de quelques opuscules d'édification.

Sur le continent, le bel effort culturel de la renaissance carolingienne n'avait pas totalement négligé les langues nationales. A la vérité, il ne venait alors à personne l'idée de considérer comme dignes de l'écriture les parlers romans qui faisaient l'effet, simplement, d'un latin affreusement corrompu. Les dialectes de la Germanie, par contre, sollicitèrent l'attention d'hommes dont beaucoup, à la cour et dans le haut-clergé, les avaient pour langue maternelle. On copia de vieux poèmes, jusque-là purement oraux ; on en composa de nouveaux, principalement sur des thèmes religieux ; des manuscrits en langage « thiois » figuraient dans les bibliothèques des magnats. Mais ici encore les événements politiques — cette fois l'écroulement de l'Empire carolingien, avec les troubles qui suivirent — marquèrent une cassure. De la fin du IXe siècle à la fin du XIe, quelques poésies pieuses et quelques traductions : voilà le maigre butin que doivent se borner à enregistrer les historiens de la littérature allemande. En comparaison des écrits latins rédigés sur le même sol et durant la même période, pour le nombre comme pour la valeur intellectuelle, autant dire rien.

Gardons-nous, d'ailleurs, de l'imaginer, ce latin de l'ère féodale, sous les couleurs d'une langue morte, avec ce que l'épithète suggère à la fois de stéréotypé et d'uniforme. Malgré le goût de correction et de purisme réinstauré par la renaissance carolingienne, tout conspirait à imposer, dans des proportions très variables selon les milieux ou les individus, tantôt des mots, tantôt des tours nouveaux : la nécessité d'exprimer des réalités inconnues aux Anciens ou des pensées qui, dans l'ordre religieux notamment, leur avaient été étrangères ; la contamination du mécanisme logique, très différent de celui de la traditionnelle grammaire auquel la pratique des langages populaires habituait les esprits ; l'ignorance enfin ou la demi-science. Aussi bien, si le livre favorise l'immobilité, la parole n'est-elle pas toujours facteur de mouvement ? Or on ne se bornait pas à écrire le latin. On le chantait — témoin, la poésie, au moins sous ses formes les plus chargées de sentiment vrai, délaissant la classique prosodie des longues et des brèves pour se rallier au rythme accentué, seule musique désormais perceptible aux oreilles. — On le parlait aussi. Ce fut pour un solécisme commis dans la conversation qu'un lettré italien, appelé à la cour d'Otton Ier, se fit cruellement moquer par un moinillon de Saint-Gall ([69]). Lorsque l'évêque Notker de Liège prêchait, s'il s'adressait à des laïques, il usait du wallon ; du latin, au contraire, s'il avait devant lui ses clercs. Assurément beaucoup d'ecclésiastiques, surtout parmi les curés des paroisses, auraient été incapables de l'imiter, voire de le comprendre. Mais pour les prêtres et les moines instruits, la vieille κοινή de l'Église conservait son rôle d'instrument oral. Sans son aide, comment, à la Curie, dans les grands conciles ou au cours de leurs vagabondages d'abbaye en abbaye, ces hommes venus de patries différentes auraient-ils réussi à communiquer entre eux ?

Certes, dans presque toute société, les modes d'expression varient, parfois très sensiblement, d'après l'emploi qu'on en désire faire ou selon les classes. Mais le contraste se borne ordinairement à des nuances dans l'exactitude grammaticale ou la qualité du vocabulaire. Il était ici incomparablement plus profond. Dans une grande partie de l'Europe, les langages usuels, qui se rattachaient au groupe germanique, appartenaient à une tout autre famille que la langue de culture. Les parlers romans eux-mêmes s'étaient à ce point écartés de leur souche commune que passer d'eux au latin supposait un long apprentissage scolaire. Si bien que le schisme linguistique se ramenait, en fin de compte, à l'opposition de deux groupes humains. D'une part, l'immense majorité des illettrés, murés, chacun, dans son dialecte régional, réduits, pour tout bagage littéraire, à quelques poèmes profanes, qui se transmettaient presque uniquement de vive voix, et à ces pieuses cantilènes que des clercs bien intentionnés composaient en langues vulgaires, au profit des simples, et dont parfois ils confiaient la mémoire au parchemin. Sur l'autre rive, la petite poignée des gens instruits, qui, oscillant sans cesse du parler journalier et local à la langue savante et universelle, étaient proprement bilingues. A eux, les œuvres de théologie et d'histoire, uniformément écrites en latin ; l'intelligence de la liturgie ; celle même des documents d'affaire. Le latin ne constituait pas seulement la langue véhiculaire de l'enseignement ; il était la seule langue qu'on enseignât. Savoir lire, tout court, c'était savoir le lire. Se laissait-on aller, par exception, à user, dans une pièce juridique, de la langue nationale ? Dans cette anomalie, où qu'elle se produise, n'hésitons pas à reconnaître un symptôme d'ignorance. Si, dès le xe siècle, certaines chartes de l'Aquitaine méridionale apparaissent, au milieu d'un latin plus ou moins incorrect, toutes farcies de termes provençaux, c'est que, placés à l'écart des grands foyers de la renaissance carolingienne, les monastères du Rouergue ou du Quercy ne comptaient que de rares religieux formés aux belles-lettres. Parce que la Sardaigne était un pauvre pays dont les populations, fuyant le littoral ravagé par les pirates, vivaient dans un quasi isolement, les premiers documents écrits du sarde dépassent de beaucoup en ancienneté les plus vieux textes italiens de la Péninsule.

De cette hiérarchisation des langues, la conséquence la plus immédiatement apparente est sans doute d'avoir fâcheusement brouillé l'image que le premier âge féodal a laissée de lui-même. Actes de vente ou de donation, d'asservissement ou de liberté, arrêts de justice, privilèges royaux, procès-verbaux d'hommage, les documents de la pratique sont la source la plus précieuse sur laquelle puisse se pencher l'historien de la société. S'ils ne sont pas toujours sincères, du moins, à la différence des textes narratifs destinés à la postérité, ont-ils le mérite de n'avoir voulu, au pis, tromper que les contemporains, dont la crédulité avait d'autres limites que la nôtre. Or, à peu d'exceptions près, qui viennent d'être expliquées, ils furent, jusqu'au XIIIe siècle, constamment rédigés en latin. Mais ce n'était pas ainsi que s'étaient, d'abord, exprimées les réalités dont ils s'efforçaient de conserver le souvenir. Lorsque deux seigneurs débattaient le prix d'une terre ou les clauses d'une relation de dépendance, ils ne s'entretenaient assurément point dans la langue de Cicéron. Affaire au notaire de découvrir ensuite, vaille que vaille, un vêtement classique à leur accord. Toute charte ou notice latine, ou peu s'en faut, présente donc le résultat d'un travail de transposition, que l'historien, aujourd'hui, s'il veut saisir la vérité sous-jacente, doit recommencer, à rebours.

Passe encore si l'élaboration avait toujours obéi aux mêmes règles ! Il n'en était rien. Du thème d'écolier, gauchement calqué sur un schéma mental en langue vulgaire, jusqu'au discours latin, poli avec soin par un clerc instruit, tous les degrés se rencontrent. Parfois — et c'est incontestablement le cas le plus favorable — le mot courant est simplement déguisé, tant bien que mal, par l'adjonction d'une terminaison latine postiche : tel, « hommage » à peine masqué en *homagium*. Ailleurs, au contraire, on s'efforçait de n'user que des termes les plus classiques : jusqu'à écrire — assimilant, par un jeu d'esprit presque blasphématoire, au prêtre de Jupiter celui du Dieu Vivant — *archiflamen* pour archevêque. Le pis était que, dans la recherche des parallélismes, les puristes ne craignaient pas de prendre volontiers pour guide moins l'analogie des significations que celle des sons ; parce que « comte » avait, en français, pour cas sujet *cuens*, on le rendait par *consul* ; ou « fief », d'aventure, par *fiscus*. Sans doute, des systèmes généraux de transcription s'établirent peu à peu, dont certains participaient au caractère universaliste de la langue savante : « fief », qui se disait en allemand *Lehn*, avait, dans les chartes latines de l'Allemagne, pour équivalents réguliers, des mots forgés sur le français. Mais, jusque dans ses emplois les moins maladroits, le latin notarial ne traduisait jamais sans déformer un peu.

Ainsi la langue technique du droit elle-même ne disposait que d'un vocabulaire à la fois trop archaïque et trop flottant pour lui permettre de serrer de près la réalité. Quant au lexique des parlers usuels, il avait toute l'imprécision et l'instabilité d'une nomenclature purement orale et populaire. Or, en matière d'institutions sociales, le désordre des mots entraîne presque nécessairement celui des choses. Ne fût-ce qu'en raison de l'imperfection de leur terminologie, une grande incertitude pesait donc sur le classement des rapports humains. Mais l'observation doit être encore élargie. A quelque usage qu'on l'appliquât, le latin avait l'avantage d'offrir, aux intellectuels de l'époque, un moyen de communication international. Il présentait, par contre, le redoutable inconvénient d'être, chez la plupart des hommes qui s'en servaient, radicalement séparé de la parole intérieure ; de les contraindre, par suite, dans l'énonciation de leur pensée, à de perpétuels à peu près. L'absence d'exactitude mentale, qui fut, nous l'avons vu, une des caractéristiques de ce temps, comment, parmi les causes multiples qui sans doute conspirent à l'expliquer, ne pas ranger ce va-et-vient incessant entre les deux plans du langage ?

III. CULTURE ET CLASSES SOCIALES

Langue de culture, dans quelle mesure le latin médiéval était-il la langue d'une aristocratie ? Jusqu'à quel point, en d'autres termes, le groupe des *litterati* se confondait-il avec celui des chefs ? Pour l'Église, point de doute. Peu importe que le mauvais régime des nominations ait, çà et là, poussé jusqu'aux premiers postes des ignorants. Les cours épiscopales, les grands monastères, les chapelles des souverains, tous les états-majors, en un mot, de l'armée ecclésiastique n'ont jamais manqué de clercs instruits, qui, souvent d'ailleurs, d'origine baronale ou chevaleresque, avaient été formés dans les écoles monastiques et surtout cathédrales. Dès qu'on touche au monde laïque, le problème devient plus délicat.

N'imaginons pas, fût-ce aux plus sombres heures, une société hostile de parti pris à toute nourriture intellectuelle. Que communément on estimât utile à un conducteur d'hommes l'accès du trésor de réflexions et de souvenirs dont seul l'écrit, c'est-à-dire le latin, apportait la clef, le plus sûr témoignage en est l'importance attribuée par beaucoup de souverains à l'instruction de leurs héritiers. Robert le Pieux, « roi savant en Dieu », avait été, à Reims, l'élève de l'illustre Gerbert ; Guillaume le Conquérant donna à son fils Robert un clerc pour précepteur. Parmi les grands de la terre, il se rencontrait de vrais amis des livres : formé, à vrai dire, par sa mère qui, princesse byzantine, avait apporté de sa patrie les habitudes d'une civilisation beaucoup plus affinée, Otton III parlait couramment le grec et le latin ; Guillaume III d'Aquitaine avait réuni une belle bibliothèque, où on le voyait parfois lire fort avant dans la nuit ([70]). Ajoutez le cas, nullement exceptionnel, de ces princes qui, destinés d'abord à l'Église, avaient retenu de leur premier apprentissage certaines des connaissances et certains des penchants propres au milieu clérical : tel, par exemple, Baudoin de Boulogne, rude guerrier pourtant qui ceignit la couronne de Jérusalem.

Mais à ces éducations assez poussées il fallait l'atmosphère de hautes lignées, déjà solidement assises dans leur puissance héréditaire. Rien de plus significatif qu'en Allemagne le contraste, presque régulier, entre les fondateurs de dynasties et leurs successeurs : à Otton II, le troisième roi saxon, à Henri III, le second des Saliens, tous deux soigneusement instruits, s'opposent leurs pères : Otton le Grand, qui apprit à lire à 30 ans, Conrad II dont son chapelain avoue qu'il « ne savait pas ses lettres ». Comme il arrivait souvent, l'un et l'autre avaient été jetés trop jeunes dans une vie d'aventure et de dangers pour avoir eu le loisir de se former, autrement que par la pratique ou la tradition orale, à leur métier de chefs. A plus forte raison en était-il ainsi, presque toujours, dès que l'on descendait plus bas dans l'échelle sociale. La culture relativement brillante de quelques grandes familles royales ou baronales ne doit pas faire illusion. Ni non plus l'exceptionnelle fidélité que les classes chevaleresques de l'Italie et de l'Espagne conservèrent à des traditions pédagogiques, elles-mêmes, d'ailleurs, assez rudimentaires : le Cid et Chimène, si leur science peut-être n'allait pas beaucoup plus loin, savaient du moins signer leur nom ([71]). On ne saurait douter qu'au nord des Alpes et des Pyrénées du moins, la majorité des petits et moyens seigneurs qui détenaient, en ce temps, les principaux pouvoirs humains, n'ait été composée de véritables illettrés, au sens plein du terme : si bien que dans les monastères, où certains d'entre eux se jetaient, au soir de leur vie, on traitait comme synonymes les mots de *conversus*, c'est-à-dire de tard-venu à la vocation religieuse, et d'*idiota* qui désignait le moine incapable de lire les Livres Saints.

Par cette carence de l'instruction, dans le siècle, s'explique le rôle des clercs à la fois comme interprètes de la pensée des grands et comme dépositaires des traditions politiques. Force était aux princes de demander à cette catégorie de leurs serviteurs ce que le reste de leur entourage eût été incapable de fournir. Vers le milieu du VIIIe siècle avaient disparu les derniers « référendaires » laïques des rois mérovingiens ; en avril 1298, Philippe le Bel remit les sceaux au chevalier Pierre Flotte : entre ces deux dates, plus de cinq siècles s'étaient écoulés, durant lesquels les chancelleries des souverains qui avaient régné sur la France avaient eu à leur tête uniquement des hommes d'Église. Il en fut de même, en gros, ailleurs. L'on ne saurait considérer comme un fait indifférent que les décisions des puissants de ce monde aient été quelquefois suggérées et toujours exprimées par des hommes qui, quels que fussent leurs partis pris de classe ou de nation, n'en appartenaient pas moins, par toute leur éducation, à une société de nature universaliste et fondée sur le spirituel. Nul doute qu'ils n'aient contribué à maintenir, par-dessus la mêlée des petits conflits locaux, le souci de quelques horizons plus larges. D'autre part, chargés de donner forme écrite aux actes de la politique, ils se trouvèrent nécessairement amenés à les justifier officiellement par des motifs tirés de leur propre code moral et à répandre ainsi, sur les documents de l'ère féodale presque entière, ce vernis de considérants plus qu'à demi trompeurs dont témoignent en particulier les préambules de tant d'affranchissements à prix d'argent, déguisés en pures libéralités, ou de tant de privilèges royaux, que voudrait paraître dicter, uniformément, la plus banale piété. Comme pendant longtemps l'historiographie, elle aussi, avec ses jugements de valeur, fut aux mains des clercs, les conventions de pensée, autant que les conventions littéraires, conspirèrent à tisser devant la cynique réalité des motifs humains une sorte de voile qui ne devait guère être définitivement déchiré, au seuil de temps nouveaux, que par la dure main d'un Commynes et d'un Machiavel.

Les laïques, néanmoins, demeuraient à beaucoup d'égards l'élément agissant de la société temporelle. Sans doute, les plus illettrés d'entre eux n'étaient pas pour cela des ignorants. Outre qu'ils ne manquaient pas, au besoin, de se faire traduire ce qu'ils ne lisaient pas eux-mêmes, nous verrons tout à l'heure combien les récits en langue vulgaire purent leur transmettre de souvenirs et d'idées. Qu'on veuille bien cependant se représenter le cas de la plupart des seigneurs et de beaucoup de hauts barons : administrateurs incapables de consulter personnellement un rapport ou un compte ; juges dont les arrêts étaient rédigés — lorsqu'ils l'étaient — dans un langage inconnu du tribunal. Ces chefs, réduits ordinairement à reconstituer de mémoire leurs décisions passées, comment s'étonner s'ils étaient souvent totalement dépourvus de l'esprit de suite que, bien à tort, les historiens aujourd'hui peinent parfois à leur prêter ?

A peu près étrangers à l'écrit, il leur arrivait de lui être indifférents. Lorsque Otton le Grand eut reçu, en 962, la couronne impériale, il laissa établir, sous son nom, un privilège qui, inspiré par les « pactes » des empereurs carolingiens et peut-être par l'historiographie, reconnaissait aux papes, « jusqu'à la fin des siècles », la possession d'un immense territoire ; à se dépouiller ainsi, l'empereur-roi eût abandonné au Patrimoine de saint Pierre la plus grande partie de l'Italie et jusqu'à la maîtrise de quelques-unes des plus importantes voies alpestres. Certainement, jamais Otton n'avait songé une minute que ces dispositions, pourtant fort précises, pussent être suivies d'effet. On s'étonnerait moins s'il s'agissait d'un de ces traités menteurs qui, de tout temps, sous la pression des circonstances, ont été signés dans le ferme dessein de ne les exécuter point. Mais rien absolument, sinon une tradition historique plus ou moins mal comprise, n'obligeait le prince saxon à un pareil faux-semblant. D'une part, le parchemin et son encre ; de l'autre, sans liens avec lui, l'action : tel était l'ultime et, sous cette forme particulièrement crue, l'exceptionnel aboutissement d'une scission beaucoup plus générale. La seule langue qui parût digne de fixer, avec les connaissances les plus utiles à l'homme et à son salut, les résultats même de toute pratique sociale, un grand nombre des personnages en situation de conduire les affaires humaines ne la comprenaient point.

IV. LA MENTALITÉ RELIGIEUSE

Peuple de croyants, dit-on volontiers pour caractériser l'attitude religieuse de l'Europe féodale. Si l'on entend par là que toute conception du monde d'où le surnaturel fût exclu demeurait profondément étrangère aux esprits de ce temps, que, plus précisément, l'image qu'ils se faisaient des destinées de l'homme et de l'Univers s'inscrivait à peu près unanimement dans le dessin tracé par la théologie et l'eschatologie chrétiennes, sous leurs formes occidentales, rien de plus juste. Peu importe, çà et là, l'expression de quelques doutes opposés aux « fables » de l'Écriture ; dépourvu de toute base rationnelle, ce scepticisme rudimentaire, qui n'était pas ordinairement le propre des personnes cultivées, fondait, au jour du danger, comme neige au soleil. Il est même permis de dire que jamais foi ne mérita plus purement son nom. Car, interrompu depuis l'extinction de la philosophie chrétienne antique, à peine ravivé, temporairement, durant la renaissance carolingienne, l'effort des doctes pour donner aux mystères l'étai d'une spéculation logique ne devait guère reprendre avant la fin du XIe siècle. A ces croyants, en revanche, l'erreur serait grave de prêter un credo rigidement uniforme.

Non seulement, en effet, le catholicisme était très loin encore d'avoir pleinement défini sa dogmatique : si bien que l'orthodoxie la plus stricte disposait alors d'un jeu beaucoup plus libre que ce ne devait être le cas, plus tard, après la théologie scolastique d'abord, la Contre-Réforme ensuite. Non seulement, sur la marge indécise où l'hérésie chrétienne se dégradait en religion opposée au christianisme, le vieux manichéisme conservait, par endroits plus d'un adepte, dont on ne sait au juste s'ils avaient hérité leur foi de groupes demeurés obstinément fidèles, depuis les premiers siècles du moyen âge, à cette secte persécutée ou s'ils l'avaient au contraire reçue, après une longue interruption, de l'Europe Orientale. Le plus grave était que le catholicisme n'avait qu'incomplètement pénétré les masses. Recruté sans contrôle suffisant et imparfaitement formé — le plus souvent au hasard des leçons données par quelque curé, lui-même peut-être médiocrement instruit, au garçonnet qui, en servant la messe, se préparait aux ordres —, le clergé paroissial était, dans son ensemble, intellectuellement comme moralement inférieur à sa tâche. Seule capable d'ouvrir efficacement au peuple l'accès des mystères enfermés dans les Livres Saints, la prédication n'était qu'irrégulièrement pratiquée. En 1031, le Concile de Limoges n'était-il pas contraint de s'élever contre l'erreur qui prétendait la réserver aux évêques, bien empêchés cependant à eux seuls d'évangéliser tout leur diocèse ?

La messe catholique se disait plus ou moins correctement — parfois assez incorrectement — dans toutes les paroisses. « Lettres de ceux qui ne savent pas lire », les fresques et les bas-reliefs, sur les murs des principales églises ou leurs chapiteaux, prodiguaient d'émouvantes, mais imprécises leçons. Les fidèles, assurément, avaient à peu près tous une connaissance sommaire des aspects les plus frappants pour l'imagination dans les représentations chrétiennes sur le passé, le présent et l'avenir du monde. Mais, à côté de cela, leur vie religieuse se nourrissait d'une multitude de croyances et de pratiques qui, tantôt léguées par des magies millénaires, tantôt nées, à une époque relativement récente, au sein d'une civilisation animée encore d'une grande fécondité mythique, exerçaient sur la doctrine officielle une constante pression. Dans les ciels d'orage, on n'avait pas cessé de voir passer de fantomatiques armées : celles des morts, disait la foule, celles de démons trompeurs, disaient les doctes, beaucoup moins enclins à nier ces visions qu'à leur trouver une interprétation à peu près orthodoxe ([72]). D'innombrables rites naturistes, parmi lesquels la poésie nous a rendu particulièrement familières les fêtes de l'arbre de mai, se célébraient dans les campagnes. En un mot, jamais la théologie ne se confondit moins avec la religion collective, véritablement sentie et vécue.

Malgré d'infinies nuances selon les milieux et les traditions régionales, quelques caractères communs de la mentalité religieuse ainsi comprise peuvent être relevés. Quitte à laisser échapper plus d'un trait profond ou touchant, plus d'une interrogation passionnée, chargée, à jamais, de valeur humaine, on devra se borner à retenir ici les orientations de pensée et de sentiment dont l'action sur la conduite sociale semble avoir été particulièrement forte.

Aux yeux de toutes les personnes capables de réflexion, le monde sensible n'était guère plus qu'une sorte de masque, derrière lequel se passaient toutes les choses vraiment importantes, un langage aussi, chargé d'exprimer, par signes, une réalité plus profonde. Comme un tissu d'apparence n'offre que peu d'intérêt, en soi, il résultait de ce parti pris que l'observation était généralement délaissée au profit de l'interprétation. Dans un petit *Traité de l'Univers* qui, écrit au IXe siècle, jouit d'une vogue très longue, Raban Maur expliquait comme il suit son dessein : « il m'est venu à l'esprit de composer un opuscule... qui traitât, non seulement de la nature des choses et de la propriété des mots..., mais encore de leur signification mystique ([73]). » Par là s'explique, pour une grande part, la médiocre prise de la science sur une nature qui, au fond, ne semblait pas mériter beaucoup qu'on s'occupât d'elle. La technique, jusque dans ses progrès parfois considérables, n'était qu'empirisme.

Au surplus, cette nature décriée, comment eût-elle paru apte à tirer d'elle-même sa propre interprétation ? N'était-elle pas, dans l'infini détail de son déroulement illusoire, conçue avant tout comme l'œuvre de volontés cachées ? De volontés, au pluriel, du moins à en croire les simples et même beaucoup de doctes. Car, au-dessous du Dieu Unique et subordonnés à sa Toute-Puissance — sans que d'ailleurs on se représentât, à l'ordinaire, bien clairement l'exacte portée de cette sujétion —, le commun des hommes imaginait, en état de perpétuelle querelle, les vouloirs opposés d'une foule d'êtres bons ou mauvais : saints, anges, diables surtout. « Qui ne sait », écrivait le prêtre Helmold, « que les guerres, les ouragans, les pestes, tous les maux, en vérité qui s'abattent sur le genre humain, arrivent par le ministère des démons [74] ? »

Les guerres, on le notera, sont citées pêle-mêle avec les tempêtes ; les accidents sociaux, donc, sur le même plan que ceux auxquels nous donnerions aujourd'hui le nom de naturels. D'où, une attitude mentale qu'a déjà mise en lumière l'histoire des invasions : non pas, au sens précis du terme, renoncement ; refuge, plutôt, vers des moyens d'action censés plus efficaces que l'effort humain. Certes, les réactions instinctives d'un vigoureux réalisme ne manquèrent jamais. Que, cependant, un Robert le Pieux, un Otton III, aient pu accorder à un pèlerinage autant d'importance qu'à une bataille ou à une loi, les historiens, qui tantôt s'en scandalisent, tantôt s'obstinent à découvrir derrière ces pieux voyages des fins politiques secrètes, attestent simplement par là leur propre incapacité à dépouiller les lunettes d'hommes des XIXe ou XXe siècles. L'égoïsme du salut personnel n'inspirait pas seul ces royaux pèlerins. Des saints protecteurs qu'ils venaient solliciter, ils attendaient, pour leurs sujets comme pour eux-mêmes, avec les promesses éternelles, les biens de la terre. Dans le sanctuaire, autant qu'au combat ou au tribunal, ils pensaient faire leur métier de conducteur de peuples.

Ce monde d'apparences était aussi un monde transitoire. Inséparable en elle-même de toute représentation chrétienne de l'Univers, rarement l'image de la catastrophe finale adhéra aussi fortement aux consciences. On méditait sur elle ; on en supputait les symptômes avant-coureurs. Universelle entre toutes les histoires universelles, la chronique de l'évêque Otton de Freising, qui commence à la Création, s'achève sur le tableau du Jugement Dernier. Avec, cela va de soi, une inévitable lacune : de 1146 — date où l'auteur cessa d'écrire — au jour du grand écroulement. Otton, certainement, l'estimait de peu d'étendue : « nous qui avons été placés à la fin des temps », dit-il à plusieurs reprises. Ainsi pensait-on couramment, autour de lui et avant lui. Ne disons pas : idée de clercs. Ce serait oublier l'interpénétration profonde des deux groupes, clérical et laïque. Parmi ceux mêmes qui n'allaient pas, comme saint Norbert, jusqu'à donner la menace pour si proche que la génération présente ne devait pas s'éteindre sans la voir tomber, nul n'en pouvait ignorer l'imminence. Dans tout mauvais prince, les âmes pieuses croyaient apercevoir la griffe de l'Antéchrist, dont l'atroce empire précédera l'avènement du Royaume de Dieu.

Mais cette heure toute voisine, quand donc l'entendrait-on sonner ? *L'Apocalypse* semblait fournir une réponse : « Lorsque mille ans seront consommés... » Fallait-il entendre : depuis la mort du Christ ? D'aucuns le pensaient, reportant ainsi, selon le calcul ordinaire, jusqu'à 1033 la grande échéance. Ou bien : depuis sa naissance ? Cette dernière interprétation paraît avoir été la plus générale. Il est certain, en tout cas, qu'à la veille de l'an mille, un prédicateur, dans les églises de Paris, annonçait pour cette date la Fin des Temps. Si, néanmoins, on ne vit pas alors se répandre sur les masses l'universelle terreur que nos maîtres du romantisme ont eu le tort de dépeindre, la raison en est, avant tout, qu'attentifs au déroulement des saisons et au rythme annuel de la liturgie, les hommes de cette époque ne pensaient pas communément par chiffres d'année ni, moins encore, par chiffres clairement calculés d'après une base uniforme. Que de chartes, on l'a vu, privées de toute mention chronologique ! Parmi les autres même, que de diversité dans les systèmes de référence, pour la plupart sans liens avec la vie du Sauveur : années de règne ou de pontificat, repères astronomiques de tout genre, cycle quindécennal de l'indiction, issu jadis des pratiques de la fiscalité romaine ! Un pays entier, l'Espagne, tout en usant, plus généralement qu'ailleurs, d'une ère précise, lui donnait, on ne sait trop pourquoi, une origine absolument étrangère à l'Évangile : 38 avant J.-C. Se ralliait-on exceptionnellement dans les actes, plus fréquemment dans les chroniques, au comput de l'Incarnation ? Il fallait encore faire entrer en jeu les variations dans le début de l'année. Car l'Église frappait d'ostracisme le premier janvier, fête païenne. Selon les provinces ou les chancelleries, l'an dénommé millième se trouva ainsi commencer à l'une ou l'autre de six ou sept dates différentes, qui s'échelonnaient, d'après notre calendrier, du 25 mars 999 au 31 mars 1000. Qui pis est, fixés à tel ou tel moment liturgique de la période pascale, quelques-uns de ces points de départ étaient, par essence mouvants, donc imprévisibles en l'absence de tables, réservées aux seuls savants, et fort propres aussi à brouiller définitivement les cervelles, puisqu'ils condamnaient les années successives à des durées fort inégales. Sous le même numéro d'an, ne voyait-on pas ainsi se produire assez souvent, par deux fois, le retour du même quantième, en mars ou avril, ou de la fête du même saint ? En vérité, pour la plupart des Occidentaux, ce mot d'an mille, qu'on voudrait nous faire croire tout chargé d'angoisses, était incapable d'évoquer aucune étape exactement située dans la suite des jours.

Est-elle cependant si fausse, l'idée de l'ombre alors jetée sur les âmes par l'annonce du Jour de Colère ? Toute l'Europe ne frémit pas vers la fin du premier millénaire, pour se calmer brusquement aussitôt passée cette date prétendument fatidique. Mais, pis encore peut-être, des ondes de craintes couraient presque incessamment, tantôt ici, tantôt là, et ne s'apaisaient sur un point que pour renaître bientôt un peu plus loin. Parfois une vision donnait le branle, ou bien une grande tragédie de l'histoire, comme, en 1009, la destruction du Saint-Sépulcre, ou encore, plus simplement, une violente tempête. Un autre jour, c'était une supputation de liturgistes, qui des cercles instruits descendait jusqu'à la foule. « Le bruit s'était répandu dans le monde presque entier que la Fin arriverait lorsque l'Annonciation coïnciderait avec le Vendredi Saint », écrivait, peu avant l'an mille, Abbon de Fleury (75). A la vérité, se remémorant que saint Paul a dit : le Seigneur surprendra les hommes « comme un voleur de nuit », beaucoup de théologiens blâmaient ces indiscrètes tentatives pour percer le mystère dont la Divinité se plaît à envelopper ses foudres. A ignorer cependant quand frappera le coup, l'attente est-elle moins anxieuse ? Dans les désordres ambiants, que nous qualifierions volontiers de bouillonnements d'adolescence, les contemporains, unanimement, ne voyaient que la décrépitude d'une humanité « vieillie ». L'irrésistible vie, malgré tout, fermentait dans les hommes. Mais dès qu'ils méditaient, nul sentiment ne leur était davantage étranger que celui d'un avenir immense, ouvert devant des forces jeunes.

Si l'humanité entière semblait courir rapidement vers sa fin, à plus forte raison cette sensation d' « en route » s'appliquait-elle à chaque vie, prise isolément. Selon le mot cher à tant d'écrits religieux, le fidèle n'était-il pas, sur terre, comme un « pèlerin », auquel le but du voyage importe naturellement beaucoup plus que les hasards du trajet ? Certes, la majorité des hommes ne pensaient pas constamment à leur salut. Mais lorsqu'ils y pensaient, c'était avec force et surtout à l'aide d'images très concrètes. Ces vives représentations leur venaient, volontiers, par à-coups ; car leurs âmes, foncièrement instables, étaient sujettes à de brusques revirements. Joint au goût de cendres d'un monde penchant vers son déclin, le souci des rémunérations éternelles interrompit, par la fuite vers le cloître, plus d'une destinée de chef, voire arrêta net la propagation de plus d'une lignée seigneuriale ; tels les six fils du sire de Fontaine-lès-Dijon, se jetant au monastère sous la conduite du plus illustre d'entre eux, Bernard de Clairvaux. Ainsi la mentalité religieuse favorisait, à sa façon, le brassage des couches sociales.

Beaucoup de chrétiens, cependant, ne se sentaient pas le cœur assez ferme pour se plier à ces dures pratiques. Ils s'estimaient, d'autre part, et non sans raison peut-être, incapables de gagner le ciel par leurs propres vertus. Ils mettaient donc leur espoir dans les prières des âmes pieuses, dans les mérites accumulés, au profit de tous les fidèles, par quelques groupes d'ascètes, dans l'intercession des saints, matérialisés par leurs reliques et représentés par les moines, leurs serviteurs. Dans cette société chrétienne, nulle fonction d'intérêt collectif ne paraissait plus indispensable que celle des organismes spirituels. Ne nous y trompons point : en tant, précisément, que spirituels. Le rôle charitable, culturel, économique des grands chapitres cathédraux et des monastères a bien pu être, en fait, considérable. Aux yeux des contemporains, il n'était qu'accessoire. La notion d'un monde terrestre tout pénétré de surnaturel conspirait ici avec la hantise de l'au-delà. Le bonheur du roi et du royaume, dans le présent ; le salut des ancêtres royaux et du roi lui-même, à travers l'Éternité : tel était le double bénéfice qu'établissant à Saint-Victor-de-Paris une communauté de chanoines réguliers, Louis le Gros déclarait attendre de sa fondation. « Nous croyons », disait de même Otton Ier, « qu'à la croissante prospérité du culte divin est attachée la sauvegarde de notre Empire ([76]). » Des églises puissantes, riches, créatrices d'institutions juridiques originales ; soulevés par l'adaptation délicate de cette « cité » religieuse à la « cité » temporelle, une foule de problèmes ardemment débattus et qui devaient peser d'un poids très lourd sur l'évolution générale de l'Occident : en présence de ces traits, inséparables de toute exacte image du monde féodal, comment ne pas reconnaître, dans la peur de l'enfer, un des grands faits sociaux du temps ?

Chapitre III

La mémoire collective

I. L'HISTORIOGRAPHIE

Bien des influences s'unissaient, dans la société féodale, pour inspirer le goût du passé. La religion, pour livres sacrés, avait des livres d'histoire ; ses fêtes commémoraient des événements ; sous ses formes les plus populaires, elle se nourrissait des contes que l'on faisait sur des saints très antiques ; enfin, en affirmant que l'humanité était près de sa perte, elle écartait l'illusion qui entraîne les âges de grands espoirs à ne s'intéresser qu'à leur présent ou leur avenir. Le droit canon se fondait sur les vieux textes ; le droit laïque, sur les précédents. Les heures vides du cloître ou du château favorisaient les longs récits. L'histoire, à la vérité, ne s'enseignait pas *ex professo* dans les écoles, sinon par l'intermédiaire de lectures tournées, en principe, vers d'autres fins : écrits religieux, où l'on cherchait une instruction théologique ou morale ; œuvres de l'Antiquité classique, destinées, avant tout, à fournir des modèles de bien dire. Dans le bagage intellectuel commun, elle n'en occupait pas moins une place presque prépondérante.

Avides de savoir ce qui les avait précédées, à quelles sources les personnes instruites pouvaient-elles puiser ? Connus seulement par fragments, les historiens de l'Antiquité latine n'avaient rien perdu de leur prestige ; bien que Tite-Live ne fût pas, à beaucoup près, le plus souvent feuilleté, son nom figure parmi les livres distribués, entre

1039 et 1049, aux moines de Cluny, pour leurs lectures de Carême ([77]). Les œuvres narratives du haut moyen âge n'étaient pas davantage oubliées : de Grégoire de Tours, par exemple, on possède plusieurs manuscrits exécutés entre le xe et le xiie siècle. Mais l'influence la plus considérable appartenait, sans conteste, aux écrivains qui, vers le décisif tournant des ive et ve siècles, s'étaient donné pour tâche de faire la synthèse des deux traditions historiques, jusque-là fort étrangères l'une à l'autre, dont le double legs s'imposait au monde nouveau : celle de la Bible ; celle de la Grèce et de Rome. Pour mettre à profit l'effort de conciliation tenté alors par un Eusèbe de Césarée, un saint Jérôme, un Paul Orose, point n'était besoin, d'ailleurs, de se reporter directement à ces initiateurs. La substance de leurs ouvrages avait passé et continuait de passer sans cesse dans de nombreux écrits, de date plus récente.

Car le souci de rendre sensible, derrière la minute présente, la poussée du grand fleuve des temps était si vif que beaucoup d'auteurs, parmi ceux même dont l'attention se portait avant tout sur les événements les plus proches, jugeaient néanmoins utile de procéder, en guise de préambule, à une sorte de vue cavalière de l'histoire universelle. Aux *Annales* que rédigea, vers 1078, dans sa cellule de Hersfeld, le moine Lambert, nous ne demandons plus que de nous renseigner sur les déchirements de l'Empire, durant le règne de Henri IV ; elles ont cependant pour point de départ la Création. Parmi les chercheurs qui consultent aujourd'hui, sur les royaumes francs après l'écroulement de la puissance carolingienne, la chronique de Réginon de Prüm, sur les sociétés anglo-saxonnes, les chroniques de Worcester ou de Peterborough, sur les menues particularités de l'histoire bourguignonne, les *Annales* de Bèze, combien ont occasion de s'apercevoir que les destinées de l'humanité y sont esquissées depuis l'Incarnation ? Lors même que le récit est pris de moins haut, il est fréquent de le voir débuter à une époque de beaucoup antérieure aux souvenirs du mémorialiste. Construits à coup de lectures, qui étaient souvent mal digérées ou mal comprises, incapables, par suite, de rien nous apprendre sur les faits trop lointains qu'ils prétendent relater, ces prolégomènes constituent, par contre, un précieux témoignage de mentalité ; ils nous mettent sous les yeux l'image que l'Europe féodale se formait de son passé ; ils attestent, avec force, que les fabricants de chroniques ou d'annales n'avaient pas l'horizon volontairement étroit. Malheureusement, aussitôt que, quittant le sûr abri de la littérature, l'écrivain était réduit à s'informer lui-même, le morcellement de la société venait borner ses connaissances ; si bien que, fréquemment, par un contraste singulier, la narration, à mesure qu'elle progresse, à la fois s'enrichit de détails et, dans l'espace, restreint sa vision. Ainsi la grande histoire des Français, élaborée, dans un monastère angoumois, par Adémar de Chabannes, aboutit, d'étape en étape, à n'être guère plus qu'une histoire d'Aquitaine.

La variété même des genres pratiqués par les historiographes témoigne, d'ailleurs, de l'universel plaisir que l'on prenait alors à conter ou entendre conter. Les histoires universelles ou censées telles, les histoires de peuples, les histoires d'églises côtoient les simples recueils de nouvelles, établis d'année en année. Dès que de grandes actions venaient frapper les âmes, tout un cycle narratif les prenait pour motifs : telle, la lutte des empereurs et des papes ; telles, surtout, les croisades. Bien que les écrivains, pas plus que les sculpteurs, ne fussent habiles à rendre les traits originaux qui de l'être humain font un individu, la biographie était à la mode. Non point, seulement, sous la forme des vies de saints. Guillaume le Conquérant, Henri IV d'Allemagne, Conrad II, qui n'avaient certes aucun titre à figurer sur les autels, trouvèrent des clercs pour retracer leurs exploits. Un haut baron du XIe siècle, le comte d'Anjou Foulque le Réchin, alla plus loin : il rédigea lui-même ou fit rédiger sous son nom sa propre histoire et celle de sa lignée : tant les grands de ce monde attachaient d'importance au souvenir ! Sans doute, certaines contrées apparaissent comme relativement déshéritées. C'était que, de toute façon, on y écrivait peu. Beaucoup plus pauvres en chroniques ou annales que les pays entre Seine et Rhin, l'Aquitaine et la Provence ont également produit beaucoup moins de travaux théologiques.

Dans les préoccupations de la société féodale, l'histoire tenait un rôle assez considérable pour fournir, par sa variable prospérité, un bon baromètre de la culture, en général.

Ne nous y trompons point, cependant : cet âge, qui se penchait si volontiers vers le passé, n'en possédait que des représentations plus abondantes que véridiques. La difficulté où l'on était de s'informer, même sur les événements les plus récents, comme l'inexactitude générale des esprits, condamnaient la plupart des ouvrages historiques à traîner d'étranges scories. Toute une tradition narrative italienne, qui commence dès le milieu du IXe siècle, oubliant d'enregistrer le couronnement de l'an 800, faisait de Louis le Pieux le premier empereur carolingien ([78]). A peu près inséparable de toute réflexion, la critique du témoignage n'était certes pas absolument inconnue, en elle-même ; à preuve, le curieux traité de Guibert de Nogent sur les reliques. Mais personne ne songeait à l'appliquer systématiquement aux documents anciens : du moins, avant Abélard; encore fut-ce, chez ce grand homme même, dans un domaine assez restreint ([79]). Legs fâcheux de l'historiographie classique, un parti pris oratoire et héroïque pesait sur les écrivains. Si certaines chroniques de monastères sont bourrées de documents d'archives, c'est que, modestement, elles se proposaient pour dessein presque unique de justifier les droits de la communauté sur son patrimoine. Un Gilles d'Orval, par contre, dans une œuvre de ton plus soutenu, se voue-t-il à retracer les hauts faits des évêques de Liège ? on le voit, rencontrant sur son chemin une des premières chartes de libertés urbaines, celle d'Huy, se refuser à en donner l'analyse, de peur « d'ennuyer » son lecteur. Une des forces de l'école islandaise, si supérieure en intelligence historique aux chroniques du monde latin, fut d'échapper à ces prétentions. De son côté, l'interprétation symbolique, qu'imposait un autre courant mental, brouillait l'intelligence des réalités. Livres d'histoire, les Livres Saints ? Sans doute. Mais dans toute une partie au moins de cette histoire, celle de l'Ancienne Alliance, l'exégèse commandait de reconnaître, moins le tableau d'événements portant leur sens en eux-mêmes, que la préfiguration de ce qui devait les suivre :

« l'ombre du futur », selon le mot de saint Augustin ([80]). Enfin et surtout l'image souffrait d'une imparfaite perception des différences entre les plans successifs de la perspective.

Ce n'était pas, comme Gaston Paris s'est laissé aller à le dire, qu'on crût obstinément à « l'immutabilité » des choses. Un pareil penchant n'eût guère été compatible avec la notion d'une humanité en marche, à pas rapides, vers le but fixé d'avance. « Du changement des temps » : ainsi, d'accord avec l'opinion commune, Otton de Freising intitulait sa chronique. Sans choquer personne, cependant, les poèmes en langues vulgaires dépeignaient uniformément les paladins carolingiens, les Huns d'Attila et les héros antiques sous les traits de chevaliers des XIe et XIIe siècles. Cet éternel changement, qui n'était pas nié, on se trouvait, en pratique, absolument incapable d'en saisir l'ampleur. Par ignorance, sans doute. Mais surtout parce que la solidarité entre l'autrefois et l'aujourd'hui, conçue avec trop de force, masquait les contrastes et écartait jusqu'au besoin de les apercevoir. Comment eût-on résisté à la tentation d'imaginer les empereurs de la vieille Rome tout pareils aux souverains du jour, alors que l'Empire Romain passait pour durer encore et les princes saxons ou saliens pour les successeurs, en droite ligne, de César ou d'Auguste ? Tout mouvement religieux se pensait lui-même sous l'aspect d'une réforme, dans l'acception propre du terme : entendez un retour vers la pureté originelle. Aussi bien l'attitude traditionaliste, qui sans cesse tire le présent vers le passé et par là conduit naturellement à confondre les couleurs de l'un et de l'autre, n'est-elle pas aux antipodes de l'esprit historique, dominé par le sens de la diversité ?

Le plus souvent inconscient, le mirage quelquefois se faisait volontaire. Sans doute les grands faux qui exercèrent leur action sur la politique civile ou religieuse de l'ère féodale lui sont légèrement antérieurs : la pseudo-*Donation* de Constantin datait du VIIIe siècle finissant ; les fabrications de l'étonnant atelier auquel on doit, comme œuvres principales, les fausses décrétales mises sous le nom d'Isidore de Séville et les faux capitulaires du diacre Benoît furent un fruit de la renaissance carolingienne, en son épanouissement. Mais l'exemple ainsi donné devait traverser les temps. Le recueil canonique compilé, entre 1008 et 1012, par le saint évêque Burchard de Worms, fourmille d'attributions trompeuses et de remaniements presque cyniques. Des pièces fausses ont été forgées à la cour impériale. D'autres, en quantité innombrable, dans les *scriptoria* des églises, si mal famés à cet égard que, connues ou devinées, les entorses à la vérité qui y étaient endémiques ne contribuèrent pas médiocrement à discréditer le témoignage écrit : « n'importe quelle plume peut servir à raconter n'importe quoi », disait, au cours d'un procès, un seigneur allemand ([81]). Assurément si l'industrie, en elle-même éternelle, des faussaires et des mythomanes connut, durant ces quelques siècles, une exceptionnelle prospérité, la responsabilité en incombe, pour une large part, à la fois aux conditions de la vie juridique, qui reposait sur les précédents, et au désordre ambiant : parmi les documents inventés, plus d'un ne le fut que pour parer à la destruction d'un texte authentique. Cependant, que tant de productions mensongères aient été alors exécutées, que tant de pieux personnages, d'une élévation de caractère incontestable, aient trempé dans ces machinations, pourtant expressément condamnées, de leur temps même, par le droit et la morale, il y a là un symptôme psychologique bien digne de réflexion : par un curieux paradoxe, à force de respecter le passé, on en arrivait à le reconstruire tel qu'il eût dû être.

Si nombreux d'ailleurs qu'ils fussent, les écrits historiques étaient accessibles seulement à une élite assez restreinte. Car, sauf chez les Anglo-Saxons, ils avaient pour langue le latin. Selon qu'un conducteur d'hommes appartenait ou non au petit cercle des *litterati*, le passé, authentique ou déformé, agissait donc sur lui avec plus ou moins de plénitude. Témoins, en Allemagne, après le réalisme d'Otton Ier, la politique de réminiscences d'un Otton III ; après l'illettré Conrad II, volontiers enclin à abandonner la Ville Éternelle aux luttes de ses factions aristocratiques et de ses pontifes fantoches, le très instruit Henri III, « patrice des Romains » et réformateur de la papauté. Cependant même les moins cultivés parmi les chefs n'étaient pas sans participer, en quelque mesure, à ce trésor de souvenirs. Leurs clercs familiers sans doute les y aidaient. Bien moins sensible assurément que ne devait l'être son petit-fils aux prestiges de l'atmosphère romaine, Otton Ier avait pourtant tenu à ceindre, lui le premier de sa lignée, la couronne des Césars ; qui nous dira jamais de quels maîtres, lui traduisant ou lui résumant quels ouvrages, ce roi, à peu près incapable de lectures, avait appris, avant de la restaurer, la tradition impériale ?

Surtout, les récits épiques en langues vulgaires étaient les livres d'histoire des personnes qui ne savaient pas lire mais aimaient à écouter. Les problèmes de l'épopée comptent parmi les plus controversés des études médiévales. Quelques pages ne sauraient suffire à en scruter la complexité. Du moins sied-il de les poser ici sous l'angle qui avant tout importe à l'histoire de la structure sociale et, plus généralement, n'est peut-être pas le moins propre à ouvrir des perspectives fécondes : celui de la mémoire collective.

II. L'ÉPOPÉE

L'histoire de l'épopée française, telle que nous la saisissons, commence vers le milieu du XIe siècle, peut-être un peu plus tôt. Il est certain, en effet, que dès ce moment circulaient, dans la France du Nord, des « chansons » héroïques en langue vulgaire. Sur ces compositions de date relativement reculée, nous ne disposons malheureusement que de renseignements indirects : allusions dans des chroniques, fragment d'une adaptation en langue latine (le mystérieux « fragment de La Haye »). Aucun manuscrit épique n'est antérieur à la seconde moitié du siècle suivant. Mais de l'âge d'une copie, on ne saurait conclure à celui du texte copié. De clairs indices nous assurent que trois poèmes au moins existaient, dès les abords de l'an 1100, au plus tard, sous une forme très voisine de celle où nous les lisons aujourd'hui : la *Chanson de Roland* ; la *Chanson de Guillaume* — qui mentionne elle-même, en passant, plusieurs autres chants, dont nous ne possédons plus de versions anciennes — ; enfin, connu à la fois par un début de manuscrit et par des analyses dont la première en date est de 1088, le récit qu'on est convenu d'intituler « Gormont et Isembart ».

L'intrigue du *Roland* relève du folklore, plutôt que de l'histoire : haine du beau-fils et du parâtre, envie, trahison. Ce dernier motif réapparaît dans *Gormont*. De la *Chanson de Guillaume*, l'affabulation n'est que légende. De part et d'autres, beaucoup des acteurs du drame, parmi les plus considérables, semblent de pure invention : ainsi Olivier, Isembart, Vivien. Cependant, sous les broderies du récit, une trame historique partout subsiste. Il est véritable que, le 15 août 778, l'arrière-garde de Charlemagne fut surprise, au passage des Pyrénées, par une bande ennemie — des Basques, dit l'histoire, des Sarrasins, dira la légende — et que, dans cette rude mêlée, un comte, nommé Roland, périt, avec beaucoup d'autres chefs. Les plaines du Vimeu, où se déroule l'action de *Gormont*, avaient vu, en 881, un authentique roi Louis, qui était le Carolingien Louis III, triompher glorieusement d'authentiques païens : des Normands, en fait, que la fiction, une fois de plus, mua en soldats de l'Islam. Le comte Guillaume, ainsi que sa femme Guibourc, avait vécu sous Charlemagne : vaillant pourfendeur de Musulmans, comme dans la *Chanson*, parfois, comme dans celle-ci, vaincu par les Infidèles, mais toujours héroïquement. Au second plan même des trois œuvres, voire dans le grouillement des fonds de tableau, il n'est pas malaisé de reconnaître, à côté d'ombres imaginaires, plus d'un personnage qui, pour ne pas toujours se trouver placé, par les poètes, à sa date exacte, n'en avait pas moins réellement existé : tels, l'archevêque Turpin, le roi païen Gormont, qui fut un célèbre Viking, et jusqu'à cet obscur comte de Bourges, Esturmi, dont la *Chanson de Guillaume* ne dépeint la figure sous de si noires couleurs que par un inconscient écho des mépris auxquels l'avait, en son temps, exposé une naissance servile.

Dans les poèmes, fort nombreux, qui furent mis par écrits, sur des thèmes analogues, au cours des XIIe et XIIIe siècles : même contraste. Les fables y abondent, de plus en plus envahissantes à mesure que le genre, en s'enrichissant, ne réussissait à renouveler ses sujets qu'à coup de fictions. Presque toujours, cependant, au moins dans les œuvres dont le dessin général, sinon la rédaction aujourd'hui connue, remonte visiblement à une époque assez ancienne, on aperçoit tantôt, au centre même de l'action, un motif indubitablement historique, tantôt, parmi les détails, tel ou tel souvenir d'une précision inattendue : figure épisodique, château dont on eût pu croire l'existence depuis longtemps oubliée. Ainsi s'imposent au chercheur deux problèmes indissolubles. Par quels ponts jetés sur un abîme plusieurs fois séculaire la connaissance d'un si lointain passé s'est-elle transmise aux poètes ? Entre la tragédie du 15 août 778, par exemple, et la *Chanson* des dernieres années du XIe siècle, quelle tradition a tissé ses fils mystérieux ? Le trouvère de *Raoul de Cambrai*, au XIIe siècle, de qui donc avait-il appris l'attaque lancée, en 943, contre les fils de Herbert de Vermandois par Raoul, fils de Raoul de Gouy, la mort de l'envahisseur et, avec ces événements, placés au nœud du drame, les noms de plusieurs contemporains du héros : Ybert, sire de Ribémont, Bernard de Rethel, Ernaut de Douai ? Voilà pour la première énigme. Mais voici la seconde, qui n'est pas moins grave : ces données exactes, pourquoi les voit-on si étrangement torturées ? ou plutôt — car on ne saurait évidemment tenir les derniers rédacteurs pour responsables, à eux seuls, de la déformation tout entière — comment se fait-il que le bon grain ne leur soit parvenu que mêlé à tant d'erreurs ou d'inventions ? Part de l'authentique ; part de l'imaginaire : toute tentative d'interprétation qui manquerait à rendre compte, avec une égale plénitude, de l'un et l'autre élément serait par là même condamnée.

Les « gestes » épiques n'étaient pas, en principe, destinées à la lecture. Elles étaient faites pour être déclamées ou plutôt psalmodiées. De château en château ou de place publique en place publique, on les voyait ainsi colportées par des récitants professionnels, qu'on appelait « jongleurs ». Les plus humbles, en effet, subsistant des piécettes de monnaie que chaque auditeur tirait « du pan de sa chemise » ([82]), joignaient au métier de conteurs ambulants celui de baladins. D'autres, assez heureux pour avoir obtenu la protection de quelque haut seigneur, qui les attachait à sa cour, s'assuraient par là un moins précaire gagne-pain. C'était parmi ces exécutants que se recrutaient aussi les auteurs des poèmes. Les jongleurs, en d'autres termes, tantôt produisaient oralement les compositions d'autrui, tantôt avaient d'abord « trouvé » eux-mêmes les chants qu'ils débitaient. D'un extrême à l'autre, il existait d'ailleurs une infinité de nuances. Rarement « trouveur » inventait entièrement sa matière ; rarement interprète s'abstenait de tout remaniement. Un public très divers, en majorité illettré, incapable, presque toujours, de peser l'authenticité des faits, beaucoup moins sensible d'ailleurs à la véracité qu'à l'amusement et à l'exaltation de sentiments familiers ; comme créateurs, des hommes habitués à remodeler sans cesse la substance de leurs récits, voués d'autre part à un genre de vie médiocrement favorable à l'étude, en position cependant de fréquenter de temps à autre les grands et soucieux de leur plaire : tel fut l'arrière-plan humain de cette littérature. Rechercher comment tant de souvenirs exacts s'y sont infiltrés revient à se demander par quelles voies les jongleurs purent être mis au courant des événements ou des noms.

Il est presque superflu de le rappeler : tout ce que les chansons, à notre connaissance, renferment de véridique se retrouvait, sous une forme différente, dans les chroniques ou les chartes : s'il en avait été autrement, comment nous serait-il possible, aujourd'hui, de faire le tri ? On ne saurait, cependant, sans une criante invraisemblance, se représenter les jongleurs sous l'aspect d'autant de fouilleurs de bibliothèques. Par contre, il est légitime de se demander s'ils n'ont pu avoir accès, indirectement, à la matière d'écrits qu'ils n'étaient guère en mesure de consulter eux-mêmes. Comme intermédiaires, on songera naturellement aux gardiens ordinaires de ces documents : les clercs et spécialement les moines. L'idée, en soi, n'a rien qui répugne aux conditions de la société féodale. C'est bien à tort, en effet, que, préoccupés d'opposer en toutes choses le « spontané » au « savant », les historiens d'inspiration romantique avaient imaginé, entre les tenants de la poésie dite populaire et ces adeptes professionnels de la littérature latine qu'étaient les clercs, je ne sais quelle infranchissable cloison. A défaut d'autres témoignages, l'analyse de la chanson de *Gormont*, dans la chronique du moine Hariulf, le « fragment de La Haye », qui est probablement un exercice scolaire, le poème latin qu'un clerc français du XIIe siècle composa sur la trahison de Ganelon suffiraient à nous assurer qu'à l'ombre des cloîtres l'épopée en langue vulgaire n'était ni ignorée ni dédaignée. De même, en Allemagne, le *Waltharius*, dont les hexamètres virgiliens habillent si curieusement une légende germanique, naquit peut-être d'un devoir d'élève et l'on nous rapporte que, plus tard, dans l'Angleterre du XIIe siècle, le pathétique récit des aventures d'Arthur tirait des larmes aux jeunes moines comme aux laïques ([83]). Ajoutez que, malgré les anathèmes de quelques rigoristes contre les « histrions », les religieux, en général, naturellement enclins à répandre la gloire de leurs maisons et des reliques qui en constituaient les plus chers joyaux, n'étaient pas hommes à méconnaître dans les jongleurs, habitués à passer, sur la place publique, des chants les plus profanes aux contes pieux de l'hagiographie, une force de propagande presque sans égale.

De fait, comme Joseph Bédier l'a montré, en termes inoubliables, la marque monacale est clairement inscrite sur plus d'une légende épique. L'insistance des moines de Pothières et, plus encore, de Vézelay peut seule expliquer le transfert, en Bourgogne, de l'action de Gérard de Roussillon, dont tous les éléments historiques se localisaient au bord du Rhône. Sans l'abbaye de Saint-Denis-de-France, sa foire et ses corps saints, on ne saurait concevoir ni le poème du *Voyage de Charlemagne*, humoristique broderie sur l'histoire des reliques, à l'usage sans doute moins des pèlerins de l'église que des clients du foirail, ni le *Floovant*, qui traite, avec plus de gravité et d'ennui, un sujet voisin, ni, vraisemblablement, mainte autre chanson où paraissent, devant une toile de fond sur laquelle se profile le monastère, les princes carolingiens dont la mémoire y ètait pieusement conservée. Sur la part de cette grande communauté, alliée et conseillère des rois capétiens, dans l'élaboration du thème de Charlemagne, le dernier mot, assurément, n'a pas encore été dit.

Il est, cependant, beaucoup d'autres œuvres, notamment parmi les plus anciennes, où on aurait peine à découvrir la trace d'une influence monastique, au moins concertée et soutenue : telles la *Chanson de Guillaume*, *Raoul de Cambrai*, le cycle des *Lorrains* tout entier. Dans le *Roland* même, que l'on a voulu rattacher au pèlerinage de Compostelle, comment, si cette hypothèse devait être vraie, ne pas s'étonner de ne voir citer ni, parmi tant de saints, le nom de saint Jacques, ni, parmi tant de villes espagnoles, le grand sanctuaire de la Galice ? Comment, dans un ouvrage prétendument inspiré par des moines, expliquer le virulent mépris que le poète affiche pour la vie du cloître ([84]) ? Par ailleurs, s'il est incontestable que toutes les données authentiques exploitées par les gestes auraient pu, en principe, être puisées dans la consultation des chartriers et des bibliothèques, les documents où elles figurent ne les présentent, à l'ordinaire, qu'à l'état dispersé, parmi beaucoup d'autres traits qui n'ont pas été retenus : si bien que pour les extraire de ces textes et n'extraire qu'elles seules, il eût fallu tout un travail de rapprochement et de triage, un travail d'érudition, en un mot, des moins familiers aux habitudes intellectuelles du temps. Enfin et surtout, postuler à l'origine de chaque chanson ce couple pédagogique : pour maître un clerc instruit, pour élève un docile jongleur, c'est, semble-t-il, renoncer à expliquer, à côté de la vérité, l'erreur. Car, si médiocre que fût la littérature annalistique, si encombrées de légendes et de faux qu'on imagine à juste titre les traditions des communautés religieuses, si prompts à broder ou à oublier qu'on suppose les jongleurs, le plus mauvais des récits bâtis à coup de chroniques ou de chartes n'aurait guère pu commettre le quart des bourdes dont se rend coupable la moins mensongère des chansons. Aussi bien avons-nous ici une contre-épreuve : vers le milieu du XIIe siècle, il se trouva successivement deux clercs pour mettre en vers français, dans un style à peu près calqué sur l'épopée, une matière historique dont la plus grande partie au moins avait été tirée par eux des manuscrits. Or ni dans le *Roman de Rou*, de Wace, ni dans l'*Histoire des ducs de Normandie*, de Benoît de Sainte-Maure, les légendes ni les confusions certes ne font défaut ;

mais, à côté du *Roland*, ce sont des chefs-d'œuvre d'exactitude.

Si donc l'on doit tenir pour improbable qu'au moins dans la plupart des cas, les « trouvères » du XIe siècle finissant et des premières années du XIIe aient, au moment précis où ils composaient, tenu, même indirectement, de chroniques ou de pièces d'archives les éléments de leurs gestes ([85]), force est bien d'admettre à la base de leurs récits une tradition antérieure. A dire vrai, cette hypothèse, longtemps classique, n'a été compromise que par les formes dont on l'a vue trop souvent revêtue. A l'origine, des chants très courts, contemporains des événements ; nos chansons, telles que nous les connaissons, tardivement et plus ou moins maladroitement confectionnées à l'aide de ces primitives « cantilènes », cousues bout à bout ; — au point de départ, en un mot, la spontanéité de l'âme populaire ; au terme, un travail de littérateur : cette image, dont la simplicité de lignes a pu séduire, ne résiste guère à l'examen. Certes toutes les chansons ne sont pas de la même venue ; il en est où ne manquent point les traces de grossières rajoutures. Qui donc, cependant, lisant sans parti pris le *Roland*, refuserait d'y voir une œuvre d'un seul jet, l'œuvre d'un homme et d'un grand homme dont l'esthétique, dans la mesure où elle ne lui était pas personnelle, traduisait les conceptions de son temps, non le pâle reflet d'hymmes perdus ? En ce sens il est bien vrai de dire que les chansons de geste « sont nées » vers la fin du XIe siècle. Mais lors même qu'il a du génie — ce qui n'était assurément point le cas le plus fréquent : on oublie trop combien la beauté du *Roland* est exceptionnelle —, un poète, le plus souvent, fait-il autre chose que d'utiliser, selon son art, les thèmes dont l'héritage collectif lui a été transmis par les générations ?

Aussi bien, quand on sait l'intérêt que les hommes de l'époque féodale attachaient au passé et l'agrément qu'ils prenaient à l'entendre conter, comment s'étonner si une tradition narrative descendit le fil des âges ? Pour foyers de prédilection, elle avait tous les lieux où se rencontraient les errants : ces pèlerinages et ces champs de foire, ces routes de pèlerins et de marchands dont le souvenir a marqué tant de poèmes. Les commerçants au long cours, dont nous savons, par le hasard d'un texte, qu'allemands ils portèrent à la connaissance du monde scandinave certaines légendes allemandes ([86]), hésiterons-nous à croire que, français, ils n'aient véhiculé de même, avec leurs ballots de draps ou leurs sacs d'épices, d'un bout à l'autre des itinéraires familiers, bien des thèmes héroïques, voire de simples noms ? Ce furent assurément, leurs récits, avec ceux des pèlerins, qui apprirent aux jongleurs la nomenclature géographique de l'Orient et à ces poètes du Nord firent connaître la beauté de l'olivier méditerranéen, qu'avec un naïf goût de l'exotisme et un admirable mépris de la couleur locale, les chansons plantent bravement sur les collines de la Bourgogne ou de la Picardie. Pour ne pas avoir à l'ordinaire dicté les légendes, les monastères aussi n'en fournirent pas moins un terrain éminemment favorable à leur développement : parce qu'on y voyait passer beaucoup de voyageurs ; parce que la mémoire s'y accrochait à plus d'un vieux monument ; parce qu'enfin les moines ont toujours aimé à narrer — beaucoup trop, au dire des puritains, comme Pierre Damien ([87]). Les plus anciennes anecdotes sur Charlemagne furent mises par écrit, dès le IXe siècle, à Saint-Gall : rédigée au début du XIe siècle, la chronique du monastère de Novalaise, sur le chemin du Mont-Cenis, fourmille de traits légendaires.

N'imaginons pas, cependant, que tout soit sorti des sanctuaires. Les lignées seigneuriales, de leur côté, avaient leurs traditions, par où a dû venir plus d'un souvenir, exact ou déformé ; et l'on se plaisait à parler des ancêtres dans les salles des fertés comme sous les arcades du cloître. Nous nous trouvons savoir que le duc Godefroy de Lorraine ne dédaignait pas de régaler ses hôtes d'historiettes sur Charlemagne ([88]). Estimera-t-on que ce goût n'appartînt qu'à lui ? Dans l'épopée, d'ailleurs, il n'est guère malaisé de déceler deux images du grand Carolingien, qui se contredisent violemment : au noble souverain du *Roland*, qu'entoure une vénération quasi religieuse, s'oppose le vieillard « convoiteux » et « rassoté » de tant d'autres chansons. Le premier courant était conforme à la vulgate de l'historiographie ecclésiastique, comme aux besoins de la propagande capétienne ; dans le second, comment ne pas reconnaître l'empreinte antimonarchique du baronat ?

Des anecdotes peuvent fort bien se transmettre ainsi, de générations en générations, sans pour cela prendre la forme de poèmes. Mais ces poèmes enfin ont existé. Depuis quand ? le problème est presque insoluble. Car nous avons affaire au français, c'est-à-dire à une langue qui, passant pour une simple corruption du latin, mit plusieurs siècles à s'élever à la dignité littéraire. Dans les « chansons rustiques », c'est-à-dire en parlers vulgaires, que, dès la fin du IXe siècle, un évêque d'Orléans croyait devoir interdire à ses prêtres, se glissait-il déjà quelque élément héroïque ? Nous n'en saurons jamais rien, parce que tout cela se passait dans une zone située fort au-dessous de l'attention des gens de lettres. Cependant, sans vouloir tirer de l'argument *a silentio* un parti excessif, force est de constater que les premières mentions relatives aux chants épiques surgissent seulement au XIe siècle ; la brusque apparition de ces témoignages, après une longue nuit, semble bien suggérer que les gestes versifiées ne se développèrent pas beaucoup plus tôt, au moins avec quelque abondance. Il est fort remarquable, d'autre part, que, dans la plupart des poèmes anciens, Laon figure comme la résidence habituelle des rois carolingiens ; le *Roland* lui-même, qui rétablit Aix-la-Chapelle à son vrai rang, porte néanmoins, comme par inadvertance, quelques traces de la tradition laonnaise. Or celle-ci ne saurait avoir pris naissance qu'au Xe siècle, alors que le « Mont-Loon » jouait véritablement le rôle qui lui est ainsi assigné. Plus tard, comme plus tôt, elle serait inexplicable ([89]). Ce fut donc, selon toute apparence, en ce siècle que se fixèrent les principaux thèmes de l'épopée, sinon déjà sous forme prosodique, du moins tout prêts à la recevoir.

Une des caractéristiques essentielles des chansons fut d'ailleurs de ne vouloir retracer que des événements anciens. A peu près seules, les croisades semblèrent immédiatement dignes de l'épopée. C'est qu'elles avaient tout pour secouer les imaginations ; sans doute aussi qu'elles transposaient dans le présent une forme d'héroïsme chrétien, familière, dès le XIe siècle, aux poèmes. Ces œuvres d'actualité fournissaient aux jongleurs l'occasion d'exercer sur leurs mécènes une douce pression : pour avoir refusé à l'un d'entre eux deux chausses d'écarlate, Arnoul d'Ardres vit son nom rayé de la *Chanson d'Antioche* ([90]). Quelque plaisir cependant que les barons dussent ressentir à entendre ainsi leurs exploits voler dans la bouche des hommes, quelque profit que les poètes pussent attendre de pareilles compositions, les guerres du présent, lorsqu'elles n'avaient pas pour théâtre la Terre Sainte, ne trouvèrent généralement personne pour les célébrer sur ce mode. Est-ce à dire que, comme l'a écrit Gaston Paris, la « fermentation épique » s'arrêta au moment où la nation française se fut définitivement constituée ? Cette thèse, en elle-même médiocrement vraisemblable, supposerait que les récits relatifs au IXe et au Xe siècle aient immédiatement revêtu une forme poétique : ce qui n'est rien moins que sûr. La vérité est, sans doute, que, pénétrés de respect pour les temps écoulés, les hommes ne savaient alors chercher l'exaltation que dans des souvenirs déjà chargés du prestige propre aux choses très vieilles. Un jongleur, en 1066, accompagna à Hastings les guerriers normands. Que chantait-il ? « de Karlemaigne et de Rollant ». Un autre, vers 1100, précédait une bande de pillards bourguignons, dans une petite guerre locale. Que chantait-il ? « les hauts faits des aïeux » ([91]). Lorsque les grands coups d'épée des XIe et XIIe siècles eurent, à leur tour, reculé dans le lointain des âges, le goût du passé subsistait toujours ; mais il se satisfaisait autrement. L'histoire, parfois encore versifiée, mais appuyée désormais sur la transmission écrite et par suite beaucoup moins contaminée par la légende, avait remplacé l'épopée.

L'amour des récits historiques et légendaires ne fut pas, durant l'époque féodale, propre à la France. Mais, commun à toute l'Europe, il s'y satisfaisait de diverses façons.

Si haut que nous remontions dans l'histoire des peuples germaniques, nous les voyons habitués à célébrer en vers les exploits des héros. Chez les Germains du continent et de la Bretagne, il semble d'ailleurs que, comme chez les Scandinaves, deux genres de poésies guerrières fussent pratiqués, côte à côte ; les unes consacrées à des personnages très anciens, parfois mythiques ; les autres qui disaient la gloire des chefs actuellement vivants ou morts depuis peu. Puis, au xe siècle, s'ouvrit une période où l'on n'écrivait guère et, à un bien petit nombre d'exceptions près, seulement en latin. Durant ces siècles obscurs, la survie des vieilles légendes, sur la terre allemande, est attestée presque uniquement par une transposition latine — le *Waltharius* — et par l'émigration de certains thèmes vers les pays du Nord, où la source de la littérature populaire jaillissait toujours fraîche. Elles n'avaient pourtant pas cessé de vivre ni de séduire. A la lecture de saint Augustin ou de saint Grégoire, l'évêque Gunther, qui, de 1057 à 1065, occupa le siège de Bamberg, préférait, si l'on en croit un de ses chanoines, les récits sur Attila et sur les Amales, c'est-à-dire l'antique dynastie ostrogothique, éteinte au VIe siècle. Peut-être même — le texte est obscur — « poétisait-il », de son propre cru, sur ces sujets profanes ([92]). On continuait donc à conter, autour de lui, les aventures de rois dès longtemps disparus. Sans doute continuait-on aussi à les chanter, dans la langue de tout le monde ; mais de ce qu'on chantait, nous n'avons rien. La vie de l'archevêque Anno, mise en vers allemands, peu après 1077, par un clerc du diocèse de Cologne, appartient à l'hagiographie bien plutôt qu'à une littérature narrative à l'usage de larges auditoires.

Le voile ne se lève à nos yeux qu'à une date d'un siècle environ postérieure à l'apparition des gestes françaises et après que, précisément, l'imitation de ces gestes ou d'œuvres plus récentes, mais de même provenance, avait, depuis une génération déjà, accoutumé le public allemand à apprécier les grandes fresques poétiques en langue vulgaire. Les premiers poèmes héroïques d'inspiration indigène n'ont pas été composés sous une forme proche de celle où nous les connaissons aujourd'hui, avant la fin du XIIe siècle. Abandonnant désormais aux chroniqueurs ou à la versification latine les hauts faits des contemporains, c'est, comme en France, à des aventures déjà décantées par une longue transmission qu'ils demandent leurs motifs. Le curieux est que ce passé de prédilection se trouve ici beaucoup plus lointain. Un seul *Lied* — celui du duc Ernst — rapporte, d'ailleurs en le déformant étrangement, un événement du début du XIe siècle.

Les autres, à de pures légendes et à un merveilleux parfois encore tout païen, mêlent de vieux souvenirs du temps des Invasions, ordinairement rapetissés d'ailleurs de leur dignité de catastrophes mondiales au médiocre relief de banales vendettas personnelles. Les vingt et un principaux héros, susceptibles d'identification, qu'on a pu dénombrer dans l'ensemble de cette littérature, s'échelonnent d'un roi goth, mort en 375, à un roi lombard, mort en 575. Voit-on, par hasard, apparaître, çà et là, un personnage de date plus récente ? dans la *Chanson des Nibelungen*, par exemple, un évêque du xe siècle se glisser parmi l'assemblée, déjà singulièrement disparate, qu'à côté d'ombres sans consistance historique, comme Siegfried et Brünhilde, forment Attila, Théodoric le Grand et les rois burgondes du Rhin ? Cet intrus ne figure jamais qu'à titre épisodique, probablement par l'effet d'une influence locale ou cléricale. Il n'en eût pas été ainsi, assurément, si les poètes avaient reçu leurs sujets de clercs occupés à compulser les documents écrits : pour fondateurs, les monastères allemands n'avaient pas des chefs barbares et si les chroniqueurs parlaient bien d'Attila, voire du « tyran » Théodoric, c'était sous des couleurs singulièrement plus noires que celles dont les pare l'épopée. Est-il cependant rien de plus frappant que ce contraste ? la France, dont la civilisation avait été profondément remaniée dans le creuset du haut moyen âge, dont la langue, en tant qu'entité linguistique vraiment différenciée, était relativement jeune, si elle se tournait vers sa tradition la plus reculée, découvrait les Carolingiens (la dynastie mérovingienne ne paraît, à notre connaissance, que dans une seule chanson, le *Floovant*, assez tardive et qui, on l'a vu, fait probablement partie d'un groupe d'œuvres directement inspiré par des moines savants, ceux de Saint-Denis) ; l'Allemagne, au contraire, disposait, pour en nourrir ses contes, d'une substance infiniment plus ancienne, parce que, longtemps caché, le courant des récits et peut-être des chants ne s'était jamais interrompu.

La Castille nous met sous les yeux une expérience également instructive. La soif de souvenirs n'y était pas moins vive qu'ailleurs. Mais dans cette terre de Reconquête, les plus vieux souvenirs nationaux étaient tout neufs. Il en résulta que les jongleurs, dans la mesure où ils ne reproduisaient pas des modèles étrangers, puisèrent leurs inspirations dans des événements à peine refroidis. La mort du Cid est du 10 juillet 1099 ; seul survivant de toute une famille de *cantares* consacrés aux héros des guerres récentes, le *Poème du Cid* est des environs de 1150. Plus singulier est le cas de l'Italie. Elle n'eut pas, elle ne semble jamais avoir eu d'épopée autochtone. Pourquoi ? Il y aurait bien de la témérité à prétendre trancher en deux mots un problème si troublant. Une solution, néanmoins, mérite d'être suggérée. A l'époque féodale, l'Italie fut un des rares pays où dans la classe seigneuriale, de même sans doute que chez les marchands, un grand nombre de personnes savaient lire. Si le goût du passé n'y fit pas naître des chants, ne serait-ce point parce qu'il trouvait une satisfaction suffisante dans la lecture des chroniques latines ?

L'épopée, là où elle put se développer, exerçait sur les imaginations une action d'autant plus forte qu'au lieu, comme le livre, de s'adresser exclusivement aux yeux, elle bénéficiait de toute la chaleur de la parole humaine et de cette espèce de martelage intellectuel qui naît de la répétition, par la voix, des mêmes thèmes, voire des mêmes couplets. Aux gouvernements de nos jours, demandez si la radio n'est pas un moyen de propagande plus efficace encore que le journal ? Sans doute fut-ce principalement à partir de la fin du XIIe siècle, dans des milieux désormais plus profondément cultivés, que l'on vit les hautes classes se prendre à vivre véritablement leurs légendes : un chevalier, par exemple, ne pas trouver pour railler un lâche de moquerie plus piquante ni plus claire qu'une allusion empruntée à un roman courtois ; plus tard tout un groupe de la noblesse cypriote jouer à personnifier les acteurs du cycle de *Renard*, comme plus près de nous, paraît-il, certains cercles mondains pour les héros balzaciens ([93]). Les gestes françaises, toutefois, étaient à peine nées que, dès avant 1100, des seigneurs se plaisaient à donner à leurs fils les noms d'Olivier et de Roland, en même temps que, frappé d'une marque d'infamie, celui de Ganelon disparaissait pour jamais de l'onomastique ([94]). A ces contes, il arrivait qu'on se reportât comme à d'authentiques documents. Fils d'une époque pourtant déjà beaucoup plus livresque, le célèbre sénéchal de Henri II Plantagenêt, Renoul de Glanville, qu'on interrogeait sur les raisons de la longue faiblesse des rois de France vis-à-vis des ducs normands, répondait en invoquant les guerres qui jadis avaient « presque détruit » la chevalerie française : témoins, disait-il, les récits de *Gormont* et de *Raoul de Cambrai* ([95]). Certainement, c'était avant tout dans de tels poèmes que ce grand politique avait appris à réfléchir sur l'histoire. A vrai dire, la conception de la vie qu'exprimaient les gestes ne faisait, à beaucoup d'égards, que refléter celle de leur public : dans toute littérature, une société contemple toujours sa propre image. Cependant, avec le souvenir, si mutilé fût-il, des événements anciens, plus d'une tradition réellement puisée au passé avait filtré, dont, à maintes reprises, nous rencontrerons l'empreinte.

Chapitre IV

La renaissance intellectuelle au deuxième âge féodal

I. QUELQUES CARACTÈRES DE LA CULTURE NOUVELLE

L'apparition des grands poèmes épiques, dans la France du XIe siècle, peut être conçue comme un des symptômes avant-coureurs par où s'annonçait le puissant développement culturel de la période suivante. « Renaissance du XIIe siècle », dit-on souvent. Toutes réserves faites sur un mot qui, interprété à la lettre, évoquerait, au lieu d'un changement, une simple résurrection, la formule peut être retenue : à condition, cependant, de ne pas lui attacher une signification chronologique trop précise. Si le mouvement, en effet, ne prit toute son ampleur qu'au cours du siècle dont on lui attribue ordinairement le nom, ses premières manifestations, comme celles des métamorphoses démographiques et économiques concomitantes, datent de l'époque vraiment décisive que furent les deux ou trois décennies immédiatement antérieures à l'an 1100. A ce moment remontent, pour ne citer que quelques exemples, l'œuvre philosophique d'Anselme de Canterbury, l'œuvre juridique des plus anciens romanistes italiens et des canonistes, leurs émules, le début de l'effort mathématique dans les écoles de Chartres. Pas plus dans l'ordre de l'intelligence que sur aucun autre terrain, la révolution ne fut totale. Mais si voisin que, par sa mentalité, le second âge féodal, à beaucoup d'égards, demeure du premier, certains traits intellectuels nouveaux le marquent, dont il faut chercher à préciser l'action.

Les progrès de la vie de relation, si apparents sur la carte économique, ne s'inscrivent pas en traits moins nets sur la carte culturelle. L'abondance des traductions d'ouvrages grecs et surtout arabes — ces derniers, d'ailleurs, n'étant, pour la plupart, que les truchements de la pensée hellénique —, l'action qu'elles exercèrent sur la conscience et la philosophie de l'Occident attestent une civilisation désormais mieux pourvue d'antennes. Ce ne fut point hasard si parmi les traducteurs se rencontrèrent plusieurs membres des colonies marchandes établies à Constantinople. Dans l'intérieur même de l'Europe, les vieilles légendes celtiques, portées d'Ouest en Est, viennent imprégner de leur étrange magie l'imagination des conteurs français. A leur tour, les poèmes composés en France — gestes anciennes ou récits d'un goût plus neuf — sont imités en Allemagne, en Italie, en Espagne. Les foyers de la science nouvelle sont de grandes écoles internationales : Bologne, Chartres, Paris, « échelle de Jacob dressée vers le Ciel » ([96]). L'art roman, dans ce qu'au-dessus de ses innombrables variétés régionales il avait eu d'universel, exprimait avant tout une certaine communauté de civilisation ou l'interaction d'une foule de petits nœuds d'influence. L'art gothique, par contre, va donner l'exemple de formes esthétiques d'exportation qui, sujettes naturellement à toutes sortes de remaniements, ne s'en propagent pas moins à partir de centres de rayonnement bien déterminés : la France d'entre Seine et Aisne, les monastères cisterciens de la Bourgogne.

L'abbé Guibert de Nogent qui, né en 1053, écrivait vers 1115 ses *Confessions*, oppose en ces termes les deux extrémités de sa vie. « Dans le temps qui précéda immédiatement mon enfance et durant celle-ci même, la pénurie de maîtres d'école était telle qu'il était à peu près impossible d'en trouver dans les bourgs : à peine s'il s'en rencontrait dans les villes. En découvrait-on par hasard ? Leur science était si mince qu'elle ne saurait se comparer même à celle des petits clercs vagabonds d'aujourd'hui ([97]). » Nul doute qu'en effet l'instruction, durant le XIIe siècle, n'eût accompli, en qualité comme en extension à travers les diverses couches sociales, d'immenses progrès. Plus que jamais, elle se fondait sur l'imitation des modèles antiques, non pas davantage vénérés, peut-être, mais mieux connus, mieux compris, mieux sentis : au point d'avoir parfois, chez certains poètes en marge du monde clérical, comme le fameux Archipoeta rhénan, provoqué l'éclosion d'une sorte de paganisme moral, fort étranger à la période précédente. Mais le nouvel humanisme était plus généralement un humanisme chrétien. « Nous sommes des nains juchés sur les épaules de géants » : cette formule de Bernard de Chartres, souvent répétée, illustre l'étendue de la dette que les plus graves esprits de l'époque se reconnaissaient envers la culture classique.

Le souffle nouveau avait atteint les milieux laïques. Le cas, désormais, n'est plus exceptionnel de ce comte de Champagne, Henri le Libéral, qui lisait dans le texte Végèce et Valère Maxime ; de ce comte d'Anjou, Geoffroi le Bel, qui, pour contruire une forteresse, s'aidait de Végèce encore ([98]). Le plus souvent, cependant, ces goûts se heurtaient aux obstacles d'une éducation encore trop rudimentaire pour pénétrer les arcanes d'ouvrages écrits dans la langue de savants. Ils ne renonçaient pas pour autant à se satisfaire. Voyez Baudoin II de Guines (mort en 1205). Chasseur, buveur et grand trousseur de jupons, expert autant qu'un jongleur en chansons de gestes comme en grossiers fabliaux, ce seigneur picard, pour « illettré » qu'il fût, ne se plaisait pas qu'aux contes héroïques ou gaillards. Il recherchait la conversation des clercs, qu'il payait de retour en « païennes » historiettes, — trop bien instruit, au gré d'un prêtre de son pays, par ces doctes entretiens : la science théologique qu'il y avait puisée, n'en usait-il point pour disputer avec ses maîtres ? Mais échanger des propos ne lui suffisait point. Il fit traduire en français, pour lui être lus à haute voix, plus d'un livre latin : avec le *Cantique des Cantiques*, les *Évangiles* et *la Vie de Saint Antoine*, une grande partie de la *Physique* d'Aristote et la vieille *Géographie* du romain Solin ([99]). De ces besoins nouveaux naquit ainsi, par presque toute l'Europe, une littérature en langue vulgaire, qui, destinée aux gens du siècle, ne visait pas seulement à les amuser. Peu importe qu'au début elle ait été faite presque exclusivement de paraphrases. Elle n'en ouvrait pas moins largement l'accès de toute une tradition. Celui, entre autres, d'un passé peint de moins fictives couleurs.

Longtemps, à vrai dire, les récits historiques en langues nationales demeurèrent fidèles au vêtement prosodique et au ton des vieilles gestes. Pour les voir consentir à la prose, instrument naturel d'une littérature de faits, il faudra attendre, dans les premières décennies du XIIIe siècle, l'apparition, tantôt de mémoires composés par des personnages étrangers au monde des jongleurs comme à celui des clercs — un haut baron, Villehardouin, un modeste chevalier, Robert de Clary —, tantôt de compilations expressément destinées à renseigner un vaste public : les *Faits des Romains*, la somme qui, sans fausse honte, s'intitulait *Tote l'histoire de France*, la *Chronique Universelle* saxonne. A peu près autant d'années s'écouleront avant qu'en France, puis dans les Pays-Bas et en Allemagne, quelques chartes, encore bien rares, rédigées dans le langage de tous les jours, permettent enfin aux hommes qui participaient à un contrat d'en connaître directement la teneur. Entre l'action et son expression, l'abîme se comblait lentement.

En même temps, dans les cours lettrées qui se groupaient autour des grands chefs — Plantagenêts de l'empire angevin, comtes de Champagne, Welfs d'Allemagne —, toute une littérature de fables et de rêves tissait ses prestiges. Certes, plus ou moins remaniées au goût du jour et foisonnantes d'épisodes rajoutés, les chansons de geste n'avaient pas cessé de plaire. A mesure, cependant, que la véritable histoire, peu à peu, prenait, dans la mémoire collective, la place de l'épopée, des formes poétiques nouvelles avaient jailli, provençales ou françaises par leur origine et, de là, bientôt répandues dans l'Europe entière. C'étaient des romans de pure fiction où les prodigieux coups d'épée, les « grans borroflemens », toujours aimés d'une société demeurée foncièrement guerrière, avaient dorénavant pour arrière-plan familier un univers traversé de mystérieux enchantements : par l'absence de toutes prétentions historiques, comme par cette fuite vers le monde des fées, expressions d'un âge désormais assez raffiné pour séparer de la description du réel la pure évasion littéraire. C'étaient aussi de courts poèmes lyriques, d'une ancienneté presque égale, par leurs premiers exemples, à celle des chants héroïques eux-mêmes, mais composés en nombre de plus en plus grand et avec de plus en plus subtiles recherches. Car, un sens esthétique plus aiguisé attachait une valeur croissante aux trouvailles, voire aux préciosités de la forme ; il est bien de ce temps le vers savoureux où, évoquant le souvenir de Chrétien de Troyes, en qui notre XIIe siècle reconnut son plus séduisant conteur, un de ses émules ne savait trouver, pour le louer, de plus bel éloge que celui-ci : « il prenait le français à pleines mains ».

Surtout romans et poèmes lyriques ne se bornent plus à retracer des actes ; ils s'efforcent, non sans gaucherie, mais avec beaucoup d'application, à analyser les sentiments. Jusque dans les épisodes guerriers, la joute de deux combattants prend le pas sur les grands chocs d'armées, chers aux anciens chants. De toutes façons, la nouvelle littérature tendait à réintégrer l'individuel et invitait les auditeurs à méditer sur leur moi. Dans ce penchant vers l'introspection, elle collaborait avec une influence d'ordre religieux : la pratique de la confession « auriculaire », de fidèle à prêtre, qui, longtemps renfermée dans le monde monastique, se propagea, au cours du XIIe siècle, chez les laïques. Par bien des traits, l'homme des environs de l'an 1200, dans les classes supérieures de la société, ressemble à son ancêtre des générations précédentes : même esprit de violence, mêmes brusques sautes d'humeur, même préoccupation du surnaturel, encore accrue peut-être, quant à l'obsession des présences diaboliques par le dualisme que, jusque dans les milieux orthodoxes, répandait le voisinage des hérésies manichéennes, alors si prospères. Sur deux points pourtant, il en diffère profondément. Il est plus instruit. Il est plus conscient.

II. LA PRISE DE CONSCIENCE

Aussi bien cette prise de conscience dépassait-elle l'homme isolé pour s'étendre à la société elle-même. Le branle ici avait été donné, dans la seconde moitié du XIe siècle, par le grand « réveil » religieux que, du nom du pape Grégoire VII, qui en fut un des principaux acteurs, on a pris l'habitude de nommer réforme grégorienne. Mouvement complexe, s'il en fut, où aux aspirations de clercs et surtout de moines, instruits dans les vieux textes, se mêlèrent beaucoup de représentations jaillies du tréfonds de l'âme populaire : l'idée que le prêtre dont la chair a été souillée par l'acte sexuel devient incapable de célébrer efficacement les divins mystères, ce fut, autant que chez les ascètes du monachisme et beaucoup plus chez les théologiens, dans les foules laïques qu'elle trouvera ses plus virulents adeptes. Mouvement extraordinairement puissant aussi, d'où il est permis, sans exagération, de dater la formation définitive du catholicisme latin, alors précisément, et non par l'effet d'une coïncidence fortuite, détaché pour jamais du christianisme oriental. Si variées qu'aient été les manifestations de cet esprit, plus nouveau qu'il ne le savait lui-même, l'essence s'en peut résumer en quelques mots : dans un monde où jusque-là on avait vu le sacré et le profane se mélanger presque inextricablement, l'effort grégorien tendit à affirmer l'originalité comme la suprématie de la mission spirituelle dont l'Église est dépositaire, à mettre le prêtre à part et au-dessus du simple fidèle.

Assurément les plus rigoristes, parmi les réformateurs, n'étaient guère des amis de l'intelligence. Ils se méfiaient de la philosophie. Ils méprisaient la rhétorique, non sans succomber eux-mêmes, assez souvent, à ses prestiges — « ma grammaire est le Christ », disait Pierre Damien, qui pourtant déclinait et conjuguait fort correctement —. Ils estimaient que le religieux était fait pour pleurer, plutôt que pour l'étude. En un mot, dans le grand drame de conscience dont, depuis saint Jérôme, avait été déchiré plus d'un cœur chrétien, divisé entre l'admiration de la pensée ou de l'art antiques et les jalouses exigences d'une religion d'ascétisme, ils se rangeaient résolument du parti des intransigeants, qui, loin de respecter, comme Abélard, dans les philosophes du paganisme des hommes « inspirés de Dieu », ne voulaient, à l'exemple de Gerhoh de Reichersberg, voir en eux que des « ennemis de la croix du Christ ». Mais, dans leur tentative de redressement, puis au cours des combats que leur programme leur imposa de livrer contre les puissances temporelles et notamment contre l'Empire, force leur fut de mettre en forme intellectuelle leurs idéaux, de raisonner, d'inviter au raisonnement. Brusquement des problèmes qui, jusque-là, n'avaient été agités que par une poignée de doctes prirent une valeur très actuelle. Ne lisait-on pas, nous dit-on, en Allemagne, ou du moins ne se faisait-on pas traduire, jusque sur les places publiques et dans les échoppes, les écrits où des clercs, tout chauds encore de la mêlée, dissertaient, en sens divers, des fins de l'État, des droits des rois, de leurs peuples ou des papes ([100]) ? Les autres pays n'avaient pas été touchés au même degré. Nulle part, cependant, ces polémiques ne restèrent sans effet. Plus qu'avant, on considéra désormais les affaires humaines comme sujettes à la réflexion.

Une autre influence encore aida à cette décisive métamorphose. Le renouveau du droit savant, qui sera étudié plus loin, atteignait, en ce temps où tout homme d'action devait être un peu juriste, des cercles étendus ; il amenait lui aussi à voir dans les réalités sociales quelque chose qui pouvait être décrit méthodiquement et sciemment élaboré. Mais, sans doute, les effets les plus certains de la nouvelle éducation juridique doivent-ils être cherchés dans une autre direction. Avant tout, quelle que fût la matière du raisonnement, elle habituait les esprits à raisonner en forme. Par là elle rejoignait les progrès de la spéculation philosophique, qui lui sont d'ailleurs étroitement liés. Certes, l'effort logique d'un saint Anselme, d'un Abélard, d'un Pierre Lombard ne pouvait être suivi que par un petit nombre d'hommes, recrutés presque exclusivement parmi les clercs. Mais ces clercs mêmes étaient souvent mêlés à la vie la plus active : ancien élève des écoles de Paris, Reinald de Dassel, chancelier de l'Empire, puis archevêque de Cologne, dirigea pendant de longues années la politique allemande ; prélat philosophe, Étienne Langton prit, sous Jean sans Terre, la tête du baronat anglais révolté. Aussi bien, pour subir l'ambiance d'une pensée, fut-il jamais nécessaire de participer à ses plus hautes créations ? Mettez côte à côte deux chartes, l'une des alentours de l'an mille, l'autre des dernières années du XIIe siècle : presque toujours la seconde est plus explicite, plus précise, moins mal ordonnée. Non qu'au XIIe siècle même, des contrastes fort sensibles ne subsistent entre les documents, selon les milieux d'où ils étaient issus : dictées par les bourgeoisies, plus avisées qu'instruites, les chartes urbaines sont, à l'ordinaire, pour le bon ordre de leur rédaction, bien au-dessous, par exemple, des beaux établissements émanés de la chancellerie savante d'un Barberousse. Entre les deux époques, l'opposition, vue de haut, n'en demeure pas moins très nette. Or, l'expression, ici, était inséparable de son contenu. Que vers la fin du second âge féodal, les hommes d'action aient communément disposé d'un instrument d'analyse mentale moins qu'autrefois malhabile, dans l'histoire, encore si mystérieuse, des liens entre la réflexion et la pratique comment tenir ce fait pour indifférent ?

Chapitre V

Les fondements du droit

I. L'EMPIRE DE LA COUTUME

Un juge, dans l'Europe pré-féodale du début du IXe siècle, avait-il à dire le droit ? Son premier devoir était d'interroger les textes : compilations romaines, si le procès devait être tranché d'après les lois de Rome ; coutumes des peuples germains, peu à peu, dans leur quasi-totalité, fixées par l'écriture ; édits législatifs enfin, qu'avaient rendus en grand nombre les souverains des royaumes barbares. Là où parlaient ces monuments, il n'y avait qu'à obéir. Mais la tâche ne s'offrait pas toujours aussi simple. Laissons même le cas, en pratique sans doute assez fréquent, où le manuscrit, soit se trouvant manquer, soit — comme les lourds recueils romains — semblant de consultation malaisée, la disposition, bien qu'elle eût son origine dans le livre, n'était en fait connue que par l'usage. Le plus grave était qu'aucun livre ne suffisait à tout trancher. Des fractions entières de la vie sociale — les relations à l'intérieur de la seigneurie, les liens d'homme à homme, où déjà se préfigurait la féodalité — n'étaient que bien imparfaitement réglées par les textes, voire ne l'étaient pas du tout. Ainsi, à côté du droit écrit, existait déjà une zone de tradition purement orale. Un des caractères les plus importants de la période qui suivit — de l'âge, en d'autres termes, où se constitua véritablement le régime féodal — fut que cette marge s'accrut démesurément, au point, dans certains pays, d'envahir le domaine juridique tout entier.

En Allemagne et en France, l'évolution atteignit ses limites extrêmes. Plus de législation : en France le dernier « capitulaire », fort peu original d'ailleurs, est de 884 ; en Allemagne, la source semble s'être tarie dès le démembrement de l'Empire, après Louis le Pieux. A peine si quelques princes territoriaux — un duc de Normandie, un duc de Bavière — promulguent çà et là une ou deux mesures d'une portée un peu générale. Dans cette carence, on a parfois cru reconnaître un effet de la faiblesse où était tombé le pouvoir monarchique. Mais l'explication qu'on pourrait être tenté d'admettre, s'il ne s'agissait que de la France, ne saurait évidemment valoir pour les souverains beaucoup plus puissants de l'Allemagne. Aussi bien ces empereurs saxons ou saliens qui, au nord des Alpes, ne traitaient jamais dans leurs diplômes que de cas individuels, ne les voyait-on pas se faire législateurs dans leurs États d'Italie, où pourtant ils ne disposaient certes point d'une force supérieure ? Si, au-delà des Monts, on n'éprouvait plus le besoin de rien ajouter aux règles naguère expressément formulées, la véritable raison en était que ces règles mêmes avaient glissé à l'oubli. Au cours du Xe siècle, les lois barbares comme les ordonnances carolingiennes cessent peu à peu d'être transcrites ou mentionnées, autrement que par de fugitives allusions. Un notaire affecte-t-il de citer encore les lois romaines ? la référence, les trois quarts du temps, n'est que banalité ou contresens. Comment n'en eût-il pas été ainsi ? Entendre le latin — langue commune, sur le continent, de tous les anciens documents juridiques — était, à peu de chose près, le monopole des clercs. Or la société ecclésiastique s'était donné son droit propre, de plus en plus exclusif. Fondé sur les textes — si bien que les seuls capitulaires francs qui continuassent d'être commentés étaient ceux qui concernaient l'Église — ce droit canon s'enseignait dans les écoles, toutes cléricales. Le droit profane, au contraire, n'était nulle part matière d'instruction. Sans doute la familiarité avec les vieux recueils ne se fût-elle néanmoins pas complètement perdue, s'il avait existé une profession d'hommes de loi. Mais la procédure ne comportait point d'avocats et tout chef était juge. C'est dire que la plupart des juges ne savaient pas lire : mauvaise condition assurément pour le maintien d'un droit écrit.

Les rapports étroits qui unissent ainsi, en France et en Allemagne, la décadence des anciens droits avec celle de l'instruction, chez les laïques, ressortent d'ailleurs, avec clarté, de quelques expériences de sens inverse. En Italie, la liaison a été admirablement perçue, dès le XIe siècle, par un observateur étranger, le chapelain impérial Wipo ; dans ce pays où, dit-il, « la jeunesse tout entière » — entendez celle des classes dirigeantes — « était envoyée aux écoles pour y travailler à la sueur des fronts » ([101]), ni les lois barbares, ni les capitulaires carolingiens, ni le droit romain ne cessèrent d'être étudiés, résumés, glossés. De même, une série d'actes, clairsemés sans doute, mais dont la continuité est visible, y attestent la persistance de l'habitude législative. Dans l'Angleterre anglo-saxonne, où la langue des lois était celle de tout le monde, où, par suite, comme le décrit le biographe du roi Alfred, les juges mêmes qui ne savaient pas leurs lettres pouvaient se faire lire les manuscrits et les comprendre ([102]), les princes, jusqu'à Knut, s'employèrent tour à tour à codifier les coutumes ou à les compléter, voire à les modifier expressément par leurs édits. Après la conquête normande, il sembla nécessaire de mettre à la portée des vainqueurs ou, du moins, de leurs clercs la substance de ces textes, dont le langage leur était inintelligible. Si bien qu'on vit alors se développer dans l'île, dès le début du XIIe siècle, cette chose inconnue, au même moment, de l'autre côté de la Manche : une littérature juridique, qui, latine par l'expression, était anglo-saxonne par l'essentiel de ses sources ([103]).

Cependant, si considérable que fût la différence qui se marquait ainsi entre les divers secteurs de l'Europe féodale, elle n'atteignait point le fond même du développement. Là où le droit avait cessé de se fonder sur l'écrit, beaucoup de règles anciennes, de diverses provenances, avaient néanmoins été conservées par transmission orale. Inversement, dans les contrées qui continuaient de connaître et de respecter les vieux textes, les besoins sociaux avaient fait surgir, à leur côté, tantôt les complétant, tantôt les supplantant, un grand nombre d'usages nouveaux. Partout, en un mot, une même autorité décidait finalement du sort réservé au patrimoine juridique de l'âge précédent : la coutume, alors la seule source vivante du droit et que les princes, lors même qu'ils légiféraient, ne prétendaient guère qu'interpréter.

Les progrès de ce droit coutumier s'étaient accompagnés d'un profond remaniement de la structure juridique. Dans les provinces continentales de l'ancienne *Romania*, occupée par les barbares, plus tard dans la Germanie, conquise par les Francs, la présence, coude à coude, d'hommes qui appartenaient par leur naissance à des peuples distincts avait d'abord entraîné la plus singulière bigarrure dont puisse, dans ses cauchemars, rêver un professeur de droit. En principe et toutes réserves faites sur les difficultés d'application qui ne manquaient pas de surgir entre deux plaideurs d'origine opposée, l'individu, où qu'il habitât, demeurait soumis aux règles qui avaient gouverné ses ancêtres : si bien que, selon le mot célèbre d'un archevêque de Lyon, lorsque dans la Gaule franque, cinq personnages se trouvaient réunis, point n'avait-on lieu de s'étonner si — Romain par exemple, Franc salien, Franc ripuaire, Visigoth et Burgonde — chacun d'eux obéissait à une loi différente. Que, imposé jadis par d'impérieuses nécessités, un pareil régime fût devenu affreusement gênant, qu'il s'accordât d'ailleurs de plus en plus mal aux conditions d'une société où la fusion des éléments ethniques était à peu près accomplie, aucun observateur réfléchi, dès le IXe siècle, ne pouvait en douter. Les Anglo-Saxons, qui n'avaient guère eu à compter avec les populations indigènes, l'avaient toujours ignoré. La monarchie visigothique l'avait, dès 654, consciemment éliminé. Mais tant que les droits particuliers étaient fixés par l'écrit, leur force de résistance restait grande. Il est significatif que le pays où l'on vit se maintenir le plus longtemps — jusqu'au seuil du XIIe siècle — cette multiplicité d'obédiences juridiques fut la savante Italie. Encore n'était-ce qu'au prix d'une étrange déformation. Car, les filations apparaissant de moins en moins faciles à déterminer, l'habitude s'introduisit de faire spécifier par chaque personne, au moment où elle prenait part à un acte, la loi dont elle se reconnaissait sujette et qui parfois variait ainsi, au gré du contractant, selon la nature de l'affaire. Dans le reste du continent, l'oubli où, dès le Xe siècle, tombèrent les textes de l'âge précédent, permit l'avènement d'un ordre tout nouveau. Régime des coutumes territoriales, dit-on quelquefois. Mieux vaudrait, sans doute, parler de coutumes de groupes.

Chaque collectivité humaine, en effet, grande ou menue, inscrite ou non sur le sol en contours précis, tend à développer sa tradition juridique propre : si bien qu'on voit l'homme, selon les divers aspects de son activité, passer successivement de l'une à l'autre de ces zones de droit. Voici par exemple une agglomération rurale. Le statut familial des paysans suit, ordinairement, des normes à peu près semblables dans toute la contrée environnante. Leur droit agraire obéit, par contre, aux usages particuliers à leur communauté. Parmi les charges qui pèsent sur eux, les unes, qu'ils subissent en tant que tenanciers, sont fixées par la coutume de la seigneurie, dont les limites sont loin de coïncider toujours avec celles du terroir villageois ; d'autres qui, s'ils sont de condition servile, atteignent leurs personnes, se règlent sur la loi du groupe, généralement plus restreint, que composent les serfs du même maître, habitant le même lieu. Le tout, cela va de soi, sans préjudice de divers contrats ou précédents, tantôt strictement personnels, tantôt capables de transmettre leurs effets de père en fils, tout le long d'une lignée familiale. Là même où, dans deux petites sociétés voisines et de contexture analogue, les systèmes coutumiers s'étaient originellement constitués selon des lignes en gros pareilles, il était fatal que, n'étant point cristallisés par l'écriture, on les vît progressivement diverger. Devant un pareil morcellement, quel historien ne s'est parfois senti tenté de reprendre à son compte les propos désabusés de l'auteur d'un *Traité des lois anglaises*, rédigé à la cour de Henri II : « mettre par écrit, dans leur universalité, les lois et droits du royaume serait de nos jours tout à fait impossible... tant est confuse leur foule ([104]) ? »

La diversité, cependant, résidait surtout dans le détail et dans l'expression. Entre les règles pratiquées à l'intérieur des différents groupes, dans une région donnée, régnait ordinairement un grand air de famille. Souvent même, la ressemblance s'étendait plus loin. Tantôt propres à telle ou telle des sociétés européennes, tantôt communes à l'Europe entière, quelques idées collectives, fortes et simples, dominèrent le droit de l'ère féodale. Et s'il est bien vrai que la variété de leurs applications fut infinie, ce prisme, en décomposant les multiples facteurs de l'évolution, que fait-il sinon fournir à l'histoire un jeu exceptionnellement riche d'expériences naturelles ?

II. LES CARACTÈRES DU DROIT COUTUMIER

Foncièrement traditionaliste, comme toute la civilisation du temps, le système juridique du premier âge féodal reposait donc sur l'idée que ce qui a été a par là même le droit d'être. Non, assurément, sans quelques réserves, inspirées par une morale plus haute. En face d'une société temporelle dont l'héritage était loin de s'accorder tout entier avec leurs idéaux, les clercs, notamment, avaient de bonnes raisons pour refuser de confondre toujours le juste avec le déjà vu. Le roi, déclarait déjà Hincmar de Reims, ne jugera point selon la coutume, si celle-ci se révèle plus cruelle que la « rectitude chrétienne ». Interprète de l'esprit grégorien qu'animait, chez les purs, un souffle vraiment révolutionnaire, s'appropriant, d'ailleurs, comme un héritage naturel, un propos de cet autre secoueur de traditions qu'avait été, en son temps, le vieux Tertullien, le pape Urbain II écrivait, en 1092, au comte de Flandre : « Prétends-tu n'avoir fait jusqu'ici que te conformer à l'usage très antique de la terre ? Tu dois le savoir pourtant, ton Créateur a dit : Mon nom est Vérité. Il n'a pas dit : Mon nom est Usage ([105]). » Il pouvait, en conséquence, y avoir de « mauvaises coutumes ». De fait, les documents de la pratique prononcent assez souvent ces mots. Mais c'est presque toujours pour stigmatiser ainsi des règles d'introduction récente ou censées telles : « ces détestables innovations », « ces exactions jamais ouïes », que dénoncent tant de textes monastiques. Une coutume, en d'autres termes, semblait condamnable surtout lorsqu'elle était trop jeune. Qu'il s'agît de la réforme de l'Église ou d'un procès entre deux seigneurs voisins, le prestige du passé ne pouvait guère être contesté qu'en lui opposant un passé plus vénérable encore.

Le curieux est que ce droit, aux yeux duquel tout changement paraissait un mal, loin de demeurer immuable, fut, en fait, un des plus plastiques qu'on vît jamais. Faute, avant tout, d'être, dans les documents de la pratique, pas plus que sous forme de lois, stabilisé par l'écriture. La plupart des tribunaux se contentaient d'arrêts purement oraux. Désirait-on en reconstituer la teneur ? on procédait à une enquête auprès des juges, s'ils vivaient encore. Dans les contrats, les volontés se nouaient essentiellement au moyen de gestes et parfois de mots consacrés, de tout un formalisme, en un mot, très propre à frapper des imaginations peu sensibles à l'abstrait. Voyait-on, en Italie, par exception, l'écrit jouer un rôle dans l'échange des accords. C'était, lui-même, à titre d'élément du rituel : pour signifier la cession d'une terre, on se passait de mains en mains la charte, comme on eût fait ailleurs d'une motte ou d'un fétu. Au nord des Alpes, le parchemin, si d'aventure il intervenait, ne servait guère que de mémento : dépourvue de toute valeur authentique, cette « notice » avait pour principal objet d'enregistrer une liste de témoins. Car tout, en dernière analyse, reposait sur le témoignage : même si l'on avait usé de « l'encre noire », à plus forte raison dans les cas, certainement plus nombreux, où l'on s'en était dispensé. Comme le souvenir promettait évidemment d'être d'autant plus durable que ses porteurs devaient rester plus longtemps sur cette terre, les contractants, souvent, amenaient avec eux des enfants. Craignait-on l'étourderie de cet âge ? Divers procédés permettaient de la prévenir par une opportune association d'images : une gifle, un menu cadeau, voire un bain forcé.

Qu'il s'agît de transactions particulières ou des règles générales de l'usage, la tradition n'avait donc guère d'autres garants que la mémoire. Or la mémoire humaine, la coulante, « l'escoulourjante » mémoire, selon le mot de Beaumanoir, est un merveilleux outil d'élimination et de transformation : surtout ce que nous appelons mémoire collective et qui, n'étant, au vrai, qu'une transmission de génération à génération, ajoute, si elle est privée de l'écrit, aux erreurs de l'enregistrement par chaque cerveau individuel, les malentendus de la parole. Passe encore, s'il avait existé, dans l'Europe féodale, une de ces castes de professionnels mainteneurs des souvenirs juridiques, comme d'autres civilisations, chez les Scandinaves par exemple, en ont connues. Mais, dans l'Europe féodale et parmi les laïques, la plupart des hommes qui avaient à dire le droit ne le faisaient guère que par occasion. N'ayant pas subi d'entraînement méthodique, ils en étaient réduits, le plus souvent, comme s'en plaignait l'un deux, à suivre « leurs possibilités ou leurs fantaisies » ([106]). La jurisprudence, en un mot, exprimait moins une connaissance que des besoins. Parce qu'il ne disposait, dans son effort pour imiter le passé, que de miroirs infidèles, le premier âge féodal changea très vite et très profondément, en croyant durer.

En un sens, d'ailleurs, l'autorité même que l'on reconnaissait à la tradition favorisait le changement. Car tout acte, une fois accompli ou, mieux, trois ou quatre fois répété, risquait de se muer en précédent : même s'il avait été, à l'origine, exceptionnel, voire franchement abusif. Les moines de Saint-Denis, dès le IXe siècle, ont-ils été priés, un jour où le vin manquait dans les celliers royaux, à Ver, d'y faire porter deux cents muids ? Cette prestation désormais leur sera réclamée, à titre obligatoire, tous les ans et il faudra, pour l'abolir, un diplôme impérial. Il y avait une fois, nous dit-on, à Ardres, un ours, amené par le seigneur du lieu. Les habitants, qui se plaisaient à le voir combattre contre des chiens, s'offrirent à le nourrir. Puis la bête mourut. Mais le seigneur continua d'exiger les pains ([107]). L'authenticité de l'anecdote est peut-être contestable ; sa valeur symbolique, en revanche, hors de doute. Beaucoup de redevances naquirent ainsi de dons bénévoles et longtemps en conservèrent le nom. Inversement, une rente qui cessait d'être payée durant un certain nombre d'années, un rite de soumission qui cessait d'être renouvelé se perdaient, presque fatalement, par prescription. Si bien que l'habitude s'introduisit d'établir, en nombre croissant, ces curieux documents que les diplomatistes nomment « chartes de non préjudice ». Un baron, un évêque demandent le gîte à un abbé ; un roi, pressé d'argent, fait appel à la générosité d'un sujet. D'accord, répond le personnage ainsi sollicité. A une condition, toutefois : qu'il soit spécifié, noir sur blanc, que ma complaisance ne créera point, à mes dépens, un droit. Ces précautions, cependant, qui n'étaient guère permises qu'à des hommes d'un rang un peu relevé, n'avaient quelque efficacité que lorsque la balance des forces n'était pas trop inégale. Une des conséquences de la conception coutumière fut, trop souvent, de légitimer la brutalité et, en la rendant profitable, d'en répandre l'emploi. N'était-il pas d'usage, en Catalogne, lorsqu'une terre était aliénée, de stipuler, en une formule singulièrement cynique, qu'elle était cédée avec tous les avantages dont son possesseur avait eu la jouissance, « gracieusement ou par violence » ([108]) ?

Ce respect du fait anciennement accompli agit avec une force particulière sur le système des droits réels. Il est, durant l'ère féodale tout entière, fort rare que l'on parle de la propriété, soit d'une terre, soit d'un pouvoir de commandement ; beaucoup plus rare encore — si même, hors de l'Italie, le cas se rencontre jamais — qu'un procès roule sur cette propriété. Ce que revendiquent les parties est, presque uniformément, la « saisine » (en allemand *Gewere*). Au XIIIe siècle, même le Parlement des rois capétiens, docile aux influences romaines, a beau prendre soin, dans tout arrêt sur la saisine, de réserver le « pétitoire », c'est-à-dire le débat sur la propriété ; on ne voit point, qu'en fait, la procédure ainsi prévue se soit jamais engagée. Qu'était-ce donc que cette fameuse saisine ? Non pas, précisément, une possession, qu'eût suffi à créer la simple appréhension du sol ou du droit. Mais une possession rendue vénérable par la durée. Deux plaideurs se disputent-ils un champ ou une justice ? Quel que soit le détenteur actuel, celui-là l'emportera qui pourra prouver avoir labouré ou jugé pendant les années précédentes ou, mieux encore, démontrera que ses pères l'ont fait comme lui, avant lui. Pour cela, dans la mesure où l'on ne s'en remet pas aux ordalies ou au duel judiciaire, il invoquera généralement « la mémoire des hommes, aussi loin qu'elle s'étend ». Produit-il des titres ? Ils ne sont guère là que pour aider au souvenir ou s'ils attestent une transmission, c'est déjà celle d'une saisine. Une fois la preuve du long usage ainsi apportée, personne n'estime qu'il soit utile de rien justifier d'autre.

Aussi bien, pour d'autres raisons encore, le mot de propriété, appliqué à un immeuble, eût-il été à peu près vide de sens. Ou du moins aurait-il fallu dire — comme on le fera volontiers plus tard, lorsqu'on disposera d'un vocabulaire juridique mieux élaboré — propriété ou saisine de tel ou tel droit sur le fonds. Sur presque toute terre, en effet, et sur beaucoup d'hommes, pesaient, en ce temps, une multiplicité de droits, divers par leur nature, mais dont chacun, dans sa sphère, paraissait également respectable. Aucun ne présentait cette rigide exclusivité, caractéristique de la propriété, du type romain. Le tenancier qui — de père en fils généralement — laboure et récolte ; son seigneur direct, auquel il paie redevances et qui, en certains cas, saura remettre la main sur la glèbe ; le seigneur de ce seigneur et ainsi de suite, tout le long de l'échelle féodale : que de personnages qui, avec autant de raison l'un que l'autre, peuvent dire « mon champ » ! Encore est-ce compter trop peu. Car les ramifications s'étendaient horizontalement aussi bien que de haut en bas et il conviendrait de faire place aussi à la communauté villageoise, qui ordinairement récupère l'usage de son terroir entier, aussitôt celui-ci vide de moissons ; à la famille du tenancier, sans l'assentiment de laquelle le bien ne saurait être aliéné ; aux familles des seigneurs successifs. Cet enchevêtrement hiérarchisé des liens entre l'homme et le sol s'autorisait sans doute d'origines très lointaines. Dans une grande partie de la *Romania* elle-même, la propriété quiritaire avait-elle été autre chose qu'une façade ? Le système, cependant, s'épanouit aux temps féodaux avec une incomparable vigueur. Une pareille compénétration des « saisines » sur une même chose n'avait rien pour heurter des esprits assez peu sensibles à la logique de la contradiction et, peut-être, pour définir cet état de droit et d'opinion, le mieux serait-il, empruntant à la sociologie une formule célèbre, de dire : mentalité de « participation » juridique.

III. LE RENOUVEAU DES DROITS ÉCRITS

L'étude du droit romain n'avait, on l'a vu, jamais cessé d'être pratiquée dans les écoles de l'Italie. Mais, vers la fin du XIe siècle, ce sont désormais, au témoignage d'un moine marseillais, de véritables « foules » qu'on voit se presser aux leçons données par des équipes de maîtres elles-mêmes plus nombreuses et mieux organisées ([109]) ; à Bologne surtout, qu'illustra le grand Irnerius, « flambeau du droit ». Simultanément, la matière de l'enseignement subit de profondes transformations. Naguère trop souvent négligées au profit de médiocres abrégés, les sources originales reprennent le premier rang ; le *Digeste*, en particulier, qui était presque tombé dans l'oubli, ouvre dorénavant l'accès de la réflexion juridique latine, dans ce qu'elle avait de plus raffiné. Rien de plus apparent que les liens de ce renouveau avec les autres mouvements intellectuels de l'époque. La crise de la réforme grégorienne avait suscité, dans tous les partis, un effort de spéculation juridique autant que politique ; ce ne fut point hasard si la composition des grands recueils canoniques qu'elle inspira directement se trouva exactement contemporaine des premiers travaux de l'école bolonaise. Dans ceux-ci, par ailleurs, comment ne pas reconnaître les marques à la fois de ce retour vers l'Antique et de ce goût de l'analyse logique qui allaient s'épanouir dans la nouvelle littérature en langue latine, comme dans la philosophie renaissante ?

Des besoins analogues s'étaient, à peu près vers le même moment, fait jour dans le reste de l'Europe. Là aussi, notamment, les hauts barons commençaient à éprouver le désir de s'aider de l'avis de juristes professionnels : à partir de 1096 environ, on voit apparaître, parmi les jugeurs dont se compose la cour du comte de Blois, des personnages qui, non sans orgueil, s'intitulent « doctes dans les lois » ([110]).

Peut-être avaient-ils puisé leur instruction dans quelques-uns des textes de droit antique que conservaient encore les bibliothèques monacales d'outre-monts. Mais ces éléments étaient trop pauvres pour fournir à eux seuls la matière d'une renaissance indigène. L'impulsion vint d'Italie. Favorisée par une vie de relations plus qu'autrefois intense, l'action du groupe bolonais se propagea par son enseignement, ouvert aux auditeurs étrangers, par l'écrit, par l'émigration enfin de plusieurs de ses maîtres. Souverain du royaume italien comme de la Germanie, Frédéric Barberousse accueillit, dans sa suite, durant ses expéditions italiennes, des légistes lombards. Un ancien élève de Bologne, Placentin, s'établit, peu après 1160, à Montpellier ; un autre, Vaccarius, avait été appelé, quelques années auparavant, à Canterbury. Partout, au cours du XIIe siècle, le droit romain pénétra dans les écoles. Il s'enseignait, par exemple, vers 1170, côte à côte avec le droit canon, à l'ombre de la cathédrale de Sens (111).

Ce ne fut pas, à la vérité, sans soulever de vives inimitiés. Foncièrement séculier, il inquiétait, par son paganisme latent, beaucoup d'hommes d'église. Les gardiens de la vertu monastique l'accusaient de détourner les religieux de la prière. Les théologiens lui reprochaient de supplanter les seules spéculations qui leur parussent dignes des clercs. Les rois de France eux-mêmes ou leurs conseillers, au moins depuis Philippe-Auguste, semblent avoir pris ombrage des justifications qu'il fournissait trop aisément aux théoriciens de l'hégémonie impériale. Loin cependant de réussir à enrayer le mouvement, ces anathèmes ne firent guère qu'en attester la puissance.

Dans la France du Midi, où la tradition coutumière avait conservé fortement l'empreinte romaine, les efforts des juristes, en permettant désormais le recours aux textes originaux, aboutirent à élever le droit « écrit » au rang d'une sorte de droit commun, qui s'appliquait à défaut d'usages expressément contraires. De même en Provence, où, dès le milieu du XIIe siècle, la connaissance du Code Justinien paraissait si importante aux laïques eux-mêmes qu'on prit soin de leur en fournir un résumé en langue vulgaire. Ailleurs l'action fut moins directe. Aussi bien, là même où elle rencontrait un terrain particulièrement favorable, les règles ancestrales étaient trop solidement enracinées dans la « mémoire des hommes », trop étroitement liées par ailleurs à tout un système de structure sociale, fort différent de celui de l'ancienne Rome, pour souffrir d'être bouleversées par la seule volonté de quelques professeurs ès lois. Certes, en tous lieux, l'hostilité désormais témoignée aux vieux modes de preuve, notamment au duel judiciaire, l'élaboration, dans le droit public, de la notion de lèse-majesté durent quelque chose aux exemples du *Corpus Juris* et de la glose. Encore l'imitation de l'Antique était-elle, en l'espèce, puissamment aidée par de tout autres influences : l'horreur de l'Église pour le sang, comme pour toute pratique qui pouvait sembler destinée à « tenter Dieu » ; l'attrait, auprès des marchands surtout, de procédures plus commodes et plus rationnelles ; le renouveau du prestige monarchique. Si l'on voit, aux XIIe et XIIIe siècles, certains notaires peiner à exprimer, dans le vocabulaire des Codes, les réalités de leur temps, ces gauches tentatives ne touchaient guère au fond des relations humaines. Ce fut par un autre biais que le droit savant agit alors véritablement sur le droit vivant : en lui enseignant à prendre une conscience plus claire de lui-même.

Face à face, en effet, avec les préceptes purement traditionnels qui avaient jusque-là, tant bien que mal, gouverné la société, l'attitude d'hommes formés à l'école du droit romain devait être nécessairement de travailler à en effacer les contradictions et les incertitudes. Comme il est dans la nature de pareils états mentaux de faire tache d'huile, ces tendances, d'ailleurs, ne tardèrent pas à dépasser les cercles relativement étroits qui avaient une familiarité directe avec les merveilleux instruments d'analyse intellectuelle légués par la doctrine antique. Aussi bien s'accordaient-elles, ici encore, avec plus d'un courant spontané. Une civilisation moins ignorante avait soif de l'écrit. Des collectivités plus fortes — avant tout, les groupes urbains — réclamaient la fixation de règles dont le caractère flottant avait prêté à tant d'abus. Le regroupement des éléments sociaux en grands États ou en grandes principautés favorisait non seulement la renaissance de la législation, mais encore, sur de vastes territoires, l'extension d'une jurisprudence unificatrice. Ce n'était pas sans raison qu'à la décourageante multiplicité des usages locaux, l'auteur du *Traité des lois anglaises*, dans la suite du passage qui a été cité plus haut, opposait la pratique, beaucoup mieux ordonnée, de la cour royale. Dans le royaume capétien, il est caractéristique qu'aux alentours de l'an 1200 on voit surgir, côte à côte avec la vieille mention de la coutume du lieu, au sens le plus étroit, les noms d'aires coutumières plus amples ; France autour de Paris, Normandie, Champagne. Par tous ces signes, une œuvre de cristallisation se préparait, dont le XIIe siècle finissant devait connaître, sinon l'accomplissement, du moins les prodromes.

En Italie, depuis la charte de Pise, en 1132, les statuts urbains vont se multipliant. Au nord des Alpes, les actes de franchises octroyés aux bourgeoisies tendent de plus en plus à se muer en exposés détaillés des coutumes. Henri II, roi juriste « savant dans l'établissement et la correction des lois, subtil inventeur de jugements inusités » ([112]), déploie, en Angleterre, une activité législatrice débordante. Sous le couvert du mouvement de paix, la pratique de la législation se réintroduit jusqu'en Allemagne. En France, Philippe-Auguste, porté en toutes choses à imiter ses rivaux anglais, règle, par ordonnances, diverses matières féodales ([113]). Enfin des écrivains se rencontrent qui, sans mission officielle et simplement pour la commodité des praticiens, s'appliquent à mettre en tableaux les normes juridiques en vigueur autour d'eux. L'initiative vint, comme il était naturel, des milieux habitués, de longue date, à ne pas se contenter d'une tradition purement orale : l'Italie du Nord où, vers 1150, un compilateur réunit, en une sorte de *corpus*, les consultations sur le droit des fiefs qu'avaient inspirées aux juristes de son pays les lois promulguées, sur ce sujet, par les Empereurs, dans leur royaume lombard ; l'Angleterre, qui vit établir, vers 1187, dans l'entourage du justicier Renoul de Glanville, le *Traité* auquel nous avons déjà fait plusieurs emprunts. Puis ce furent, vers 1200, le plus ancien coutumier normand ; vers 1221, le *Miroir des Saxons* qui, rédigé, en langue vulgaire ([114]), par un chevalier, attestait ainsi doublement les profondes conquêtes de l'esprit nouveau. Le travail devait se poursuivre activement durant les générations suivantes : si bien que, pour comprendre une structure sociale imparfaitement décrite avant le XIIIe siècle et dont, malgré de graves transformations, beaucoup de traits subsistaient encore dans l'Europe des grandes monarchies, force est de se reporter souvent, avec toutes les précautions nécessaires, à ces œuvres relativement tardives, mais où se reflète la clarté organisatrice propre à l'âge des cathédrales et des Sommes. Quel historien de la féodalité pourrait renoncer au secours du plus admirable analyste de la société médiévale, le chevalier poète et juriste, bailli des rois fils et petit-fils de saint Louis, l'auteur, en 1283, des *Coutumes* du Beauvaisis : Philippe de Beaumanoir ?

Or un droit qui, dorénavant, était fixé, pour partie, par voie législative et, en totalité, s'enseignait et s'écrivait, comment n'eût-il pas perdu beaucoup de sa plasticité, en même temps que de sa diversité ? Certes, rien ne l'empêchait, absolument, de continuer à évoluer : ce qu'il fit, en effet. Mais il se modifiait moins inconsciemment, par suite plus rarement. Car réfléchir sur un changement, c'est toujours risquer d'y renoncer. A une période singulièrement mouvante, à un âge d'obscure et profonde gestation, va donc succéder, à partir de la seconde moitié du XIIe siècle, une ère où la société tendra désormais à organiser les relations humaines avec plus de rigueur, à établir entre les classes des limites plus nettes, à effacer beaucoup de variétés locales, à n'admettre enfin que de plus lentes transformations. De cette décisive métamorphose des environs de l'an 1200, les vicissitudes de la mentalité juridique, étroitement liées d'ailleurs aux autres chaînes causales, ne furent assurément pas seules responsables. Nul doute, cependant, qu'elles n'y aient largement contribué.

DEUXIÈME PARTIE

Les liens d'homme à homme

Livre premier : Les liens du sang

Chapitre premier

La solidarité du lignage

I. LES « AMIS CHARNELS »

Antérieurs de beaucoup et, par leur essence, étrangers aux relations humaines caractéristiques de la féodalité, les liens fondés sur la communauté du sang continuèrent de jouer, au sein même de la structure nouvelle, un rôle trop considérable pour qu'il soit permis de les exclure de son image. L'étude, malheureusement, en est difficile. Ce n'était pas sans raison que, dans l'ancienne France, on désignait couramment la communauté familiale des campagnes sous le nom de communauté « taisible ». Entendez : « silencieuse ». Il est de la nature même des rapports entre proches de se passer aisément d'écrits. Y avait-on, par exception, recours ? Établies, à peu près exclusivement, à l'usage des hautes classes, ces pièces, pour la plupart, ont péri. Du moins, avant le XIIIe siècle. Car, jusqu'à cette date, les seules archives à peu près qui nous aient été conservées sont celles des églises. Mais là n'est pas le seul obstacle. Un tableau d'ensemble des institutions féodales peut être légitimement tenté parce que, nées au moment même où se constituait véritablement une Europe, elles se sont étendues, sans différences fondamentales, au monde européen tout entier. Les institutions de parenté, au contraire, étaient, pour chacun des groupes d'origines diverses que leur destin avait amenés à vivre côte à côte, le legs singulièrement tenace de son passé particulier. Qu'on veuille bien par exemple comparer la quasi-uniformité des règles relatives à l'héritage du fief militaire avec l'infinie variété de celles qui fixaient la transmission des autres biens. Dans l'exposé qui va suivre, force sera, plus que jamais, de se contenter de mettre l'accent sur quelques grands courants.

Dans toute l'Europe féodale, donc, existent des groupes consanguins. Les termes qui servent à les désigner sont assez flottants : en France, le plus ordinairement, « parenté » ou « lignage ». Par contre, les liens ainsi noués passent pour être d'une vigueur extrême. Un mot est caractéristique. En France, pour parler des proches, on dit communément les « amis », tout court, et en Allemagne « *Freunde* » : « ses amis », énumère au XIe siècle un acte de l'Ile-de-France, « c'est-à-dire sa mère, ses frères, ses sœurs et ses autres proches par le sang ou par l'alliance » ([115]). Ce n'est que par un souci d'exactitude assez rare que parfois l'on précise : « amis *charnels* ». Comme si, en vérité, il n'y avait d'amitié véritable qu'entre personnes unies par le sang !

Le héros le mieux servi est celui dont tous les guerriers lui sont joints soit par la relation nouvelle et proprement féodale de la vassalité, soit par l'antique relation de la parenté : deux attaches que l'on met couramment sur le même plan, parce qu'également astreignantes, elles semblent primer toutes les autres. *Magen und mannen* : l'allitération, dans l'épopée allemande, a presque rang de proverbe. Mais la poésie n'est pas là-dessus notre seul garant et le sagace Joinville, au XIIIe siècle encore, sait bien que si la troupe de Guy de Mauvoisin fit merveille, à la Mansourah, ce fut pour avoir été composée entièrement ou d'hommes liges du chef ou de chevaliers de son lignage. Le dévouement atteint l'ultime ferveur, lorsque les deux solidarités se confondent ; ainsi qu'il advint, selon la geste, au duc Bègue, dont les mille vassaux étaient « trestous d'une parenté ». D'où un baron, qu'il soit de Normandie ou de Flandre, tire-t-il, au témoignage des chroniqueurs, sa puissance ? de ses châteaux, sans doute, de ses beaux revenus sonnants, du nombre de ses vassaux, mais aussi de celui de ses parents. Il en va de même, plus bas, tout le long de l'échelle sociale. C'étaient des marchands que ces bourgeois gantois dont un écrivain, qui les connaissait bien, disait qu'ils disposaient de deux grandes forces : « leurs tours » — tours patriciennes, dont les murs de pierre, dans les villes, jetaient une ombre épaisse sur les humbles maisons de bois du populaire — et « leurs parents ». C'étaient, pour une part du moins, de simples hommes libres, caractérisés par la modeste *wergeld* de 200 shillings, et probablement des paysans surtout, que les membres de ces parentèles, contre lesquelles, dans la seconde moitié du xe siècle, les gens de Londres se déclaraient prêts à partir en guerre, « si elles nous empêchent d'exercer nos droits, en se constituant les protectrices des larrons » ([116]).

Traduit devant un tribunal, l'homme trouvait, dans ses proches, ses aides naturels. « Les cojureurs », dont le serment collectif suffisait à laver le prévenu de toute accusation ou à confirmer la plainte d'un demandeur, c'était, là où cette vieille procédure germanique demeurait en usage, parmi les « amis charnels » que tantôt la règle et tantôt les convenances commandaient de les prendre : tels, à Usagre, en Castille, les quatre parents appelés à jurer avec la femme qui se dit victime d'un viol ([117]). Préférait-on, comme moyen de preuve, le duel judiciaire ? En principe, expose Beaumanoir, il ne saurait être réclamé que par une des parties. A deux exceptions près, cependant : il est loisible au vassal lige de demander le combat pour son seigneur et tout homme le peut, si quelqu'un de son lignage est en cause. Une fois de plus, les deux relations apparaissent au même rang. Ainsi voit-on, dans le *Roland*, la parentèle de Ganelon déléguer un des siens pour entrer en lice contre l'accusateur du traître. Dans la *Chanson*, d'ailleurs, la solidarité s'étend beaucoup plus loin encore. Après la défaite de leur champion, les trente lignagers, qui l'ont « cautionné », seront pendus, en grappe, à l'arbre du Bois Maudit. Exagération de poète, sans nul doute. L'épopée était un verre grossissant. Mais dont les inventions ne pouvaient espérer rencontrer quelque complaisance que parce qu'elles flattaient le sentiment commun. Vers 1200, le sénéchal de Normandie, représentant d'un droit plus évolué, avait peine à empêcher ses agents de comprendre dans le châtiment, avec le criminel, toute sa parenté ([118]). Tant l'individu et le groupe semblaient inséparables.

Aussi bien qu'un appui, ce lignage était, à sa façon, un juge. Vers lui, si nous en croyons les « gestes », allait la pensée du chevalier, au jour du péril. « A mon secours venez — Afin que je ne fasse lâcheté — Qui à mon lignage soit reprochée » : ainsi Guillaume d'Orange, naïvement, implore Notre Dame ([119]) ; et si Roland refuse d'appeler à son aide l'armée de Charlemagne, c'est de peur que ses parents, à cause de lui, ne soient blâmés. L'honneur ou le déshonneur d'un des membres rejaillissait sur la petite collectivité entière.

Cependant, c'était avant tout dans la vendetta que les liens du sang manifestaient toute leur force.

II. LA VENDETTA

Le moyen âge, presque d'un bout à l'autre, et particulièrement l'ère féodale ont vécu sous le signe de la vengeance privée. Celle-ci, bien entendu, incombait avant tout, comme le plus sacré des devoirs, à l'individu lésé. Fût-ce par delà le trépas. Né dans une de ces bourgeoisies auxquelles leur indépendance même, vis-à-vis des grands États, permit une longue fidélité aux points d'honneur traditionnels, un riche Florentin, Velluto di Buonchristiano, ayant été blessé à mort par un de ses ennemis, fit, en 1310, son testament. Dans cet acte qui, œuvre de piété autant que de sage administration, semblait, en ce temps, destiné, avant tout, à assurer le salut de l'âme par de dévotes libéralités, il ne craignit point d'inscrire un legs au bénéfice de son vengeur, s'il s'en trouvait un ([120]).

L'homme isolé, cependant, ne pouvait que peu de chose. Aussi bien était-ce, le plus souvent, une mort qu'il fallait faire expier. Alors entrait en ligne le groupe familial et l'on voyait naître la « faide », selon le vieux mot germanique qui se répandit peu à peu sur toute l'Europe : « la vengeance des parents que nous nommons faide », dit un canoniste allemand ([121]). Nulle obligation morale ne paraissait plus sacrée que celle-là. En Flandre, vers la fin du XIIe siècle, vivait une dame noble, dont le mari et les deux fils avaient été tués par leurs ennemis ; depuis lors, la vendetta troublait le pays environnant. Un saint homme, l'évêque de Soissons Arnoul, vint prêcher la réconciliation. Pour ne pas l'entendre, la veuve fit hausser le pont-levis. Chez les Frisons, le cadavre même criait vengeance ; il se desséchait, suspendu dans la maison, jusqu'au jour où les proches, la faide accomplie, recevaient enfin le droit d'ensevelir ([122]). En France, jusque dans les dernières décennies du XIIIe siècle, pourquoi le sage Beaumanoir, serviteur de rois entre tous bons gardiens de la paix, estime-t-il désirable que chacun sache calculer les degrés de parenté ? Afin, dit-il, que dans les guerres privées, l'on puisse requérir « l'aide de son ami ».

Tout le lignage, groupé à l'ordinaire sous les ordres d'un « chevetaigne de la guerre », prenait donc les armes pour punir le meurtre ou seulement l'injure d'un des siens. Mais ce n'était pas uniquement contre l'auteur même du tort. Car à la solidarité active répondait, également forte, une solidarité passive. La mort de l'assassin n'était point nécessaire, en Frise, pour que le cadavre désormais apaisé fût couché dans la tombe ; il suffisait de celle d'un membre de sa famille. Et si, vingt-quatre ans après son testament, Velluto, nous dit-on, trouva enfin, dans un de ses proches, le vengeur souhaité, l'expiation, à son tour, porta, non sur le coupable, mais sur un parent. Combien ces représentations furent puissantes et durables, rien ne l'atteste mieux, sans doute, qu'un arrêt, relativement tardif, du Parlement de Paris. En 1260, un chevalier, Louis Defeux, ayant été blessé par un certain Thomas d'Ouzouer, poursuivit son agresseur devant la Cour. L'accusé ne nia point le fait. Mais il exposa que lui-même avait été attaqué, quelque temps auparavant, par un neveu de sa victime. Que lui reprochait-on ? N'avait-il pas, conformément aux ordonnances royales, attendu quarante jours avant d'exécuter sa vengeance ? — C'était le temps qu'on estimait nécessaire afin que les lignages fussent dûment avertis du danger —. D'accord, répliqua le chevalier ; mais ce qu'a fait mon neveu ne me concerne point. L'argument ne valait rien ; l'acte d'un individu engageait toute sa parenté. Ainsi en décidèrent, du moins, les juges du pieux et pacifique saint Louis. Le sang, de la sorte, appelant le sang, d'interminables querelles, nées de causes souvent futiles, jetaient les unes contre les autres les maisons ennemies. Au XIe siècle une dispute entre deux maisons nobles de Bourgogne, commencée un jour de vendanges, se prolongea pendant une trentaine d'années ; dès les premiers combats un des partis avait perdu plus de onze hommes ([123]).

Parmi ces faides, les chroniques ont surtout retenu les luttes des grandes lignées chevaleresques : telle la « pardurable haine », mêlée de traîtrises atroces, qui, dans la Normandie du XIIe siècle, mit aux prises les Giroie et les Talvas ([124]). Dans les récits psalmodiés par les jongleurs, les seigneurs retrouvaient l'écho de leurs passions, grandies jusqu'à l'épopée. Les vendettas des « Lorrains » contre les « Bordelais », de la parenté de Raoul de Cambrai contre celle de Herbert de Vermandois remplissent quelques-unes des plus belles parmi nos gestes. Le coup mortel qu'en un jour de fête un des infants de Lara porta à l'un des proches de sa tante engendra la série de meurtres qui, l'un à l'autre enchaînés, forment la trame d'un illustre *cantar* espagnol. Mais du haut en bas de la société triomphent les mêmes mœurs. Sans doute, lorsqu'au XIIIe siècle la noblesse se fut définitivement constituée en corps héréditaire, elle tendit à se réserver comme une marque d'honneur toutes les formes du recours aux armes. Les pouvoirs publics — telle, la cour comtale du Hainaut en 1276 ([125]) — et la doctrine juridique volontiers emboîtèrent le pas : par sympathie pour les préjugés nobiliaires ; mais aussi parce que princes ou juristes, préoccupés d'établir la paix, éprouvaient, plus ou moins obscurément, le besoin de faire la part du feu. Le renoncement à toute vengeance, qu'il n'était ni pratiquement possible ni même moralement concevable d'imposer à une caste guerrière, c'eût été du moins beaucoup que de l'obtenir du reste de la population. Ainsi la violence devenait un privilège de classe. Du moins, en principe. Car les auteurs mêmes qui, comme Beaumanoir, estiment que « d'autres que gentilshommes ne peuvent guerroyer » ne nous laissent guère d'illusions sur la portée réelle de cette règle. Arezzo n'était pas la seule ville d'où saint François, ainsi qu'on le voit peint sur les murs de la basilique d'Assise, eût pu exorciser les démons de la discorde. Si les premières constitutions urbaines eurent la paix pour principal souci, apparurent, foncièrement, selon le nom même qu'elles se donnaient parfois, comme des actes de « paix », ce fut, notamment, parce qu'entre beaucoup d'autres causes de troubles, les bourgeoisies naissantes étaient déchirées, ainsi que le dit encore Beaumanoir, « par les contens ou mautalens qui muevent l'un lignage contre l'autre ». Le peu que nous savons de la vie cachée des campagnes y révèle un état de choses pareil.

Ces sentiments pourtant ne régnaient pas absolument sans partage. Ils se heurtaient à d'autres forces mentales : l'horreur du sang versé, qu'enseignait l'Église ; la notion traditionnelle de paix publique ; le besoin surtout de cette paix. On trouvera plus loin l'histoire du douloureux effort vers la tranquillité intérieure qui, à travers toute l'ère féodale, fut un des symptômes les plus éclatants des maux mêmes contre lesquels, avec plus ou moins de bonheur, il tentait de réagir. Les « haines mortelles » — l'alliance de mots avait pris une valeur presque technique — que sans cesse engendraient les liens du lignage se rangeaient incontestablement parmi les principales causes du trouble ambiant. Mais, partie intégrante d'un code moral auquel, dans le secret de leurs cœurs, les plus ardents apôtres de l'ordre restaient sans doute fidèles, seuls quelques utopistes pouvaient songer à en poursuivre l'abolition radicale. Tout en fixant des tarifs ou des lieux interdits à l'exercice de la violence, quelle qu'elle fût, beaucoup des conventions de paix reconnaissent expressément la légitimité de la faide. Les pouvoirs publics, pour la plupart, n'agirent pas autrement. Ils s'appliquèrent à protéger les innocents contre les plus criants abus de la solidarité collective et fixèrent des délais de mise en garde. Ils s'attachèrent à distinguer des représailles autorisées les simples brigandages, entrepris sous le couvert d'une expiation ([126]). Ils essayèrent parfois de limiter le nombre et la nature des torts susceptibles d'être lavés dans le sang : selon les ordonnances normandes de

Guillaume le Conquérant, seulement le meurtre d'un père ou d'un fils. Ils osèrent de plus en plus fréquemment, à mesure qu'ils se sentaient plus forts, devancer la vengeance privée dans la répression, soit des flagrants délits, soit des crimes qui tombaient sous la rubrique de la violation de la paix. Surtout ils travaillèrent à solliciter des groupes adverses, quelquefois à leur imposer la conclusion de traités d'armistice ou de réconciliation, arbitrés par les tribunaux. En un mot, sauf en Angleterre où, après la Conquête, la disparition de tout droit légal de vengeance fut un des aspects de la « tyrannie » royale, ils se bornèrent à modérer les excès de pratiques qu'ils ne pouvaient ni peut-être souhaitaient empêcher. Aussi bien les procédures judiciaires elles-mêmes, lorsque d'aventure la partie lésée les préférait à l'action directe, n'étaient guère que des vendettas régularisées. Voyez, en cas d'homicide volontaire, le significatif partage d'attribution que prescrit, en 1232, la charte municipale d'Arques, en Artois : au seigneur, les biens du coupable ; son corps, pour qu'il soit tué, aux parents de la victime ([127]). La faculté de porter plainte presque toujours appartenait exclusivement aux proches ([128]) ; et au XIIIe siècle encore, dans les villes et les principautés les mieux policées, en Flandre par exemple ou en Normandie, le meurtrier ne pouvait recevoir sa grâce du souverain ou des juges que s'il s'était d'abord accordé avec la parentèle.

Car, si respectables que parussent « ces vieilles rancunes bien conservées », dont parlent avec complaisance les poètes espagnols, il n'était guère possible de les espérer éternelles. Tôt ou tard, il fallait bien qu'on en vînt à pardonner, comme il est dit dans *Girart de Roussillon*, la « faide des morts ». Selon un usage très antique la réconciliation s'opérait, ordinairement, au moyen d'une indemnité. « La lance sur ta poitrine, achète-la si tu ne veux recevoir le coup » : le conseil de ce vieux dicton anglo-saxon n'avait point cessé d'être sage ([129]).

A vrai dire, les tarifs réguliers de composition, que naguère les lois barbares avaient élaborés avec tant de minutie et, notamment, en cas de meurtre, le savant échelonnement des « prix de l'homme » ne se maintenaient plus, d'ailleurs considérablement remaniés, que par places :

en Frise, en Flandre, sur quelques points de l'Espagne. Dans la Saxe, pourtant généralement conservatrice, si le « Miroir » du début du XIIIe siècle connaît encore une construction de cette sorte, elle n'y fait plus guère figure que d'assez vain archaïsme ; et le « relief de l'homme », que, sous saint Louis, certains textes de la vallée de la Loire continuent à fixer à 100 sous, s'appliquait seulement dans des circonstances exceptionnelles ([130]). Comment en eût-il été autrement ? Aux vieux droits ethniques, des coutumes de groupe s'étaient substituées, communes désormais à des populations de traditions pénales opposées. Les pouvoirs publics, autrefois intéressés au strict paiement des sommes prescrites, parce qu'ils en percevaient une part, avaient, durant l'anarchie des Xe et XI siècles, perdu la force de rien réclamer. Enfin et surtout les distinctions de classes sur lesquelles reposaient les calculs anciens s'étaient profondément altérées.

Mais la disparition des barèmes stables n'atteignait pas l'usage du même rachat. Celui-ci persista, jusqu'à la fin du moyen âge, à concurrencer les peines afflictives, mises en honneur par le mouvement des paix, comme plus propres à épouvanter les criminels. Seulement, le prix de l'injure ou du sang, auquel s'ajoutait parfois en faveur de l'âme défunte, de pieuses fondations, était dorénavant arrêté, dans chaque cas particulier, par accord, arbitrage ou décision de justice. Ainsi pour ne citer que deux exemples, pris aux deux extrémités de la hiérarchie, on vit, vers 1160, l'évêque de Bayeux recevoir une église d'un parent du seigneur qui avait occis sa nièce et, en 1227, une paysanne sénonaise toucher du meurtrier de son mari une petite somme d'argent ([131]).

Comme la faide, le paiement qui y mettait fin intéressait des groupes entiers. A la vérité, lorsqu'il s'agissait d'un simple tort, l'usage s'était établi, semble-t-il, très anciennement de borner la compensation à l'individu lésé. Avait-on, au contraire, affaire à un meurtre, parfois aussi à une mutilation ? C'était la parentèle de la victime qui, en tout ou partie, touchait le prix de l'homme. Dans tous les cas, celle du coupable contribuait au versement : en vertu d'une obligation strictement légale et selon des normes tracées d'avance, là où les tarifs réguliers étaient demeurés en vigueur ; ailleurs, l'habitude décidait, ou peut-être la simple bienséance, assez astreignantes, cependant, l'une et l'autre, pour que les pouvoirs publics leur reconnussent presque force de loi. « De la finance des amis » : ainsi, transcrivant sur leur formulaire un mandement royal qui ordonnait la fixation, après enquête sur la coutume, de la quote-part des divers « amis charnels » appelés à un pareil règlement, les clercs de la chancellerie de Philippe le Bel intitulaient ce modèle d'acte, dont ils estimaient, sans doute, avoir à faire un fréquent emploi ([132]).

Aussi bien le versement d'une indemnité ne suffisait-il pas, ordinairement, à sceller le traité. Il y fallait, en outre, un rite d'amende honorable ou plutôt de soumission, envers la victime ou les siens. Le plus souvent, au moins entre personnes d'un rang relativement distingué, il revêtait la forme du geste de subordination le plus lourd de sens que l'on connût alors : celui de l'hommage « de bouche et de mains ». Là encore, c'étaient moins des individus que des groupes qui s'affrontaient. Lorsqu'en 1208, le maire des moines de Saint-Denis, à Argenteuil, conclut la paix avec celui du sire de Montmorency, qu'il avait blessé, il dut amener avec lui, pour l'hommage expiatoire, vingt-neuf de ses « amis » ; et, en mars 1134, après l'assassinat du sous-doyen d'Orléans, on put voir tous les proches du mort réunis afin de recevoir les hommages, non seulement d'un des meurtriers, de ses complices et de ses vassaux, mais aussi des « meilleurs de sa parenté » : au total, deux cent quarante personnes ([133]). De toute manière, l'acte de l'homme se propageait, au sein de son lignage, en ondes collectives.

III. LA SOLIDARITÉ ÉCONOMIQUE

L'Occident féodal reconnaissait, unanimement, la légitimité de la possession individuelle. Mais, dans la pratique, la solidarité du lignage se prolongeait, fréquemment, en société de biens. Partout, dans les campagnes, de nombreuses « frérèches » groupaient, autour du même « feu » et du même « pot » et sur les mêmes champs indivis, plusieurs ménages apparentés. Le seigneur, souvent, encourageait ou imposait l'usage de ces « compagnies » : car il jugeait avantageux d'en tenir les membres pour solidaires, bon gré mal gré, des redevances. Dans une grande partie de la France, le régime successoral du serf ne connaissait d'autre système de dévolution que la continuation d'une communauté déjà existante. L'héritier naturel, fils ou parfois frère, avait-il, dès avant l'ouverture de la succession, abandonné le foyer collectif ? Alors, mais alors seulement, ses droits s'effaçaient, totalement, devant ceux du maître. Sans doute, ces mœurs étaient moins générales dans les classes plus élevées : parce que le fractionnement devient nécessairement plus aisé à mesure que la richesse augmente ; surtout, peut-être, parce que les revenus seigneuriaux se distinguaient mal des pouvoirs de commandement qui, par nature, se prêtaient moins commodément à être collectivement exercés. Beaucoup de petits seigneurs, cependant, notamment dans le centre de la France et en Toscane, pratiquaient, tout comme les paysans, l'indivision, exploitant en commun le patrimoine, vivant tous ensemble dans le château ancestral ou du moins se relevant à sa garde. C'étaient les « parçonniers à la cape trouée », dont l'un d'eux, le troubadour Bertrand de Born, fait le type même des pauvres chevaliers : tels, en 1251 encore, les trente et un copossesseurs d'une ferté gévaudanaise ([134]). Un étranger, d'aventure, obtenait-il de s'adjoindre au groupe ? Qu'il s'agît de rustres ou de personnages plus haut placés, l'acte d'association revêtait volontiers la forme d'une fictive « fraternité » : comme s'il n'y avait de contrat de société vraiment solide que celui qui, à défaut de s'appuyer sur le sang, du moins en imitait les liens. Les grands barons mêmes n'ignoraient pas toujours ces habitudes communautaires : ne vit-on pas, plusieurs générations durant, les Bosonides, maîtres des comtés provençaux, tout en réservant à chaque branche sa zone d'influence particulière, considérer comme indivis le gouvernement général du fief et se parer tous, uniformément, du même titre de « comte » ou « prince » de toute la Provence. ?

Lors même, d'ailleurs, que la possession était franchement individualisée, elle n'échappait point, pour cela, à toute entrave familiale. Entre deux termes que nous jugerions volontiers antinomiques, cet âge de « participation » juridique ne voyait nulle contradiction. Feuilletons les actes de vente ou de donation que nous ont, pour les xe, xie et xiie siècles, conservés les chartriers ecclésiastiques. Fréquemment, dans un préambule rédigé par les clercs, l'aliénateur proclame son droit à disposer, en toute liberté, de ses biens. Telle était, en effet, la théorie de l'Église : sans cesse enrichie par les dons, gardienne, au surplus, du destin des âmes, comment eût-elle admis qu'aucun obstacle fût opposé aux fidèles désireux d'assurer, par de pieuses générosités, leur salut ou celui d'êtres chers ? Les intérêts de la haute aristocratie, dont le patrimoine se grossissait des cessions de terres consenties, plus ou moins volontairement, par les petits, allaient dans le même sens. Ce n'est point hasard si, dès le ixe siècle, la loi saxonne, énumérant les circonstances où l'aliénation, dût-elle avoir pour effet de déshériter la parenté, est permise, y inscrit, à côté des libéralités envers les églises et le roi, le cas du pauvre hère qui, « pressé par la faim », aura mis pour condition d'être nourri par le puissant auquel il a cédé son lopin ([135]). Presque toujours, cependant, chartes ou notices, si haut qu'elles fassent sonner les droits de l'individu, ne manquent pas de mentionner, par la suite, le consentement des divers proches du vendeur ou du donateur. Ces approbations paraissaient à ce point nécessaires que le plus souvent on n'hésitait pas à les rémunérer. Arrive-t-il que quelque parent, n'ayant pas été consulté sur le moment, prétende, parfois après de longues années, arguer la convention de nullité ? Les bénéficiaires crient à l'injustice ou à l'impiété, quelquefois même portent l'affaire devant un tribunal et en obtiennent gain de cause ([136]). Neuf fois sur dix, pourtant, malgré protestations et jugements, force leur est, au bout du compte, de composer. Entendons bien qu'il ne s'agissait point, comme dans nos législations, d'une protection offerte aux héritiers, au sens restreint du terme. Sans qu'aucun principe fixe limite le cercle dont l'assentiment semble requis, il est constant que des collatéraux interviennent, malgré la présence de descendants, ou que, dans une même branche, les diverses générations soient concurremment appelées à approuver. L'idéal était, comme on voit s'y engager un sergent chartrain, de se procurer — alors même que femme, enfants et sœurs avaient déjà accepté — l'avis favorable « d'autant de parents et de proches qu'il sera possible » ([137]). La parentèle entière se sentait lésée lorsqu'un bien sortait de ses prises.

Cependant, depuis le XIIe siècle, à des coutumes souvent incertaines, mais soumises à quelques grandes idées collectives, on vit se substituer peu à peu un droit plus épris de rigueur et de clarté. D'autre part, les transformations de l'économie rendaient de moins en moins supportables les gênes opposées aux échanges. Naguère les ventes immobilières avaient été assez rares ; leur légitimité même, au regard de l'opinion commune, semblait contestable, si elles n'avaient, pour excuse, une grande « pauvreté ». Lorsque l'acheteur était une église, elles se déguisaient volontiers sous le nom d'aumône. Ou, plus exactement sans doute, de cette apparence, seulement à demi trompeuse, le vendeur attendait un double gain : dans ce monde, le prix, inférieur peut-être à ce qu'il eût été en l'absence de toute autre rémunération ; dans l'autre, le salut obtenu par les prières des serviteurs de Dieu. Désormais, la pure vente, au contraire, va devenir une opération fréquente et qui, franchement, s'avoue. Assurément, pour la rendre absolument libre, il fallut, dans des sociétés de type exceptionnel, l'esprit commercial et l'audace de quelques grandes bourgeoisies. En dehors de ces milieux, on se contenta de la doter d'un droit propre, nettement distinct de celui de la donation. Droit soumis encore à plus d'une limitation, mais moins étroites que par le passé et beaucoup mieux définies. On tendit d'abord à exiger qu'avant toute aliénation à titre onéreux, le bien fût l'objet, au profit des proches, d'une offre préalable. Du moins s'il provenait lui-même d'un héritage : restriction déjà grave et qui devait être durable ([138]). Puis, à partir du début du XIIIe siècle environ, on se borna à reconnaître aux membres de la parenté, dans un rayon et selon un ordre donnés, la faculté, la vente une fois faite, de se substituer à l'acquéreur, moyennant reversement du prix déjà payé. Il n'y a guère eu, dans la société médiévale, d'institution plus universellle que ce « retrait lignager ». A la seule exception de l'Angleterre ([139]) — et encore sous réserve de certaines de ses coutumes urbaines —, il triompha de la Suède à l'Italie. Ni, non plus, d'institution plus solidement ancrée : en France, il ne devait être aboli que par la Révolution. Ainsi, à travers les temps, se perpétuait, sous des formes à la fois moins flottantes et plus atténuées, l'empire économique du lignage.

Chapitre II

Caractère et vicissitudes du lien de parenté

I. LES RÉALITÉS DE LA VIE FAMILIALE

Ce lignage, pourtant, en dépit de sa force d'appui et de contrainte, l'erreur serait lourde d'en concevoir la vie intérieure sous des couleurs uniformément idylliques. Que les parentés partissent volontiers en « faides » les unes contre les autres n'empêchait pas toujours, dans leur sein même, les plus atroces querelles. Pour fâcheuses que Beaumanoir estime les guerres entre proches, il ne les considère visiblement pas comme exceptionnelles, ni même, sauf entre frères d'un même lit, comme rigoureusement interdites. Aussi bien suffirait-il d'interroger là-dessus l'histoire des maisons princières ; de suivre, par exemple, de générations en générations, le destin des Anjou, vrais Atrides du moyen âge : la guerre « plus que civile » qui, sept années durant, précipita contre le comte Foulque Nerra son fils, Geoffroi Martel ; Foulque le Réchin, après avoir dépossédé son frère, le jetant au cachot pour, au bout de dix-huit ans, ne le relâcher que fou ; sous Henri II, les haines furieuses des fils contre le père ; l'assassinat d'Arthur, enfin, par le roi Jean, son oncle. Au rang immédiatement inférieur, ce sont les sanglantes disputes de tant de moyens et petits seigneurs, autour du château familial. Telle, l'aventure de ce chevalier des Flandres qui, bouté hors de sa demeure par ses deux frères, vit sa jeune femme et son enfant massacrés par eux, puis tua de sa main l'un des meurtriers ([140]). Telle, surtout, la geste des vicomtes de Comborn, un de ces récits d'odeur forte qui ne perdent rien à nous avoir été transmis par le placide organe d'un écrivain monastique ([141]).

A l'origine, voici le vicomte Archambaud qui, vengeur de sa mère abandonnée, tue un de ses frères du second lit, puis, bien des années après, achète le pardon de son père par le meurtre d'un chevalier qui, naguère, avait infligé au vieux seigneur une incurable blessure. Il laisse, à son tour, trois fils. L'aîné, qui a hérité de la vicomté, meurt bientôt, sans autre descendant qu'un tout jeune garçon. Se méfiant du second de ses frères, c'est au dernier né, Bernard, qu'il a confié, durant la minorité, la garde de ses terres. Arrivé à l'âge de chevalerie, « l'enfant » Eble réclame en vain l'héritage. Cependant, grâce à d'amicales entremises, il obtient du moins, faute de mieux, le château de Comborn. Il y vit, la rage au cœur, jusqu'au moment où, un hasard lui ayant livré sa tante, il la viole, publiquement, espérant forcer ainsi le mari outragé à la répudier. Bernard reprend sa femme et prépare la revanche. Un beau jour, il paraît devant les murs avec une petite escorte, comme par bravade. Eble, qui sortait de table, le cerveau obscurci par les fumées de l'ivresse, follement se lance à la poursuite. A quelque distance, les prétendus fuyards se retournent, se saisissent de l'adolescent et le blessent mortellement. Cette fin tragique, les torts qu'avait subis la victime, sa jeunesse surtout émurent le peuple ; pendant plusieurs jours on fit des offrandes sur sa sépulture provisoire, au lieu même où il était tombé, comme sur la châsse d'un martyr. Mais l'oncle parjure et meurtrier et ses descendants, après lui, conservèrent paisiblement forteresse et vicomté.

Ne crions point à la contradiction. En ces siècles de violence et de nervosité, des liens sociaux pouvaient bien passer pour très forts, voire se manifester souvent comme tels et se trouver, néanmoins, à la merci d'un coup de passion. Cependant, en dehors même de ces brutales ruptures, provoquées par la cupidité autant que par la colère, le fait demeure que, dans les circonstances les plus normales, un sens collectif très vif s'accommodait aisément d'une médiocre tendresse envers les personnes. Ainsi qu'il était naturel peut-être dans une société où la parenté était surtout conçue comme un moyen d'entraide, le groupe comptait beaucoup plus que ses membres, pris un à un. C'est à l'historien officiel, appointé par une grande famille baronale, que nous devons le souvenir d'un mot caractéristique prononcé, un jour, par l'ancêtre de la lignée. Comme Jean, maréchal d'Angleterre, refusait, malgré ses engagements, de rendre au roi Étienne une de ses forteresses, ses ennemis le menacèrent de faire exécuter, sous ses yeux, son jeune fils, qu'il avait naguère remis en otage : « Que me chaut de l'enfant », répondit le bon seigneur, « n'ai-je pas encore les enclumes et les marteaux dont j'en forgerai de plus beaux (142) ? » Quant au mariage, il n'était souvent, de la façon la plus naïve, qu'une association d'intérêts et, pour les femmes, une institution de protection. Écoutez, dans le *Poème du Cid*, les filles du héros, auxquelles leur père vient d'annoncer qu'il les a promises aux infants de Carrion. Les jouvencelles qui, cela va de soi, n'ont jamais vu leurs fiancés, remercient : « Quand vous nous aurez mariées, nous serons de riches dames. » Ces conceptions étaient si puissantes que, chez des peuples pourtant profondément chrétiens, elles entraînèrent une étrange et double antinomie entre les mœurs et les lois religieuses.

L'Église était médiocrement sympathique aux secondes ou troisièmes noces, quand même elle ne leur était pas nettement hostile. Du haut en bas de la société, cependant, le remariage avait presque force de règle. Par souci, sans doute, de placer la satisfaction de la chair sous le signe du sacrement. Mais aussi, lorsque l'homme avait disparu le premier, parce que l'isolement semblait pour la femme un trop grand péril et que le seigneur, d'autre part, dans toute terre tombée en quenouille voyait une menace au bon ordre des services. Lorsqu'en 1119, après l'écrasement de la chevalerie antiochienne au Champ du Sang, le roi Baudoin II de Jérusalem se préoccupa de réorganiser la principauté, il se fit un devoir égal de conserver aux orphelins leur héritage et de procurer aux veuves de nouveaux époux. Et, de six de ses chevaliers qui moururent en Égypte, Joinville note avec simplicité : « par quoi il convint que leurs femmes se remariassent toutes les six (143) ». Parfois l'autorité seigneuriale elle-même intervenait impérieusement pour que fussent « pourvues de maris » les paysannes qu'un inopportun veuvage empêchait de bien cultiver leurs champs ou de fournir les corvées prescrites.

L'Église, d'autre part, proclamait l'indissolubilité du lien conjugal. Cela n'empêchait point, dans les hautes classes surtout, des répudiations fréquentes, inspirées souvent par les soucis les plus terre à terre. Témoins, entre mille, les aventures matrimoniales de Jean le Maréchal, narrées, toujours du même ton égal, par le trouvère au service de ses petits-fils. Il avait épousé une dame de haut parage, douée, à en croire le poète, de toutes les qualités du corps et de l'esprit : « à grande joie furent ensemble ». Malheureusement, Jean avait aussi un « trop fort voisin », que la prudence commandait de se concilier. Il renvoya sa charmante femme et s'unit à la sœur de ce dangereux personnage.

Mais sans doute serait-ce déformer beaucoup les réalités de l'ère féodale que de placer le mariage au centre du groupe familial. La femme n'appartenait qu'à demi au lignage où son destin l'avait fait entrer, pour peu de temps peut-être. « Taisez-vous », dit rudement Garin le Lorrain à la veuve de son frère assassiné, qui, sur le corps, pleure et se lamente, « un gentil chevalier vous reprendra... c'est à moi qu'il convient de garder le grand deuil [144]. » Si dans le poème, relativement tardif, des *Nibelungen*, Kriemhild venge sur ses frères la mort de Siegfried, son premier époux — sans que d'ailleurs la légitimité de cet acte paraisse le moins du monde certaine —, il semble bien qu'au contraire, dans la version primitive, on la vît poursuivre la faide de ses frères contre Attila, son second mari et leur meurtrier. Par la tonalité sentimentale de même que par l'étendue, la parentèle était tout autre chose que la petite famille conjugale du type moderne. Comment donc se définissaient, au juste, ses contours ?

II. LA STRUCTURE DU LIGNAGE

De vastes *gentes*, fortement cimentées par le sentiment, vrai ou faux, d'une descendance commune et, par là même, délimitées avec beaucoup de précision, l'Occident, à l'ère féodale, n'en connaissait plus guère que sur sa frange extrême, en dehors des terres authentiquement féodalisées : sur les bords de la mer du Nord, *Geschlechter* de la Frise ou du Dithmarschen ; dans l'Ouest, tribus ou clans celtiques. Selon toute apparence, des groupes de cette nature avaient encore existé chez les Germains de l'époque des invasions : telles les *farae* lombardes et franques dont plus d'un village, italien ou français, continue aujourd'hui à porter le nom ; telles aussi, les *genealogiae* alamanes et bavaroises que certains textes montrent en possession du sol. Mais ces unités trop larges s'étaient peu à peu effritées.

Aussi bien était-ce à l'absolue primauté de la descendance en ligne masculine que la *gens* romaine avait dû l'exceptionnelle rigueur de son destin. Or rien de pareil ne se rencontrait à l'époque féodale. Déjà, dans l'ancienne Germanie, nous voyons que chaque individu avait deux catégories de proches, les uns « du côté de l'épée », les autres « du côté de la quenouille », et se trouvait solidaire, à des degrés d'ailleurs différents, des seconds comme des premiers : comme si, chez les Germains, la victoire du principe agnatique n'avait jamais été assez complète pour faire disparaître toute trace d'un plus ancien système de filiation utérine. Nous ne savons malheureusement presque rien sur les traditions familiales indigènes des pays soumis par Rome. Mais, quoi que l'on doive penser de ces problèmes d'origines, il est certain, en tout cas, que dans l'Occident médiéval, la parenté avait pris ou conservé un caractère nettement bifide. L'importance sentimentale que l'épopée attribue aux relations d'oncle maternel à neveu n'est qu'une des expressions d'un régime où les liens d'alliance par les femmes comptaient à peu près autant que ceux de la consanguinité paternelle ([145]). Ainsi que l'atteste, entre autres, le sûr témoignage de l'onomastique.

La plupart des noms de personne germaniques étaient formés de deux éléments accolés dont chacun possédait sa signification propre. Tant que la conscience se maintint de la distinction entre les deux thèmes, il fut, sinon de règle, au moins d'usage fréquent, de marquer la filiation par l'emprunt d'un des composants. Cela même en terre romane, où le prestige des vainqueurs avait largement répandu, dans les populations indigènes, l'imitation de leur onomastique. Or c'était tantôt au père et tantôt à la mère qu'à peu près indifféremment on rattachait, par cet artifice verbal, leur postérité. Dans le village de Palaiseau, par exemple, au début du IXe siècle, le colon *Teud-ricus* et sa femme *Ermenberta* ont baptisé un de leurs fils *Teut-hardus*, un autre *Erment-arius* et le troisième, par un double rappel, *Teut-bertus* ([146]). Puis l'habitude se prit de faire passer, de génération en génération, le nom entier. Ce fut, de nouveau, en alternant les deux ascendances. Ainsi des deux fils de Lisois, seigneur d'Amboise, qui mourut vers 1065, si l'un reçut le nom de son père, l'autre, qui était l'aîné, s'appela Sulpice, comme le grand-père et le frère de sa mère. Plus tard encore, lorsqu'on eut commencé d'ajouter aux prénoms un patronyme, on continua longtemps d'hésiter entre les deux modes de transmission. Fille de Jacques d'Arc et d'Isabelle Romée, « on m'appelle tantôt Jeanne d'Arc et tantôt Jeanne Romée », disait à ses juges celle que l'histoire connaît seulement sous le premier de ces noms ; et elle observait que, dans son pays, la coutume inclinait à attribuer aux filles le surnom de leur mère.

Cette dualité de relations entraînait de graves conséquences. Chaque génération ayant ainsi son cercle de proches qui ne se confondait point avec celui de la génération précédente, la zone des obligations lignagères perpétuellement changeait de contours. Les devoirs étaient rigoureux ; mais le groupe, trop instable pour servir de base à l'organisation sociale tout entière. Pis encore : quand deux lignages se heurtaient, il se pouvait fort bien qu'un même individu appartînt, ici du côté de son père, là du côté de sa mère, aux deux à la fois. Comment choisir ? Sagement Beaumanoir conseille d'aller vers le parent le plus rapproché et, à degré égal, de s'abstenir. Nul doute que dans la pratique la décision ne fût souvent dictée par les préférences personnelles. Nous retrouverons, à propos des rapports proprement féodaux, ce confusionnisme juridique, avec le cas du vassal de deux seigneurs ; il caractérisait une mentalité ; à la longue, il ne pouvait que détendre le lien. Quelle fragilité interne dans un système familial qui contraignait, comme on le faisait en Beauvaisis au XIIIe siècle, d'admettre pour légitime la guerre de deux frères, issus d'un même père, si, étant de lits différents, ils se trouvaient pris dans une vendetta entre leurs parentés maternelles!

Jusqu'où s'étendaient, le long des deux lignées, les devoirs envers les « amis charnels » ? On n'en trouve guère les frontières délimitées avec quelque précision que dans les collectivités demeurées fidèles aux tarifs réguliers de composition. Encore les coutumes n'y furent-elles mises par écrit qu'à une époque relativement tardive. Il n'en est que plus significatif de les voir fixer des zones de solidarité active et passive étonnamment larges : zones dégradées, du reste, le taux des sommes reçues ou versées variant selon la proximité de la parenté. A Sepulveda, en Castille, au XIIIe siècle, pour que la vengeance exercée sur le meurtrier d'un proche ne puisse être imputée à crime, il suffit d'avoir, avec la victime, un trisaïeul commun. Le même lien habilite, selon la loi d'Audenarde, à toucher une part du prix du sang et, à Lille, impose de contribuer à son paiement. A Saint-Omer, on va, dans ce dernier cas, jusqu'à faire naître l'obligation de l'existence, comme souche commune, d'un aïeul de bisaïeul ([147]). Ailleurs, le tracé était plus flottant. Mais, comme il a déjà été observé, la prudence commandait de requérir, pour les aliénations, le consentement d'autant de collatéraux qu'on en pouvait atteindre. Quant aux communautés taisibles des campagnes, elles réunirent longtemps sous leur toit de nombreux individus : jusqu'à cinquante dans la Bavière du XIe siècle, à soixante-dix dans la Normandie du XVe ([148]).

A y regarder de près, cependant, il semble qu'à partir du XIIIe siècle, une sorte de rétraction se soit à peu près partout opérée. Aux vastes parentèles de naguère, on voit lentement se substituer des groupes beaucoup plus voisins de nos étroites familles d'aujourd'hui. Vers la fin du siècle, Beaumanoir a le sentiment que le cercle des personnes liées par le devoir de vengeance est allé diminuant : jusqu'à ne plus comprendre, de son temps, à la différence de l'époque précédente, que les cousins issus de germains, voire, comme rayon où l'obligation demeurait ressentie avec beaucoup d'intensité, les simples cousins germains. Dès les dernières années du XIIe, on note, dans les chartes françaises, une tendance à borner aux plus proches la recherche des approbations familiales. Puis vint le système du droit au rachat. Avec la distinction qu'il établissait entre les acquêts et les biens familiaux, et, par ceux-ci, entre les biens ouverts, selon leur provenance, aux revendications des lignes, soit paternelle, soit maternelle, il répondait beaucoup moins que la pratique ancienne à la notion d'un lignage quasi infini. Le rythme de l'évolution fut naturellement très variable selon les lieux. Il suffira ici d'indiquer, d'un trait rapide, les causes les plus générales et les plus probables d'une transformation si lourde de conséquences.

Certainement les pouvoirs publics, par leur action de gardiens de la paix, contribuèrent à user la solidarité familiale. De bien des façons et notamment, comme le fit Guillaume le Conquérant, en limitant le cercle des vengeances légitimes ; surtout, peut-être, en favorisant les renonciations à toute participation à la vendetta. La sortie volontaire de la parentèle était une faculté ancienne et générale ; mais, si elle permettait d'échapper à beaucoup de risques, elle privait, pour l'avenir, d'un appui, longtemps conçu comme indispensable. La protection de l'État, une fois devenue plus efficace, rendit ces « forjurements » moins dangereux. L'autorité, parfois, n'hésitait pas à les imposer : ainsi, en 1181, le comte de Hainaut, après un meurtre, brûlant par avance les maisons de tous les proches du coupable, afin de leur extorquer la promesse de ne point secourir celui-ci. Cependant l'effritement et l'amenuisement du lignage, unité économique en même temps que comme organe de la faide, semble avoir été avant tout l'effet de changements sociaux plus profonds. Les progrès des échanges conduisaient à limiter les entraves familiales, sur les biens ; ceux de la vie de relations entraînaient la rupture de collectivités trop vastes qui, en l'absence de tout état civil, ne pouvaient guère conserver le sentiment de leur unité qu'en demeurant groupées en un même lieu. Ainsi déjà les invasions avaient porté un coup presque mortel aux *Geschlechter*, beaucoup plus solidement constitués, de l'ancienne Germanie. Les rudes secousses subies par l'Angleterre — incursions et migrations scandinaves, conquête normande — furent sans doute pour beaucoup dans la ruine précoce des vieux cadres lignagers. Dans l'Europe presque entière, lors des grands défrichements, l'attraction des centres urbains nouveaux et des villages, fondés sur les essarts, brisa assurément mainte communauté paysanne. Ce ne fut point hasard si, en France du moins, ces frérèches se maintinrent beaucoup plus longtemps dans les provinces les plus pauvres.

Il est curieux, mais il n'est pas inexplicable, que cette période où les amples parentèles des âges antérieurs commencèrent ainsi de se morceler ait vu, précisément, l'apparition des noms de familles, d'ailleurs sous une forme encore très rudimentaire. Comme les *gentes* romaines, les *Geschlechter* de de la Frise et du Dithmarschen possédaient chacun leur étiquette traditionnelle. De même, à l'époque germanique, les dynasties de chefs, pourvues d'un caractère héréditairement sacré. Au contraire les lignages de l'ère féodale demeurèrent longtemps étrangement anonymes : en raison, sans doute de l'indécision de leurs contours ; mais aussi parce que les généalogies étaient trop bien connues pour qu'on éprouvât le besoin d'un aide-mémoire verbal. Puis, à partir du XIIe siècle surtout, l'habitude se prit de joindre, fréquemment, au nom unique de naguère — notre prénom d'aujourd'hui — un sobriquet ou parfois un second prénom. La désuétude où étaient tombés, peu à peu, beaucoup de noms anciens, l'augmentation de la population aussi avaient eu pour effet de multiplier, de la façon la plus gênante, les homonymes. En même temps, les transformations du droit, désormais familier avec l'acte écrit, et celles de la mentalité, beaucoup plus que par le passé avide de clarté, rendaient de moins en moins tolérables les confusions nées de cette pauvreté du matériel onomastique et poussaient à rechercher des moyens de distinction. Mais ce n'étaient là encore que des marques individuelles. Le pas décisif fut franchi seulement lorsque le deuxième nom, quelle qu'en fût la forme, devenu héréditaire, se transforma en patronyme. Il est caractéristique que l'usage des désignations véritablement familiales se soit fait jour, d'abord, dans les milieux de la haute aristocratie où l'homme était à la fois plus mobile et plus désireux, lorsqu'il s'éloignait, de ne pas perdre l'appui du groupe. Dans la Normandie du XIIe siècle, on parlait déjà couramment des Giroie et des Talvas ; dans l'Orient latin, vers 1230, de « ceux du lignage qui ont surnom d'Ybelin » ([149]). Puis le mouvement gagna les bourgeoisies urbaines, accoutumées elles aussi aux déplacements et portées, par les nécessités du commerce, à redouter tout risque d'erreur sur les personnes, voire sur les familles, qui coïncidaient souvent avec des associations d'affaires. Il se propagea enfin dans l'ensemble de la société.

Mais il faut bien entendre que les groupes dont l'étiquette se précisait ainsi n'étaient ni très fixes ni d'une étendue à beaucoup près comparable à celle des anciennes parentèles. La transmission, qui parfois, on l'a vu, oscillait entre les deux lignes, paternelle ou maternelle, souffrait bien des interruptions. Les branches, en s'écartant, finissaient souvent par être connues sous des noms différents. Les serviteurs, par contre, l'étaient volontiers sous celui du maître. En somme, bien plutôt qu'à des gentilices, on avait affaire, conformément à l'évolution générale des liens du sang, à des sobriquets de maisonnées, dont la continuité était à la merci du moindre accident survenu dans le destin du groupe ou de l'individu. La stricte hérédité ne fut imposée que beaucoup plus tard, avec l'état civil, par les pouvoirs publics, soucieux de se faciliter ainsi leur tâche de police et d'administration. Si bien que, très postérieur aux dernières vicissitudes de la société féodale, l'immuable nom de famille, qui, aujourd'hui, réunit sous un signe commun des hommes souvent étrangers à tout vivant sentiment de solidarité, devait être finalement, en Europe, la création, non de l'esprit de lignage, mais de l'institution la plus foncièrement contraire à cet esprit : l'État souverain.

III. LIENS DU SANG ET FÉODALITÉ

Gardons-nous d'ailleurs d'imaginer, depuis le lointain des temps tribaux, une émancipation régulière de l'individu. Sur le continent du moins, il semble bien qu'à l'ère des royaumes barbares les aliénations aient été beaucoup moins dépendantes de la bonne volonté des proches qu'elles ne devaient le devenir durant le premier âge féodal. De même, pour les dispositions à cause de mort. Au VIIIe, au IXe siècle, tantôt le testament romain, tantôt divers systèmes développés par les coutumes germaniques permettaient à l'homme de régler lui-même, avec une certaine liberté, la dévolution de ses biens. A partir du XIe siècle, sauf dans l'Italie et l'Espagne — l'une et l'autre, on le sait, exceptionnellement fidèles aux leçons des vieux droits écrits —, cette faculté subit une véritable éclipse ; fussent-elles destinées à n'avoir d'effets que posthumes, les libéralités, désormais, revêtaient, presque exclusivement, la forme de donations, soumises, par nature, à l'assentiment du lignage. Cela ne faisait pas l'affaire de l'Église. Sous son influence, le testament proprement dit ressuscita au XIIe siècle, cantonné d'abord dans de pieuses aumônes, puis, sous réserve de quelques restrictions au profit des héritiers naturels, peu à peu étendu. C'était le moment où, de son côté, le régime attténué du retrait se substituait à celui des approbations familiales. La faide elle-même avait eu son champ d'action relativement limité par les législations des États issus des invasions. Ces barrières une fois tombées, elle prit ou reprit sa place au premier rang du droit pénal, jusqu'au jour où elle fut de nouveau en butte aux assauts des pouvoirs royaux ou princiers reconstitués. Le parallélisme, en un mot, apparaît de tout point complet. La période qui vit l'épanouissement des relations de protection et subordination personnelles, caractéristiques de l'état social que nous nommons féodalité, fut marquée également par un véritable resserrement des liens du sang : parce que les temps étaient troublés et l'autorité publique sans vigueur, l'homme prenait une conscience plus vive de ses attaches avec les petits groupes, quels qu'ils fussent, dont il pouvait attendre un secours. Les siècles qui, plus tard, assistèrent à la ruine ou à la métamorphose progressives de la structure authentiquement féodale connurent aussi, avec l'émiettement des grandes parentèles, les prodromes du lent effacement des solidarités lignagères.

Cependant, à l'individu menacé par les multiples dangers d'une atmosphère de violence, la parenté, même durant le premier âge féodal, ne présentait pas un abri qui parût suffisant. Elle était pour cela, sans doute, sous la forme où elle se présentait alors, trop vague et trop variable dans ses contours, trop profondément minée, intérieurement, par la dualité des descendances, masculine et féminine. C'est pourquoi les hommes durent chercher ou subir d'autres liens. Là-dessus, nous avons une expérience décisive : les seules régions où subsistèrent de puissants groupes agnatiques — terres allemandes riveraines de la mer du Nord, pays celtes des îles — ignorèrent, du même coup, la vassalité, le fief et la seigneurie rurale. La force du lignage fut un des éléments essentiels de la société féodale ; sa faiblesse relative explique qu'il y ait eu une féodalité.

Livre deuxième : La vassalité et le fief

Chapitre premier

L'hommage vassalique

I. L'HOMME D'UN AUTRE HOMME

Être « l'homme » d'un autre homme : dans le vocabulaire féodal, il n'était point d'alliance de mots plus répandue que celle-là, ni d'un sens plus plein. Commune aux parlers romans et germaniques, elle servait à y exprimer la dépendance personnelle, en soi. Cela, quelle que fût, par ailleurs, la nature juridique précise du lien et sans que l'on s'embarrassât d'aucune distinction de classe. Le comte était « l'homme » du roi, comme le serf celui de son seigneur villageois. Parfois c'était jusque dans le même texte qu'à quelques lignes d'intervalle des conditions sociales radicalement différentes se trouvaient ainsi tour à tour évoquées : telle, vers la fin du XIe siècle, cette requête de moniales normandes, se plaignant que leurs « hommes » — c'est-à-dire leurs paysans — fussent contraints, par un haut baron, de travailler aux châteaux de ses « hommes » : entendez les chevaliers, ses vassaux ([150]). L'équivoque ne choquait point, parce qu'en dépit de l'abîme entre les rangs, l'accent portait sur l'élément fondamental commun : la subordination d'individu à individu.

Cependant, si le principe de cette attache humaine imprégnait la vie sociale tout entière, les formes qu'elle revêtait ne laissaient pas d'être singulièrement diverses. Avec, des plus élevées aux plus humbles, des transitions parfois quasi insensibles. Ajoutez, de pays à pays, bien des divergences. Il sera commode de prendre pour fil conducteur l'un des plus significatifs parmi ces rapports de dépendance : le lien vassalique ; — de l'étudier d'abord dans la zone la mieux « féodalisée » de l'Europe : à savoir, le cœur de l'ancien Empire carolingien, France du Nord, Allemagne rhénane et souabe ; enfin de s'efforcer, avant toute recherche embryologique, de décrire les traits au moins les plus apparents de l'institution, à l'époque de son plein épanouissement : c'est-à-dire du Xe au XIIe siècle.

II. L'HOMMAGE A L'ÈRE FÉODALE

Voici, face à face, deux hommes : l'un qui veut servir ; l'autre qui accepte ou souhaite d'être chef. Le premier joint les mains et les place, ainsi unies, dans les mains du second : clair symbole de soumission, dont le sens, parfois, était encore accentué par un agenouillement. En même temps, le personnage aux mains offertes prononce quelques paroles, très brèves, par où il se reconnaît « l'homme » de son vis-à-vis. Puis chef et subordonné se baisent sur la bouche : symbole d'accord et d'amitié. Tels étaient — très simples et, par là même, éminemment propres à frapper des esprits si sensibles aux choses vues — les gestes qui servaient à nouer un des liens sociaux les plus forts qu'ait connus l'ère féodale. Cent fois décrite ou mentionnée dans les textes, reproduite sur des sceaux, des miniatures, des bas-reliefs, la cérémonie s'appelait « hommage » (en allemand, *Mannschaft*). Pour désigner le supérieur, qu'elle créait, point d'autres termes que le nom, très général, de « seigneur » ([151]). Souvent le subordonné est dit de même, sans plus, « l'homme » de ce seigneur. Quelquefois, avec plus de précision, son « homme de bouche et de mains ». Mais on emploie aussi des mots mieux spécialisés : « vassal » ou, jusqu'au début du XIIe siècle au moins, « commendé ».

Ainsi conçu, le rite était dépourvu de toute empreinte chrétienne. Explicable par les lointaines origines germaniques de son symbolisme, une pareille lacune ne pouvait subsister dans une société où l'on n'admettait plus guère qu'une promesse fût valable si elle n'avait Dieu pour garant. L'hommage même, dans sa forme, ne fut jamais modifié. Mais, vraisemblablement dès la période carolingienne, un second rite, proprement religieux, était venu se superposer à lui : la main étendue sur les Évangiles ou sur les reliques, le nouveau vassal jurait d'être fidèle à son maître. C'était ce qu'on appelait la « foi » (en allemand *Treue*, et, anciennement, *Hulde*). Le cérémonial était donc à deux temps. Ses deux phases, cependant, ne possédaient pas, à beaucoup près, une valeur égale.

Car la « foi » n'avait rien de spécifique. Dans une société troublée, où la méfiance était de règle, en même temps que l'appel aux sanctions divines semblait un des rares freins à peu près efficaces, le serment de fidélité avait mille raisons d'être fréquemment exigé. Les officiers royaux ou seigneuriaux, de tout rang, le prêtaient à leur entrée en charge. Les prélats le demandaient volontiers à leurs clercs. Les seigneurs terriens, parfois, à leurs paysans. A la différence de l'hommage qui, engageant, d'un coup, l'homme tout entier, passait, généralement, pour incapable de renouvellement, cette promesse, presque banale, pouvait être à plusieurs reprises répétée envers la même personne. Il y avait donc beaucoup d'actes de « foi » sans hommages. Nous ne connaissons pas d'hommages sans foi. En outre, lorsque les deux rites étaient joints, la prééminence de l'hommage se traduisait par sa place même dans la cérémonie : il avait toujours lieu en premier. Il était seul d'ailleurs à faire intervenir, en étroite union, les deux hommes ; la foi du vassal constituait un engagement unilatéral, auquel ne répondait que rarement, de la part du seigneur, un serment parallèle. L'hommage, en un mot, était le véritable créateur de la relation vassalique, sous son double aspect de dépendance et de protection.

Le nœud ainsi formé durait, en principe, autant que les deux vies qu'il joignait. Aussitôt, par contre, que la mort avait mis fin soit à l'une, soit à l'autre, il se défaisait de soi-même. A dire vrai, nous verrons qu'en pratique la vassalité se mua très vite en une condition généralement héréditaire. Mais cet état de fait laissa, jusqu'au bout, subsister, intacte, la règle juridique. Peu importait que le fils du vassal trépassé portât ordinairement son hommage au seigneur qui avait accueilli celui de son père ; que l'héritier du précédent seigneur reçût, presque toujours, les hommages des vassaux paternels : le rite n'en devait pas moins être réitéré, chaque fois que la composition du couple venait à se modifier. De même, l'hommage ne pouvait être offert ni accepté par procuration : les exemples contraires datent tous d'une époque très tardive, où le sens des vieux gestes s'était déjà presque perdu. En France, vis-à-vis du roi, cette faculté ne devint légale que sous Charles VII et non encore sans beaucoup d'hésitations ([152]). Tant il était vrai que le lien social semblait inséparable du contact presque physique que l'acte formaliste établissait entre les deux hommes.

Le devoir général d'aide et d'obéissance, qui s'imposait au vassal, lui était commun avec quiconque s'était fait « l'homme » d'un autre homme. Mais il se nuançait ici d'obligations particulières, sur le détail desquelles nous aurons à revenir. Leur nature répondait à des conditions, assez étroitement déterminées, de rang et de genre de vie. Car, malgré de grandes diversités de richesse et de prestige, les vassaux ne se recrutaient point indifféremment parmi toutes les couches de la population. La vassalité était la forme de dépendance propre aux classes supérieures, que distinguaient avant tout, la vocation guerrière et celle du commandement. Du moins, telle était-elle devenue. Pour en bien pénétrer les caractères, il convient maintenant de rechercher comment elle s'était progressivement dégagée de tout un complexe de relations personnelles.

III. LA GENÈSE DES RELATIONS DE DÉPENDANCE PERSONNELLE

Se chercher un protecteur, se plaire à protéger : ces aspirations sont de tous les temps. Mais on ne les voit guère donner naissance à des institutions juridiques originales que dans les civilisations où les autres cadres sociaux se trouvent fléchir. Tel fut le cas dans la Gaule, après l'écroulement de l'Empire romain.

Imaginons, en effet, la société de l'époque mérovingienne. Ni l'État, ni le lignage n'offraient plus d'abri suffisant. La communauté villageoise n'avait de force que pour sa police intérieure. La communauté urbaine existait à peine. Partout le faible éprouvait le besoin de se rejeter vers un plus puissant que lui. Le puissant, à son tour, ne pouvait maintenir son prestige ou sa fortune ni même assurer sa sécurité qu'en se procurant, par persuasion ou par contrainte, l'appui d'inférieurs obligés à l'aider. Il y avait, d'une part, fuite vers le chef ; de l'autre, prises de commandement, souvent brutales. Et comme les notions de faiblesse et de puissance ne sont jamais que relatives, on voyait, en bien des cas, le même homme se faire simultanément le dépendant d'un plus fort et le protecteur de plus humbles. Ainsi commença à se construire un vaste système de relations personnelles, dont les fils entrecroisés couraient d'un étage à l'autre de l'édifice social.

En se soumettant ainsi aux nécessités du moment, ces générations n'avaient nullement le désir ni le sentiment de créer des formes sociales nouvelles. D'instinct, chacun s'efforçait de tirer parti des ressources que lui offrait l'armature existante et, si l'on finit, sans trop s'en rendre compte, par faire du neuf, ce fut en s'efforçant d'adapter le vieux. L'héritage d'institutions ou de pratiques dont disposait la société issue des invasions était d'ailleurs singulièrement bigarré : au legs de Rome, à celui aussi des peuples que Rome avait conquis, sans jamais effacer tout à fait leurs coutumes propres, les traditions germaniques venaient se mêler. Ne tombons pas ici dans l'erreur de chercher ni à la vassalité, ni, plus généralement, aux institutions féodales une filiation ethnique particulière, de nous enfermer, une fois de plus, dans le fameux dilemme : Rome ou « les forêts de la Germanie ». Il faut laisser ces jeux aux âges qui, moins instruits que nous de la puissance créatrice de l'évolution, ont pu croire, avec Boulainvilliers, que la noblesse du XVIIe siècle descendait, presque tout entière, des guerriers francs ou interpréter, avec le jeune Guizot, la Révolution Française comme une revanche des Gallo-Romains. Ainsi les vieux physiologistes imaginaient dans le sperme un homunculus tout formé. La leçon du vocabulaire féodal est pourtant claire. Cette nomenclature où se côtoyaient, nous le verrons, des éléments de toute origine — les uns empruntés tantôt à la langue des vaincus, tantôt à celle des vainqueurs, les autres, comme « hommage » même, frappés de neuf — ne nous offre-t-elle pas le fidèle miroir d'un régime social qui, pour avoir subi fortement l'empreinte d'un passé, lui-même singulièrement composite, n'en fut pas moins, avant tout, le résultat des conditions originales du moment ? « Les hommes », dit le proverbe arabe, « ressemblent plus à leur temps qu'à leur père. »

Parmi les faibles qui se cherchaient un défenseur, les plus misérables se faisaient tout simplement esclaves, engageant par là, avec eux-mêmes, leur postérité. Beaucoup d'autres cependant, même parmi les humbles, tenaient à préserver leur condition d'homme libre. A un pareil désir, les personnages qui recevaient leur obéissance n'avaient, le plus souvent, guère de raisons de s'opposer. En ce temps où les liens personnels n'avaient pas encore étouffé les institutions publiques, jouir de ce qu'on appelait la « liberté », c'était essentiellement appartenir, en qualité de membre de plein droit, au peuple régi par les souverains mérovingiens : au *populus Francorum*, disait-on couramment, confondant sous le même nom conquérants et vaincus. Née de cette équivalence, la synonymie des deux termes de « libre » et de « franc » devait traverser les âges. Or, pour un chef, s'entourer de dépendants pourvus des privilèges judiciaires et militaires qui caractérisaient l'homme libre était, à beaucoup d'égards, plus avantageux que de disposer seulement d'une horde servile.

Ces dépendances « d'ordre ingénuile » — ainsi parle une formule tourangelle — s'exprimaient à l'aide de mots dont une grande partie venait du plus pur stock latin. Car, à travers toutes les vicissitudes d'une histoire mouvementée, les antiques usages du patronat n'avaient jamais disparu du monde romain ou romanisé. Dans la Gaule, en particulier, ils s'étaient implantés d'autant plus facilement qu'ils s'accordaient aux habitudes des populations soumises. Point de chef gaulois qui, avant l'arrivée des légions, ne vît graviter autour de lui un groupe de fidèles, tantôt paysans, tantôt guerriers. Nous savons très mal ce qui, après la conquête et sous le vernis d'une civilisation œcuménique, put subsister de ces anciennes coutumes indigènes. Tout conduit cependant à penser que, plus ou moins profondément modifiées par la pression d'un état politique bien différent, elles ne demeurèrent point sans prolongements. Dans l'Empire entier, en tout cas, les troubles des derniers temps avaient rendu plus nécessaire que jamais le recours à des autorités plus proches et plus efficaces que les institutions de droit public. Du haut en bas de la société, quiconque, au IVe ou au Ve siècle, souhaitait se prémunir contre les dures exigences des agents du fisc, incliner en sa faveur le bon vouloir des juges ou simplement s'assurer une honorable carrière ne croyait pouvoir mieux faire que de s'attacher, lui libre pourtant et d'un rang parfois distingué, à un personnage plus haut placé. Ignorés, voire proscrits par le droit officiel, ces liens n'avaient rien de légal. Ils n'en constituaient pas moins un ciment social des plus puissants. En multipliant les accords de protection et d'obéissance, les habitants de la Gaule, devenue franque, avaient donc conscience de ne rien faire qui ne pût, dans la langue de leurs ancêtres, aisément trouver un nom.

A la vérité, le vieux mot de clientèle était, réminiscences littéraires à part, tombé en désuétude dès les derniers siècles de l'Empire. Mais dans la Gaule mérovingienne, comme à Rome, on continuait à dire du chef qu'il « prenait en charge » (*suscipere*) le subordonné, dont il se constituait par là le « patron » ; du subordonné qu'il se « commendait » — entendez se « remettait » — à son défenseur. Les obligations ainsi acceptées étaient couramment traitées de « service » (*servitium*). Le mot eût fait horreur, naguère, à un homme libre ; car le latin classique ne le connaissait que comme synonyne de servitude ; les seuls devoirs qui fussent compatibles avec la liberté étaient des *officia*. Mais dès la fin du IVe siècle *servitium* avait perdu cette tare originelle.

La Germanie, cependant, fournissait aussi son apport. La protection que le puissant étendait sur le faible s'appelait souvent *mundium*, *mundeburdum* — qui devait donner, en français, « maimbour » — ou encore *mitium*, ce dernier terme traduisant plus particulièrement le droit et la mission de représenter le dépendant en justice : autant de vocables germaniques, mal déguisés par le vêtement latin que leur imposaient les chartes.

A peu près interchangeables, ces diverses expressions s'appliquaient indifféremment, quelle que fût l'origine, romaine ou barbare, des contractants. Les rapports de subordination privée échappaient au principe des lois ethniques, parce qu'ils demeuraient encore en marge de tous les droits.

N'étant pas réglementés, ils ne s'en montraient que plus capables de s'adapter à des situations infiniment diverses. Le roi lui-même, qui, en tant que chef du peuple, devait son appui à tous ses sujets, indifféremment, et avait droit à leur fidélité, sanctionnée par l'universel serment des hommes libres, accordait néanmoins son « maimbour » particulier à un certain nombre d'entre eux. Qui faisait tort à ces personnes, placées « dans sa parole », semblait l'offenser directement et encourait, en conséquence, un châtiment d'une exceptionnelle sévérité. Au sein de leur foule passablement bigarrée, un groupe plus restreint et plus distingué de féaux royaux s'élevait, qu'on appelait les leudes du prince, c'est-à-dire ses « gens », et qui, dans l'anarchie des derniers temps mérovingiens, disposèrent plus d'une fois de la couronne et de l'État. Comme naguère à Rome, le jeune homme de bonne famille qui désirait se pousser dans le monde se « remettait » à un grand, à moins que déjà son avenir n'eût été ainsi assuré, dès l'enfance, par un père prévoyant. En dépit des conciles, beaucoup d'ecclésiastiques de tout rang ne craignaient point de rechercher le patronat de laïques. Mais les couches inférieures de la société semblent bien avoir été celles où les relations de subordination furent de bonne heure les plus répandues, comme les plus astreignantes. La seule formule de commendise que nous possédions met en scène un pauvre hère, qui n'accepte un maître que parce qu'« il n'a pas de quoi manger ni se vêtir ». Point de distinction d'ailleurs, ni de mots, ni même, au moins, bien nette, d'idées, entre ces divers aspects de la dépendance, si opposés, pourtant, par leur tonalité sociale.

Quel que fût le commendé, il prêtait, semble-t-il, presque toujours serment à son maître. L'usage lui conseillait-il également de se plier à un acte formaliste de soumission ?

Nous le savons mal. Exclusivement attachés aux vieux cadres du peuple et du lignage, les droits officiels sont là-dessus muets. Quant aux accords particuliers, ils ne faisaient guère intervenir l'écrit, qui seul laisse des traces. A partir de la seconde moitié du VIIIe siècle, cependant, les documents commencent à mentionner le rite des mains dans les mains. C'est, à vrai dire, pour nous le montrer employé, tout d'abord, seulement entre personnages du rang le plus relevé : le protégé est un prince étranger ; le protecteur, le roi des Francs. Ne nous laissons point tromper par ce parti pris d'écrivains. La cérémonie ne semblait mériter d'être décrite que lorsque associée à des événements de haute politique, elle figurait parmi les épisodes d'une entrevue princière. Dans le train ordinaire de la vie, elle passait pour banale : donc, pour vouée au silence. Certainement, elle avait été en usage bien avant de surgir ainsi à la lumière des textes. La concordance des coutumes franques, anglo-saxonnes et scandinaves atteste son origine germanique. Mais le symbole était trop clair pour ne pas se faire aisément adopter par la population entière. On le voit, en Angleterre et chez les Scandinaves, exprimer, indifféremment, des formes très diverses de subordination : d'esclave à maître, de libre compagnon à chef de guerre. Tout conduit à penser qu'il en fut de même, longtemps, dans la Gaule franque. Le geste servait à conclure des contrats de protection de nature variable et, tantôt accompli, tantôt négligé, ne paraissait indispensable à aucun. Une institution exige une terminologie sans trop d'ambiguïté et un rituel relativement stable. Mais, dans le monde mérovingien, les relations personnelles n'étaient encore qu'une pratique.

IV. LES GUERRIERS DOMESTIQUES

Un groupe de dépendants existait cependant, d'ores et déjà distinct par ses conditions de vie. C'était celui que composaient, autour de chaque puissant et du roi même, leurs guerriers domestiques. Car le plus pressant des problèmes qui s'imposaient alors aux classes dirigeantes était beaucoup moins d'administrer, durant la paix, l'État ou les fortunes particulières que de se procurer les moyens de combattre. Publique ou privée, entreprise de gaieté de cœur ou afin de défendre les biens et la vie, la guerre devait, durant bien des siècles, apparaître comme la trame quotidienne de toute carrière de chef et la raison d'être profonde de tout pouvoir de commandement.

Lorsque les rois francs se furent rendus maîtres de la Gaule, ils se trouvèrent hériter de deux systèmes qui, tous deux, pour former les armées, faisaient appel aux masses : en Germanie tout homme libre était un guerrier ; Rome, dans la mesure où elle usait encore de troupes indigènes, les recrutait, principalement, parmi les cultivateurs du sol. L'État franc, sous ses deux dynasties successives, maintint le principe de la levée générale, qui, d'ailleurs, devait traverser tout l'âge féodal et lui survivre. Les ordonnances royales ont beau s'efforcer de proportionner cette obligation aux fortunes, de réunir les plus pauvres en petits groupes dont chacun doit fournir un soldat. Variables avec les exigences du moment, ces mesures d'application pratique laissaient intacte la règle. De même, les grands, dans leurs querelles, ne craignaient pas d'engager au combat leurs paysans.

Dans les royaumes barbares, cependant, la machine du recrutement était lourde aux mains d'une administration de moins en moins capable de suffire à sa tâche bureaucratique. La conquête, d'autre part, avait rompu les vieux cadres que les sociétés germaniques s'étaient donnés pour le combat comme pour la paix. Enfin, retenu par les soins d'une agriculture désormais mieux stabilisée, le Germain du commun, à l'époque des migrations, guerrier plus que paysan, devenait peu à peu paysan plus que guerrier. Certes, le colon romain de naguère, lorsque les camps l'enlevaient à la glèbe, n'en savait pas davantage. Mais il se trouvait pris dans les rangs de légions organisées, qui le formaient. Dans l'État franc, par contre, en dehors des gardes dont s'entouraient le roi et les grands, plus de troupes permanentes ; partant, plus d'instruction régulière des conscrits. Manque d'empressement et inexpérience chez les recrues ; difficultés d'armement aussi — il fallut, sous

Charlemagne, interdire de se présenter à l'ost pourvu seulement d'un bâton — : ces défauts pesèrent sans doute de bonne heure sur le système militaire de la période mérovingienne. Mais ils se firent de plus en plus apparents à mesure que la prépondérance, sur le champ de bataille, passa du fantassin au cavalier pourvu d'un important armement offensif et défensif. Car, pour disposer d'une monture de guerre et s'équiper de pied en cap, il fallait jouir d'une certaine aisance ou recevoir les subsides d'un plus riche que soi. Selon la loi ripuaire, un cheval valait six fois autant qu'un bœuf ; une broigne — sorte de cuirasse de peau, consolidée par des plaques de métal —, le même prix ; un heaume, seulement moitié moins. Ne voit-on pas, en 761, un petit propriétaire de l'Alémanie céder ses champs paternels et un esclave contre un cheval et une épée ? ([153]). Un long apprentissage, d'autre part, était nécessaire pour savoir manier efficacement son coursier au combat et pratiquer, sous un lourd harnois, une difficile escrime. « D'un garçon à l'âge de puberté, tu peux faire un cavalier ; plus tard, jamais. » La maxime était, sous les premiers Carolingiens, passée en proverbe ([154]).

Pourquoi, cependant, cette décadence du fantassin, dont les répercussions sociales devaient être si considérables ? On a parfois cru voir en elle un effet des invasions arabes : afin de soutenir le choc des cavaliers sarrasins ou de les poursuivre, Charles Martel eût transformé ses Francs en hommes de cheval. L'exagération est manifeste. A supposer même — ce qui a été contesté — que la cavalerie jouât alors dans les armées de l'Islam un rôle si décisif, les Francs, qui de tout temps avaient possédé des troupes montées, n'avaient pas attendu Poitiers pour leur faire une place croissante. Lorsqu'en 755 la réunion annuelle des grands et de l'ost fut transportée, par Pépin, du mois de mars au mois de mai, qui est le temps des premiers fourrages, cette mesure significative marqua seulement le point d'aboutissement d'une évolution qui se prolongeait depuis plusieurs siècles. Commune au plus grand nombre des royaumes barbares et à l'Empire d'Orient même, les raisons n'en ont pas toujours été très bien comprises, d'une part faute d'avoir suffisamment pesé certains facteurs techniques, de l'autre parce que, sur le terrain propre de l'art militaire, l'attention s'est trop exclusivement portée vers la tactique du combat, au détriment de ses approches et de ses suites.

Ignorés des sociétés méditerranéennes classiques, l'étrier et le fer à cheval n'apparaissent pas, dans les documents figurés de l'Occident, avant le IXe siècle. Mais il semble bien que l'image ici ait été en retard sur la vie. Inventé, probablement, chez les Sarmates, l'étrier fut, à notre Europe, un cadeau des nomades de la steppe eurasiatique et son emprunt un des effets du contact que l'époque des invasions établit, beaucoup plus étroit qu'auparavant, entre les sédentaires de l'Ouest et ces civilisations équestres des grandes plaines : tantôt directement, grâce aux migrations des Alains, fixés naguère au nord du Caucase et dont plusieurs fractions, entraînées par le flot germanique, trouvèrent asile au cœur de la Gaule ou de l'Espagne ; tantôt et surtout par l'intermédiaire de ceux des peuples germaniques qui, comme les Goths, avaient vécu quelque temps aux abords de la mer Noire. Le fer à cheval, lui aussi, vint vraisemblablement de l'Orient. Or la ferrure facilitait singulièrement les chevauchées et les charges, sur les plus mauvais terrains. L'étrier, de son côté, n'épargnait pas seulement la fatigue du cavalier ; en lui donnant une meilleure assiette, il accroissait l'efficacité de son élan.

Quant au combat, la charge à cheval en devint assurément un des modes les plus fréquents. Non le seul. Lorsque les conditions du terrain l'exigeaient, les cavaliers mettaient pied à terre et se faisaient provisoirement, pour l'assaut, fantassins ; l'histoire militaire de l'ère féodale abonde en exemples de cette tactique. Mais, en l'absence de routes convenables ou de troupes dressées à ces manœuvres savamment coordonnées qui avaient fait la force des légions romaines, le cheval seul permettait de mener à bien, tantôt les longues randonnées qu'imposaient les guerres entre les princes, tantôt les brusques guérillas auxquelles se plaisait le commun des chefs ; d'arriver vite et sans trop de fatigue, à travers labours et fondrières, sur le champ de bataille ; d'y déconcerter l'adversaire par des mouvements inattendus ;

voire, si la chance tournait mal, d'échapper au massacre par une fuite opportune. Lorsqu'en 1075, les Saxons furent défaits par Henri IV d'Allemagne, la noblesse dut à l'agilité de ses montures de subir des pertes bien moins lourdes que la piétaille paysanne, incapable de se dérober assez rapidement à la boucherie.

Tout conspirait donc, dans la Gaule franque, à rendre de plus en plus nécessaire l'appel à des guerriers professionnels, instruits par une tradition de groupe et qui fussent, avant tout, des cavaliers. Bien que le service de cheval, au profit du roi, ait continué, presque jusqu'au terme du IXe siècle, à être exigé, en principe, de tous les hommes libres assez riches pour pouvoir y être soumis, le noyau de ces troupes montées, exercées et bien équipées, qui étaient les seules dont on attendait une réelle efficacité, fut naturellement fourni par les suivants armés, depuis longtemps rassemblés autour des princes et des grands.

Dans les anciennes sociétés germaniques, si les cadres des associations consanguines et des peuples suffisaient au jeu normal de l'existence, l'esprit d'aventure ou d'ambition, par contre, n'avait jamais pu s'en contenter. Les chefs, les jeunes chefs surtout groupaient autour d'eux des « compagnons » (en vieil allemand *gisind*, au propre : compagnon d'expédition ; Tacite a rendu le mot, très exactement, par le latin *comes*). Ils les conduisaient au combat et au pillage ; durant les repos, ils leur donnaient l'hospitalité dans les grands « halls » de bois, propices aux longues beuveries. La petite troupe faisait la force de son capitaine dans les guerres ou les vendettas ; elle assurait son autorité dans les délibérations des hommes libres ; les largesses — de nourriture, d'esclaves, d'anneaux d'or — qu'il répandait sur elle constituaient un élément indispensable de son prestige. Tel, Tacite nous dépeint le compagnonnage, dans la Germanie du Ier siècle ; tel, il revit encore, bien des siècles plus tard, dans le poème de *Beowulf*, et, au prix de quelques variantes inévitables, dans les vieilles sagas scandinaves.

Une fois établis dans les débris de la *Romania*, les chefs barbares renoncèrent d'autant moins à ces pratiques que, dans le monde où ils venaient de pénétrer, l'usage des soldats privés florissait depuis longtemps. Aux derniers siècles de Rome, il n'était guère de membre de la haute aristocratie qui n'eût les siens. On les appelait souvent *buccellarii*, du nom du biscuit (*buccella*) qui, meilleur que le pain de munition ordinaire, leur était généralement distribué : soudoyers d'ailleurs beaucoup plutôt que compagnons, mais assez nombreux et assez loyaux pour que ces escortes personnelles, autour de maîtres devenus généraux de l'Empire, aient pu tenir dans les forces en ligne une place qui souvent fut de premier plan.

Parmi les troubles de l'époque mérovingienne, l'emploi de pareilles suites armées devait plus que jamais s'imposer. Le roi avait sa garde, qu'on appelait sa « truste », et qui, de tout temps, avait été, en grande partie du moins, montée. De même, ses principaux sujets, qu'ils fussent francs ou romains d'origine. Il n'était pas jusqu'aux églises qui ne jugeassent nécessaires d'assurer ainsi leur sécurité. Ces « gladiateurs », comme dit Grégoire de Tours, formaient des troupes assez mêlées, où ne manquaient point les aventuriers de sac et de corde. Les maîtres ne craignaient pas d'y enrôler les plus vigoureux de leurs esclaves. Les hommes libres, cependant, semblent bien y avoir été les plus nombreux. Mais eux-mêmes n'appartenaient pas toujours, par leur naissance, aux conditions les plus relevées. Sans doute le service comportait-il plus d'un degré, dans la considération et dans la récompense. Il est néanmoins significatif qu'au VIIe siècle, une même formule d'acte ait pu servir indifféremment pour la donation d'une « petite terre » en faveur d'un esclave ou d'un *gasindus*.

Dans ce dernier terme, on reconnaît le vieux nom du compagnon de guerre germain. Il paraît en effet avoir couramment servi à désigner, dans la Gaule mérovingienne, comme d'ailleurs dans l'ensemble du monde barbare, l'homme d'armes privé. Progressivement cependant, il céda la place à un mot indigène : celui de vassal (*vassus*, *vassallus*), qu'attendait un si bel avenir. Ce nouveau venu n'était pas né romain. Il était celte, par ses origines ([155]). Mais il avait assurément pénétré dans le latin parlé de la Gaule bien avant qu'on ne le trouve écrit, pour la première fois, dans la *Loi*

Salique : car l'emprunt n'avait pu se faire qu'au temps, fort éloigné de celui de Clovis, où sur notre sol vivaient encore, à côté de populations gagnées à la langue de Rome, des groupes importants qui étaient demeurés fidèles à celle des ancêtres. Vénérons donc en lui, si l'on veut, un de ces fils authentiques des Gaules, dont la vie se prolonge dans les couches profondes du français. Que ce soit, toutefois, en nous gardant de conclure de son adoption par le lexique féodal à je ne sais quelle lointaine filiation de la vassalité militaire. Certes, la société gauloise, avant la Conquête, comme les sociétés celtes en général, avait pratiqué un système de « compagnonnage », à beaucoup d'égards voisin de celui de l'ancienne Germanie. Mais quelles qu'aient pu être, sous la superstructure romaine, les survivances de ces usages, un fait est certain : les noms du « client » armé, tels que César nous les révèle — « ambacte » ou, dans l'Aquitaine, *soldurius* —, disparurent sans laisser de traces ([156]). Le sens de vassal, au moment de son passage dans le latin vulgaire, était singulièrement plus humble : jeune garçon — cette signification devait se perpétuer durant tout le moyen âge dans le diminutif « valet » — et aussi, par un glissement sémantique dont le latin *puer* avait connu l'analogue, esclave domestique. Ceux que le maître a constamment autour de lui, ne les appelle-t-il pas naturellement ses « gars » ? Cette seconde valeur est celle que continuent à donner au mot, dans la Gaule franque, divers textes échelonnés du VIe au VIIIe siècle. Puis, peu à peu, une acception nouvelle se dégagea, qu'on voit, au VIIIe siècle, concurrencer la précédente, et au siècle suivant, s'y substituer. Plus d'un esclave de la maisonnée était « honoré » par son admission dans la garde. Les autres membres de cette cohorte, sans être esclaves, n'en vivaient pas moins dans la demeure du maître, voués à le servir de mille manières et à recevoir directement ses ordres. Ils étaient, eux aussi, ses « gars ». Ils furent donc compris, avec leurs camarades de naissance servile, sous le nom de vassaux, désormais spécialisé dans la signification de suivants d'armes. Enfin l'étiquette naguère commune, évoquant une estimable familiarité, fut réservée aux seuls hommes libres de la troupe.

Or cette histoire d'un mot, sorti des bas-fonds de la servitude pour se charger peu à peu d'honneur, traduit la courbe même de l'institution. Si modeste que fût, à l'origine, la condition de beaucoup de « sicaires » entretenus par les grands et même par le roi, elle n'en contenait pas moins, dès ce moment, de sérieux éléments de prestige. Les liens qui unissaient ces compagnons de guerre à leur chef étaient un de ces contrats de fidélité librement consentis qui s'accordaient avec les situations sociales les plus respectables. Le terme qui désignait la garde royale est pleinement significatif : truste, c'est-à-dire foi. La nouvelle recrue admise dans cette troupe jurait fidélité ; le roi, en retour, s'engageait à « lui porter secours ». C'étaient les principes mêmes de toute « commendise ». Sans doute les puissants et leurs *gasindi* ou vassaux échangeaient-ils des promesses analogues. Être protégé par un haut personnage offrait, d'ailleurs, une garantie non seulement de sécurité, mais encore de considération. A mesure que, dans la décomposition de l'État, tout gouvernant devait chercher ses aides de plus en plus exclusivement parmi les hommes qui lui étaient directement attachés, que dans la décadence des vieilles mœurs militaires l'appel au guerrier de métier devenait chaque jour plus nécessaire et plus admirée la fonction de quiconque portait les armes, il apparut, avec une force croissante, que, de toutes les formes de la subordination d'individu à individu, la plus élevée consistait à servir de l'épée, de la lance et du cheval, un maître dont on s'était solennellement déclaré le féal.

Mais déjà commençait à se faire sentir une influence qui, en agissant profondément sur l'institution vassalique, devait, dans une large mesure, la faire dévier de son orientation première. Ce fut l'intervention, dans ces rapports humains jusque-là étrangers à l'État, d'un État sinon nouveau, du moins rénové : celui des Carolingiens.

V. LA VASSALITÉ CAROLINGIENNE

De la politique des Carolingiens — par où il convient, comme à l'ordinaire, d'entendre, à côté des desseins personnels de princes dont quelques-uns d'ailleurs furent des hommes remarquables, les vues de leurs états-majors —, on peut dire qu'elle fut dominée à la fois par des habitudes acquises et par des principes. Issus de l'aristocratie, arrivés au pouvoir à la suite d'un long effort contre la royauté traditionnelle, ç'avait été en groupant autour d'eux des troupes de dépendants armés et en imposant leur maimbour à d'autres chefs que les premiers de la race s'étaient peu à peu rendus les maîtres du peuple franc. Comment s'étonner si, une fois au pinacle, ils continuèrent à tenir pour normaux les liens de cette nature ? D'autre part leur ambition, depuis Charles Martel, fut de reconstituer cette force publique qu'ils avaient d'abord, avec leurs pairs, contribué à détruire. Ils voulaient faire régner, dans leurs États, l'ordre et la paix chrétienne. Ils voulaient des soldats pour étendre au loin leur domination et mener contre les infidèles la Guerre Sainte, génératrice de puissance et fructueuse pour les âmes.

Or les anciennes institutions paraissaient insuffisantes à cette tâche. La monarchie ne disposait que d'un petit nombre d'agents, d'ailleurs peu sûrs et — quelques hommes d'Église mis à part — dépourvus de tradition et de culture professionnelles. Aussi bien, les conditions économiques interdisaient-elles l'institution d'un vaste système de fonctionnariat salarié. Les communications étaient longues, mal commodes, incertaines. La principale difficulté que rencontrait donc l'administration centrale était d'atteindre les individus, pour en exiger les services dus et exercer sur eux les sanctions nécessaires. D'où, l'idée d'utiliser aux fins du gouvernement le réseau des rapports de subordination déjà si fortement constitués ; le seigneur, à tous les degrés de la hiérarchie, devenant le répondant de son « homme », serait chargé de le maintenir dans le devoir. Les Carolingiens n'eurent point le monopole de cette conception. Elle avait déjà inspiré à la monarchie visigothique d'Espagne plusieurs prescriptions législatives ; nombreux à la cour franque, après l'invasion arabe, les réfugiés espagnols contribuèrent peut-être à y faire connaître et apprécier ces principes. La méfiance très vive que les lois anglo-saxonnes devaient plus tard témoigner à « l'homme sans seigneur » traduit des partis pris analogues. Mais rarement pareille politique fut plus consciemment poursuivie, et — serait-on tenté d'ajouter — pareille illusion fut entretenue avec plus d'esprit de suite que dans le royaume franc, aux alentours de l'an 800. « Que chaque chef exerce une action coercitive sur ses inférieurs, afin que ceux-ci, de mieux en mieux, obéissent, d'un cœur consentant, aux mandements et préceptes impériaux (157) » : cette phrase d'un capitulaire de 810 résume, en un raccourci expressif, une des maximes fondamentales de l'édifice bâti par Pépin et Charlemagne. Ainsi, en Russie, au temps du servage, le tsar Nicolas Ier se vantait, dit-on, d'avoir en ses pomiechtchiks, seigneurs des villages, « cent mille commissaires de police ».

La plus urgente des mesures, dans cet ordre d'idée, était évidemment d'intégrer dans la loi les relations vassaliques et, du même coup, de leur conférer la stabilité qui seule pouvait en faire un ferme appui. De bonne heure, les commendés de rang inférieur avaient engagé leur vie : tel l'affamé de la formule tourangelle. Mais si, depuis longtemps sans doute, soit qu'ils l'eussent expressément promis, soit que les mœurs ou leurs intérêts leur en fissent une obligation, on avait vu, en pratique, beaucoup de compagnons de guerre servir, eux aussi, jusqu'à la mort, rien ne prouve que sous les Mérovingiens cette règle eût été le moins du monde générale. En Espagne, le droit visigothique ne cessa jamais de reconnaître aux soldats privés la faculté de changer de maître : car, disait la loi, « l'homme libre garde toujours le pouvoir de sa personne ». Sous les Carolingiens, au contraire, divers édits royaux ou impériaux se préoccupèrent de déterminer avec précision les fautes qui, commises par le seigneur, justifiaient, de la part du vassal, la rupture du contrat. C'était décider que, ces cas exceptés et sous réserve d'une séparation par consentement mutuel, le lien était, la vie durant, indissoluble.

Le seigneur, d'autre part, fut officiellement chargé, sous sa responsabilité, d'assurer la comparution du vassal devant les tribunaux et à l'armée. Prenait-il part lui-même à l'ost ? Ses vassaux combattaient sous ses ordres. Ce n'était qu'en son absence qu'ils passaient sous le commandement direct du représentant du roi : le comte.

A quoi bon cependant prétendre se servir ainsi des seigneurs pour atteindre les vassaux, si ces seigneurs, à leur tour, ne se trouvaient solidement liés au souverain ? Ce fut en s'efforçant de réaliser cette indispensable condition de leur grand dessein que les Carolingiens contribuèrent à étendre à l'extrême les applications sociales de la vassalité.

Une fois au pouvoir, ils avaient dû récompenser leurs « hommes ». Ils leur distribuèrent des terres, selon des procédés que nous aurons à préciser plus tard. En outre, maires du palais, puis rois, ils furent amenés, pour se procurer les appuis nécessaires, pour se constituer une armée surtout, à attirer dans leur dépendance, souvent là encore moyennant dons de terres, une foule de personnages, pour la plupart déjà relativement haut placés. Les anciens membres de la suite militaire, établis sur les biens concédés par le prince, ne cessèrent pas d'être tenus pour ses vassaux. Le même lien fut considéré comme lui unissant ses nouveaux fidèles, qui n'avaient jamais été ses compagnons. Les uns et les autres le servaient à l'armée, suivis, s'ils en avaient, de leurs propres vassaux. Mais, appelés à passer loin de lui la plus grande partie de leurs jours, leurs conditions de vie étaient profondément différentes de celles des guerriers domestiques de naguère. En revanche, centre chacun d'un groupe plus ou moins étendu de dépendants, on attendait d'eux qu'ils maintinssent ces gens-là dans l'ordre ; au besoin même qu'ils exerçassent sur leurs voisins une surveillance analogue. Ainsi, parmi les populations de l'immense Empire, se distingua une classe, elle-même proportionnellement fort nombreuse, de « vassaux du Seigneur » — entendez « du Seigneur Roi » (*vassi dominici*) —, qui, jouissant de la protection particulière du souverain et chargés de lui fournir une grande part de ses troupes, devaient former en outre, à travers les provinces, comme les mailles d'un vaste réseau de loyauté. Lorsqu'en 871, ayant triomphé de son fils Carloman, Charles le Chauve voulut faire rentrer dans le devoir les complices du jeune rebelle, il ne crut pouvoir mieux y réussir qu'en les obligeant à se choisir chacun un seigneur, à leur gré, parmi les vassaux royaux.

Il y eut plus : ce lien de vassalité, dont l'expérience semblait prouver la force, les Carolingiens s'avisèrent de l'employer à s'assurer la fidélité éternellement chancelante de leurs fonctionnaires. Ceux-ci avaient toujours été conçus comme placés sous le « maimbour » spécial du souverain ; ils lui avaient toujours prêté serment ; ils étaient, de plus en plus fréquemment, recrutés parmi des hommes qui, avant de recevoir de lui cette mission, l'avaient servi comme vassaux. La pratique peu à peu se généralisa. Au moins à partir du règne de Louis le Pieux, il n'est plus de charge de cour ni de grand commandement, plus de comté notamment, dont le titulaire n'ait dû, au plus tard à son entrée en dignité, se faire, jointes mains, le vassal du monarque. Des princes étrangers eux-mêmes, s'ils reconnaissent le protectorat franc, on exige, dès le milieu du VIIIe siècle, qu'ils se soumettent à cette cérémonie et on les dit, à leur tour, les vassaux du roi ou de l'empereur. Certes, de tous ces hauts personnages nul n'attendait que, comme les suivants d'autrefois, ils montassent la garde dans la demeure du maître. A leur façon pourtant, ils appartenaient à sa maison militaire, puisqu'ils lui devaient, avant tout, avec leur foi, l'aide de guerre.

Or les grands, de leur côté, s'étaient depuis longtemps habitués à voir dans les bons compagnons qui formaient leurs bandes des hommes de confiance, prêts aux missions les plus diverses. Un emploi lointain, le don d'une terre, un héritage amenait-il un de ces loyaux garçons à abandonner le service personnel ? Le chef n'en continuait pas moins à le tenir pour son féal. Là encore, en un mot, la vassalité, par un mouvement spontané, tendait à échapper au cercle étroit du foyer seigneurial. L'exemple des rois, l'influence des règles de droit qu'ils avaient promulguées stabilisèrent ces mouvants usages. Seigneurs comme subordonnés ne pouvaient manquer d'aller naturellement vers une forme de contrat qui, désormais, était pourvue de sanctions légales. Par les liens de la vassalité les comtes s'attachèrent les fonctionnaires d'ordre inférieur ; l'évêque ou l'abbé, les laïques qu'ils chargeaient de les aider à rendre la justice ou de conduire à l'armée leurs sujets. Les puissants, quels qu'ils fussent, s'efforçaient d'attirer ainsi dans leur orbite des foules croissantes de petits seigneurs, qui à leur tour agissaient de même envers de moins forts encore. Ces vassaux privés formaient une société mélangée, qui comportait encore des éléments assez humbles. Parmi ceux que les comtes, les évêques, les abbés et les abbesses sont autorisés à laisser au pays, lorsque l'ost est convoqué, il en est auxquels, comme à des *vassi dominici* au petit pied, sera remis le noble soin de maintenir la paix. D'autres, en revanche, plus modestement, garderont la maison du maître, présidant aux moissons, surveillant la domesticité ([158]). Du moins étaient-ce là déjà des fonctions de commandement, partant respectables. Autour des chefs de tout rang, comme autour des rois, le service purement domestique d'autrefois avait fourni le moule où venait désormais se couler toute sujétion qui ne fût point sans honneur.

VI. L'ÉLABORATION DE LA VASSALITÉ CLASSIQUE

Vint l'effondrement de l'État carolingien : rapide et tragique défaite d'une poignée d'hommes qui, au prix de beaucoup d'archaïsmes et de maladresses, mais avec une immense bonne volonté, s'étaient efforcés de préserver certaines valeurs d'ordre et de civilisation. Alors s'ouvrit une longue période de troubles et en même temps de gestation. La vassalité devait définitivement y préciser ses traits.

Dans l'état de guerre permanent où désormais vit l'Europe — invasions, querelles intestines —, plus que jamais l'homme cherche un chef, les chefs cherchent des hommes. Mais l'extension de ces rapports de protection a cessé de s'opérer au profit des rois. Ce sont les hommages privés qui désormais vont se multipliant. Autour des châteaux, notamment, qui, depuis les incursions scandinaves ou hongroises, s'élèvent de plus en plus nombreux dans les campagnes, les seigneurs, qui, en leur propre nom ou au nom d'un plus puissant qu'eux, commandent ces fertés, s'efforcent de grouper des vassaux, chargés d'en assurer la garde. « Le roi n'a plus du roi que le nom et la couronne... il n'est capable de défendre contre les dangers qui les menacent ni ses évêques, ni ses autres sujets. Aussi voit-on les uns et les autres s'en aller, mains jointes, servir les grands. Par là ils obtiennent la paix. » Tel est le tableau que, vers 1016, un prélat allemand traçait de l'anarchie au royaume de Bourgogne. En Artois, au siècle suivant, un moine explique pertinemment comment, dans la « noblesse », seuls un petit nombre d'hommes ont pu, évitant les liens des dominations seigneuriales, « demeurer soumis uniquement aux sanctions publiques ». Encore convient-il visiblement d'entendre ici par ce dernier terme moins l'autorité monarchique, beaucoup trop lointaine, que celle du comte, dépositaire, à la place du souverain, de ce qui restait de puissance supérieure, par son essence, aux subordinations personnelles ([159]).

C'était, cela va de soi, du haut en bas de la société et non pas seulement parmi ces « nobles » dont parle notre moine, que se propageait ainsi la dépendance. Mais entre ses diverses formes, caractérisées par des atmosphères sociales différentes, la ligne de démarcation que l'époque carolingienne avait commencé de tirer acheva de se creuser.

Certes le langage, les mœurs mêmes conservèrent longtemps bien des vestiges de l'ancienne confusion. Quelques groupes de très modestes sujets seigneuriaux, voués aux travaux méprisés de la terre et astreints à des charges que l'on considérait d'ores et déjà comme serviles, continuèrent jusqu'au XIIe siècle à porter ce nom de « commendés » que, non loin d'eux, la *Chanson de Roland* appliquait aux plus hauts vassaux. Des serfs, parce qu'ils étaient les « hommes » de leur seigneur, on disait fréquemment qu'ils vivaient dans son « hommage ». Il n'était pas jusqu'à l'acte formaliste par où un individu se reconnaissait serf d'un autre qui ne fût désigné quelquefois par ce nom, voire ne rappelât, çà et là, en son rituel, les gestes caractéristiques de l'hommage « de mains » ([160]).

Cet hommage servile, cependant, là où il avait lieu, s'opposait à celui des vassaux par un contraste décisif ; il n'avait pas besoin d'être renouvelé de génération en génération. Car on en était venu à distinguer, de plus en plus nettement, deux façons d'être attaché à un chef. L'une est héréditaire. Elle est marquée par toute espèce d'obligations qui sont tenues pour de nature assez basse. Surtout, parce qu'elle exclut tout choix dans la sujétion, elle passe pour contraire à ce que maintenant on appelle « liberté ». C'est le servage, où ont glissé la plupart des commendés d'ordre inférieur, en dépit du caractère « ingénuile » dont, originellement, en un temps où les classifications sociales répondaient à des principes différents, leur soumission avait été affectée. L'autre attache, qui se nomme vassalité, ne dure en droit, sinon en fait, que jusqu'au jour où prendra fin l'une ou l'autre des deux vies ainsi liées. Par ce trait même, qui lui épargne la choquante allure d'une contrainte héritée avec le sang, elle convient à l'honorable service de l'épée. La forme d'aide qu'elle comporte est, en effet, essentiellement guerrière. Par une synonymie caractéristique, les chartes latines, depuis la fin du IXe siècle, disent, à peu près indifféremment, d'un homme qu'il est le vassal ou le *miles* de son seigneur. A la lettre, le second terme devrait se traduire par « soldat ». Mais les textes français, dès leur apparition, le rendront par « chevalier » et c'était certainement cette expression de la langue non écrite que déjà les notaires d'autrefois avaient eue en tête. Le soldat par excellence était celui qui servait à cheval, avec le grand harnois de guerre, et la fonction du vassal consistait avant tout à combattre, équipé de la sorte, pour son maître. Si bien que, par un autre avatar du vieux mot, naguère si humble, le langage usuel finira par dénommer couramment « vasselage » la plus belle des vertus que pût reconnaître une société perpétuellement sous les armes ; à savoir, la bravoure. La relation de dépendance ainsi définie se contracte par l'hommage manuel, désormais spécialisé, ou peu s'en faut, dans ce rôle. Mais ce rite de profonde dédition s'est, depuis le Xe siècle, semble-t-il, généralement complété par l'adjonction du baiser, qui, mettant les deux individus sur un même plan d'amitié, confère à la subordination du type vassalique plus de dignité. De fait, elle n'engage plus que des personnages d'un rang distingué, parfois même très élevé. Issue, par une lente différenciation, de l'antique et disparate commendise, la vassalité militaire en représentait, définitivement, l'aspect le plus haut.

Chapitre II

Le fief

I. « BIENFAIT » ET FIEF : LA TENURE-SALAIRE

Parmi les commendés de l'époque franque, la plupart n'attendaient pas seulement de leur nouveau maître sa protection. A ce puissant, qui était en même temps un riche, ils demandaient aussi de les aider à vivre. Depuis saint Augustin, décrivant, vers la fin de l'Empire, les pauvres à la recherche d'un patron qui leur fournît « de quoi manger », jusqu'à la formule mérovingienne que nous avons plus d'une fois citée, le même obsédant appel se fait entendre : celui du ventre creux. Le seigneur, de son côté, n'avait point pour unique ambition de dominer les personnes ; à travers elles, c'étaient les biens que souvent il s'efforçait d'atteindre. Dès l'origine, en un mot, les relations de dépendance eurent leur aspect économique. La vassalité, comme les autres. Les largesses du chef à ses compagnons de guerre semblaient si essentielles au lien que fréquemment, à l'époque carolingienne, la remise de quelques présents — un cheval, des armes, des bijoux — formait la contrepartie presque rituelle du geste de dédition personnelle. Les capitulaires interdisent-ils au vassal de rompre l'attache ? C'est, aux termes de l'un d'eux, sous la réserve que l'homme ait déjà reçu de son seigneur la valeur d'un sou d'or. Le seul vrai maître était celui qui avait donné.

Or, au chef d'un groupe de vassaux, comme à tout employeur, les conditions générales de l'économie ne laissaient guère le choix qu'entre deux modes de rémunération. Il pouvait, retenant l'homme dans sa demeure, le nourrir, le vêtir, l'équiper à ses frais. Ou bien, lui attribuant une terre ou du moins des revenus fixes tirés du sol, s'en remettre à lui du soin de pourvoir à son propre entretien : — le « chaser », disait-on, dans les pays de langue française, mot à mot le doter de sa maison particulière (*casa*). Reste à savoir selon quels modes, dans ce dernier cas, devait s'opérer la concession.

Le simple don, sans clause qui abolît ou limitât l'hérédité, semble avoir été, aux époques anciennes, assez largement pratiqué. C'est sous cette forme que l'on voit, dans une formule du VIIe siècle, un chef remettre à son « compagnon » un petit domaine ; et, plus tard encore, les trois fils de Louis le Pieux manifester, à maintes reprises, leur générosité envers leurs vassaux, dans le dessein avoué de les maintenir dans le devoir et non sans se réserver parfois la faculté de révoquer la donation, si cette attente devait être trompée. Cependant, les biens régulièrement distribués par le seigneur aux gens de sa suite ayant la nature d'une solde, beaucoup plus que d'une récompense, il importait qu'ils lui fissent retour sans difficultés, dès que le service cessait d'être rendu : au plus tard, par conséquent, quand la mort venait rompre le lien. En d'autres termes, la vassalité ne se transmettant point par le sang, la rémunération du vassal ne pouvait non plus, sans paradoxe, revêtir un caractère héréditaire.

A de pareilles concessions foncières, par définition transitoires et qui, originellement du moins, étaient dépourvues de toute garantie, ni le droit romain officiel, ni la coutume germanique, avec leurs rigides systèmes de contrats bilatéraux, n'offraient de précédents. Par contre, la pratique, dans l'Empire, avait déjà, sous l'influence des puissants, largement développé ce genre d'accords, naturellement associés à l'usage du patronat, puisqu'ils faisaient dépendre du maître l'entretien du protégé. Leur terminologie, comme il va presque de soi pour des institutions en marge de la légalité, était assez flottante. On parlait de *precarium* — à cause de la prière (*preces*) qui émanait ou était censée émaner du donataire — ou encore de « bienfaits » (*beneficium*). Que la loi, ignorant ces conventions, ne fournît pas au bailleur le moyen d'exiger devant les tribunaux la prestation des charges auxquelles, ordinairement, il soumettait le bien, peu lui importait, puisqu'il avait toujours la faculté de reprendre ce qui n'était, en principe, qu'un don de pure grâce. L'un et l'autre mot continuèrent d'être employés dans la Gaule franque. Celui de *precarium*, toutefois, au prix d'un avatar grammatical, qui a beaucoup fait rêver les historiens. Du neutre, il passa au féminin : *precaria*. Simple cas particulier, selon toute apparence, d'un phénomène linguistique fort répandu dans le bas-latin ; celui qui, par une contamination née de la désinence en *a* des pluriels neutres, a fait, entre autres, de *folium* notre « feuille ». La transformation fut ici facilitée par l'attirance qu'exerça le nom même de la requête adressée par le quémandeur : « lettre de prière », [*epistola*] *precaria*.

Précaire, « bienfait » ; les deux termes semblent avoir été d'abord à peu près indifféremment usités. Mais, à mesure que la précaire, incorporant des éléments empruntés au droit de louage, s'élaborait peu à peu en un contrat de contours assez stricts, on tendit à en réserver le nom aux concessions accordées moyennant redevance. L'étiquette de « bienfait », au contraire, à la fois plus vague et plus honorable, puisqu'elle ne suggérait pas l'idée d'une supplication, fut affectée de préférence aux libéralités provisoires, consenties, moyennant service, en faveur des personnes attachées aux maisons seigneuriales et notamment des vassaux. Un événement, d'une importance considérable, contribua à fixer la distinction. Pour se procurer les terres destinées à leur obtenir l'appui de nombreux fidèles, les Carolingiens puisèrent, sans vergogne, dans l'immense fortune du clergé. La première spoliation, sous Charles Martel, avait été brutale. Ses successeurs ne renoncèrent point à ces réquisitions ; mais, régularisant du même coup l'opération passée et celles du présent comme de l'avenir, ils se préoccupèrent de réserver, en quelque mesure, les droits des légitimes propriétaires. L'évêque ou le monastère, sur le sol dont il leur était imposé de céder au vassal royal la jouissance, en principe viagère, percevraient désormais un certain loyer ; au roi, allait le service. Le bien, au regard de l'église, était donc, juridiquement, une précaire. Du roi, l'homme le tenait « en bienfait ».

L'usage de ce dernier mot, pour désigner les terres concédées en échange d'un service et notamment du service vassalique, devait se perpétuer, dans le latin des chancelleries et des chroniqueurs, jusqu'en plein XIIe siècle. A la différence cependant des termes juridiques vraiment vivants, tels que commendé, *beneficium* n'a donné aucun dérivé dans les langues romanes : preuve qu'attardé dans le vocabulaire, pétri de réminiscences, qu'aimaient les clercs, il avait depuis longtemps, dans le langage parlé, été relayé par un autre nom. Durant les âges féodaux, peut-être dès le IXe siècle, lorsque les scribes français écrivaient *beneficium*, ils pensaient « fief ».

Malgré quelques difficultés d'ordre phonétique qui, au reste, atteignent moins les formes romanes que leurs transcriptions latines, l'histoire de ce vocable fameux est claire ([161]). Les langues germaniques anciennes possédaient toutes un mot qui, lointainement apparenté au latin *pecus*, servait, tour à tour ou selon les parlers, à désigner tantôt les biens mobiliers en général, tantôt la forme alors la plus répandue comme la plus précieuse de ces biens : le bétail. L'allemand, qui lui a fidèlement gardé la seconde de ces significations, le possède encore de nos jours et l'écrit : *Vieh*. Le gallo-roman, l'empruntant aux envahisseurs germains, en a fait « fief » (en provençal *feu*). Ce fut d'abord pour lui maintenir l'un au moins de ses sens traditionnels : le plus large, celui de biens meubles. Cette acception est encore attestée, jusqu'au début du Xe siècle, par diverses chartes bourguignonnes. Un personnage, nous dit-on, a acquis une terre. Le prix a été stipulé selon l'étalon monétaire ordinaire. Mais l'acheteur ne dispose point, en numéraire, de cette somme. Il paye donc, conformément à un usage alors courant, en objets de valeur équivalente. Ce que les textes expriment ainsi : « Nous avons reçu de toi le prix convenu, en *feos* appréciés à la valeur de tant de livres, sous ou deniers » ([162]). La comparaison avec d'autres documents prouve qu'il s'agissait habituellement d'armes, de vêtements, de chevaux, parfois de vivres. C'était à peu près la matière des distributions que touchaient les suivants entretenus dans la maison du maître ou équipés par ses soins. Là aussi, n'en doutons pas, on parlait de *feos*.

Mais, issu de langues que dans la Gaule romane personne ne comprenait plus, coupé par suite de tous liens avec l'ensemble du vocabulaire qui l'avait primitivement épaulé, ce terme devait s'écarter aisément de son contenu étymologique. Dans les maisonnées seigneuriales où il était d'usage quotidien, on s'accoutuma à n'en plus retenir que l'idée de la rémunération, en soi, sans accorder désormais d'attention à la nature, mobilière ou immobilière, des dons. Un compagnon, nourri jusque-là par le chef, recevait-il de lui une terre ? Celle-ci, était, à son tour, dite le *feus* de l'homme. Puis, comme la terre était devenue peu à peu le salaire normal du vassal, ce fut à cette forme de rétribution, à l'exclusion de toute autre, que finalement le vieux nom, parti d'une signification exactement opposée, se trouva réservé. Ainsi qu'il est arrivé plus d'une fois, l'évolution sémantique s'achevait en contresens. De ces fiefs, vassaliques et terriens, le plus ancien exemple qui ait percé dans les documents écrits appartient à l'extrême fin du IXe siècle ([163]). Nous le devons à une de ces chartes méridionales qui, rédigées par des clercs ignorants, faisaient au vocabulaire parlé une place alors exceptionnellement large. Suivent, au siècle suivant, quelques autres textes également languedociens. Plus soucieuses de purisme, les chancelleries de la Bretagne, de la France du Nord et de la Bourgogne se résignèrent seulement un peu avant ou un peu après l'an mil à céder, sur ce point, à la pression de la langue commune. Encore fut-ce souvent, dans les premiers temps, en réduisant le mot populaire au rang d'une glose, destinée à rendre clair à tous le terme classique. « Le bienfait (*beneficium*), que l'on appelle vulgairement fief », dit, en 1087, un acte du Hainaut ([164]).

Dans les pays d'expression germanique, cependant, *Vieh* conservait son sens de bétail, exclusif de plus nobles acceptions. A la vérité, rien n'empêchait la langue des chartes d'emprunter aux notaires de la Gaule l'un ou l'autre des calques latins dont leur ingéniosité avait pourvu le « fief » roman ; le plus répandu d'entre eux, *feodum*, fut familier aux chancelleries allemandes comme à celles du royaume capétien. Mais, pour rendre une réalité quotidienne, la langue vulgaire avait besoin d'un mot à elle. Les distributions de terre dont bénéficiaient les hommes de service étant, en principe, provisoires, l'habitude se prit de les désigner par un substantif tiré d'un verbe très courant dont la signification était : céder à temps, prêter. Le fief fut un prêt : *Lehn* ([165]). Toutefois, comme entre ce terme et sa racine verbale, dont l'emploi très large continuait d'être bien vivant, la liaison demeurait constamment sensible, il n'atteignit jamais une spécialisation aussi parfaite que son équivalent français. Dans l'usage populaire au moins, il ne cessa pas de s'appliquer à toutes sortes de concessions terriennes. Tant il est vrai que les mots d'emprunt se plient plus aisément que tous autres à une valeur technique nouvelle et précise.

« Bienfait » ; fief ; *lehn* : ce que ces divers synonymes cherchaient à exprimer était une notion, en somme, très claire. Ne nous y trompons point : une notion, en son essence, d'ordre économique. Qui disait fief disait bien concédé en échange, fondamentalement, non d'obligations de payer — lorsque celles-ci parfois intervenaient, c'était seulement à titre accessoire —, mais d'obligations de faire. Plus précisément, pour qu'il y ait fief, il ne suffit point que les services constituent la charge principale du bien. Il faut encore qu'ils comportent un élément très net de spécialisation professionnelle et aussi d'individualisation. La censive rurale, à laquelle déjà les chartes du XIe siècle, devançant les juristes du XIIIe, opposent expressément le fief, était grevée de travaux, à côté des redevances. Mais corvées de culture, charrois, fourniture même de menus produits de l'industrie domestique, les tâches auxquelles elle astreignait semblaient de celles que tout homme pouvait accomplir. Elles étaient, en outre, réglées par une coutume collective. Une terre, par contre, avait-elle été octroyée à un « sergent » seigneurial, sous condition de gouverner fidèlement les autres tenanciers ? A un peintre, contre la mission de décorer l'église des religieux, ses maîtres ? A un charpentier ou à un orfèvre, qui devaient désormais mettre leur art à la disposition du seigneur ? Voire, à un prêtre, comme rétribution du soin des âmes, dans la paroisse ? A un vassal enfin, compagnon armé et guerrier de métier ? La tenure, ainsi obligée à des services d'une nature très particulière, que fixait, en chaque cas, une convention ou une tradition différentes, se définissait avant tout par son caractère de rémunération : en un mot comme une tenure-salaire. On l'appelait fief ([166]). Cela, en dehors de toute considération de rang social et, bien entendu, lorsqu'il s'agissait d'un modeste ouvrier, sans que fût demandée la prestation d'hommage. L'officier seigneurial était fréquemment un serf ; et ni les cuisiniers des bénédictins de Maillezais ou du comte de Poitou, ni le manieur de lancette auquel incombait le devoir de saigner périodiquement les moines de Trèves, ne tiraient sans doute de leurs occupations habituelles un bien grand prestige. Ce n'en était pas moins légitimement qu'ayant été, les uns comme les autres, dotés de tenures propres, au lieu de vivre simplement de la provende distribuée dans la maison du maître, ces serviteurs professionnellement qualifiés étaient comptés parmi les dépendants fieffés. Certains historiens, relevant quelques exemples de ces humbles fiefs, ont cru à une déviation tardive. Bien à tort. Les censiers du IXe siècle connaissent déjà des « bienfaits » aux mains de maires ruraux, d'artisans, de palefreniers ; Einhard, sous Louis le Pieux, mentionne le « bienfait » d'un peintre ; lorsque pour la première fois, en pays rhénan, apparaît, entre 1008 et 1016, le mot même de fief, déguisé à la latine, c'est pour s'appliquer à la tenure d'un forgeron. Une institution, à l'origine de portée très générale, qui, peu à peu, se mua en institution de classe, telle fut la courbe du fief comme de la vassalité et de beaucoup d'autres formes juridiques, aux âges féodaux. Non le tracé inverse.

Car il y avait, cela va de soi, à la longue, pour le sentiment commun, quelque chose de gênant à devoir désigner ainsi, par un même nom, des biens qui, eux-mêmes d'étendue et de nature profondément différentes, étaient détenus par des hommes de conditions aussi opposées qu'un petit maire de village, un cuisinier, un guerrier, seigneur à son tour de beaucoup de paysans, un comte ou un duc. Jusque dans nos sociétés relativement démocratiques, n'éprouvons-nous pas le besoin d'élever, par les mots, une sorte de barrière de respectabilité entre le salaire de l'ouvrier manuel, le traitement du fonctionnaire, les honoraires des professions libérales ? L'ambiguïté cependant subsista longtemps. La France du XIIIe siècle continuait à parler de fiefs d'officiers seigneuriaux et d'artisans : si bien que, préoccupés de mettre à part les fiefs vassaliques, les juristes caractérisaient volontiers ces derniers par l'épithète de « francs », entendez soumis seulement à des obligations dignes d'un homme parfaitement libre. D'autres langues, qui avaient reçu le mot de l'usage français, lui conservèrent plus longtemps encore le sens général de salaire, même en dehors de tout don de terre : en Italie, au XIIIe siècle, les traitements en argent de certains magistrats ou fonctionnaires urbains étaient appelés *fio* ; l'Angleterre aujourd'hui persiste à nommer *fee* les honoraires du médecin ou de l'avocat. De plus en plus cependant, lorsque le mot était employé sans qualification particulière, on tendait à le comprendre comme s'appliquant aux fiefs à la fois les plus nombreux et socialement les plus importants, autour desquels s'était développé un droit proprement « féodal » : à savoir, les tenures chargées des services de la vassalité, dans le sens lui-même nettement spécialisé que, de meilleure heure encore, avait pris ce terme. « Le fief (*Lehn*) », dira finalement, au XIVe siècle, la Glose du *Miroir des Saxons*, « est la solde du chevalier ».

II. LE « CHASEMENT » DES VASSAUX

Entre les deux modes de rémunération du vassal, par le fief et par la provende, l'incompatibilité n'était pas absolue. Une fois établi sur son fonds, le fidèle ne renonçait point, pour autant, aux autres marques de la libéralité seigneuriale : à ces distributions, notamment, de chevaux, d'armes, surtout de robes, de manteaux, de « vair et de gris », que beaucoup de coutumes finirent par codifier et dont les plus hauts personnages même — tel un comte de Hainaut, vassal de l'évêque de Liège — se gardaient bien de faire fi. Parfois, comme on le voit, en 1166, autour d'un grand baron anglais, certains chevaliers, dûment pourvus de terres, n'en vivaient pas moins avec le chef, recevant de lui « leur nécessaire » ([167]). Cependant, réserve faite de quelques situations exceptionnelles, vassaux provendiers et vassaux chasés représentaient vraiment deux variétés bien tranchées et, au regard du seigneur, diversement utiles : en sorte que, dès Charlemagne, on considérait comme anormal qu'un vassal du roi, servant dans le palais, tînt « néanmoins » un bienfait. Quoi que l'on pût, en effet, demander aux feudataires comme aide au jour du danger ou du conseil, comme surveillance durant la paix, c'était seulement des vassaux de la maisonnée, capables d'une présence constante, qu'il était possible d'attendre les mille offices de l'escorte ou de la haute domesticité. Parce que les deux catégories n'étaient donc pas interchangeables, l'opposition, entre elles, ne fut pas, à la lettre, celle de stades successifs du développement. Certes, le type du compagnon nourri dans la maison du maître était le plus ancien. Mais il continua longtemps de coexister avec le type plus récent du dépendant fieffé. L'homme, après un stage dans la suite immédiate, obtenait-il un « chasement » ? Un autre — un adolescent, souvent, encore hors de son héritage, ou un cadet — venait occuper à la table seigneuriale la place devenue vacante ; et la sécurité du vivre et du couvert, ainsi garantie, semblait si digne d'envie que les moyennes familles chevaleresques en sollicitaient quelquefois la promesse, pour les plus jeunes de leurs membres ([168]). Au début du règne de Philippe Auguste, ces vassaux sans fief étaient encore assez nombreux pour que, dans son ordonnance sur la dîme de croisade, le roi, préoccupé de ne laisser échapper aucun genre de contribuables, ait cru devoir leur réserver une place à part.

Pourtant, on ne saurait douter que dès l'époque carolingienne ne se soit marquée, entre les deux groupes de vassaux et au profit du groupe des détenteurs de fief, une disproportion qui, par la suite, alla croissant. Sur ce mouvement et sur quelques-unes au moins de ses causes, nous possédons un témoignage exceptionnellement vivant dans un épisode qui, pour s'être déroulé hors de France, peut néanmoins être légitimement invoqué ici, en raison de l'origine authentiquement française des institutions en jeu.

Quand Guillaume le Bâtard eut conquis l'Angleterre, son premier soin fut de transporter dans son nouveau royaume la remarquable organisation de recrutement féodal dont son duché normand lui fournissait l'exemple. Il imposa donc à ses principaux fidèles l'obligation de tenir constamment à sa disposition un nombre déterminé de chevaliers, dont le chiffre était fixé une fois pour toutes, baronnie par baronnie. Ainsi chaque grand seigneur, dépendant immédiatement du roi, était contraint de s'attacher, à son tour, une certaine quantité au moins de vassaux militaires. Mais il restait libre, bien entendu, de décider des procédés à employer pour assurer leur entretien. Beaucoup d'évêques et d'abbés préférèrent, au début, les loger et nourrir « sur le domaine », sans les chaser. Telle était, naturellement, en tous pays, aux yeux des chefs d'églises, la solution la plus séduisante, parce qu'elle semblait préserver de toute atteinte l'inaliénable patrimoine dont ils avaient reçu le dépôt ; un siècle environ plus tard, le biographe de l'archevêque Conrad Ier de Salzbourg devait encore féliciter son héros d'avoir su mener ses guerres « sans gagner la bonne volonté de ses chevaliers autrement que par des cadeaux de biens meubles ». A très peu d'exceptions près, pourtant, les prélats anglais durent assez vite renoncer à un système si conforme à leurs vœux, pour faire désormais reposer la charge de l'ost royal sur des fiefs découpés dans le sol ecclésiastique ([169]). Le chroniqueur d'Ely raconte que les vassaux, au temps où ils étaient directement nourris par le monastère, s'étaient rendus insupportables par les tumultueuses réclamations dont ils assiégeaient le célerier. On croira, en effet, sans peine, qu'une bruyante troupe d'hommes d'armes, aux appétits indiscrets, fût pour la paix du cloître un fâcheux voisinage ; sans doute, en Gaule même, de pareils ennuis n'avaient-ils pas été étrangers à la rapide et précoce raréfaction de ces vassaux domestiques d'églises, si nombreux encore, vers le début du IXe siècle, autour des grandes communautés religieuses, qu'à Corbie, par exemple, les moines leur réservaient alors un pain spécial, plus fin que celui des autres provendiers. Cependant à cet inconvénient, propre à des seigneuries d'un genre particulier, une difficulté plus grave s'ajoutait qui, si elle n'interdisait pas absolument la pratique de l'entretien à domicile, en limitait du moins singulièrement l'emploi. C'était une grosse aventure, durant le premier âge féodal, que de prétendre ravitailler régulièrement un groupe un peu étendu. Plus d'un annaliste monastique parle de famine au réfectoire. Le plus sûr, en bien des cas, pour le maître comme pour le suivant d'armes, était de laisser à ce dernier, avec les moyens nécessaires, la responsabilité de pourvoir à sa propre subsistance.

A plus forte raison, le régime de la provende devenait-il inapplicable lorsque les vassaux, dont il s'agissait de payer la fidélité, étaient d'un rang trop élevé pour s'accommoder d'une existence passée tout entière à l'ombre du maître. A ceux-là, il fallait des revenus indépendants qui, liés à l'exercice de pouvoirs de commandement, leur permissent de vivre dans des conditions conformes à leur prestige. Aussi bien le souci même du service y obligeait-il parfois. Le rôle d'un *vassus dominicus* carolingien supposait qu'il passât la plus grande partie de ses jours dans sa province, occupé à la surveiller. De fait, à l'époque carolingienne, l'extension des relations vassaliques, non seulement en nombre, mais aussi, si l'on peut dire, en hauteur, s'accompagna d'une immense distribution de « bienfaits ».

Ce serait d'ailleurs se faire de la multiplication des rapports féodaux une image singulièrement imparfaite que de postuler, à l'origine de tous les fiefs, un véritable octroi du seigneur au vassal. Beaucoup au contraire, si paradoxal que cela puisse paraître, naquirent, en réalité, d'un don fait par le vassal au seigneur. L'homme qui cherchait un protecteur devait souvent acheter cette protection. Le puissant qui forçait un plus faible à s'attacher à lui exigeait volontiers que les choses lui fussent soumises comme les personnes. Les inférieurs offraient donc, avec eux-mêmes, leurs terres au chef. Celui-ci, une fois contracté le lien de subordination personnelle, restituait à son nouveau dépendant les biens ainsi provisoirement cédés, mais non sans les avoir, au passage, assujettis à son droit supérieur, qui s'exprimait par le poids de charges diverses. Ce grand mouvement de dédition du sol se poursuivit, durant l'époque franque et le premier âge féodal, du haut en bas de la société. Mais selon le rang du commendé et son genre de vie, les formes en étaient bien différentes. Le fonds du rustre lui était rendu grevé de redevances en nature ou argent et de corvées agricoles. Le personnage d'une condition plus relevée et d'habitudes guerrières, après avoir prêté l'hommage, récupérait son ancien patrimoine en qualité d'honorable fief vassalique. Alors acheva de se marquer l'opposition de deux grandes classes de droits réels : d'un côté, les modestes tenures en « villainage », qui obéissaient aux coutumes collectives des seigneuries, et les fiefs ; de l'autre, restés exempts de toute dépendance, les « alleux ».

Comme fief, mais avec une filiation étymologique beaucoup plus rectiligne (*od*, « bien », et peut être *al*, « total »), « alleu », était d'origine germanique ; comme lui, adopté par les langues romanes, il ne devait vivre que dans ce milieu d'emprunt. L'allemand disait, dans le même sens, *Eigen* (« propre »). En dépit, çà et là, de quelques inévitables gauchissements, la signification de ces mots synonymes demeura parfaitement stable, de l'époque franque à la fin des âges féodaux et plus tard encore. On l'a parfois définie : « pleine propriété ». C'était oublier que cette expression s'applique toujours mal au droit médiéval. Indépendamment même des entraves lignagères, partout présentes, un possesseur d'alleu, pour peu qu'il soit lui-même un seigneur, peut fort bien avoir, au-dessous de lui, des tenanciers, voire des feudataires, dont les droits de jouissance sur le sol, en pratique le plus souvent héréditaires, limitent impérieusement le sien. L'alleu, en d'autres termes, n'est pas forcément vers le bas un droit absolu. Mais il l'est vers le haut. « Fief du soleil » — entendez sans seigneur humain —, diront de lui, joliment, les juristes allemands de la fin du moyen âge.

Naturellement toute espèce d'immeuble ou de revenu

immobilier pouvait jouir de ce privilège, quelle que fût la nature du bien — depuis la petite exploitation paysanne jusqu'au plus vaste complexe de redevances ou de pouvoirs de commandement — ; quel que fût aussi le rang social du détenteur. Il y avait donc une antithèse alleu-censive aussi bien qu'alleu-fief. Seule la seconde doit nous intéresser pour l'instant. A cet égard, l'évolution française et rhénane fut marquée par un rythme à deux temps, d'inégales amplitudes.

L'anarchie qui accompagna et suivit l'effritement de l'État carolingien offrit d'abord à un bon nombre de feudataires l'occasion de s'approprier, purement et simplement, les « chasements » dont ils avaient reçu le conditionnel octroi. Cela, surtout quand le concédant était une église ou le roi. Voici, par exemple, à trente-huit ans de distance, deux chartes limousines. 876 : Charles le Chauve remet au fidèle Aldebert, pour sa vie durant et celle de ses fils, la terre de *Cavaliacus* « à titre usufructuaire, en bénéfice ». 914 : Alger, fils d'Aldebert, fait don aux chanoines de Limoges de « mon alleu appelé *Cavaliacus*, que je tiens de mes parents » ([170]).

Cependant, à moins d'être tombés, comme celui-là, entre les mains du clergé, ni ces alleux d'usurpation, ni ceux d'ancienne et authentique origine n'étaient destinés, pour la plupart, à conserver longtemps leur qualité. Il y avait une fois, raconte un chroniqueur, deux frères, nommés Herroi et Hacket, qui, après la mort de leur père, riche seigneur à Poperinghe, s'étaient partagé ses alleux. Sans trêve, le comte de Boulogne et le comte de Guines s'efforçaient de les contraindre à leur faire hommage, pour ces terres. Hacket, « craignant les hommes plus que Dieu », céda aux sommations du comte de Guines. Herroi, par contre, ne voulant se soumettre à aucun de ses deux persécuteurs, porta sa part d'héritage à l'évêque de Thérouanne et la reprit de lui en fief ([171]). Tardivement relatée et comme un simple on-dit, la tradition n'est pas très sûre dans les détails. Pour le fond, elle fournit certainement une juste image de ce que pouvait être le sort de ces petits seigneurs alleutiers, tenaillés entre les ambitions rivales des hauts barons voisins. De même voit-on, dans l'exacte chronique de Gilbert de Mons, les châteaux, élevés sur les terres allodiales du pays hennuyer, peu à peu réduits, par les comtes de Hainaut ou de Flandre, à la condition de fiefs. Comme le régime féodal, qui se définit essentiellement sous les espèces d'un réseau de dépendances, n'atteignit jamais, même dans les contrées qui lui avaient donné naissance, l'état d'un système parfait, il subsista toujours des alleux. Mais, très abondants encore sous les premiers Carolingiens — au point que la possession de l'un d'eux, qui fût situé dans le comté même, était alors la condition nécessaire pour pouvoir être désigné comme « avoué » d'une église, c'est-à-dire son représentant laïque —, leur nombre, à partir du xe siècle, alla rapidement en décroissant, cependant que celui des fiefs augmentait sans trêve. Le sol entrait en sujétion avec les hommes.

Quelle que fût la provenance réelle du fief vassalique — prélèvement opéré sur la fortune du chef ou fief de « reprise », comme diront plus tard les juristes, c'est-à-dire ancien alleu abandonné, puis féodalement « repris » par son détenteur primitif —, il se présentait officiellement comme octroyé par le seigneur. D'où, l'intervention d'un acte cérémoniel, conçu selon les formes communes alors à toutes les traditions de droits réels, qu'on appelait, en français, « investitures ». Au vassal, le seigneur remettait un objet qui symbolisait le bien. Souvent on se contentait, pour cela, d'un simple bâtonnet. Il arrivait cependant que l'on préférât une image plus parlante : motte de terre, en rappel de la glèbe concédée ; lance qui évoquait le service d'armes ; bannière, si le feudataire devait être non seulement un guerrier, mais un chef de guerre, groupant, à son tour, sous son étendard, d'autres chevaliers. Sur ce canevas, originellement assez vague, la coutume et le génie des juristes brodèrent peu à peu une foule de distinctions, variables selon les pays. Lorsque le don était consenti à un nouveau vassal, l'investiture avait lieu immédiatement après l'hommage et la foi. Jamais avant ([172]). Le rite créateur de la fidélité en précédait nécessairement le salaire.

N'importe quel bien, en principe, pouvait être fief. En pratique, néanmoins, la condition sociale des bénéficiaires, lorsqu'il s'agissait de fiefs vassaliques, imposait certaines limites. Du moins depuis que s'était établie, entre les diverses formes de la commendise, une distinction de classe nettement tranchée. La formule du don accordé au « compagnon », telle que nous l'a conservée un document du VIIe siècle, semble prévoir que des corvées agricoles pourront être réclamées. Mais le vassal des âges postérieurs ne condescendait plus à travailler de ses mains. Force lui était donc de vivre du travail d'autrui. Lorsqu'il recevait une terre, il convenait qu'elle fût peuplée de tenanciers soumis, d'une part, à des redevances, de l'autre, à des prestations de main-d'œuvre, qui permettaient la culture de la fraction du sol généralement réservée à l'exploitation directe par le maître. En un mot, la plupart des fiefs vassaliques étaient des seigneuries, grandes ou petites. D'autres, cependant, consistaient en revenus qui, tout en laissant également à leurs possesseurs le privilège d'une noble oisiveté, ne comportaient point, sauf à titre accessoire, de pouvoirs sur d'autres dépendants : dîmes, églises avec leur casuel, marchés, péages.

A vrai dire, même les droits de ce dernier type, étant, en quelque mesure, fixés au sol, se trouvaient, selon la classification médiévale, rangés parmi les immeubles. Plus tard seulement, lorsque les progrès des échanges comme de l'organisation administrative eurent permis, dans les royaumes ou les grandes principautés, l'accumulation de stocks monétaires relativement considérables, les rois et les hauts barons se prirent à distribuer en fiefs de simples rentes qui, sans supports fonciers, n'en entraînaient pas moins la prestation d'hommage. Ces fiefs « de chambre », c'est-à-dire de trésor, avaient de multiples avantages. Ils évitaient toute aliénation de terres. Échappant, en général, à la déformation qui, nous le verrons, avait métamorphosé la plupart des fiefs terriens en biens héréditaires, demeurés, par conséquent, au plus viagers, ils maintenaient beaucoup plus strictement le détenteur dans la dépendance du concédant. Aux chefs d'État, ils donnaient le moyen de s'assurer des fidèles lointains, en dehors même des territoires immédiatement soumis à leur domination. Les rois d'Angleterre qui, riches de bonne heure, semblent avoir été parmi les premiers à user de ce procédé, en firent l'application, dès la fin du XIe siècle, aux seigneurs flamands, comte en tête, dont ils recherchaient l'appui militaire. Puis Philippe Auguste, toujours prompt à imiter les Plantagenêts, ses rivaux, s'efforça de les concurrencer, par la même méthode et sur le même terrain. Ainsi encore, au XIIIe siècle, les Staufen se conciliaient les conseillers des Capétiens, et les Capétiens ceux des Staufen. Ainsi saint Louis s'attacha directement Joinville, qui n'avait été, jusque-là, que son arrière-vassal ([173]). S'agissait-il, au contraire, de suivants d'armes domestiques ? La rétribution pécuniaire évitait les embarras du ravitaillement. Si, au cours du XIIIe siècle, le nombre des vassaux provendiers diminua très vite, ce fut certainement, en plus d'un cas, parce que la prise en subsistance, pure et simple, avait été remplacée par l'octroi, sous forme de fief, d'un traitement fixe en argent.

Était-il bien sûr, cependant, qu'un revenu exclusivement mobilier pût être légitimement l'objet d'une inféodation ? Le problème n'était pas uniquement verbal. Car il revenait à se demander jusqu'où devaient s'étendre les règles juridiques, très particulières, qui s'étaient peu à peu élaborées autour du concept de fief vassalique. C'est pourquoi, en Italie et en Allemagne, où, dans des conditions diverses, qui seront exposées plus loin, ce droit proprement féodal réussit le mieux à se constituer en système autonome, la doctrine et la jurisprudence aboutirent à dénier aux rentes en numéraire la qualité de fief. En France, par contre, la difficulté ne paraît guère avoir ému les juristes. Sous le vieux nom de la tenure militaire, les grandes maisons baronales et princières y purent passer, insensiblement, à un régime de quasi salariat, caractéristique d'une économie nouvelle qui se fondait sur la vente et l'achat.

Solde d'un commendé, la concession en fief avait pour durée naturelle celle du lien humain, qui était sa raison d'être. Depuis le IXe siècle environ, la vassalité passait pour unir deux vies. En conséquence, le « bienfait » ou fief fut désormais considéré comme devant être détenu par le vassal jusqu'à sa mort ou à celle de son seigneur et jusque-là seulement. Telle fut jusqu'au bout la règle inscrite dans le formalisme du droit : de même qu'entre le survivant du couple primitif et le successeur de son partenaire la relation vassalique ne persistait qu'au prix d'une répétition de l'hommage, le maintien du fief à l'héritier du feudataire ou au feudataire par l'héritier du concédant exigeait que fût réitérée l'investiture. Comment les faits, cependant, ne tardèrent pas à donner aux principes un flagrant démenti, c'est ce qu'il nous faudra tout à l'heure examiner. Mais l'évolution ayant été, sur ce point, commune à toute l'Europe féodale, il convient d'abord de chercher à retracer, dans les pays demeurés jusqu'ici en dehors de notre horizon, le développement d'institutions ou semblables ou analogues à celles qui viennent d'être décrites.

Chapitre III

Tour d'horizon européen

I. LA DIVERSITÉ FRANÇAISE : SUD-OUEST ET NORMANDIE

Que la France ait eu pour destin, dès le moyen âge, d'assembler par le lien de plus en plus vigoureux de l'unité nationale — comme, selon le beau mot de Mistral, le Rhône accueille la Durance — un faisceau de sociétés que séparaient originellement, de puissants contrastes, chacun le sait ou le pressent. Mais nulle étude n'est aujourd'hui moins avancée que celle de cette géographie sociale. Force sera donc ici de se borner à proposer aux chercheurs quelques jalons.

Voici d'abord le Midi aquitain : Toulousain, Gascogne, Guyenne. Dans ces contrées, de structure à tous égards fort originale et qui n'avaient été que faiblement soumises à l'action des institutions franques, la propagation des rapports de dépendance paraît avoir rencontré beaucoup d'obstacles. Les alleux jusqu'au bout y demeurèrent fort nombreux : tant petites exploitations paysannes que seigneuries. La notion de fief elle-même, malgré tout introduite, perdit rapidement la netteté de ses contours. Dès le XIIe siècle, on qualifiait ainsi, autour de Bordeaux ou de Toulouse, toute espèce de tenures, sans en excepter celles qui étaient chargées d'humbles redevances foncières ou de corvées agricoles. De même pour le terme d'« honneur », devenu, dans le Nord, à la suite d'une évolution sémantique qui sera retracée plus loin, le quasi-synonyme de « fief ». Certainement les deux noms avaient été adoptés, d'abord, avec leur sens ordinaire, bien spécialisé. La déviation, que ne connurent jamais les pays vraiment féodalisés, ne vint qu'après. C'étaient les concepts juridiques eux-mêmes qu'avait imparfaitement compris une société régionale imbue de tout autres habitudes.

Accoutumés à un régime de compagnonnage voisin des primitifs usages francs, les Scandinaves de Rollon, lors de leur établissement en Neustrie, ne trouvaient, par contre, dans leurs traditions nationales rien qui ressemblât au système du fief et de la vassalité, tel qu'il s'était dès lors développé en Gaule. Leurs chefs pourtant s'y adaptèrent, avec une étonnante souplesse. Nulle part mieux que sur cette terre de conquête, les princes ne surent utiliser au profit de leur autorité le réseau des relations féodales. Cependant, dans les couches profondes de la société, certains traits exotiques continuèrent de percer. En Normandie, comme sur les rives de la Garonne, le mot de fief glissa rapidement au sens général de tenure. Mais ce ne fut point pour des raisons exactement équivalentes. Car, ici, ce qui semble avoir manqué fut le sentiment, ailleurs devenu si puissant, de la différenciation des classes et, conséquemment, des terres par le genre de vie. Témoin, le droit spécial des « vavasseurs ». Le mot en lui-même n'avait rien d'exceptionnel. A travers tout le domaine roman, il désignait, dans la chaîne des possesseurs de fiefs militaires, les plus bas placés, ceux qui, par rapport aux rois ou aux grands barons n'étaient que des vassaux de vassaux (*vassus vassorum*). Mais l'originalité du vavasseur normand résidait dans le singulier imbroglio des charges qui généralement pesaient sur son bien. A côté d'obligations de service armé, tantôt à cheval, tantôt à pied, la « vavassorerie » supportait des redevances, voire des corvées : mi-fief en somme, mi-vilainage. Dans cette anomalie, hésitera-t-on à reconnaître un vestige du temps des Vikings ? Pour lever tous les doutes, il suffira d'un regard jeté vers la Normandie anglaise : entendez les comtés du Nord et du Nord-Est, dits « de coutume danoise ». La même dualité de charges y grevait les terres de dépendants qui là étaient dénommés *drengs*, c'est-à-dire originellement — tout comme pour vassal — « garçons » : terme, cette fois, franchement nordique et qui, d'ailleurs, comme on l'a vu, semble avoir été aussi en usage, immédiatement après l'invasion, sur les bords de la Seine ([174]). Vavasseur et *dreng*, chacun de son côté, devaient donner, au cours des siècles suivants, beaucoup de fil à retordre aux juristes, prisonniers de classifications progressivement cristallisées. Dans un monde qui au-dessus de toutes les autres activités sociales et à part d'elles mettait les armes, ils étaient comme un persistant et gênant souvenir de l'âge où chez les « hommes du Nord », ainsi qu'il se voit encore si bien dans les *sagas* islandaises, nul abîme ne séparait la vie du paysan et celle du guerrier.

II. L'ITALIE

L'Italie des Lombards avait vu se développer spontanément des pratiques de relation personnelle presque de tous points analogues aux commendises des Gaules : depuis la simple tradition de soi-même en servitude jusqu'au compagnonnage militaire. Les compagnons de guerre, au moins autour des rois, des ducs, des principaux chefs, portaient le nom germanique commun de *gasindi*. Beaucoup d'entre eux recevaient des terres. Quitte, d'ailleurs, le plus souvent, à devoir les restituer au chef, s'ils lui retiraient leur obédience. Car, conformément aux habitudes que nous trouvons partout à l'origine de ce genre de rapports, le lien n'avait alors rien d'indissoluble : au libre Lombard, pourvu qu'il ne sortît point du royaume, la loi reconnaissait expressément le droit de « s'en aller avec son lignage où il voudra ». Cependant la notion d'une catégorie juridique de biens spécialisés dans la rémunération des services ne paraît pas s'être dégagée clairement avant l'absorption de l'État lombard dans l'État carolingien. Le « bienfait » fut en Italie une importation franque. Bientôt, au reste, comme dans la patrie même de l'institution, on préféra dire « fief ». La langue lombarde possédait ce mot avec le sens ancien de bien mobilier. Mais, dès la fin du IXe siècle, l'acception nouvelle de tenure militaire est attestée, aux environs de Lucques ([175]). En même temps, le gallo-franc « vassal » se substituait peu à peu à *gasindus*, refoulé dans la signification, plus étroite, de suivant d'armes non chasé. C'est que la domination étrangère avait mis son empreinte sur les réalités elles-mêmes. Non seulement la crise sociale provoquée par les guerres de conquête et sur laquelle un capitulaire carolingien apporte un curieux témoignage ([176]), non seulement les ambitions de l'aristocratie immigrée, maîtresse des hautes charges, avaient entraîné la multiplication de patronages de tout ordre. Mais la politique carolingienne, de ce côté des Alpes comme de l'autre, régularisa et étendit à la fois le système primitivement assez lâche des dépendances personnelles et foncières. Si, de toute l'Europe, l'Italie du Nord fut sans doute le pays où le régime de la vassalité et du fief se rapprocha le plus de celui de la France propre, la raison en fut que, des deux parts, les conditions premières étaient presque semblables : à la base un substrat social de même type, où les habitudes de la clientèle romaine se mêlaient aux traditions de la Germanie ; travaillant cette pâte, l'œuvre organisatrice des premiers Carolingiens.

Cependant, sur cette terre où ni l'activité législatrice, ni l'enseignement juridique ne s'interrompirent jamais, le droit féodal et vassalique devait, de très bonne heure, cesser d'être constitué seulement, comme il le fut si longtemps en France, par un ensemble assez flottant de préceptes traditionnels ou jurisprudentiels, presque purement oraux. Autour des ordonnances promulguées, sur la matière, depuis 1037, par les souverains du royaume d'Italie — lesquels étaient, en fait, les rois allemands —, toute une littérature technique surgit qui, à côté du commentaire de ces lois, s'appliquait à décrire « les bonnes coutumes des cours ». Les principaux morceaux en furent rassemblés, on le sait, dans la fameuse compilation des *Libri Feudorum*. Or le droit de la vassalité, tel que l'exposent ces textes, présente une particularité singulière : l'hommage de bouche et de mains n'y est jamais mentionné ; le serment de foi semble suffire à fonder la fidélité. Il y avait là, à vrai dire, une part de systématisation et d'artifice, conforme à l'esprit de presque toutes les œuvres doctrinales de ce temps. Les documents de la pratique attestent qu'en Italie, aux âges féodaux, l'hommage, selon le type franc, était quelquefois prêté. Non pas toujours cependant, ni même peut-être le plus souvent. Il ne paraissait pas nécessaire à la création du lien. Rite d'importation, il n'avait sans doute jamais été complètement adopté par une opinion juridique beaucoup plus aisément disposée qu'outre-monts à admettre des obligations contractées en dehors de tout acte formaliste.

Un jour très vif est jeté sur la notion même du fief vassalique par son histoire dans une autre région de l'Italie : le Patrimoine de saint Pierre. En 999, la faveur de l'Empereur Otton III poussa au pontificat un homme qui, né dans le cœur de l'Aquitaine, avait, au cours de sa carrière brillante et agitée, acquis l'expérience des monarchies et des grandes principautés ecclésiastiques de l'ancien pays franc, comme de l'Italie lombarde. C'était Gerbert d'Aurillac, de son nom de pape Silvestre II. Il constata que ses prédécesseurs avaient ignoré le fief. Certes l'Église romaine avait ses fidèles. Elle ne manquait pas de leur distribuer des terres. Mais elle usait encore pour cela des vieilles formes romaines : l'emphytéose notamment. Adaptés aux besoins de sociétés d'un tout autre type, ces contrats répondaient mal aux nécessités du présent. Ils ne comportaient pas en eux-mêmes de charges de services. Temporaires, mais à plusieurs vies, ils ne connaissaient pas l'obligation salutaire du retour au donateur, de génération en génération. Gerbert voulut leur substituer de véritables inféodations et dit pourquoi ([177]). S'il ne semble pas avoir très bien réussi, en ce premier effort, fief et hommage n'en pénétrèrent pas moins, après lui, peu à peu, dans la pratique du gouvernement papal. Tant cette double institution paraissait désormais indispensable à toute bonne organisation des dépendances dans la classe militaire.

III. L'ALLEMAGNE

Aux provinces de la Meuse et du Rhin, parties intégrantes, dès le principe, du royaume fondé par Clovis et foyers de la puissance carolingienne, l'État allemand, tel qu'il se constitua définitivement vers le début du Xe siècle, unissait de vastes territoires qui étaient demeurés à l'écart du grand brassage d'hommes et d'institutions, caractéristique de la société gallo-franque. Telle, avant tout, la plaine saxonne, du Rhin à l'Elbe, occidentalisée seulement depuis Charlemagne. Les pratiques du fief et de la vassalité se répandirent néanmoins sur toute l'Allemagne transrhénane. Mais sans jamais, surtout dans le Nord, pénétrer le corps social aussi à fond que dans le vieux pays franc. N'ayant pas été adopté par les classes supérieures, aussi complètement qu'en France, comme le rapport humain propre à leur rang, l'hommage resta plus proche de sa nature primitive, qui faisait de lui un rite de pure subordination : à l'offre des mains, le baiser d'amitié, qui mettait presque à niveau seigneur et vassal, ne vint que très exceptionnellement s'ajouter. Il est possible qu'au début les membres des grands lignages de chefs aient éprouvé quelque répugnance à entrer dans des liens tenus encore pour à demi serviles. Au XIIe siècle, on racontait, dans l'entourage des Welfs, comment un des ancêtres de la race, ayant appris l'hommage prêté par son fils au roi, avait conçu de cet acte, où il voyait une atteinte à la « noblesse » et à la « liberté » de son sang, une irritation si vive que, se retirant dans un monastère, il refusa, jusqu'à sa mort, de revoir le coupable. La tradition, mêlée d'erreurs généalogiques, n'est pas, en soi, d'une authenticité certaine. Elle n'en est pas moins symptomatique ; dans le reste du monde féodal, on n'en aperçoit point de semblable.

D'autre part, l'opposition entre le service des armes et la culture du sol, véritable fondement ailleurs du clivage des classes, mit ici plus longtemps à s'établir. Lorsque, dans les premières années du Xe siècle, le roi Henri Ier, Saxon lui-même, pourvut de points d'appui fortifiés la frontière orientale de la Saxe, sans cesse menacée par les Slaves et les Hongrois, il en confia la défense à des guerriers répartis régulièrement, nous dit-on, par groupes de neuf. Les huit premiers, établis autour de la forteresse, venaient la garnir seulement en cas d'alerte. Le neuvième y vivait, en permanence, afin de veiller sur les maisons et les provisions réservées à ses compagnons. Le système, à première vue, n'est point sans analogie avec les principes adoptés, au même temps, pour la garde de divers châteaux français. A y mieux regarder cependant, une différence extrêmement profonde se marque. Ces garnisaires des confins saxons, au lieu de demander, comme les vassaux « estagiers » de l'Ouest, leur subsistance tantôt aux distributions faites par le maître tantôt, sous forme de redevances, à des fiefs concédés par celui-ci, étaient eux-mêmes de véritables paysans, cultivant le sol de leurs mains : *agrarii milites.*

Deux traits, jusqu'à la fin du moyen âge, continuèrent d'attester cette féodalisation moins avancée de la société allemande. Le nombre et l'étendue des alleux d'abord, notamment des alleux de chefs. Lorsque le Welf Henri le Lion, duc de Bavière et de Saxe, eut été, en 1180, privé, par jugement, des fiefs qu'il tenait de l'Empire, ses terres allodiales, demeurées aux mains de ses descendants, se trouvèrent assez considérables pour leur constituer une véritable principauté, qui, muée à son tour, soixante-quinze ans plus tard, en fief impérial, devait, sous le nom de duché de Brunswick et Lunebourg, former la base, dans la future confédération germanique, des États brunswickois et hanovriens ([178]). En Allemagne, par ailleurs, le droit du fief et de la vassalité, au lieu, comme en France, de se mêler inextricablement à tout le réseau juridique, fut conçu de bonne heure sous les espèces d'un système à part, dont les règles, applicables seulement à certaines terres ou à certaines personnes, ressortissaient à des tribunaux spéciaux : à peu près comme chez nous, actuellement, au droit civil déroge celui des actes de commerce et des commerçants. *Lehnrecht*, droit des fiefs ; *Landrecht*, droit général du pays : les grands manuels du XIIIe siècle sont tout entiers construits sur ce dualisme, dont n'eût jamais rêvé notre Beaumanoir. Il n'avait de sens que parce que, même dans les hautes classes, bien des liens juridiques manquaient à rentrer sous la rubrique féodale.

IV. HORS DE L'EMPRISE CAROLINGIENNE : L'ANGLETERRE ANGLO-SAXONNE ET L'ESPAGNE DES ROYAUMES ASTURO-LÉONAIS

Au-delà de la Manche, que même aux pires heures les barques ne cessèrent jamais de traverser, les royaumes barbares de la Grande-Bretagne n'étaient pas à l'abri des influences franques. L'admiration que l'État carolingien notamment, inspira aux monarchies de l'île semble être allée parfois jusqu'à de véritables tentatives d'imitation. Témoin, entre autres, dans quelques chartes et quelques textes narratifs, l'apparition du mot de vassal, visiblement emprunté. Mais ces actions étrangères demeurèrent toutes de surface. L'Angleterre anglo-saxonne offre à l'historien de la féodalité la plus précieuse des expériences naturelles : celle d'une société de contexture germanique, qui poursuivit, jusqu'à la fin du XIe siècle, une évolution presque entièrement spontanée.

Pas plus qu'aucuns de leurs contemporains, les Anglo-saxons ne trouvaient dans les liens du peuple ou du sang de quoi satisfaire pleinement chez les petits leur besoin de protection, chez les forts leurs instincts de puissance. Depuis le moment où, au début du VIIe siècle, se lève à nos yeux le voile d'une histoire jusque-là privée d'écrits, nous voyons se dessiner les mailles d'un système de dépendances qu'achèveront de développer, deux siècles plus tard, les grands troubles de l'invasion danoise. Les lois, dès le début, reconnurent et réglementèrent ces relations, auxquelles on appliquait ici aussi, lorsqu'il s'agissait de marquer la soumission de l'inférieur, le nom latin de *commendatio*, si l'on portait au contraire l'accent sur la protection accordée par le maître, le terme germain de *mund*. Les rois, à partir du Xe siècle au moins, les favorisèrent. Ils les tenaient pour utiles à l'ordre public. Un homme, prescrit, entre 925 et 935, Aethelstan, n'a-t-il point de seigneur ? Si on constate que cette situation nuit à l'exercice des sanctions légales, sa famille, devant le plaid public, devra lui désigner un *lord*. Ne le veut-elle ou ne le peut-elle pas ? Il sera hors la loi et quiconque le rencontrera pourra le tuer, comme un brigand. La règle visiblement ne touchait point les personnages assez haut placés pour se trouver soumis à l'autorité immédiate du souverain ; ceux-là étaient à eux-mêmes leurs propres répondants. Mais telle quelle — sans que d'ailleurs l'on sache jusqu'à quel point elle fut pratiquement suivie d'effet —, elle allait, en intention du moins, plus loin que

Charlemagne ou ses successeurs n'osèrent jamais prétendre ([179]). Aussi bien, les rois ne se privèrent-ils point d'utiliser, eux aussi, à leur profit, ces liens. Leurs dépendants militaires, que l'on appelait leurs « thegns », étaient comme autant de *vassi dominici* répandus dans tout le royaume, protégés par des tarifs de composition spéciaux et chargés de véritables fonctions publiques. Si néanmoins, par un de ces décalages de courbe auxquels l'histoire se plaît, les rapports de dépendance ne dépassèrent jamais, en Angleterre, avant la conquête normande, l'état encore flottant qui avait été à peu près le stade de la Gaule mérovingienne, la raison doit en être cherchée, moins encore dans la faiblesse d'une royauté profondément touchée par les guerres danoises, que dans la persistance d'une structure sociale originale.

Dans la foule des dépendants s'étaient distingués de bonne heure, là comme ailleurs, les fidèles armés dont s'entouraient les grands et les rois. Divers noms, qui n'avaient en commun qu'une résonance assez humble et ménagère, désignèrent, concurremment ou successivement, ces guerriers familiers : *gesith*, naturellement, déjà tant de fois rencontré ; *gesella*, c'est-à-dire compagnon de salle ; *geneat*, compagnon de nourriture ; *thegn*, qui, parent lointain du grec τέκνον, avait, tout comme vassal, pour sens primitif, « jeune garçon » ; *knight*, lequel est le même mot que l'allemand *Knecht*, serviteur ou esclave. Depuis Knut, on emprunta volontiers au scandinave, pour l'appliquer aux suivants d'armes du roi ou des grands, le terme de *housecarl*, « gars de la maison ». Le seigneur — du féal militaire comme du plus médiocre commendé, voire de l'esclave — est dit *hlaford* (d'où est venu le mot *lord* de l'anglais actuel) : au propre « donneur de miches » ; de même que les hommes, groupés dans sa maison, sont ses « mangeurs de pain » (*hlafoetan*). En même temps qu'un défenseur, n'était-il pas un nourricier ? Un curieux poème met en scène la plainte d'un de ces compagnons de guerre, réduit, après la mort de son chef, à courir les chemins à la recherche d'un nouveau « distributeur de trésors » : poignant lamento d'une sorte d'isolé social, privé à la fois de protection, de tendresse et des plaisirs les plus nécessaires à la vie. « Il rêve par moments qu'il étreint et baise son seigneur, met les mains et la tête sur ses genoux, comme autrefois près du haut siège d'où venaient les dons ; puis l'homme sans amis s'éveille et ne voit plus devant lui que les sombres vagues... Où sont les joies de la grande salle ? Où, hélas, la brillante coupe ? »

Alcuin, décrivant, en 801, autour de l'archevêque d'York, une de ces suites armées, y signalait la présence côte à côte de « guerriers nobles » et de « guerriers sans noblesse » : preuve, à la fois, de la bigarrure propre originellement à toutes les troupes de cette sorte et des distinctions que pourtant on inclinait déjà à marquer dans leurs rangs. Un des services que nous rendent les documents anglo-saxons est de souligner, sur ce point, une liaison causale que la déplorable pauvreté des sources mérovingiennes ne laisse guère apparaître : la différenciation était dans la nature des choses ; mais, visiblement elle fut hâtée par l'habitude même, qui se répandit progressivement, d'établir ces hommes d'armes sur des terres. L'étendue et la nature de la concession, variant selon la qualité de l'homme, achevaient, en effet, de préciser le contraste. Rien de plus révélateur que les vicissitudes de la terminologie. Parmi les mots qui ont été énumérés tout à l'heure, certains tombèrent finalement hors d'usage. D'autres se spécialisèrent, soit vers le haut, soit vers le bas. Le *geneat* est au début du VIIe siècle un vrai guerrier et un assez grand personnage ; au XIe, un modeste tenancier, qui ne se sépare guère des autres paysans que parce qu'il est astreint à monter la garde auprès du maître et à porter ses messages. *Thegn*, au contraire, demeura l'étiquette d'une catégorie de dépendants militaires beaucoup plus considérée. Mais, comme la plupart des individus ainsi dénommés avaient été peu à peu dotés de tenures, on éprouva bientôt le besoin d'user d'un terme nouveau pour désigner les hommes d'armes domestiques qui étaient venus les relayer dans le service militaire de la maisonnée. Ce fut *knight*, alors débarrassé de sa tare servile. Cependant le mouvement qui poussait à l'institution d'un salaire foncier était si irrésistible qu'à la veille de la conquête normande plus d'un *knight* à son tour avait été pourvu d'une terre.

A dire vrai, ce que ces distinctions verbales conservaient de mouvant indique combien la discrimination, dans les faits, demeurait incomplète. Un autre témoignage nous en est fourni par le formalisme même des actes de soumission qui, jusqu'au bout, quelle que fût leur portée sociale, purent, uniformément, soit comporter le rite d'offrande des mains, soit s'en passer. Dans la Gaule franque, le grand principe de la scission qui finalement aboutit à séparer d'un trait si net la vassalité et les formes inférieures de la commendise avait été double : d'une part, l'incompatibilité entre deux genres de vie et par suite d'obligations — celui du guerrier, celui du paysan — ; de l'autre, la brèche creusée entre un lien viager, en droit librement choisi, et les attaches héréditaires. Or ni l'un ni l'autre facteur n'agissaient au même degré dans la société anglo-saxonne.

Agrarii milites, « guerriers paysans » : cette alliance de mots, que nous avons déjà rencontrée en Allemagne, un chroniqueur s'en servait, à son tour, en 1159, pour caractériser certains éléments traditionnels des forces militaires que l'Angleterre, dont la structure n'avait pas été complètement bouleversée par la Conquête, continuait de mettre à la disposition de son roi étranger ([180]). Simples survivances à ce moment, les réalités, auxquelles se rapportait l'allusion, avaient répondu, un siècle plus tôt, à des pratiques très générales. N'étaient-ce pas en effet des hommes d'armes et des rustres tout à la fois que ces *geneat* ou encore ces *radmen* dont les tenures, si nombreuses au xe siècle, étaient grevées de services d'escorte ou de message comme de redevances et de corvées agricoles ; que certains des *thegns* mêmes, soumis, de par leurs terres, à d'humbles corvées aussi à côté du service de guerre ? Tout conspirait à maintenir ainsi une sorte de confusion des genres : l'absence de ce substrat social gallo-romain qui, sans qu'on puisse rendre un compte exact de son action, semble bien en Gaule avoir contribué à imposer l'habitude des distinctions de classes ; — l'influence des civilisations nordiques : c'était dans les comtés du Nord, profondément scandinavisés, que se rencontraient surtout, à côté des *drengs*, que nous connaissons déjà, les *thegns* paysans ; — la moindre importance enfin accordée au cheval. Non que beaucoup de féaux anglo-saxons ne fussent pourvus de montures. Mais au combat ils mettaient régulièrement pied à terre. La bataille de Hastings fut essentiellement la défaite d'une infanterie par une troupe mixte où la cavalerie soutenait de ses manœuvres les fantassins. L'Angleterre, avant la Conquête, ignora toujours l'équivalence, familière au continent, de « vassal » avec « chevalier » et si *knight*, après l'arrivée des Normands, finit, d'ailleurs non sans hésitations, par être employé pour traduire le second de ces mots, ce fut sans doute parce que les chevaliers d'abord amenés par les envahisseurs étaient, pour la plupart, comme la majorité des *knights*, des guerriers sans terres. Or l'apprentissage et les exercices constants que rendaient nécessaires la conduite dans la mêlée d'un destrier et le maniement à cheval de lourdes armes, quel paysan en avait besoin pour chevaucher jusqu'au lieu de l'engagement ?

Quant aux contrastes qui ailleurs découlaient de la plus ou moins longue durée du lien, ils n'avaient guère la possibilité de se manifester bien fortement en Angleterre. Car — à l'exception, cela va de soi, des asservissements purs et simples — les relations de dépendance, à tous les degrés, demeuraient susceptibles d'une rupture assez aisée. Les lois, il est vrai, interdisaient à l'homme d'abandonner son seigneur, sans l'assentiment de celui-ci. Mais cette permission ne pouvait être refusée si les biens remis en échange des services avaient été restitués et qu'aucune obligation portant sur le passé ne restât due. La « quête du lord », éternellement renouvelable, semblait un imprescriptible privilège de l'homme libre. « Qu'aucun seigneur », dit Aethelstan, « n'y mette obstacle, du moment qu'il lui a été fait droit ». Assurément, le jeu des accords particuliers, des coutumes locales ou familiales, des abus de force, enfin, était parfois plus puissant que les règles légales : plus d'une subordination se muait pratiquement en attache viagère, voire héréditaire. De nombreux dépendants, parfois de très modeste condition, n'en gardaient pas moins la faculté, comme dit le *Domesday Book*, « de s'en aller vers un autre seigneur ». Par ailleurs, aucune classification rigide des rapports fonciers ne fournissait son armature au régime des rapports personnels. Sans doute, si, parmi les terres que les seigneurs octroyaient à leurs fidèles, beaucoup, comme sur le continent, au temps de la première vassalité, étaient cédées en plein droit, d'autres, au contraire, devaient être conservées seulement pour autant que durerait la fidélité même. Ces concessions temporaires portaient fréquemment, comme en Allemagne, le nom de prêt (*laen*, en latin *praestitum*). Mais l'on ne voit point que la notion d'un bien-salaire, avec retour obligatoire au donateur, à chaque mort, se fût clairement élaborée. L'évêque de Worcester procède-t-il, vers le début du XIe siècle, à des distributions de cette nature, moyennant à la fois devoir d'obéissance, redevances et service de guerre ? Il adopte pour cela le vieux mode, familier à l'Église, du bail à trois générations. Il arrivait que les deux liens, de l'homme et du sol, fussent sans coïncidence : sous Édouard le Confesseur, un personnage qui s'est fait octroyer par un seigneur ecclésiastique une terre, à trois générations également, reçoit en même temps l'autorisation « d'aller durant ce terme, avec elle, vers le seigneur qu'il voudra » ; c'est-à-dire de se commender, lui et le fonds, à un autre maître que le concédant : dualité qui, dans les hautes classes du moins, eût été, en France, à la même époque, proprement inconcevable.

Aussi bien, pour important que fût devenu, dans l'Angleterre anglo-saxonne, le rôle de ciment social joué par les relations de protection, il s'en fallait de beaucoup qu'elles eussent étouffé tout autre lien. Le seigneur répondait publiquement de ses hommes. Mais à côté de cette solidarité de maître à subordonné, subsistaient, très vigoureuses et soigneusement organisées par la loi, les vieilles solidarités collectives, de lignages et de groupes de voisins. De même, l'obligation militaire de tous les membres du peuple survivait, plus ou moins proportionnée à la richesse de chacun. Si bien qu'ici une contamination se produisit, infiniment instructive. Deux types de guerriers servaient le roi avec armement complet : son *thegn*, équivalent à peu près du vassal franc, et le simple homme libre, pourvu qu'il eût une certaine fortune. Naturellement, les deux catégories se recouvraient partiellement, le *thegn* ordinairement n'étant point un pauvre. On s'habitua donc, vers le xe siècle, à dénommer *thegns* — sous-entendu royaux — et à considérer comme dotés des privilèges appartenant à cette condition tous les libres sujets du roi qui, même sans s'être placés sous sa commendise particulière, possédaient des terres suffisamment étendues, voire même avaient exercé, avec profit, l'honorable commerce d'outre-mer. Ainsi le même mot caractérisait, tour à tour, tantôt la situation créée par un acte de soumission personnelle, tantôt l'appartenance à une classe économique : équivoque qui, même compte tenu, chez les esprits, d'une remarquable imperméabilité au principe de contradiction, ne pouvait guère s'admettre que parce que le lien d'homme à homme n'était pas conçu comme une force tellement puissante que rien ne se pût comparer avec elle. Peut-être ne serait-il pas absolument inexact d'interpréter l'effondrement de la civilisation anglo-saxonne comme la débâcle d'une société qui, ayant vu malgré tout s'effriter les vieux cadres sociaux, n'avait pas su leur substituer une armature de dépendances bien définies et nettement hiérarchisées.

Ce n'est pas vers l'Espagne du Nord-Est que doit regarder l'historien de la féodalité, en quête, dans la péninsule ibérique, d'un champ de comparaisons vraiment particularisé. Marche détachée de l'Empire carolingien, la Catalogne avait subi profondément l'empreinte des institutions franques. De même, plus indirectement, l'Aragon voisin. Rien de plus original, au contraire, que la structure des sociétés du groupe asturo-léonais : Asturies, León, Castille, Galice, plus tard Portugal. Malheureusement l'exploration n'en a guère été poussée bien loin. Voici, en quelques mots, ce qu'on peut entrevoir ([181]).

L'héritage de la société visigothique, transmis par les premiers rois et l'aristocratie, les conditions de vie alors communes à tout l'Occident favorisèrent, là comme ailleurs, le développement des dépendances personnelles. Les chefs, notamment, avaient leurs guerriers familiers, qu'ils appelaient, à l'ordinaire, leurs *criados*, c'est-à-dire leurs « nourris » et que les textes, parfois, traitent également de « vassaux ». Mais ce dernier mot était d'emprunt ; et son emploi en somme fort rare, a pour principal intérêt de rappeler que même ce secteur, entre tous autonome, du monde ibérique, subit néanmoins, lui aussi, et avec une force, semble-t-il, croissante, l'influence des féodalités d'outre-Pyrénées. Comment en eût-il été autrement, alors que tant de chevaliers et de clercs français passaient constamment les cols ? De même, le mot d'hommage se rencontre quelquefois et, avec lui, le rite. Mais le geste indigène de dédition était autre : c'était le baisement des mains, d'ailleurs entouré d'un formalisme beaucoup moins rigoureux et susceptible de se répéter assez fréquemment, comme un acte de simple politesse. Bien que le nom de *criados* paraisse évoquer, avant tout, des fidèles domestiques et que le *Poème du Cid* appelle encore les suivants du héros « ceux qui mangent son pain », l'évolution qui partout tendait à substituer aux distributions d'aliments et de cadeaux les dotations en terres ne laissa point de se faire sentir : tempérée pourtant, ici, par les ressources exceptionnelles que le butin, après les razzias en territoire maure, mettait entre les mains des rois et des grands. Une notion, assez nette, de la tenure grevée de services et révocable en cas de manquement se dégagea. Quelques documents, inspirés par le vocabulaire étranger, parfois rédigés par des clercs venus de France, la dénomment « fief » (sous ses formes latines). La langue courante avait élaboré, en pleine indépendance, un terme propre : *prestamo*, littéralement — par un curieux parallélisme d'idées avec le *lehn* allemand ou anglo-saxon — « prêt ».

Jamais, cependant, ces pratiques ne donnèrent naissance, comme en France, à un réseau, puissant, envahissant et bien ordonné, de dépendances vassaliques et féodales. C'est que deux grands faits imprimèrent, à l'histoire des sociétés asturo-léonaises, une tonalité particulière : la reconquête ; et le repeuplement. Sur les vastes espaces arrachés aux Maures, des paysans furent établis, comme colons, qui, pour la plupart, échappaient aux formes au moins les plus astreignantes de la sujétion seigneuriale ; qui, en outre, conservèrent nécessairement les aptitudes guerrières d'une sorte de milice des confins. Il en résultait que beaucoup moins de vassaux qu'en France pouvaient être pourvus de revenus tirés du travail de tenanciers, payant redevances et devant corvées ; que, surtout, si le fidèle armé était le combattant par excellence, il n'était pas le seul combattant ni même le seul à être monté. A côté de la chevalerie des *criados*, il existait une « chevalerie vilaine », composée des plus riches parmi les libres paysans. D'autre part, le pouvoir du roi, chef de la guerre, restait beaucoup plus agissant qu'au nord des Pyrénées. D'autant que, par surcroît, les royaumes étant beaucoup moins étendus, leurs souverains se sentaient beaucoup moins en peine d'atteindre directement la masse de leurs sujets. Donc point de confusion entre l'hommage vassalique et la subordination du fonctionnaire, entre l'office et le fief. Point, non plus, d'échelonnement régulier des hommages, montant de degré en degré — sauf interruption par l'alleu — du plus petit chevalier jusqu'au roi. Il y avait çà et là des groupes de féaux, souvent dotés de terres qui rémunéraient leurs services. Imparfaitement liés entre eux, ils étaient loin de constituer l'armature presque unique de la société et de l'État. Tant il est vrai que deux facteurs semblent avoir été indispensables à tout régime féodal achevé : le quasi-monopole professionnel du vassal-chevalier ; et l'effacement, plus ou moins volontaire, devant l'attache vassalique, des autres moyens d'action de l'autorité publique.

V. LES FÉODALITÉS D'IMPORTATION

Avec l'établissement des ducs de Normandie en Angleterre, nous touchons à un remarquable phénomène de migration juridique : le transport, sur une terre conquise, des institutions féodales françaises. On le vit se produire à trois reprises, durant le même siècle. Au-delà de la Manche, après 1066. Dans l'Italie du Sud où, depuis 1030 ou environ, des aventuriers, venus eux aussi de Normandie, commencèrent à se tailler des principautés, destinées finalement, au bout d'un siècle, à constituer, par leur réunion, le royaume dit de

Sicile. En Syrie enfin, dans les États fondés, depuis 1099, par les croisés. Sur le sol anglais, la présence chez les vaincus d'habitudes déjà quasi vassaliques facilita l'adaptation du régime étranger. Dans la Syrie latine, on travaillait sur une table rase. Quant à l'Italie méridionale, elle avait été partagée, avant l'arrivée des Normands, entre trois dominations. Dans les principautés lombardes de Bénévent, Capoue et Salerne, la pratique des dépendances personnelles était fort répandue, mais sans qu'elles se fussent élaborées en un système bien hiérarchisé. Dans les provinces byzantines, des oligarchies terriennes, guerrières et souvent aussi marchandes dominaient la foule des humbles, que leur attachait quelquefois une sorte de patronat. Enfin, là où régnaient les émirs arabes, il n'existait rien d'analogue, même de loin, à la vassalité. Mais, si puissants qu'aient été ces contrastes, la transplantation des relations féodales et vassaliques fut partout rendue aisée par leur caractère d'institutions de classe. Au-dessus des plèbes rurales et parfois des bourgeoisies, les unes comme les autres de type ancestral, les groupes dirigeants, composés essentiellement d'envahisseurs, auxquels en Angleterre et surtout en Italie s'étaient joints quelques éléments empruntés aux aristocraties indigènes, formaient autant de sociétés coloniales, régies par des usages, comme elles, exotiques.

Ces féodalités d'importation eurent pour caractère commun d'être beaucoup mieux systématisées que là où le développement avait été purement spontané. A vrai dire, dans l'Italie du Sud qui, conquise peu à peu, à la suite d'accords autant que de guerres, n'avait pas vu disparaître totalement ses hautes classes ni leurs traditions, il subsista toujours des alleux. Beaucoup, par un trait caractéristique, étaient entre les mains des vieilles aristocraties des cités. Ni en Syrie par contre, ni en Angleterre — si on laisse de côté, au début, certaines oscillations de terminologie —, l'allodialité ne fut admise. Toute terre est tenue d'un seigneur et cette chaîne, qui nulle part ne s'interrompt, aboutit de maillon en maillon au roi. Tout vassal, par suite, est attaché au souverain, non seulement comme son sujet, mais aussi par un lien qui monte d'homme à homme. Le vieux principe carolingien de la « coercition » par le seigneur recevait ainsi, sur ces terres étrangères au vieil Empire, son application presque idéalement parfaite.

Dans l'Angleterre, gouvernée par une royauté puissante, qui sur le sol conquis avait apporté les fortes habitudes administratives de son duché natal, les institutions ainsi introduites ne dessinèrent pas seulement une armature plus rigoureusement ordonnée que nulle part ailleurs. Par l'effet d'une sorte de contagion du haut en bas, elles pénétrèrent progressivement la société presque tout entière. En Normandie, comme l'on sait, le mot de fief subit une altération sémantique profonde, au point d'en venir à désigner toute tenure. La déviation probablement avait commencé dès avant 1066. Mais sans être encore, à cette date, complètement achevée. Car, si elle se produisit parallèlement sur l'une et l'autre rive de la Manche, ce ne fut pas exactement selon les mêmes lignes. Le droit anglais, dans la seconde moitié du XIIe siècle, se trouva conduit à distinguer très nettement deux grandes catégories de tenures. Les unes, qui comprenaient la majorité, sans doute, des petites exploitations paysannes, étant considérées à la fois comme de durée précaire et comme frappées de services déshonorants, furent qualifiées de non-libres. Les autres, dont la possession était protégée par les cours royales, formèrent le groupe des terres libres. Ce fut à celles-ci, dans leur ensemble, que s'étendit le nom de fief (*fee*). Les fiefs de chevaliers y voisinaient avec des censives rurales ou bourgeoises. Or n'imaginons point une assimilation purement verbale. Dans toute l'Europe des XIe et XIIe siècles, le fief militaire, comme on le verra bientôt, s'était mué en bien pratiquement héréditaire. Dans beaucoup de pays, en outre, étant conçu comme indivisible, il se transmettait seulement d'aîné en aîné. Tel était le cas, notamment en Angleterre. Mais, ici, la primogéniture peu à peu fit tache d'huile. Elle s'appliqua à toutes les terres dénommées *fees*, et parfois plus bas encore. Ainsi ce privilège d'aînesse, qui devait devenir un des caractères les plus originaux des mœurs sociales anglaises et l'un des plus gros de conséquences, exprima, en son principe, une sorte de sublimation du fief au rang de droit réel, par excellence, des hommes libres. En un sens, l'Angleterre, dans l'échelle des sociétés féodales, se place aux antipodes de l'Allemagne. Non contente, comme la France, de ne point constituer la coutume des gens fieffés en corps juridique distinct, chez elle toute une part considérable du *Landrecht* — le chapitre des droits fonciers — fut *Lehnrecht*.

Chapitre IV

Comment le fief passa dans le patrimoine du vassal

I. LE PROBLÈME DE L'HÉRÉDITÉ : « HONNEURS » ET SIMPLES FIEFS

L'établissement de l'hérédité des fiefs a été mis par Montesquieu au nombre des éléments constitutifs du « gouvernement féodal », opposé au « gouvernement politique » des temps carolingiens. Non sans raison. Entendons bien, cependant, que, pris à la rigueur, le terme est inexact. Jamais la possession du fief ne se transmit automatiquement par la mort du précédent détenteur. Mais, sauf motifs valables, étroitement déterminés, le seigneur perdit la faculté de refuser à l'héritier naturel la réinvestiture, que précédait un nouvel hommage. Le triomphe de l'hérédité ainsi comprise fut celui des forces sociales sur un droit périmé. Pour en pénétrer les raisons, il importe — nous bornant provisoirement au cas le plus simple : celui où le vassal laissait un fils et n'en laissait qu'un — de chercher à nous représenter, dans le concret, l'attitude des parties en cause.

Que, même en l'absence de toute concession de terre, la fidélité tendît à unir moins deux individus que deux lignées, vouées l'une à commander, l'autre à obéir, comment en eût-il été autrement, dans une société où les liens du sang avaient tant de force ? Le moyen âge tout entier a mis une grande valeur sentimentale dans les mots de seigneur « naturel » : entendez, par naissance. Mais, dès qu'il y avait « chasement », l'intérêt du fils à succéder à son père, dans la foi, devenait presque contraignant. Refuser l'hommage ou manquer à le faire accepter, c'était du même coup perdre avec le fief une part considérable du patrimoine paternel, voire sa totalité. A plus forte raison, la renonciation devait-elle sembler dure lorsque le fief était « de reprise », c'est-à-dire représentait en réalité un ancien alleu familial. En fixant l'attache sur le sol, la pratique de la rémunération foncière amenait fatalement à la fixer dans la famille.

La position du seigneur était moins franche. Il lui importait, au premier chef, que le vassal « parjure » fût puni, que le fief, si les charges manquaient à être rendues, devînt disponible pour un meilleur serviteur. Son intérêt, en un mot, le poussait à insister vigoureusement sur le principe de révocabilité. L'hérédité, par contre, ne le trouvait pas hostile, de parti pris. Car il avait, sur toutes choses, besoin d'hommes. Où les recruter mieux que parmi la postérité de ceux qui l'avaient déjà servi ? Ajoutez qu'en refusant au fils le fief paternel, il ne risquait pas seulement de décourager les fidélités neuves. Il s'exposait, chose plus grave encore, à mécontenter ses autres vassaux, justement inquiets du sort réservé à leurs propres descendants. Selon le mot du moine Richer, qui écrivait sous Hugues Capet, dépouiller l'enfant, c'était pousser au désespoir tous « les braves gens ». Mais il pouvait aussi, ce maître qui s'était provisoirement dessaisi d'une part de son patrimoine, désirer impérieusement ramener à lui la terre, le château, les pouvoirs de commandement ; ou bien, lors même qu'il se décidait à une nouvelle inféodation, préférer à l'héritier du précédent vassal un autre commendé, jugé plus sûr ou plus utile. Les églises, enfin, gardiennes d'une fortune en principe inaliénable, répugnaient particulièrement à reconnaître un caractère définitif à des inféodations qu'elles n'avaient déjà, le plus souvent, consenties qu'à contrecœur.

Jamais le jeu complexe de ces diverses tendances n'apparut avec plus de clarté que sous les premiers Carolingiens. Dès lors, les « bienfaits » se transmettaient souvent aux descendants : telle cette terre de Folembray, « bienfait » royal en même temps que précaire de l'Église de Reims, que du règne de Charlemagne à celui de Charles le Chauve quatre générations successives se passèrent de mains en mains ([182]). Il n'était pas jusqu'à la considération due au fidèle vivant qui, par un curieux détour, ne contribuât parfois à imposer l'hérédité. Affaibli par l'âge ou la maladie, un vassal, nous dit l'archevêque Hincmar, devient-il incapable de remplir ses devoirs ? S'il peut se substituer, dans le service, un fils, le seigneur ne sera point autorisé à le déposséder ([183]). C'était, à peu de chose près, reconnaître d'avance à cet héritier une succession dont il avait, dès le vivant du détenteur, assumé les charges. Déjà même on jugeait bien dur d'enlever à l'orphelin, si jeune fût-il et par suite inapte aux armes, le « bienfait » paternel. Ne voyons-nous pas, dans un cas de cette sorte, Louis le Pieux se laisser attendrir par les prières d'une mère ? Loup de Ferrières en appeler au bon cœur d'un prélat ? Qu'en droit strict, cependant, le « bienfait » fût purement viager, nul n'en doutait encore. En 843, un certain Adalard donna au monastère de Saint-Gall des biens étendus, dont une partie avait été distribuée à des vassaux. Ceux-ci, passés sous la domination de l'église, devront conserver leurs « bienfaits » leur vie durant ; de même, à leur suite, leurs fils, s'ils consentent à servir. Après quoi, l'abbé disposera des terres à son gré ([184]). De toute évidence, il eût paru contraire aux bonnes règles de lui lier indéfiniment les mains. Aussi bien Adalard ne s'intéressait-il peut-être qu'aux enfants qu'il avait pu connaître ; proche encore de sa source, l'hommage n'engendrait que des sentiments étroitement personnels.

Sur ce fond premier de commodités et de convenances, l'hérédité véritable s'établit peu à peu, au cours de la période troublée et fertile en nouveautés qui s'ouvrit avec le morcellement de l'empire carolingien. Partout l'évolution tendit vers cette fin. Mais le problème ne se posait pas dans les mêmes termes pour toutes les natures de fief. Une catégorie doit être mise à part : ces fiefs que plus tard les feudistes dénommeront « de dignité ». Entendez ceux qui étaient faits d'offices publics, délégués par le roi.

Dès les premiers Carolingiens, on l'a vu, le roi s'attachait par les liens de la vassalité les personnes auxquels il confiait les principales charges de l'État et, notamment, les grands commandements territoriaux, comtés, marches ou duchés. Mais ces fonctions, qui conservaient le vieux nom latin d'« honneurs », étaient alors soigneusement distinguées des « bienfaits ». Elles en différaient, en effet, par un trait, entre autres, particulièrement frappant : l'absence de tout caractère viager. Leurs titulaires pouvaient toujours être révoqués, même sans fautes de leur part, voire pour leur avantage. Car le changement de poste était parfois un avancement ; ainsi pour ce petit comte des bords de l'Elbe qui fut, en 817, mis à la tête de l'importante marche du Frioul. « Honneurs », « bienfaits » : énumérant les faveurs dont le souverain a gratifié tel ou tel de ses fidèles, les textes de la première moitié du IXe siècle ne manquent jamais d'y faire ces deux parts.

Cependant, en l'absence de tout salaire en argent, qu'interdisaient les conditions économiques, la fonction était, à elle-même, son propre traitement. Le comte ne percevait pas seulement, dans sa circonscription, le tiers des amendes. La jouissance de certaines terres fiscales, spécialement affectées à son entretien, lui était, entre autres, accordée. Il n'était pas jusqu'aux pouvoirs exercés sur les habitants qui — outre les gains illégaux dont ils fournissaient trop souvent l'occasion — ne dussent sembler, par eux-mêmes, un authentique profit, en ce temps où la véritable fortune était de tenir rang de maître. En plus d'un sens, l'octroi d'un comté était donc bien un don, parmi les plus beaux qui pussent récompenser un vassal. Qu'au surplus le donataire fût par là fait juge et chef de guerre n'avait rien, en somme, qui le différenciât, sinon par le degré, de beaucoup de détenteurs de simples « bienfaits » ; car ceux-ci comportaient, pour la plupart, l'exercice de droits seigneuriaux. Restait la révocabilité. A mesure que la royauté, à partir de Louis le Pieux, alla s'affaiblissant, ce principe, sauvegarde de l'autorité centrale, devint d'application de plus en plus difficile. Car les comtes, renouvelant les habitudes qui avaient été celles de l'aristocratie, au déclin de la dynastie mérovingienne, travaillèrent avec un succès croissant à se transformer en potentats territoriaux, solidement enracinés au sol. Ne voit-on pas, en 867, Charles le Chauve s'efforcer en vain d'arracher à un serviteur rebelle le comté de Bourges ? Rien désormais ne s'opposa plus à une assimilation préparée par d'indiscutables ressemblances. Déjà, aux beaux temps de l'Empire carolingien, on avait commencé à traiter volontiers « d'honneurs » tous les bénéfices des vassaux royaux, que leur rôle dans l'État mettait si près des fonctionnaires proprement dits. Le mot finit par devenir un simple synonyme de fief, sous cette réserve que, dans certains pays du moins — tels que l'Angleterre normande —, on tendit à en limiter l'emploi aux fiefs les plus étendus, dotés d'importants pouvoirs de commandement. Parallèlement, les terres affectées à la rémunération de l'office, puis, par une déviation beaucoup plus grave, celui-ci même furent qualifiés de « bienfait » ou de fief. En Allemagne, où les traditions de la politique carolingienne demeuraient exceptionnellement vivantes, l'évêque-chroniqueur Thietmar, fidèle au premier de ces deux emplois, distingue encore très nettement, vers 1015, le comté de Mersebourg du « bienfait » attaché à ce comté. Mais depuis longtemps le langage courant ne s'embarrassait plus de ces subtilités : ce qu'il dénommait « bienfait » ou fief était bel et bien la charge tout entière, source indivisible de puissance et de richesse. Dès 881, les *Annales de Fulda* écrivaient de Charles le Gros que cette année-là il donna à Hugues, son parent, « pour qu'il lui fût fidèle, divers comtés en bienfait ».

Or ceux que les écrivains d'Église appelaient volontiers les nouveaux « satrapes » des provinces avaient beau tirer de la délégation royale l'essentiel des pouvoirs dont ils prétendaient désormais user à leur profit ; pour tenir solidement le pays, il leur fallait davantage : acquérir çà et là des terres nouvelles ; construire des châteaux aux nœuds des routes ; s'ériger en protecteurs intéressés des principales églises ; avant tout, se recruter, sur place, des fidèles. Cette œuvre de longue haleine exigeait le patient travail de générations se succédant sur le même sol. En un mot, l'effort vers l'hérédité naissait naturellement des besoins de la puissance terrritoriale. L'erreur serait donc lourde de le considérer simplement comme un effet de l'assimilation des honneurs aux fiefs. Autant qu'aux comtes francs, il s'imposa aux *earls* anglo-saxons, dont les vastes commandements ne furent jamais considérés comme des tenures, aux « gastaldes » des principautés lombardes, qui n'étaient points des vassaux. Mais comme, dans les États issus de l'Empire franc, les duchés, marches ou comtés prirent place de bonne heure parmi les concessions féodales, l'histoire de leur transformation en biens familiaux s'y trouva inextricablement mêlée à celle de la patrimonialité des fiefs, en général. Cela, d'ailleurs, sans avoir jamais cessé de faire figure de cas particulier. Le rythme de l'évolution ne fut pas seulement partout différent pour les fiefs ordinaires et pour les fiefs de dignité. Lorsqu'on passe d'un État à l'autre, on voit l'opposition changer de sens.

II. L'ÉVOLUTION : LE CAS FRANÇAIS

En France Occidentale et en Bourgogne, la précoce faiblesse de la royauté eut pour résultat que les « bienfaits » constitués par des fonctions publiques furent parmi les premiers à conquérir l'hérédité. Rien de plus instructif, à cet égard, que les dispositions prises par Charles le Chauve, en 877, dans le fameux plaid de Quierzy. Sur le point de partir pour l'Italie, il se préoccupait de régler le gouvernement du royaume, durant son absence. Que faire, si, pendant ce temps, un comte vient à mourir ? Avant tout, aviser le souverain. Celui-ci, en effet, se réserve toute nomination définitive. A son fils Louis, chargé de la régence, il n'accorde que la faculté de désigner des administrateurs provisoires. Sous cette forme générale, la prescription répondait à l'esprit de jalouse autorité dont le reste du capitulaire apporte tant de preuves. Cependant, qu'elle s'inspirât aussi, à un degré au moins égal, du souci de ménager les grands dans leurs ambitions familiales, la preuve en est fournie par la mention dont sont expressément l'objet deux cas particuliers. Il se peut que, le comte laissant après lui un fils, celui-ci ait suivi l'armée outre-monts. En refusant au régent la faculté de pourvoir lui-même au remplacement, Charles, dans cette hypothèse, entendait, avant tout, rassurer ses compagnons d'armes : fallait-il que leur fidélité les privât de l'espoir de recueillir une succession dès longtemps souhaitée ? Il se peut aussi que le fils, demeuré en France, soit « tout petit ». Ce sera au nom de cet enfant que, jusqu'au jour où la décision suprême aura été connue, le comté devra être géré par les officiers de son père. L'édit ne va pas plus loin. Visiblement, il paraissait préférable de ne pas inscrire en toutes lettres, dans une loi, le principe de la dévolution héréditaire. Ces réticences, par contre, ne se retrouvent plus dans la proclamation que l'Empereur fit lire, par son chancelier, devant l'assemblée. Là il promet sans ambages de remettre au fils — soldat d'Italie ou en bas âge — les honneurs paternels. Mesures de circonstance, assurément, dictées par les nécessités d'une politique de magnificence. Elles n'engageaient pas expressément l'avenir. Mais, moins encore, rompaient-elles avec le passé. Elles reconnaissaient officiellement, pour un temps donné, un privilège d'habitude.

Aussi bien suffit-il de suivre, pas à pas, là où cela est possible, les principales séries comtales pour saisir, sur le vif, le glissement vers l'hérédité. Voici, par exemple, les ancêtres de la troisième dynastie de nos rois. En 864, Charles le Chauve peut encore retirer à Robert le Fort ses honneurs de Neustrie, afin de l'employer ailleurs. Pour peu de temps. Lorsque Robert tombe à Brissarthe, en 866, c'est de nouveau à la tête de son commandement d'entre Seine-et-Loire. Mais, bien qu'il laisse deux fils, à la vérité fort jeunes, aucun d'eux n'hérite de ses comtés, dont le roi dispose en faveur d'un autre magnat. Il faudra attendre la disparition de cet intrus, en 886, pour que l'aîné, Eude, récupère l'Anjou, la Touraine, peut-être le Blésois. Désormais ces territoires ne sortiront plus du patrimoine familial. Du moins, jusqu'au jour où les Robertiens en seront chassés par leurs propres officiers, métamorphosés, à leur tour, en potentats héréditaires. Dans la suite des comtes, tous de la même lignée, qui de 885 environ jusqu'à l'extinction de la descendance, en 1137, se succédèrent à Poitiers, un seul intervalle fait brèche : fort court d'ailleurs (de 890 à 902) et provoqué par une minorité, qu'aggravait un soupçon de bâtardise. Encore, par un trait doublement caractéristique, cette dépossession, décidée par le monarque, avait-elle profité, finalement, en dépit de ses ordres, à un personnage qui, fils d'un plus ancien comte, pouvait lui aussi invoquer les droits de la race. Par-delà les siècles, un Charles Quint, voire un Joseph II ne tiendront la Flandre que parce que, de mariage en mariage, sera venu jusqu'à eux un peu du sang de ce Baudoin le Ferré, qui, en l'an 862, avait si gaillardement ravi la fille du roi des Francs. Tout nous ramène, on le voit, aux mêmes dates : sans conteste, l'étape décisive se plaça vers la seconde moitié du IXe siècle.

Qu'advenait-il, cependant, des fiefs ordinaires ? Les dispositions de Quierzy s'appliquaient expressément, en même temps qu'aux comtés, aux « bienfaits » des vassaux royaux, « honneurs », eux aussi, à leur manière. Mais édit et proclamation ne s'en tiennent pas là. Les règles auxquelles Charles s'engage en faveur de ses vassaux, il exige que ceux-ci, à leur tour, en étende le profit à leurs propres hommes. Prescription, dictée, cette fois encore, de toute évidence, par les intérêts de l'expédition italienne : ne convenait-il pas de donner les apaisements nécessaires, autant qu'à quelques grands chefs, au gros des troupes, composé de vassaux de vassaux ? Pourtant nous touchons ici à quelque chose de plus profond qu'une simple mesure d'occasion. Dans une société où tant d'individus étaient à la fois commendés et maîtres, on répugnait à admettre que l'un d'eux, s'il s'était fait reconnaître, comme vassal, quelque avantage, pût, comme seigneur, le refuser à ceux qu'attachait à sa personne une semblable forme de dépendance. Du vieux capitulaire carolingien à la Grande Charte, fondement classique des « libertés » anglaises, cette sorte d'égalité dans le privilège, qui ainsi glissait de haut en bas, devait demeurer un des principes les plus féconds de la coutume féodale.

Son action et plus encore le sentiment, très puissant, d'une manière de réversibilité familiale, qui, des services rendus par le père, tirait un droit pour sa postérité, gouvernaient l'opinion publique. Or celle-ci, dans une civilisation sans codes écrits comme sans jurisprudence organisée, était bien près de se confondre avec le droit. Elle a trouvé dans l'épopée française un fidèle écho. Non que le tableau que tracent les poètes puisse être accepté sans retouches. Le cadre historique que la tradition leur imposait les amenait à ne guère poser le problème qu'à propos des grands fiefs royaux. En outre, mettant en scène les premiers empereurs carolingiens, ils se les représentaient, non sans raison, comme beaucoup plus puissants que les rois des XIe ou XIIe siècles, par suite comme assez forts encore pour disposer librement des honneurs du royaume, fût-ce aux dépens des héritiers naturels. Ce dont les Capétiens étaient devenus bien incapables. Là-dessus leur témoignage n'a donc d'autre valeur que celle d'une reconstitution, approximativement exacte, d'un passé dès longtemps périmé. Ce qui est bien de leur temps, en revanche, c'est le jugement que, l'étendant sans nul doute à toutes les natures de fiefs, ils portent sur ces pratiques. Ils ne les donnent pas précisément pour contraires au droit. Mais ils les estiment moralement condamnables. Comme si le Ciel même se vengeait, elles engendrent les catastrophes : une double spoliation de cette sorte n'est-elle pas à la racine des malheurs inouïs qui remplissent la geste de *Raoul de Cambrai?* Le bon maître est celui qui tient en mémoire cette maxime, qu'une des chansons met au nombre des enseignements de Charlemagne à son successeur :

« A enfant orphelin, garde-toi d'arracher son fief ([185]). »

Mais combien y avait-il de bons maîtres, ou qui fussent contraints de l'être ? Écrire l'histoire de l'hérédité, ce devrait être dresser, période par période, la statistique des fiefs qui s'héritaient et de ceux qui ne s'héritaient point : rêve, en l'état des documents, à jamais irréalisable. Certainement, la solution, dans chaque cas particulier, dépendit longtemps de la balance des forces. Plus faibles, souvent mal administrées, les églises semblent avoir, dès le début du Xe siècle, généralement cédé à la pression de leurs vassaux. Dans les grandes principautés laïques, par contre, on entrevoit, jusque vers le milieu du siècle suivant, une coutume encore singulièrement mouvante. Nous pouvons suivre l'histoire d'un fief angevin — celui de Saint-Saturnin — sous les comtes Foulque Nerra et Geoffroi Martel (987-1060) ([186]). Le comte ne le reprend pas seulement au premier signe d'infidélité, voire lorsque le départ du vassal pour une province voisine risque de mettre obstacle au service. On n'aperçoit point qu'il se croie le moins du monde astreint à respecter les droits familiaux. Parmi les cinq détenteurs qui se relayent durant une période d'une cinquantaine d'années, deux seulement — deux frères — apparaissent liés par le sang. Encore, entre eux, un étranger était-il venu se glisser. Bien que deux chevaliers aient été jugés dignes de garder Saint-Saturnin leur vie durant, la terre après eux sort de leur lignée. A vrai dire, rien n'indique expressément qu'ils aient laissé des fils. Mais, à supposer même l'absence, dans les deux cas, de toute postérité masculine, rien ne saurait être plus significatif que le silence gardé sur ce point par la notice très détaillée à laquelle nous devons nos renseignements. Destinée à établir les droits des moines de Vendôme, à qui le bien finalement avait échu, si elle néglige de justifier, par l'extinction des diverses descendances, les transferts successifs dont l'abbaye devait, au bout du compte, recueillir le profit, la raison en est, de toute évidence, que la dépossession de l'héritier ne paraissait alors nullement illégitime.

Une telle mobilité cependant était, dès ce moment, presque anormale. En Anjou même ce fut dès les alentours de l'an mille que se fondèrent les principales dynasties de seigneurs châtelains. Il faut bien, par ailleurs, que le fief normand, en 1066, ait été universellement estimé transmissible aux héritiers, puisque, dans l'Angleterre où on le vit alors importé, cette qualité ne lui fut pratiquement jamais contestée. Au Xe siècle, lorsqu'un seigneur acceptait, par aventure, de reconnaître la dévolution héréditaire d'un fief, il faisait inscrire cette concession, en termes exprès, dans l'acte d'octroi. Depuis le milieu du XIIe siècle, la situation est retournée : les seules stipulations dont dorénavant on éprouve le besoin sont celles qui, par une exception rare mais toujours loisible, bornent la jouissance du fief à la vie du premier bénéficiaire. La présomption joue maintenant en faveur de l'hérédité. En France, comme en Angleterre, à cette date, qui dit fief tout court dit bien qui s'hérite et lorsque, par exemple, les communautés ecclésiastiques, contrairement aux anciens modes de langage, déclarent refuser ce titre aux charges de leurs officiers, elles n'entendent par là rien de plus que de repousser toute obligation d'accepter les services du fils après ceux du père. Favorable aux descendants dès l'époque carolingienne, confirmée dans ce parti pris par l'existence des nombreux fiefs « de reprise » auxquels leur origine même conférait un caractère presque inéluctablement patrimonial, la pratique, au temps des derniers Carolingiens et des premiers Capétiens, imposait déjà, à peu près partout, l'investiture du fils après celle du père. Durant le second âge féodal, caractérisé de toute part par une sorte de prise de conscience juridique, elle se fit droit.

III. L'ÉVOLUTION : DANS L'EMPIRE

Nulle part mieux que dans l'Italie du Nord, le conflit des forces sociales, sous-jacent à l'évolution du fief, n'apparaît en plein relief. Représentons-nous, dans son échelonnement, la société féodale du royaume lombard : au sommet le roi qui, depuis 951, avec de brèves interruptions, est en même temps roi de Germanie et, lorsqu'il a été sacré des mains du pape, empereur ; immédiatement au-dessous de lui, ses tenants en chef, hauts barons d'Église ou d'épée ; plus bas encore, la modeste foule des vassaux de ces barons, arrière-vassaux royaux par conséquent et, pour cette raison, communément appelés « vavasseurs ». Une grave querelle divise au début du XIe siècle, les deux derniers groupes. Les vavasseurs prétendent traiter leurs fiefs en biens familiaux; les tenants en chefs insistent au contraire sur le caractère viager de la concession et sa constante révocabilité. En 1035, ces heurts engendrent enfin une véritable guerre de classes. Unis par serment, les vavasseurs de Milan et des alentours infligent à l'armée des magnats une éclatante défaite. Arrive l'empereur-roi Conrad II, que la nouvelle de ces troubles a alerté dans sa lointaine Allemagne. Rompant avec la politique des Ottons, ses prédécesseurs, qui avaient été avant tout respectueux de l'inaliénabilité du domaine ecclésiastique, il prend parti pour les vassaux du degré inférieur et, puisque l'Italie est encore le pays des lois, qu'elle a, dit-il, « faim de lois », c'est par une véritable ordonnance législative que, le 28 mai 1037, il va fixer le droit en faveur de ses protégés. Désormais, décide-t-il, seront tenus pour héréditaires, au profit du fils, du petit-fils ou du frère, tous les « bienfaits » qui pour seigneur ont un tenant en chef laïque, un évêque, un abbé ou une abbesse ; de même, les arrière-fiefs constitués sur ces « bienfaits » mêmes. Point n'est fait mention des inféodations consenties par des alleutiers. Visiblement, Conrad estimait légiférer moins en qualité de souverain que comme chef de la hiérarchie féodale. Il n'en atteignait pas moins ainsi l'immense majorité des petits et moyens fiefs chevaleresques. Quelque part qu'aient pu avoir, dans son attitude, certaines raisons de circonstance, et notamment l'inimitié personnelle qui l'opposait au principal adversaire des vavasseurs, l'archevêque de Milan Aribert, il semble bien cependant avoir vu plus loin que ses intérêts momentanés ou ses rancunes. Contre les grands feudataires, toujours redoutables aux monarchies, il cherchait une sorte d'alliance avec leurs propres troupes. La preuve en est qu'en Allemagne où l'arme de la loi lui manquait, il s'efforça d'atteindre le même but par d'autres moyens : probablement en inclinant, dans le sens souhaité, la jurisprudence du tribunal royal. Là aussi, au témoignage de son chapelain, « il gagna les cœurs des chevaliers en ne souffrant point que les bienfaits octroyés aux pères fussent enlevés à leur descendance ».

A dire vrai, cette intervention de la monarchie impériale, en faveur de l'hérédité, s'insérait dans la ligne d'une évolution déjà plus qu'à demi achevée. N'avait-on pas vu, dès le début du XIe siècle, se multiplier en Allemagne les accords privés qui reconnaissaient les droits de la descendance sur tel ou tel fief particulier ? Si, en 1069, le duc Godefroy de Lorraine croyait encore pouvoir disposer librement des « tenures stipendiaires » de ses chevaliers pour les donner à une église, les « murmures » des fidèles ainsi lésés se firent entendre si haut que son successeur, après sa mort, dut changer ce cadeau contre un autre ([187]). Dans l'Italie législatrice, dans l'Allemagne soumise à des rois relativement puissants, dans la France sans lois et, pratiquement, presque sans rois, le parallélisme des courbes dénonce l'action de forces plus profondes que les intérêts politiques. Du moins, quant aux fiefs ordinaires. C'est dans le sort fait aux fiefs de dignité qu'il faut chercher la marque originale imprimée à l'histoire des féodalités allemande et italienne par un pouvoir central plus qu'ailleurs efficace.

Tenus directement de l'Empire, la loi de Conrad II, par définition, ne les concernait point. Restait le préjugé favorable qui s'attachait, communément, aux droits du sang. Il ne manquait pas de jouer ici aussi. Dès le IXe siècle, le souverain ne se décide qu'exceptionnellement à rompre avec une tradition si digne de respect. S'y résout-il cependant? l'opinion, dont les chroniqueurs nous apportent l'écho, crie volontiers à l'arbitraire. En fait, néanmoins, lorsqu'il s'agit, soit de récompenser un bon serviteur, soit d'écarter un enfant trop jeune ou un homme jugé peu sûr, le pas est souvent franchi. Quitte, d'ailleurs, pour l'héritier ainsi lésé à être ensuite indemnisé par l'octroi de quelque autre charge analogue. Car les comtés, en particulier, ne passaient guère de mains en mains qu'à l'intérieur d'un assez petit nombre de familles et la vocation comtale, en soi, se trouva, de la sorte, héréditaire bien avant que ne le fussent devenus les comtés mêmes, pris isolément. Les plus grands commandements territoriaux, marches et duchés, furent aussi ceux qui restèrent le plus longtemps en butte à ces actes d'autorité. Par deux fois, durant le Xe siècle, on vit le duché de Bavière, par exemple, échapper au fils du précédent titulaire. De même, en 935, la marche de Misnie, en 1075, celle de Lusace. Par un de ces archaïsmes dont l'Allemagne du moyen âge était coutumière, la situation des principaux honneurs de l'Empire y demeura en somme, jusqu'à la fin du XIe siècle, à peu près telle qu'en France, sous Charles le Chauve.

Jusqu'à cette date seulement. Au cours du siècle déjà le mouvement était allé se précipitant. De Conrad II lui-même, on possède une concession de comté à titre héréditaire. Son petit-fils Henri IV, son arrière-petit-fils Henri V reconnurent le même caractère aux duchés de Carinthie et de Souabe, au comté de Hollande. Au XIIe siècle, le principe ne sera plus contesté. Là aussi les droits du seigneur, fût-il le roi, avaient dû céder le pas, peu à peu, à ceux des lignages vassaliques.

IV. LES TRANSFORMATIONS DU FIEF VUES A TRAVERS SON DROIT SUCCESSORAL

Un fils, un seul fils et qui fût apte à succéder de suite : cette hypothèse a bien pu fournir à notre analyse un commode point de départ. La réalité souvent était moins simple. Du jour où l'opinion tendit à reconnaître les droits du sang, elle se trouva en présence de situations familiales variées, dont chacune soulevait ses problèmes propres. L'étude, au moins sommaire, des solutions que les diverses sociétés donnèrent à ces difficultés permettra de saisir, au fil de la vie même, les métamorphoses du fief et du lien vassalique.

Le fils ou, à son défaut, le petit-fils semblait le continuateur naturel du père ou de l'aïeul dans ces services que souvent, de son vivant même, il l'avait aidé à rendre. Un frère, par contre, ou un cousin avaient ordinairement leur carrière déjà faite ailleurs. C'est pourquoi la reconnaissance de l'hérédité collatérale donne vraiment, à l'état pur, la mesure de la transformation de l'ancien « bienfait » en patrimoine ([188]). Les résistances furent vives, surtout en Allemagne. En 1196, l'empereur Henri VI, qui sollicitait de ses grands leur assentiment à une autre hérédité, celle de la couronne royale, pouvait encore leur offrir, comme prix d'un si beau don, la reconnaissance officielle de la dévolution des fiefs aux collatéraux. Le projet n'aboutit pas. A moins de dispositions expresses insérées dans la concession originelle ou de coutumes particulières, comme celle qui, au XIIIe siècle, régissait les fiefs des ministériaux d'Empire, jamais, au moyen-âge, les seigneurs allemands ne furent tenus d'octroyer l'investiture à d'autres héritiers que les descendants : ce qui n'empêchait point qu'en fait ils n'accordassent, assez souvent, cette grâce. Ailleurs, il parut logique d'introduire une distinction : le fief se transmettait en tous sens à l'intérieur de la postérité issue de son premier bénéficiaire. Non au delà. Telle fut la solution du droit lombard. Elle inspira également, en France et en Angleterre, depuis le XIIe siècle, les clauses d'assez nombreuses constitutions de fiefs, nouvellement créés. Mais c'était ici par dérogation au droit commun. Car, dans les royaumes de l'Ouest, le mouvement vers la patrimonialité avait été assez fort pour s'exercer au profit de la quasi-universalité des proches. Un seul parti pris continua d'y rappeler que la coutume féodale s'était élaborée sous le signe du service : on répugna longtemps à admettre, en Angleterre on n'accepta jamais que le vassal mort eût son père pour successeur ; une tenure militaire ne pouvait, sans paradoxe, passer d'un jeune à un vieux.

Rien ne semblait, en soi, plus contraire à la nature du fief que d'en permettre l'héritage à des femmes. Non que le moyen âge les ait jamais jugées incapables d'exercer des pouvoirs de commandement. Nul ne se choquait de voir la haute dame présider la cour de la baronnie, à la place de l'époux absent. Mais elles ne portaient pas les armes. Il est caractéristique que, dans la Normandie du XIIe siècle finissant, l'usage qui déjà favorisait la vocation héréditaire des filles ait été délibérément aboli par Richard Cœur de Lion, aussitôt qu'éclata l'inexpiable guerre avec le Capétien. Les droits qui s'efforçaient de conserver le plus jalousement à l'institution son caractère originel — la doctrine juridique lombarde, les coutumiers de la Syrie latine, la juridiction de la cour royale allemande — ne cessèrent jamais de refuser, en principe, à l'héritière ce qu'ils accordaient à l'héritier. Que Henri VI ait offert à ses grands vassaux la suppression de cette incapacité, comme de celle qui frappait les collatéraux, prouve combien en Allemagne la règle demeurait encore vivace. Mais l'épisode en dit long également sur les aspirations de l'opinion baronale : aussi bien, la faveur dont le Staufen proposait l'appât à ses féaux, les fondateurs de l'Empire latin de Constantinople devaient un peu plus tard l'exiger de leur futur souverain. En fait, là même où l'exclusion subsistait en théorie, elle souffrit de bonne heure, dans la pratique, de nombreuses exceptions. Outre que le seigneur avait toujours la faculté de n'en point tenir compte, il arrivait qu'elle fléchît devant telle ou telle coutume particulière ou fût expressément levée par l'acte de concession lui-même : ainsi, en 1156, pour le duché d'Autriche. En

France et dans l'Angleterre normande, il y avait longtemps, à cette date, qu'on s'était résolu à reconnaître aux filles, à défaut de fils, voire même à de simples parentes, à défaut de parents d'un rang égal, les mêmes droits sur les fiefs que sur les autres biens. C'est qu'on s'était avisé très vite que, si la femme était incapable de servir, son mari le pouvait à sa place. Par un parallélisme caractéristique, les plus anciens exemples où la primitive coutume vassalique apparaisse ainsi déviée au profit de la fille ou du gendre se rapportent tous à ces grandes principautés françaises qui furent également les premières à conquérir l'hérédité tout court et, d'ailleurs, ne comportaient guère plus de services personnels. Époux de la fille du « principal comte de Bourgogne », le Robertien Otton dut à cette union, dès 956, la possession des comtés, base matérielle de son futur titre ducal. Ainsi — les droits successoraux des descendants en ligne féminine ayant été, par ailleurs, admis à peu près en même temps que ceux des femmes personnellement — les lignées féodales, petites ou grandes, virent s'ouvrir devant elles la politique des mariages.

La présence d'un héritier mineur posait le plus troublant, sans doute, des problèmes que, dès ses débuts, eut à résoudre la coutume féodale. Ce ne fut point sans raisons que la littérature de fiction envisagea toujours, de préférence, sous cet angle le grand débat de l'hérédité. Remettre à un enfant une tenure militaire, quel illogisme! Mais dépouiller « le tout petit », quelle cruauté! La solution qui devait permettre de sortir de ce dilemme avait été imaginée dès le IXe siècle. Le « sous-âgé » est reconnu comme héritier ; mais, jusqu'au jour où il sera en état d'accomplir ses devoirs de vassal, un administrateur provisoire tiendra en son lieu le fief, prêtera l'hommage et rendra les services. Ne disons pas : un tuteur. Car le « baillistre », auquel incombent ainsi les charges du fief, en recueille également, à son propre profit, les revenus, sans autres obligations envers le mineur que d'assurer son entretien. Bien que la création de cette sorte de vassal temporaire portât une atteinte sensible à la notion même du lien vassalique, conçu comme attaché à l'homme jusqu'à la mort, l'institution conciliait trop heureusement avec le sentiment familial les besoins du service pour ne pas avoir été adoptée très largement partout où s'étendit le système des fiefs issu de l'Empire franc. L'Italie seule, médiocrement disposée à multiplier en faveur des intérêts féodaux les régimes d'exception, préféra se contenter de la simple tutelle.

Cependant une curieuse déviation bientôt se fit jour. Pour prendre la place de l'enfant à la tête du fief, le plus naturel semblait de choisir un membre de sa parenté. Telle fut, selon toute apparence, à l'origine, la règle universelle ; beaucoup de coutumes lui demeurèrent jusqu'au bout fidèles. Bien que le seigneur eût, lui aussi, envers l'orphelin des devoirs qui découlaient de la foi naguère prêtée par le mort, l'idée que, durant la minorité, il pût chercher, aux dépens des proches, à se faire lui-même le suppléant de son propre vassal eût originellement passé pour absurde : ce maître avait besoin d'un homme, non d'une terre. Mais la réalité démentit très vite les principes. Il est significatif qu'un des plus anciens exemples de la substitution, au moins tentée, du seigneur au proche, comme « baillistre », ait mis en présence le roi de France, Louis IV, et le jeune héritier d'un des plus grands honneurs du royaume : la Normandie. Mieux valait assurément commander en personne à Bayeux ou à Rouen que de devoir compter sur l'aide incertaine d'un régent du duché. L'introduction, en divers pays, du « bail » seigneurial marque le moment où la valeur du fief en tant que bien à exploiter parut généralement dépasser celle des services qu'on en pouvait attendre.

Nulle part cet usage ne s'implanta plus solidement qu'en Normandie et en Angleterre où, de toutes façons, le régime vassalique s'organisa au profit des forces d'en haut. Les barons anglais en souffraient quand le seigneur était le roi. Ils en bénéficiaient, par contre, lorsqu'ils avaient eux-mêmes à exercer ce droit envers leurs dépendants. Si bien qu'ayant obtenu, en 1100, le retour au bail familial, ils ne surent ou ne voulurent empêcher cette concession de devenir lettre morte. En Angleterre d'ailleurs, l'institution s'écarta de bonne heure à ce point de sa signification primitive que l'on vit les seigneurs — le roi en tout premier — couramment céder ou vendre la garde de l'enfant, avec l'administration de ses fiefs. Un cadeau de cette nature était à la cour des Plantagenêts une des récompenses les plus enviées. A la vérité, quelque belle chose que ce fût de pouvoir, à la faveur d'une aussi honorable mission, tenir garnison dans les châteaux, percevoir les rentes, chasser dans les forêts ou vider les viviers, les terres n'étaient guère, en pareil cas, que la moindre part du don. La personne de l'héritier ou de l'héritière valait plus encore. Car au seigneur gardien ou à son représentant revenait, comme nous le verrons, le soin de marier leurs pupilles ; et de ce droit aussi ils ne manquaient pas de faire commerce.

Que le fief, en son principe, dût être indivisible, rien de plus clair. S'agissait-il d'une fonction publique ? A en souffrir le partage, l'autorité supérieure courait le danger à la fois de laisser s'affaiblir les pouvoirs de commandement exercés en son nom et d'en rendre le contrôle plus incommode. D'un simple fief chevaleresque ? Le démembrement jetait le trouble dans la prestation des services, bien difficiles à doser, efficacement, entre les divers copartageants. En outre, la concession primitive ayant été calculée pour subvenir à la solde d'un vassal unique, avec sa suite, les fragments risquaient de ne plus suffire à l'entretien des nouveaux détenteurs, partant de les condamner soit à mal s'armer, soit à chercher fortune ailleurs. Il convenait donc que, devenue héréditaire, la tenure, du moins, ne passât qu'à un seul héritier. Mais, sur ce point, les exigences de l'organisation féodale entraient en conflit avec les règles ordinaires du droit successoral, favorables, dans la plus grande partie de l'Europe, à l'égalité des héritiers de même rang. Sous l'action des forces antagonistes, ce grave débat juridique reçut des solutions variables selon les lieux et les temps.

Une première difficulté se présentait : entre des postulants également proches du défunt, entre ses fils par exemple, d'après quel critère choisir l'héritier unique ? Des siècles de droit nobiliaire et de droit dynastique nous ont accoutumés à attribuer une sorte d'évidence au privilège de l'aînesse. En réalité, il n'est pas plus une chose de nature que tant d'autres mythes sur lesquels reposent aujourd'hui nos sociétés : la fiction majoritaire, par exemple, qui de la volonté du plus grand nombre fait l'interprète légitime des opposants eux-mêmes. Jusque dans les maisons royales, l'ordre de primogéniture ne fut pas accepté, au moyen âge, sans beaucoup de résistances. Dans certaines campagnes, des coutumes, qui remontaient au lointain des âges, favorisaient bien un des garçons ; mais c'était le plus jeune. Avait-on affaire à un fief ? L'usage primitif semble avoir reconnu au seigneur la faculté d'en investir celui des fils qu'il jugeait le plus apte. Telle était encore, vers 1060, la règle, en Catalogne. Parfois aussi, le père lui-même désignait son successeur au choix du chef, après se l'être plus ou moins associé, de son vivant, dans le service. Ou bien encore, les héritiers restant dans l'indivision, l'investiture se faisait collective.

Nulle part ces procédés archaïques n'eurent la vie plus dure qu'en Allemagne. Ils y demeuraient en vigueur en plein XIIe siècle. A côté d'eux, un autre usage, en Saxe du moins, manifestait la profondeur du sentiment familial : les fils eux-mêmes élisaient celui d'entre eux auquel devait revenir l'héritage. Naturellement, il pouvait arriver, il arrivait souvent que le choix, quelle que fût la méthode adoptée, tombât sur l'aîné. Cependant le droit allemand répugnait à octroyer à cette préférence une force obligatoire. C'était, comme dit un poète, un usage « welche », un « tour étranger » ([189]). N'avait-on pas vu, en 1169, l'empereur lui-même, Frédéric Barberousse, disposer de la couronne en faveur d'un cadet ? Or l'absence de tout principe de discrimination nettement établi entre les héritiers rendait en pratique singulièrement malaisée l'observation de l'indivisibilité. Aussi bien, en terre d'Empire, les vieilles représentations collectives, hostiles à l'inégalité entre hommes du même sang, ne trouvaient pas, dans la politique féodale des pouvoirs royaux ou princiers, un contrepoids aussi puissant qu'ailleurs. Moins dépendants qu'en France des services de leurs vassaux, les rois et les chefs territoriaux de l'Allemagne, auxquels l'armature léguée par l'État carolingien parut longtemps suffire à asseoir leurs droits de commandement, accordaient naturellement une attention moins soutenue au système des fiefs. Les rois, en particulier, s'attachèrent à peu près exclusivement — comme le fit, en 1158, Frédéric Barberousse — à proscrire le démembrement des « comtés, marches et duchés ». Encore, à cette date, la fragmentation des comtés au moins avait-elle déjà commencé. En 1255, un titre ducal, celui de Bavière, fut pour la première fois divisé, avec le territoire même du duché. Quant aux fiefs ordinaires, la loi de 1158 avait dû reconnaître que le partage en était licite. Le *Landrecht*, en somme, l'avait finalement emporté sur le *Lehnrecht*. La réaction ne vint que bien plus tard, vers la fin du moyen âge et sous l'action de forces différentes. Dans les grandes principautés, ce furent les princes eux-mêmes qui, par des lois successorales appropriées, s'efforcèrent de prévenir l'émiettement d'une puissance acquise au prix de tant de soins. Pour les fiefs en général, l'introduction de l'aînesse, par le détour du majorat, fut conçue comme un moyen de fortifier la propriété nobiliaire. Soucis dynastiques et préoccupations de classes accomplirent ainsi, tardivement, ce que le droit féodal avait été incapable de réaliser.

Dans la plus grande partie de la France, l'évolution suivit des lignes bien différentes. Des grandes principautés territoriales, formées par l'agglomération de plusieurs comtés, les rois n'eurent intérêt à interdire le fractionnement que tant qu'ils purent employer ces groupements de forces à la défense du pays. Mais, très vite, les chefs provinciaux étaient devenus pour la royauté, des adversaires beaucoup plus que des serviteurs. Les comtés, pris isolément, furent rarement divisés ; dans leur total, par contre, les fils se découpaient chacun leur part d'héritage. Par là, le faisceau, à chaque génération, menaçait de s'éparpiller. Les maisons princières, assez rapidement, prirent conscience du danger et, ici plus tôt, là plus tard, y remédièrent par l'aînesse. C'était, au XIIe siècle, à peu près partout chose faite. Comme en Allemagne, mais à une date sensiblement antérieure, les grands commandements de naguère étaient revenus à l'indivisibilité, moins en tant que fiefs que comme États, d'un type nouveau.

Quant aux fiefs de moindre importance, les intérêts du service, beaucoup mieux respectés sur cette terre d'élection de la féodalité, avaient de bonne heure, après quelques tâtonnements, amené à les soumettre à la loi précise et claire de la primogéniture. Pourtant, à mesure que la tenure de jadis se muait en bien patrimonial, il semblait plus dur d'exclure les puînés de la succession. Seules quelques coutumes exceptionnelles, comme celle du pays de Caux, sauvegardèrent jusqu'au bout le principe dans toute sa rigueur. Ailleurs on admit que l'aîné, moralement obligé à ne pas laisser ses frères sans subsistance, pouvait, voire devait leur céder la jouissance de quelques lambeaux de la terre paternelle. Ainsi s'établit, en un grand nombre de provinces, l'institution généralement connue sous le nom de « parage ». L'aîné seul faisait hommage au seigneur et, par conséquent, assumait, seul également, la responsabilité des charges. C'était de lui que ses cadets tenaient leurs portions. Tantôt, comme dans l'Ile-de-France, ils lui prêtaient, à leur tour, l'hommage. Tantôt, comme en Normandie et en Anjou, la force du lien familial semblait rendre inutile, à l'intérieur de ce groupe de proches, toute autre forme d'attache : du moins jusqu'au jour où le fief principal et les fiefs subordonnés ayant passé de générations en générations, les relations de parenté entre les successeurs des paragers primitifs se trouvaient en fin de compte atteindre des degrés trop éloignés pour qu'il parût sage de se reposer uniquement sur la solidarité du sang.

Ce système, malgré tout, était loin de prévenir tous les inconvénients du morcellement. C'est pourquoi, en Angleterre, où il avait été d'abord introduit, après la Conquête, il fut abandonné, vers le milieu du XIIe siècle, au profit de la stricte primogéniture. En Normandie même, les ducs, qui, pour le recrutement de leurs troupes, réussirent à tirer des obligations féodales un si remarquable parti, n'avaient jamais admis le parage que lorsque la succession comportait plusieurs fiefs de chevaliers, susceptibles d'être distribués, un par un, entre les héritiers. S'il ne s'en trouvait qu'un seul, il passait intégralement à l'aîné. Mais une pareille rigueur dans la délimitation de l'unité de service n'était possible que sous l'action d'une autorité territoriale exceptionnellement puissante et organisatrice. Dans le reste de la France, la théorie coutumière avait beau affecter de soustraire au démembrement au moins les fiefs les plus considérables, qualifiés couramment de baronnies, en fait, c'était presque toujours la masse successorale entière que, sans distinguer entre ses éléments, les héritiers se partageaient. Seul l'hommage prêté à l'aîné et à ses descendants par ordre d'aînesse préservait quelque chose de l'indivisibilité ancienne. Puis cette sauvegarde elle-même finit par disparaître, dans des conditions qui jettent un jour très vif sur les derniers avatars de l'institution féodale.

L'hérédité longtemps, avant d'être un droit, avait passé pour une faveur. Il semblait donc convenable que le nouveau vassal marquât sa reconnaissance envers le seigneur par un cadeau, dont l'usage est attesté dès le IXe siècle. Or dans cette société, essentiellement coutumière, il était de la destinée de tout don bénévole, pour peu qu'il fût habituel, de se muer en obligation. La pratique ici prit d'autant plus aisément force de loi qu'elle trouvait, autour d'elle, des précédents. Depuis une époque sans doute fort ancienne, nul ne pouvait entrer en possession d'une terre paysanne, grevée de redevances et de services envers un seigneur, sans avoir au préalable obtenu de celui-ci une investiture qui, ordinairement, n'était point gratuite. Or le fief militaire avait beau être une tenure d'un genre très particulier il n'en venait pas moins s'insérer dans ce système de droits réels enchevêtrés qui caractérisait le monde médiéval. « Relief », « rachat », parfois « mainmorte », les mots, en France, sont pareils, de part et d'autre, que la taxe successorale pèse sur le bien d'un vassal, d'un manant, voire d'un serf.

Le relief proprement féodal se distinguait pourtant par ses modalités. Comme, jusqu'au XIIIe siècle, la plupart des redevances analogues, il était le plus souvent payé, au moins partiellement, en nature. Mais là où l'héritier du paysan livrait, par exemple, une tête de bétail, celui du vassal militaire devait un « harnois » de guerre, entendez soit un cheval, soit des armes, soit l'un et les autres à la fois. Ainsi, tout naturellement, le seigneur adaptait ses exigences à la forme des services dont la terre était chargée ([190]). Tantôt le nouvel investi n'était redevable de rien de plus que ce harnois, quitte d'ailleurs à pouvoir s'acquitter, d'un commun accord, par le versement d'une somme de monnaies équivalente.

Tantôt, à la fourniture du cheval de bataille ou « roncin », une taxe en numéraire venait s'ajouter. Parfois même, les autres prestations étant tombées en désuétude, le règlement s'opérait tout entier en argent. La variété, en un mot, était, dans le détail, quasiment infinie, parce que le travail de la coutume avait abouti à cristalliser, par région, par groupe vassalique ou même fief par fief, des habitudes nées souvent des plus capricieux hasards. Seules, les divergences fondamentales ont une valeur de symptômes.

L'Allemagne, de très bonne heure, restreignit l'obligation du relief presque exclusivement aux fiefs, d'ordre inférieur, détenus par des officiers seigneuriaux, qui étaient souvent d'origine servile. Sans doute fut-ce là une des expressions de la hiérarchisation des classes et des biens, si caractéristique, au moyen âge, de la structure allemande. Les retentissements en devaient être considérables. Du fief, lorsque, vers le XIIIe siècle, par suite de la décadence des services, il fut devenu à peu près impossible d'en tirer des soldats, le seigneur allemand ne put plus rien tirer : carence grave surtout pour les États, car c'étaient des princes et des rois que dépendaient naturellement les fiefs les plus nombreux et les plus riches.

Les royaumes de l'Ouest, au contraire, connurent un stade intermédiaire, où le fief, réduit à presque rien comme source de services, demeurait lucratif comme source de profits. Grâce, avant tout, au relief, dont l'application était ici très générale. Les rois d'Angleterre, au XIIe siècle, en tirèrent des sommes énormes. Ce fut à ce titre qu'en France Philippe Auguste se fit céder la place forte de Gien, qui lui ouvrait un passage sur la Loire. Dans la masse des petits fiefs, l'opinion seigneuriale tout entière en arriva à ne plus rien voir de digne d'intérêt que ces taxes successorales. Ne finit-on pas, au XIVe siècle, dans la région parisienne, par admettre officiellement que la prestation du « roncin » dispensait le vassal de toute obligation personnelle autre que le devoir, purement négatif, de ne point nuire à son seigneur ? Cependant, à mesure que les fiefs entraient de plus en plus avant dans les patrimoines, leurs destinataires se résignaient plus difficilement à n'obtenir qu'en ouvrant les cordons de leur bourse une investiture qui désormais semblait de droit. Incapables d'imposer l'abolition de la charge, ils obtinrent à la longue qu'elle fût sensiblement allégée. Certaines coutumes ne la conservèrent que pour les collatéraux, dont la vocation héréditaire semblait moins évidente. Surtout — conformément à un mouvement qui se développa, à partir du XIIe siècle, du haut en bas de l'échelle sociale — à des paiements variables, dont le montant était déterminé en chaque cas par un acte d'arbitraire ou à la suite d'épineuses négociations, on tendit à substituer la régularité de tarifs immuablement gradués. Passe encore lorsque — selon un usage fréquent en France — on adoptait pour norme la valeur du revenu annuel rapporté par la terre : une pareille base d'évaluation était soustraite aux fluctuations monétaires. Là où, par contre, les taux furent établis une fois pour toutes en numéraire — le plus illustre exemple en est fourni par la Grande Charte anglaise —, la redevance se trouva finalement frappée de cet amenuisement progressif qui, du XIIe siècle aux temps modernes, devait être le sort fatal de toutes les créances perpétuellement fixes.

Entre-temps, cependant, l'attention accordée à ces droits casuels avait modifié du tout au tout les termes du problème successoral. Le parage, s'il sauvegardait les services, réduisait les profits du relief, qu'il restreignait aux mutations survenues dans la branche aînée, seule liée directement au seigneur du fief originel. Aisément accepté tant que les services comptèrent plus que tout le reste, ce manque à gagner parut insupportable dès qu'on cessa de leur attacher beaucoup de prix. Si bien que réclamée par les barons de France et obtenue vraisemblablement sans peine d'un souverain qui lui-même était le plus grand seigneur du royaume, la première loi qu'ait promulguée un roi capétien, en matière féodale, eut précisément pour objet, en 1209, la suppression du parage. Point n'était question d'abolir le morcellement, définitivement entré dans les mœurs. Mais désormais les lots devaient tous dépendre, sans intermédiaire, du seigneur primitif. A la vérité, « l'établissement » de Philippe Auguste ne semble pas avoir été bien fidèlement observé. Une fois de plus, les vieilles traditions du droit familial se trouvaient en conflit avec les principes proprement féodaux : après avoir imposé le démembrement du fief, elles travaillaient maintenant à empêcher que les effets de cette fragmentation ne portassent atteinte à la solidarité du lignage. Le parage, en fait, ne disparut que lentement. Le changement de front, à son égard, de l'opinion baronale française n'en marque pas moins, avec une rare netteté, le moment où, chez nous, le fief, jadis salaire de la fidélité armée, tomba au rang d'une tenure avant tout rentable ([191]).

V. LA FIDÉLITÉ DANS LE COMMERCE

Sous les premiers Carolingiens, l'idée que le vassal pût aliéner le fief, à son gré, eût paru doublement absurde : car le bien ne lui appartenait point et, par surcroît, ne lui était confié qu'en échange de devoirs strictement personnels. Cependant, à mesure que la précarité originelle de la concession fut moins clairement ressentie, les vassaux, en mal d'argent ou de générosité, inclinèrent plus volontiers à disposer librement de ce que désormais ils tenaient pour leur chose. Ils y étaient encouragés par l'Église qui, de toutes façons, travailla si efficacement, durant le moyen âge, à faire tomber les entraves, seigneuriales comme familiales, dont les vieux droits avaient garrotté la possession individuelle : les aumônes eussent été rendues impossibles, le feu de l'enfer, qu'elles éteignaient « comme de l'eau », eût brûlé sans remède ; les communautés religieuses enfin eussent risqué de périr d'inanition si tant de seigneurs, qui ne possédaient guère que des fiefs, s'étaient trouvés empêchés de rien détacher de leur patrimoine, au profit de Dieu et de ses saints. A vrai dire, l'aliénation du fief revêtait, selon les cas, deux aspects fort différents.

Il arrivait qu'elle portât seulement sur une fraction du bien. Les charges traditionnelles, qui naguère avaient grevé le tout, se rassemblaient alors, en quelque sorte, sur la partie qui seule demeurait aux mains du vassal. Sauf dans les hypothèses, de plus en plus exceptionnelles, d'une confiscation ou d'une déshérence, le seigneur ne perdait donc rien d'utile. Il pouvait craindre toutefois que le fief, ainsi diminué ne suffît plus à entretenir un dépendant capable de s'acquitter de ses devoirs. L'aliénation partielle, en un mot, rentrait — avec, par exemple, les exemptions de redevances octroyées aux habitants de la terre — sous la rubrique de ce que le droit français appelait « l'abrégement » du fief : entendez sa dévalorisation. Envers elle, comme envers l'abrégement en général, les coutumes réagirent différemment. Les unes finirent par l'autoriser, en la limitant. D'autres persistèrent, jusqu'au bout, à la soumettre à l'approbation du seigneur immédiat, voire des divers seigneurs l'un au-dessus de l'autre étagés. Naturellement cet assentiment, à l'ordinaire, s'achetait et, parce qu'il était une source de perceptions lucratives, on conçut de moins en moins aisément qu'il pût se refuser. Une fois de plus, le souci du profit allait à l'encontre de celui du service.

L'aliénation intégrale était plus opposée encore à l'esprit du lien. Non que les charges, là non plus, fussent en principe menacées de disparaître, puisqu'elles suivaient la terre. Mais le servant changeait. C'était pousser à l'extrême le paradoxe qui résultait déjà de l'hérédité. Car ce loyalisme inné, qu'avec un peu d'optimisme on pouvait se promettre des générations successives d'un même lignage, comment l'attendre d'un inconnu, qui à la vassalité dont il assumait ainsi les devoirs n'avait point d'autre titre que de s'être trouvé au bon moment l'escarcelle pleine ? Le danger, à vrai dire, s'effaçait si le seigneur était obligatoirement consulté. Il le fut longtemps. Plus précisément, il se faisait d'abord restituer le fief ; puis, si telle était sa volonté, il en réinvestissait l'acquéreur, après avoir reçu son hommage. Presque toujours, cela va de soi, un accord préalable permettait au vendeur ou donateur de ne se dessaisir du bien qu'après avoir par avance vu agréer le remplaçant avec lequel il avait traité. L'opération ainsi comprise se produisit sans doute presque dès qu'il y eut des fiefs ou des « bienfaits ». Comme pour l'hérédité, l'étape décisive fut franchie lorsque le seigneur perdit, au regard de l'opinion d'abord, puis du droit, la faculté de refuser la nouvelle investiture.

Gardons-nous d'ailleurs d'imaginer une courbe sans brisures. A la faveur de l'anarchie des Xe et XIe siècles, les droits des seigneurs de fiefs étaient souvent tombés dans l'oubli. Il leur arriva d'être remis en vigueur aux siècles suivants, à la fois par suite des progrès de la logique juridique et sous la pression de certains États, intéressés à une bonne organisation des rapports féodaux. Ainsi, dans l'Angleterre des Plantagenêts. Sur un point même, ce renforcement des préceptes anciens fut alors presque universel. Que le seigneur pût s'opposer absolument au transfert d'un fief à une église, on l'admettait, au XIIIe siècle, beaucoup plus généralement et fermement que par le passé. L'effort même accompli par le clergé pour se dégager de la société féodale paraissait justifier plus que jamais une règle qui se fondait sur l'inaptitude des clercs au service des armes. Rois et princes poussaient à son observation, parce qu'ils voyaient en elle tantôt une sauvegarde contre de redoutables accaparements, tantôt un moyen d'extorsions fiscales.

Ce cas mis à part, le consentement seigneurial ne tarda pas à subir l'habituelle dégradation ; il aboutit simplement à légitimer la levée d'une taxe de mutation. Une autre ressource, il est vrai, était le plus souvent accordée au seigneur : garder lui-même le fief au passage, en indemnisant l'acquéreur. Ainsi l'affaiblissement de la suprématie seigneuriale se traduisait exactement par la même institution que la décadence du lignage : parallélisme d'autant plus frappant que là où le « retrait » lignager manqua, comme en Angleterre, le « retrait » féodal fit défaut également. Rien d'ailleurs mieux que ce dernier privilège reconnu aux seigneurs ne manifeste combien le fief était déjà solidement ancré dans le patrimoine du vassal : puisque pour ravoir ce qui en somme, légalement, était leur bien, il leur fallait désormais verser le même prix qu'un autre acheteur. En fait, depuis le XIIe siècle au moins, les fiefs se vendaient ou se cédaient presque librement. La fidélité était entrée dans le commerce. Ce n'était pas pour la renforcer.

Chapitre V

L'homme de plusieurs maîtres

I. LA PLURALITÉ DES HOMMAGES

« Un samouraï n'a pas deux maîtres » : dans cette maxime du vieux Japon, qu'en 1912 encore le maréchal Nogi invoquait pour refuser de survivre à son empereur, s'exprime l'inéluctable loi de tout système de fidélités, vigoureusement conçu. Telle avait été, à n'en pas douter, la règle de la vassalité franque, en ses débuts. Les capitulaires carolingiens ont beau ne pas la formuler en termes exprès, probablement parce qu'elle semblait aller de soi ; toutes leurs dispositions la postulent. Le commendé pouvait changer de seigneur, si le personnage auquel il avait d'abord porté sa foi consentait à la lui rendre. Se vouer à un second maître, en demeurant l'homme du premier, était strictement interdit. Régulièrement, on voit les partages de l'empire prendre les mesures nécessaires pour éviter tout chevauchement vassalique. La mémoire de cette rigueur première se conserva longtemps. Vers 1160, un moine de Reichenau, ayant mis par écrit le règlement du service d'ost, tel que les empereurs de son temps l'exigeaient pour leurs expéditions romaines, imagina de placer apocryphement ce texte sous le nom vénérable de Charlemagne. « Si par hasard », dit-il, en termes qu'il jugeait sans doute conformes à l'esprit des mœurs antiques, « il arrive qu'un même chevalier se soit attaché à plusieurs seigneurs, en raison de « bienfaits » différents, *ce qu'à Dieu ne plaise*... ([192]). »

Il y avait beau temps, cependant, à cette date, qu'on s'était accoutumé à voir les membres de la classe chevaleresque se constituer les vassaux en même temps de deux, voire de plusieurs maîtres. L'exemple le plus ancien qui ait jusqu'ici été relevé est de 895 et de provenance tourangelle ([193]). Les cas se font partout de plus en plus nombreux aux siècles suivants : au point qu'au XIe un poète bavarois, vers la fin du XIIe un juriste lombard, considèrent expressément cette situation comme normale. Les chiffres atteints par ces hommages successifs étaient parfois très élevés. Dans les dernières années du XIIIe siècle, un baron allemand se reconnaissait ainsi l'homme de fief de vingt seigneurs divers, un autre de quarante-trois ([194]).

Qu'une pareille pluralité de soumissions fût la négation même de ce dévouement de l'être tout entier dont le contrat vassalique, dans sa fraîcheur première, avait exigé la promesse envers un chef librement choisi, les plus réfléchis parmi les contemporains s'en sont avisés aussi bien que nous. De temps à autre, un juriste, un chroniqueur, un roi même, comme saint Louis, rappellent mélancoliquement aux vassaux la parole du Christ : « Nul ne peut servir deux maîtres. » Vers la fin du XIe siècle, un bon canoniste, l'évêque Ive de Chartres, estimait devoir délier un chevalier du serment de fidélité, selon toute apparence vassalique, qu'il avait prêté à Guillaume le Conquérant ; car, disait le prélat, « de pareils engagements sont contraires à ceux que cet homme a auparavant contractés envers les seigneurs légitimes, par droit de naissance, desquels il a précédemment reçu ses bienfaits héréditaires ». L'étonnant est que cette éclatante déviation se soit produite si tôt et si largement.

Les historiens, volontiers, en rendent responsable l'habitude qui se prit, de très bonne heure, de rémunérer les vassaux par des fiefs. On ne saurait douter, en effet, que l'appât de belles terres au soleil n'ait entraîné plus d'un guerrier à multiplier les prestations d'hommages. Voit-on, sous Hugues Capet, un vassal direct du roi refuser de porter secours à un comte, avant que celui-ci ne l'ait, à son tour, accepté, jointes mains, pour son homme ? C'est, dit-il, « qu'il n'est pas coutume chez les Francs de se battre autrement qu'en présence ou sur l'ordre de son seigneur ». Le prétexte était beau. La réalité l'était moins. Car, nous le savons, un village de l'Ile-de-France fut le prix de cette foi toute neuve ([195]). Reste néanmoins à expliquer que les seigneurs aient si aisément accueilli, voire sollicité, ces moitiés, tiers ou quarts de dévouement, que les vassaux aient pu, sans scandale, offrir tant de promesses contradictoires. Faut-il, avec plus de précision, invoquer, au lieu de l'institution de la tenure militaire, en elle-même, l'évolution qui, de la concession personnelle de jadis, fit un bien patrimonial et un objet de commerce ? Assurément, le chevalier qui, ayant déjà porté sa foi à un premier maître, se trouvait, par héritage ou par achat, mis en possession d'un fief, placé sous la dépendance d'un seigneur différent, on imaginera difficilement qu'il n'ait pas, le plus souvent, préféré se plier à une nouvelle soumission, plutôt que de renoncer à cet heureux accroissement de sa fortune.

Prenons-y garde, cependant. Le double hommage ne fut pas, dans le temps, la suite de l'hérédité ; ses plus anciens exemples apparaissent, au contraire comme à peu près exactement contemporains de celle-ci, encore à l'état de pratique naissante. Et pas davantage n'en était-il, logiquement, la conséquence nécessaire. Le Japon, qui n'a jamais connu, sauf à titre d'exceptionnel abus, les fidélités multiples, eut ses fiefs héréditaires, voire aliénables. Mais, comme chaque vassal n'en tenait que d'un seul seigneur, leur passage de générations en générations aboutissait simplement à fixer, dans un lignage de servants, l'attachement à un lignage de chefs. Quant à leur cession, elle n'était permise qu'à l'intérieur du groupe de féaux, centré autour d'un commun maître. Règles très simples, dont la seconde, d'ailleurs, fut fréquemment imposée, par notre moyen âge même, à des dépendants d'un degré inférieur : les tenanciers des seigneuries rurales. Il n'eût pas été inconcevable d'en tirer la loi tutélaire de la vassalité. Nul, toutefois, ne paraît s'en être avisé. En vérité, destiné à devenir, sans conteste, un des principaux dissolvants de la société vassalique, le foisonnement des hommages, d'un seul homme à plusieurs seigneurs, n'avait été lui-même, originellement, qu'un symptôme, entre autres, de la faiblesse presque congénitale dont, pour des raisons que nous aurons à scruter, souffrait un lien présenté, pourtant, comme si astreignant.

En tout temps, cette diversité d'attaches était gênante. Dans les moments de crise, le dilemme se faisait trop pressant pour que la doctrine ou les mœurs pussent se dispenser de lui chercher une réponse. Lorsque deux de ses seigneurs venaient à se faire la guerre, où était le devoir du bon vassal ? S'abstenir eût simplement abouti à doubler la félonie. Il fallait donc choisir. Comment ? Toute une casuistique s'élabora, dont les ouvrages des juristes n'eurent pas le monopole. On la voit également s'exprimer, sous forme de stipulations soigneusement balancées, dans les chartes dont, à partir du moment où l'écrit revendiqua ses droits, les serments de foi s'accompagnèrent de plus en plus volontiers. L'opinion semble avoir oscillé entre trois principaux critères. On pouvait d'abord classer les hommages par ordre de date : le plus ancien primait le plus récent ; souvent, dans la formule même par où il se reconnaissait l'homme d'un nouveau seigneur, le vassal réservait expressément la fidélité naguère promise à un précédent maître. Cependant une autre idée s'offrait, qui, dans sa naïveté, jette une lumière fort crue sur l'arrière-plan de tant de protestations de dévouement : le plus respectable des seigneurs était celui qui avait donné le fief le plus riche. Déjà, en 895, dans une situation légèrement différente, on avait entendu le comte du Mans, que les chanoines de Saint-Martin priaient de ramener à l'ordre un de ses vassaux, répondre que ce personnage était « bien plutôt » le vassal du comte-abbé Robert, « puisqu'il tenait de ce dernier un bienfait plus important ». Telle était, encore à la fin du XIe siècle, la règle suivie, en cas de conflit d'hommages, par la cour comtale de Catalogne ([196]). Enfin il arrivait que, transportant sur l'autre bord le nœud du débat, on prît pour pierre de touche la raison d'être même de la lutte : vis-à-vis du seigneur entré en lice pour défendre sa propre cause, l'obligation paraissait plus impérieuse qu'envers celui qui se bornait à se porter au secours « d'amis ».

Aucune de ces solutions, d'ailleurs, n'épuisait le problème. Qu'un homme eût à combattre son seigneur était déjà bien grave ; pouvait-on accepter, par surcroît, de le voir employer à cette fin, les ressources des fiefs qui lui avaient été confiés dans un tout autre dessein ? On tourna la difficulté en autorisant le seigneur à confisquer provisoirement, jusqu'à la paix, les biens naguère inféodés au vassal, pour l'instant légitimement infidèle. Ou bien, plus paradoxalement, on admit qu'astreint à servir de sa personne celui des deux ennemis auquel allait avant tout sa foi, le vassal n'en devait pas moins lever, sur les terres qu'il tenait de l'autre champion, des troupes, formées notamment, s'il en avait, de ses propres feudataires, afin de les mettre à la disposition de ce maître du second degré. Ainsi, par une sorte de prolongement de l'abus primitif, l'homme de deux chefs risquait, à son tour, de se heurter, sur le champ de bataille, à ses sujets.

Pratiquement, ces subtilités, que compliquaient encore de fréquents efforts pour concilier les divers systèmes, n'avaient guère d'autres résultats que d'abandonner à l'arbitraire du vassal une décision souvent longuement marchandée. Lorsque, en 1184, la guerre éclata entre les comtes de Hainant et de Flandre, le sire d'Avesnes, vassal des deux barons à la fois, commença par solliciter, de la cour du premier d'entre eux, un jugement qui fixait savamment ses obligations. Après quoi, il se jeta de toutes ses forces dans le parti flamand. Une fidélité si flottante, était-ce encore une fidélité ?

II. GRANDEUR ET DÉCADENCE DE L'HOMMAGE LIGE

Cependant, dans cette société, qui ni dans l'État ni même dans la famille ne trouvait de ciments suffisants, le besoin d'unir solidement les subordonnés au chef était si vif que, l'hommage ordinaire ayant notoirement failli à sa mission, un essai fut tenté pour créer, par-dessus lui, une sorte de super-hommage. Ce fut l'hommage « lige ».

En dépit de quelques difficultés phonétiques, communes, au moyen âge, à l'histoire de beaucoup de termes de droit — probablement parce qu'à la fois savants et populaires, ils passaient perpétuellement d'un registre de la langue à l'autre —, on ne saurait guère douter que ce fameux adjectif de « lige » ne dérivât d'un vocable franc, dont le correspondant, dans l'allemand moderne, est *ledig* : libre, pur. Déjà les scribes rhénans, qui, au XIIIe siècle, transposaient « homme lige » en *ledichman* ont senti le parallélisme. Quoi qu'il en soit, d'ailleurs, de ce problème d'embryogénie, après tout secondaire, le sens même de l'épithète, telle que l'employait le français médiéval, n'a rien d'obscur. Les notaires du Rhin, de nouveau, voyaient juste, qui, en latin cette fois, la rendaient par *absolutus*. Aujourd'hui encore « absolu » fournirait la traduction la moins inexacte. De la résidence à laquelle étaient astreints certains clercs, dans leurs églises, on disait, par exemple, qu'elle devait être « personnelle et lige ». Plus souvent, c'était l'exercice d'un droit que l'on qualifiait ainsi. Sur le marché d'Auxerre, le poids, monopole comtal, était « lige du comte ». Dégagée par la mort de toute puissance maritale, la veuve, sur ses biens propres, étendait sa « lige viduité ». En Hainaut, la réserve directement exploitée par le seigneur constituait, par opposition aux tenures, ses « liges terres ». Deux monastères de l'Ile-de-France se partagent-ils une seigneurie, jusque-là indivise ? chaque moitié passe dans la « ligesse » de l'établissement qui en sera, désormais, l'unique possesseur. On ne s'exprimait pas différemment quand ce pouvoir exclusif pesait, non sur des choses mais sur des hommes. Sans autre supérieur canonique que son archevêque, l'abbé de Morigny se déclarait « lige de Monseigneur de Sens ». Dans beaucoup de régions, le serf, attaché à son maître par les liens les plus rigoureux qui fussent, était dénommé son « homme lige » (l'Allemagne employait quelquefois, dans la même acception, *ledig*) ([197]). Très naturellement, lorsque, parmi les hommages d'un même vassal à plusieurs seigneurs, on s'avisa d'en distinguer un dont l'originalité devait être une fidélité assez « absolue » pour passer avant toutes autres promesses, on s'habitua à parler d'« hommages liges », de « seigneurs liges », et aussi — avec cet admirable mépris de l'équivoque que nous avons déjà rencontré — d'« hommes liges », vassaux ici, non plus serfs.

A l'origine du développement, se placent des engagements encore dépourvus de terminologie spécifique : le seigneur, recevant l'hommage d'un vassal, lui faisait simplement jurer de préférer à tous autres devoirs la foi ainsi contractée. Mais, à l'exception de quelques régions où le vocabulaire de la ligesse ne pénétra que tardivement, cette phase d'anonyme genèse se perd à nos yeux dans la brume des temps où les promesses même les plus sacrées ne prenaient guère la forme écrite. Car, dans un vaste domaine, l'entrée en scène du nom de lige, comme de la chose, suivit de très près la généralisation des fidélités multiples. On voit les hommages ainsi qualifiés surgir, au hasard des textes, dans l'Anjou dès 1046 ou environ, à peine plus tard dans le Namurois, puis, à partir de la seconde moitié du siècle, en Normandie, en Picardie et dans la comté de Bourgogne. La pratique en était, en 1095, déjà assez répandue pour attirer l'attention du concile de Clermont. Vers le même moment ils avaient, sous une autre étiquette, fait leur apparition dans le comté de Barcelone : au lieu d'homme lige, les Catalans disaient, en pure langue romane, « homme solide » (*soliu*). Dès la fin du XIIe siècle, l'institution avait atteint à peu près tout le rayonnement dont elle devait être susceptible. Du moins, dans la mesure où le mot de lige répondit à une réalité vivante. Plus tard, son sens premier s'étant, nous le verrons, singulièrement affaibli, l'emploi en devint, dans les chancelleries, presque une affaire de mode. A s'en tenir aux documents antérieurs à 1250 environ, la carte, si indécis qu'en l'absence de relevés systématiques en demeurent les contours, offre cependant une leçon assez claire. Avec la Catalogne — sorte de marche coloniale fortement féodalisée —, la Gaule d'entre Meuse et Loire et la Bourgogne furent la véritable patrie du nouvel hommage. De là il émigra vers les féodalités d'importation : Angleterre, Italie normande, Syrie. Autour de son premier foyer, l'usage s'en propagea vers le midi, jusqu'au Languedoc, assez sporadiquement, semble-t-il ; vers le nord-est, jusqu'à la vallée du Rhin. Ni l'Allemagne transrhénane, ni l'Italie du Nord, où le *Livre des fiefs* lombard s'en tient à la classification par dates, ne l'ont jamais connu dans sa force véritable. Cette seconde vague de la vassalité — vague de renforcement, oserait-on dire — était issue des mêmes contrées que la première. Mais elle ne déferla pas aussi loin.

« Quel que soit le nombre de seigneurs que reconnaisse un homme », dit, vers 1115, un coutumier anglo-normand, « c'est à celui dont il est lige qu'il doit le plus ». Et plus bas : « On doit observer la foi envers tous ses seigneurs, en sauvegardant toujours celle du seigneur précédent. Cependant la foi la plus forte appartient à celui dont on est le lige. » De même en Catalogne, les « Usages » de la cour comtale : « Le seigneur d'un homme *soliu* dispose de son aide envers et contre tous ; nul n'en doit disposer contre lui ([198]). » L'hommage lige prime donc tous les autres, sans distinction de dates. Il est véritablement hors classe. De toutes façons, ce « pur » lien renouvelait, dans son intégrité, l'attache humaine primitive. Le vassal est-il tué ? parmi tous ses seigneurs, c'est le « lige sire » qui recueillera, s'il y a lieu, le prix du sang. S'agit-il, sous Philippe Auguste, de lever la dîme de croisade ? Chaque seigneur percevra la part due par les fiefs qui sont tenus de lui ; mais le seigneur lige, la taxe sur les biens meubles, que le moyen âge a toujours considérés comme particulièrement proches de la personne. Dans l'intelligente analyse que le canoniste Guillaume Durand, peu après la mort de saint Louis, donna des rapports vassaliques, l'accent est mis, avec beaucoup de raison, sur ce caractère « principalement personnel » de l'hommage lige. On ne saurait mieux exprimer le retour à la source vive de la commendation franque.

Mais précisément parce que l'hommage lige n'était guère que la résurrection de l'hommage primitif, il ne pouvait manquer d'être atteint, à son tour, par les mêmes causes de déclin. Il devait leur être une proie d'autant plus aisée que rien, sinon une fragile convention par paroles ou par écrit, ne le distinguait des hommages simples, dont il reproduisait, sans modifications, les rites. Comme si, après le IXe siècle, la faculté d'inventer un symbolisme nouveau s'était brusquement tarie. Beaucoup d'hommes liges, de bonne heure, avaient reçu l'investiture de terres, de pouvoirs de commandement, de châteaux. Comment, en effet, priver de cette récompense ou de ces instruments ordinaires de la puissance les suivants sur la fidélité desquels on entendait avant tout se reposer ? L'intervention du fief entraîna donc, là aussi, ses conséquences habituelles : le subordonné éloigné de son chef ; les charges peu à peu détachées de la personne pour se porter vers la terre, si bien qu'on se prit à parler de « fief lige » ; la ligesse héréditaire et, qui pis est, devenue objet de commerce. Le cumul des soumissions, véritable lèpre de la vassalité, exerça à son tour ses ravages. C'était pour le combattre que la ligesse pourtant s'était constituée. Mais dès les dernières années du XIe siècle, les « Usages » barcelonais prévoient une inquiétante exception. « Nul », disent-ils, « ne peut se faire le *soliu* que d'un seul seigneur, à moins que l'autorisation ne lui en soit accordée par celui auquel il a d'abord prêté cet hommage. » Un siècle environ plus tard, l'étape était presque partout franchie. Il était désormais fréquent qu'un seul homme reconnût deux ou plusieurs seigneurs liges. Les promesses ainsi étiquetées continuaient à passer avant les autres. Entre elles, par contre, force était de graduer les obligations au moyen des mêmes réactifs, déplorablement incertains, qui avaient déjà servi à départager les hommages simples. Du moins, en théorie. Pratiquement, c'était de nouveau la porte ouverte à la félonie presque nécessaire. On avait en somme abouti à créer deux étages de la vassalité. Rien de plus.

Aussi bien cette hiérarchisation même ne tarda-t-elle guère à faire figure de vain archaïsme. Car l'hommage lige tendit, très vite, à devenir le nom normal de presque tout hommage. On avait imaginé deux modalités dans l'attache vassalique : l'une, plus forte ; l'autre, plus faible. Quel seigneur était assez modeste pour se contenter de la seconde ? Vers 1260, sur quarante-huit vassaux du comte de Forez, en Roannais, quatre au plus prêtaient l'hommage simple ([199]). Exceptionnel, l'engagement eût peut-être conservé quelque efficacité ; banalisé, il se vida de tout contenu spécifique. Rien de plus significatif que le cas des Capétiens. En persuadant les plus hauts barons du royaume de se reconnaître leurs hommes liges, firent-ils autre chose qu'obtenir de ces chefs territoriaux, dont la situation était incompatible avec l'entier dévouement du suivant d'armes, un trop facile acquiescement à une formule inéluctablement creuse ? C'était renouveler, au second degré, l'illusion des Carolingiens, croyant fonder sur l'hommage, tout court, la fidélité de leurs agents.

Dans deux féodalités d'importation, cependant, l'État anglo-normand, après la Conquête, et le royaume de Jérusalem, l'évolution fut déviée par l'action de monarchies mieux armées. Estimant que la seule foi « lige », c'est-à-dire préférable à toute autre, était celle qui leur était due, les rois travaillèrent d'abord, non sans succès, à s'attribuer le monopole de recevoir les hommages ainsi qualifiés. Mais ils entendaient bien ne pas limiter leur autorité à leurs propres vassaux. Quiconque était leur sujet, même s'il ne tenait pas sa terre directement de la Couronne, leur devait l'obéissance. Peu à peu, on s'accoutuma donc, dans ces pays, à réserver le nom de « ligesse » à la fidélité, souvent confirmée par un serment, qui était exigée, envers le souverain, de la totalité des hommes libres, quelle que fût leur place dans la hiérarchie féodale. Ainsi la notion de cette attache « absolue » ne conservait un peu de sa valeur originelle que là où elle avait été détachée du système des rites vassaliques, pour contribuer, comme l'acte de soumission *sui generis* du droit public, au regroupement des forces dans le cadre de l'État. Vis-à-vis du vieux lien personnel, frappé d'une fatale décadence, l'inefficacité du remède était patente.

Chapitre VI

Vassal et seigneur

I. L'AIDE ET LA PROTECTION

« Servir » ou, comme on disait aussi « aider » ; — « protéger » : c'était en ces termes très simples que les plus anciens textes résumaient les obligations inverses du fidèle armé et de son chef. Le lien ne fut jamais senti comme plus fort qu'au temps où les effets en étaient ainsi exprimés de la façon la plus vague et, par suite, la plus compréhensive. Définir, n'est-ce pas toujours limiter ? Il était fatal, cependant, que l'on éprouvât, avec une vivacité croissante, le besoin de préciser les conséquences juridiques du contrat d'hommage. Notamment, quant aux charges du subordonné. Une fois la vassalité sortie de l'humble cercle de la loyauté domestique, quel vassal désormais eût cru compatible avec sa dignité qu'on le dît candidement, comme aux premiers temps, astreint « à servir le seigneur dans toutes les besognes qui lui seront ordonnées » ([200]) ? Au surplus, de personnages qui dorénavant, établis pour la plupart sur des fiefs, vivaient loin du maître, comment continuer à attendre cette disponibilité toujours prête ?

Dans le travail de fixation qui s'opéra peu à peu, les juristes professionnels ne jouèrent qu'un rôle tardif et, en somme, médiocrement efficace. Sans doute voit-on, dès les environs de 1020, l'évêque Foubert de Chartres, que le droit canon avait formé aux méthodes de la réflexion juridique, s'essayer à une analyse de l'hommage et de ses effets.

Mais, intéressante comme symptôme de la pénétration du droit savant dans un domaine qui jusque-là lui avait été bien étranger, cette tentative ne réussissait guère à s'élever au-dessus d'une assez creuse scolastique. L'action décisive, ici comme ailleurs, appartint à la coutume, nourrie de précédents et progressivement cristallisée par la jurisprudence de cours où siégeaient beaucoup de vassaux. Puis l'habitude se prit, de plus en plus fréquemment, de faire passer ces stipulations, naguère purement traditionnelles, dans l'accord même. Mieux que les quelques mots dont s'accompagnait l'hommage, le serment de foi, que l'on pouvait allonger à volonté, se prêtait à leur minutie. Ainsi un contrat prudemment détaillé remplaça la soumission de l'homme tout entier. Par un surcroît de précaution, qui en dit long sur l'affaiblissement du lien, le vassal, à l'ordinaire, ne promit plus seulement d'aider. Il dut encore s'engager à ne pas nuire. En Flandre, dès le début du XIIe siècle, ces clauses négatives avaient revêtu assez d'importance pour donner lieu à un acte à part : la « sûreté » qui, jurée après la foi, autorisait vraisemblablement le seigneur, en cas de manquement, à la saisie de gages déterminés. Il va de soi que, longtemps, les obligations positives n'en continuèrent pas moins à l'emporter.

Le devoir primordial était, par définition, l'aide de guerre. L'homme de bouche et de main doit, d'abord et avant tout, servir en personne, à cheval et sous le plein harnois. Cependant, on ne le voit que rarement paraître seul. Outre que ses propres vassaux, s'il en possède, se grouperont naturellement sous sa bannière, ses commodités, son prestige, la coutume, parfois, lui commandent de se faire suivre au moins d'un ou deux écuyers. Point de fantassins, par contre, en règle générale, dans son contingent. Leur rôle, au combat, est jugé trop médiocre, la difficulté de nourrir des masses humaines un peu considérables est trop grande pour que le chef d'armée puisse se contenter de la piétaille paysanne que lui fournissent ses propres terres ou celles des églises dont il s'est, officiellement, constitué le protecteur. Fréquemment, le vassal est aussi astreint à tenir garnison dans le château seigneurial, soit durant les hostilités seulement, soit

— car une forteresse ne saurait rester sans gardes — en tout temps, par roulement avec ses pairs. A-t-il lui-même une maison forte ? il devra l'ouvrir à son seigneur.

Peu à peu les différences de rang et de puissance, la formation de traditions nécessairement divergentes, les accords particuliers et jusqu'aux abus mués en droits introduisirent dans ces obligations d'innombrables variantes. Ce fut, presque toujours, en fin de compte, pour en alléger le poids.

Un grave problème naissait de la hiérarchisation des hommages. A la fois sujet et maître, plus d'un vassal disposait, à son tour, de vassaux. Le devoir, qui lui commandait d'aider son seigneur de toutes ses forces, eût semblé lui faire une loi de se présenter à l'ost seigneurial entouré de la troupe entière de ces dépendants. La coutume, cependant, l'autorisa de bonne heure à n'amener avec lui qu'une quantité de servants fixée une fois pour toutes et de beaucoup inférieure au nombre de ceux qu'il pouvait employer à ses propres guerres. Voici, par exemple, vers la fin du XIe siècle, l'évêque de Bayeux. Plus d'une centaine de chevaliers lui doivent le service des armes. Mais il n'est astreint qu'à en fournir vingt au duc, son seigneur immédiat. Pis encore : si c'est au nom du roi, dont la Normandie est tenue en fief, que le duc réclame le secours du prélat, le chiffre, à cet échelon supérieur, sera réduit à dix. Cet amincissement, vers le haut, de l'obligation militaire — contre lequel la monarchie des Plantagenêts, au XIIe siècle, s'efforça, sans beaucoup de succès, de réagir — fut, à n'en pas douter, une des principales causes de l'inefficacité finale du système vassalique, comme moyen de défense ou de conquête aux mains des pouvoirs publics ([201]).

Avant tout, les vassaux, grands et petits, aspiraient à ne pas être indéfiniment retenus au service. Pour borner la durée de celui-ci, ni les traditions de l'État carolingien, ni les usages primitifs de la vassalité n'offraient de précédents directs : le sujet, comme le guerrier domestique, restaient sous les armes aussi longtemps que leur présence semblait nécessaire au roi, ou au chef. Par contre, les vieux droits germaniques avaient largement usé d'une sorte de délai type, fixé à quarante jours ou, comme on disait plus anciennement quarante nuits. Il ne réglait pas seulement de multiples actes de procédure. La législation militaire franque elle-même l'avait adopté, comme la limite du temps de repos auquel les levées avaient droit, entre deux convocations. Ce chiffre traditionnel, qui venait naturellement à l'esprit, fournit, dès la fin du XIe siècle, la norme ordinaire de l'obligation imposée aux vassaux. Une fois le terme écoulé, ils étaient libres de retourner chez eux, le plus souvent pour l'année durant. Sans doute arrivait-il, assez fréquemment, qu'on les vît néanmoins demeurer à l'ost. Certaines coutumes même cherchaient à leur faire de cette prolongation un devoir. Mais ce ne pouvait plus être, dorénavant, qu'aux frais du seigneur et soldés par lui. Jadis salaire du « satellite » armé, le fief avait si bien cessé de remplir sa mission première qu'il fallait le suppléer par une autre rémunération.

Ce n'était pas seulement pour le combat que le seigneur appelait à lui ses vassaux. Dans la paix, il en formait sa « cour », qu'à des dates plus ou moins régulières, coïncidant à l'ordinaire avec les principales fêtes liturgiques, il convoquait en grand arroi : tour à tour tribunal, conseil dont la morale politique du temps imposait au maître l'avis dans toutes les circonstances graves, service d'honneur aussi. Paraître aux yeux de tous environné d'un grand nombre de dépendants ; de ceux-ci, qui eux-mêmes étaient parfois d'un rang déjà élevé, obtenir l'accomplissement public de quelques-uns de ces gestes de déférence — offices d'écuyer, d'échanson, de valet de table — auxquels une époque sensible aux choses vues attachait une haute valeur de symbole : pouvait-il y avoir, pour un chef, manifestation plus éclatante de son prestige ni moyen plus délicieux d'en prendre soi-même conscience ?

De ces cours « plénières, merveilleuses et larges », les poèmes épiques, dont elles sont un des décors familiers, ont naïvement exagéré la splendeur. Même pour celles où les rois figuraient, selon le rite, couronne en tête, le tableau est trop flatteur. A plus forte raison, si l'on évoque les modestes rassemblements autour des petits ou moyens barons. Que dans ces réunions, cependant, beaucoup d'affaires aient été traitées ; que les plus brillantes d'entre elles aient prêté à tout un déploiement cérémonial, attiré, outre leur assistance normale, un peuple mêlé d'aventuriers, de baladins, voire de tire-bourses ; que le seigneur fût tenu, par l'usage comme par son intérêt bien entendu, à y distribuer à ses hommes ces cadeaux de chevaux, d'armes, de vêtements qui étaient à la fois le gage de leur fidélité et le signe de leur subordination ; qu'enfin la présence des vassaux — chacun, comme le prescrivait l'abbé de Saint-Riquier, « selon son pouvoir soigneusement paré » — n'ait jamais cessé d'y être exactement exigée : les textes les plus sérieux ne nous permettent pas d'en douter. Le comte, disent les *Usages de Barcelone*, doit, lorsqu'il tient sa cour : « rendre la justice... ; prêter secours aux opprimés... à l'heure des repas, les faire annoncer à son de trompe pour que nobles et non-nobles y viennent prendre part ; distribuer à ses grands des manteaux ; régler l'ost qui ira porter la dévastation dans les terres d'Espagne ; créer de nouveaux chevaliers ». A un degré plus bas de la hiérarchie sociale, un petit chevalier picard, s'avouant en 1210 l'homme lige du vidame d'Amiens, lui promettait, d'une même haleine, l'aide de guerre pendant six semaines et « de venir, lorsque j'en serai requis, à la fête que fera ledit vidame, pour y demeurer à mes frais, avec ma femme, huit jours durant » ([202]).

Ce dernier exemple montre, avec beaucoup d'autres, comment, au même titre que le service d'ost, le service de cour fut peu à peu réglementé et limité. Non cependant que l'attitude des groupes vassaliques, vis-à-vis des deux obligations, ait été de tous points semblable. L'ost n'était guère qu'une charge. L'assistance à la cour comportait en revanche bien des avantages : largesses seigneuriales, franches lippées, participation aussi au pouvoir de commandement. Les vassaux cherchèrent donc beaucoup moins à s'y soustraire. Jusqu'à la fin de l'ère féodale, ces assemblées, contrebalançant en quelque mesure l'éloignement né de la pratique du fief, travaillèrent à maintenir entre le seigneur et ses hommes le contact personnel, sans lequel il n'est guère de lien humain.

Au vassal, sa foi imposait « d'aider » son seigneur en toutes choses. De son épée ; de son conseil : cela allait de soi. Un moment vint où on ajouta : de sa bourse aussi. Aucune institution mieux que celle de cet appui pécuniaire ne révèle l'unité profonde du système de dépendances sur lequel s'était bâtie la société féodale. Serf ; tenancier, dit « libre », d'une seigneurie ; sujet, dans un royaume ; vassal enfin : quiconque obéit doit à son chef ou maître de le secourir en ses nécessités. Or en est-il de plus grande que le mal d'argent ? De la contribution que le seigneur, en cas de besoin, était ainsi autorisé à requérir de ses hommes, les noms mêmes, au moins dans le domaine du droit féodal français, furent du haut en bas de l'échelle, pareils. On disait « aide » tout court ; ou bien encore « taille », expression imagée qui se tirait du verbe tailler, mot à mot prendre à quelqu'un un morceau de sa substance, et, par suite, le taxer ([203]). Naturellement, en dépit de cette similitude de principe, l'histoire même de l'obligation suivit, selon les milieux sociaux auxquels elle s'appliquait, des lignes très différentes. Seule, pour le moment, nous intéresse la taille des vassaux.

A ses débuts, on entrevoit une simple pratique de cadeaux, exceptionnels et plus ou moins bénévoles. L'Allemagne ni l'Italie lombarde ne semblent avoir jamais dépassé ce stade : un passage significatif du *Miroir des Saxons* met encore en scène le vassal « lorsqu'il sert le seigneur de ses dons ». Dans ces pays, le lien vassalique n'avait pas assez de force pour que, les services primordiaux une fois dûment accomplis, le seigneur, désireux d'un secours supplémentaire, pût à une simple requête substituer un ordre. Il en fut autrement dans le domaine français. Là, vers les dernières années du XIe siècle ou les premières du XIIe — c'est-à-dire vers le moment même où, sur un autre plan social, se répandait également la taille des humbles ; où, plus généralement, la circulation monétaire, de toutes parts, se faisait plus intense et, par conséquent, plus pressants les besoins des chefs et moins étroites les possibilités des contribuables —, le travail de la coutume aboutit à la fois à rendre obligatoires les versements et, par compensation, à en fixer les occasions. Ainsi, en 1111, sur un fief angevin pesaient déjà « les quatre droites tailles : pour la rançon du seigneur, s'il est pris ; quand son fils aîné sera armé chevalier ; quand sa fille aînée se mariera ; quand lui-même aura à faire un achat [de terre] ([204]) ». Le dernier cas, d'application trop arbitraire, disparut rapidement de la plupart des coutumes. Les trois premiers, en revanche, furent à peu près partout reconnus. D'autres s'y ajoutèrent parfois : l'aide de croisade notamment ou celle que le seigneur levait lorsque ses supérieurs le « taillaient » lui-même. Ainsi l'élément argent, déjà aperçu sous la forme du relief, peu à peu se glissait parmi les vieux rapports faits de fidélité et d'actions.

Il devait s'y introduire par un autre biais encore. Forcément il advenait, par moments, que le service de guerre manquât à être rendu. Le seigneur réclamait alors une amende ou indemnité ; parfois, le vassal l'offrait d'avance. On l'appelait « service », conformément aux habitudes des langues médiévales qui, au paiement de compensation, attribuaient volontiers le nom même de l'obligation par lui effacée ; ou bien, en France, « taille de l'ost ». A dire vrai, la pratique de ces dispenses moyennant argent ne prit une grande extension que vis-à-vis de deux catégories de fiefs : ceux qui étaient tombés entre les mains de communautés religieuses, inaptes à porter les armes ; ceux qui dépendaient directement des grandes monarchies, habiles à tourner au profit de leur fiscalité jusqu'aux insuffisances du système de recrutement vassalique. Sur le commun des tenures féodales, le devoir militaire, à partir du XIIIe siècle, se fit simplement de moins en moins astreignant, sans taxe de remplacement. Même les aides pécuniaires finirent souvent par tomber en désuétude. Le fief avait cessé de procurer de bons serviteurs sans réussir, pour cela, à rester bien longtemps une fructueuse source de revenus.

Au seigneur, la coutume n'imposait, ordinairement, aucun engagement verbal ou écrit qui répondît au serment du vassal. Ces promesses d'en haut n'apparurent que tardivement et demeurèrent toujours exceptionnelles. L'occasion manqua donc de définir les obligations du chef avec autant de détail que celles du subordonné. A de pareilles précisions, d'ailleurs, un devoir de protection se prêtait moins bien que des services. « Envers et contre toute créature qui vive ou qui meurt », l'homme sera défendu par son seigneur. Dans son corps, d'abord et surtout. Dans ses biens aussi et plus particulièrement dans ses fiefs. De ce protecteur, en outre, devenu, nous le verrons, un juge, il attend bonne et prompte justice. Ajoutez les avantages, impondérables et pourtant précieux, que, dans une société fort anarchique, assurait, à tort ou à droit, le patronage d'un puissant. Tout cela était fort loin de passer pour négligeable. Il n'en reste pas moins qu'au bout du compte, le vassal, incontestablement, devait plus qu'il ne recevait. Salaire du service, le fief primitivement avait rétabli la balance. A mesure que, transformé pratiquement en bien patrimonial, sa fonction originelle tomba dans l'oubli, l'inégalité des charges sembla plus flagrante ; et plus vif, par suite, chez ceux qu'elle défavorisait, fut le désir de limiter leur fardeau.

II. LA VASSALITÉ A LA PLACE DU LIGNAGE

Cependant, à se borner à ce bilan par doit et avoir, on n'obtiendrait de la nature profonde du lien qu'une image singulièrement exsangue. C'était comme une sorte de succédané ou de complément de la solidarité lignagère, devenue insuffisamment efficace, que les relations de dépendance personnelle avaient fait leur entrée dans l'histoire. L'homme qui n'a pas de seigneur, si sa parentèle ne prend son sort en main, est, d'après le droit anglo-saxon du xe siècle, un hors-la-loi ([205]). Le vassal, vis-à-vis du seigneur, le seigneur vis-à-vis du vassal demeura longtemps comme un parent supplémentaire, volontiers assimilé dans ses devoirs comme dans ses droits aux proches par le sang. Lorsqu'un incendiaire, dit, dans une de ses constitutions de paix, Frédéric Barberousse, aura cherché asile dans un château, le maître de la forteresse sera contraint, s'il ne veut passer pour complice, de livrer le fugitif, « à moins toutefois que celui-ci ne soit son seigneur, son vassal ou son proche ». Et ce n'était point hasard si le plus vieux coutumier normand, traitant du meurtre du vassal par le seigneur et du seigneur par le vassal, classait ces crimes pêle-mêle dans un même chapitre avec les plus horrribles homicides commis au sein de la parentèle. De ce caractère quasi familial de la vassalité devaient découler, dans les règles juridiques comme dans les mœurs, plusieurs traits durables.

Le premier devoir du lignager était la vengeance. De même, pour qui avait prêté ou reçu l'hommage. Une vieille glose germanique ne traduisait-elle pas déjà naïvement le latin *ultor* — vengeur — par le vieil haut-allemand *mundporo* : patron ([206]) ? Cette égalité de vocation entre la parentèle et le lien vassalique, commencée dans la faide, se poursuivait devant le juge. S'il n'a lui-même assisté au crime, nul, dit un coutumier anglais du XIIe siècle, ne peut se porter accusateur, en cas de meurtre, à moins qu'il ne soit le proche du mort, son seigneur ou son homme par l'hommage. L'obligation s'imposait avec une force pareille au seigneur envers son vassal, au vassal envers son seigneur. Une différence de degré pourtant se marquait, bien conforme à l'esprit de ce rapport de soumission. A en croire le poème de *Beowulf*, les compagnons du chef tué auraient eu, dans l'ancienne Germanie, part au prix du sang. Il n'en était plus ainsi dans l'Angleterre normande. Le seigneur participait à la compensation versée pour le meurtre du vassal ; sur celle qui était due pour le meurtre du seigneur, le vassal ne prélevait rien. La perte d'un serviteur se paye ; celle d'un maître, non.

Le fils du chevalier n'était que rarement élevé dans la maison paternelle. L'usage, qui fut respecté tant que les mœurs de l'ère féodale eurent quelque force, voulait que son père le confiât, tout jeune encore, à son seigneur ou l'un de ses seigneurs. Auprès de ce chef, le garçon, tout en faisant office de page, s'instruisait dans les arts de la chasse et de la guerre, plus tard dans la vie courtoise : tels, dans l'histoire, le jeune Arnould de Guines chez le comte Philippe de Flandre, dans la légende, le petit Garnier de Nanteuil, qui si bien servit Charlemagne :

> « Quand le roi va au bois, l'enfant ne le veut laisser;
> Tantôt il porte son arc, tantôt il lui tient l'étrier.
> Le roi va-t-il en rivière? Garnier l'accompagne.
> Ou bien il porte l'autour, ou le faucon qui sait chasser la grue.
> Quand le roi veut dormir, Garnier est à son coucher
> Et, pour le distraire, dit chanson et musique. »

D'autres sociétés, dans l'Europe médiévale, ont connu des pratiques analogues destinées, là aussi, à raviver, par les jeunes, des liens que l'éloignement sans cesse menaçait de détendre. Mais le « fosterage » de l'Irlande semble avoir servi surtout à resserrer l'attache de l'enfant avec le clan maternel, parfois à asseoir le prestige pédagogique d'une corporation de prêtres lettrés. Chez les Scandinaves, c'était au fidèle qu'incombait le devoir d'élever la postérité de son maître : si bien que, lorsque Harald de Norvège voulut manifester aux yeux de tous la subordination où il prétendait tenir le roi Aethelstan d'Angleterre, il ne trouva pas pour cela de meilleur moyen, raconte la saga, que de faire déposer par surprise, son fils sur les genoux de ce père nourricier malgré lui. L'originalité du monde féodal est d'avoir conçu la relation de bas en haut. Les obligations de déférence et de gratitude ainsi contractées passaient pour très fortes. Toute sa vie, le garçonnet de jadis devait se souvenir qu'il avait été le « nourri » du seigneur — le mot, comme la chose, date, en Gaule, de l'époque franque et se retrouve encore sous la plume de Commynes ([207]). — Assurément, ici comme ailleurs, la réalité démentit souvent les règles de l'honneur. Comment refuser cependant toute efficacité à une coutume qui — en même temps qu'elle mettait aux mains du seigneur un précieux otage — faisait revivre à chaque génération de vassaux un peu de cette existence à l'ombre du chef, d'où la première vassalité avait tiré le plus sûr de sa valeur humaine ?

Dans une société où l'individu s'appartenait si peu, le mariage, qui, nous le savons déjà, mettait en jeu tant d'intérêts, était très loin de paraître un acte de volonté personnelle. La décision, avant tout, reposait sur le père. « Il veut voir de son vivant son fils prendre femme ; donc lui achète la fille d'un noble » : ainsi s'exprime, sans ambages, le vieux *Poème de saint Alexis*. A côté du père quelquefois, mais surtout là où il n'était plus, intervenaient les proches. Mais aussi, lorsque l'orphelin était né d'un vassal, le seigneur. Voire même, s'il s'agissait d'un seigneur, ses vassaux. Dans ce dernier cas, à dire vrai, la règle ne dépassa jamais la portée d'un simple usage de bienséance ; en toute circonstance grave le baron devait consulter ses hommes ; dans celle-là, entre autres. De seigneur à vassal, par contre, les droits se firent beaucoup plus précis. La tradition remontait aux plus lointaines origines de la vassalité. « Si le soldat privé (*buccellarius*) ne laisse qu'une fille », dit, au ve siècle, une loi visigothe, « nous voulons qu'elle demeure sous la puissance du patron, qui lui procurera un mari de condition égale. Que si, toutefois, elle se choisit elle-même un époux, contre le gré du patron, elle devra restituer à celui-ci tous les dons que son père en avait reçus ([208]). » L'hérédité des fiefs — déjà présente d'ailleurs dans ce texte, sous une forme rudimentaire — fournit aux seigneurs un motif de plus, et très puissant, pour surveiller des unions qui, lorsque la terre était tombée en quenouille, aboutissaient à leur imposer un fidèle étranger à la lignée primitive. Leurs pouvoirs matrimoniaux, pourtant, ne se développèrent pleinement qu'en France et en Lotharingie, véritables patries du système vassalique, et dans les féodalités d'importation. Sans doute les familles de condition chevaleresque n'y furent pas les seules à devoir subir de pareilles ingérences ; car bien d'autres se trouvaient, par d'autres nœuds, soumises à une autorité de nature seigneuriale, et les rois mêmes, en tant que tels, s'estimaient parfois en droit de disposer de la main au moins de leur sujettes. Mais envers les vassaux — quelquefois envers les serfs, autres dépendants personnels — on considérait à peu près universellement comme légitime ce qui, vis-à-vis de subordonnés de degrés différents, passait pour un abus de force. « Nous ne marierons pas les veuves et les filles contre leur gré », promet Philippe Auguste aux gens de Falaise et de Caen, « à moins qu'elles ne tiennent de nous, en tout ou en partie, un fief de haubert » (entendez un fief militaire, caractérisé par le service avec cotte de mailles). La bonne règle voulait que le seigneur se mît d'accord avec les lignagers : collaboration qu'au XIIIe siècle, par exemple, une coutume orléanaise s'efforçait d'organiser et que met en scène, sous Henri Ier d'Angleterre, une curieuse charte royale ([209]). Quand le seigneur, cependant, était puissant, il réussissait à évincer tous rivaux. Dans l'Angleterre des Plantagenêts, cette institution, issue de principes tutélaires, dégénéra finalement en un extravagant trafic. A qui mieux mieux, les rois et les barons — les rois surtout — donnaient ou vendaient orphelins ou orphelines à marier. Ou bien, menacée d'un époux déplaisant, la veuve payait à beaux deniers comptants la permission de le refuser. Malgré le relâchement progressif du lien, la vassalité, comme on voit, n'échappa point toujours à cet autre danger dont l'ombre guette presque tout régime de protection personnelle : se muer en un mécanisme d'exploitation du faible par le fort.

III. RÉCIPROCITÉ ET RUPTURES

L'accord vassalique liait deux hommes qui, par définition, n'étaient pas de niveau. Rien de plus éloquent, à cet égard, qu'une disposition du vieux droit normand : si le seigneur qui a tué son vassal, le vassal qui a tué son seigneur sont l'un et l'autre punis de mort, le crime contre le chef est indubitablement le plus noir, puisque seul il entraîne l'infamante pendaison ([210]). Pourtant, quel que fût le déséquilibre entre les charges de part et d'autre exigées, elles n'en formaient pas moins un tout indissoluble ; l'obéissance du vassal avait pour condition l'exactitude du seigneur à tenir ses engagements. Mise en relief dès le XIe siècle par Foubert de Chartres, jusqu'au bout très fortement ressentie, cette réciprocité dans des devoirs inégaux fut le trait vraiment distinctif de la vassalité européenne. Par là, elle ne se séparait pas seulement de l'antique esclavage ; elle différait aussi, très profondément, des formes de libre dépendance propres à d'autres civilisations, comme celle du Japon, voire, plus près de nous, à certaines sociétés limitrophes de la zone authentiquement féodale. Les rites mêmes expriment à souhait l'antithèse : au « salut frontal » des gens de service russes, au baisement de mains des guerriers castillans, s'oppose notre hommage qui, par le geste des mains se fermant sur les mains et par le baiser des deux bouches, faisait du seigneur moins un simple maître appelé uniquement à recevoir que le participant d'un véritable contrat. « Autant », écrit Beaumanoir, « l'homme doit à son seigneur de foi et de loyauté à raison de son hommage, autant le seigneur en doit à son homme. »

Cependant l'acte solennel qui avait créé l'accord semblait posséder une telle force que, même devant les pires manquements, on imaginait mal la possibilité d'en effacer les effets sans avoir recours à une sorte de contre-formalisme. Du moins, dans les vieux pays francs. En Lotharingie et dans la France du Nord, un rite de rupture de l'hommage s'esquissa, où revivait peut-être le souvenir des gestes qui, dans des temps reculés, avaient servi au Franc Salien à renier sa parentèle. Le seigneur, à l'occasion, le vassal plus souvent, tout en déclarant son dessein de « rejeter » loin de soi le partenaire « félon », lançait violemment à terre une brindille — parfois après l'avoir brisée — ou un poil de son manteau. Seulement, pour que la cérémonie parût aussi efficace que celle dont elle devait détruire le pouvoir, il fallait qu'à son exemple, elle mît en présence les deux individus. Cela n'allait pas sans danger. Aussi, au jet du « fétu », qui, avant même d'avoir dépassé le stade où un usage devient règle, tomba dans l'oubli, préféra-t-on de plus en plus un simple défi — au sens étymologique du terme, c'est-à-dire refus de foi —, par lettres ou par héraut. Les moins scrupuleux, qui n'étaient pas les moins nombreux, se contentaient naturellement d'entamer les hostilités, sans déclaration préalable.

Mais, dans l'immense majorité des cas, le lien personnel se doublait d'un lien réel. La vassalité une fois brisée, quel devait être le sort du fief ? Lorsque la faute incombait au vassal, point de difficulté : le bien revenait au seigneur lésé. C'était ce qu'on appelait la « commise ». Le « déshéritement » du duc Henri le Lion par Frédéric Barberousse, celui de Jean sans Terre par Philippe Auguste en sont les plus illustres exemples. Quand la responsabilité de la rupture semblait au contraire appartenir au seigneur, le problème était plus délicat. Assurément le fief, rémunération de services qui cessaient d'être rendus, perdait sa raison d'être. Comment cependant dépouiller un innocent ? La hiérarchisation des fidélités permit de sortir d'embarras. Les droits du seigneur indigne passaient à son propre seigneur : tout comme si, un maillon ayant sauté, la chaîne se refermait par-dessus le vide. A dire vrai, lorsque le fief avait été tenu directement du roi, maillon suprême, la solution était inopérante. Mais on admettait, semble-t-il, que vis-à-vis du roi, aucun reniement d'hommage ne pouvait être durable. Seule l'Italie fit bande à part. Victime d'une félonie seigneuriale, le vassal y voyait simplement son fief se muer en alleu : trait symptomatique, entre beaucoup d'autres, du peu de vigueur là-bas des conceptions les plus strictement féodales.

La législation carolingienne avait défini les torts qui, à ses yeux, justifiaient l'abandon du seigneur par le vassal. Ses préceptes ne s'effacèrent pas tous des mémoires. Dans le poème de *Raoul de Cambrai*, le « nourri » Bernier, malgré tant de raisons de haine, ne renie Raoul qu'une fois frappé par lui. Or le capitulaire carolingien avait dit : « nul ne quittera son seigneur après en avoir reçu la valeur d'un sou... sauf si ce seigneur l'a voulu férir d'un bâton. » Invoqué aussi, un peu plus tard, par un roman courtois, au cours d'une curieuse discussion de casuistique féodale, ce motif de rupture était encore expressément retenu, au XIIIe siècle, par divers coutumiers français, au début du siècle suivant par le Parlement du premier Valois ([211]). Cependant les plus solides même parmi les règles juridiques de jadis ne survivaient plus, aux temps féodaux, qu'incorporées à une flottante tradition. L'arbitraire, qui naissait de cette métamorphose d'un code de droit en un vague ensemble de lois morales, eût pu être combattu par l'action de tribunaux capables de fixer et d'imposer une jurisprudence. De fait, certaines juridictions s'ouvraient, en principe, à de pareils débats. C'était d'abord la cour seigneuriale, formée en réalité des vassaux eux-mêmes, que l'on tenait pour les juges naturels des procès entre le seigneur, leur maître, et son homme, leur pair ; puis, à l'échelon supérieur, celle du chef, plus haut placé, auquel le seigneur, à son tour, avait prêté l'hommage. Certaines coutumes, de bonne heure mises par écrit, comme celle de la Bigorre, se préoccupaient de tracer une procédure à laquelle le vassal devait se plier, avant que son « départ » ne fût légitime ([212]). Mais le grand vice de la féodalité fut précisément son inaptitude à construire un système judiciaire vraiment cohérent et efficace. Pratiquement l'individu, victime de ce qu'il estimait ou affectait d'estimer une atteinte à ses droits, décidait de rompre et l'issue du conflit dépendait de la balance des forces. Tel, un mariage qui comporterait le divorce, sans que les motifs en fussent établis d'avance ni qu'il y eût des magistrats pour les appliquer.

Chapitre VII

Le paradoxe de la vassalité

I. LES CONTRADICTIONS DES TÉMOIGNAGES

Par-delà les problèmes particuliers que soulève, si nombreux, l'histoire de la vassalité européenne, un grand problème humain les domine tous : de ce ciment social, quelle fut, dans les actions et dans les cœurs, la force véritable ? Or la première impression que donnent, là-dessus, les documents est celle d'une étrange contradiction, devant laquelle il convient de ne point biaiser.

Pas n'est besoin de pressurer longtemps les textes pour en tirer une émouvante anthologie à la louange de l'institution vassalique.

En celle-ci, ils célèbrent, d'abord, un lien très cher. « Vassal » a pour synonyme courant « ami » et, plus souvent encore, le vieux nom, probablement celtique, de « dru », à peu près équivalent, mais dont le sens comportait pourtant une nuance plus précise de choix ; car s'il s'appliquait parfois à la dilection amoureuse, il ne semble jamais, à la différence d'ami, s'être étendu aux relations de parenté. Terme commun, d'ailleurs, au gallo-romain et à l'allemand et dans lequel, à travers les âges, se répondent les textes les plus pleins : « à l'heure dernière », disent, dès 858, les évêques de la Gaule à Louis le Germanique, « il n'y aura pour t'aider ni femme ni fils ; ni, pour te porter secours, compagnonnage de drus et de vassaux ». L'affection, cela va de soi, comme elle monte de l'homme vers le seigneur, descend du seigneur vers l'homme.

« Girart s'est fait l'homme lige de Charlemagne », dit un personnage de l'épopée française ; « de lui il reçut alors amitié et seigneurie ». Littérature, s'écrieront peut-être les historiens qui n'ont d'oreilles que pour la sèche voix des chartes. Qu'à cela ne tienne! De cette terre je suis le seigneur, font dire à un hobereau angevin les moines de Saint-Serge ; car Geoffroy, qui la possédait « l'eut de moi, comme fief, en amitié ». Aussi bien, comment récuser ces vers de *Doon de Mayence* où s'exprime, avec une si franche simplicité, la véritable union des cœurs, celle qui ne conçoit point la vie l'un sans l'autre :

> « Si mon seigneur est occis, je veux être tué.
> Pendu? Avec lui, me pendez.
> Livré au feu? Je veux être brûlé
> Et, s'il est noyé, avec lui me jetez. » (213)

Lien qui, par ailleurs, veut une dévotion sans faiblesse et que l'homme, ainsi que dit la *Chanson de Roland*, pour lui, endure « et le chaud et le froid ». « J'aimerai ce que tu aimeras ; je détesterai ce que tu détesteras », jure le commendé anglo-saxon. Et voici, sur le continent, d'autres textes : « Tes amis seront mes amis ; tes ennemis, mes ennemis. » Du bon vassal, le premier devoir est, naturellement, de savoir mourir pour son chef, l'épée à la main : sort, entre tous, digne d'envie, car c'est celui d'un martyr et il ouvre le paradis. Qui parle ainsi ? Les poètes ? Sans doute. Mais l'Église aussi. Un chevalier, sous la menace, avait tué son seigneur : « Tu aurais dû accepter la mort pour lui », déclare un évêque, au nom du concile de Limoges, en 1031, « ta fidélité eût fait de toi un martyr de Dieu (214). »

Lien, enfin, tel que le méconnaître est le plus affreux des péchés. Lorsque les peuples de l'Angleterre furent devenus chrétiens, écrit le roi Alfred, ils fixèrent, pour la plupart des fautes, de charitables tarifs de compensation, « hormis pour la trahison de l'homme envers son seigneur, n'osant vis-à-vis d'un tel crime user de cette miséricorde... pas plus que le Christ n'en avait accordé à ceux qui le livrèrent à la mort ». « Point de rédemption pour l'homme qui a tué son seigneur », répète, à plus de deux siècles d'intervalle, dans l'Angleterre déjà féodalisée sur le modèle du continent, le coutumier dit *Lois de Henri Premier* ; « pour lui, la mort dans les plus atroces tortures. » On racontait, en Hainaut, qu'un chevalier, ayant occis, dans un combat, le jeune comte de Flandre, son seigneur lige, était allé trouver le Pape, en pénitent. Tel, le Tannhäuser de la légende. Le pontife commanda qu'on lui tranchât les mains. Cependant, comme celles-ci ne tremblaient point, il lui remit sa peine. Mais à condition de pleurer, sa vie durant, son forfait dans un cloître. « Il est mon seigneur », dira au XIIIe siècle, le sire d'Ybelin, à qui l'on propose de faire assassiner l'Empereur, devenu son pire ennemi ; « quoi qu'il fasse, nous lui garderons notre foi ([215]). »

Cette attache était sentie comme si puissante que son image se projetait sur tous les autres liens humains, plus vieux qu'elle et qui auraient pu sembler plus vénérables. La vassalité ainsi imprégna la famille. « Dans les procès des parents contre les fils ou des fils contre les parents », décide la cour comtale de Barcelone, « il faudra traiter, dans le jugement, les parents comme s'ils étaient les seigneurs et les fils, leurs hommes, commendés par les mains ». Lorsque la poésie provençale inventa l'amour courtois, ce fut sur le modèle du dévouement vassalique qu'elle conçut la foi du parfait amant. Cela d'autant plus aisément, d'ailleurs, que l'adorateur, en fait, était souvent d'un rang moins élevé que la dame de ses pensées. L'assimilation fut poussée si loin que, par un étrange tour de langage, le nom ou le surnom de la bien-aimée était volontiers doté du genre masculin, comme il convient à un nom de chef : *Bel Senhor*, « mon beau seigneur », nous ne connaissons que sous ce pseudonyme une de Celles à qui Bertrand de Born porta son cœur volage. Sur son sceau, parfois, le chevalier se faisait graver les mains dans les mains jointes de sa Dulcinée. Aussi bien — probablement ranimé, au temps du premier romantisme, par une mode archéologique — le souvenir de ce symbolisme, d'une tendresse toute féodale, ne survit-il pas encore, de nos jours, dans les règles de civilité qui, du mot, bien pâli, d'hommages, nous prescrivent un presque unilatéral emploi ? Il n'était pas jusqu'à la mentalité religieuse elle-même qui ne se colorât de ces teintes empruntées. Se donner au diable, c'était se faire son vassal ; avec les sceaux amoureux, les scènes de tradition de soi-même au Mauvais comptent parmi les meilleures représentations de l'hommage que nous possédions. Pour l'Anglo-Saxon Cynewulf, les anges sont les «*thegns*» de Dieu; pour l'évêque Eberhard de Bamberg, le Christ, le vassal du Père. Mais, sans doute, de l'omniprésence du sentiment vassalique n'existe-t-il pas de plus éloquent témoin que, dans ses vicissitudes, le rituel même de la dévotion : remplaçant l'attitude des antiques orants, aux mains étendues, le geste des mains jointes, imité de la « commendise », devint, dans toute la catholicité, le geste de la prière, par excellence ([216]). Devant Dieu, dans le secret de son âme, le bon chrétien se voyait comme un vassal, pliant les genoux devant son seigneur.

Il était impossible, cependant, que l'obligation vassalique n'entrât point quelquefois en conflit avec d'autres obligations: celle du sujet, par exemple, ou du proche. C'était, presque toujours, pour triompher de ces rivales. Non seulement, en pratique ; mais aussi, selon le droit. Lorsque Hugues Capet, en 991, eut repris Melun, le vicomte, qui avait défendu contre lui la forteresse, fut pendu, avec sa femme : moins, sans doute, comme rebelle à son roi que parce qu'il avait, en même temps, par un crime plus atroce, manqué à la foi envers le comte, son seigneur direct, présent dans le camp royal. Par contre, l'entourage de Hugues exigea la grâce des chevaliers du château : vassaux du vicomte, en se rendant complices de sa révolte, avaient-ils fait autre chose que manifester, comme dit le chroniqueur, leur « vertu »? Entendez leur fidélité à l'hommage, laquelle primait donc la fidélité envers l'État ([217]). Les liens du sang eux-mêmes, qui paraissaient assurément beaucoup plus sacrés que ceux du droit public, cédaient devant les devoirs de la dépendance personnelle. « On peut », prononcent en Angleterre les lois d'Alfred, « prendre les armes pour son parent, injustement attaqué. Sauf, toutefois, contre son seigneur : cela, nous ne le permettons pas. » En un passage célèbre, la chronique anglo-saxonne met en scène les membres d'un lignage que la vendetta des deux seigneurs différents entre lesquels se répartit leur obéissance jette les uns contre les autres. Ils acceptent ce destin :

« nul proche ne nous est plus cher que notre lord », disent-ils. Grave parole, à laquelle fait écho, en plein XIIe siècle et dans l'Italie respectueuse des lois, la phrase du *Livre des fiefs* : « Contre tous, les vassaux doivent aider le seigneur : contre leurs frères, contre leurs fils, contre leurs pères (218). »

Halte-là! prend pourtant soin de préciser un coutumier anglo-normand : « Contre les commandements de Dieu et de la foi catholique, point d'ordre qui soit valable. » Ainsi pensaient les clercs. L'opinion chevaleresque exigeait un plus achevé renoncement. « Raoul, mon seigneur, a beau être plus félon que Judas ; il est mon seigneur » : sur ce thème, les chansons ont orchestré d'innombrables variantes. Les conventions de la pratique, parfois aussi. « Si l'abbé a quelque procès en cour du roi », dit un contrat de fief anglais, « le vassal prendra son parti, sauf contre le roi lui-même. » Laissons la réserve finale : elle traduisait l'exceptionnel respect que savait imposer une monarchie née de la conquête. Seule la première partie de la clause, dans sa candeur cynique, a une valeur générale : visiblement le devoir de fidélité parlait trop haut pour qu'il fût loisible de se demander où était le bon droit. Pourquoi d'ailleurs s'embarrasser de tant de scrupules ? Peu importe que mon seigneur ait tort, pense Renaud de Montauban : « sur lui, sera la faute ». Qui se donne tout entier fait, par là même, abdication de sa responsabilité personnelle (219).

Dans ce dossier où force a été d'invoquer, côte à côte, des témoignages d'ordres et d'âges différents, craindra-t-on que les textes anciens, la littérature juridique, la poésie ne l'aient par trop emporté sur des réalités plus vivantes ou moins lointaines ? Pour apaiser ces doutes, il suffira d'en appeler, enfin, à Joinville, observateur sans fièvre, s'il en fut, et qui écrivait sous Philippe le Bel. J'ai déjà cité le passage : un corps de troupe, au combat, s'est particulièrement distingué ; comment s'en étonner ? presque tous les guerriers qui le composaient, lorsqu'ils n'appartenaient pas au lignage de son capitaine, étaient ses hommes liges.

Mais voici le revers. Cette épopée même, qui prise si haut a vertu vassalique, n'est guère qu'un long récit des combats qui contre leurs seigneurs lancent des vassaux. Parfois le poète blâme. Plus souvent il se plaît à de délectables cas de conscience. Ce qu'il sait, à n'en pas douter, c'est que de ces révoltes se nourrit le tragique quotidien de l'existence. En cela les chansons ne faisaient que donner de la réalité un reflet presque pâli. Luttes des grands feudataires contre les rois ; rébellions, contre ces hauts barons, de leurs propres hommes ; fuites devant le service ; faiblesse des armées vassaliques, incapables, dès les premiers temps, d'arrêter les envahisseurs : ces traits se lisent à chaque page de l'histoire féodale. Une charte de la fin du XIe siècle nous montre les moines de Saint-Martin-des-Champs occupés à fixer le sort d'une rente, assise sur un moulin, au cas où celui-ci viendrait à être pillé durant une guerre soutenue par les deux hobereaux auxquels la somme est due. Ce que le texte exprime en ces mots : « s'il arrive qu'ils fassent la guerre à leurs seigneurs ou à d'autres hommes » ([220]). Ainsi, de toutes les occasions de guerroyer, prendre les armes contre son seigneur était la première qui vînt à l'esprit. Pour ces prétendus crimes, la vie était singulièrement plus indulgente que la fiction. De Herbert de Vermandois, qui si vilainement trahit Charles le Simple, son seigneur et son roi, la légende racontait qu'il mourut pendu, de la mort de Judas. Mais l'histoire nous apprend qu'il succomba, dans son vieil âge, à la plus naturelle des fins.

Il était assurément inévitable qu'il y eût de mauvais comme de bons vassaux ; que, surtout, l'on vît beaucoup d'entre eux, selon les intérêts ou l'humeur du moment, osciller du dévouement à l'infidélité. En face de tant de témoignages qui paraissent se démentir les uns les autres, suffira-t-il donc de répéter, avec le poète du *Couronnement de Louis ?*

> Là, tous jurèrent le serment.
> Tel le jura, qui le tint bravement.
> Tel aussi, qui ne le tint point du tout.

Certes, dans sa naïveté, l'explication n'est pas entièrement méprisable. Foncièrement attaché à la tradition, mais de mœurs violentes et de caractère instable, l'homme des âges féodaux était, de toutes façons, beaucoup plus enclin à vénérer les règles qu'à s'y plier avec constance. N'avons-nous pas déjà noté, à propos des liens du sang, ces réactions contradictoires ? Cependant il semble bien qu'ici le nœud de l'antinomie doive être cherché plus loin : dans l'institution vassalique elle-même, ses vicissitudes et ses diversités.

II. LES LIENS DE DROIT ET LE CONTACT HUMAIN

Groupant autour du chef ses suivants armés, la première vassalité avait, dans son vocabulaire même, comme une odeur de pain de ménage. Le maître était « le vieux » (*senior*, *herr*) ou le donneur de miches (*lord*). Les hommes, ses compagnons (*gasindi*) ; ses gars (*vassi*, *thegns*, *knights*) ; ses mangeurs de pain (*buccellarii* ; *hlafoetan*). La fidélité, en un mot, se fondait alors sur le contact personnel et la sujétion se nuançait de camaraderie.

De ce lien, primitivement cantonné dans la maisonnée, il arriva cependant que le champ d'action grandit démesurément. Parce qu'on continua de vouloir en imposer le respect à des hommes qui, après un stage dans la demeure du maître, s'en étaient écartés pour faire leur vie loin de lui, souvent sur les terres mêmes qu'il leur avait données. Parce que, surtout, devant l'anarchie croissante, les grands et plus encore les rois crurent trouver, dans cette attache si forte ou dans son imitation, un remède aux fidélités défaillantes et, inversement, beaucoup de personnes menacées, le moyen de se procurer un défenseur. Quiconque, à un certain rang social, voulait ou devait servir fut assimilé à un suivant d'armes.

Or à prétendre ainsi soumettre à une fidélité quasi domestique des personnages qui ne partageaient plus ni la table du chef ni son destin, dont les intérêts fréquemment s'opposaient aux siens, qui parfois même, loin d'avoir été enrichis de ses dons, avaient été contraints de lui céder, pour le reprendre de ses mains, grevé de charges nouvelles, leur propre patrimoine, cette foi tant cherchée finit par se vider de tout contenu vivant. La dépendance de l'homme vis-à-vis de l'homme ne fut bientôt plus que la résultante de la dépendance d'une terre vis-à-vis d'une autre.

L'hérédité même, au lieu de sceller la solidarité de deux lignages, aida au contraire au relâchement du lien, parce qu'elle s'appliqua, avant tout, aux intérêts terriens : l'héritier ne prêtait l'hommage qu'afin de conserver le fief. Le problème s'était posé pour les humbles fiefs d'artisans comme pour les honorables fiefs de chevalerie. Il avait été résolu, des deux parts, en des termes d'apparence semblable. Le fils du peintre ou du charpentier succédait au bien du père seulement s'il avait aussi hérité de son art ([221]). De même le fils du chevalier ne recevait l'investiture que s'il s'engageait à continuer les services paternels. Mais l'habileté d'un ouvrier qualifié était une réalité de constatation beaucoup plus sûre que le dévouement d'un guerrier, trop aisé à promettre et à ne garder point. Par une précision bien significative, une ordonnance de 1291, énumérant les motifs de récusation qui pouvaient être invoqués contre les juges de la cour royale française, considère comme suspect de partialité le vassal de l'un des plaideurs seulement si son fief est viager : tant l'attache qui s'héritait paraissait alors de peu de force ([222])!

Le sentiment du libre choix se perdit à ce point que l'on s'accoutuma à voir le vassal aliéner, avec le fief, les devoirs de la vassalité et le seigneur donner ou vendre, avec ses champs, ses bois et ses châteaux, la loyauté de ses hommes. Sans doute le fief ne pouvait-il, en principe, changer de mains sans l'autorisation du seigneur. Sans doute les vassaux, de leur côté, réclamaient-ils volontiers de n'être cédés que moyennant leur consentement : si bien que la reconnaissance officielle de ce droit fut, en 1037, une des faveurs accordées par l'empereur Conrad aux vavasseurs de l'Italie. La pratique, pourtant, ne tarda guère à renverser ces fragiles barrières. Sauf dans l'Allemagne, à peu près préservée, nous le verrons, de cet abus par un exceptionnel sens hiérarchique, l'entrée des relations féodales dans le commerce eut, en outre, l'absurde effet que souvent un puissant se trouvait amené à se faire l'homme « de bouche et de mains » d'un beaucoup plus faible que lui : le grand comte, qui avait acquis un fief dans la mouvance d'un petit châtelain, croira-t-on qu'il ait jamais pris bien au sérieux le rite de dédition auquel un vain usage le condamnait à se plier? Enfin, malgré la tentative de sauvetage que fut la ligesse, la pluralité des hommages, conséquence elle-même de l'affaiblissement du lien, acheva de lui retirer jusqu'à la possibilité d'agir. D'un compagnon d'armes dont l'attachement se nourrissait de cadeaux constamment reçus et de présence humaine, le vassal était devenu une sorte de locataire, médiocrement empressé à s'acquitter de son loyer de services et d'obéissance. Un frein demeurait pourtant : le respect du serment. Il n'était pas sans force. Mais, quand les suggestions de l'intérêt personnel ou de la passion parlaient trop haut, cette abstraite entrave résistait mal.

Du moins en était-il ainsi dans la mesure, précisément, où la vassalité s'était tout à fait éloignée de son caractère primitif. Or, il y avait eu, dans ce mouvement, bien des degrés. L'erreur serait grave d'adopter pour gabarit du sentiment vassalique les relations, si souvent troublées, des grands ou moyens barons avec les rois ou les princes territoriaux, leurs seigneurs. Sans doute chroniques et chansons de geste semblent nous y inviter. C'est que, drames de premier plan sur la scène politique, les éclatantes infidélités de ces magnats attiraient, avant tout, les regards de l'histoire comme de la fiction. Que prouvent-elles cependant, sinon qu'en croyant s'attacher efficacement leurs principaux officiers par un lien emprunté à une toute autre sphère, les Carolingiens et leurs imitateurs s'étaient lourdement blousés ?

Plus bas dans l'échelle sociale, les textes laissent entrevoir des groupes beaucoup mieux serrés autour de chefs mieux connus et mieux servis. C'étaient d'abord ces chevaliers non chasés, ces « bacheliers » de la « mesnie » — autrement dit, la maisonnée —, dont la condition, durant de longs siècles et dans tout l'Occident, continua de reproduire, trait pour trait, la vie des premiers vassaux ([223]). L'épopée française ne s'y est pas trompée. Ses grands révoltés, un Ogier, un Girard, un Renaud, sont de puissants feudataires. S'agit-il de dépeindre, au contraire, un bon vassal ? Nous aurons le Bernier de *Raoul de Cambrai* : Bernier, fidèle malgré l'injuste guerre que contre sa parenté mène son seigneur, fidèle encore après avoir vu sa mère périr dans l'incendie allumé par ce « Judas » et qui, une fois même qu'un atroce affront l'a enfin décidé à abandonner le plus déplorable des maîtres, ne paraît, pas plus que le poète, jamais savoir s'il eut tort ou raison de rompre ainsi la foi ; Bernier, simple valet d'armes, dont le dévouement se fortifie du souvenir, non d'une terre reçue, mais du cheval et des vêtements libéralement distribués. Ils se recrutaient aussi, ces loyaux servants, dans la troupe, plus nombreuse, des modestes « vavasseurs », dont les petits fiefs souvent se rassemblaient aux environs du château où, les uns après les autres, comme « estagiers », ils venaient monter la garde : trop pauvres, à l'ordinaire, pour tenir leurs terres moyennant plus d'un hommage ou, du moins, plus d'un hommage lige ([224]) ; trop faibles pour ne pas accorder beaucoup de prix à la protection que seul pouvait leur assurer l'exact accomplissement de leurs devoirs ; trop peu mêlés aux grandes affaires du temps pour que leurs intérêts comme leurs sentiments ne prissent pas volontiers pour centre le seigneur qui les convoquait régulièrement à sa cour, par d'opportuns cadeaux supplémentait les minces revenus des champs ou des censives, accueillait leurs enfants comme « nourris », les conduisait enfin à la guerre, joyeuse et lucrative.

Tels furent les milieux où, en dépit d'inévitables coups de passion, se maintint longtemps, dans sa fraîcheur, la foi vassalique ; où aussi, lorsque ses vieux rites se furent définitivement usés, d'autres formes de dépendance personnelle vinrent, nous le verrons, la relayer. S'être, à l'origine, fondée sur l'amical compagnonnage du foyer et de l'aventure ; puis, une fois sortie de ce cercle domestique, avoir conservé un peu de sa valeur humaine là seulement où l'écart était le moins grand : dans ce destin, la vassalité européenne trouve sa marque propre comme l'explication de ses apparents paradoxes.

Livre troisième : Les liens de dépendance dans les classes inférieures

Chapitre premier

La seigneurie

I. LA TERRE SEIGNEURIALE

Les milieux sociaux relativement élevés que caractérisait l'hommage militaire n'étaient pas les seuls où il existât des « hommes » d'autres hommes. Mais, au degré inférieur, les relations de dépendance trouvèrent leur cadre naturel dans un groupement qui, beaucoup plus ancien que la vassalité, devait survivre longtemps à son déclin : la seigneurie terrienne. Ni les origines du régime seigneurial, ni son rôle dans l'économie ne nous appartiennent ici. Seule nous importe sa place dans la société féodale.

Alors que les droits de commandement, dont l'hommage vassalique était la source, ne donnèrent naissance à des profits que tardivement et par une incontestable déviation de leur sens premier, dans la seigneurie l'aspect économique était primordial. Les pouvoirs du chef y eurent, dès le principe, pour objet, sinon exclusif, du moins prépondérant, de lui assurer des revenus, par prélèvement sur les produits du sol. Une seigneurie est donc, avant tout, une « terre » — le français parlé ne lui connaissait guère d'autre nom —, mais une terre habitée et par des sujets. Normalement l'espace ainsi délimité se divise, à son tour, en deux fractions, qu'unit une étroite interdépendance. D'une part le « domaine », appelé aussi par les historiens « réserve », dont le seigneur recueille directement tous les fruits. De l'autre, les « tenures », petites ou moyennes exploitations paysannes, qui, en nombre plus ou moins considérable, se groupent autour de la « cour » domaniale. Le droit réel supérieur que le seigneur étend sur la chaumière, le labour, le pré du manant se traduit par son intervention pour une nouvelle investiture, rarement gratuite, chaque fois qu'on les voit changer de mains ; par la faculté de se les approprier, en cas de déshérence ou de légitime confiscation ; enfin et surtout par la perception de taxes et de services. Ceux-ci consistaient, pour la plupart, en corvées agricoles, exécutées sur la réserve. Si bien que — du moins au début de l'ère féodale, alors que ces prestations de travail étaient particulièrement lourdes — les tenures n'ajoutaient pas seulement les gerbes ou les deniers de leurs redevances aux revenus des champs mis en valeur, sans intermédiaire, par le maître ; elles étaient en outre comme un réservoir de main-d'œuvre, faute duquel ces champs eussent été condamnés à la friche.

Toutes les seigneuries, cela va de soi, n'étaient pas d'égales dimensions. Les plus grandes, dans les pays d'habitat aggloméré, couvraient tout le terroir d'un village. Le cas, dès le IXe siècle, n'était probablement pas le plus fréquent. En dépit, çà et là, de quelques heureux rassemblements, il devait, au cours des temps, dans toute l'Europe, se faire de plus en plus rare. Cela, par l'effet des partages successoraux, sans doute. Mais aussi, comme contrecoup de la pratique des fiefs. Pour rémunérer ses vassaux, plus d'un chef dut morceler ses terres. Comme, en outre, il arrivait, assez souvent, que par don ou vente ou à la suite d'un de ces actes de sujétion foncière, dont le mécanisme sera décrit plus loin, un puissant fît passer sous sa dépendance des exploitations paysannes dispersées dans un rayon assez étendu, bien des seigneuries se trouvèrent pousser leurs tentacules sur plusieurs terroirs à la fois, sans coïncider exactement avec aucun. Au XIIe siècle, les limites ne concordaient plus guère que dans les zones de défrichements récents, où seigneuries et villages avaient été fondés ensemble, sur table rase. La plupart des paysans dépendaient donc à la fois de deux groupes constamment décalés : l'un formé des sujets d'un même maître ; l'autre, des membres d'une même collectivité rurale. Car les cultivateurs dont les maisons s'élevaient côte à côte et dont les champs s'entremêlaient sur un même finage étaient forcément unis, entre quelques dominations qu'on les vît se répartir, par toutes sortes de liens d'intérêt commun, voire par l'obéissance à de communes servitudes agricoles. Cette dualité devait être, à la longue, pour les pouvoirs de commandement seigneuriaux, une sérieuse raison de faiblesse. Quant aux régions où les familles, de type patriarcal, vivaient, soit isolées, soit réunies, au plus, par deux ou par trois, en menus hameaux, la seigneurie y comprenait, à l'ordinaire, un nombre plus ou moins élevé de ces petits établissements ; et cet égaillement, à n'en pas douter, lui imposait une contexture sensiblement plus lâche.

II. LES CONQUÊTES DE LA SEIGNEURIE

Ces seigneuries, cependant, jusqu'où étendaient-elles leurs prises ? Et s'il est vrai qu'il subsista toujours des îlots d'indépendance, quelle en fut, selon les temps ou les lieux, la variable proportion ? Problèmes entre tous difficiles. Car seules les seigneuries — du moins d'Église — tenaient des archives et les champs sans seigneurs sont aussi des champs sans histoire. Si tel ou tel d'entre eux apparaît par hasard à la lumière des textes, ce n'est guère qu'à l'état, en quelque sorte, d'évanescence, au moment où un écrit constate son absorption finale dans le complexe des droits seigneuriaux. En sorte que plus l'exemption fut durable, plus notre ignorance risque de demeurer sans remède. Pour débrouiller un peu cette obscurité, il conviendra, du moins, de distinguer avec soin deux formes de sujétion : celle qui pesait sur l'homme, dans sa personne ; celle qui ne l'atteignait que comme détenteur d'une certaine terre. Certes, il y avait entre elles des rapports étroits, au point que souvent elles s'entraînaient l'une l'autre. Dans les classes inférieures pourtant — à la différence du monde de l'hommage et du fief — elles étaient loin de se confondre. Réservant pour un prochain chapitre les conditions personnelles, commençons par la dépendance de la terre ou à travers la terre.

Dans les pays où les institutions romaines, elles-mêmes

superposées à d'antiques traditions italiotes ou celtes, avaient profondément marqué la société rurale, la seigneurie, sous les premiers Carolingiens, présentait déjà des contours très nets. Encore n'est-il point malaisé de découvrir, dans les *villae* de la Gaule franque ou de l'Italie, la trace des divers sédiments qui les avaient formées. Parmi les tenures ou, comme on nommait les principales d'entre elles, caractérisées par leur indivisibilité, parmi les « manses », un certain nombre étaient qualifiées de « serviles » : cette épithète, comme les charges plus lourdes et plus arbitraires auxquelles elles étaient soumises, rappelait le temps où les maîtres les avaient constituées, en allotissant à leurs esclaves, qu'ils transformaient en fermiers, de vastes portions de leurs anciens *latifundia*, devenus, sous la forme du faire-valoir direct, médiocrement rentables. Cette opération de morcellement, ayant fait appel aussi à des cultivateurs libres, n'avait pas manqué de donner naissance, simultanément, à d'autres types de concessions, destinées à entrer dans la catégorie générale des manses « ingénuiles », dont le nom évoquait la condition, étrangère à toute servitude, de leurs premiers détenteurs. Mais, dans la masse, très considérable, des tenures désignées par cet adjectif, la plupart avaient une origine bien différente. Loin de remonter à des octrois consentis aux dépens d'un domaine en voie d'amenuisement, c'étaient des exploitations paysannes de toujours, aussi vieilles que l'agriculture même. Les redevances et les corvées qui les grevaient n'avaient été primitivement que la marque de la dépendance où les habitants s'étaient trouvés envers un chef de village, de tribu ou de clan ou un patron de clientèle, peu à peu mués en seigneurs véritables. Enfin — de même qu'au Mexique on voyait récemment voisiner avec les « haciendas » des groupes de paysans propriétaires — il subsistait encore une quantité notable d'authentiques alleux ruraux, exempts de toute suprématie seigneuriale.

Quant aux régions franchement germaniques — dont le type le plus pur était incontestablement la plaine saxonne, entre Rhin et Elbe —, il s'y rencontrait bien aussi des esclaves, des affranchis, voire même, sans doute, des fermiers libres, établis, les uns comme les autres, sur les terres des puissants, à charge de taxes et de services. Mais, dans la masse paysanne, la distinction entre dépendants des seigneuries et alleutiers était beaucoup moins tranchée, parce que, de l'institution seigneuriale elle-même, seuls les premiers prodromes avaient fait leur apparition. On n'avait encore qu'à peine dépassé le stade où un chef de village ou d'une portion de village s'apprête à devenir un seigneur ; où les cadeaux qu'il reçoit traditionnellement — ainsi que Tacite l'attestait du chef germain — commencent à glisser aux redevances.

Or, des deux parts, l'évolution, durant le premier âge féodal, devait s'orienter dans le même sens. Elle tendit, uniformément, vers une seigneurialisation croissante. Fusion, plus ou moins complète, des diverses sortes de tenures ; acquisition, par les seigneuries, de pouvoirs nouveaux ; passage, surtout, de beaucoup d'alleux sous l'autorité d'un puissant : ces faits furent alors de partout, ou presque. Mais, en outre, là où il n'avait existé, au point de départ, que des relations de dépendance foncière encore assez lâches et confuses, on les vit, se régularisant peu à peu, donner naissance à de véritables seigneuries. N'imaginons point un surgissement uniquement spontané. Le jeu des influences, favorisé par l'immigration et la conquête, y tint son rôle. Ainsi, en Allemagne, où, dans le Sud, dès avant l'époque carolingienne, puis, sous les Carolingiens, en Saxe même, les évêques, les abbés, les magnats, venus du royaume franc, contribuèrent à répandre les habitudes sociales de leur patrie, aisément imitées par l'aristocratie indigène. Ainsi, plus nettement encore, en Angleterre. Tant que les traditions anglo-saxonnes ou scandinaves y furent prépondérantes, le réseau des sujétions terriennes demeura singulièrement enchevêtré et sans force durable ; le domaine et les tenures n'étaient qu'imparfaitement raccordés. L'avènement d'un régime seigneurial exceptionnellement rigoureux s'opéra seulement, après 1066, sous le brutal effort de maîtres étrangers.

Nulle part, d'ailleurs, dans cette marche triomphante de la seigneurie, l'abus de force n'avait été un élément négligeable. A juste titre, les textes officiels de l'époque carolingienne se lamentaient déjà sur l'oppression des « pauvres » par les « puissants ». Ceux-ci ne tenaient guère, en général, à dépouiller l'homme de sa terre ; car le sol sans bras valait peu de chose. Ce qu'ils souhaitaient, c'était se soumettre les petits avec leurs champs.

Pour y parvenir, beaucoup d'entre eux trouvaient dans la structure administrative de l'État franc une arme précieuse. Quiconque échappait encore à toute autorité seigneuriale dépendait, en principe, directement du roi. Ce qui, en pratique, voulait dire de ses fonctionnaires. Le comte ou ses représentants conduisaient ces gens-là à l'ost, présidaient les tribunaux où ils étaient jugés, percevaient sur eux ce qui subsistait de charges publiques. Le tout au nom du Prince, bien entendu. Cependant aux redevables eux-mêmes la distinction apparaissait-elle bien clairement ? Il est sûr, en tout cas, que des libres sujets, ainsi confiés à leur garde, les officiers royaux ne tardèrent guère à exiger, pour leur propre compte, plus d'une taxe ou d'une prestation de travail. C'était, volontiers, sous l'honorable nom de cadeau ou service bénévole. Mais bientôt, comme le dit un capitulaire, l'abus devenait « coutume » ([225]). En Allemagne, où le vieil édifice carolingien mit longtemps à s'effriter, du moins les droits nouveaux issus de cette usurpation demeurèrent-ils, assez souvent, unis à l'office ; le comte les exerçait, en tant que tel, sur des hommes dont les biens n'avaient pas été annexés à ses terres seigneuriales. Ailleurs, grâce au fractionnement des pouvoirs comtaux — entre les héritiers du premier titulaire, les subordonnés du comte ou ses vassaux —, l'alleutier de naguère, désormais astreint aux redevances et à la corvée, finit par se confondre, purement et simplement, dans la masse des sujets des seigneuries et ses champs passèrent à l'état de tenures.

Aussi bien n'était-il pas nécessaire de détenir une fonction proprement dite pour disposer, légitimement, d'une part de l'autorité publique. Par le jeu de l'immunité « franque », qui sera étudiée plus loin, la plupart des seigneurs d'Église et un grand nombre de puissants laïques avaient reçu la délégation d'une fraction au moins des pouvoirs judiciaires de l'État ; en outre, le droit de lever à leur profit certains de ses revenus. Cela, bien entendu, sur les terres seulement qui étaient déjà ou devaient être à l'avenir de leur dépendance. L'immunité fortifiait le pouvoir seigneurial ; elle ne le créait pas. Du moins, en principe. Mais les seigneuries n'étaient que rarement d'un seul tenant. De petits alleux, souvent, s'y trouvaient enclavés. Les atteindre devenait, pour les officiers royaux, prodigieusement incommode. Parfois, semble-t-il, ils étaient, par décision expresse du souverain, abandonnés à la juridiction et la fiscalité de l'immuniste. Beaucoup plus souvent et beaucoup plus tôt, ils succombèrent d'eux-mêmes à cette inévitable attraction.

Il y avait enfin, et non la moins fréquente, la violence toute nue. Vers le début du XIe siècle, une veuve vivait, en Lorraine, sur son alleu. Comme la mort de son mari l'avait laissée sans défenseur, les sergents du seigneur voisin prétendirent lui extorquer le paiement d'un cens foncier, signe de sujétion pour la terre. La tentative, ici, échoua, parce que la femme se mit sous la protection des moines ([226]). Combien d'autres, qui n'étaient pas plus solidement fondées en droit, ne vit-on point obtenir meilleur succès ! Le *Domesday Book*, qui nous offre, à travers l'histoire du sol anglais, comme deux coupes successives, l'une immédiatement avant la conquête normande, l'autre huit à dix ans après, montre comment, durant la période intermédiaire, beaucoup de petits biens indépendants furent, sans autre forme de procès, « ajoutés » aux seigneuries ou, pour parler la langue du droit anglo-normand, aux « manoirs » limitrophes. Un *Domesday Book* allemand ou français du Xe siècle, s'il en était, mettrait assurément en lumière plus d'une simple « addition » de cette sorte.

Cependant les seigneuries s'étendirent aussi et peut-être surtout par un autre procédé, qui était, en apparence du moins, beaucoup plus irréprochable : à coup de contrats. Le petit alleutier cédait sa terre — parfois, nous le verrons, avec sa personne — pour la reprendre ensuite à titre de tenure : tout comme le chevalier qui de son alleu faisait un fief et pour le même motif avoué, qui était de se trouver un défenseur. Ces conventions se donnent, sans exception, comme entièrement volontaires. L'étaient-elles vraiment, partout et toujours ? L'adjectif ne saurait être manié qu'avec beaucoup de prudence. Il est assurément bien des moyens d'imposer sa protection à un plus faible que soi : ne serait-ce que de commencer par le persécuter. Ajoutez que l'accord premier n'était pas toujours respecté. En prenant pour protecteur un hobereau du voisinage, les gens de Wohlen, dans l'Alémanie, n'avaient promis qu'un cens ; ils furent bientôt, par assimilation aux autres tenanciers du même potentat, contraints à des corvées et à n'user de la forêt proche que moyennant redevances ([227]). Une fois le doigt mis dans l'engrenage, le corps risquait d'y passer tout entier. Gardons-nous néanmoins d'imaginer que la situation de l'homme sans maître parût uniformément enviable. Ce paysan du Forez qui, à la date tardive de 1280, transformait son alleu en censive, sous condition d'être désormais « gardé, défendu et garanti » par les Hospitaliers de Montbrison, ses nouveaux seigneurs, « comme le sont les autres hommes de cette maison », sans doute ne croyait-il pas faire une mauvaise affaire ([228]). Et pourtant les temps étaient alors bien moins troublés qu'au premier âge féodal. Parfois, c'était un village, en bloc, qui se plaçait ainsi sous l'autorité d'un puissant. Le cas fut surtout fréquent en Allemagne, parce qu'il y subsistait encore, au début de l'évolution, un bon nombre de communautés rurales qui, tout entières, échappaient au pouvoir seigneurial. En France et en Italie où, dès le IXe siècle celui-ci avait poussé beaucoup plus avant ses prises, les actes de tradition de terre revêtirent généralement un caractère individuel. Ils ne furent pas moins abondants pour cela. Jusqu'à quatorze hommes libres avaient, de la sorte, vers l'an 900, chargé leurs biens propres de corvées, en faveur d'une abbaye de Brescia ([229]).

En vérité, les brutalités les plus flagrantes comme les contrats les plus sincèrement spontanés dénonçaient l'action d'une même cause profonde : la faiblesse des paysans indépendants. N'évoquons pas ici une tragédie d'ordre économique. Ce serait oublier que les conquêtes de la seigneurie ne furent pas toutes rurales : jusque dans les anciennes cités romaines aussi ou, du moins, dans un bon nombre d'entre elles qui, sous la domination de Rome, n'avaient assurément rien connu de pareil, ne vit-on pas s'introduire, à l'instar des antiques *villae* campagnardes, le régime de la tenure, avec ses charges ordinaires ? Ce serait, surtout, prétendre établir avec l'antagonisme qui, dans d'autres civilisations, a pu opposer les méthodes de la petite et de la grande propriété, une comparaison, en l'espèce, tout à fait boiteuse. Car la seigneurie était, avant tout, une agglomération de petites fermes sujettes ; et l'alleutier, en se faisant tenancier, s'il assumait des obligations nouvelles, ne changeait rien aux conditions de son exploitation. Il ne cherchait ou subissait un maître qu'en raison de l'insuffisance des autres cadres sociaux, solidarités lignagères ou pouvoirs d'État. Le cas est significatif des hommes de Wohlen qui, victimes de la plus manifeste tyrannie, voulurent porter leur plainte au roi et, pris dans la foule d'une grande cour plénière, ne parvinrent même pas à faire entendre leur rustique langage. Sans doute, dans la carence de l'autorité publique, l'atonie des échanges et de la circulation monétaire avait-elle sa part. Sans doute aussi, en privant les cultivateurs de toute réserve d'instruments de paiement, contribuait-elle à anémier leur capacité de résistance. Mais ce fut seulement par ces voies indirectes que les conditions économiques exercèrent quelque action sur la crise sociale de la paysannerie. Dans l'humble drame champêtre, il convient de reconnaître un aspect du même mouvement qui, à un échelon plus haut, précipita tant d'hommes dans les nœuds de la subordination vassalique.

Aussi bien suffirait-il de s'en remettre, sur cette liaison, aux expériences diverses que nous offre l'Europe. Le moyen âge a connu, à vrai dire, une société largement seigneurialisée, non féodalisée : la Sardaigne. Comment s'étonner si, sur cette terre longtemps soustraite aux grands courants d'influence qui parcouraient le continent, un antique système de chefferies rurales, régularisé durant la période romaine, put se maintenir, sans que la puissance des aristocraties locales ait revêtu la forme spécifique de la commendise franque ? En revanche, point de pays sans seigneuries qui n'aient été en même temps des pays sans vassalité. Témoins, la plupart des sociétés celtiques des îles ; la péninsule scandinave ; enfin, en Germanie même, les basses terres bordières de la mer du Nord : Dithmarschen au-delà de l'estuaire de l'Elbe ; Frise, de l'Elbe au Zuiderzee. Du moins en fut-il ainsi, dans cette dernière contrée, jusqu'au moment où, vers le XIVe et le XVe siècle, on y vit s'élever, au-dessus de la foule des libres paysans, certains lignages de « chefs » (le mot français rend exactement le frison *hoveling*). Forts de la fortune foncière accumulée de générations en générations, des bandes armées qu'ils entretenaient, de la mainmise par eux réalisée sur certaines fonctions judiciaires, ces tyranneaux de villages parvinrent tardivement à se constituer de véritables embryons de seigneuries. C'était qu'alors les vieux cadres de la société frisonne, fondés essentiellement sur les liens du sang, commençaient à craquer. A l'époque où s'épanouissaient, ailleurs, les institutions féodales, ces diverses civilisations, en marge de notre Occident, n'avaient assurément ignoré ni la dépendance du petit fermier, esclave, affranchi ou libre, vis-à-vis d'un plus riche que lui, ni le dévouement du compagnon envers le prince ou le capitaine d'aventures ; rien, par contre, n'y rappelait le vaste réseau hiérarchisé de sujétions paysannes et de fidélités militaires auquel nous donnons le nom de féodalité.

De cette carence, tiendrons-nous pour seule responsable la commune absence de toute solide empreinte franque (car, en Frise même, l'organisation administrative momentanément imposée par les Carolingiens s'écroula de bonne heure) ? Le trait est d'importance sans doute ; mais il intéresse, avant tout, l'impuissance du compagnonnage à se transformer en vassalité. Les faits dominants dépassaient les problèmes d'influence. Là où l'homme libre, quel qu'il fût, resta un guerrier apte à être constamment appelé au service et que rien d'essentiel, dans l'équipement, ne distinguait des troupes d'élite, le paysan échappa aisément à l'emprise seigneuriale, cependant que les groupements de suivants d'armes manquaient à donner naissance à une classe chevaleresque nettement spécialisée et pourvue d'une armature juridique *sui generis*. Là où les hommes, à tous les degrés, trouvaient à s'appuyer sur d'autres pouvoirs et d'autres solidarités que la protection personnelle — parentèles surtout, chez les Frisons, les gens du Dithmarschen et les Celtes; parentèles encore, mais aussi institutions de droit public, selon le type des peuples germains, chez les Scandinaves —, ni les rapports de subordination propres à la seigneurie terrienne, ni l'hommage avec le fief n'envahirent toute la vie sociale.

Il y a plus. Tout comme le système proprement féodal, le régime seigneurial ne devait atteindre un état d'absolue perfection que dans les pays où il avait été importé de toutes pièces. L'Angleterre des rois normands, pas plus qu'elle n'admettait d'alleux chevaleresques, ne connut d'alleux paysans. Sur le continent, ceux-ci eurent la vie beaucoup plus dure. A vrai dire, dans la France d'entre Meuse et Loire et la Bourgogne, ils étaient devenus, aux XIIe et XIIIe siècles, extrêmement rares ; sur de larges espaces ils y avaient, semble-t-il, complètement disparu. Ils subsistaient, par contre, en nombre plus ou moins important, mais toujours appréciable, dans la France du Sud-Ouest, dans certaines provinces du Centre, comme le Forez, en Toscane et surtout en Allemagne, où la Saxe fut leur terre d'élection. C'étaient les régions mêmes où, par un parallélisme frappant, se maintenaient les alleux de chefs, agglomérations de tenures, de domaines et de pouvoirs de commandement dont la possession n'obligeait à aucun hommage. La seigneurie rurale était une beaucoup plus vieille personne que les institutions vraiment caractéristiques du premier âge féodal. Mais ses victoires, durant cette période, comme ses échecs partiels, s'expliquent — tout conspire à le prouver — par les mêmes causes qui firent ou entravèrent le succès de la vassalité et du fief.

III. SEIGNEUR ET TENANCIERS

Réserve faite des contrats de sujétion individuelle, dont les clauses, d'ailleurs, étaient généralement aussi imprécises que vite oubliées, les rapports du seigneur avec les tenanciers n'avaient d'autre loi que la « coutume de la terre » : au point qu'en français le nom ordinaire des redevances était simplement « coutumes » et celui du redevable, « homme coutumier ». Depuis qu'il existait un régime seigneurial, fût-ce à l'état encore embryonnaire — dès l'Empire romain, par exemple, ou l'Angleterre anglo-saxonne — cette tradition particulière était ce qui définissait vraiment chaque seigneurie, comme groupe humain, en l'opposant à ses voisines. Les précédents qui décidaient ainsi de la vie de la collectivité devaient être, eux-mêmes, de nature collective. Peu importe qu'une taxe ait cessé, depuis un temps presque immémorial, d'être payée par une des tenures — dit, en substance, sous saint Louis, un arrêt du Parlement —; si les autres exploitations l'ont, durant cet intervalle, régulièrement acquittée, elle demeure obligatoire pour celle même qui s'y était, si longtemps, dérobée ([230]). Du moins ainsi pensaient les juristes. La pratique, sans doute, fut souvent plus lâche. Le respect de ces règles ancestrales s'imposait, en principe, à tous : au maître comme aux subordonnés. Nul exemple, cependant, ne saurait mieux mettre en lumière ce que cette prétendue fidélité au déjà fait avait de trompeur. Car, reliées, à travers les âges, par une coutume censément immuable, rien ne ressemblait moins à une seigneurie du IXe siècle qu'une seigneurie du XIIIe.

Ce n'est point ici la transmission orale qu'il convient d'accuser. Au temps des Carolingiens, beaucoup de seigneurs, après enquête, avaient fait mettre par écrit les usages de leurs terres, sous forme de ces descriptions détaillées que l'on devait plus tard appeler « censiers ou « terriers ». Mais la pression des conditions sociales ambiantes était plus impérieuse que la déférence envers le passé.

A la faveur des mille conflits de la vie quotidienne, la mémoire juridique se gonflait sans cesse de précédents nouveaux. Surtout une coutume ne saurait être véritablement astreignante que là où elle trouve comme gardienne une autorité judiciaire impartiale et bien obéie. Au IXe siècle, dans l'État franc, il arrivait en effet que les tribunaux royaux assumassent ce rôle ; et si nous ne connaissons d'eux que des décisions uniformément défavorables aux tenanciers, la raison en est peut-être, simplement, que les archives ecclésiastiques ne se souciaient guère de conserver les autres. Par la suite, l'accaparement des pouvoirs de juridiction par les seigneurs vint supprimer la possibilité de pareils recours. Les plus scrupuleux d'entre eux ne craignaient pas toujours de bousculer la tradition, lorsqu'elle portait atteinte à leurs intérêts ou à ceux qui leur étaient confiés : ne voit-on pas l'abbé Suger, dans ses mémoires, se féliciter d'avoir su imposer, d'autorité, aux paysans d'une de ses terres le remplacement du cens en argent, que de mémoire d'homme ils avaient constamment payé, par une redevance proportionnelle à la récolte, dont on pouvait attendre plus de profit ([231]) ? Les abus de force des maîtres n'avaient plus guère d'autres contrepoids — à vrai dire souvent fort efficaces — que la merveilleuse capacité d'inertie de la masse rurale et le désordre de leurs propres administrations.

Rien de plus variable, selon les lieux, sur chaque seigneurie, rien de plus divers que les charges du tenancier, au premier âge féodal. A jours fixes, on le voit porter au sergent seigneurial tantôt quelques piécettes d'argent, tantôt et plus souvent des gerbes récoltées sur ses champs, des poulets de sa basse-cour, des gâteaux de cire dérobés à ses ruches ou aux essaims de la forêt proche. A d'autres moments, il peine sur les labours ou les prés du domaine. Ou bien le voici qui charroie, au compte du maître, vers des résidences plus lointaines, pipes de vin ou sacs de blé. C'est à la sueur de ses bras que sont réparés les murs ou les fossés du château. Le maître reçoit-il ? le paysan dépouille sa propre couche pour fournir aux hôtes la literie nécessaire. Viennent les grandes chasses : il nourrit la meute. La guerre éclate-t-elle enfin ? sous la bannière déployée par le maire du village, il s'improvise fantassin ou valet d'armée. L'étude détaillée de ces obligations appartient, avant tout, à l'étude de la seigneurie comme « entreprise » économique et source de revenus. On se bornera ici à mettre l'accent sur les faits d'évolution qui affectèrent le plus profondément le lien proprement humain.

La dépendance des exploitations paysannes vis-à-vis d'un maître commun se traduisait par le versement d'une sorte de loyer de la terre. Ici l'œuvre du premier âge féodal fut, avant tout, de simplification. Un assez grand nombre de redevances qui, à l'époque franque, étaient décomptées séparément finirent par se fondre dans une rente foncière unique, qu'en France, lorsqu'elle s'acquittait en argent, on connaissait généralement sous le nom de cens. Or, parmi les taxes primitives, il s'en trouvait qui, originellement, n'avaient été levées, en principe, par les administrations seigneuriales que pour le compte de l'État. Telles, les fournitures dues à l'armée royale ou les paiements de remplacement auxquels elles donnaient lieu. Leur réunion à une charge qui, ne profitant qu'au seigneur, était conçue comme l'expression de ses droits supérieurs sur le sol atteste, avec une particulière clarté, la prépondérance acquise par le pouvoir proche du petit chef de groupe, aux dépens de toute attache plus haute.

Le problème de l'hérédité, l'un des plus brûlants qu'ait posés l'institution du fief militaire, ne tint presque aucune place dans l'histoire des tenures rurales. Du moins, durant l'ère féodale. A peu près universellement, les paysans se succédaient, de génération en génération, sur les mêmes champs. Parfois, à vrai dire, comme il sera expliqué plus loin, les collatéraux se trouvaient exclus, quand le tenancier était de condition servile. Toujours, par contre, le droit des descendants devait être respecté, pourvu qu'ils n'eussent pas prématurément abandonné le cercle familial. Les règles successorales étaient fixées par les vieux usages régionaux, sans autres interventions de la part des seigneurs que leurs efforts, à certaines époques et dans certains pays, pour veiller à l'indivisibilité du bien, jugée nécessaire à l'exacte perception des charges. Au surplus, la vocation héréditaire des tenanciers semblait si bien aller de soi que le plus souvent, les textes, supposant le principe établi d'avance, ne prenaient pas la peine de le mentionner, autrement que par allusion. Parce que telle avait été, pour la plupart des exploitations paysannes, avant que les chefferies villageoises ne se transformassent en seigneuries, la coutume immémoriale, peu à peu étendue aux manses plus récemment découpés dans le domaine ? Sans doute. Mais aussi parce que les seigneurs n'avaient aucun intérêt à rompre avec cette habitude. En ce temps où la terre était plus abondante que l'homme, où, par ailleurs, les conditions économiques interdisaient de mettre en valeur de trop vastes réserves à l'aide d'une main-d'œuvre salariée ou nourrie à domicile, mieux valait, plutôt que de coudre parcelle à parcelle, disposer, en permanence, des bras et de la force contributive de dépendants, capables de s'entretenir eux-mêmes.

De toutes les « exactions » nouvelles imposées aux tenanciers, les plus caractéristiques furent sans doute les monopoles, très variés, que le seigneur s'attribua à leur détriment. Tantôt il se réservait, durant certaines périodes de l'année, la vente du vin ou de la bière. Tantôt il revendiquait le droit exclusif de fournir, moyennant paiement, le taureau ou le verrat nécessaire à la reproduction des troupeaux ou encore les chevaux qui, dans certaines régions du Midi, servaient au dépiquage des grains, sur l'aire. Plus souvent, il contraignait les paysans de moudre à son moulin, de cuire le pain à son four, de faire leur vin à son pressoir. Le nom même de ces charges était significatif. On les appelait, communément, « banalités ». Ignorées de l'époque franque, elles n'avaient d'autre fondement que le pouvoir d'ordonner, reconnu au seigneur, et désigné par le vieux mot germanique de « ban ». Pouvoir inséparable, cela va de soi, de toute autorité de chef, donc, en lui-même, comme part de l'autorité seigneuriale, très ancien, mais qu'avait singulièrement renforcé, aux mains des petits potentats locaux, le développement de leur rôle de juges. La répartition de ces banalités, dans l'espace, n'offre pas une leçon moins instructive. La France, où l'affaiblissement de la puissance publique et l'accaparement des justices avaient été poussés le plus loin, fut leur patrie d'élection. Encore là même étaient-elles surtout exercées par ceux des seigneurs qui détenaient les droits de justice les plus élevés, dits de « haute justice ». En Allemagne, où d'ailleurs elles ne s'étendaient pas à un si grand nombre d'activités, elles paraissent avoir été fréquemment retenues par les héritiers directs des comtes, ces juges par excellence de l'État franc. En Angleterre, elles ne furent introduites — incomplètement, du reste — que par la conquête normande. Visiblement le commandement seigneurial s'était fait d'autant plus envahissant et lucratif qu'il rencontrait une concurrence moins efficace de la part de cet autre « ban » : celui du roi ou de ses représentants.

L'église paroissiale dépendait, presque partout, du seigneur ou, s'il s'en trouvait plusieurs dans la même paroisse, de l'un d'eux. Le plus souvent, sans doute, elle avait été naguère construite par un de ses prédécesseurs, sur le domaine. Cela, pourtant, n'était pas nécessaire pour justifier une pareille mainmise. Car on concevait alors le lieu de culte collectif comme la chose des fidèles. Là où, ainsi qu'en Frise, il n'y avait point de seigneurie, l'église appartenait à la communauté rurale elle-même ; dans le reste de l'Europe, le groupe paysan, n'ayant point d'existence légale, ne pouvait être représenté que par son chef ou un de ses chefs. Ce droit de propriété — disait-on avant la réforme grégorienne, — de « patronat » — dit-on plus tard et plus modestement — consistait, avant tout, dans le pouvoir de nommer ou présenter le desservant. Mais les seigneurs prétendaient également en déduire la faculté de percevoir, à leur profit, une part au moins des revenus paroissiaux. Parmi ceux-ci, le casuel, sans être négligeable, ne montait, en somme, guère haut. La dîme rapportait bien davantage. Après avoir longtemps passé pour un devoir purement moral, le versement en avait été rigoureusement imposé à tous les fidèles, dans l'État franc par les premiers Carolingiens, en Grande-Bretagne, vers le même temps, par les rois anglo-saxons, leurs imitateurs. C'était, en principe, une taxe du dixième, perçue en nature et qui pesait sur tous les revenus, sans exception. Dans la réalité, elle en vint très vite à s'appliquer, presque exclusivement, aux produits agricoles. L'appropriation par les seigneurs ne fut point totale. L'Angleterre en fut à peu près protégée par le tardif développement de son régime seigneurial. Sur le continent même, le curé, fréquemment, l'évêque, quelquefois, retenaient certaines fractions. En outre le réveil religieux né de la réforme grégorienne aboutit rapidement à faire « restituer » au clergé — c'est-à-dire, pratiquement, dans la plupart des cas, aux monastères —, avec un plus grand nombre encore d'églises, beaucoup de dîmes auparavant tombées entre des mains laïques. L'accaparement de cette redevance, d'origine spirituelle, par des maîtres éminemment temporels n'en avait pas moins été, au premier âge féodal, une des manifestations les plus frappantes, comme les plus profitables, des conquêtes d'un pouvoir qui semblait, décidément, ne reconnaître à nul autre le droit de rien demander à ses sujets.

« L'aide » pécuniaire ou « taille » des tenanciers ruraux naquit, comme la taille des vassaux et vers le même temps, du devoir général qui à tout subordonné faisait une loi de porter secours à son chef. Comme elle, elle adopta volontiers, au début, le masque d'un cadeau, rappelé, jusqu'au bout, par certains des noms dont on la désignait : en France, « demande » ou « queste », en Allemagne *Bede*, qui signifie prière. Mais on l'appelait aussi, plus sincèrement, « toulte », du verbe *tolir*, « prendre ». Son histoire, pour avoir commencé plus tardivement, ne fut pas sans analogie avec celle des monopoles seigneuriaux. Très répandue en France, importée en Angleterre par les conquérants normands, elle demeura, en Allemagne, le privilège d'un plus petit nombre de seigneurs : ceux qui maniaient les pouvoirs de justice supérieurs, là-bas moins morcelés que chez nous. Tant il est vrai que le maître parmi les maîtres fut toujours, à l'ère féodale, le juge. Pas plus que la taille des vassaux, la taille des rustres ne devait échapper à l'action régulatrice de l'usage. Avec, toutefois, des résultats sensiblement différents. Les contribuables manquant ici, le plus souvent, de la force nécessaire pour imposer une stricte définition des cas, l'impôt, qui d'abord avait été exceptionnel, leur fut — à mesure que la circulation monétaire devenait plus intense — réclamé à intervalles de plus en plus rapprochés. Cela n'allait point, d'ailleurs, sans de grandes variétés, de seigneurie à seigneurie. Dans l'Ile-de-France, vers l'an 1200, des terres où les levées étaient annuelles, voire bisannuelles, voisinaient avec d'autres où elles n'avaient lieu que de loin en loin. Le droit, presque partout, était incertain. Car, pour s'incorporer aisément au réseau des « bonnes coutumes », cette dernière venue parmi les charges n'était pas seulement trop récente. Sa périodicité mal fixée et, là même où le rythme s'était stabilisé, l'irrégularité du montant chaque fois exigé, lui conservaient une couleur d'arbitraire. Dans les milieux d'Église, de « braves gens », comme dit un texte parisien, en contestaient la légitimité. Elle était particulièrement odieuse aux paysans qu'elle poussa souvent à de vives révoltes. A demi cristallisée à une époque d'argent rare, la tradition de la seigneurie ne se prêtait pas sans heurts aux besoins d'une économie nouvelle.

Ainsi le tenancier de la fin du XIIe siècle paye la dîme, la taille, les multiples droits des banalités : toutes choses que, même dans les contrées où la seigneurie avait le plus long passé, son ancêtre du VIIIe siècle, par exemple, n'avait pas connues. Incontestablement, les obligations de payer se sont faites plus lourdes. Non — du moins, en certains pays — sans compensations du côté des obligations de travail.

Car — par une sorte de prolongation du dépècement dont le *latifundium* romain avait été jadis la victime — les seigneurs, dans une grande partie de l'Europe, s'étaient pris à allotir de vastes portions de leurs réserves : tantôt pour les distribuer, morceau par morceau, à leurs anciens tenanciers ; tantôt pour y découper des tenures nouvelles, parfois même pour en former de petits fiefs vassaliques, bientôt, à leur tour, fragmentés en censives paysannes. Provoqué par des causes d'ordre surtout économique dont l'examen ne saurait être abordé ici, le mouvement avait commencé dès le Xe et le XIe siècle, semble-t-il, en France et en Lotharingie, comme en Italie ; il avait gagné, un peu plus tard, l'Allemagne transrhénane, plus lentement encore et non sans de capricieux retours de courbe, l'Angleterre, où le régime seigneurial lui-même était moins anciennement établi. Or, qui disait domaine amoindri disait aussi, forcément, corvées abolies ou allégées. Là où le tenancier, sous Charlemagne, devait plusieurs journées par semaine, on ne le voyait plus, dans la France de Philippe Auguste ou de saint Louis, travailler sur les champs ou prés domaniaux que quelques journées par an. Le développement des « exactions » neuves ne fut pas seulement, pays par pays, proportionnel à l'accaparement, plus ou moins poussé, du droit d'ordonner. Il s'opéra aussi en raison directe de l'abandon, par le seigneur, du faire-valoir personnel. Disposant à la fois de plus de temps et de plus de terre, le paysan pouvait payer davantage. Et le maître, naturellement, cherchait à rattraper d'un côté ce qu'il perdait de l'autre : privé des sacs de blé de la réserve, le moulin seigneurial français, sans le monopole du ban, n'eût-il pas été contraint d'arrêter ses meules ? Cependant, à cesser ainsi d'exiger de ses sujets, tout le long de l'année, un labeur d'équipes ouvrières, à les transformer définitivement en producteurs, lourdement taxés certes, mais économiquement autonomes, à se muer lui-même en pur rentier du sol, le seigneur, là où cette évolution s'accomplit dans toute sa plénitude, laissait inévitablement se relâcher un peu du lien de domination humaine. Comme l'histoire du fief, l'histoire de la tenure rurale fut, en fin de compte, celle du passage d'une structure sociale fondée sur le service à un système de rentes foncières.

Chapitre II

Servitude et liberté

I. LE POINT DE DÉPART : LES CONDITIONS PERSONNELLES A L'ÉPOQUE FRANQUE

Imaginons, dans l'État franc — auquel, provisoirement, nous bornerons nos regards — et vers le début du IXe siècle, un personnage qui, en présence d'une foule humaine, s'efforce d'y discerner les diverses conditions juridiques : haut fonctionnaire du Palais en mission dans les provinces, prélat dénombrant ses ouailles, seigneur occupé à recenser ses sujets. La scène n'a rien de fictif. Nous connaissons plus d'une tentative de cette sorte. L'impression qu'elles donnent est celle de beaucoup d'hésitations et de divergences. Dans la même région, à des dates voisines, on ne voit presque jamais deux censiers seigneuriaux user de critères semblables. Visiblement, aux hommes mêmes du temps, la structure de la société où ils vivaient n'apparaissait pas avec des lignes bien claires. C'était que des systèmes de classification très différents s'entrecroisaient. Les uns, empruntant leur terminologie aux traditions, elles-mêmes discordantes, tantôt de Rome, tantôt de la Germanie, ne s'adaptaient plus que très imparfaitement au présent ; les autres s'essayaient de leur mieux à exprimer la réalité et ne le faisaient pas sans gaucherie.

A la vérité, une opposition primordiale s'offrait, très simple dans ses termes : d'un côté les hommes libres, de l'autre les esclaves (en latin *servi*). Sous réserve des atténuations apportées à la dureté des principes par ce qui pouvait survivre encore de la législation humanitaire des empereurs romains, par l'esprit du christianisme et par les inévitables transactions de la vie quotidienne, les *servi* demeuraient, en droit, la chose d'un maître, qui disposait souverainement de son corps, de son travail et de ses biens. Par là, dépourvu de personnalité propre, il fait, en marge du peuple, figure d'étranger-né. Il n'est point convoqué à l'ost royal. Il ne siège point aux assemblées judiciaires, ne peut y porter directement ses plaintes et n'en est justiciable qu'au cas où, ayant commis envers un tiers une faute grave, il se voit livrer à la vindicte publique par son maître. Que seuls les hommes libres, indépendamment, d'ailleurs, de toute distinction ethnique, aient composé le *populus Francorum*, la preuve en est la synonymie qui finalement s'établit entre le nom national et la qualité juridique : « libre » ou « franc », les deux mots devinrent interchangeables.

A y regarder de près cependant, cette antithèse, en apparence si nette, ne donnait de la vivante diversité des conditions qu'une image bien inexacte. Parmi les esclaves mêmes — en nombre d'ailleurs relativement faible — , les modes d'existence avaient introduit des différences profondes. Un certain nombre d'entre eux, employés tantôt aux bas services domestiques, tantôt aux travaux des champs, étaient nourris dans la maison du maître ou sur ses fermes. Ceux-là demeuraient réduits au sort d'un véritable cheptel humain, officiellement rangé parmi les biens meubles. L'esclave tenancier, par contre, avait son chez soi ; il subsistait du produit de son propre labeur ; rien ne lui interdisait, le cas échéant, de vendre, à son profit, le surplus de sa récolte ; il ne dépendait plus directement, pour son entretien, de son maître et la main de celui-ci ne l'atteignait qu'occasionnellement. Assurément il restait astreint, envers le possesseur de la « cour » domaniale, à des charges terriblement lourdes. Du moins étaient-elles limitées, en droit quelquefois, en fait toujours. Certains censiers, en effet, ont beau nous dire que l'homme « doit servir toutes les fois que l'ordre lui en sera donné » ; en pratique, l'intérêt bien entendu du maître lui commandait de laisser à chaque petit exploitant la disposition des journées de travail nécessaires à la culture du « manse » : faute de quoi, la matière même des redevances se fût évanouie. Menant ainsi une vie fort analogue à celle des autres tenanciers, dits « libres », aux familles desquelles il s'unissait assez souvent par mariage, le *servus* « chasé » commençait déjà à s'en rapprocher également par un trait, tout à fait capital, de son statut juridique. Les tribunaux royaux reconnaissaient que ses devoirs, à lui aussi, étaient fixés par la coutume de la terre : stabilité absolument contraire à la notion même d'esclavage, dont l'arbitraire est un élément essentiel. Certains esclaves enfin, comme nous le savons, figuraient dans les troupes de fidèles armés dont s'entouraient les grands. Le prestige des armes, la confiance dont ils étaient l'objet, en un mot, pour parler comme un capitulaire, « l'honneur du vasselage » leur assuraient dans la société un rang et des possibilités d'action à ce point au-dessus de toute tare servile que les rois jugèrent bon de leur réclamer, par exception, ce serment de fidélité auquel ne participaient, en principe, que les vrais « Francs ».

Du côté des hommes libres, la bigarrure apparaissait plus forte encore. Les distinctions de fortune, qui étaient considérables, ne manquaient pas d'avoir leur répercussion sur les distinctions juridiques. Le personnage, si bien né fût-il, qui, trop miséreux pour s'équiper, ne pouvait être convoqué à l'armée ou, du moins, ne pouvait s'y rendre par ses propres moyens, devait-on le tenir encore pour un membre authentique du peuple franc ? il n'était, au plus, comme dit un capitulaire qu'un « libre du second ordre » ; une autre ordonnance oppose, plus brutalement, aux « libres » « les pauvres » ([232]). Surtout, en même temps que sujets du roi, la plupart des hommes théoriquement libres se trouvaient aussi les dépendants de tel ou tel chef particulier et c'étaient les nuances presque infinies de cette subordination qui déterminaient principalement, dans chaque cas, la condition de l'individu.

Les tenanciers des seigneuries, lorsqu'ils n'étaient point de statut servile, portent en général, dans les documents officiels, rédigés en latin, le nom de « colons ». Beaucoup, en effet, dans les parties de l'État franc qui jadis avaient été romaines, descendaient certainement d'ancêtres soumis aux lois du colonat. Mais l'attache au sol, naguère la caractéristique essentielle de cette condition, était à peu près tombée en désuétude. Plusieurs siècles auparavant, le Bas-Empire avait conçu le dessein de fixer tout homme, ou peu s'en fallait, à sa tâche héréditaire en même temps qu'à sa cote d'impôts : le soldat à l'armée, l'artisan à son métier, le « décurion » au sénat municipal, le fermier à sa glèbe, qu'il ne pouvait quitter et dont le propriétaire éminent du sol ne pouvait l'arracher. De ce rêve, la puissance d'une administration souveraine sur d'immenses espaces avait alors permis de faire presque une réalité. Les royaumes barbares, au contraire, pas plus que la plupart des États médiévaux qui leur succédèrent, ne disposaient pas de l'autorité nécessaire pour poursuivre le paysan fugitif ou empêcher qu'un nouveau maître ne l'accueillît. Au surplus, la décadence de l'impôt foncier, entre les mains de gouvernements inexperts, eût enlevé à peu près tout intérêt à de pareils efforts. Il est significatif qu'au IXe siècle, beaucoup de colons se soient trouvés établis sur des manses « serviles », c'est-à-dire qui avaient été jadis allotis à des esclaves, beaucoup d'esclaves sur des manses « ingénuiles », originellement attribués à des colons. Ce désaccord entre la qualité de l'homme et la qualité de la terre — dont les charges spécifiques continuaient à rappeler le passé — n'ajoutait pas seulement à la confusion des classes. Il atteste combien la perpétuité de la succession, sur une même « motte », avait cessé d'être respectée.

Aussi bien l'abstraite notion du droit romain qui, du colon, homme libre par son statut personnel, faisait « l'esclave de la terre où il est né », en un mot, le dépendant non d'un individu mais d'une chose, quel sens pouvait-elle conserver auprès d'un âge trop réaliste pour ne pas ramener tous les rapports sociaux à un échange d'obéissance et de protection entre êtres de chair et d'os ? Déjà, là où une constitution impériale avait dit « que le colon soit rendu à sa terre d'origine », le manuel de droit romain rédigé, au début du VIe siècle, pour les besoins de l'État visigoth, écrivait : « qu'il soit rendu à son maître » ([233]). Assurément le colon du IXe siècle demeure, comme son lointain prédécesseur, au regard de la loi, une personne libre. Il prête serment de fidélité au souverain. Il paraît quelquefois aux assemblées judiciaires. Cependant il n'a, avec les autorités publiques, que des contacts bien rares et bien lointains. Va-t-il à l'ost ? C'est sous la bannière du chef dont il tient sa tenure. Est-il cité en justice ? Le jeu des immunités et, plus encore, les usages même que ces privilèges ordinairement se bornaient à sanctionner lui imposent de nouveau ce seigneur comme juge habituel. De plus en plus, en un mot, sa place dans la société se définit par sa sujétion envers un autre homme : sujétion si étroite, en vérité, qu'on estime naturel de limiter son statut familial en lui interdisant de se marier en dehors de la seigneurie ; que son union avec une femme pleinement libre est traitée de « mariage inégal » ; que le droit canon tend à lui refuser l'entrée des ordres sacrés, comme le droit séculier à lui infliger les châtiments corporels, anciennement réservés aux esclaves ; qu'enfin, lorsque son seigneur lui fait remise de ses charges, cet acte est volontiers qualifié d'affranchissement. Ce ne fut pas sans raison qu'à la différence de tant de termes du vocabulaire juridique latin, *colonus* finalement resta sans postérité dans les parlers gallo-romans. La persistance d'autres mots désignant, eux aussi, des conditions humaines, eut, cela va de soi, pour rançon, beaucoup de glissements de sens ; elle n'en atteste pas moins le sentiment ou l'illusion d'une continuité. Dès l'époque carolingienne, par contre, le colon commençait à se perdre dans la foule uniforme des dépendants des seigneuries, que les chartes réunissaient sous le nom de *mancipia* (naguère, en latin classique, synonyme d'esclaves) et la langue vulgaire sous celui, plus vague encore, d'« hommes » du maître. Tout proche des esclaves « chasés », d'un côté, il se confondait presque, de l'autre — au point que parfois, dans la terminologie, toute distinction s'efface —, avec les protégés proprements dits, lorsque ceux-ci n'étaient point des guerriers.

Car la pratique de la commendise ne se bornait point, nous le savons, aux hautes classes. Beaucoup de modestes hommes libres se cherchaient un défenseur, sans pour cela accepter de se faire ses esclaves. En même temps qu'ils lui livraient leur terre, pour la reprendre ensuite à titre de tenure, on voyait se nouer, entre les deux individus, une relation de caractère plus personnel qui, pendant longtemps, d'ailleurs, resta médiocrement définie. Lorsqu'elle commença à se préciser, ce fut en empruntant plus d'un trait à une autre forme de dépendance qui, très répandue, était par là comme prédestinée à servir de modèle à tous les liens d'humble sujétion : la condition de l'affranchi « avec obéissance ».

D'innombrables affranchissements d'esclaves, dans les pays qui composaient l'État franc, avaient eu lieu, depuis les derniers siècles de l'Empire romain. Beaucoup d'autres, au temps des Carolingiens, étaient octroyés chaque année. Aux maîtres, tout conseillait cette politique. Les transformations de l'économie invitaient à dissoudre les grandes équipes qui avaient servi naguère à cultiver les *latifundia*, aujourd'hui morcelés. De même que la richesse semblait ainsi devoir se fonder, dorénavant, plutôt sur la perception de redevances et de services que sur l'exploitation directe de vastes domaines, la volonté de puissance, à son tour, trouvait dans la protection étendue sur des hommes libres, membres du peuple, un instrument singulièrement plus efficace que ne pouvait le fournir la possession d'un bétail humain, dépourvu de droits. Enfin, le souci du Salut, particulièrement aigu aux approches de la mort, inclinait à écouter la voix de l'Église qui, si elle ne s'élevait pas contre la servitude en elle-même, n'en faisait pas moins de la libération de l'esclave chrétien une œuvre pie, par excellence. Aussi bien l'accession à la liberté avait-elle été de tout temps, à Rome aussi bien que dans la Germanie, l'aboutissement normal de beaucoup de destinées serviles. Simplement, il paraît probable que dans les royaumes barbares le rythme s'était peu à peu accéléré.

Mais les maîtres ne se montraient si généreux, en apparence, que parce qu'ils étaient loin de tout devoir céder. Rien de plus touffu, au premier abord, que le régime juridique des affranchissements, dans l'État franc du IXe siècle. Les traditions du monde romain, d'une part, des divers droits germaniques, de l'autre, fournissaient une multitude de moyens différents pour conclure l'opération et fixaient la condition de ses bénéficiaires en des termes d'une effarante variété. A s'en tenir, cependant, aux résultats pratiques, elles concordaient à offrir le choix entre deux grandes catégories d'actes. Tantôt l'affranchi échappait désormais à toute autorité privée, autre que celle dont il pouvait plus tard, de son propre gré, rechercher l'appui. Tantôt, au contraire, il demeurait astreint, dans son statut nouveau, à certains devoirs de soumission, soit envers son ancien maître, soit envers un patron nouveau — une église, par exemple — auquel ce maître consentait à le céder. Ces obligations étant généralement conçues comme destinées à se transmettre de génération en génération, c'était à la création d'une véritable clientèle héréditaire qu'on les voyait aboutir. Le premier type de « manumission » — pour parler le langage du temps — était rare. Le second, au contraire, très fréquent, parce que seul il répondait aux nécessités ambiantes. Le « manumisseur », s'il acceptait de renoncer à un esclave, tenait à conserver un dépendant. Le « manumis » lui-même, qui n'osait guère vivre sans défenseur, trouvait ainsi, d'emblée, la protection souhaitée. La subordination par là contractée passait pour si forte que l'Église, portée à exiger de ses prêtres une pleine indépendance, répugnait à accorder l'ordination à ces nouveaux hommes libres, enserrés encore, en dépit de leur nom, dans des liens à son avis trop étroits. Habituellement l'affranchi était en même temps le tenancier de son patron, soit qu'il eût déjà été « chasé » par lui avant de secouer la tare servile, soit que la libération se fût accompagnée d'un don de terre. En outre, des charges d'un caractère plus personnel venaient souvent souligner la sujétion. C'était parfois une part de l'héritage, perçue, à chaque mort, par le patron. C'était, plus fréquemment encore, une taxe par tête, qui d'année en année frappait l'affranchi, comme, après lui, chaque individu de sa descendance. Tout en procurant un revenu régulier, dont le montant total n'était pas négligeable, ce « chevage », grâce à la courte périodicité des levées, empêchait que, par la mauvaise volonté du subordonné ou la négligence du supérieur, le lien ne risquât de tomber dans l'oubli. Le modèle en avait été fourni par certains modes de l'affranchissement germanique. Il fut bientôt imité dans presque toutes les manumissions, pourvu qu'elles comportassent « l'obéissance ».

Part prélevée sur la succession ; chevage : ces deux expressions de la sujétion étaient, dans les sociétés médiévales, promises à un long avenir. La seconde au moins avait de bonne heure cessé d'être confinée au petit monde des personnes libérées de la servitude. Comme le marquent, en termes exprès, certains actes de manumission, les quelques deniers ou gâteaux de cire, annuellement versés, passaient pour représenter le prix de la protection étendue, sur son ancien esclave, par le maître transformé en patron. Or les affranchis n'étaient pas les seuls hommes dits libres qui, de gré ou de force, eussent été conduits à se placer sous le « maimbour » d'un puissant. Dès le IXe siècle, le chevage, faisant tache d'huile, apparaissait déjà comme le signe spécifique de tout un groupe de dépendances personnelles qui, pour caractères communs, supérieurs à tous les caprices de la terminologie, avaient, de la part du subordonné, une assez humble soumission, généralement héréditaire, de la part du protecteur, un vigoureux droit de commandement, générateur de perceptions lucratives. Ainsi dans le chaos des relations d'homme à homme, encore bien enchevêtrées, commençaient à se dessiner quelques lignes de force, autour desquelles les institutions de l'âge suivant devaient peu à peu se cristalliser.

II. LE SERVAGE FRANÇAIS

Dans la France propre et la Bourgogne, une série d'actions convergentes aboutirent, durant le premier âge féodal, à un véritable déblayage de l'ancienne nomenclature sociale. Les lois écrites étaient oubliées. Parmi les censiers de l'époque franque, un certain nombre avaient péri ; et les autres, par suite des transformations du vocabulaire comme en raison des bouleversements intervenus dans le dessin de beaucoup de terres, ne pouvaient plus être consultés qu'avec peine. Les seigneurs, enfin, et les juges étaient généralement trop ignorants pour s'encombrer de souvenirs juridiques. Dans le nouveau classement des conditions qui s'opéra alors, un rôle considérable revint, cependant, à une notion familière, depuis un temps immémorial, à la conscience collective : l'antithèse de la liberté avec la servitude. Mais ce fut au prix d'un profond changement de sens.

Que le contenu ancien de l'opposition eût cessé de parler aux esprits, comment s'en étonner ? Car il n'y avait, en France, presque plus d'esclaves proprements dits. Bientôt même, il n'y en eut plus du tout. Le genre de vie des esclaves tenanciers n'avait rien de commun avec l'esclavage. Quant aux petites troupes serviles qui naguère subsistaient de la provende du maître, les vides qu'y creusait, constamment, le jeu combiné de la mortalité et de l'affranchissement étaient désormais sans remèdes. Le sentiment religieux, en effet, interdisait d'asservir les prisonniers de guerre chrétiens. Restait, il est vrai, la traite, alimentée par les razzias en terre de « païennerie ». Mais ses grands courants ou bien n'atteignaient pas nos pays, ou bien — faute sans doute d'y trouver d'assez riches acheteurs — ne faisaient que les traverser, pour se diriger vers l'Espagne musulmane ou l'Orient. Par ailleurs, l'affaiblissement de l'État privait de toute signification concrète l'antique distinction entre l'homme libre, sujet de plein droit, et l'esclave, étranger au fonctionnement des institutions publiques. On ne se désaccoutuma point, pourtant, d'imaginer la société comme composée de personnes les unes libres, les autres non libres ; on conserva à ces dernières leur vieux nom latin de *servi*, dont le français fit *serfs*. Ce fut la ligne de clivage entre les deux groupes qui, insensiblement, se déplaça.

Avoir un seigneur ne paraissait nullement contraire à la liberté. Qui n'en avait ? Mais on conçut l'idée que cette qualité prenait fin là où cessait la faculté du choix, exercée une fois au moins dans la vie. En d'autres termes, toute attache héréditaire passa pour affectée d'un caractère servile. L'inéluctable lien, qui prenait l'enfant « dès le ventre de la mère », n'avait-il pas été une des plus grandes duretés de l'esclavage traditionnel ? Le sentiment de cette astreinte presque physique s'exprime à merveille dans l'expression d' « homme de corps », forgée par la langue populaire comme synonyme de serf. Le vassal, dont l'hommage ne s'héritait point, était, nous l'avons vu, essentiellement « libre ». Par contre, on se trouva conduit à ranger sous l'étiquette d'une commune servitude, avec les descendants, peu nombreux, des esclaves tenanciers, la foule, beaucoup plus dense, des dépendants dont les ancêtres avaient engagé, avec leur propre personne, leur postérité : héritiers d'affranchis ou d'humbles commendés. De même, par un recoupement significatif, pour les bâtards, les étrangers ou « aubains », quelquefois les Juifs. Dépourvus de tout appui naturel dans la famille ou le peuple, ils avaient été automatiquement confiés, par les anciens droits, à la garde du prince ou du chef de leur résidence ; l'ère féodale en fit des serfs, soumis, à ce titre, au seigneur de la terre sur laquelle ils vivaient ou, du moins, à celui qui y détenait les pouvoirs de justice supérieurs. A l'époque carolingienne, un nombre croissant de protégés avaient payé le chevage. Cela à la condition, toutefois, de conserver ou recevoir le statut d'hommes libres. Car l'esclavage avait un maître qui pouvait tout lui prendre ; non un défenseur, à qui une compensation fût due. Peu à peu, cependant, on vit cette obligation, jadis considérée comme parfaitement honorable, se charger d'une teinte de mépris ; puis, finalement, être comptée, par les tribunaux, parmi les signes caractéristiques du servage. Elle continuait à être exigée des mêmes familles qu'autrefois et pour des raisons fondamentalement les mêmes. Seule avait changé la place qu'on attribuait, dans la classification courante, au lien dont la redevance semblait l'expression.

A peu près imperceptible aux contemporains, comme toutes les mutations sémantiques, ce grand bouleversement de la table des valeurs sociales s'était annoncé, dès la fin de l'époque franque, par un emploi très lâche du vocabulaire de la servitude, qui dès lors commençait à osciller entre les deux acceptions du passé et de l'avenir. Ces tâtonnements se poursuivirent longtemps. Selon les régions, selon les clercs appelés à établir les chartes, les limites de la nomenclature variaient. Dans plusieurs provinces, certains groupes, issus d'esclaves naguère libérés moyennant « obéissance », conservèrent, jusqu'au début du XIIe siècle, comme une étiquette d'origine, leur désignation particulière de « culverts », dérivée du latin *collibertus*, « affranchi ». Au mépris de la manumission d'autrefois, on les tenait dorénavant pour privés de la « liberté », dans le sens nouveau du terme. Mais on les considérait comme formant une classe supérieure aux simples « serfs ». A d'autres familles, çà et là, malgré une assimilation de fait à toutes les charges de la condition servile, les mots de « commendés » ou de « gens d'avouerie » (ce dernier substantif étant synonyme de protection) restèrent longtemps attachés. Un homme se plaçait-il, avec sa postérité, sous la dépendance d'un maître, auquel il promettait, entre autres obligations, le chevage ? Tantôt l'acte était expressément traité d'asservissement volontaire. Tantôt, au contraire, on y insérait, comme dans l'antique formule franque de « commendise », une clause de sauvegarde de la liberté. Ou bien encore, on se gardait prudemment, dans la rédaction, de toute expression compromettante. Cependant, lorsqu'un dossier, comme celui de l'abbaye gantoise de Saint-Pierre, s'étend sur plusieurs siècles, il n'est pas malaisé d'y observer, à mesure que le temps s'écoule, les progrès d'une phraséologie de plus en plus purement servile.

Quel qu'ait été, d'ailleurs, le nombre de ces auto-traditions, dont la proportion, remarquablement élevée, par rapport à la pauvreté de nos documents, en général, a de quoi surprendre et émouvoir ; il va de soi qu'elles ne contribuèrent pas seules à gonfler les rangs du servage. En dehors de toute convention précise, par le simple jeu de la prescription, de la violence et des changements intervenus dans l'opinion juridique, la masse des sujets des seigneuries, anciens ou récents, glissa lentement à cette condition, définie par un vieux nom et des critères presque tout neufs. Dans le village de Thiais en Parisis qui, au début du IXe siècle, sur 146 chefs de famille comptait 11 esclaves seulement, en face de 130 colons, et dont dépendaient en outre 19 protégés payant chevage, la population presque entière, sous saint Louis, se composait de personnes dont le statut était qualifié de servile.

Jusqu'au bout, il subsista des individus, voire des collectivités entières dont on ne savait au juste où les classer. Les paysans de Rosny-sous-Bois étaient-ils ou non serfs de Sainte-Geneviève ? les gens de Lagny, serfs de leur abbaye ?

Ces problèmes occupèrent, du temps de Louis VII à celui de Philippe III, papes et rois. Astreints de père en fils au chevage et à plusieurs autres « coutumes » que généralement on estimait opposées à la liberté, les membres de diverses bourgeoisies urbaines du Nord refusaient néanmoins, au XIIIe siècle, de se laisser traiter de serfs. Hésitations et anomalies n'enlevaient cependant rien au fait essentiel. Au plus tard dès la première moitié du XIIe siècle — les « culverts » ayant alors cessé d'exister en tant que classe et leur nom étant devenu un pur synonyme de serf —, une catégorie unique d'humbles dépendants personnels s'est constituée, liés à un maître par leur naissance, donc atteints par la « macule » servile.

Or, ce n'était pas là, à beaucoup près, une simple question de mot. Certaines tares qui traditionnellement étaient conçues comme inséparables de la servitude se trouvèrent presque nécessairement appliquées à ces non-libres d'un genre en lui-même nouveau, mais dont la nouveauté n'était pas bien clairement ressentie. Telles, l'interdiction d'entrer dans les ordres ; la privation du droit de porter témoignage contre des hommes libres (cela, toutefois, sauf privilège particulier, accordé, par principe, aux serfs royaux et étendu à ceux de quelques églises) ; d'une façon générale, une note très douloureuse d'infériorité et de dédain. D'autre part, un véritable statut s'était élaboré, défini surtout par un faisceau de charges spécifiques. De modalités infiniment variables, selon les coutumes de groupes, elles se retrouvaient, dans les grandes lignes, partout à peu près semblables : contraste sans cesse répété dans cette société à la fois morcelée et fondamentalement une. C'était le chevage. C'était — à moins de permission spéciale, qui s'achetait chèrement — la défense de se « formarier », entendez de contracter mariage avec une personne qui ne fût pas de même condition et ne dépendît pas du même seigneur. C'était, enfin, une sorte d'impôt sur l'héritage. Dans les pays picards et flamands, cette « mainmorte » prenait habituellement la forme d'une taxe successorale régulière, le seigneur, à chaque décès, prélevant, soit une petite somme, soit, plus souvent, le meilleur meuble ou la meilleure tête de bétail. Ailleurs, elle reposait sur la reconnaissance de la communauté familiale : le défunt laissait-il des fils (parfois des frères) ayant vécu avec lui autour d'un même « feu » ? le seigneur ne recevait rien ; dans le cas contraire, il confisquait tout.

Or, si lourdes que ces obligations pussent paraître, elles étaient, en un sens, aux antipodes de l'esclavage, puisqu'elles supposaient, aux mains du redevable, l'existence d'un véritable patrimoine. En tant que tenancier, le serf avait exactement les mêmes devoirs et les mêmes droits que n'importe quel autre : sa possession n'était pas plus précaire et son travail, les redevances et services une fois réglés, n'appartenait qu'à lui. Ne nous le figurons point, non plus, à l'image du colon fixé « à sa glèbe ». Certes les seigneurs cherchaient à retenir leurs paysans. Sans l'homme, que valait la terre ? Mais il était difficile d'empêcher les départs, parce que le morcellement de l'autorité s'opposait, plus que jamais, à toute contrainte policière effective et que, d'autre part, le sol vierge étant encore très abondant, il ne servait pas à grand-chose de menacer de confiscation le fugitif, toujours à peu près assuré de trouver ailleurs un nouvel établissement. Aussi bien, c'était l'abandon de la tenure en lui-même qu'avec plus ou moins de succès on tâchait de prévenir ; le statut particulier de l'exploitant importait peu. Voit-on deux personnages s'entendre pour refuser d'accueillir chacun les sujets de l'autre ? aucune distinction, à l'ordinaire, n'est tentée entre les conditions, servile ou libre, des individus dont on convient ainsi d'entraver les migrations.

Il n'était, d'ailleurs, nullement nécessaire que le champ eût suivi, dans la sujétion, le même chemin que l'homme. Rien n'empêchait, en principe, que le serf ne conservât par devers lui jusqu'à des alleux, soustraits à toute suprématie foncière. A vrai dire, on admettait généralement en pareil cas — nous en connaissons des exemples jusqu'au XIIIe siècle — que, tout en demeurant étranger aux obligations caractéristiques de la censive, le fonds ne pouvait cependant être aliéné sans l'autorisation du maître de la personne : ce qui, pratiquement, rendait assez imparfaite l'allodialité. Il était beaucoup plus fréquent que, possédant uniquement des tenures, le serf ne les tînt pas ou ne les tînt pas toutes du seigneur auquel l'attachaient les liens propres à sa condition ; voire que, serf d'un certain seigneur, il vécût sur la terre d'un autre. L'ère féodale répugna-t-elle jamais aux enchevêtrements de pouvoirs ? « Je donne à Saint-Pierre de Cluny cette exploitation, avec ses appartenances » — entendez « je cède les droits éminents sur le sol » —, « excepté le vilain qui la cultive, sa femme, ses fils et ses filles, car ils ne sont pas à moi » : ainsi s'exprimait, vers la fin du XIe siècle, une charte bourguignonne ([234]). Dès l'origine, ce dualisme avait été inhérent à la situation de certains protégés. La mobilité de la population le rendit peu à peu moins exceptionnel. Il ne laissait naturellement pas de soulever de délicats problèmes de partage et plus d'un maître, tantôt de la tenure, tantôt de l'homme, finalement y perdit son droit. Sur un point, toutefois, très significatif, on était à peu près unanime à reconnaître au nœud d'homme à homme une sorte de primauté. On estimait que le serf, au moins en cas de crime entraînant une peine « de sang », ne devait avoir d'autre juge que son seigneur « de corps » : cela, quels que fussent à la fois les pouvoirs judiciaires habituels de ce dernier et le domicile du justiciable. Le serf, en résumé, ne se caractérisait nullement par un lien avec le sol. Sa marque propre était, au contraire, de dépendre si étroitement d'un autre être humain que partout où il se rendait, cette attache le suivait et collait à sa postérité.

Ainsi, pas plus que les serfs, pour la plupart, ne descendaient d'anciens esclaves, leur condition ne représentait-elle un simple avatar, plus ou moins édulcoré, de l'ancien esclavage ou du colonat romain. Sous de vieux mots, avec des traits empruntés à divers passés, l'institution reflétait les besoins et les représentations collectives du milieu même qui l'avait vue se former. Assurément le sort du serf était très dur. Derrière la froideur des textes, il faut restituer toute une atmosphère de rudesse, parfois tragique. Une généalogie de famille servile, dressée, dans l'Anjou du XIe siècle, pour les besoins d'un procès, se clôt par cette mention : « Nive, qui fut égorgée par Vial, son seigneur ». Le maître volontiers prétendait, fût-ce au mépris de la coutume, exercer un pouvoir arbitraire : « il est mien de la plante des pieds au sommet du crâne », disait, d'un de ses serfs, un abbé de Vézelay. Plus d'un homme de corps, à son tour, par la ruse ou par la fuite, s'efforçait d'échapper au joug. Tout cependant n'est sans doute pas faux dans le propos de ce moine d'Arras, qui nous dépeint les serfs de son abbaye également empressés à nier le lien, quand leur vie était paisible, à le proclamer, au contraire, dès qu'un danger pressant invitait à chercher un défenseur ([235]). Protection, oppression ; entre ces deux pôles tout régime de clientèle oscille presque nécessairement. Et c'était bien en effet comme une des pièces maîtresses d'un système de cet ordre que le servage originellement s'était constitué.

Mais tous les paysans n'avaient pas passé à la servitude : même lorsque leur terre, elle, était tombée dans la sujétion ou y était demeurée. Parmi les tenanciers des seigneuries, des textes, qui se suivent sans interruption tout le long de l'ère féodale, mettent en scène, coudoyant les serfs, des groupes expressément qualifiés de « libres ».

Surtout, n'imaginons point de simples fermiers, ne soutenant avec le maître suprême du sol que de froids rapports de débiteurs à créanciers. Plongés dans une atmosphère sociale où toute relation d'inférieur à supérieur revêt une couleur très directement humaine, ces gens-là ne sont pas astreints envers le seigneur seulement aux multiples redevances ou services qui pèsent sur la maison et les champs. Ils lui doivent aide et obéissance. Ils comptent sur sa protection. La solidarité, qui s'établit ainsi, est assez forte pour que le seigneur ait droit à une indemnité si son « libre » dépendant est blessé, pour que, réciproquement, dans l'hypothèse d'une vendetta, voire de simples représailles dirigées contre lui, on juge légitime de s'en prendre au groupe entier de ses sujets, sans distinction de statut. Elle paraît assez respectable aussi pour primer des devoirs en apparence plus hauts. Ils n'étaient pas serfs, ces bourgeois d'une villeneuve, indivise entre Louis VI et le sire de Montfort, que leur charte autorisait à garder la neutralité, en cas de guerre entre leurs deux seigneurs, dont l'un d'eux, pourtant, était en même temps leur roi ([236]). Cependant ce lien, si prenant soit-il, demeure strictement fortuit. Aussi bien, voyez les mots. « Vilain », c'est-à-dire habitant de la seigneurie, en latin *villa* ; « hôte » ;

« manant » ; « couchant et levant » : ces termes, qui suggéraient simplement l'idée d'une résidence, s'appliquaient à tous les tenanciers, en tant que tels, fussent-ils serfs. Mais le tenancier « libre » n'avait pas d'autre nom, parce qu'il était un « habitant » à l'état pur. Vend-il, donne-t-il, abandonne-t-il sa terre, pour s'en aller vivre ailleurs ? Rien ne l'attache plus au seigneur, dont mouvait ce morceau de sol. C'est pourquoi, précisément, ce « vilain », ce « manant » passe pour doué de la liberté et — réserves faites, çà et là, d'une période de genèse et d'incertitudes — pour soustrait, en conséquence, à ces limitations du droit matrimonial et successoral qui, sur l'homme de corps, au contraire, marquent la rigueur d'une soumission où la famille autant que l'individu est enserrée.

Que de leçons ne pourrait-on pas attendre d'une carte de la liberté et de la servitude paysannes ! Seules, malheureusement, quelques grossières approximations sont permises. Nous savons déjà pour quelles raisons la Normandie, remodelée par les invasions scandinaves, ferait, sur ce croquis supposé, une large tache blanche. Çà et là, d'autres espaces, également vides de servage, apparaîtraient, moins étendus et plus rebelles à l'interprétation : tel, le Forez. Dans le reste du pays nous verrions une énorme majorité de serfs ; mais, à côté d'eux, comme un semis de vilains libres, de densité très variable. Tantôt on les aperçoit étroitement mêlés à la population servile, maison contre maison et sous la même autorité seigneuriale. Tantôt, au contraire, ce sont des villages presque entiers qui semblent avoir ainsi échappé à la servitude. Même si nous étions mieux renseignés, dans le jeu des causes qui ici précipitèrent une famille dans la sujétion héréditaire, ailleurs la retinrent sur la pente, quelque chose assurément résisterait toujours à l'analyse. Les conflits de forces infiniment délicates à peser, parfois le pur hasard fixaient le dénouement, que souvent avaient précédé bien des oscillations. Aussi bien cette bigarrure persistante des conditions constitue-t-elle peut-être le phénomène, à tout prendre, le plus instructif. Dans un régime féodal parfait, de même que toute terre eût été fief ou tenure en vilainage, tout homme se fût fait vassal ou serf. Mais il est bon que les faits viennent nous le rappeler : une société n'est pas une figure de géométrie.

III. LE CAS ALLEMAND

Une étude complète de la seigneurie européenne à l'ère féodale exigerait que, passant maintenant au Midi de la France, nous y marquions l'existence, concurremment avec le servage personnel, d'une sorte de servage foncier, qui passait de la terre à l'homme et le fixait à elle : institution d'autant plus mystérieuse que son apparition est extrêmement difficile à dater. Puis il faudrait retracer, en Italie, le développement d'une notion de la servitude, étroitement apparentée à la création du droit français, mais, semble-t-il, moins répandue et avec des contours plus mouvants. Enfin l'Espagne offrirait le contraste attendu qui, en face de la Catalogne, avec son servage à la française, dressait les terres de reconquête, Asturies, León, Castille : pays, ainsi que toute la péninsule, d'esclavage persistant, en raison des apports de la Guerre Sainte, mais où, dans les populations indigènes, les relations de dépendance personnelle demeurèrent, à ce degré aussi de la société, médiocrement astreignantes, par suite à peu près exemptes de tare servile. Plutôt, cependant, que de tenter cette revue, trop longue et encombrée de trop d'incertitudes, mieux vaudra s'attacher aux deux expériences, particulièrement riches, de l'Allemagne et de l'Angleterre.

Parler des campagnes allemandes comme d'une unité ne va pas sans beaucoup d'artifice. L'étude des terres de colonisation, à l'est de l'Elbe, n'appartient guère à notre période. Mais dans le cœur même de la vieille Allemagne, une antithèse massive opposait à la Souabe, à la Bavière, à la Franconie, à la rive gauche du Rhin, où la seigneurialisation était relativement ancienne et profonde, la Saxe, qui par le nombre de ses libres paysans — libres de leurs terres, libres de leur personne — semblait faire la transition avec la Frise, sans seigneuries et, par suite, sans serfs. A s'en tenir cependant aux lignes fondamentales, certains caractères authentiquement nationaux ressortent avec clarté.

Comme en France, nous assistons — et par les mêmes

moyens — à une large généralisation des rapports de soumission héréditaire. Les actes de donation de soi-même sont dans les chartriers allemands aussi nombreux que dans les nôtres. Comme en France, entre la condition de ces protégés de nouvelle origine et celle des anciens sujets des seigneuries, un rapprochement tendit à s'opérer et le modèle du statut ainsi élaboré emprunta beaucoup de traits à la subordination type qu'avait été l'affranchissement « avec obéissance » : filiation que le langage, ici, devait souligner d'un trait particulièrement net. Sous le nom de *Laten*, dont l'étymologie évoque l'idée d'une libération, on avait désigné, naguère, en droit germanique, une classe juridiquement bien définie qui, avec quelques résidents étrangers et, parfois, les membres de populations vaincues, réunissait les affranchis attachés encore à leurs anciens maîtres par les nœuds d'une sorte de patronat. Sous ce même nom, on comprenait, dans l'Allemagne du Nord, au XIIe siècle, de vastes groupes de dépendants, où les fils des esclaves naguère transformés en clients ne formaient assurément plus qu'une minorité. Le chevage, les taxes successorales — le plus souvent, sous l'aspect d'un bien meuble prélevé à chaque génération — étaient devenus des charges caractéristiques de la subordination personnelle ; de même l'interdiction du formariage. Comme en France enfin, détournant de leur sens premier les notions de liberté et de non-liberté, on tendait désormais à entacher de servitude tout lien dont l'emprise s'héritait avec la vie. Sur les terres de l'abbaye alsacienne de Marmoutier, les tenures ingénuiles et serviles du IXe siècle sont, au XIIe, fondues en une catégorie unique, que l'on appelle servile. En dépit de leur nom, les *Laten* de l'ère féodale — tout comme leurs frères de par delà les frontières, les culverts français — ont généralement cessé d'être tenus pour des hommes libres : si bien que paradoxalement, le seigneur, s'il renonce à ses droits sur eux, sera dit affranchir ces ex-affranchis. Par contre, la « liberté » est universellement reconnue aux *Landsassen* (« gens établis sur la terre »), appelés aussi, par une dernière analogie avec la France, « hôtes » (*Gäste*) et qui sont de véritables manants, dégagés de toute autre attache que les obligations nées de la résidence.

Cependant, diverses conditions, spécifiquement allemandes, jetèrent le trouble dans ce développement. La primitive conception de la liberté n'avait pu, en France, s'altérer si profondément qu'en raison de l'effacement de l'État, notamment dans le domaine judiciaire. Or, en Allemagne et surtout dans le Nord, durant toute l'ère féodale, il subsista, par places, en concurrence avec les justices seigneuriales, des juridictions publiques conformes au type ancien : comment l'idée n'aurait-elle pas survécu, plus ou moins obscurément, de tenir pour libres tous les hommes et ceux-là seulement qui siégeaient à ces « plaids » et étaient jugés par eux ? Là où, comme en Saxe, les alleux paysans étaient nombreux, une autre cause de complication se produisait. Car, entre l'alleutier et le tenancier, lors même que l'un et l'autre étaient pareillement exempts de tout lien personnel et héréditaire, la conscience commune ne pouvait guère manquer de voir une différence de niveau. La liberté de l'alleutier, parce qu'elle s'étendait aussi à la terre, semblait plus complète. Seul donc — du moins lorsque son alleu atteignait une certaine dimension —, il avait le droit de figurer au tribunal comme juge, autrement dit, selon la vieille terminologie franque, comme échevin ; il était « libre échevinable » (*schöffenbarfrei*). Enfin des faits d'ordre économique intervenaient également. Sans être aussi négligeable qu'en France — car la proximité des pays slaves alimentait perpétuellement les razzias et la traite —, l'esclavage proprement dit ne jouait cependant pas, dans l'Allemagne féodale, un rôle bien important. Par contre, les anciens *servi*, domiciliés sur la réserve, n'avaient pas été aussi généralement qu'en France transformés en tenanciers, parce que les réserves elles-mêmes conservaient, fréquemment, une superficie plus considérable. La plupart, il est vrai, avaient bien été, à leur façon, « chasés », mais pour recevoir seulement d'insignifiants lopins de terre. Astreints à des corvées quotidiennes, ces « valets à la journée » (*Tagesschalken*), véritables manouvriers forcés, dont l'espèce était tout à fait inconnue en France, vivaient dans un état de sujétion profonde, qu'il n'était pas possible de ne pas ressentir comme plus qu'un autre servile.

Pour avoir oublié qu'une classification sociale, en dernière analyse, existe seulement par les idées que les hommes s'en font et dont toute contradiction n'est pas nécessairement exclue, certains historiens se sont laissés aller à introduire, de force, dans le droit des personnes tel qu'il fonctionnait dans l'Allemagne féodale, une clarté et une régularité qui lui étaient fort étrangères. Les juristes du moyen âge les avaient précédés dans cet effort. Sans plus de succès. Il faut bien le reconnaître : les systèmes que nous proposent les grands auteurs de coutumiers, comme Eike von Repgow, dans son *Miroir des Saxons*, ne sont pas seulement en eux-mêmes assez mal liés ; ils ne s'accordent, par surcroît, que médiocrement avec le langage des chartes. Rien de pareil, ici, à la simplicité relative du servage français. Pratiquement, à l'intérieur de chaque seigneurie, les dépendants à titre héréditaire n'étaient presque jamais réunis dans une classe unique, astreinte à des devoirs uniformes. En outre, de seigneurie à seigneurie, les lignes de démarcation entre les groupes et leurs terminologies variaient à l'extrême. Un des critères les plus usuels était fourni par le chevage, auquel adhérait encore un peu de sa valeur ancienne comme signe d'une protection sans honte. Si pauvres que fréquemment force avait été de les dispenser même des taxes successorales, les corvéables à la journée naturellement ne le devaient point. Mais il manquait également à figurer dans le bagage traditionnel des charges, pourtant fort lourdes, qui pesaient sur toute une partie des tenanciers de condition servile. En sorte que — tout en étant souvent, elles aussi, en raison de l'hérédité de l'attache, considérées comme privées de la « liberté » — les familles dont cette redevance, évocatrice d'une soumission jadis volontaire, était la marque propre passaient, du moins en règle générale, pour supérieures par le rang aux autres « non-libres ». Ailleurs les descendants des anciens protégés continuaient à être qualifiés par le vieux mot de « Muntmen », issu du terme germanique de *Munt*, qui, de toute antiquité, avait désigné l'autorité exercée par un défenseur. « Commendés », eût-on dit en pays roman. Mais alors que, dans les campagnes françaises, les « commendés » paysans du XIIe siècle, au reste très peu nombreux, ne gardaient guère de leur origine qu'un vain nom et s'étaient en fait fondus dans la « servaille », parmi leurs confrères allemands, beaucoup avaient su maintenir leur existence comme classe particulière, quelquefois même leur liberté de principe. Entre ces diverses couches de la population sujette, la prohibition des intermariages ou, du moins, l'abaissement de statut qu'entraînait, en droit, toute union contractée avec un conjoint moins haut placé contribuait à maintenir de fermes barrières.

Peut-être, d'ailleurs, fut-ce en fin de compte, à un décalage dans le temps que l'évolution allemande dut le plus clair de son originalité. Avec ses tenures indivisibles, réparties souvent en plusieurs catégories juridiques, avec les multiples tiroirs où elle s'efforçait de classer les conditions humaines, la seigneurie allemande, vers l'an 1200, demeurait très proche, en somme, du type carolingien : beaucoup plus, assurément, que la seigneurie française du même temps. Mais elle devait, à son tour, durant les deux siècles à venir, s'en écarter de plus en plus. En particulier, la fusion des dépendants héréditaires sous une rubrique juridique commune s'amorça vers la fin du XIIIe siècle : deux ou trois cents ans plus tard qu'en France, par conséquent. Là aussi, la terminologie nouvelle procéda par emprunts à un vocabulaire qui sentait l'esclavage. Le qualificatif d'« homme propre » (*homo proprius*, *Eigen*), après avoir désigné à l'origine, plus particulièrement, les non-libres entretenus, comme valets de ferme, sur la réserve, s'étendit peu à peu à beaucoup de tenanciers, pour peu qu'ils fussent attachés, de père en fils, au maître. Puis on s'habitua à compléter l'expression par l'adjonction d'un autre mot, qui exprimait vigoureusement la nature personnelle du lien : par un curieux parallélisme avec un des noms les plus répandus du serf français, on dira désormais, de plus en plus volontiers : « homme propre de son corps » *eigen von dem Lipe Leibeigen*. Naturellement, entre cette tardive *Leibeigenschaft*, dont l'étude n'appartient point à l'ère féodale, et le servage français du XIIe siècle, les différences de milieu et d'époque entraînèrent bien des contrastes. Il n'en est pas moins vrai qu'une fois de plus nous apparaît ici ce singulier caractère d'archaïsme qui, à travers presque toute l'ère féodale, semble comme le signe distinctif de la société allemande.

IV. EN ANGLETERRE : LES VICISSITUDES DU VILAINAGE

C'est encore l'image des vieux censiers carolingiens qu'évoque invinciblement, à deux siècles environ de distance, l'état des classes paysannes dans l'Angleterre du milieu du XIe siècle : avec, il est vrai, une bien moins ferme organisation de la seigneurie foncière ; mais, dans le système des liens de dépendance humaine, une complexité au moins égale. Ce chaos, auquel ils n'étaient point habitués, embarrassa beaucoup les clercs continentaux chargés, par Guillaume le Conquérant, de cadastrer son nouveau royaume. Empruntée, ordinairement, à la France de l'Ouest, leur terminologie se plaque assez mal sur les faits. Quelques traits généraux, néanmoins, ressortent clairement. Il y a des esclaves authentiques (*theows*), dont quelques-uns sont chasés. Il y a des tenanciers chargés de redevances et de services, mais qui passent pour libres. Il y a enfin des « commendés », soumis à un protecteur, lequel ne se confond point forcément avec le seigneur dont ils tiennent leur tenure, s'ils en ont une. Tantôt cette subordination d'homme à homme est encore assez lâche pour pouvoir être rompue au gré de l'inférieur. Tantôt elle est au contraire indissoluble et héréditaire. Il y a enfin — sans le nom — de vrais alleutiers paysans. En outre, deux autres principes de distinction coexistaient avec les précédents, sans se recouvrir nécessairement avec eux : l'un tiré de l'étendue variable des exploitations ; l'autre, de la soumission à telle ou telle des naissantes justices seigneuriales.

La conquête normande, qui renouvela presque totalement le personnel des détenteurs de seigneuries, bouleversa ce régime et le simplifia. Sans doute bien des traces de l'état ancien subsistèrent : notamment dans le Nord, où nous avons vu combien les paysans guerriers donnèrent de tablature à des juristes accoutumés à un tout autre clivage des classes. Dans l'ensemble cependant, la situation, un siècle environ après Hastings, était devenue très voisine de celle de la France. En face des tenanciers qui dépendent d'un seigneur seulement parce qu'ils tiennent de lui leur maison et leurs champs, on a vu se constituer une classe d'« hommes liés » (*bondmen*), d'« hommes par naissance » (*nativi, niefs*), sujets personnels et héréditaires que l'on considère, pour ce motif, comme privés de la « liberté ». Sur eux pèsent des obligations et incapacités, dont nous connaissons déjà le dessein, quasiment invariable : interdiction d'entrer dans les ordres et de se « formarier » ; perception, à chaque mort, du meilleur meuble ; chevage (mais ce dernier, suivant un usage dont on rencontre l'analogue sur certains points de l'Allemagne, n'était à l'ordinaire perçu que si l'individu vivait en dehors de la terre de son maître). Ajoutez une charge curieusement protectrice des bonnes mœurs et dont l'équivalent — tant cette société féodale avait de profonde uniformité — se retrouve dans la lointaine Catalogne : la fille serve, si elle a fauté, paye une amende à son seigneur. Beaucoup plus nombreux que les esclaves de jadis, ces non-libres ne leur ressemblaient ni par le genre de vie, ni par le droit qui les régissait. Trait significatif : à la différence du *theow* de l'époque anglo-saxonne, leur famille, en cas de meurtre, participait, avec le seigneur, au prix du sang. Étrangère à l'esclave, la solidarité du lignage ne le fut jamais au serf des temps nouveaux.

Sur un point, pourtant, un contraste, vraiment profond, se marquait avec la France. Beaucoup mieux que son voisin du continent, le seigneur anglais réussissait à retenir sur sa terre ses serfs, voire ses simples tenanciers. C'était que, dans ce pays remarquablement unifié, l'autorité royale avait assez de force pour faire rechercher les « niefs » fugitifs et châtier qui les avait recueillis. C'était aussi qu'à l'intérieur même de la seigneurie, le maître disposait, pour tenir en main ses sujets, d'une institution dont les précédents étaient sans doute anglo-saxons, mais que les premiers rois normands, soucieux d'une bonne police, avaient régularisée et développée. On l'appelait « frankpledge », ce qui veut dire cautionnement — entendez cautionnement mutuel —, des hommes libres. Elle avait, en effet, pour objet d'établir, au profit de la répression, un vaste réseau de solidarité. Dans ce dessein, la population, sur presque tout le sol anglais, se trouvait répartie par sections de dix. Chaque « dizaine » était responsable, en son entier, de la comparution de ses membres en justice. A intervalles déterminés, son chef devait présenter les coupables ou prévenus au délégué des pouvoirs publics et celui-ci, en même temps, vérifiait que personne n'échappât au filet ainsi tendu. Primitivement, c'étaient tous les hommes libres qu'on avait entendu grouper dans ce système, à la seule exception des hautes classes, des serviteurs ou hommes d'armes nourris dans la maison et auxquels leur chef, par suite, servait de répondant naturel, des clercs enfin. Puis, très rapidement, une grave transformation s'opéra. On n'astreignit plus au « frankpledge » que les dépendants des seigneuries et on les y astreignit tous, sans distinction de statut. Par là, le nom même de l'institution devint menteur, puisque de ces dépendants beaucoup n'étaient plus tenus pour libres : preuve à la fois paradoxale et éloquente d'un changement de sens qui nous est déjà bien souvent apparu. D'autre part, le droit de procéder à ces sortes de revues judiciaires, étant impossible à exercer par des fonctionnaires trop peu nombreux, fut remis de plus en plus fréquemment aux seigneurs eux-mêmes ou, du moins, à beaucoup d'entre eux. Entre leurs mains, il devait être un merveilleux instrument de contrainte.

Cependant la conquête, qui avait imprimé aux seigneuries une si forte structure, avait aussi favorisé l'établissement d'une royauté exceptionnellement bien armée. L'espèce d'accord frontalier qui se conclut entre les deux puissances explique le dernier avatar que subit, dans l'Angleterre médiévale, le classement des conditions et jusqu'à la notion même de liberté. Dès le milieu du XIIe siècle, sous l'action des dynasties normande, puis angevine, les pouvoirs judiciaires de la monarchie avaient pris un extraordinaire développement. Cette rare précocité pourtant eut sa rançon. Contraints de respecter une barrière que, par la suite, les États de formation plus lente, comme la France, ne trouveront pas si difficile à franchir, les juges des Plantagenêts, après quelques hésitations, renoncèrent à s'interposer entre le lord du « manoir » et ses hommes. Non que ceux-ci fussent privés de tout accès aux tribunaux royaux. Seuls les procès qui touchaient leurs relations avec leur seigneur ne pouvaient être portés que devant celui-ci ou sa cour. Mais les causes ainsi définies atteignaient ces humbles gens dans leurs intérêts les plus chers : poids des charges, possession et transmission de la tenure. Par ailleurs, le nombre de personnes intéressées était considérable : car on y rangeait, avec les *bondmen*, la plupart des simples tenanciers que, par un emprunt au vocabulaire français, on désignait couramment sous le nom de « vilains ». Ainsi une nouvelle faille, dont l'importance pratique se manifestait à tous les yeux, était tracée au travers de la société anglaise : d'un côté, les vrais sujets du roi, sur lesquels s'étendait, en tout temps, l'ombre protectrice de sa justice ; de l'autre, la masse paysanne, plus qu'à demi abandonnée à l'arbitraire seigneurial.

Or l'idée n'avait probablement jamais tout à fait disparu qu'être libre c'était avant tout avoir droit à la justice publique, l'esclave n'étant passible que de la correction par le maître. Les juristes diront donc, subtilement, que, par rapport à son seigneur, mais à celui-ci seulement (puisque contre des tiers rien n'interdit le recours aux juridictions ordinaires), le vilain est un non-libre. L'opinion commune, la jurisprudence même virent plus gros et plus simple. Dès le XIIIe siècle, on admet couramment la synonymie de ces deux mots, jadis, comme en France, presque antithétiques : « vilain » et « serf ». Assimilation très grave, parce qu'elle ne se bornait point au langage. Celui-ci ne faisait, en réalité, qu'exprimer de vivantes représentations collectives. Le vilainage passa désormais, lui aussi, pour héréditaire ; et, bien que dans la foule des vilains, une certaine note d'infériorité continuât ordinairement de mettre à part les descendants des anciens *bondmen*, d'ailleurs toujours moins nombreux, semble-t-il, que les serfs français, on tendit de plus en plus — l'omnipotence des cours de manoirs aidant — à assujettir tous les membres de la nouvelle classe servile aux charges et aux tares qui naguère n'avaient pesé que sur les « hommes liés ».

Cependant, définir le vilain comme l'homme qui, dans ses rapports avec son seigneur, n'était justiciable que de celui-ci ; puis — à mesure que, grâce à la mobilité de la fortune foncière, le statut de l'homme et celui du sol cessèrent, de plus en plus fréquemment, de coïncider — définir, à son tour, la tenure en vilainage comme celle dont la possession manquait à être protégée par les cours royales : c'était, sans doute, poser les caractéristiques d'une classe humaine ou d'une catégorie d'immeubles. Ce n'était pas en fixer les contours. Car encore fallait-il qu'un moyen se présentât de déterminer, parmi les personnes ou les terres, celles qui devaient tomber sous le coup de cette incapacité, d'où découlait tout le reste. Ranger, sous une aussi méprisante rubrique, tous les individus qui avaient un seigneur ou tous les biens-fonds placés sous une mouvance, nul n'y pouvait songer. Il ne suffisait même pas d'exclure les fiefs chevaleresques. Parmi les possesseurs de censives comprises dans un « manoir », il se trouvait beaucoup de personnages d'un rang trop élevé, voire beaucoup de paysans dont la liberté était trop anciennement et trop solidement attestée pour qu'il fût possible de confondre tout de go ces gens-là dans une masse servile. La jurisprudence eut donc recours à un critère que lui fournit, là aussi, l'héritage d'idées ou de préjugés profondément enracinés dans la conscience commune. L'esclave avait dû tout son travail à son maître. Par suite, devoir à un seigneur beaucoup de son temps paraissait affecter sérieusement la liberté. Surtout quand les tâches ainsi exigées appartenaient à ces besognes manuelles, jugées assez basses, que l'on désignait couramment, dans toute l'Europe, sous le nom symptomatique d'œuvres « serviles ». La tenure en vilainage fut donc celle qui obligeait envers le seigneur à de lourdes corvées agricoles — lourdes parfois au point d'être quasiment arbitraires — et à d'autres services considérés comme médiocrement honorables ; et les hommes qui, au XIIIe siècle, se trouvaient détenir ces terres formèrent la souche de la classe des vilains. Dans les cas particuliers, la discrimination fut souvent capricieuse ; il y eut des régions presque épargnées. Mais le principe était trouvé.

Le problème concret qu'aux hommes de loi des Plantagenêts avait posé la coexistence d'une justice royale précocement développée et d'une puissante aristocratie foncière était, comme ces faits eux-mêmes, spécifiquement anglais. De même, la distinction de classes qui permit de la résoudre et dont les conséquences lointaines, par-delà notre période, devaient être singulièrement graves. Par contre, les conceptions mêmes que l'opinion juridique mit en œuvre pour élaborer la nouvelle notion de servitude appartenaient au patrimoine commun de l'Europe féodale. Que le vilain, même libre, ne dût avoir d'autre juge que son seigneur, c'était ce que soutenait encore, dans l'entourage de Saint Louis, un juriste français ; et l'on sait par ailleurs combien l'équation liberté-justice publique demeura vivante en Allemagne. Que d'autre part l'obligation à certains services jugés peu honorables ou trop rigoureux fût volontiers tenue pour une marque de servage, ce sentiment, contraire au droit strict et que, par suite, combattaient les tribunaux, n'en alimentait pas moins, dans l'Ile-de-France, vers l'an 1200, certaines haines villageoises ([237]). Mais l'évolution lente, insidieuse et sûre de l'État français empêcha qu'une frontière marquée d'un trait aussi net ne s'établît, finalement, entre les pouvoirs judiciaires du roi et ceux des seigneurs. Quant à la notion de travaux déshonorants, si elle eut son rôle dans la délimitation, en France, de la classe nobiliaire, elle n'y réussit jamais à supplanter les anciens critères de la servitude, parce que rien ne vint imposer le besoin d'un nouveau classement des statuts. Ainsi le cas anglais montre, avec une rare clarté, comment au sein d'une civilisation à beaucoup d'égards très une, certaines idées-forces, en se cristallisant sous l'action d'un milieu donné, purent aboutir à la création d'un système juridique tout à fait original, alors qu'ailleurs les conditions ambiantes les condamnaient à un état en quelque sorte perpétuellement embryonnaire. Par là il prend la valeur d'une véritable leçon de méthode.

Chapitre III

Vers les nouvelles formes du régime seigneurial

I. LA STABILISATION DES CHARGES

Les profondes transformations qui, à partir du XIIe siècle, commencèrent de métamorphoser les rapports de sujet à seigneur devaient s'étendre sur plusieurs centaines d'années. Il suffira de marquer ici comment l'institution seigneuriale sortit de la féodalité.

Depuis qu'inapplicables en pratique et de plus en plus difficilement intelligibles, les censiers carolingiens étaient tombés en désuétude, la vie intérieure des seigneuries, même parmi les plus grandes et les moins mal administrées, menaçait de ne plus connaître d'autres règles que purement orales. Rien n'empêchait, à vrai dire, d'établir, sur un modèle analogue, des états des biens et des droits mieux adaptés aux conditions du moment. Ainsi agirent, en effet, dans les régions où, comme en Lorraine, la tradition carolingienne était demeurée particulièrement vivace, certaines églises. L'habitude de ces inventaires ne devait jamais se perdre. De bonne heure, cependant, l'attention se porta sur un autre type d'écrit qui, négligeant la description du sol pour s'attacher à établir les rapports humains, paraissait répondre plus exactement aux besoins d'un temps où la seigneurie était devenue, par-dessus tout, un groupe de commandement. Le seigneur, par un acte authentique, fixait les coutumes propres à telle ou telle terre. En principe octroyées par le maître, ces sortes de petites constitutions locales n'en résultaient pas moins, ordinairement, de tractations préalables avec les sujets. Aussi bien un pareil accord semblait-il d'autant plus nécessaire que le texte le plus souvent ne se bornait point à enregistrer la pratique ancienne ; il la modifiait sur certains points. Telle la charte par laquelle, dès 967, l'abbé de Saint-Arnoul de Metz allégea les services des hommes de Morville-sur-Nied ; tel encore, en sens inverse, le « pacte » dont, vers 1100, les moines de Bèze, en Bourgogne, avant de permettre la reconstruction d'un village incendié, imposèrent aux habitants les clauses assez dures ([238]). Mais jusqu'au début du XIIe siècle, ces documents demeurèrent très rares.

A partir de cette date, au contraire, diverses causes contribuèrent à les multiplier. Dans les milieux seigneuriaux, un goût nouveau de netteté juridique assurait la victoire de l'écrit. Jusque chez les humbles, celui-ci, par suite des progrès de l'instruction, semblait plus qu'autrefois précieux. Non que, dans leur immense majorité, ils fussent capables de lire eux-mêmes. Mais, si tant de communautés rurales ont réclamé des chartes et les ont conservées, c'est assurément que, dans leur voisinage immédiat, il se trouvait des hommes — clercs, marchands, juristes — tout prêts à leur interpréter ces documents.

Surtout les transformations de la vie sociale poussaient à fixer les charges et à en atténuer le poids. Dans presque toute l'Europe, un grand mouvement de défrichement se poursuivait. Qui voulait attirer les pionniers sur sa terre devait leur promettre des conditions favorables ; le moins qu'ils pussent demander était de se savoir soustraits, par avance, à tout arbitraire. Puis, dans les alentours, l'exemple ainsi donné s'imposait bientôt aux maîtres des vieux villages, sous peine de voir leurs sujets céder à l'appel d'un sol moins lourdement grevé. Ce ne fut point hasard, sans doute, si les deux constitutions coutumières qui devaient servir de modèle à tant d'autres textes semblables, la charte de Beaumont-en-Argonne et celle de Lorris, près de la forêt d'Orléans, octroyées, l'une à une agglomération de fondation récente, l'autre, par contre, à un très ancien établissement, ont pour trait commun, étant nées pareillement à l'orée de grands massifs boisés, d'avoir été scandées, dès leur première lecture, par les cognées des essarteurs. Il n'est pas moins significatif qu'en Lorraine le mot de villeneuve ait fini par désigner toute localité, fût-elle millénaire, qui avait reçu une charte. Le spectacle des groupes urbains agit dans le même sens. Soumis eux aussi au régime seigneurial, beaucoup d'entre eux, dès la fin du XIe siècle, avaient réussi à conquérir de sérieux avantages, stipulés sur parchemin. Le récit de leurs triomphes encourageait les masses paysannes et l'attrait que les villes privilégiées risquaient d'exercer faisait réfléchir les maîtres. Enfin l'accélération des échanges économiques n'inclinait pas seulement les seigneurs à souhaiter certaines modifications dans la distribution des charges ; en faisant couler un peu de numéraire jusque dans les coffres des rustres, elle ouvrait devant ceux-ci de nouvelles possibilités. Moins pauvres, partant moins impuissants et moins résignés, ils pouvaient désormais tantôt acheter ce qui ne leur eût point été donné, tantôt l'enlever de haute lutte : car il s'en faut que toutes les concessions seigneuriales aient été gratuites ou consenties de pure bonne volonté. Ainsi grandit, par monts et par vaux, le nombre de ces petits codes villageois. On les appelait, en France, chartes de « coutumes » ou « de franchises ». Parfois les deux mots étaient accolés. Le second, sans signifier nécessairement l'abolition du servage, évoquait les allègements variés apportés à la tradition.

La charte de coutumes fut, dans l'Europe des derniers temps féodaux et de la période suivante, une institution très générale. On la rencontre, à de multiples exemplaires, dans tout le royaume de France, dans la Lotharingie et le royaume d'Arles, dans l'Allemagne rhénane, dans l'Italie presque entière, royaume normand compris, sur toute l'étendue enfin de la péninsule ibérique. Assurément les *poblaciones* ou les *fueros* de l'Espagne, les *statuti* italiens ne diffèrent pas seulement par le nom des chartes françaises et celles-ci, à leur tour, étaient loin d'avoir été toutes jetées dans le même moule. De grandes diversités se marquent également, selon les pays ou les provinces, dans la densité de la répartition ; d'autres, non moins accentuées, dans les dates du mouvement. Contemporaines des efforts des chrétiens pour repeupler les terres conquises, les plus anciennes *poblaciones* de l'Espagne remontent au xe siècle. Sur le Rhin moyen, les premières chartes de villages, imitées, semble-t-il, de modèles plus occidentaux, ne sont pas antérieures aux approches de l'an 1300.

Cependant, si importantes que ces divergences puissent paraître, leurs problèmes sont peu de chose à côté de celui que soulève la présence, sur la carte des « franchises » rurales, de deux énormes blancs : l'Angleterre, d'une part ; l'Allemagne transrhénane, de l'autre. Non que des deux parts, un assez grand nombre de communautés n'aient reçu de leurs seigneurs des chartes. Mais c'étaient, presque exclusivement, des groupes urbains. Sans doute, dans presque toute ville médiévale, à l'exception des grandes métropoles du commerce, il subsista toujours quelque chose de campagnard : la collectivité avait ses terrains de pâture, les habitants avaient leurs champs, que les plus humbles cultivaient eux-mêmes. Simples « bourgs » plutôt que villes, dirions-nous aujourd'hui de la plupart des localités allemandes ou anglaises ainsi privilégiées. Il n'en est pas moins vrai que ce qui décida, chaque fois, de l'octroi de pareilles faveurs, ce fut l'existence d'un marché, d'une classe marchande, d'un artisanat. Ailleurs, au contraire, le mouvement avait touché les purs villages.

Que l'Angleterre n'ait pas connu de chartes de coutumes rurales, la forte armature du manoir et son évolution dans un sens tout favorable à l'arbitraire seigneurial suffisent apparemment à l'expliquer. Pour leur servir de mémoire écrite, les lords avaient leurs censiers et les rouleaux d'arrêts de leurs cours de justice ; pourquoi auraient-ils éprouvé le besoin de codifier autrement des usages dont la mobilité même devait leur permettre, peu à peu, de rendre singulièrement précaire la possession des tenures ? Ajoutez que, les défrichements paraissant avoir été, dans l'île, relativement peu intensifs et les seigneurs y disposant, d'autre part, de moyens fort efficaces pour tenir leurs sujets, une des causes qui, sur le continent, avait le plus puissamment poussé aux concessions, ici ne joua guère.

Rien de pareil ne se voyait en Allemagne. Aussi la charte

de coutumes n'y demeura-t-elle exceptionnelle qu'en raison de la prédilection dont un autre procédé de fixation des charges y fut l'objet : ce *Weistum*, que M. Ch.-Edmond Perrin a ingénieusement proposé de nommer, en français, « rapport de droits ». L'habitude s'étant conservée, dans les seigneuries allemandes, de réunir les dépendants en assemblées périodiques, héritières des « plaids » judiciaires carolingiens, on trouva commode de leur donner lecture, à cette occasion, des dispositions traditionnelles qui devaient les régir et auxquelles, par leur assistance même à cette proclamation, ils semblaient s'avouer soumis : sorte d'enquête coutumière qui perpétuellement renouvelée, ressemblait fort, en son principe, à celles dont les censiers d'autrefois avaient enregistré les résultats. Des textes furent ainsi établis, auxquels on ne se privait d'ailleurs pas d'ajouter, de temps à autre, quelques compléments. Le « rapport de droits » eut l'Allemagne au-delà du Rhin pour domaine propre ; sur la rive gauche et jusqu'en terre de langue française, une large zone de transition s'étendit, qu'il se partagea avec la charte de coutumes. Ordinairement plus minutieux que cette dernière, il prêtait en revanche à des modifications plus aisées. Mais le résultat fondamental, des deux côtés, était le même. Bien qu'il y ait toujours eu, partout, de nombreux villages dépourvus de *Weistum* ou de charte, bien que ni l'un ni l'autre mode de règlement, là où ils existaient, n'aient possédé l'exorbitant pouvoir d'arrêter la vie, ce fut vraiment sous le signe d'une stabilisation croissante des relations entre maîtres et sujets que s'ouvrit, dans l'histoire de la seigneurie européenne, une phase nouvelle. « Qu'aucun cens ne soit levé, s'il n'est écrit » : cette phrase d'une charte roussillonnaise était comme le programme d'une mentalité et d'une structure juridiques également éloignées des mœurs du premier âge féodal ([239]).

II. LA TRANSFORMATION DES RAPPORTS HUMAINS

En même temps que la vie interne de la seigneurie devenait moins mouvante, elle se modifiait, sur certains points, presque du tout au tout. Réduction générale des corvées ;

substitution, tantôt à celles-ci, tantôt aux redevances en nature, de paiements en argent ; élimination progressive enfin de ce qui, dans le système des charges, demeurait frappé d'un caractère incertain et fortuit : ces faits s'inscrivent désormais à toutes les pages des cartulaires. La taille notamment, naguère « arbitraire », fut en France très largement « abonnée » : entendez transformée en une taxe de montant et de périodicité également immuables. De même, aux fournitures dues au seigneur, lors de séjours évidemment variables, un impôt forfaitaire souvent succéda. En dépit de multiples variations, régionales ou locales, il était clair que, de plus en plus, le sujet tendait à se muer en un contribuable dont la cote, d'année en année, ne subissait que de faibles changements.

D'autre part, la forme de dépendance en qui la subordination d'homme à homme avait trouvé son expression la plus pure tantôt disparaissait, tantôt s'altérait. Des affranchissements répétés, qui parfois s'appliquaient à des villages entiers, diminuèrent considérablement, à partir du XIIIe siècle, le nombre des serfs français et italiens. D'autres groupes glissèrent à la liberté par simple désuétude. Il y a plus : là où, en France, le servage subsistait encore, on le vit progressivement s'écarter de l'ancien « hommage de corps ». On le conçut moins fortement comme une attache personnelle, davantage comme une infériorité de classe qui pouvait, par une sorte de contagion, passer de la terre à l'homme. Il y eut dorénavant des tenures serviles, dont la possession faisait serf, dont l'abandon, parfois, affranchissait. Le faisceau même des obligations spécifiques, en plus d'une province, se dissocia. Des critères nouveaux apparurent. Jadis d'innombrables tenanciers avaient subi la taille arbitraire ; des serfs, restés serfs, avaient obtenu l'abonnement. Désormais, payer à la volonté du seigneur fut pour le moins une présomption de servage. Nouveautés, alors, presque universelles. En dépit de ses originalités si frappantes, le « vilainage » anglais était-il autre chose qu'une définition du statut par l'incertitude des charges — la corvée étant ici prise pour type — et de charges essentiellement adhérentes à un bien-fonds ? Alors que jadis, au temps où il n'y avait encore d'autres non-libres que les *bondmen*, le « lien de l'homme » avait passé pour une marque de servitude, ce fut, à l'avenir, en qualité de manant, de « vilain », que l'on se trouva atteint par cette tare ; et le vilain par excellence était celui qui, soumis à des services sans fixité, « ne savait le soir ce qu'il devrait faire le lendemain matin ». En Allemagne, où la classe des « hommes propres de corps » ne s'unifia que très tard, l'évolution fut plus lente ; elle ne s'en opéra pas moins, finalement, selon des lignes à peu près semblables.

La seigneurie, en elle-même, n'a aucun titre à prendre place dans le cortège des institutions que nous nommons féodales. Elle avait coexisté, comme elle le fera encore par la suite, avec un État plus fort, des relations de clientèle plus rares et moins stables, une beaucoup plus large circulation de l'argent. Cependant, aux conditions de vie nouvelles qui surgirent à partir du IXe siècle ou environ, cet antique mode de groupement ne dut pas seulement d'étendre ses prises à une part beaucoup plus considérable de la population, tout en consolidant singulièrement sa propre armature interne. Comme le lignage, il subit profondément l'action de l'ambiance. La seigneurie des âges où se développa et vécut la vassalité fut, avant tout, une collectivité de dépendants, tour à tour protégés, commandés et pressurés par leur chef et dont beaucoup lui étaient attachés par une sorte de vocation héréditaire, sans rapport avec la possession du sol ou l'habitat. Quand les relations vraiment caractéristiques de la féodalité perdirent leur vigueur, la seigneurie subsista. Mais avec des caractères différents, plus terriens, plus purement économiques. Ainsi un type d'organisation sociale, que marque une tonalité particulière dans les rapports humains, ne se manifeste pas seulement par des créations neuves ; il colore de ses teintes, comme au passage d'un prisme, ce qu'il reçoit du passé, pour le transmettre aux époques suivantes.

TOME II

LES CLASSES
ET
LE GOUVERNEMENT DES HOMMES

Avis au lecteur

Un réseau de liens de dépendance, tissant ses fils du haut en bas de l'échelle humaine, donna à la civilisation de la féodalité européenne son empreinte la plus originale. Comment, sous l'action de quelles circonstances et de quelle ambiance mentale, à l'aide aussi de quels emprunts, faits à un plus lointain passé, cette structure si particulière put-elle naître et évoluer, c'est ce qu'on s'est efforcé de montrer dans le tome précédent. Jamais, cependant, dans les sociétés auxquelles s'attache traditionnellement l'épithète de « féodales », les destinées individuelles n'avaient été réglées exclusivement par ces rapports de proche sujétion ou d'immédiat commandement. Les hommes s'y répartissaient aussi en groupes, l'un au-dessus de l'autre étagés, que distinguaient la vocation professionnelle, le degré de puissance ou de prestige. En outre, par-dessus la poussière des innombrables petites chefferies, de tout genre, il subsista toujours des pouvoirs de rayon plus étendu et de nature différente. A partir du second âge féodal on vit à la fois les classes s'ordonner de plus en plus strictement et le rassemblement des forces, autour de quelques grandes autorités et de quelques grandes aspirations, s'opérer avec une vigueur croissante. C'est vers l'étude de ce deuxième aspect de l'organisation sociale qu'il nous faut maintenant nous tourner. Cela fait, il sera enfin permis de chercher à répondre aux questions qui, dès les premiers pas de l'enquête, avaient paru la dominer : par quels traits fondamentaux, propres ou non à une phase de l'évolution occidentale, ces quelques siècles ont-ils mérité le nom qui les met ainsi à part du reste de notre histoire ? De leur héritage, qu'est-il demeuré aux époques qui les devaient suivre ?

Livre premier : Les classes

Chapitre premier

Les nobles comme classe de fait

I. LA DISPARITION DES ANCIENNES ARISTOCRATIES DU SANG

Pour les écrivains qui les premiers nommèrent la féodalité, pour les hommes de la Révolution, qui travaillèrent à la détruire, la notion de noblesse en semblait inséparable. Il n'est guère cependant d'association d'idées plus franchement erronée. Du moins, pour peu que l'on tienne à conserver au vocabulaire historique quelque précision. Assurément les sociétés de l'ère féodale n'eurent rien d'égalitaire. Mais toute classe dominante n'est pas une noblesse. Pour mériter ce nom, elle doit, semble-t-il, réunir deux conditions : d'abord, la possession d'un statut juridique propre, qui confirme et matérialise la supériorité à quoi elle prétend ; en second lieu, que ce statut se perpétue par le sang — sauf, toutefois, à admettre, en faveur de quelques familles nouvelles, la possibilité de s'en ouvrir l'accès, mais en nombre restreint et selon des normes régulièrement établies. En d'autres termes, ni la puissance de fait ne saurait suffire, ni même cette forme d'hérédité, en pratique pourtant si efficace, qui, autant que de la transmission des fortunes, découle de l'aide apportée à l'enfant par des parents bien placés ; il faut encore qu'avantages sociaux comme hérédité soient reconnus en droit. Traitons-nous aujourd'hui, sinon par ironie, nos grands bourgeois de noblesse capitaliste ? Là même où, comme dans nos démocraties, les privilèges légaux ont disparu, c'est leur souvenir qui nourrit la conscience de classe : point de noble authentique, s'il ne peut en prouver l'exercice par ses ancêtres. Or en ce sens, qui est le seul légitime, la noblesse ne fut, en Occident, qu'une apparition relativement tardive. Les premiers linéaments de l'institution ne commencèrent pas à se dessiner avant le XIIe siècle. Elle se fixa seulement au siècle suivant, alors que fief et vassalité étaient déjà sur leur déclin. Le premier âge féodal tout entier, avec l'époque immédiatement antérieure, l'avait ignorée.

Par là, il s'opposait aux civilisations dont il avait reçu le legs lointain. Le Bas-Empire avait eu l'ordre sénatorial auquel, sous les premiers Mérovingiens, malgré l'effacement des privilèges juridiques d'antan, les principaux parmi les sujets romains du roi franc étaient encore si fiers de rattacher leur généalogie. Chez beaucoup de peuples germains, il avait existé certaines familles qualifiées, officiellement, de « nobles » : en langue vulgaire *edelinge*, que les textes latins rendent par *nobiles* et qui, en franco-bourguignon, survécut longtemps sous la forme *adelenc*. Elles jouissaient, à ce titre, d'avantages précis, notamment d'un prix du sang plus élevé ; leurs membres, comme disent les documents anglo-saxons, étaient « nés plus chers » que les autres hommes. Issues, selon toute apparence, d'anciennes lignées de chefs locaux — les « princes de cantons », dont parle Tacite —, la plupart d'entre elles, là où l'État prit la forme monarchique, avaient été peu à peu dépossédées de leur pouvoir politique au profit de la dynastie royale sortie, originellement, de leurs rangs. Elles n'en gardaient pas moins plus d'une trace de leur primitif prestige de races sacrées.

Mais ces distinctions ne survécurent pas à l'époque des royaumes barbares. Parmi les lignages d'*edelinge*, beaucoup, sans doute, s'éteignirent de bonne heure. Leur grandeur même en faisait la cible préférée des vengeances privées, des proscriptions et des guerres. Saxe à part, ils étaient, dès la période qui suivit immédiatement les invasions, très peu nombreux : quatre seulement, par exemple, chez les Bavarois du VIIe siècle. Chez les Francs, à supposer, ce qu'on ne saurait prouver, que, là aussi, cette aristocratie du sang eût été représentée à une époque ancienne, elle avait disparu, avant nos premiers monuments écrits. De même, l'ordre sénatorial ne constituait qu'une oligarchie clairsemée et fragile. Or ces castes, qui tiraient leur orgueil d'antiques réminiscences, ne se renouvelaient naturellement plus. Dans les nouveaux royaumes, les motifs vivants d'inégalité parmi les hommes libres étaient d'un tout autre type : la richesse avec son corollaire, la puissance ; et le service du roi. L'un et l'autre attribut, pour passer souvent, en pratique, du père au fils, n'en laissaient pas moins la voie ouverte à des ascensions ou des déchéances pareillement brusques. Par une restriction de sens hautement significative, en Angleterre, depuis le IXe ou le Xe siècle, seuls les proches du roi conservent le droit au nom d'*aetheling*.

Aussi bien l'histoire des familles dominantes, au premier âge féodal, n'a pas de caractère plus frappant que la brièveté de leur généalogie. Du moins si l'on s'accorde à rejeter, avec les fables imaginées par le moyen âge lui-même, les conjectures ingénieuses, mais fragiles, que de nos jours divers érudits ont échafaudées sur de trop hypothétiques règles de transmission des noms propres. Des Welfs, par exemple, qui, après avoir joué un rôle considérable dans la France Occidentale, portèrent, de 888 à 1032, la couronne de Bourgogne, le plus ancien ancêtre connu est un comte bavarois, dont Louis le Pieux épousa la fille. La lignée des comtes de Toulouse surgit sous Louis le Pieux ; celle des marquis d'Ivrée, plus tard rois d'Italie, sous Charles le Chauve ; des Liudolfingiens, ducs de Saxe, puis rois de France Orientale et empereurs, sous Louis le Germanique. Les Bourbons, issus des Capétiens, sont probablement aujourd'hui la plus vieille dynastie de l'Europe ; des origines de leur aïeul, Robert le Fort, qui, tué en 866, comptait déjà parmi les magnats de la Gaule, que savons-nous cependant ? tout juste le nom de son père et que peut-être il avait du sang saxon ([240]). Comme si, inéluctablement, une fois atteint ce fatal tournant de l'an 800, l'obscurité faisait loi. Encore sont-ce là des maisons particulièrement antiques et qui, de près ou de loin, se rattachaient à ces lignages, issus pour la plupart de l'Austrasie ou de l'Outre-Rhin, auxquels les premiers Carolingiens avaient confié les principaux commandements, par tout l'Empire. Dans l'Italie du Nord, au

XIe siècle, les Attonides tenaient, sur de larges espaces, monts et plaines ; ils descendaient d'un certain Siegfried, lequel, possesseur de biens importants dans le comté de Lucques, était mort peu avant 950 ; au-delà, plus rien qui se laisse saisir. Le milieu du Xe siècle est également le moment où apparaissent brusquement les Zähringen souabes, les Babenberg, véritables fondateurs de l'Autriche, les sires d'Amboise... Que si nous passions à de modestes lignées seigneuriales, ce serait à une époque bien plus basse encore que le fil se romprait entre nos mains.

Or, il ne suffit point ici d'incriminer le mauvais état de nos sources. Assurément, si les chartes des IXe et Xe siècles étaient moins rares, nous découvririons quelques filiations de plus. Mais l'étonnant est que nous ayons besoin de ces documents de hasard. Les Liudolfingiens, les Attonides, les sires d'Amboise, entre autres, ont eu, du temps de leur grandeur, leurs historiens. Comment se fait-il que ces clercs n'aient rien su ou rien voulu nous dire des aïeux de leurs maîtres ? En vérité, transmises durant des siècles par une tradition purement orale, les généalogies des paysans de l'Islande nous sont beaucoup mieux connues que celles de nos barons médiévaux. Autour de ceux-ci, visiblement, on ne s'intéressait à la suite des générations que depuis le moment, à l'ordinaire relativement récent, où l'une d'elles s'était poussée, pour la première fois, à un rang vraiment élevé. On avait sans doute quelques bonnes raisons de penser que, par-delà cette date élue, l'histoire du lignage n'eût rien offert de bien reluisant : soit qu'il fût en effet parti d'assez bas — la célèbre maison normande des Bellême avait, semble-t-il, pour ancêtre un simple arbalétrier de Louis d'Outre-Mer ([241]) —, soit, plus souvent, qu'il fût demeuré longtemps à demi caché dans la foule de ces petits possesseurs de seigneuries, dont nous verrons plus loin quels problèmes soulève leur origine, en tant que groupe. Cependant la principale raison d'un silence, en apparence, si étrange était que ces puissants ne formaient pas une classe noble, au sens plein du mot. Qui dit noblesse, dit quartiers. En l'espèce les quartiers n'importaient point, parce qu'il n'y avait pas de noblesse.

II. DES DIVERS SENS DU MOT « NOBLE », AU PREMIER AGE FÉODAL

Ce n'est pas à dire, pourtant, que du IXe au XIe siècle, le mot de « noble » (en latin *nobilis*) ne se rencontre assez souvent dans les documents. Mais il se bornait à marquer, en dehors de toute acception juridique précise, une prééminence de fait ou d'opinion, selon des critères presque chaque fois variables. Il comporte, presque toujours, l'idée d'une distinction de naissance ; mais aussi celle d'une certaine fortune. Voyez comment, glosant au VIIIe siècle un passage de la *Règle* de saint Benoît, Paul Diacre, ordinairement plus clair, hésite entre ces deux interprétations et s'y embrouille ([242]). Trop mouvants pour souffrir des définitions précises, ces emplois, dès le début de l'ère féodale, répondaient du moins à quelques grandes orientations, dont les vicissitudes mêmes sont instructives.

En des jours où tant d'hommes devaient accepter de tenir leurs terres d'un seigneur, le seul fait d'échapper à cette sujétion semblait un signe de supériorité. On ne saurait donc s'étonner si la possession d'un alleu — celui-ci n'eût-il que la nature d'un simple bien paysan — fut considérée parfois comme un titre suffisant au nom de *noble* ou d'*edel*. Il est remarquable, d'ailleurs, que dans la plupart des textes où figurent, avec ce qualificatif, de petits alleutiers, on ne les voit s'en parer que pour l'abdiquer aussitôt, en se faisant tenanciers ou serfs d'un puissant. Si l'on ne rencontre plus guère, depuis la fin du XIe siècle, de ces « nobles »-là, lesquels n'étaient, en réalité, que d'assez humbles gens, la cristallisation qui s'opéra alors, selon des lignes toutes différentes, dans l'idée de noblesse n'en fut pas la seule raison. La catégorie sociale elle-même, dans une grande partie de l'Occident, avait presque tout entière péri, par extinction.

D'innombrables esclaves, à l'époque franque, avaient reçu leur liberté. Naturellement, ces intrus n'étaient pas aisément acceptés comme égaux par les familles de tout temps exemptes de la tare servile. Au « libre », qui pouvait être un ancien esclave affranchi ou le descendant, encore tout proche, d'un affranchi, les Romains naguère avaient opposé le pur « ingénu » ; mais dans le latin de la décadence, les deux mots étaient devenus presque synonymes. Une race sans macule, n'était-ce pas cependant une véritable noblesse, au sens vague qu'avait ordinairement ce terme ? « Être noble, c'est ne compter parmi ses ancêtres personne qui ait été soumis à la servitude. » Ainsi s'exprimait encore, vers le début du XIe siècle, une glose italienne, systématisant un usage dont on trouve ailleurs plus d'une trace (243). Là non plus, l'emploi ne survécut pas aux transformations des classifications sociales ; pour la plupart, les héritiers des anciens affranchis, comme on l'a vu, ne tardèrent pas à redevenir tout simplement des serfs.

Cependant il se trouvait, même parmi les petits, des individus qui, sujets d'un seigneur quant à leur terre, n'en avaient pas moins su conserver leur « liberté » personnelle. Inévitablement, à une qualité devenue si rare s'attachait le sentiment d'une honorabilité particulière, qu'il n'était pas contraire aux habitudes du temps de nommer « noblesse ». De fait, quelques textes, çà et là, semblent incliner vers cette équivalence. Mais celle-ci ne pouvait être absolue. Nobles, la masse des hommes dits libres, dont beaucoup en tant que tenanciers, étaient astreints à de lourdes et humiliantes corvées ? L'idée, pour s'imposer à l'opinion commune, répugnait par trop à l'image que celle-ci se faisait des valeurs sociales. La synonymie, fugitivement entrevue, entre les mots de « nobles » et de « libres » ne devait laisser de traces durables que dans le vocabulaire d'une forme spéciale de subordination : la vassalité militaire. A la différence de beaucoup de dépendants, ruraux ou domestiques, la fidélité des vassaux ne s'héritait point et leurs services étaient éminemment compatibles avec la plus pointilleuse notion de la liberté : parmi tous les « hommes » du seigneur, ils furent ses « francs hommes » par excellence ; au-dessus des autres fiefs, leurs tenures méritèrent, nous le savons, le nom de « francs-fiefs ». Et comme, dans la foule bigarrée qui vivait à l'ombre du chef, leur rôle de suivants d'armes et de conseillers leur donnait figure d'aristocratie, on les vit aussi se distinguer de cette foule par le beau nom de noblesse. La petite église que les religieux de Saint-Riquier, vers le milieu du IXe siècle, réservaient aux dévotions du personnel vassalique entretenu à la cour abbatiale, portait le nom de « chapelle des nobles », par opposition à celle du « peuple vulgaire » où les artisans et les bas officiers, également groupés autour du cloître, écoutaient la messe. Dispensant de service d'ost les tenanciers des moines de Kempten, Louis le Pieux spécifiait que cette exemption ne s'appliquait point aux « plus nobles personnes », pourvues de « bienfaits » par l'abbaye ([244]). De toutes les acceptions du terme, celle-ci, qui tendait à confondre les deux notions de vassalité et de noblesse, était promise au plus long avenir.

A un degré plus haut, enfin, il pouvait, ce mot passe-partout, servir à mettre à part, dans le nombre des hommes qui n'étaient ni de naissance servile ni engagés dans des liens d'humble dépendance, les familles les plus puissantes, les plus anciennes, le mieux pourvues de prestige. « N'y a-t-il plus de nobles dans le royaume ? » disaient, au témoignage d'un chroniqueur, les « magnats » de la France Occidentale, lorsqu'ils voyaient Charles le Simple se guider en tout sur les conseils de son favori Haganon ([245]). Or ce parvenu, pour médiocre que fût son origine au regard des grands lignages comtaux, n'était certainement pas d'un rang moins élevé que les guerriers domestiques auxquels Saint-Riquier ouvrait sa *capella nobilium*. Mais l'épithète alors évoquait-elle jamais autre chose qu'une supériorité relative ? Il est significatif qu'on la trouve volontiers employée au comparatif : *nobilior*, « plus noble » que le voisin.

Cependant, au cours du premier âge féodal, ses usages les plus modestes allèrent peu à peu s'effaçant ; et l'on tendit de plus en plus à la réserver à ces groupes de puissants auxquels les troubles des États et la généralisation des liens de protection avaient permis de se hausser, dans la société, à une prépondérance croissante. C'était avec un sens bien lâche encore, étranger à toute précision de statut ou de caste. Mais non sans un sentiment très fort de la suprématie du rang, ainsi qualifié. Certainement l'image d'un ordre hiérarchique vigoureusement ressenti hantait les esprits de ces participants à un pacte de paix qui, en 1023, juraient de ne pas assaillir les « nobles femmes » ; point n'était question des autres ([246]). En un mot, si la noblesse, comme classe juridique, demeurait inconnue, il est, dès ce moment, au prix d'une légère simplification de la terminologie, pleinement loisible de parler d'une classe sociale des nobles et, surtout peut-être, d'un genre de vie noble. Car c'était, principalement, par la nature des fortunes, l'exercice du commandement, les mœurs que cette collectivité se définissait.

III. LA CLASSE DES NOBLES, CLASSE SEIGNEURIALE

Classe terrienne, a-t-on dit parfois de cette classe dominante ? Si l'on entend par là que, pour l'essentiel, ses membres tiraient leurs revenus d'une maîtrise exercée sur le sol, d'accord. A quelle autre source, d'ailleurs, eussent-ils pu les demander ? Encore faut-il ajouter que la perception de péages, de droits de marché, de redevances exigées d'un groupe de métiers ne figuraient certes point, là où cela était possible, parmi les biens les moins recherchés. Le trait caractéristique résidait dans la forme de l'exploitation. Si les champs ou, beaucoup plus exceptionnellement, la boutique ou l'atelier nourrissaient le noble, c'était toujours grâce au travail d'autres hommes. Il était, en d'autres termes, avant tout un seigneur. Ou du moins, si tous les personnages dont le genre de vie peut être qualifié de nobiliaire n'avaient pas la chance de posséder des seigneuries — qu'on songe aux vassaux entretenus dans la maison du chef ou aux cadets, voués souvent à un véritable nomadisme guerrier —, quiconque était seigneur se classait, par là même, dans la couche supérieure de la société.

Or un problème ici surgit, obscur entre tous ceux que pose la genèse de notre civilisation. Des lignages seigneuriaux, un certain nombre, sans doute, descendaient d'aventuriers partis de rien, hommes d'armes devenus, au dépens de la fortune du chef, ses vassaux fieffés. D'autres, peut-être, avaient pour ancêtres quelques-uns de ces riches paysans dont la transformation en rentiers de groupes de tenures s'entrevoit à travers certains documents du Xe siècle. Tel n'était pourtant pas, assurément, le cas le plus général. La seigneurie, dans une grande partie de l'Occident, était, avec des formes, à l'origine, plus ou moins rudimentaires, chose très vieille. Brassée et rebrassée tant qu'on voudra, il faut bien qu'en elle-même la classe des seigneurs n'ait pas eu une ancienneté moindre. Parmi les personnages auxquels les manants des temps féodaux devaient redevances et corvées, qui nous dira jamais combien auraient pu, s'ils l'avaient su, inscrire dans leur arbre généalogique les mystérieux éponymes de tant de nos villages — le Brennos de Bernay, le Cornelius de Cornigliano, le Gundolf de Gundolfsheim, l'Aelfred d'Alversham — ou bien quelques-uns de ces chefs locaux de la Germanie, que Tacite nous dépeint enrichis par les « cadeaux » des rustres ? Le fil échappe tout à fait. Mais il n'est pas impossible qu'avec l'opposition fondamentale entre les maîtres des seigneuries et le peuple innombrable des tenanciers, nous ne touchions à une des plus antiques lignes de clivage de nos sociétés.

IV. LA VOCATION GUERRIÈRE

Si la possession de seigneuries était la marque d'une dignité vraiment nobiliaire et, avec les trésors de monnaies ou de bijoux, la seule forme de fortune qui parût compatible avec un rang élevé, c'était d'abord en raison des pouvoirs de commandement qu'elle supposait sur d'autres hommes. Fut-il jamais plus sûr motif de prestige que de pouvoir dire : « je veux » ? Mais c'était aussi que la vocation même du noble lui interdisait toute activité économique directe. Il se devait corps et âme à sa fonction propre : celle du guerrier. Ce dernier trait, qui est capital, explique la part que tinrent les vassaux militaires dans la formation de l'aristocratie médiévale. Ils ne la constituèrent pas tout entière. Comment en eût-on exclu les maîtres des seigneuries alleutières, promptement assimilés, d'ailleurs, par les mœurs, aux vassaux fieffés et parfois plus puissants qu'eux ? Les groupes vassaliques, cependant, y figurèrent bien l'élément de base. Ici encore l'évolution du vocabulaire anglo-saxon illustre admirablement le passage de la vieille notion de la noblesse comme race sacrée à la notion nouvelle de noblesse par genre de vie.

Là où les lois anciennes opposaient *eorl* et *ceorl* — noble, au sens germanique du nom, et simple homme libre — les plus récentes, conservant le second terme de l'antithèse, remplacent le premier par des mots tels que *thegn*, *thegnborn*, *gesithcund* : compagnon ou vassal — avant tout le vassal royal — ou bien né de vassaux.

Non certes que le vassal fût le seul à pouvoir, devoir et même aimer se battre. Comment en eût-il été ainsi durant ce premier âge féodal, tout coloré, du haut en bas de la société, par le goût ou la peur de la violence ? Les lois qui devaient s'efforcer de restreindre ou d'interdire le port des armes par les classes inférieures n'apparurent pas avant la seconde moitié du XIIe siècle ; elles coïncidèrent à la fois avec les progrès de la hiérarchisation juridique et avec un apaisement relatif des troubles. Caravanier, le marchand circulait, ainsi que le met en scène une constitution de Frédéric Barberousse, « l'épée sur la selle » ; une fois rentré à son comptoir, il conservait les habitudes contractées au cours de cette vie d'aventures qu'était alors le négoce. De beaucoup de bourgeois, aux temps de la turbulente renaissance urbaine, on pouvait dire, comme Gilbert de Mons faisait de ceux de Saint-Trond, qu'ils étaient « très puissants dans les armes ». Dans la mesure où il n'est pas purement légendaire, le type traditionnel du boutiquier ennemi des coups répond à l'époque du commerce stable, opposé à l'antique nomadisme des « pieds poudreux » : chose du XIIIe siècle, au plus tôt. Si peu nombreuses, par ailleurs, que fussent les armées médiévales, leur recrutement ne se borna jamais à l'élément nobiliaire. Le seigneur levait ses fantassins parmi ses manants. Et si, à partir du XIIe siècle, on vit les obligations militaires de ceux-ci se restreindre de plus en plus, si, en particulier, la limitation, très fréquente, de la durée de présence à l'espace d'un jour eut pour effet de cantonner l'emploi des contingents ruraux dans de simples opérations de police locale, cette transformation fut exactement contemporaine de l'affaiblissement du service même des fiefs. Les piquiers ou archers paysans ne cédèrent pas alors la place aux vassaux. Ils furent rendus inutiles par l'appel aux mercenaires, qui, au même moment, permettait de parer aux insuffisances de la chevalerie fieffée. Mais vassal ou même, là où il en existait encore, seigneur alleutier, le « noble » des premiers temps féodaux, en face de tant de soldats d'occasion, avait pour caractéristique propre d'être un guerrier mieux armé et un guerrier professionnel.

Il combattait à cheval ; ou du moins, si d'aventure, durant l'action, on le voyait mettre pied à terre, il ne se déplaçait que monté. En outre, il combattait avec l'équipement intégral. Offensif : la lance et l'épée, quelquefois la masse d'armes. Défensif : le heaume qui protégeait la tête ; puis, recouvrant le corps, un vêtement en tout ou partie métallique ; au bras, enfin, le bouclier, triangulaire ou rond. Ce n'était pas le cheval seul qui, à proprement parler, faisait le chevalier. N'en fallait-il pas aussi à son plus humble compagnon, l'écuyer, chargé de soigner les bêtes et de mener, le long de la route, les montures de rechange ? Parfois même, les armées comportaient, à côté de la pesante cavalerie chevaleresque, des cavaliers plus légèrement équipés qu'on nommait ordinairement « sergents ». Ce qui caractérisait la plus haute classe des combattants était l'union du cheval et de l'armement complet.

Les perfectionnements de ce dernier, depuis l'époque franque, en le rendant à la fois plus coûteux et plus difficile à manier, avaient fermé de plus en plus rigoureusement l'accès de cette façon de faire la guerre à qui n'était pas riche, ou fidèle d'un riche, et homme de métier. Tirant de l'adoption de l'étrier toutes ses conséquences, on abandonna, vers le xe siècle, la courte haste de naguère, brandie à bout de bras, comme un dard, pour lui substituer la longue et lourde lance moderne, que le guerrier, dans le corps à corps, maintenait sous l'aisselle et, au repos, appuyait sur l'étrier même. Au heaume s'adjoignit le nasal, plus tard la visière. La « brogne », enfin, sorte de combinaison de cuir ou d'étoffe, sur laquelle on cousait des anneaux ou des plaques de fer, céda la place au haubert, peut-être imité des Arabes ; tout entier tissu de mailles métalliques, il était d'une fabrication beaucoup plus délicate, lors même qu'il ne fallait pas l'importer. Peu à peu, d'ailleurs, le monopole de classe, qui avait d'abord été imposé par de simples nécessités pratiques, commença à passer dans le droit. Aux officiers seigneuriaux qu'ils s'appliquaient à maintenir dans une sage médiocrité, les moines de Beaulieu, peu après 970, interdisaient le port du bouclier et de l'épée ; ceux de Saint-Gall, vers le même moment, reprochaient à leurs maires d'avoir de trop belles armes ([247]).

Or représentons-nous, dans son essentielle dualité, une troupe de ce temps. D'un côté, une piétaille mal outillée pour attaquer comme pour se défendre, lente à courir à l'assaut comme à fuir, rapidement éreintée par de longs cheminements sur les mauvaises pistes ou à travers champs. De l'autre, regardant du haut de leurs coursiers les pauvres diables, qui, « vilainement » comme dit un roman courtois, traînent leurs pas dans la boue et la poussière, de solides soldats, fiers de pouvoir se battre et manœuvrer promptement, savamment, efficacement : la seule force, en vérité, dont, nous dit le biographe du Cid, il vaille la peine d'établir le compte, lorsqu'on dénombre une armée ([248]). Dans une civilisation où la guerre était chose de tous les jours, point de contraste plus vivant que celui-là. Devenu quasi synonyme de vassal, « chevalier » devint aussi l'équivalent de noble. Plus d'un texte, réciproquement, élève à la valeur d'un terme presque juridique, pour l'appliquer aux petites gens, le nom méprisable de *pedones*, « fantassins » — oserons-nous traduire : pousse-cailloux ? Chez les Francs, dit l'émir arabe Ousâma, « toute prééminence appartient aux cavaliers. Ceux-ci sont vraiment les seuls hommes qui comptent. A eux, de donner des conseils ; à eux, de rendre la justice » ([249]).

Or, au regard d'une opinion qui avait de bonnes raisons pour estimer très haut la force, sous ses aspects les plus élémentaires, comment le combattant par excellence n'eût-il pas été le plus redouté, recherché et respecté des hommes ? Une théorie alors très répandue représentait la communauté humaine comme divisée en trois « ordres » : ceux qui prient, ceux qui se battent, ceux qui travaillent. C'était, d'un accord unanime, pour mettre le second fort au-dessus du troisième. Mais le témoignage de l'épopée va plus loin encore : le soldat n'hésitait guère à tenir sa mission pour supérieure à celle même du spécialiste de la prière. L'orgueil est un des ingrédients essentiels de toute conscience de classe. Celui des

« nobles » de l'ère féodale fut, avant tout, un orgueil guerrier.

Aussi bien la guerre, pour eux, n'était-elle pas seulement un devoir occasionnel : envers le seigneur, le roi, la lignée. Elle représentait bien davantage : une raison de vivre.

Chapitre II

La vie noble

I. LA GUERRE

« Bien me plaît le gai temps de Pâques – qui fait feuilles et fleurs venir; – et me plaît d'ouïr la joie – des oiseaux qui font retentir – leurs chants par le bocage. – Mais me plaît aussi quand je vois, parmi les prés, - tentes et pavillons dressés ; – et j'ai grande allégresse – quand je vois, par la campagne rangés, – chevaliers et chevaux armés; – et me plaît quand les coureurs – font fuir les gens avec le bétail; – et me plaît quand je vois à leur suite – une grande masse d'hommes d'armes ensemble venir; – et me plaît en mon cœur – quand je vois forts châteaux assiégés – et les palissades rompues et effondrées – et l'armée, sur le rivage, – toute entourée de fossés, – avec une ligne de forts pieux tressés.... – Masses d'armes, épées, heaumes de couleur, – écus, nous les verrons tranchés et en pièces – dès l'entrée du combat – et maints vassaux frappés ensemble, – par où erreront à l'aventure – les chevaux des morts et des blessés. – Et quand au combat on sera entré, – que tout homme de bon lignage – ne pense plus qu'à briser tête et bras; – car mieux vaut mort que vivant vaincu. – Je vous le dis, je ne trouve point autant de saveur – dans le manger, le boire, ni le dormir – qu'à entendre le cri « A eux! » – s'élever des deux parts, le hennissement des chevaux vides de cavaliers sous l'ombrage – et les appels « Au secours! Au secours! »; – qu'à voir tomber, par-delà les fossés, grands et petits sur l'herbe; – qu'à voir enfin les morts qui, dans leurs flancs, – ont encore les tronçons des lances, avec leurs pennons. »

Ainsi chantait, dans la seconde moitié du XIIe siècle, un troubadour, qu'il faut probablement identifier avec le hobereau périgourdin Bertrand de Born ([250]). La précision visuelle et le bel élan, qui tranchent avec la fadeur d'une poésie ordinairement plus convenue, sont la part d'un talent au-dessus du commun. Le sentiment, par contre, n'avait rien d'exceptionnel : témoin mainte autre pièce, issue du même milieu, où il s'exprime, avec moins de brio sans doute, mais une spontanéité égale. Dans la guerre « fraîche et joyeuse », comme devait dire, de nos jours, quelqu'un qui était destiné à la voir de moins près, le noble aimait d'abord le déploiement d'une force physique de bel animal, savamment entretenue par des exercices constants, commencés dès l'enfance. Répétant le vieux proverbe carolingien, « qui, sans monter à cheval est, jusqu'à douze ans, resté à l'école, n'est plus bon qu'à faire un prêtre », dit un poète allemand ([251]). Les interminables récits de combats singuliers dont l'épopée est pleine sont d'éloquents documents psychologiques. Le lecteur d'aujourd'hui, que leur monotonie assomme, a peine à se persuader que l'auditeur d'antan y ait pu prendre, visiblement, tant de plaisir ; attitude d'homme de cabinet vis-à-vis du récit de compétitions sportives! Dans les œuvres d'imagination comme dans les chroniques, le portrait du bon chevalier insiste avant tout sur ses qualités d'athlète : il est « ossu », « membru », le corps « bien taillé » et balafré d'honorables cicatrices, les épaules larges, large aussi — ainsi qu'il convient à un homme de cheval — « l'enfourchure ». Et comme cette vigueur doit être nourrie, il n'est pas jusqu'à un robuste appétit qui ne semble la marque du preux. Dans la vieille *Chanson de Guillaume*, aux résonances si barbares, écoutez Dame Guibourc qui, après avoir servi à la grande table du château le jeune Girart, neveu de son époux, s'adresse à ce dernier :

> « Par Dieu! beau sire! celui-là est bien de votre lignée,
> Qui mange ainsi un grand cuissot de porc
> Et en deux traits boit un setier de vin;
> Bien dure guerre doit-il faire à son voisin ([252]). »

Un corps souple et musclé, il est presque superflu de le dire, ne suffit pourtant pas à faire le chevalier idéal. Encore faut-il qu'il s'y ajoute le courage. Et c'est aussi parce qu'elle fournit à cette vertu l'occasion de se manifester que la guerre met tant d'allégresse au cœur d'hommes pour qui l'audace et le mépris de la mort sont, en quelque sorte, des valeurs professionnelles. Assurément cette vaillance n'exclut pas toujours les paniques affolées — on en a vu l'exemple devant les Vikings —, ni surtout l'appel à des ruses de primitifs. Que cependant la classe chevaleresque ait su se battre, l'histoire, là-dessus, est d'accord avec la légende. Son indiscutable héroïsme se nourrissait de bien des éléments divers, tour à tour alternant : simple détente physique d'un être sain ; rage désespérée — le « sage » Olivier lui-même, lorsqu'il se sent « navré à mort », ne frappe de si terribles coups qu'afin de « se venger tout son saoul » — ; dévouement à un chef ou, lorsqu'il s'agit de la Guerre Sainte, à une cause ; passion de gloire, personnelle ou collective ; vis-à-vis de l'inéluctable destin, cette acceptation fataliste dont la littérature n'offre point de plus poignants exemples que quelques chants parmi les derniers du *Nibelungenlied*; espoir, enfin, des récompenses de l'autre monde, assurées, non seulement à qui meurt pour son Dieu, mais aussi à qui meurt pour son maître.

Habitué à ne pas redouter le danger, le chevalier trouvait dans la guerre un autre charme encore: celui d'un remède contre l'ennui. Car pour ces hommes dont la culture longtemps demeura rudimentaire et qui — quelques hauts barons et leur entourage mis à part — n'étaient guère occupés par de bien lourds soucis d'administration, la vie courante versait aisément dans une grise monotonie. Ainsi naquit un appétit de diversions qui, lorsque le sol natal manquait à lui offrir une pâture suffisante, cherchait à se satisfaire dans les terres lointaines. Attaché à exiger de ses vassaux un exact service, Guillaume le Conquérant disait de l'un d'eux, dont il venait de confisquer les fiefs pour le punir d'avoir osé, sans son autorisation, partir pour la croisade d'Espagne : « Je ne crois pas qu'il se puisse rencontrer, sous les armes, un meilleur chevalier ; mais il est inconstant, prodigue et passe son temps à courir à travers pays ([253]). » De combien d'autres eût-il pu répéter le même mot ? Cette humeur nomade fut, sans conteste, particulièrement répandue chez les Français. C'était que leur patrie ne leur offrait pas, comme l'Espagne à demi musulmane, ou, à un moindre degré, l'Allemagne avec sa frontière slave, des terrains de conquêtes ou de razzias tout proches ; ni, comme l'Allemagne encore, les contraintes et les plaisirs des grandes expéditions impériales. Probablement aussi, la classe chevaleresque y était plus qu'ailleurs nombreuse, partant à l'étroit. En France même, on a souvent observé que la Normandie fut, de toutes les provinces, la plus riche en hardis aventuriers. Déjà l'Allemand Otton de Freising parlait de « la gent très inquiète des Normands ». Héritage du sang des Vikings ? Peut-être. Mais surtout effet de la paix relative que, dans cette principauté remarquablement centralisée, les ducs firent régner de bonne heure : force était d'aller quérir au dehors l'occasion des coups d'épée souhaités. La Flandre, où les conditions politiques n'étaient pas très différentes, fournit aux pérégrinations guerrières un contingent presque égal.

Ces chevaliers errants — le mot est du temps ([254]) — aidèrent en Espagne les chrétiens indigènes à reconquérir sur l'Islam le Nord de la péninsule ; créèrent, dans l'Italie du Sud, les États normands ; s'engagèrent, dès avant la première croisade, comme mercenaires au service de Byzance, sur les chemins de l'Orient; trouvèrent, enfin, dans la conquête et la défense du Tombeau du Christ leur champ d'action préféré. Qu'elle fût d'Espagne ou de Syrie, la Guerre Sainte n'offrait-elle pas l'attrait d'une aventure doublée d'une œuvre pie ? « Plus n'est besoin de mener dure vie dans le plus sévère des ordres... », chante un troubadour; « par des faits qui donnent l'honneur, échapper du même coup à l'enfer : que demander de mieux ([255]) ? » Ces migrations contribuèrent à maintenir les liaisons entre des mondes que séparaient des distances si longues et de si vifs contrastes : elles propagèrent, en dehors de ses limites propres, la culture occidentale et surtout française. N'a-t-elle pas de quoi faire rêver, par exemple, la destinée d'un Hervé « le Francopoule », pris par un émir, en 1057, alors qu'il commandait sur les bords du lac de Van ? En même temps, les saignées ainsi pratiquées dans les groupes les plus turbulents de l'Occident épargnaient à sa civilisation de périr étouffée dans les guérillas. Les chroniqueurs le savaient bien que toujours, au départ d'une croisade, les vieux pays, retrouvant un peu de paix, respiraient mieux ([256]).

Obligation juridique, quelquefois, plaisir, souvent, la guerre pouvait aussi être imposée au chevalier par le point d'honneur. Ne vit-on pas, au XIIe siècle, le Périgord ensanglanté parce qu'un seigneur, qui trouvait à un de ses nobles voisins l'allure d'un forgeron, eut le mauvais goût de ne le point celer ? ([257]). Mais elle était encore et peut-être surtout une source de profit. En vérité, l'industrie nobiliaire par excellence.

On a cité plus haut les effusions lyriques de Bertrand de Born. Or, lui-même ne faisait nul mystère des raisons moins glorieuses qui, par-dessus tout, l'inclinaient « à ne point trouver de plaisir à la paix ». Pourquoi, dit-il quelque part, souhaité-je « que les riches hommes s'entre-haïssent ? » « C'est qu'un riche homme est bien plus noble, généreux et accueillant en guerre qu'en paix. » Et plus crûment, à l'annonce des hostilités : « Nous allons rire. Car les barons nous aimeront bien... et s'ils veulent que nous restions avec eux, — ils nous donneront des barbarins (c'était une monnaie de Limoges). » Mais ce grand amour des combats a un autre motif encore : « Trompette, tambours, enseignes et pennons — et étendards et chevaux blancs et noirs, — voilà ce que nous verrons sous peu. Et le temps sera bon ; — car nous prendrons leurs biens aux usuriers — et par les routes n'iront plus bêtes de somme, — le jour, en toute sécurité ; ni bourgeois sans rien redouter, — ni le marchand qui chemine vers la France ; — mais celui-là sera riche qui prendra de bon cœur. » Le poète appartenait à cette classe de petits possesseurs de fiefs — de « vavasseurs », comme il se nomme lui-même — dont la vie au manoir ancestral ne manquait pas seulement de gaieté ; elle n'était pas toujours très facile. La guerre y parait, en procurant les générosités des grands chefs et les bonnes prises.

Envers les vassaux mêmes qu'appelaient auprès de lui les plus stricts devoirs du service, le souci de son prestige comme de son intérêt bien entendu commandait au baron de ne pas épargner les largesses. Voulait-on retenir les hommes de fief au-delà du temps fixé, les emmener plus loin ou les requérir plus souvent que la coutume, devenue de plus en plus rigoureuse, ne semblait le permettre ? Force était de redoubler de libéralités. Enfin, devant l'insuffisance croissante des contingents vassaliques, il ne fut bientôt plus d'armée qui pût se passer du concours de cette masse errante de guerroyeurs sur lesquels s'exerçait si fortement l'attrait de l'aventure, pourvu qu'à l'espoir des grands coups d'épée s'ajoutât celui du gain. Cyniquement notre Bertrand s'offrait au comte de Poitiers. « Je puis vous aider. J'ai déjà l'écu au col et le heaume en tête... Sans argent, cependant, comment me mettre en campagne (258) ? »

Mais parmi les dons du chef, le plus beau semblait assurément la permission de faire du butin. Tel était aussi le principal profit que, dans les petites guerres locales, le chevalier, combattant pour lui seul, escomptait des combats. Double butin d'ailleurs : d'hommes et de choses. Sans doute la loi chrétienne ne permettait plus de réduire les captifs en esclavage : tout au plus, transplantait-on parfois de force quelques paysans ou artisans. Par contre, la rançon était d'usage courant. Bon pour un souverain dur et sage, comme Guillaume le Conquérant, de ne jamais relâcher jusqu'à leur mort ses ennemis, lorsqu'ils étaient tombés entre ses mains. Le commun des guerriers ne voyait pas si loin. Universellement répandue, la pratique du rachat avait parfois des conséquences plus atroces que l'antique asservissement. Au soir de la bataille, raconte le poète, qui certainement s'inspirait de choses vues, Girard de Roussillon et les siens massacrent la foule obscure des prisonniers et des blessés n'épargnant que les « possesseurs de châteaux », seuls capables de se rédimer contre deniers sonnants (259). Quant au pillage, c'était, traditionnellement, une source de gain si régulière qu'aux époques familières avec l'écrit, les textes juridiques le mentionnent calmement comme tel : lois barbares et contrats d'engagement militaire du XIIIe siècle se font écho là-dessus, d'un bout à l'autre du moyen âge. De lourds chariots, destinés à entasser le produit des prises, suivaient les armées. Le plus grave était qu'une suite de transitions, quasiment insensibles à des âmes assez simples, menait des formes presque légitimes de ces violences — réquisitions indispensables à des armées dépourvues d'intendance, représailles exercées contre l'ennemi ou ses sujets —

jusqu'au pur brigandage, brutal et mesquin : marchands détroussés le long des routes ; moutons, fromages, poulets volés dans les bergeries ou les basses-cours, comme le faisait, au début du XIIIe siècle, un hobereau catalan, obstiné à molester ses voisins de l'abbaye du Canigou. Les meilleurs contractaient d'étranges habitudes. Guillaume le Maréchal était assurément un preux chevalier. Cependant, alors que, jeune et sans terre, il parcourait la France de tournois en tournois, comme il avait rencontré sur sa route un moine qui s'enfuyait avec une fille noble et, par surcroît, avouait candidement le dessein de placer son argent à usure, il ne se fit aucun scrupule de s'approprier, à titre de châtiment pour des desseins si noirs, les deniers du pauvre hère. Encore un de ses compagnons lui reprocha-t-il de ne s'être point emparé aussi du cheval ([260]).

De pareilles mœurs supposaient, cela va de soi, un grand mépris de la vie et de la souffrance humaine. La guerre de l'âge féodal n'avait rien d'une guerre en dentelles. Elle s'accompagnait d'usages qui ne nous paraissent aujourd'hui rien moins que courtois : tels, fréquemment, le massacre ou la mutilation des garnisons qui avaient résisté « trop longtemps ». Cela, parfois, au mépris même du serment. Elle comportait, comme un accessoire naturel, la dévastation des terres ennemies. Çà et là, un poète, comme celui de Huon de Bordeaux, plus tard un pieux roi, comme Saint Louis, peuvent bien protester contre ce « gast » des campagnes, générateur pour les innocents de misères affreuses. Fidèle interprète de la réalité, l'épopée, allemande comme française, est pleine des images de pays qui « fument » à la ronde. « Point de vraie guerre sans feu ni sang », disait le sincère Bertrand de Born ([261]).

En deux passages, d'un parallélisme saisissant, le poète de Girard de Roussillon et le biographe anonyme de l'empereur Henri IV nous montrent ce que le retour de la paix signifiait pour les « pauvres chevaliers » : la crainte du mépris où désormais les tiendront les grands, qui n'auront plus besoin d'eux ; les exigences des usuriers ; le lourd cheval de labour substitué à l'écumant destrier, les éperons de fer aux éperons d'or — en un mot une crise économique et une crise de prestige ([262]). Pour le commerçant, au contraire, et pour le paysan, c'était la possibilité revenue de travailler, de se nourrir, en bref de vivre. Donnons la parole, une fois de plus, à l'intelligent trouvère de Girard de Roussillon. Proscrit et repentant, Girard, avec sa femme, erre à travers pays. A des marchands qu'ils rencontrent, la duchesse croit sage de persuader que le banni, dont ils pensaient reconnaître les traits, n'est plus : « Girard est mort ; je l'ai vu mettre en terre » — « Dieu soit loué! », répondent les marchands, « car il faisait toujours la guerre et par lui nous avons souffert bien des maux. » A ces mots, Girard se rembrunit ; s'il avait eu son épée, « il aurait frappé l'un d'eux ». Épisode vécu, par où s'illustre l'antithèse qui définissait les classes. Elle était à double tranchant. Car le chevalier, du haut de son courage et de son adresse, méprisait à son tour le peuple étranger aux armes, *imbellis* : vilains, qui, devant les armées, détalaient « comme des cerfs » ; plus tard bourgeois, dont la puissance économique lui paraissait d'autant plus haïssable qu'elle s'obtenait par des moyens à la fois mystérieux et directement opposés à sa propre activité. Si le penchant aux gestes de sang était partout répandu — plus d'un abbé même périt victime d'une haine de cloître —, la conception de la guerre nécessaire, comme source d'honneur et comme gagne-pain, était bien ce qui mettait à part la petite société des gens « nobles ».

II. LE NOBLE CHEZ LUI

Elle avait cependant, cette guerre tant aimée, ses mortes-saisons. Alors même, la classe chevaleresque se distinguait de ses voisines par un genre de vie proprement nobiliaire.

A cette existence, n'imaginons point forcément un cadre tout rustique. Dans l'Italie, la Provence, le Languedoc, subsistait l'empreinte millénaire des civilisations méditerranéennes, dont la structure avait été systématisée par Rome. Traditionnellement, on y avait vu chaque petit peuple se grouper autour d'une ville ou bourgade, à la fois chef-lieu, marché et sanctuaire, par suite demeure habituelle des puissants. Jamais plus, ceux-ci ne cessèrent de hanter les vieux centres urbains ; ils prirent part à toutes leurs révolutions. Au XIIIe siècle, ce caractère citadin passait pour une des originalités des noblesses méridionales. A la différence de l'Italie, dit le Franciscain Salimbene qui, né à Parme, visita le royaume de Saint Louis, les villes de France ne sont peuplées que de bourgeois ; la chevalerie y habite sur ses terres. Mais, vraie en gros du temps où écrivait le bon frère, l'antithèse ne l'eût pas été au même degré du premier âge féodal. Assurément, les villes purement marchandes qui, surtout dans les Pays-Bas et l'Allemagne transrhénane, s'étaient créées presque de toutes pièces depuis le Xe ou le XIe siècle — Gand, Bruges, Soest, Lubeck et tant d'autres — ne comptaient guère dans leurs murs, comme caste dominante, que des hommes enrichis par le négoce. Encore la présence d'un châtelain princier y entretenait-elle parfois un petit personnel de vassaux non chasés ou qui venaient accomplir régulièrement leur tour de service. Par contre, dans les anciennes cités romaines — telles que Reims ou Tournai — des groupes de chevaliers semblent avoir longtemps vécu, dont beaucoup sans doute étaient attachés aux cours épiscopales ou abbatiales. Ce fut seulement peu à peu et par suite d'une différenciation plus poussée des classes que les milieux chevaleresques, en dehors de l'Italie ou de la France méridionale, devinrent presque entièrement étrangers à la vie des populations proprement urbaines. Si le noble, assurément, n'a pas renoncé à fréquenter la ville, il n'y paraît plus guère qu'occasionnellement, appelé par son plaisir ou par l'exercice de certaines fonctions.

Tout contribuait d'ailleurs à le rejeter vers la campagne : l'habitude, de plus en plus répandue, de rémunérer les vassaux au moyen de fiefs, constitués, dans l'immense majorité des cas, par des seigneuries rurales ; l'affaiblissement des obligations féodales, qui favorisait, chez les suivants d'armes désormais « chasés », la tendance à vivre chacun chez soi, loin des rois, des hauts barons et des évêques, seigneurs des villes ; jusqu'au goût, enfin, du plein air, naturel à ces sportifs. N'est-elle pas émouvante l'histoire, racontée par un religieux allemand, de ce fils de comte qui, voué par les siens à l'état monastique et soumis, pour la première fois, à la dure règle de la clôture, se hissa, ce jour-là, sur la plus haute tour du monastère, afin « de repaître du moins son âme vagabonde du spectacle des monts et des champs qu'il ne lui était désormais plus permis de parcourir » ([263]) ? La pression des bourgeoisies, fort peu désireuses d'admettre dans leurs communautés des éléments indifférents à leurs activités et à leurs intérêts, précipita le mouvement.

Cependant, quelques correctifs qu'il faille ainsi apporter au tableau d'une noblesse, dès l'origine, exclusivement rurale, il n'en est pas moins vrai que, depuis qu'il existait des chevaliers, la plupart d'entre eux — et en nombre croissant — dans le Nord, beaucoup même dans les pays riverains de la Méditerranée avaient comme résidence ordinaire un manoir champêtre. La maison seigneuriale s'élève le plus souvent dans une agglomération ou à sa proximité. Parfois, il en est plusieurs dans le même village. Elle se distingue nettement des chaumines environnantes — comme d'ailleurs, dans les villes, des habitations des humbles — non seulement parce qu'elle est mieux bâtie, mais surtout parce qu'elle est, presque toujours, organisée pour la défense.

Le souci, chez les riches, de mettre leurs demeures à l'abri d'une attaque était naturellement aussi ancien que les troubles mêmes. Témoins, ces *villae* fortifiées dont l'apparition, vers le IVe siècle, dans les campagnes de la Gaule, atteste le déclin de la paix romaine. La tradition s'en peut suivre, çà et là, à l'époque franque. Cependant, la plupart des « cours », habitées par les riches propriétaires, et jusqu'aux palais royaux eux-mêmes restèrent longtemps à peu près dépourvus de moyens de défense permanents. Ce furent les invasions normandes ou hongroises qui, de l'Adriatique aux plaines de l'Angleterre septentrionale, firent se lever, de tous côtés, avec les remparts des villes, réparés ou rebâtis, les « fertés » rurales dont l'ombre ne devait plus cesser de peser sur les champs de l'Europe. Les guerres intestines ne tardèrent pas à les multiplier. Le rôle des grands pouvoirs, royaux ou princiers, dans ce hérissement de châteaux, leurs efforts pour en contrôler la construction nous occuperont plus tard. Ils n'ont pas à nous retenir pour l'instant. Car, dispersées par monts et par vaux, les maisons fortes des petits seigneurs avaient été établies, presque toujours, en dehors de toute autorisation venue d'en haut. Elles répondaient à des besoins élémentaires, spontanément ressentis et satisfaits. Un hagiographe en a rendu un compte fort exact, encore que dans un esprit dépourvu de sympathie : « pour ces hommes constamment occupés de querelles et de massacres, s'abriter des ennemis, triompher de leurs égaux, opprimer leurs inférieurs ([264]). » En un mot, se protéger et dominer.

Ces édifices étaient généralement d'un type très simple. Le plus répandu fut longtemps, au moins hors des pays méditerranéens, la tour de bois. Un curieux passage des *Miracles de saint Benoît* décrit, vers la fin du XIe siècle, la disposition, singulièrement rudimentaire, de l'une d'elles : au premier étage, une salle où le « puissant... avec sa mesnie, vivait, conversait, mangeait, dormait » ; au rez-de-chaussée, le cellier à provisions ([265]). Habituellement, un fossé se creusait au pied. Parfois une enceinte de palissades et de terre battue, entourée à son tour d'un autre fossé, courait à quelque distance. Elle permettait de mettre en sécurité divers bâtiments d'exploitation et la cuisine, que le danger d'incendie conseillait de placer à l'écart ; elle servait au besoin de refuge aux dépendants ; elle évitait à la tour un assaut immédiat et rendait moins aisé, vis-à-vis de ce réduit, l'emploi du mode d'attaque le plus efficace, qui était le feu. Mais il fallait, pour la garnir, disposer de plus de suivants d'armes que ne pouvait en entretenir le commun des chevaliers. Tour et enceinte enfin se dressaient assez fréquemment sur une motte, tantôt naturelle, tantôt — partiellement du moins — élevée de main d'homme. N'importait-il pas à la fois d'opposer à l'attaque l'obstacle de la pente et de mieux surveiller les environs ? Ce furent les magnats qui les premiers eurent recours à la pierre : ces « riches hommes *bastidors* », que Bertrand de Born dépeint prenant leur plaisir à faire « de chaux, de sable et de pierres de taille... portails et tourelles, tours, voûtes et escaliers à vis ». Elle ne s'introduisit que lentement, au cours du XIIe, voire du XIIIe siècle, dans les habitations des petits et moyens chevaliers. Avant l'achèvement des grands défrichements, les forêts semblaient d'exploitation plus facile et moins coûteuse que les carrières ;

et, tandis que la maçonnerie exigeait une main-d'œuvre spécialisée, les tenanciers, corvéables toujours prêts, étaient presque tous un peu charpentiers en même temps que bûcherons.

Que, dans la petite forteresse seigneuriale, le paysan pût trouver quelquefois une protection et un abri n'est pas douteux. L'opinion des contemporains avait cependant de bonnes raisons pour voir en elle, avant tout, un dangereux repaire. Les institutions de paix, les villes soucieuses d'établir la liberté des communications, les rois ou les princes ne devaient pas avoir de préoccupations plus pressantes que d'abattre les tours innombrables, dont tant de « tyranneaux » locaux avaient couvert le plat pays. Et, quoi que l'on en ait dit, ce n'est pas seulement dans les romans d'Anne Radcliffe que, grands ou petits, les châteaux avaient leurs oubliettes. Lambert d'Ardres, décrivant la tour de Tournehem, rebâtie au XIIe siècle, n'a garde d'oublier les culs de basse-fosse « où les prisonniers, dans les ténèbres, la vermine et l'ordure, mangent le pain de douleur ».

Comme l'indique la nature même de sa demeure, le chevalier vit en état de perpétuelle alerte. Personnage familier à l'épopée comme à la poésie lyrique, un guetteur, chaque nuit, veille sur la tour. Plus bas, dans les deux ou trois pièces de l'étroite forteresse, c'est tout un petit monde d'habitants permanents, mêlés d'hôtes de passage, qui se coudoie en une constante promiscuité : résultat du manque de place, sans doute, mais aussi d'habitudes qui alors, même chez les plus grands, semblaient nécessaires à toute existence de chef. Le baron, littéralement, ne respirait qu'entouré de suivants qui — hommes d'armes, valetaille, vassaux non chasés, jeunes nobles remis comme « nourris » à ses soins — le servaient, le gardaient, conversaient avec lui et, l'heure du sommeil enfin venue, continuaient à le protéger de leur présence jusqu'aux abords du lit conjugal. Il n'est pas séant qu'un seigneur mange seul, enseignait-on encore dans l'Angleterre du XIIIe siècle ([266]). Dans la grande salle, les tables étaient longues et les sièges avaient presque exclusivement la forme de bancs, faits pour le côte à côte. Sous l'escalier les pauvres établissaient leur gîte. Là moururent deux pénitents illustres, saint Alexis, dans la légende, le comte Simon de Crépy, dans l'histoire. Ces mœurs, contraires à tout recueillement, étaient, en ce temps, générales ; les moines mêmes avaient des dortoirs, non des cellules. Elles expliquent certaines fuites vers les seules formes de vie qui permissent alors de goûter la solitude : celles de l'ermite, du reclus, de l'errant. Chez les nobles, elles se raccordaient à une culture où les connaissances étaient transmises beaucoup moins par le livre et par l'étude que par la lecture à haute voix, la récitation rythmée et les contacts humains.

III. OCCUPATIONS ET DISTRACTIONS

Pour habituellement campagnard qu'il fût par le logis, le noble n'avait pourtant rien d'un agriculteur. Mettre la main à la houe ou à la charrue eût été pour lui un signe de déchéance, comme il advint au pauvre chevalier dont nous entretient un recueil d'anecdotes. Et si on le voyait parfois se plaire à contempler les travailleurs dans les champs ou, sur ses terres, les moissons jaunissantes, il ne semble point qu'à l'ordinaire, il dirigeât de bien près la culture ([267]). Les manuels du bon gouvernement domanial, lorsqu'on en écrira, seront destinés, non au maître, mais à ses officiers, et le type du gentilhomme rural appartient à un tout autre temps, après la révolution des fortunes du XVIe siècle. Bien que les droits de justice dont il dispose sur ses tenanciers soient une des sources essentielles de son pouvoir, le potentat de village, généralement, les exerce beaucoup moins en personne qu'il ne les délègue à des sergents, eux-mêmes d'extraction paysanne. Cependant la pratique de la juridiction est, sans nul doute, une des rares occupations pacifiques familières au chevalier. Mais il ne s'y adonne, le plus souvent, que dans le cadre de sa classe : soit qu'il décide des procès de ses propres vassaux ou qu'il siège comme juge de ses pairs à la cour où l'a convoqué son seigneur de fief ; soit encore, là où subsistent, comme en Angleterre ou en Allemagne, des justices publiques, qu'il prenne place au tribunal de comté ou de centaine. C'en était assez pour faire de l'esprit juridique une des formes de culture le plus précocement répandues dans les milieux chevaleresques.

Les distractions nobles par excellence portaient l'empreinte d'une humeur guerrière.

La chasse d'abord. On l'a déjà dit, elle n'était pas qu'un jeu. Car l'homme de nos climats ne vivait pas encore, comme nous, au sein d'une nature définitivement pacifiée par l'extermination des bêtes sauvages. La venaison, d'autre part, en un temps où le bétail, insuffisamment nourri et mal sélectionné, ne fournissait que de tristes produits de boucherie, tenait dans l'alimentation carnée, notamment chez les riches, une part prépondérante. Parce qu'elle demeurait ainsi une activité presque nécessaire, la chasse n'était pas non plus, à strictement parler, un monopole de classe. Le cas de la Bigorre semble exceptionnel où, dès le début du XIIe siècle, elle était interdite aux rustres ([268]). Partout cependant les rois, les princes et les seigneurs, chacun dans les limites de ses pouvoirs, tendait déjà à accaparer la poursuite du gibier dans certains territoires réservés : celle des grosses bêtes dans les « forêts » (le terme, originellement, désignait toute étendue ainsi gardée, qu'elle fût ou non boisée) ; des lapins et des lièvres, dans les « garennes ». Le fondement juridique de ces prétentions est obscur ; selon toute apparence, elles n'en avaient souvent d'autre que la loi du maître, et ce fut, très naturellement, dans un pays conquis — l'Angleterre des rois normands — que la constitution des forêts royales, parfois aux dépens de la terre arable, et leur protection portèrent aux plus étranges excès. De pareils abus attestent la vivacité d'un goût qui, lui, était bien un trait de classe. De même, les réquisitions imposées aux tenanciers : obligation d'héberger et de nourrir la meute seigneuriale ; construction de « loges » dans les bois, à la saison où avaient lieu les grandes réunions de chasseurs. A leurs maires, qu'ils accusaient de vouloir se pousser au rang des nobles, les moines de Saint-Gall ne faisaient-ils pas grief, avant tout, d'élever des chiens pour courir sus aux lièvres, et, pis encore, aux loups, aux ours et aux sangliers ? Aussi bien, pour pratiquer le sport sous ses formes les plus attrayantes — chasse au lévrier courant, chasse au faucon surtout, qu'avaient transmise à l'Occident, parmi tant d'autres apports, les civilisations équestres des plaines asiatiques —, il fallait de la fortune, des loisirs, des dépendants. De plus d'un chevalier, on eût pu dire, comme, d'un comte de Guines, le chroniqueur de sa maison, que « d'un autour frappant l'air de son aile il faisait plus de cas que de prêtre prêchant », ou répéter le propos naïf et charmant qu'un jongleur prête à un de ses personnages, devant le héros assassiné autour duquel la meute hurle à la mort : « Gentilhomme fut ; moult l'aimaient ses chiens ([269]). » En rapprochant ces guerriers de la nature, la chasse introduisit dans leur contexture mentale un élément qui, sans elle, en eût sans doute été absent. S'ils n'avaient, par tradition de groupe, été élevés à « savoir de bois et de rivière », les poètes de condition chevaleresque, qui devaient donner tant d'eux-mêmes au lyrisme français et au *Minnesang* allemand, auraient-ils trouvé des notes si justes pour chanter l'aurore ou les joies du mois de mai ?

Puis les tournois. On les croyait volontiers, au moyen âge, d'institution relativement récente, et l'on citait même le nom de leur prétendu inventeur, un certain Geoffroi de Preuilly, mort, disait-on, en 1066. En fait, l'habitude de ces simulacres de combat remontait certainement au plus lointain des âges : témoins, les « jeux païens », parfois mortels, que mentionne, en 895, le concile de Tribur. L'usage s'en maintint, dans le peuple, à certaines fêtes, christianisées plutôt que chrétiennes : tels ces autres « jeux païens » — le retour du mot est significatif — durant lesquels, en 1077, alors qu'il s'y livrait avec d'autres jeunes gens, le fils d'un cordonnier de Vendôme fut blessé à mort ([270]). Les luttes des jeunesses ne sont-elles pas un trait folklorique presque universel ? Dans les armées, par ailleurs, l'imitation de la guerre servit de tout temps à entraîner les troupes comme à les amuser : durant la célèbre entrevue qu'illustrèrent les « Serments de Strasbourg », Charles le Chauve et Louis le Germanique se donnèrent l'agrément d'un spectacle de ce genre et ne dédaignèrent pas d'y prendre part en personne. L'originalité de l'ère féodale fut de dégager de ces joutes ou militaires ou populaires un type de bataille fictive relativement bien réglée, dotée généralement de prix et, surtout, réservée à des escrimeurs montés et pourvus d'armes chevaleresques : par suite un vrai plaisir de classe, tel en vérité que les milieux nobles n'en connurent guère de plus vif.

Comme ces réunions, dont l'organisation n'allait pas sans frais assez élevés, se célébraient ordinairement à l'occasion des grandes « cours », tenues, de temps à autre, par les rois ou les barons, on voyait les amateurs courir le monde de tournois à tournois. Ce n'étaient pas seulement des chevaliers sans fortune, groupés parfois en « compagnies », mais aussi de très hauts seigneurs ; tels, le comte de Hainaut Baudoin IV ou, parmi les princes anglais, le « jeune roi » Henri, qui pourtant n'y brillait guère. De même que dans nos compétitions sportives, les chevaliers se groupaient ordinairement par régions : un grand scandale s'éleva le jour où les Hennuyers, près de Gournay, se mirent du camp des gens de la France propre, au lieu de se joindre aux Flamands et aux habitants du Vermandois qui étaient, sur ce terrain du moins, leurs alliés habituels. Nul doute que ces associations de jeux n'aient contribué à fixer les solidarités provinciales. D'autant qu'il ne s'agissait point toujours, tant s'en faut, d'une guerre pour rire : les blessures, voire — lorsque, pour parler comme le poète de Raoul de Cambrai, la joute « tournait mal » —, les coups mortels n'étaient point rares. C'est pourquoi les souverains les mieux avisés ne favorisaient point ces ébats où s'épuisait le sang des vassaux. Henri II Plantagenêt les avait formellement interdits en Angleterre. Pour le même motif — et aussi en raison de leurs rapports avec les amusements des fêtes populaires, qui fleuraient le « paganisme » —, l'Église les proscrivit rigoureusement, au point de refuser la sépulture en terre consacrée au chevalier, même pénitent, qui y avait trouvé la mort. Qu'en dépit des lois politiques ou religieuses, l'usage se soit manifesté, en fait, indéracinable, montre combien il répondait à un goût profond.

A dire vrai, pas plus que dans la vraie guerre, la passion n'était toujours désintéressée. Comme le vainqueur s'emparait fréquemment de l'équipement et des chevaux du vaincu et quelquefois même de sa personne, pour ne la libérer que contre rançon, l'adresse ou la force avaient leurs profits. Plus d'un chevalier « tournoyeur » fit littéralement de sa science des combats une profession, et fort lucrative. Tant l'amour du noble pour les armes unissait inextricablement « l'allégresse » et le besoin du gain ([271]).

IV. LES RÈGLES DE CONDUITE

Il était naturel qu'une classe aussi nettement délimitée par le genre de vie et la suprématie sociale aboutît à se donner un code de conduite qui lui fût propre. Mais ces normes ne se précisèrent, pour, en même temps, s'affiner, que durant le second âge féodal, qui fut, de toutes façons, celui de la prise de conscience.

Le terme qui, depuis les environs de l'an 1100, sert couramment à désigner le faisceau des qualités nobles par excellence est caractéristique : « courtoisie », qui vient de cour (écrit alors et prononcé avec un *t* final). Ce fut, en effet, dans les réunions, temporaires ou permanentes, formées autour des principaux barons et des rois, que ces lois réussirent à se dégager. L'isolement du chevalier dans sa « tour » ne l'eût point permis. Il y fallait l'émulation et les échanges humains. Et c'est pourquoi ce progrès de la sensibilité morale fut lié à la fois à la consolidation des grandes principautés ou monarchies et au retour d'une vie de relations plus intense. On disait aussi et, à mesure que, conformément à ses origines, « courtois » glissait à un sens purement mondain, on dit de plus en plus volontiers, avec une signification plus haute : « prudhomme ». Nom si grand et si bon que rien qu'à le prononcer « il emplit la bouche », affirmait Saint Louis, qui, en face des vertus du moine, entendait par là revendiquer les droits de celles du siècle. Ici encore l'évolution sémantique est singulièrement instructive. Car « prudhomme » n'est en réalité que le même mot que « preux », qui, parti de l'acception première, assez vague, d'« utile » ou d'« excellent », avait fini par s'appliquer avant tout à la valeur guerrière. Les deux termes divergèrent — preux gardant sa signification traditionnelle, — quand on se prit à penser que la force et le courage ne suffisaient pas à faire le parfait chevalier. « Il y a une grande différence entre un homme preux et un prudhomme », aurait dit un jour Philippe-Auguste, qui tenait le second pour de beaucoup supérieur ([272]). Subtilité apparente ; à aller au fond des choses, témoignage précieux de l'évolution subie par l'idéal chevaleresque.

Qu'il s'agît de simples usages de bienséance ou de préceptes proprement moraux, de « courtoisie », au sens étroit, ou de « prudhommie », le code nouveau eut incontestablement pour patrie les cours de la France et du pays mosan, ces dernières, d'ailleurs, toutes françaises par le langage et les mœurs. Dès le XIe siècle, les modes venues de chez nous s'imitaient en Italie ([273]). Aux deux siècles suivants, ces influences se marquèrent avec plus de force encore : témoin, le vocabulaire chevaleresque allemand, tout plein de mots « welches » — noms d'armes, de vêtements, de traits de mœurs —, venus ordinairement par le Hainaut, le Brabant ou la Flandre. *Höflich* même n'est que le calque de courtois. Ces emprunts n'étaient pas transmis que par la littérature. Plus d'un jeune noble « thiois » venait apprendre auprès des princes français, avec la langue, les règles du bon ton. Le poète Wolfram d'Eschenbach ne nomme-t-il pas la France « la terre de la droite chevalerie » ? A vrai dire, ce rayonnement d'une forme de culture aristocratique était seulement un des aspects de l'action exercée alors dans l'Europe entière — et là encore, cela va de soi, principalement sur les hautes classes — par la culture française en son ensemble : propagation de styles d'art et de littérature ; prestige des écoles chartraines, puis parisiennes ; emploi quasi international de la langue. Et sans doute n'est-il pas impossible d'en découvrir quelques raisons : longues randonnées accomplies, à travers l'Occident, par la plus aventureuse des chevaleries ; prospérité relative d'un pays touché beaucoup plus tôt que l'Allemagne (mais non, à la vérité, avant l'Italie) par les progrès des échanges ; distinction précocement accentuée entre la classe chevaleresque et la tourbe des *imbelles*, inaptes aux armes ; malgré tant de guerres locales, nul déchirement comparable à celui que provoqua dans l'Empire la grande querelle des empereurs et des papes. Mais, cela dit, reste à se demander si l'effort n'est pas vain de prétendre expliquer ce qui, en l'état présent de nos connaissances sur l'homme, semble bien du domaine de l'inexplicable : le *tonus* d'une civilisation et ses capacités magnétiques.

« De cette journée », disait le comte de Soissons, à la bataille de la Mansourah, « nous parlerons plus tard dans la chambre des dames ([274]). » Ce mot, dont on chercherait vainement l'équivalent dans les chansons de geste, mais qu'eût pu prononcer plus d'un héros de roman, dès le XIIe siècle, signale une société où la mondanité a fait son apparition et, avec elle, l'influence féminine. La femme noble n'avait jamais été enfermée au gynécée. Si elle gouvernait sa maison, entourée de servantes, il arrivait aussi qu'elle gouvernât le fief, et parfois durement. Il était réservé cependant au XIIe siècle de créer le type de la grande dame lettrée et qui tient salon. Profond changement, si l'on veut bien songer à l'extraordinaire grossièreté de l'attitude que les vieux poètes épiques prêtaient volontiers à leurs héros vis-à-vis des femmes, fussent-elles reines : jusqu'aux pires injures, que la mégère rend par des coups. On croit entendre les gros rires de l'auditoire. Le public courtois n'était pas devenu insensible à ces lourdes plaisanteries ; mais il ne les admettait plus, comme dans les fabliaux, qu'aux dépens des paysannes ou des bourgeoises. Car la courtoisie était essentiellement affaire de classe. La « chambre des dames » nobles et, plus généralement, la cour est désormais le lieu où le chevalier cherche à briller et à éclipser ses rivaux : par la réputation de ses hauts faits ; par sa fidélité aux bons usages ; par son talent littéraire aussi.

Nous l'avons vu, les milieux nobles n'avaient jamais été ni totalement illettrés ni, moins encore, imperméables à l'influence de la littérature, écoutée plutôt que lue. Mais un grand pas fut accompli le jour où les chevaliers se firent eux-mêmes littérateurs. Il est significatif que le genre auquel, jusqu'au XIIIe siècle, ils s'adonnèrent, à peu près à l'exclusion de tout autre, ait été la poésie lyrique. Le plus ancien des troubadours qui nous soit connu — il convient d'ajouter qu'il n'était certainement pas le premier — comptait au nombre des plus puissants princes du royaume de France :

c'est Guillaume IX d'Aquitaine (mort en 1127). Dans la liste des chanteurs provençaux qui vinrent après lui, de même qu'un peu plus tard parmi les poètes lyriques du Nord, émules de ceux du Midi, les milieux de haute, moyenne et petite chevalerie furent abondamment représentés. A côté, cela va de soi, des jongleurs professionnels, qui vivaient aux crochets des grands. Ces pièces courtes et généralement d'un art savant — parfois jusqu'à l'hermétisme volontaire, le fameux *trobar clus* — se prêtaient admirablement à être produites dans des réunions aristocratiques. A savoir ainsi goûter des jouissances que leur raffinement même interdisait aux vilains, la classe qui s'y complaisait prenait de sa supériorité une conscience d'autant plus aiguë que le plaisir, en effet, était souvent très vif et très sincère. Étroitement liée à l'attrait du mot — car les poésies, ordinairement, s'aidaient du chant et d'un accompagnement —, la sensibilité musicale n'exerçait pas un moindre empire. Sur son lit de mort, n'osant, quoiqu'il en eût fort envie, se laisser aller à chanter lui-même, Guillaume le Maréchal, qui avait été un si rude batailleur, ne dit du moins adieu à ses filles qu'après qu'elles lui eurent fait entendre une dernière fois le « doux son » de quelques « rotrouenges ». Et c'est en écoutant la vielle de Volker, dans la nuit calme, que les héros burgondes du *Nibelungenlied* s'endorment du dernier sommeil dont ils jouiront sur cette terre.

Vis-à-vis des joies de la chair, l'attitude générale de la classe chevaleresque semble bien avoir été, en pratique, franchement réaliste. C'était celle de l'époque, dans son ensemble. L'Église imposait à ses membres l'ascétisme et aux laïques ordonnait de limiter l'union sexuelle au mariage et à la génération. Mais elle pratiquait assez mal ses propres enseignements, surtout chez les clercs séculiers, où la réforme grégorienne même n'épura guère que l'épiscopat. Ne rapportait-on pas, avec admiration, de pieux personnages, prêtres de paroisse, voire abbés, que, « dit-on », ils étaient morts vierges ? L'exemple du clergé prouve combien la continence répugnait au commun des hommes ; il n'était certainement pas particulièrement propre à l'inspirer aux fidèles. A la vérité — une fois mis à part tel épisode volontairement plaisant, comme, dans le *Pèlerinage de Charlemagne*, les viriles vanteries d'Olivier —, l'épopée est assez chaste. C'était qu'elle n'attachait pas grande importance à décrire des ébats qui n'avaient, en effet, rien d'épique. Même dans les récits, moins réticents, de l'âge courtois, la sensualité est volontiers présentée comme le fait de la femme plutôt que des héros. Çà et là, cependant, un trait lève un coin du voile : ainsi, dans le vieux poème de *Girard de Roussillon*, où l'on voit un vassal, chargé de donner l'hospitalité à un messager, lui fournir pour la nuit une belle fille. Et tout, sans doute, n'était pas fiction dans les « délitables » rencontres dont, à en croire les romans, les châteaux fournissaient de si faciles occasions ([275]). Les témoignages de l'histoire sont plus nets encore. Le mariage du noble, on le sait, était souvent une simple affaire. Les maisons seigneuriales pullulaient de bâtards. A ces mœurs, l'avènement de la courtoisie ne semble point, au premier abord, avoir changé grand-chose. Certaines des chansons de Guillaume d'Aquitaine chantent la volupté en style de corps de garde et cette veine, chez les poètes qui le suivirent, devait trouver plus d'un imitateur. Pourtant, chez Guillaume déjà, héritier vraisemblablement d'une tradition dont les débuts nous échappent, une autre conception de l'amour apparaît : cet amour « courtois », qui fut une des créations assurément les plus curieuses du code moral chevaleresque. Dulcinée est-elle pour nous séparable de Don Quichotte ?

Les traits caractéristiques de l'amour courtois peuvent se résumer assez simplement. Il n'a rien à voir avec le mariage ou, pour mieux dire, il s'oppose directement à ses lois, puisque si l'aimée est en général une femme mariée, l'amant n'est jamais le mari. Il s'adresse fréquemment à une dame de rang supérieur ; il comporte, en tout cas, constamment un vif accent de dévotion de l'homme envers la femme. Il se donne pour une passion envahissante, sans cesse traversée, volontiers jalouse et nourrie de ses troubles mêmes, mais dont le déroulement stéréotypé n'est pas sans comporter de bonne heure quelque chose de rituel. Il ne hait point la casuistique. Enfin, comme le dit le troubadour Jaufroi Rudel, dans une poésie qui, interprétée à contresens, a fait naître la fameuse légende de la Princesse Lointaine, il est, avec prédilection, un amour « de loin ». Non certes qu'il se refuse, par principe, à la jouissance charnelle ou que, si d'aventure — selon le mot d'André le Chapelain qui le mit en théorie — il doit renoncer à « l'ultime soulas », il n'ambitionne du moins la menue monnaie des plaisirs d'épiderme. Mais l'absence ou les obstacles, au lieu de le détruire, ne font que l'embellir d'une poétique mélancolie. La possession, toujours désirable, s'avère-t-elle décidément impossible ? Le sentiment n'en subsiste pas moins comme un excitant du cœur et une poignante « joie ».

Telle est l'image que nous tracent les poètes. Car nous ne connaissons l'amour courtois que par la littérature et c'est pourquoi nous sommes fort en peine d'y démêler la part de la mode ou de la fiction. Il est sûr que, tendant à dissocier, en une certaine mesure, le sentiment de la chair, il n'empêcha point, tant s'en faut, celle-ci de continuer à se satisfaire, de son côté, assez brutalement. Mais on sait de reste que chez la plupart des hommes la sincérité affective est à plusieurs plans. Incontestablement, en tout cas, une pareille notion des rapports amoureux, où nous saluons aujourd'hui au passage tant d'éléments qui nous sont devenus familiers, représentait, lorsqu'elle fut conçue, une combinaison fort originale. Elle devait peu de chose aux arts d'aimer antiques, ni même, — bien qu'ils soient peut-être plus proches d'elle — aux traités, toujours un peu équivoques, que la civilisation gréco-romaine a consacrés à l'analyse de l'amitié masculine. La subordination de l'amant était, en particulier, une attitude neuve. On a déjà vu qu'elle s'exprimait volontiers en termes empruntés au vocabulaire de l'hommage vassalique. La transposition n'était pas seulement verbale. La confusion de l'être aimé et du chef répondait à une orientation de la morale collective tout à fait caractéristique de la société féodale.

Moins encore, quoi qu'on en ait dit parfois, était-il, ce code amoureux, tributaire de la pensée religieuse ([276]). Si l'on veut bien négliger quelques superficielles analogies de forme, qui ne sont, au plus, qu'une marque d'ambiance, on devra même reconnaître qu'il lui était directement contraire, sans d'ailleurs que ses tenants aient eu vraisemblablement une bien claire conscience de cette antithèse. Ne faisait-il point de l'amour des créatures presque une des premières vertus, assurément la joie par excellence? Surtout, alors même qu'il renonçait au plaisir physique, ne sublimait-il point, jusqu'à prétendre en remplir l'existence, un élan du cœur né, en son principe, de ces appétits charnels dont le christianisme n'admet la légitimité que pour les brider par le mariage — profondément dédaigné par l'amour courtois —, pour leur assigner comme justification la propagation de l'espèce — à laquelle l'amour courtois ne songeait guère —, pour les cantonner enfin, de toute façon, dans un registre secondaire de l'expérience morale. L'authentique écho du sentiment chrétien de ce temps sur la vie sexuelle, ce n'est pas dans le lyrisme chevaleresque qu'on peut espérer le trouver. Il résonne, pur de toute compromission, dans ce texte de la pieuse et cléricale *Queste du Saint-Graal* où l'on voit Adam et Ève, avant de s'unir, sous l'Arbre, pour concevoir « Abel le Juste », supplier le Seigneur de faire tomber sur eux une grande nuit, afin de « comforter » leur vergogne.

Aussi bien l'opposition, sur ce point, des deux morales, nous donne-t-elle peut-être la clef de l'énigme que pose, à la géographie sociale, la genèse de ces ratiocinations amoureuses. Comme la poésie lyrique qui nous en a conservé l'expression, elles naquirent, dès la fin du XIe siècle, dans les milieux courtois de la France du Midi. Ce qui s'en retrouve un peu plus tard dans le Nord, sous forme lyrique encore ou par le truchement des romans, ce qui en passa ensuite dans le *Minnesang* allemand ne fut que reflet. Or, on ne saurait sans absurdité invoquer à ce propos, en faveur de la civilisation de langue d'oc, je ne sais quelle couleur de supériorité. Que l'attention se porte sur l'ordre artistique, intellectuel ou économique, la prétention serait également insoutenable. Autant vaudrait nier, d'un bloc, l'épopée d'expression française, l'art gothique, les premiers efforts de la philosophie dans les écoles d'entre Loire et Meuse, les foires de Champagne et les ruches urbaines de la Flandre. Il n'est point contestable, par contre, que, dans le Midi, l'Église, surtout durant le premier âge féodal, fut moins riche, moins cultivée, moins agissante que dans les provinces septentrionales. Aucune des grandes œuvres de la littérature cléricale, aucun des grands mouvements de réforme monastique ne sont venus de là. Cette faiblesse relative des centres religieux peut seule expliquer les succès exceptionnels remportés, de la Provence au Toulousain, par des hérésies, en elles-mêmes internationales. Il en résulta sans doute aussi que, l'influence des clercs sur les hautes classes laïques étant moins forte, ces dernières développèrent plus librement une morale plus purement mondaine. Que, d'ailleurs, ces préceptes de l'amour chevaleresque se soient, par la suite, si aisément propagés atteste combien ils répondaient aux besoins nouveaux d'une classe. Ils l'aidèrent à se percevoir elle-même. Ne pas aimer comme le commun, n'est-ce pas se sentir autre ?

Que le chevalier suppute avec soin butin ou rançons, que, rentré chez lui, il « taille » lourdement ses paysans ne choque point ou guère. Le gain est légitime. A une condition toutefois : qu'il soit promptement et libéralement dépensé. « Je puis vous le garantir », dit un troubadour, auquel on reproche ses brigandages, « si j'ai pris, ce fut pour donner, non pour thésauriser (277). » Sans doute a-t-on le droit de juger un peu suspecte l'insistance que les jongleurs, parasites professionnels, mettaient à prôner, par-dessus tout autre devoir, la largesse, « dame et reine qui toutes vertus illumine ». Sans doute aussi, parmi les menus ou moyens seigneurs et, plus encore peut-être, parmi les hauts barons, ne manqua-t-il jamais d'avares ou, simplement, de prudents, plus enclins à amasser dans les coffres la monnaie rare ou les joyaux qu'à les distribuer. Il n'en est pas moins vrai qu'à laisser couler entre ses doigts la fortune vite acquise, vite perdue, le noble croyait affirmer sa supériorité envers des classes moins confiantes dans l'avenir ou plus soucieuses de le calculer. La générosité ni le luxe n'étaient pas toujours les seules formes où s'arrêtât cette louable prodigalité. Un chroniqueur nous a conservé le souvenir de la singulière compétition de gaspillage dont fut, un jour, le théâtre une grande « cour », tenue en Limousin. Un chevalier fait semer de piécettes d'argent un terrain, préalablement labouré ; un autre, pour sa cuisine, brûle des cierges ; un troisième, « par jactance », ordonne de brûler vifs trente de ses chevaux ([278]). De cette joute de prestige, par la profusion, qui invinciblement évoque à nos mémoires certains récits d'ethnographes, qu'eût pensé un marchand ? Ici encore, la nature du point d'honneur marquait la ligne de séparation entre les groupes humains.

Distincte ainsi par sa puissance, son genre de fortune et de vie, sa morale même, la classe sociale des nobles était, vers le milieu du XIIe siècle, toute prête à se solidifier en classe juridique et héréditaire. L'usage de plus en plus fréquent, semble-t-il, qui, pour en désigner les membres, se fait dès lors du mot de « gentilhomme » — homme de bonne « gent », c'est-à-dire de bonne race — indique l'importance croissante attribuée aux qualités du sang. Ce fut autour d'un rite, l'adoubement chevaleresque, que s'opéra la cristallisation.

Chapitre III

La chevalerie

I. L'ADOUBEMENT

A partir de la seconde moitié du XIᵉ siècle, divers textes, qui bientôt vont se multipliant, commencent à mentionner qu'ici ou là une cérémonie a eu lieu, destinée, disent-ils, à « faire un chevalier ». Le rituel en est à plusieurs actes. Au postulant, généralement à peine sorti de l'adolescence, un chevalier plus ancien remet d'abord les armes significatives de son futur état. Notamment, il le ceint de l'épée. Puis vient, presque toujours, un grand coup que, du plat de la main, ce parrain assène sur la nuque ou la joue du garçon : la « paumée » ou « colée » des documents français. Épreuve de force ? Ou bien, comme le pensèrent, dès le moyen âge, certains interprètes un peu tardifs, mode de fixation du souvenir, qui, au jeune homme, devra, selon le mot de Raimon Lull, rappeler, sa vie durant, la « promesse » ? De fait, les poèmes montrent volontiers le héros appliqué à ne point plier sous cette rude gifle, la seule, observe un chroniqueur, qu'un chevalier doive jamais recevoir, sans la rendre (279). Nous le savons, d'autre part, le soufflet était, dans les mœurs juridiques du temps, un des procédés de commémoration le plus fréquemment infligés aux témoins des actes de droit — plutôt, en vérité, qu'à leurs participants. Mais de ce geste, originellement conçu comme si essentiel à la cérémonie que celle-ci, tout entière, en prit son nom habituel d' « adoubement » (d'un vieux verbe germanique qui voulait dire : frapper), le sens premier était, semble-t-il, bien différent et beaucoup moins purement rationnel. Le contact ainsi établi entre la main de l'adoubeur et le corps de l'adoubé transmettait de l'un à l'autre une sorte d'influx : tout comme cet autre soufflet, que l'évêque donne au clerc qu'il consacre prêtre. Une manifestation sportive, enfin, terminait souvent la fête. Le nouveau chevalier s'élance à cheval et va, d'un coup de lance, transpercer ou abattre une panoplie fixée à un pieu : la « quintaine ».

Par ses origines et par sa nature, l'adoubement se rattache visiblement à ces cérémonies d'initiation dont les sociétés primitives, comme celles du monde antique, fournissent tant d'exemples : pratiques qui, sous des formes diverses, ont toutes pour objet commun de faire passer le jeune garçon au rang de membre parfait du groupe, dont jusque-là son âge l'avait exclu. Chez les Germains, elles étaient à l'image d'une civilisation guerrière. Sans préjudice peut-être d'autres traits — tels que la coupe des cheveux, qui parfois se retrouvera plus tard, en Angleterre, unie à l'adoubement chevaleresque —, elles consistaient essentiellement en une remise des armes, que Tacite a décrite et dont la persistance, à l'époque des invasions, est attestée par quelques textes. Entre le rituel germanique et le rituel de la chevalerie, la continuité n'est pas douteuse. Mais, en changeant d'ambiance, l'acte avait également changé de sens humain.

Chez les Germains, tous les hommes libres étaient des guerriers. Il ne s'en trouvait aucun, par suite, qui n'eût droit à l'initiation par les armes : du moins, là où la tradition du peuple imposait cette pratique, dont nous ignorons si elle était partout répandue. Par contre, une des caractéristiques de la société féodale fut, comme l'on sait, la formation d'un groupe de combattants professionnels, constitué avant tout par les vassaux militaires et leurs chefs. A ces soldats par excellence devait naturellement se restreindre l'application de l'antique cérémonie. Celle-ci, à vrai dire, risquait de perdre dans ce transfert tout substrat social tant soit peu fixe. Elle avait servi de rite d'accès au peuple. Or le peuple, au sens ancien — la petite cité des hommes libres — n'existait plus. Elle commençait à servir de rite d'accès à une classe. Mais cette classe manquait encore de tous contours précis. Il arriva que, par endroits, l'usage disparut : tel semble avoir été le cas chez les Anglo-Saxons. Dans les pays qu'avait marqués la coutume franque, il se maintint, au contraire ; mais sans être, pendant longtemps, d'un emploi bien général, ni, à aucun degré, obligatoire.

Puis, à mesure que les milieux chevaleresques prenaient une conscience plus nette de ce qui les séparait de la masse « sans armes » et les élevait au-dessus d'elle, le besoin se fit sentir plus impérieusement de sanctionner, au moyen d'un acte formaliste, l'entrée dans la collectivité ainsi définie : soit que le nouvel admis fût un jeune garçon qui, né parmi les « nobles », obtenait d'être accepté dans la société des adultes ; soit qu'il s'agît, beaucoup plus rarement, de quelque heureux parvenu qu'une puissance récemment acquise, sa force ou son adresse semblaient égaler aux membres des anciens lignages. Dès la fin du XIe siècle, en Normandie, dire du fils d'un grand vassal : « il n'est pas chevalier » équivalait à le supposer encore enfant ou adolescent ([280]). Assurément, le souci de signifier ainsi, par un geste sensible aux yeux, tout changement d'état juridique comme tout contrat répondait à des tendances caractéristiques de la société médiévale : témoin, le rituel, souvent si pittoresque, de l'accession aux corps de métier. Encore fallait-il, cependant, pour imposer ce formalisme, que le changement d'état fût clairement perçu comme tel. C'est pourquoi la généralisation de l'adoubement se présenta vraiment comme le symptôme d'une modification profonde dans la notion de chevalerie.

Durant le premier âge féodal, ce qu'on avait entendu par le terme de chevalier était, avant tout, tantôt une situation de fait, tantôt un lien de droit, mais purement personnel. On se disait chevalier parce qu'on combattait à cheval, avec l'équipement complet. On se disait le chevalier de quelqu'un lorsqu'on tenait de ce personnage un fief, qui obligeait à le servir ainsi armé. Or, voici que, maintenant, ni la possession d'un fief, ni le critère, forcément un peu flottant, du genre de vie ne vont plus suffire à mériter ce nom. Il y faudra, en outre, une sorte de consécration. La transformation était accomplie vers le milieu du XIIe siècle.

Un tour de langage usité dès avant 1100 aidera à en saisir la portée. On ne « fait » pas seulement un chevalier. On l'« ordonne » tel. Ainsi s'exprime, par exemple, en 1098, le comte de Ponthieu, qui s'apprête à armer le futur Louis VI ([281]). L'ensemble des chevaliers adoubés constitue un « ordre » : *ordo.* Mots savants, mots d'Église, mais que l'on trouve, dès le début, dans des bouches laïques. Ils ne prétendaient nullement, du moins dans leur premier emploi, suggérer une assimilation avec les ordres sacrés. Dans le vocabulaire que les écrivains chrétiens avaient emprunté à l'Antiquité romaine, un *ordo* était une division de la société, temporelle aussi bien qu'ecclésiastique. Mais une division régulière, nettement délimitée, conforme au plan divin. Une institution, en vérité. Non plus seulement une réalité toute nue.

Comment, cependant, dans une société habituée à vivre sous le signe du surnaturel, le rite, d'abord purement profane, de la remise des armes, n'aurait-il pas reçu une empreinte sacrée ? Deux usages, l'un et l'autre fort anciens, servirent de point de départ à l'intervention de l'Église.

D'abord, la bénédiction de l'épée. Elle n'avait originellement rien eu de particulier à l'adoubement. Tout ce qui était au service de l'homme semblait alors mériter d'être mis ainsi à l'abri des pièges du Démon. Le paysan faisait bénir ses récoltes, son troupeau, son puits ; le nouveau marié, le lit nuptial ; le pèlerin, son bâton de voyage. Le guerrier, naturellement, agissait de même pour les outils propres à sa profession. Le vieux droit lombard ne connaissait-il pas déjà le serment « sur les armes consacrées » ([282]) ? Mais, plus que toutes autres, celles dont le jeune guerrier se parait pour la première fois semblaient appeler une pareille sanctification. Un rite de contact en était le trait essentiel. Le futur chevalier déposait un moment son glaive sur l'autel. Des prières accompagnaient ou suivaient ce geste. Inspirées du schéma général de la bénédiction, on les voit cependant, de bonne heure, se produire sous une forme spécialement appropriée à une première vêture. Telles, elles apparaissent déjà, peu après 950, dans un pontifical rédigé dans l'abbaye de Saint-Alban de Mayence. Fait sans doute, pour une bonne part, d'emprunts à des sources plus anciennes, ce recueil se propagea rapidement dans toute l'Allemagne, la France du Nord, l'Angleterre et jusqu'à Rome même, où il fut imposé par l'influence de la cour ottonienne. Il répandit au loin le modèle de la bénédiction de l'épée « nouvellement ceinte ». Entendons bien, d'ailleurs, que cette consécration ne constituait alors dans la solennité qu'une sorte de préface. L'adoubement se déroulait ensuite selon ses formes particulières.

Là encore, pourtant, l'Église pouvait tenir son rôle. Le soin d'armer l'adolescent n'avait pu appartenir, originellement, qu'à un chevalier déjà confirmé dans ce titre : son père, par exemple, ou son seigneur. Mais il arriva aussi qu'on le confiât à un prélat. Dès 846, le pape Serge avait passé le baudrier au Carolingien Louis II. De même, Guillaume le Conquérant fit plus tard adouber un de ses fils par l'archevêque de Canterbury. Sans doute l'honneur ainsi rendu allait-il moins au prêtre qu'au prince de l'Église, chef de nombreux vassaux. Un pape ou un évêque, cependant, pouvaient-ils renoncer à s'entourer d'une pompe religieuse ? La liturgie, par là, était comme invitée à imprégner la cérémonie tout entière.

C'était chose faite au XIe siècle. Un pontifical de Besançon, qui fut établi en ce temps, ne contient, il est vrai, que deux bénédictions de l'épée, l'une et l'autre fort simples. Mais de la seconde il ressort clairement que l'officiant était supposé remettre lui-même l'arme. Cependant, pour trouver un véritable rituel religieux de l'adoubement, c'est plus au nord qu'il faut regarder, vers ces pays d'entre Seine et Meuse qui furent l'authentique berceau de la plupart des institutions proprement féodales. Notre plus ancien témoin est ici un pontifical de la province de Reims, compilé, vers le début du siècle, par un clerc qui, tout en s'inspirant du recueil mayençais, n'en puisait pas moins abondamment dans les usages locaux. La liturgie comporte, avec une bénédiction de l'épée, qui reproduit celle de l'original rhénan, des prières, de même sens, applicables aux autres armes ou insignes : bannière, lance, bouclier, à la seule exception des éperons dont la remise sera jusqu'au bout réservée à des mains laïques. Vient ensuite une bénédiction du futur chevalier lui-même. Enfin, la mention expresse que l'épée sera ceinte par l'évêque. Puis, après une lacune de près de deux siècles, le cérémonial apparaît pleinement développé, en France encore, dans le *Pontifical* de l'évêque de Mende, Guillaume Durant, rédigé vers 1295, mais dont les éléments essentiels datent vraisemblablement du règne de saint Louis. Ici le rôle consécrateur du prélat est poussé aux dernières limites. Il ne ceint plus seulement le glaive ; il donne aussi la paumée ; il « marque », dit le texte, le postulant « du caractère chevaleresque ». Passé au XIVe siècle dans le *Pontifical Romain*, ce schéma, d'origine française, devait devenir le rite officiel de la chrétienté. Quant aux pratiques accessoires — le bain purificateur, imité de celui des catéchumènes, la veillée des armes —, elles ne semblent pas s'être introduites avant le XIIe siècle ni avoir jamais été autre chose qu'exceptionnelles. Aussi bien, la veillée n'était-elle pas toujours vouée entièrement à de pieuses méditations. A en croire un poème de Beaumanoir, il arrivait qu'elle se fît, profanement, au son des vielles ([283]).

Ne nous y trompons pas : aucun de ces gestes religieux ne fut jamais indispensable à l'acte. Les circonstances, d'ailleurs, en eussent assez souvent empêché l'accomplissement. Ne fit-on pas, de tout temps, des chevaliers sur le champ de bataille, avant ou après le combat ? Témoin encore, après Marignan, la colée que — de l'épée, selon l'usage du moyen âge finissant — Bayard donna à son roi. En 1213, Simon de Montfort avait entouré d'un pieux éclat, digne d'un héros croisé, l'adoubement de son fils, que deux évêques, au chant du *Veni Creator*, armèrent chevalier pour le service du Christ. Au moine Pierre des Vaux-de-Cernay, qui y assista, cette solennité arrache un cri caractéristique : « O nouvelle mode de chevalerie ! Mode jusque-là inouïe. » Plus modeste, la bénédiction de l'épée elle-même, au témoignage de Jean de Salisbury ([284]), n'était pas générale vers le milieu du XIIe siècle. Elle semble cependant avoir été alors très répandue. L'Église, en un mot, avait cherché à transformer l'antique remise des armes en un « sacrement » — le mot, qui se rencontre sous la plume de clercs, n'avait rien de choquant à une époque où, la théologie étant encore bien loin de la rigidité scolastique, on continuait volontiers à confondre sous ce nom toute espèce d'acte de consécration. Elle n'y avait pas réussi pleinement. Mais elle s'était du moins taillé une part, ici plus large, là plus restreinte. Ses efforts, en marquant l'importance qu'elle attachait au rite d'ordination, contribuèrent grandement à aviver le sentiment que la chevalerie était une société d'initiés. Et, comme à toute institution chrétienne il fallait la sanction de fastes légendaires, l'hagiographie vint à la rescousse. « Quand on lit, à la messe, les épîtres de saint Paul », dit un liturgiste, « les chevaliers restent debout, pour l'honorer, car il fut chevalier (285). »

II. LE CODE CHEVALERESQUE

Cependant, une fois entré en scène, l'élément religieux ne borna point ses effets à fortifier, dans le monde chevaleresque, l'esprit de corps. Il exerça également une puissante action sur la loi morale du groupe. Avant que le futur chevalier ne reprît son épée sur l'autel, un serment lui était ordinairement demandé, qui précisait ses obligations (286). Tous les adoubés ne le prêtaient point, puisqu'ils ne faisaient pas tous bénir leurs armes. Mais, avec Jean de Salisbury, les écrivains d'Église estimaient volontiers que, par une sorte de quasi-contrat, ceux-là même qui ne l'avaient point prononcé des lèvres s'y étaient « tacitement » soumis, par le seul fait d'avoir accepté la chevalerie. Peu à peu les règles ainsi formulées pénétrèrent dans d'autres textes : d'abord, dans les prières, souvent fort belles, qui scandaient le déroulement de la cérémonie ; plus tard, avec d'inévitables variantes, dans divers écrits en langue profane. Tel, peu après 1180, un passage célèbre du *Perceval* de Chrétien de Troyes. Puis ce sont, au siècle suivant, quelques pages du roman en prose de *Lancelot* ; dans le *Minnesang* allemand, une pièce du « Meissner » ; enfin et surtout, le petit poème didactique français intitulé *L'Ordene de Chevalerie*. Cet opuscule eut un vif succès. Bientôt paraphrasé en une « couronne » de sonnets italiens, imité, en Catalogne, par Raimon Lull, il ouvrit la voie à la foisonnante littérature qui, durant les derniers siècles du moyen âge, devait épuiser jusqu'à la lie l'exégèse symbolique de l'adoubement et, par ses outrances, dénoncer, avec la décadence d'une institution passée du droit à l'étiquette, l'affadissement de l'idéal même qu'on affectait de faire sonner si haut.

Dans sa fraîcheur, pourtant, cet idéal n'avait pas été sans vie. Il se superposait aux règles de conduite dès auparavant dégagées par la spontanéité des consciences de classe : code de fidélité des vassaux — la transition apparaît clairement, vers la fin du XIe siècle, dans le *Livre de la Vie Chrétienne* de l'évêque Bonizon de Sutri, pour qui le chevalier, visiblement, est encore, avant tout, un vassal fieffé ; — surtout code de classe des gens nobles et « courtois ». A ces morales mondaines, le nouveau décalogue emprunta les principes les plus acceptables à une pensée religieuse : largesse, poursuite de la gloire, le « los » ; mépris du repos, de la souffrance et de la mort — « celui-là », dit le poète allemand Thomasin, « ne veut pas faire métier de chevalier qui ne veut vivre que doucement » ([287]) —. Mais c'était en colorant ces normes mêmes de teintes chrétiennes ; et, plus encore, en nettoyant le bagage traditionnel des éléments de nature très profane qui y avaient tenu et, en pratique, continuaient d'y tenir une si large place : ces scories qui, sur les lèvres de tant de rigoristes, depuis saint Anselme jusqu'à saint Bernard, avaient amené le vieux jeu de mots, tout gonflé du mépris du clerc pour le siècle : *non militia, sed malitia* ([288]). « Chevalerie égale méchanceté » : après l'annexion définitive, par l'Église, des vertus chevaleresques, quel écrivain désormais eût osé répéter cette équation ? Enfin aux préceptes anciens, ainsi épurés, d'autres étaient venus s'ajouter, qui portaient l'empreinte de préoccupations exclusivement spirituelles.

Du chevalier, clercs et lais s'accordent donc à exiger cette piété, sans laquelle Philippe Auguste lui-même estimait qu'il n'était point de vrai « prudhomme ». Il doit aller à la messe, « tous les jours » ou, du moins, « volontiers » ; il doit jeûner le vendredi. Cependant ce héros chrétien demeure, par nature, un guerrier. De la bénédiction des armes, n'attendait-on pas avant tout qu'elle les rendît efficaces ? Les prières expriment clairement cette croyance. Mais l'épée, ainsi consacrée — si nul ne songe à interdire de la tirer, au besoin, contre des ennemis personnels ou ceux d'un maître — le chevalier l'a reçue, avant tout, pour la mettre au service des bonnes causes. Déjà les vieilles bénédictions du xe siècle finissant mettent l'accent sur ce thème, que développent largement les liturgies postérieures. Ainsi une discrimination, d'intérêt capital, s'introduisait dans le vieil idéal de la guerre pour la guerre, ou pour le gain. Avec ce glaive, l'adoubé défendra la Sainte Église, particulièrement contre les païens. Il protégera la veuve, l'orphelin, le pauvre. Il poursuivra les malfaiteurs. A ces préceptes généraux, les textes laïques joignent volontiers quelques recommandations plus spéciales qui touchent la conduite au combat : ne point tuer le vaincu sans défense ; — la pratique des tribunaux et de la vie publique : ne point participer à un faux jugement ou une trahison ; si on ne peut les empêcher, ajoute modestement l'*Ordene de Chevalerie*, quitter la place ; — enfin les incidents de la vie quotidienne : ne pas donner de mauvais conseils à une dame ; aider, « si l'on peut », son prochain dans l'embarras.

Que, tissée de beaucoup de ruses et de violences, la réalité fût loin de répondre toujours à ces aspirations, comment s'en étonner ? Inclinera-t-on, d'autre part, à observer que du point de vue, soit d'une morale d'inspiration « sociale », soit d'un code plus purement chrétien, une pareille table des valeurs peut sembler un peu courte ? Ce serait se laisser aller à juger, là où l'historien a pour seul devoir de comprendre. Il est plus important de noter qu'en passant des théoriciens ou liturgistes d'Église aux vulgarisateurs laïques, la liste des vertus chevaleresques paraît bien avoir souvent subi un assez inquiétant amenuisement. « Le plus haut ordre que Dieu ait fait et commandé, c'est l'ordre de chevalerie », dit, avec son ampleur coutumière, Chrétien de Troyes. Mais il faut avouer qu'après ce préambule sonore les enseignements que son prudhomme donne au jeune garçon par lui armé paraissent d'une déconcertante maigreur. Peut-être, à vrai dire, Chrétien représente-t-il plutôt la « courtoisie » des grandes cours princières du xiie siècle que la « prudhommie », pénétrée de souffles religieux, comme, au siècle suivant, on l'entendait autour de Louis IX. Ce n'est pas hasard sans doute si l'époque et le milieu mêmes où vécut ce saint adoubé ont donné naissance à la noble prière qui, recueillie dans le *Pontifical* de Guillaume Durant, nous offre comme le commentaire liturgique des chevaliers de pierre, dressés par les imagiers au portail de Chartres ou au revers de la façade de Reims : « Seigneur très saint, Père tout Puissant... toi qui as permis, sur terre, l'emploi du glaive pour réprimer la malice des méchants et défendre la justice ; qui, pour la protection du peuple as voulu instituer l'ordre de chevalerie... fais, en disposant son cœur au bien, que ton serviteur que voici n'use jamais de ce glaive ou d'un autre pour léser injustement personne ; mais qu'il s'en serve toujours pour défendre le Juste et le Droit. »

Ainsi l'Église, en lui assignant une tâche idéale, achevait de légitimer l'existence de cet « ordre » des guerriers qui, conçu comme une des divisions nécessaires d'une société bien policée, s'identifiait de plus en plus avec la collectivité des chevaliers adoubés : « O Dieu, qui après la chute, as constitué dans la nature entière trois degrés parmi les hommes », lit-on dans une de ces prières de la liturgie bisontine. C'était en même temps fournir à cette classe la justification d'une suprématie sociale, dès longtemps ressentie en fait. Des chevaliers, le très orthodoxe *Ordene de Chevalerie* ne dit-il pas qu'il convient de les honorer par-dessus tous les autres hommes, prêtre excepté ? Plus crûment, le roman de *Lancelot*, après avoir exposé comment ils furent institués « pour garantir les faibles et les paisibles », ne poursuit-il pas, conformément au goût du signe, familier à toute cette littérature, en montrant dans les chevaux qu'ils montent le propre symbole du « peuple » qu'ils tiennent « en droite subjection » ? « Car dessus le peuple doit seoir le chevalier. Et de même qu'on point le cheval et que celui qui dessus sied le mène où il veut, de même le chevalier doit mener le peuple à son vouloir. » Plus tard, Raimon Lull ne croira pas heurter le sentiment chrétien en déclarant conforme au bon ordre que le chevalier « tire son bien-être » des choses que lui procurent « la fatigue et la peine » de ses hommes ([289]). État d'esprit nobiliaire, s'il en fut, éminemment favorable à l'éclosion de la noblesse la plus stricte.

Chapitre IV

La transformation de la noblesse de fait en noblesse de droit

I. L'HÉRÉDITÉ DE L'ADOUBEMENT ET L'ANOBLISSEMENT

Fondé, vers 1119, pour la défense des colonies de Terre Sainte, l'Ordre du Temple groupait deux catégories de combattants, distinctes par le costume, les armes et le rang : en haut, les « chevaliers » ; en bas, les simples « sergents » — manteaux blancs contre manteaux bruns. Nul doute que, dès le principe, l'opposition ne répondît à une différence d'origine sociale, parmi les recrues. Cependant, rédigée en 1130, la plus ancienne *Règle* ne formule à cet égard aucune condition précise. Un état de fait, déterminé par une sorte d'opinion commune, décidait évidemment de l'admission dans l'un ou l'autre grade. Postérieure d'un peu plus d'un siècle, la seconde *Règle* procède, au contraire, avec une rigueur toute juridique. Pour être autorisé à revêtir le blanc manteau, il est d'abord nécessaire que le postulant, dès avant son entrée dans l'Ordre, ait été adoubé. Mais cela même ne suffit point. Il lui faut en outre être « fils de chevalier ou extrait de chevaliers du côté de son père » ; en d'autres termes, comme il est dit dans un autre passage, être « gentilhomme ». Car, précise encore le texte, c'est à cette condition seulement qu'un homme « doit et peut » recevoir la chevalerie. Il y a plus. Arrive-t-il qu'un nouveau venu, taisant sa qualité chevaleresque, se soit glissé parmi les sergents ? La vérité une fois connue, il sera mis aux fers ([290]). Même chez des moines soldats, en ce milieu du XIIIe siècle, l'orgueil de caste, qui tient à crime toute déchéance volontaire, parlait plus haut que l'humilité chrétienne. 1130 ; 1250 ou environ : entre ces deux dates, que s'était-il donc passé ? Rien de moins que la transformation du droit à l'adoubement en un privilège héréditaire.

Dans les pays où la tradition législative ne s'était point perdue ou avait repris vie, des textes réglementaires avaient précisé le droit nouveau. En 1152, une constitution de paix de Frédéric Barberousse à la fois interdit aux « rustres » le port de la lance et du glaive — armes chevaleresques — et reconnaît pour « légitime chevalier » celui-là seulement dont les ancêtres l'ont été avant lui ; une autre, en 1187, défend expressément aux fils des paysans de se faire adouber. Dès 1140, le roi Roger II de Sicile ; en 1234, le roi Jacques Ier d'Aragon ; en 1294, le comte Charles II de Provence ordonnent de n'admettre à la chevalerie que les descendants de chevaliers. En France, il n'était alors guère de lois. Mais la jurisprudence de la cour royale, sous Saint Louis, est formelle. De même, les coutumiers. Sauf grâce spéciale du roi, aucun adoubement ne saurait être valable si le père de l'adoubé ou son aïeul, en ligne masculine, n'ont déjà été chevaliers (peut-être dès ce temps, en tout cas un peu plus tard, les coutumes provinciales d'une partie au moins de la Champagne accepteront cependant que cette « noblesse » puisse se transmettre par le « ventre » maternel). La même conception semble également à la base d'un passage, à la vérité moins clair, du grand traité de droit castillan, les *Siete Partidas*, que fit rédiger, vers 1260, le roi Alfonse le Sage. Rien de plus remarquable que la quasi-coïncidence dans le temps et le parfait accord de ces divers textes, à la fois entre eux et avec la règle du Temple, ordre international. Du moins sur le continent — car l'Angleterre, nous le verrons, doit être mise à part —, l'évolution des hautes classes obéissait à un rythme fondamentalement uniforme ([291]).

Sans doute, lorsqu'ils élevaient expressément cette barrière, souverains et tribunaux avaient-ils à peine le sentiment d'une innovation. De toujours, la grande majorité des adoubés avaient été pris parmi les descendants de chevaliers. Aux yeux d'une opinion de groupe de plus en plus exclusive, seule la naissance, « garante », comme devait dire Raimon Lull, « de la continuation de l'honneur ancien », paraissait habiliter à l'observation du code de vie auquel engageait la remise des armes. « Ah Dieu! qu'il est mal récompensé le bon guerrier qui de fils de vilain fait chevalier! » s'écrie, vers 1160, le poète de *Girard de Roussillon* ([292]). Cependant, le blâme même dont ces intrusions étaient l'objet prouve qu'elles n'étaient pas exceptionnelles. Aucune loi, aucune coutume ne les rendaient caduques. Elles semblaient d'ailleurs parfois presque nécessaires au recrutement des armées ; car, en vertu du même préjugé de classe, on concevait mal que le droit de combattre à cheval et équipé de pied en cap fût séparable de l'adoubement. Ne vit-on pas encore, en 1302, à la veille de la bataille de Courtrai, les princes flamands, désireux de se faire une cavalerie, donner la colée à quelques riches bourgeois, auxquels leur richesse permettait de se procurer la monture et l'équipement nécessaires ([293]) ? Le jour où ce qui n'avait été longtemps qu'une vocation héréditaire de fait, susceptible de beaucoup d'accrocs, devint un privilège légal et rigoureux fut donc, même si les contemporains n'en eurent pas une claire conscience, une très grande date. Les profonds changements sociaux qui s'opéraient alors sur les frontières du monde chevaleresque avaient certainement beaucoup contribué à inspirer des mesures aussi draconiennes.

Au XIIe siècle, une nouvelle puissance était née : celle du patriciat urbain. En ces riches marchands qui, volontiers, se faisaient acquéreurs de seigneuries et dont beaucoup, pour eux-mêmes ou pour leurs fils, n'eussent point dédaigné le « baudrier de chevalerie », les guerriers d'origine ne pouvaient manquer de percevoir des éléments beaucoup plus étrangers à leur mentalité et à leur genre de vie, beaucoup plus inquiétants aussi, par leur nombre, que les soldats de fortune ou les officiers seigneuriaux, parmi lesquels, jusque-là, s'étaient presque exclusivement recrutés, en dehors des personnes bien nées, les candidats à l'initiation par l'épée et la colée. Aussi bien connaissons-nous, par l'évêque Otton de Freising, les réactions des barons allemands devant les adoubements qu'ils jugeaient trop aisément distribués, dans l'Italie du Nord, à la « gent mécanique » ; et Beaumanoir, en France, a très clairement exposé comment la poussée des nouvelles couches, empressées à placer leurs capitaux en terres, amena les rois à prendre les précautions nécessaires pour que l'achat d'un fief ne fît pas de tout enrichi l'égal d'un descendant de chevaliers. C'est quand une classe se sent menacée qu'elle tend, surtout, à se clore.

Gardons-nous, toutefois, d'imaginer un obstacle, par principe, infranchissable. Une classe de puissants ne saurait se transformer, absolument, en caste héréditaire sans se condamner à exclure de ses rangs les puissances nouvelles dont l'inévitable surgissement est la loi même de la vie ; par suite, sans se vouer, en tant que force sociale, à un fatal étiolement. L'évolution de l'opinion juridique, au terme de l'ère féodale, tendit beaucoup moins, en somme, à interdire rigoureusement les admissions nouvelles qu'à les soumettre à un très strict contrôle. Tout chevalier naguère pouvait faire un chevalier. Ainsi pensaient encore ces trois personnages que Beaumanoir met en scène, vers la fin du XIIIe siècle. Pourvus eux-mêmes de la chevalerie, ils manquaient d'un quatrième comparse, de même dignité, dont la présence était exigée, par la coutume, pour un acte de procédure. Qu'à cela ne tînt! Ils happèrent en chemin un paysan et lui donnèrent la colée : « Chevalier soyez! » A cette date, cependant, c'était retarder sur la marche du droit ; et une lourde amende fut le juste châtiment de cet anachronisme. Car, désormais, l'aptitude de « l'ordonné » à conférer l'ordre ne subsistait plus, dans son intégrité, que si le postulant appartenait déjà à un lignage chevaleresque. Lorsque tel n'est point le cas, l'adoubement, en vérité, demeure encore possible. Mais à condition d'être spécialement autorisé par l'unique pouvoir auquel les conceptions alors communément répandues accordaient l'exorbitante faculté de lever l'application des règles coutumières : celui du roi, seul dispensateur, comme dit Beaumanoir, des « novelletés ».

On l'a déjà vu, telle était, dès Saint Louis, la jurisprudence de la cour royale française. Bientôt l'habitude se prit, dans l'entourage des Capétiens, de donner à ces autorisations la forme de lettres de chancellerie désignées, presque dès le début, sous le nom de lettres d'anoblissement : car être admis à recevoir la chevalerie, n'était-ce pas obtenir d'être assimilé aux « nobles » d'origine ? Les premiers exemples que nous possédions de ce genre de documents, promis à un si grand avenir, datent de Philippe III ou de Philippe IV. Parfois, le roi usait de son droit pour récompenser sur le champ de bataille, selon l'antique usage, quelque trait de bravoure : ainsi, Philippe le Bel, en faveur d'un boucher, le soir de Mons-en-Pevèle ([294]). Le plus souvent, cependant, c'était afin de reconnaître de longs services ou une situation sociale prééminente. L'acte ne permettait pas seulement de créer un nouveau chevalier ; l'aptitude à l'adoubement se transmettant, par nature, de génération en génération, il faisait, du même coup, surgir un nouveau lignage chevaleresque. La législation et la pratique siciliennes s'inspirèrent de principes tout pareils. De même, en Espagne. Dans l'Empire, les constitutions de Barberousse, à vrai dire, ne prévoient rien de tel. Mais nous savons, par ailleurs, que l'Empereur s'estimait en droit d'armer chevaliers de simples soldats ([295]) ; il ne se considérait donc pas comme lié, personnellement, par les interdictions, en apparence absolues, de ses propres lois. Aussi bien, à partir du règne suivant, l'exemple sicilien ne manqua pas d'exercer son action sur des souverains qui, pour plus d'un demi-siècle, devaient unir les deux couronnes. Depuis Conrad IV, qui commença à régner indépendamment en 1250, nous voyons les souverains allemands concéder, par lettres, à des personnages qui n'y étaient pas habilités de naissance, la permission de recevoir le « baudrier de chevalerie ».

Assurément les monarchies ne parvinrent pas sans peine à établir ce monopole. Roger II de Sicile, lui-même, fit une exception en faveur de l'abbé della Cava. En France, les nobles et les prélats de la sénéchaussée de Beaucaire prétendaient encore, en 1298, — avec quel succès ? nous ne savons — au droit de créer librement des chevaliers parmi les bourgeois ([296]). La résistance fut vive surtout du côté des hauts feudataires. Sous Philippe III, la cour du roi dut entamer une procédure contre les comtes de Flandre et de Nevers, coupables d'avoir, de leur propre gré, adoubé des « vilains »

— qui, en réalité, étaient de fort riches personnages. Plus tard, dans les désordres du temps des Valois, les grands princes apanagés s'arrogèrent, avec moins de difficulté, ce privilège. Ce fut dans l'Empire, comme il était naturel, que la faculté d'ouvrir ainsi à de nouveaux venus l'accès de la chevalerie se divisa, finalement, entre le plus grand nombre de mains : princes territoriaux, comme, dès 1281, l'évêque de Strasbourg ([297]) ; voire, en Italie, communes urbaines, comme, dès 1260, Florence. Mais s'agissait-il là d'autre chose que du dépècement des attributs régaliens ? Le principe qui au seul souverain reconnaissait le droit d'abaisser la barrière restait sauf. Plus grave était le cas des intrus qui, en quantité certainement considérable, mettaient à profit une situation de fait pour se glisser indûment dans les rangs chevaleresques. La noblesse demeurant, dans une large mesure, une classe de puissance et de genre de vie, l'opinion commune, en dépit de la loi, ne refusait guère au possesseur d'un fief militaire, au maître d'une seigneurie rurale, au guerrier vieilli sous le harnois, quelle que fût son origine, le nom de noble et, par suite, l'aptitude à l'adoubement. Puis, le titre naissant, comme à l'ordinaire, du long usage, au bout de quelques générations personne ne songeait plus à le contester à la famille ; et le seul espoir qui, au bout du compte, restât permis aux gouvernements était, en s'offrant à sanctionner cet abus, de tirer de ceux qui en avaient bénéficié un peu d'argent. Il n'en est pas moins vrai que, préparée au cours d'une longue gestation spontanée, la transformation de l'hérédité de pratique en hérédité juridique n'avait été rendue possible que par l'affermissement des pouvoirs monarchiques ou princiers, seuls capables à la fois d'imposer une police sociale plus rigoureuse et de régulariser, en les sanctionnant, les inévitables et salutaires passages d'ordre à ordre. Si le Parlement de Paris n'avait été là ou s'il avait manqué de la force nécessaire à l'exécution de ses sentences, on n'aurait vu, dans le royaume, si petit sire qui n'eût continué à distribuer, à sa volonté, la colée.

Il n'était alors guère d'institution qui, aux mains de gouvernements éternellement besogneux, ne se transformât, peu ou prou, en machine à faire de l'argent. Les autorisations d'adoubement n'échappèrent pas à ce sort commun. Pas plus que les autres expéditions des chancelleries, les lettres royales, à de rares exceptions près, n'étaient gratuites. Parfois aussi on payait pour ne pas avoir à prouver son origine ([298]). Mais Philippe le Bel semble avoir été le premier souverain à mettre, ouvertement, la chevalerie dans le commerce. En 1302, après la défaite de Courtrai, des commissaires parcoururent les provinces, chargés de solliciter les acheteurs d'anoblissement, en même temps que de vendre, aux serfs royaux, leur liberté. On ne voit pas, cependant, que cette pratique ait été dès ce moment, en Europe ni en France même, bien générale ou qu'elle ait beaucoup rapporté. De la « savonnette à vilains », les rois, plus tard, devaient apprendre à faire une des ressources régulières de leur trésorerie et les riches contribuables un moyen d'échapper, par une somme une fois versée, aux impôts dont la noblesse exemptait. Mais, jusque vers le milieu du XIVe siècle, le privilège fiscal des nobles demeura encore aussi mal défini que l'impôt d'État lui-même ; et l'esprit de corps, très puissant dans les milieux chevaleresques — auxquels les princes eux-mêmes avaient conscience d'appartenir — n'eût guère permis, sans doute, de multiplier des faveurs ressenties comme autant d'insultes à la pureté du sang. Si le groupe des chevaliers à titre héréditaire ne s'était pas, à la rigueur, fermé, la porte n'était pourtant que faiblement entrouverte — beaucoup moins aisée à franchir certainement qu'elle ne l'avait été auparavant ou ne devait l'être, à l'avenir. D'où, la violente réaction antinobiliaire qui, en France du moins, éclata au XIVe siècle. De la forte constitution d'une classe et de son exclusivité peut-on rêver symptôme plus éloquent que l'ardeur des attaques dont elle est l'objet ? « Sédition des non-nobles contre les nobles » : le mot, presque officiellement employé au temps de la jacquerie, est révélateur. Non moins, l'inventaire des combattants. Riche bourgeois, premier magistrat de la première des bonnes villes, Étienne Marcel se posait, expressément, en ennemi des nobles. Sous Louis XI ou Louis XIV, il eût été, lui-même, l'un d'eux. En vérité, la période qui s'étend de 1250 à 1400 environ fut, sur le continent, celle de la plus rigoureuse hiérarchisation des couches sociales.

II. CONSTITUTION DES DESCENDANTS DE CHEVALIERS EN CLASSE PRIVILÉGIÉE

A elle seule, pourtant, la restriction de l'adoubement aux membres des familles déjà confirmées dans cette vocation ou aux bénéficiaires de faveurs exceptionnelles n'eût pas suffi à constituer une véritable noblesse. Car c'était encore faire dépendre d'un rite, qui pouvait être ou n'être pas accompli, les privilèges dont l'idée nobiliaire exigeait qu'ils fussent attachés à la pure naissance. Il ne s'agissait pas que de prestige. De plus en plus, la situation prééminente que l'on s'accordait à reconnaître aux chevaliers, à la fois en tant que guerriers « ordonnés » et que vassaux, chargés des plus hautes missions du combat et du conseil, tendait à se concrétiser en un code juridique précis. Or, de la fin du XIe siècle aux premières années du XIIIe, les mêmes règles se font écho, à travers l'Europe féodale. Pour jouir de ces avantages, il faut d'abord que l'homme s'acquitte effectivement de ses devoirs de vassal, « qu'il ait armes et chevaux, que, sauf s'il est retenu par la vieillesse, il prenne part à l'ost et aux chevauchées, aux plaids et aux cours », disent les *Usages* catalans. Il faut aussi qu'il ait été adoubé. L'affaiblissement général des services vassaliques eut pour effet que, peu à peu, on cessa d'insister sur la première condition ; les textes les plus récents la passent sous silence. La seconde, par contre, resta longtemps bien vivante. En 1238 encore, un règlement familial privé, le statut des « pariers » qui possédaient en commun le château gévaudanais de La Garde-Guérin, donne la primauté au cadet sur l'aîné, si celui-là a reçu la chevalerie et celui-ci non. Advient-il cependant, où que ce soit, qu'un fils de chevalier ait omis de se plier à cette cérémonie ? Est-il demeuré trop tard simple « écuyer », selon le terme que, par allusion au rôle traditionnel du jeune noble auprès de ceux qui l'ont précédé dans la carrière, on s'est habitué à employer pour désigner cette position d'attente ? Une fois passé l'âge à partir duquel une pareille négligence ne semble plus permise — vingt-cinq ans en Flandre et Hainaut, trente en Catalogne —, il sera, brutalement, rejeté parmi les « rustres » ([299]).

Mais le sentiment de la dignité de la race était devenu trop impérieux pour que ces exigences pussent éternellement se maintenir. Leur effacement s'opéra par étapes. Dans la Provence, en 1235, dans la Normandie, vers le même moment, c'est encore au fils seulement qu'en dehors de toute obligation d'adoubement, on reconnaît les bienfaits de la condition paternelle. A-t-il, à son tour, un fils ? Celui-ci, précise le texte provençal, devra, s'il veut participer à ces privilèges, recevoir, personnellement, la chevalerie. Plus éloquente encore, en Allemagne, la série des chartes royales concédées aux gens d'Oppenheim : les mêmes droits sont octroyés en 1226 aux chevaliers, depuis 1269 aux « chevaliers et fils de chevaliers », en 1275 aux « chevaliers, leurs fils et leurs petits-fils » ([300]) ? Comment cependant ne se fût-on pas fatigué de compter les générations ? Assurément la réception solennelle des armes continuait de passer pour un devoir de rang auquel le jeune noble ne pouvait se dérober, sans déchoir un peu. On s'étonnait de la singulière superstition qui, dans la dynastie des comtes de Provence, de la maison de Barcelone, faisait retarder le plus possible cette cérémonie, comme un présage de mort prochaine ([301]). Parce qu'elle paraissait garantir la constitution de l'équipement complet, nécessaire à un bon service, les rois de France, depuis Philippe Auguste jusqu'à Philippe le Bel, s'efforcèrent d'en imposer l'accomplissement à leurs sujets de familles chevaleresques. Ils n'y réussirent guère : si bien qu'impuissante même à tirer de la perception des amendes ou de la vente des dispenses un procédé fiscal lucratif, l'administration royale dut finalement se contenter de prescrire, dès qu'une guerre pointait à l'horizon, la simple possession de l'armement.

Dans les dernières années du XIIIe siècle, l'évolution était à peu près partout achevée. Ce qui désormais crée le noble, ce ne sont plus les vieux gestes d'initiation, réduits à l'état d'une formalité de bienséance, d'autant plus mal observée, du moins par la masse, qu'elle entraîne ordinairement de grosses dépenses ; c'est, qu'on la mette ou non à profit, la capacité héréditaire de prétendre au bénéfice de ce rite. On appelle gentilhomme, écrit Beaumanoir, quiconque est « de lignée de chevaliers ». Et, légèrement postérieure à 1284, la plus ancienne autorisation d'adoubement accordée, par la chancellerie des rois de France, à un personnage qui ne fût pas né dans un de ces lignages, élève d'un trait, sans poser la moindre condition, toute la postérité du récipiendaire « aux privilèges, droits et franchises dont ont coutume de jouir les nobles selon les deux lignes d'ascendance » ([302]).

III. LE DROIT DES NOBLES

Commun, dans la mesure où le permettaient les différences de sexe, aux « gentilles femmes » comme aux gentilshommes, le code nobiliaire ainsi constitué variait sensiblement, dans les détails, selon les pays. Il ne s'élabora, d'autre part, que lentement et subit, au cours des temps, d'importantes modifications. On se bornera à en indiquer ici les caractères les plus universels, tels qu'ils se dégagèrent au cours du XIIIe siècle.

Traditionnellement, les liens du vasselage étaient la forme de dépendance propre aux hautes classes. Mais ici, comme ailleurs, à un état de fait se substitua un monopole de droit. Naguère on avait passé pour noble parce qu'on était vassal. Désormais, par un véritable renversement de l'ordre des termes, il sera impossible, en principe, d'être vassal — autrement dit de détenir un fief militaire, ou fief « franc » — si l'on ne figure déjà parmi les nobles de naissance. C'est chose communément admise, à peu près partout, vers le milieu du XIIIe siècle. Cependant l'ascension de la fortune bourgeoise comme les besoins d'argent dont les vieilles familles étaient si souvent pressées ne permettaient pas de maintenir la règle dans toute sa rigueur. Non seulement, en pratique, elle fut très loin d'être constamment observée — ce qui ouvrit la porte à beaucoup d'usurpations de noblesse — en droit même, force fut de prévoir des exemptions. Générales quelquefois : ainsi, en faveur des personnes nées d'une mère noble et d'un père non noble ([303]).

Particulières, surtout. Ces dernières, une fois de plus, tournèrent au profit des monarchies, qui, seules capables de légitimer de pareils accrocs à l'ordre social, n'avaient point coutume de distribuer gratuitement leurs faveurs. Le fief étant le plus souvent une seigneurie, les pouvoirs de commandement sur les petites gens tendaient, par ces dérogations, à se détacher de la qualité nobiliaire. Comportait-il, par contre, la soumission d'arrière-vassaux ? Si ceux-ci étaient gentilshommes, on ne reconnaissait ordinairement pas à l'acquéreur non noble le droit de requérir leur hommage ; il devait, sans gestes de fidélité, se contenter des taxes et services. L'on répugnait même à admettre qu'il pût, à son tour, comme feudataire, accomplir ce rite envers le seigneur du degré supérieur. On réduisait la cérémonie à un serment de foi ou, du moins, on en éliminait le baiser, trop égalitaire. Jusque dans la façon de solliciter ou de contracter l'obéissance, il était des formes interdites à l'homme mal né.

Les vassaux militaires, de longue date, avaient été régis par un droit différent des règles communes. Ils n'étaient pas jugés par les mêmes tribunaux que les autres dépendants. Leurs fiefs ne s'héritaient pas comme les autres biens. Leur statut familial même portait la marque de leur condition. Quand des possesseurs de fiefs militaires fut sortie la noblesse, ce qui avait été la coutume attachée à l'exercice d'une fonction tendit à devenir celle d'un groupe de familles. Un changement de nom est, sur ce point, instructif : là où on avait parlé autrefois de « bail féodal » — l'institution a été définie au début de ce volume ([304]) —, on se prit désormais à dire, en France, « garde noble ». Comme il était naturel pour une classe qui tirait son originalité du reflet d'institutions très anciennes, le droit privé des nobles conserva un tour volontiers archaïque.

Une série d'autres traits marquaient, avec plus de vigueur encore, la suprématie sociale de la classe en même temps que son caractère d'ordre combattant. S'agissait-il d'assurer la pureté du sang ? Pas de moyen plus efficace, évidemment, que d'interdire toute mésalliance. On n'en vint là, pourtant, que dans une féodalité d'importation — à Chypre — et dans la hiérarchique Allemagne. Encore, dans ce dernier pays, caractérisé, nous le verrons, par un échelonnement très poussé à l'intérieur même de la noblesse, fut-ce seulement la couche supérieure de celle-ci, à l'exclusion de la petite chevalerie issue d'anciens officiers seigneuriaux, qui se ferma ainsi. Ailleurs, le souvenir de l'ancienne égalité des hommes libres continua d'exercer ses effets, en droit, sinon en pratique, sur le plan matrimonial. Partout, en revanche, certaines grandes communautés religieuses, qui, jusqu'alors, n'avaient manifesté leur esprit aristocratique qu'en écartant les postulants d'origine servile, décidèrent de n'en plus admettre que venus de la noblesse ([305]). Partout aussi, on peut constater, ici plus tôt, là plus tard, que le noble est spécialement protégé dans sa personne contre le non-noble ; qu'il est soumis à un droit pénal exceptionnel, avec des amendes ordinairement plus lourdes que celles des gens du commun ; que le recours à la vengeance privée, considérée comme inséparable du port des armes, tend à lui être réservé ; que les lois somptuaires lui attribuent une place à part. L'importance attachée au lignage, comme porteur du privilège, s'exprima dans la transformation qui des anciens signes individuels de « reconnaissance », peints sur le bouclier du chevalier ou gravés sur son sceau, fit les armoiries, parfois transmises avec le fief, plus souvent héréditaires, même sans le bien, de génération en génération. Né d'abord dans les dynasties royales et princières, où l'orgueil de la race était particulièrement fort, bientôt adopté par beaucoup de plus modestes maisons, l'usage de ces symboles de continuité passa désormais pour le monopole des familles classées comme nobles. Enfin, sans que l'exemption fiscale eût encore rien de rigoureusement défini, l'obligation militaire, d'ancien devoir vassalique devenue le devoir nobiliaire par excellence, avait d'ores et déjà pour effet de mettre le gentilhomme à l'abri des charges pécuniaires communes, que remplaçait, à son égard, la vocation de l'épée.

Quelle que fût la force des droits acquis de naissance, elle n'était pas telle, cependant, qu'ils ne dussent se perdre par l'exercice de certaines occupations censées incompatibles avec la grandeur du rang. Certes la notion de dérogeance était loin d'être encore pleinement élaborée. L'interdiction de commercer paraît alors avoir été imposée aux nobles surtout par certains statuts urbains, plus soucieux, par là, de protéger le quasi monopole des bourgeoisies marchandes que de servir l'orgueil d'une caste adverse. Mais, unanimement, les travaux agricoles passaient pour contraires à l'honneur des armes. Fût-ce de son propre consentement, un chevalier, décide le Parlement de Paris, ne saurait, s'il a acquis une tenure en vilainage, se soumettre aux corvées rurales. « Labourer, piocher, transporter à dos d'âne bois ou fumier » : autant de gestes qui, selon une ordonnance provençale, entraînent, automatiquement, la privation des privilèges chevaleresques. En Provence aussi, ne caractérisait-on pas la femme noble comme celle qui ne va « ni au four, ni au lavoir, ni au moulin » ([306]) ? La noblesse avait cessé de se définir par l'exercice d'une fonction : celle du fidèle armé. Elle n'était plus une classe d'initiés. Elle restait, par contre, et restera toujours une classe de genre de vie.

IV. L'EXCEPTION ANGLAISE

En Angleterre, où les institutions vassaliques et chevaleresques étaient toutes d'importation, l'évolution de la noblesse de fait suivit d'abord à peu près les mêmes lignes que sur le continent. Mais pour s'infléchir, au XIIIe siècle, dans un sens bien différent.

Maîtres très puissants d'un royaume insulaire qu'ils concevaient, avant tout, comme destiné à leur fournir les moyens de poursuivre des ambitions véritablement impériales, les rois normands, puis angevins s'appliquèrent à y tendre au maximum les ressorts de l'obligation militaire. A cette fin, ils utilisèrent concurremment deux principes, d'âges divers : levée en masse de tous les hommes libres ; service spécialisé réclamé aux vassaux. Dès 1180 et 1181, on voit Henri II astreindre, d'abord dans ses domaines continentaux, puis en Angleterre, ses sujets à se munir chacun des armes conformes à sa condition. L'« assise » anglaise spécifie, entre autres, celles qui seront exigées du détenteur d'un fief de chevalier. Elle ne fait point mention d'adoubement.

Cependant on considérait, nous le savons, le rite comme une sûre garantie de l'équipement. Aussi, en 1224 et 1234, Henri III jugea-t-il sage, cette fois, d'obliger tout possesseur d'un tel fief à se plier, sans retard, à cette initiation. Du moins — ce fut la restriction introduite par la seconde ordonnance —, si l'hommage était rendu directement au roi.

Jusque-là, à vrai dire, il n'y avait, dans ces mesures, rien qui différât sensiblement de la législation capétienne du même temps. Comment, cependant, le gouvernement anglais, avec ses fortes traditions administratives, ne se fût-il pas avisé de l'inefficacité croissante à laquelle le vieux système du service fieffé était désormais condamné ? Beaucoup de fiefs avaient été morcelés. D'autres passaient à travers les mailles de recensements sans cesse réitérés et toujours imparfaits. Enfin leur nombre, au total, était forcément limité. N'était-il pas plus raisonnable d'asseoir, résolument, le devoir de servir et, par suite, de s'armer sur une réalité beaucoup plus tangible : la fortune foncière, quelle qu'en fût la nature ? Tel, d'ailleurs, avait déjà été le principe qu'en 1180 Henri II s'était efforcé d'appliquer à ses États du continent, où l'organisation féodale n'était pas, à beaucoup près, partout aussi régulière qu'en Angleterre ou dans le duché normand. On fit de même dans l'île, à partir de 1254, en usant de critères économiques variables, dont le détail ici importe peu. Mais, là où Henri II s'était borné à parler d'armement, ce fut l'adoubement que, conformément aux habitudes prises, on exigea, dorénavant, de tous les libres possesseurs d'une certaine quantité de terre libre. Cela d'autant plus volontiers, sans doute, que les désobéissances prévues promettaient au trésor royal la perspective d'agréables amendes.

Même en Angleterre, pourtant, aucune machinerie d'État n'était alors assez bien agencée pour assurer le strict respect de pareilles mesures. Dès la fin du siècle vraisemblablement, au siècle suivant, sans conteste, elles étaient devenues à peu près inopérantes. Il fallut y renoncer ; et, de moins en moins régulièrement pratiquée, la cérémonie chevaleresque, comme sur le continent, fut finalement rejetée parmi les accessoires d'une étiquette archaïsante. Mais de la politique royale — à laquelle s'était ajoutée, par un inévitable corollaire, l'absence de toute tentative pour mettre une barrière au commerce des fiefs — une très grave conséquence avait découlé. En Angleterre l'adoubement, métamorphosé en institution censitaire, ne put servir de centre à la formation d'une classe fondée sur l'hérédité.

Cette classe, en vérité, ne devait jamais y voir le jour. Au sens français ou allemand du mot, l'Angleterre médiévale n'eut pas de noblesse. Entendez que, parmi les hommes libres, aucun groupe d'essence supérieure ne se constitua, pourvu d'un droit particulier qui se transmît par le sang. Structure, en apparence, étonnamment égalitaire! A aller au fond des choses, elle reposait cependant sur l'existence d'une frontière hiérarchique singulièrement dure, encore que placée plus bas. Au moment même, en effet, où, partout ailleurs, la caste des gens nobles s'élevait au-dessus de la masse de plus en plus considérable d'une population qualifiée de « libre », en Angleterre, au contraire, la notion de servitude avait été étendue au point de frapper de cette tare la majorité des paysans. Sur le sol anglais, le simple *freeman*, en droit, ne se distingue guère du gentilhomme. Mais les *freemen* eux-mêmes sont une oligarchie.

Ce n'est pas à dire, d'ailleurs, qu'il n'existât point, au-delà de la Manche, une aristocratie aussi puissante que dans le reste de l'Europe, plus puissante peut-être, parce que la terre paysanne était davantage à sa merci. C'était une classe de possesseurs de seigneuries, de guerriers ou de chefs de guerre, d'officiers du roi et de représentants ordinaires, auprès de la monarchie, des cours de comté : tous gens dont les modes de vie différaient grandement et sciemment de ceux des hommes libres du commun. Avec, au sommet, le cercle étroit des comtes et « barons ». Au profit de ce groupe suprême, des privilèges assez précis avaient, à vrai dire, commencé de s'élaborer durant le XIIIe siècle. Mais ils étaient de nature presque exclusivement politique et honorifique. Surtout, attachés au fief de dignité, à « l'honneur », ils ne passaient qu'à l'aîné. En un mot la classe des gentilshommes, dans son ensemble, demeurait, en Angleterre, plus « sociale » que « juridique » ; et bien que, naturellement, pouvoir et revenus le plus souvent s'héritassent, bien que, comme sur le continent, le prestige du sang fût ressenti avec beaucoup de force, cette collectivité était trop mal définie pour ne pas rester largement ouverte. La fortune foncière avait, au XIIIe siècle, suffi à autoriser, voire à imposer l'adoubement. Un siècle et demi plus tard, ou environ, elle devait — toujours limitée, selon une norme caractéristique, à la « libre » tenure — officiellement habiliter au droit d'élire, dans les comtés, les députés des « Communes de la Terre ». Et si de ces députés mêmes, connus sous le nom significatif de « chevaliers des comtés » et qui, originellement, avaient dû, en effet, être pris parmi les chevaliers adoubés, on continua d'exiger, en principe, jusqu'à la fin du moyen âge, qu'ils pussent fournir la preuve d'armoiries héréditaires, il ne semble pas que, pratiquement, aucune famille, solidement établie en richesse et en distinction sociale, ait jamais rencontré beaucoup de difficulté à se faire reconnaître l'usage de pareils emblèmes ([307]). Point de lettres d'anoblissement chez les Anglais de ce temps (la création des baronets, par la monarchie besogneuse des Stuarts, ne sera qu'une imitation tardive des mœurs françaises). Il n'en était pas besoin. Le fait suffisait à en tenir lieu.

Et de s'être ainsi maintenue tout près des réalités qui font le vrai pouvoir sur les hommes, d'avoir échappé à l'ankylose qui guette les classes trop bien délimitées et trop dépendantes de la naissance, l'aristocratie anglaise tira, sans doute, le meilleur d'une force qui devait traverser les âges.

Chapitre V

Les distinctions de classes à l'intérieur de la noblesse

I. LA HIÉRARCHIE DU POUVOIR ET DU RANG

Malgré les caractères communs de la vocation militaire et du genre de vie, le groupe des nobles de fait, puis de droit, fut toujours très loin de constituer une société d'égaux. De profondes différences de fortune, de puissance et par suite de prestige établissaient entre eux une véritable hiérarchie, plus ou moins gauchement exprimée par l'opinion d'abord, plus tard par la coutume ou la loi.

Au temps où les obligations vassaliques conservaient encore toute leur force, ce fut à l'échelonnement même des hommages que l'on demanda, de préférence, le principe de ce classement. Au plus bas des degrés, voici d'abord le « vavasseur » qui, vassal de beaucoup de vassaux (*vassus vassorum*), n'est lui-même le seigneur d'aucun autre guerrier. Du moins quand le mot, commun à tout le domaine roman, était pris dans son sens strict. Ne pas commander ou ne commander qu'à des croquants : c'était n'avoir droit qu'à une médiocre considération. Pratiquement, cette situation juridique coïncidait presque toujours avec une fortune des plus modestes, une vie besogneuse de petit gentilhomme rural, voué à l'aventure. Voyez, dans l'*Erec* de Chrétien de Troyes, le portrait du père de l'héroïne — « moult pauvre était sa cour » — ou, dans le poème de *Gaydon*, celui du vavasseur au grand cœur et à la rustique armure ; hors de la fiction, l'indigente maisonnée d'où s'évada, à la poursuite des coups d'épée et du butin, un Robert Guiscard ; les mendicités d'un Bertrand de Born ; ou encore ces chevaliers que diverses chartes d'un cartulaire provençal nous montrent pourvus, pour tout fief, d'un « manse », c'est-à-dire de l'équivalent d'une tenure paysanne. Parfois, on disait aussi, à peu près dans le même sens, « bachelier », littéralement « jeune homme ». Car telle était, naturellement, la condition normale de beaucoup de jeunes, non encore chasés ou encore insuffisamment dotés. Mais il arrivait qu'elle se prolongeât fort tard ([308]).

Dès que le noble devenait le chef d'autres nobles, on le voyait grandir en dignité. Après avoir énuméré les diverses indemnités dues au chevalier, frappé, fait prisonnier ou de toutes façons maltraité : « mais s'il a lui-même deux autres chevaliers établis sur des terres de son honneur et en maintient un autre dans sa mesnie », disent les *Usages de Barcelone*, « la composition sera doublée » ([309]). Notre personnage groupe-t-il, sous son fanion, une troupe étendue de ces fidèles armés ? Le voici « banneret ». Regardant vers le haut et constatant qu'aucun autre échelon ne le sépare du roi ou du prince territorial auquel il prête directement hommage, on le dira aussi tenant en chef, « captal » ou baron.

Emprunté aux langues germaniques, ce dernier mot avait d'abord passé du sens premier d'« homme » à celui de « vassal » : avoir remis sa foi à un seigneur, n'était-ce pas se reconnaître son « homme » ? Puis on prit l'habitude de l'appliquer, plus particulièrement, aux principaux vassaux des grands chefs. Il n'exprimait, dans cette acception, qu'une suprématie toute relative, par rapport aux autres fidèles du même groupe. L'évêque de Chester ou le sire de Bellême avaient leurs barons, tout comme les rois. Mais, puissants entre les puissants, les plus importants feudataires des monarchies étaient, pour le langage usuel, les « barons » tout court.

Presque synonyme de « baron » — de fait, employé par certains textes comme son exact équivalent —, pourvu, cependant, dès l'origine, d'un contenu juridique plus précis, le terme de « pair » appartenait, en propre, au vocabulaire des institutions judiciaires. Un des privilèges les plus chers du vassal était de n'être jugé, à la cour de son seigneur, que par les autres vassaux de celui-ci. L'égalité résultant de la similitude du lien, le « pair » ainsi décidait du sort du « pair ». Mais, parmi les personnages qui tenaient leurs fiefs directement du même maître, il s'en trouvait de très divers par la puissance et la considération. Pouvait-on admettre que, tirant argument d'une prétendue conformité de soumission, le plus petit gentilhomme obligeât le riche banneret à s'incliner devant ses sentences ? Une fois de plus, les conséquences d'un état de droit se heurtaient au sentiment de réalités plus concrètes. De bonne heure, donc, on s'accoutuma, en beaucoup de lieux, à réserver aux premiers d'entre les féaux la faculté de siéger dans les procès qui concernaient leurs véritables égaux en dignité ; celle aussi d'offrir leurs conseils, dans les affaires graves. Le cercle des « pairs », par excellence, se limita ainsi, souvent par recours à un chiffre traditionnel ou mystique : sept comme les échevins dans les juridictions publiques de l'époque carolingienne ; douze, comme les Apôtres. Il en existait dans de moyennes seigneuries — celle des moines du Mont-Saint-Michel, par exemple — aussi bien que dans de grandes principautés, telles que la Flandre ; et l'épopée imaginait ceux de France groupés, en nombre apostolique, autour de Charlemagne.

Mais d'autres noms aussi, qui se contentaient de mettre l'accent sur le pouvoir et la richesse, remplissaient la bouche des chroniqueurs ou des poètes, quand ils évoquaient les figures des grands aristocrates. « Magnats », « poestatz », « demeines » leur semblaient dominer de très haut la foule chevaleresque. Car les antagonismes de rang étaient, en vérité, très abrupts, à l'intérieur même de la noblesse. Lorsqu'un chevalier a fait tort à un autre chevalier, exposent les *Usages* catalans, si le coupable est « supérieur » à la victime, on ne saurait exiger de lui, en personne, l'hommage expiatoire ([310]). Dans le *Poème du Cid*, les gendres du héros, issus d'une lignée comtale, tiennent pour une mésalliance leur mariage avec les filles d'un simple fidèle : « Nous ne devions pas les prendre même pour concubines, à moins d'en être priés. Pour dormir dans nos bras, elles n'étaient pas nos égales. » Inversement, les mémoires du « pauvre chevalier » picard,

Robert de Clary, sur la quatrième croisade, nous ont conservé l'aigre écho des rancunes longuement nourries par « le commun de l'ost » contre « li hauts hommes », « li rikes hommes », « li barons ».

Au XIIIe siècle, âge de clarté et de hiérarchie, il était réservé de chercher à faire de ces distinctions, jusque-là plus vivement ressenties que définies avec précision, un système rigoureusement conçu. Non, chez les juristes, sans un certain excès d'esprit géométrique, qui s'adaptait mal à des réalités demeurées beaucoup plus souples. Avec, aussi, entre les évolutions nationales de fortes dissemblances. On se bornera ici, comme d'habitude, aux exemples les plus caractéristiques.

En Angleterre, où du vieux devoir féodal de « cour » l'aristocratie avait su tirer un instrument de gouvernement, le mot de « baron » continua de désigner les principaux feudataires du roi, appelés à son « Grand Conseil » en vertu d'un monopole de fait qui peu à peu se mua en une vocation strictement héréditaire. Ces personnages se plaisaient également à se parer du nom de « pairs de la terre » et parvinrent, en fin de compte, à en imposer officiellement l'usage ([311]).

En France, au contraire, les deux termes divergèrent grandement. On n'y avait pas cessé de parler de vavasseurs et de barons. Mais c'était, couramment, pour exprimer une simple différence de fortune et de considération. La décadence du lien vassalique enlevait toute portée aux critères tirés de la superposition des hommages. Afin de tracer, cependant, de l'une à l'autre condition une plus nette frontière, les techniciens imaginèrent d'en demander le principe à la gradation des pouvoirs judiciaires : l'exercice de la haute justice distingua la baronnie ; le fief du vavasseur était réduit à la basse ou la moyenne. En ce sens — auquel le langage usuel, d'ailleurs, ne se rallia jamais sans réserves —, il y avait, dans le pays, une multitude de barons. Très peu de pairs de France, par contre. Car, l'influence de la légende épique favorisant le chiffre douze, les six plus importants vassaux du Capétien réussirent, concurremment avec les six plus puissants évêques ou archevêques dont les églises dépendaient directement du roi, à s'attribuer le bénéfice exclusif de ce titre. Quitte, du reste, à n'obtenir qu'un beaucoup plus médiocre succès dans leurs efforts pour en déduire des privilèges pratiques : leur droit même à n'être jugés qu'entre eux dut accepter pour limite la présence, au tribunal, d'officiers de la couronne. Ils étaient trop peu nombreux, leurs intérêts de grands princes territoriaux étaient trop étrangers à ceux de la haute noblesse, dans son ensemble, et trop extérieurs au royaume même, pour qu'il leur fût possible de faire passer dans le domaine des réalités politiques une prééminence condamnée à demeurer toute d'étiquette. Aussi bien, trois sur six des pairies laïques primitives s'étant éteintes au cours du siècle, par suite du retour au domaine royal des fiefs qui leur avaient servi de base, les rois commencèrent, à partir de 1297, à en créer, de leur propre autorité, de nouvelles ([312]). A l'âge des formations nobiliaires spontanées succédait celui où, du haut en bas de l'échelle sociale, l'État désormais allait détenir le pouvoir de fixer et de changer les rangs.

Telle est également la leçon qu'impose, en France, l'histoire des titres de dignité. De tout temps les comtes — avec les ducs ou marquis, chefs chacun de plusieurs comtés — avaient figuré au premier rang des magnats. A côté d'eux, les membres de leurs lignées, qu'on appelait, dans le Midi, « comtors ». Mais, dérivés de la nomenclature franque, ces termes, originellement, exprimaient un genre de commandement bien défini. Ils s'appliquaient, exclusivement, aux héritiers des grands « honneurs » de l'époque carolingienne, naguère offices publics, fiefs maintenant. Si quelques usurpations, pourtant, s'étaient de bonne heure produites, elles avaient porté, en premier lieu, sur la nature du pouvoir lui-même ; le mot, après coup, avait suivi la chose. Peu à peu, cependant, nous le verrons, le faisceau des droits comtaux se fragmenta, au point de se vider de tout contenu spécifique. Les détenteurs des divers comtés avaient beau continuer à posséder de nombreux droits qu'ils avaient, en fait, hérités de leurs ancêtres fonctionnaires ; comme la liste en variait fortement, d'un comté à l'autre, et que rarement les comtes en avaient l'absolu monopole, on n'en ramenait plus l'exercice à la notion d'une autorité comtale, de caractère universel. Le nom subsistait seulement, en somme, comme le signe, dans chaque cas particulier, de beaucoup de puissance et de prestige. Il n'y avait donc plus de raison valable pour en limiter l'emploi aux successeurs des gouverneurs provinciaux de temps très lointains. Depuis 1338 au plus tard, les rois se prirent à faire des comtes ([313]). Ainsi débutait une classification d'étiquette qui, archaïsante par son langage, neuve dans son esprit, devait aller, par la suite, se compliquant de plus en plus.

Entendons bien, d'ailleurs, que ces degrés dans l'honneur et, parfois, le privilège n'entamaient point très profondément, dans la noblesse française, l'unité de la conscience de classe. Si, en face de l'Angleterre, où il n'existait point de droit des gentilshommes, distinct de celui des hommes libres, la France du XIIIe siècle pouvait faire figure d'une société hiérarchisante, du moins y était-il, ce droit spécifique, commun, dans ses lignes essentielles, à toutes les personnes habilitées à la chevalerie. Le développement, en Allemagne, s'orienta dans un sens bien différent.

Au point de départ, s'inscrit une règle particulière à la féodalité allemande. De bonne heure, semble-t-il, on considéra que, sous peine de déchoir, un personnage, d'un niveau social déterminé, ne pouvait tenir un fief de qui était censé son inférieur. En d'autres termes, alors qu'ailleurs la gradation des hommages fixait les rangs, c'était ici sur une distinction de classes préexistante que devait se modeler leur échelonnement. Bien qu'il ne fût pas toujours strictement respecté par la pratique, ce rigoureux ordonnancement des « boucliers chevaleresques » exprimait, avec beaucoup de force, l'esprit d'une société qui, n'ayant accepté qu'avec quelque répugnance les liens vassaliques, refusait du moins de les laisser venir à la traverse d'un sentiment hiérarchique, solidement enraciné. Restait à établir les degrés. Au sommet de l'aristocratie laïque, on s'accordait à placer ceux qu'on appelait « les premiers », *Fürsten*. Les textes latins traduisent par *principes* et l'habitude s'est introduite de dire, en français, « princes ». Là encore, il est caractéristique que le critère n'ait pas été demandé, originellement, aux relations proprement féodales. Car l'usage primitif fut de comprendre sous ce nom tous les titulaires de pouvoirs comtaux, lors même qu'ayant reçu l'investiture d'un duc ou d'un évêque, ils ne figuraient point parmi les vassaux directs du roi. Dans cet Empire, où l'empreinte carolingienne était demeurée si vive, le comte, quel que fût le seigneur qui lui avait inféodé sa dignité, passait toujours pour exercer son office au nom de la monarchie. Tous les princes, ainsi définis, siégeaient aux grandes cours où les rois étaient élus.

Cependant, vers le milieu du XIIe siècle, à la fois la puissance croissante des grands chefs territoriaux et l'imprégnation, de plus en plus sensible, des institutions allemandes par un esprit véritablement féodal amenèrent un déplacement très marqué de la frontière des rangs. Par une restriction doublement significative, on s'habitua dorénavant à borner le titre princier aux feudataires directs du roi ; et, dans leur nombre même, à ceux qui étendaient leur suprématie sur plusieurs comtés. Seuls, également, ces magnats du premier ordre furent, avec leurs confrères ecclésiastiques, admis à élire le souverain. Du moins jusqu'au jour où, très vite, une seconde scission fit surgir, au-dessus d'eux, un groupe, plus réduit encore, d'Électeurs nés. La nouvelle classe des princes laïques, Électeurs compris, forma définitivement, derrière le roi et les princes d'Église — qui étaient les évêques et les grands abbés dépendant immédiatement de la monarchie —, le troisième degré des « boucliers ». Là non plus, à vrai dire, l'inégalité n'allait pas si loin que, notamment par la faculté des intermariages, quelque chose ne subsistât longtemps d'une sorte d'unité interne, dans la noblesse. Cela sous réserve, toutefois, d'un dernier échelon chevaleresque, qui, en tant que groupe juridique, sinon comme couche sociale, fut hautement caractéristique de l'empilement des rangs propre, alors, à la société allemande : la ministérialité ou chevalerie servile.

II. SERGENTS ET CHEVALIERS SERFS

Un puissant ne vit pas sans serviteurs, ne commande pas sans seconds. A la plus modeste seigneurie rurale, il fallait un représentant du maître pour diriger la culture du domaine, requérir les corvées et en contrôler l'exécution, lever les redevances, veiller au bon ordre parmi les sujets. Souvent ce « maire », ce « bayle », ce *Bauermeister*, ce *reeve* disposait, à son tour, d'adjoints. A vrai dire, on pouvait concevoir que des fonctions aussi simples fussent, tout bonnement, exercées par roulement entre les tenanciers, voire que ceux-ci fussent appelés à en désigner eux-mêmes, dans leurs rangs, les titulaires provisoires. Il en fut ainsi très fréquemment, en Angleterre. Sur le continent, par contre, ces tâches, remplies là aussi, comme il était naturel, par des paysans, n'en constituaient pas moins, presque toujours, de véritables charges, durables, rémunérées et soumises, exclusivement, à la nomination du seigneur. Dans sa maison même, d'autre part, le hobereau, comme le baron, groupait en nombre, cela va de soi, extrêmement variable selon sa fortune ou son rang, tout un petit monde de valets, d'ouvriers attachés aux ateliers de la « cour », d'officiers qui aidaient à gouverner les hommes ou le ménage. Entre ces façons de servir, du moment qu'elles ne se classaient pas sous l'honorable rubrique des obligations chevaleresques, le langage distinguait mal. Artisans, membres de la menue domesticité, messagers, administrateurs des terres, chefs du personnel, dans l'entourage direct du chef : pour tous, les mots étaient les mêmes. Langue internationale, le latin des chartes disait, communément, *ministeriales* ; le français, « sergents » ; l'allemand, *Dienstmänner* ([314]).

Comme à l'ordinaire, deux procédés s'offraient pour rémunérer ces diverses charges : l'entretien par le maître ou la tenure qui, ici, étant grevée de tâches professionnelles, s'appelait fief. A la vérité, pour les sergents ruraux, la question ne se posait guère. Paysans et, par leurs fonctions mêmes, retenus loin de leur beaucoup plus nomade seigneur, ils étaient, par définition, des tenanciers ; leurs « fiefs », primitivement du moins, ne se distinguaient guère des censives environnantes que par quelques exemptions de taxes et de corvées, contrepartie naturelle des obligations spéciales qui pesaient sur l'homme. Un certain pourcentage, prélevé sur les redevances dont la perception leur incombait, complétait leur salaire. Le régime de la provende s'adaptait assurément beaucoup mieux aux conditions de vie, soit des artisans domestiques, soit des officiers de la maisonnée. Cependant l'évolution qui avait entraîné le « chasement » de tant de vassaux se reproduisit au degré inférieur du service. Un grand nombre des ministériaux de ce type furent de bonne heure, eux aussi, fieffés ; ce qui, d'ailleurs, ne les empêchait nullement de continuer à demander une part appréciable de leurs revenus aux distributions coutumières de vivres et de vêtements.

Parmi les sergents, de toute catégorie, beaucoup étaient de statut servile. La tradition remontait très haut : de tout temps, des esclaves s'étaient vus chargés, dans la maison du maître, de missions de confiance, et l'on sait que plus d'un, à l'époque franque, avait ainsi réussi à se glisser dans les rangs de la primitive vassalité. Mais surtout, à mesure que se développaient les relations de sujétion personnelle et héréditaire, désormais qualifiées de servitude, c'était, très naturellement, aux dépendants de cette nature que le seigneur remettait, de préférence, les offices dont il ne réservait pas le monopole à ses vassaux. Plus que l'homme libre, ne semblaient-ils point, par l'humilité de leur condition, par la rigueur de l'attache, par l'impossibilité où ils étaient, dès la naissance, de secouer le joug, offrir la garantie d'une prompte et stricte obéissance ? Si la ministérialité servile ne fut jamais toute la ministérialité — une fois de plus constatons que cette société n'avait rien d'un théorème —, son importance croissante, au premier âge féodal, ne saurait faire de doute.

D'un personnage qui, employé d'abord comme pelletier par les moines de Saint-Père de Chartres, obtint ensuite d'être préposé à la garde de leur cellier, la notice contemporaine dit : il avait voulu « monter plus haut ». Mot, dans sa naïveté, éminemment symptomatique ! Unis par la notion d'un genre de service commun qu'exprimait la communauté du nom, frappés, en outre, pour la plupart, de la même « macule » servile, les sergents n'en constituaient pas moins un monde, non seulement bigarré, mais aussi — et de plus en plus — hiérarchisé. Les fonctions étaient trop diverses pour ne pas entraîner de fortes inégalités dans le genre de vie et la considération. Sans doute, à charges pareilles, le niveau atteint dépendait beaucoup, dans chaque cas, des usages particuliers au groupe, des opportunités ou de l'adresse de l'homme. D'une façon générale, cependant, trois traits élevèrent le plus grand nombre des maires ruraux, d'une part, les principaux officiers de cour, de l'autre, fort au-dessus du menu fretin des titulaires de petites sergenteries rurales, des serviteurs proprement dits et des artisans domestiques : la fortune, la participation aux pouvoirs de commandement et le port des armes.

Paysan, le maire ? Oui certes, au début du moins et quelquefois jusqu'au bout. Mais, dès le principe, un paysan riche et que ses fonctions enrichirent de plus en plus. Car les profits licites étaient déjà appréciables et plus encore, sans doute, ceux qui tenaient du simple abus. En ce temps où le seul pouvoir efficace était le pouvoir proche, comment les usurpations de droits qui de tant de hauts fonctionnaires royaux firent, pratiquement, des souverains pour leur propre compte, ne se seraient-elles pas répétées, au bas de l'échelle, dans l'humble cadre du village ? Déjà Charlemagne manifestait envers les maires de ses *villae* une juste méfiance : ne recommandait-il point d'éviter de les prendre parmi des hommes trop puissants ? A vrai dire, si quelques « rapaces », çà et là, réussirent à substituer totalement leur autorité à celle de leur seigneur, des excès si éclatants demeurèrent toujours exceptionnels. Combien, en revanche, de produits indûment gardés aux dépens des greniers ou des coffres seigneuriaux ? Domaine abandonné aux sergents, domaine perdu, enseigne le sage Suger. Combien, surtout de redevances ou de corvées qu'à son seul bénéfice ce tyranneau rural extorque aux vilains ; de poules prélevées sur leurs basses-cours, de setiers de vin réclamés à leurs caves ou de tranches de lard à leurs celliers, de travaux de tissage imposés à leurs femmes ! Simples cadeaux, souvent, à l'origine, que tout cela ; mais qui ne se refusaient guère et que la coutume se chargeait bien vite, à son ordinaire, de transformer en devoirs. Il y a plus : ce rustre d'origine est, dans sa sphère, un maître. Sans doute ordonne-t-il, en principe, au nom d'un plus puissant que lui. Ce n'en est pas moins ordonner. Mieux encore il est un juge. Il préside, seul, les cours paysannes. Il siège, parfois, pour de plus graves procès, au côté de l'abbé ou du baron. Il possède, parmi ses attributions, celle de tracer, entre les champs, les limites contestées ; à des âmes paysannes, quelle fonction plus lourde de respect que celle-là ? Enfin, au jour du danger, le voici qui chevauche en tête du contingent des manants. Auprès du duc Garin, navré à mort, le poète n'a su placer de meilleur serviteur qu'un maire fidèle.

Assurément, l'ascension sociale eut ses degrés, infiniment variables. Comment, cependant, mettre en doute les leçons de tant de chartes, de tant de chroniques monastiques, dont les lamentations se font écho, toutes pareilles, depuis l'Alémanie jusqu'au Limousin, et, avec elles, le témoignage des fabliaux mêmes ? Un portrait s'en dégage, dont les vives couleurs n'eussent pas été vraies partout, mais l'étaient souvent : celui, si l'on veut, du maire heureux. Il ne jouit pas seulement d'une large aisance. Sa fortune, en soi, n'a plus rien de celle d'un paysan. Il possède des dîmes, des moulins. Il a établi sur ses propres terres des tenanciers, voire des vassaux. Sa demeure est une maison forte. Il s'habille « comme un noble ». Il entretient des chevaux de guerre dans ses écuries, et, dans son chenil, des chiens de chasse. Il porte l'épée, le bouclier et la lance.

Riches aussi par leurs fiefs et par les cadeaux constamment reçus, les principaux sergents qui formaient, autour des barons, comme l'état-major de la ministérialité étaient élevés plus haut encore en dignité par la proximité où ils se trouvaient du maître, par les importantes missions que celui-ci était conduit à leur confier, par leur rôle militaire de cavaliers d'escorte, voire de commandants de petites troupes. Ils étaient, auprès du sire de Talmont, par exemple, ces « chevaliers non nobles » qu'une charte du XIe siècle mentionne, à côté des « chevaliers nobles ». Ils siégeaient aux cours de justice et aux conseils ; ils servaient de témoins aux actes juridiques les plus graves. Tout cela était vrai, parfois, même de personnages que la modestie de leurs fonctions eût semblé confiner, décidément, dans la valetaille. Ne voit-on pas les « sergents de cuisine » des moines d'Arras participer aux jugements ? le serrurier des moines de Saint-Trond, qui était, en même temps, leur vitrier et leur chirurgien, s'efforcer de transformer sa tenure en « libre fief chevaleresque » ? Cela était cependant beaucoup plus vrai encore, et plus généralement, de ceux qu'on peut nommer les chefs de service : le sénéchal, chargé en principe de l'approvisionnement, le maréchal, à qui incombait le soin des écuries, le bouteiller, le chambellan.

Originellement, la plupart de ses offices domestiques avaient été remplis par des vassaux, le plus souvent non chasés. Jusqu'au bout la frontière entre les attributions réservées aux vassaux et celles qui leur échappaient demeura très flottante. A mesure cependant que la vassalité, grandie en honneur, s'écartait davantage de ses caractères primitifs, qu'en outre la pratique du fief, en se généralisant, dispersait l'ancien groupe ménager des suivants d'armes, les seigneurs, de tout rang, s'habituèrent à remettre, de préférence, les charges de leur entourage à des dépendants de plus basse naissance, plus proches et jugés plus maniables. Que désormais l'abbé, cessant de distribuer des « bienfaits » à des hommes libres, n'en concède plus qu'aux ministériaux de l'église, prescrit, en 1135, un diplôme de l'empereur Lothaire pour Saint-Michel de Lunebourg. Dans cette société qui, à ses premiers pas, avait tant attendu de la fidélité vassalique, les progrès de la ministérialité de cour furent un symptôme de désillusion. Entre les deux types de service et les deux classes de serviteurs, une véritable concurrence s'établit ainsi, dont la littérature épique ou courtoise nous a conservé l'écho. Il faut entendre en quels termes le poète Wace félicite un de ses héros de n'avoir jamais donné qu'à des « gentilshommes » les « métiers de sa maison ». Mais voici, dans un autre poème, un portrait, fait également pour plaire au public des châteaux, — puisque l'homme finalement se révélera un traître, — en lui-même, néanmoins, pris certainement à une réalité familière : « On voyait là un baron que Girard tenait pour le plus fidèle des siens. Il était son serf et son sénéchal pour maint château ([315]). »

De ces premiers d'entre les sergents, tout contribuait à faire un groupe social délimité, vers le bas du moins, par de nets et stables contours. L'hérédité d'abord : car, en dépit des efforts contraires, tentés, notamment, par les églises, la plupart des fiefs de sergenterie étaient rapidement devenus, en droit fréquemment, en pratique presque toujours, transmissibles de génération en génération : le fils succédait, simultanément, à la terre et à la fonction. L'habitude, ensuite, des intermariages, que l'on suit très aisément, dès le XIIe siècle, par les actes d'échanges de serfs, conclus entre deux seigneurs différents : le fils ou la fille du maire, ne trouvant pas, dans son village, de conjoint de son rang, force lui était d'en chercher dans la seigneurie voisine. Ne vouloir se marier que « dans son monde », saurait-il être manifestation plus éloquente d'une conscience de classe ?

Ce groupe, pourtant, en apparence si solidement constitué, souffrait d'une curieuse antinomie interne. Bien des traits le rapprochaient de la « noblesse » des vassaux : les pouvoirs, les mœurs, le type de fortune, la vocation militaire. Celle-ci, souvent, avait entraîné ses conséquences naturelles dans le domaine des gestes juridiques. D'une part, l'usage de l'hommage « de bouche et de mains » : si les fiefs ministériaux étaient loin de le comporter tous, beaucoup, entre les plus importants, avaient paru imposer ce rite de la fidélité armée. De l'autre, l'initiation chevaleresque : parmi les maires et les officiers de cour, il se rencontrait plus d'un chevalier adoubé. Mais ces chevaliers, ces puissants, ces adeptes de la vie noble étaient, pour le plus grand nombre, en même temps des serfs : soumis, en tant que tels, à la mainmorte et à l'interdiction du formariage (sauf dérogations, toujours coûteuses) ; exclus, sauf affranchissement, des ordres sacrés ; privés du droit de témoigner en justice contre les hommes libres ; frappés surtout de l'humiliante tare d'une subordination étrangère à tout choix. En un mot, les conditions de droit démentaient brutalement les conditions de fait. Sur les solutions données, en fin de compte, à ce conflit les évolutions nationales divergèrent profondément.

La société anglaise fut celle où, même comme simple milieu social, la ministérialité, de tout temps, joua le moindre rôle. Les sergents villageois, on l'a vu, n'étaient pas, en règle générale, des spécialistes. Les officiers de cour ne se recrutaient ordinairement point parmi les trop humbles et trop rares *bondmen* ; plus tard, soustraits, par définition, aux corvées rurales, il ne put être question de les ranger parmi les vilains. Ils échappaient, en conséquence, pour la plupart, à l'ancienne forme de la servitude comme à la nouvelle. Hommes libres, ils jouirent simplement du droit commun des hommes libres ; adoubés — s'ils l'étaient —, de la considération particulière aux chevaliers. La doctrine juridique se contenta d'élaborer les règles propres aux fiefs de sergenteries, distingués des fiefs exclusivement militaires, et, surtout, s'attacha à établir, parmi les premiers, une ligne de démarcation de plus en plus nette entre les plus « grands » et les plus honorables, qui, par là-même, astreignaient à l'hommage, et les « petits », à peu près assimilés aux « libres » tenures paysannes.

En France, une scission se produisit. Les moins puissants ou les moins chanceux d'entre les maires restèrent simplement de riches paysans, parfois transformés en fermiers du domaine et des droits seigneuriaux, parfois aussi peu à peu détachés de tout rôle administratif. Car, lorsque les conditions économiques eurent de nouveau permis le recours au salaire, beaucoup de seigneurs rachetèrent les charges, afin de confier désormais la gestion de leurs terres, moyennant traitement, à de vrais fonctionnaires. Parmi les officiers des cours baronales, un certain nombre, mêlés depuis longtemps au gouvernement des seigneuries urbaines, prirent place, finalement, dans le patriciat bourgeois. Beaucoup d'autres, par contre, avec les plus favorisés des sergents ruraux, pénétrèrent dans la noblesse au moment où celle-ci se constituait en classe juridique. Les préludes de cette fusion s'étaient esquissés de bonne heure, notamment sous la forme de mariages, de plus en plus fréquents, entre les lignages de ministériaux et ceux de la vassalité chevaleresque. Dans les mésaventures du chevalier qui, d'origine servile, cherche à faire oublier cette tare, pour retomber, au bout du compte, sous la dure poigne de son maître, les chroniqueurs, comme les anecdotiers, trouvèrent, au XIIe siècle, un thème familier.

Le servage, en effet, dressait la seule barrière qui pût s'opposer efficacement à une assimilation préparée par tant de caractères communs. En un sens, l'obstacle pouvait sembler, depuis le XIIIe siècle, plus infranchissable que jamais. Car, par une rupture significative avec un usage presque immémorial, la jurisprudence, à partir de cette date, décida de considérer l'adoubement comme incompatible avec la servitude : tant le sentiment hiérarchique avait pris de vivacité. Mais on était aussi à l'époque du grand mouvement des affranchissements. Mieux pourvus d'argent que le commun des serfs, les sergents, partout, furent des premiers à acheter leur liberté. Rien n'empêchait donc, dorénavant, que, le droit s'adaptant au fait, ceux d'entre eux qui étaient les plus proches de la vie chevaleresque et comptaient déjà, souvent, des ancêtres adoubés n'accédassent de plain-pied à l'ordre des personnes habilitées de naissance à la chevalerie. Rien non plus, puisqu'ils y entraient débarrassés de toute macule, ne les marquait, dans ses rangs, d'une note distinctive. Ils devaient former la souche d'une bonne part de la petite gentilhommerie campagnarde et n'y restèrent pas toujours confinés. Les ducs de Saulx-Tavannes, qui figuraient, vers la fin de l'Ancien Régime, au plus haut de l'aristocratie d'épée, descendaient d'un prévôt du sire de Saulx, affranchi par celui-ci en 1284 ([316]).

En Allemagne, le groupe des *Dienstmänner* de cour, avec quelques sergents ruraux, prit de bonne heure une importance exceptionnelle. La relation vassalique n'avait sans doute jamais tenu, dans la société allemande, une place aussi prépondérante que dans la France du Nord et en Lotharingie. Qu'en tout cas la décadence du lien y ait été prompte et qu'on ne se soit guère préoccupé de lui chercher remède, l'absence de l'effort de redressement que fut ailleurs l'hommage lige en fournit la preuve manifeste. Plus que dans nul autre pays, il y parut donc souhaitable de confier à des dépendants non libres les charges des maisons seigneuriales. Dès le début du XIe siècle, ces « serfs de vie chevaleresque », selon l'expression d'un texte alaman, étaient, autour des principaux magnats, si nombreux, l'esprit de solidarité qui animait leurs turbulentes petites sociétés était si vif qu'enregistrant et fixant leurs privilèges, toute une série de coutumes de groupes s'étaient créées, bientôt mises par écrit et toutes prêtes à se confondre en une coutume de classe. Leur sort paraissait à ce point digne d'envie qu'au siècle suivant on vit plus d'un homme libre, de rang honorable, entrer en servitude pour accéder à la ministérialité. Ils jouaient un rôle de premier plan dans les expéditions militaires. Ils peuplaient les tribunaux, admis, d'après une décision de la diète d'Empire, à former les cours des princes, pourvu qu'à côté d'eux siégeassent au moins deux « nobles ». Ils tenaient dans les conseils des grands une telle place que la seule condition mise, par une sentence impériale de 1216, à l'aliénation, par l'empereur, de l'hommage d'une principauté était, avec l'assentiment du prince lui-même, celui de ses ministériaux. Ils prenaient part, quelquefois, dans les seigneuries d'Église, à l'élection de l'évêque ou de l'abbé et, quand ce dernier s'absentait, tyrannisaient les moines.

Au premier rang se plaçaient les *Dienstmänner* du souverain. Car les grands offices de cour, que les Capétiens confiaient aux membres de lignages vassaliques, c'était à de simples sergents, nés dans la servitude, que les remettaient leurs voisins d'Allemagne. Philippe Ier de France, sans doute, avait pris un serf comme chambellan ([317]). Mais la charge était relativement modeste et le cas demeura, semble-t-il, exceptionnel. Pour sénéchal, le roi français a parfois un haut baron ; pour maréchaux, régulièrement, de petits nobles d'entre Loire et Somme. En Allemagne — où, à vrai dire, les changements de dynastie et, comme nous le verrons, certaines particularités dans la structure de l'État empêchèrent les rois de se créer jamais une Ile-de-France, réservoir d'une fidèle et stable gentilhommerie —, il n'était normalement de sénéchaux comme de maréchaux d'Empire que choisis dans la condition servile. Assurément il y eut, chez l'aristocratie, des résistances qui, reflétées, comme à l'ordinaire, par la littérature des cours, semblent avoir été à l'origine de certaines rébellions. En dépit de tout, les ministériaux formèrent, jusqu'au bout, l'entourage habituel des Saliens et des Staufen. A eux, l'éducation des jeunes princes, la garde des plus importants châteaux, quelquefois, en Italie du moins, les grands commandements ; à eux, aussi, la plus pure tradition de la politique impériale. Dans l'histoire de Barberousse et de ses premiers successeurs, peu de figures s'élèvent aussi haut que la rude silhouette du sénéchal Markward d'Anweiler, qui mourut régent de Sicile : il n'avait été affranchi qu'en 1197, le jour où son maître l'investit du duché de Ravenne et du marquisat d'Ancône.

Il va de soi que nulle part le pouvoir et le genre de vie ne mettaient ces parvenus plus près du monde des vassaux. On ne les vit point cependant, ici, s'insérer, presque insensiblement, dans la noblesse d'origine vassalique. Pour cela, ils étaient trop nombreux ; leur caractère de classe était, de par les coutumes propres qui les régissaient, trop anciennement accentué ; trop d'importance s'attachait encore, en Allemagne, à la vieille notion de la liberté de droit public ; enfin l'opinion juridique allemande avait trop le goût des distinctions hiérarchiques. La chevalerie ne fut pas interdite aux serfs. Mais les chevaliers-serfs — quelquefois, par un surcroît de raffinement, divisés eux-mêmes en deux couches superposées — formèrent, dans la classe générale des nobles, un échelon à part : le plus bas. Et nul problème ne donna aux théoriciens comme à la jurisprudence plus de tablature que de décider du rang exact qu'à ces personnages, si puissants et pourtant frappés d'une telle tare, il convenait d'attribuer par rapport aux hommes libres du commun. Car, étrangers à tant de raisons qui faisaient le prestige des ministériaux, bourgeois et simples manants n'en étaient pas moins, après tout, leurs supérieurs par la pureté de la naissance. La difficulté était grave, notamment, quand il s'agissait de composer les tribunaux. « Qu'aucun homme de condition servile ne soit, à l'avenir, établi pour vous juger » : cette promesse se lit encore dans le privilège que Rodolphe de Habsbourg accorda aux paysans de la primitive Suisse ([318]).

Un jour vint toutefois où, comme en France, mais — selon le décalage habituel entre les deux évolutions — avec un siècle ou un siècle et demi de retard, l'inévitable s'opéra. Les moins heureuses parmi les familles de *Dienstmänner* étaient demeurées dans la riche paysannerie ou s'étaient glissées dans la bourgeoisie des villes. Celles qui avaient eu accès à la dignité chevaleresque ne furent désormais plus séparées par aucune marque propre, sinon de la plus haute noblesse — car le droit nobiliaire allemand resta jusqu'au bout fidèle à l'esprit de caste —, du moins de la chevalerie d'origine libre. Là encore — et telle est, sans doute, la leçon la plus importante qu'apporte l'histoire de la ministérialité — la tradition juridique avait finalement baissé pavillon devant les réalités.

Chapitre VI

Le clergé et les classes professionnelles

I. LA SOCIÉTÉ ECCLÉSIASTIQUE DANS LA FÉODALITÉ

Entre les clercs et les gens du siècle, la frontière n'était pas, à l'ère féodale, cette ligne nette et ferme que la réforme catholique, vers le temps du Concile de Trente, devait s'efforcer de tracer. Tout un peuple de « tonsurés », dont la condition demeurait mal définie, formait sur les confins des deux ordres, une marge de couleur indécise. Le clergé n'en constituait pas moins, éminemment, une classe juridique. Car il se caractérisait, en son ensemble, par un droit très particulier et des privilèges de juridiction jalousement défendus. Il n'avait, par contre, rien d'une classe sociale. Dans ses rangs coexistaient des types humains infiniment divers par les modes de vie, la puissance et le prestige.

Voici d'abord la foule des moines, tous « fils de saint Benoît », mais soumis, en fait, à des formes de plus en plus variées de la primitive loi bénédictine : monde divisé et vibrant, sans cesse ballotté entre la pure ascèse et les soucis plus terre à terre qu'imposaient la gestion d'une riche fortune, voire l'humble hantise du pain quotidien. Ne l'imaginons point, d'ailleurs, séparé du peuple laïque par d'infranchissables barrières. Les règles mêmes qu'inspirait le plus intransigeant esprit de solitude durent toujours s'incliner, au bout du compte, devant les nécessités de l'action. Des moines ont cure d'âmes, dans des paroisses. Des monastères ouvrent leurs écoles à des élèves qui jamais ne revêtiront la coule. Depuis la réforme grégorienne, surtout, les cloîtres sont une pépinière d'évêques ou de papes.

Tout au bas du clergé séculier, les desservants des paroisses rurales, médiocrement instruits et dotés de maigres revenus, mènent une vie assez peu différente, en somme, de celle de leurs ouailles. Avant Grégoire VII, ils avaient été presque tous mariés. Même après le passage du grand souffle ascétique déchaîné — comme le dit un texte monastique — par ce « précepteur de choses impossibles » ([319]), la « prêtresse », compagne de fait et parfois de droit, devait continuer longtemps à figurer parmi les personnages familiers du folklore villageois. Si bien qu'ici le mot de classe n'était pas loin de pouvoir être pris dans son sens le plus précis : les dynasties de prêtres, dans l'Angleterre de Thomas Becket, ne semblent pas avoir été beaucoup plus rares que, de nos jours, dans les pays orthodoxes, les lignées de popes, ni, d'ailleurs, en règle générale, moins honorables ([320]). Puis, aux échelons supérieurs, c'est le milieu plus aisé et plus raffiné des curés des villes, des chanoines groupés à l'ombre de la cathédrale, des clercs ou dignitaires des cours épiscopales.

Enfin, au sommet, établissant, en quelque sorte, la liaison entre les deux hiérarchies, régulières et séculières, se dressent les prélats : abbés, évêques, archevêques. Par la fortune, le pouvoir, la vocation du commandement, ces grands seigneurs d'Église étaient au niveau des plus hauts barons d'épée.

Or le seul problème qui ait ici lieu de nous occuper est d'ordre social. Cette collectivité des serviteurs de Dieu, dont la mission, héritée d'une tradition déjà ancienne, demeurait, en principe, étrangère à toute préoccupation temporelle, force lui fut bien, pourtant, de trouver sa place dans la structure caractéristique de la société féodale. Jusqu'à quel point, tout en réagissant, à son tour, sur les institutions ambiantes, en subit-elle, elle-même, l'influence ? En d'autres termes, puisque les historiens se sont habitués à parler de la « féodalisation » de l'Église, quel sens concret convient-il d'attribuer à cette formule ?

Retenus par les devoirs de la liturgie ou de l'ascèse, par le gouvernement des âmes ou par l'étude, il était impossible aux clercs de demander leur subsistance à un travail directement productif. Les rénovateurs du monachisme tentèrent, à diverses reprises, d'amener les religieux à ne se nourrir que des fruits de champs cultivés de leurs bras. Toujours l'expérience se heurta à la même difficulté fondamentale : le temps donné à ces besognes trop matérielles était du temps enlevé à la méditation ou au service divin. Quant à un régime de salariat, on sait de reste qu'il n'y fallait point penser. Force était donc que, pareils au chevalier dont parle Raimon Lull ([321]), le moine et le prêtre vécussent de la « fatigue » des autres hommes. Le curé de campagne lui-même, s'il ne dédaignait sans doute pas de manier, à l'occasion, la charrue ou la bêche, c'était de la part de casuel ou de dîme, dont le seigneur du village avait bien voulu lui laisser la jouissance, qu'il tirait le plus clair de ses pauvres rentes. Constitué par les aumônes accumulées des fidèles, accru par des achats dans lesquels, d'ailleurs, le bénéfice des prières promises à l'âme du vendeur figurait souvent comme un des éléments du prix, le patrimoine des grandes églises ou plutôt — car telle était alors la notion courante, bien éloignée de ne représenter qu'une simple fiction juridique — le patrimoine des « saints » fut, par essence, de nature seigneuriale. D'immenses fortunes se construisirent ainsi aux mains des communautés ou des prélats, allant, parfois, jusqu'à ces agglomérations quasi princières de terres et de droits variés, dont nous verrons plus loin le rôle dans l'établissement des dominations territoriales. Or, qui disait seigneurie disait non seulement redevances, mais aussi pouvoirs de commandement. Les chefs du clergé eurent donc, sous leurs ordres, de nombreux dépendants laïques de tout rang : depuis les vassaux militaires, indispensables à la garde de si grands biens, jusqu'aux manants et aux « commendés » du degré inférieur.

Ces derniers notamment vinrent en foule aux églises. Était-ce vraiment que vivre « sous la crosse », plutôt que sous l'épée, parût un sort digne d'envie ? La polémique remonte loin : dès le XIIe siècle, à l'abbé de Cluny, empressé à vanter la douceur de la domination monastique, elle opposait le critique Abélard ([322]). Dans la mesure où il est loisible de faire abstraction du facteur individuel, elle reviendrait, somme toute, à se demander si un maître exact, comme l'étaient généralement les clercs, vaut mieux qu'un maître désordonné : problème, en vérité, insoluble. Mais deux choses sont sûres. La pérennité propre aux établissements ecclésiastiques et le respect qui les entourait faisaient d'eux, pour les humbles, des protecteurs particulièrement recherchés. D'autre part, qui se donnait à un saint ne contractait pas seulement une assurance contre les périls du siècle ; il se procurait, en outre, les bénéfices, non moins précieux d'une œuvre pie. Double avantage que les chartes, rédigées dans les cloîtres, exprimaient volontiers en affirmant que se constituer le serf d'une église, c'était, en réalité, accéder à la vraie liberté. Entendez, sans que l'on distinguât toujours bien clairement entre les deux notions, à la fois participer, en ce monde, aux franchises d'une corporation privilégiée et, dans l'autre, s'assurer « la liberté éternelle qui est en Christ » ([323]). Ne voyait-on pas des pèlerins reconnaissants solliciter, de leur premier seigneur, l'autorisation de se soumettre, avec leur postérité, aux représentants du puissant intercesseur qui les avait guéris ([324]) ? Ainsi, dans la formation du réseau de sujétions personnelles, qui fut si caractéristique de l'époque, les maisons de prière comptèrent parmi les plus efficaces des pôles d'attraction.

Cependant, à se transformer, de cette façon, en grande puissance humaine, l'Église de l'ère féodale s'exposait à deux dangers, dont les contemporains eurent la claire conscience. D'abord à un trop facile oubli de sa vocation propre. « Quelle belle chose ce serait d'être archevêque de Reims, s'il ne fallait chanter la messe » : le bruit public attribuait ce propos à l'archevêque Manassé, déposé, en 1080, par les légats pontificaux. Véridique ou calomnieuse, l'anecdote symbolise, dans l'histoire de l'épiscopat français, l'époque du pire recrutement. Après la réforme grégorienne, son cynisme eût paru trop invraisemblable. Mais le type du prélat guerrier — de ces « bons chevaliers du clergé » dont parlait un évêque allemand — traversa les âges. D'autre part, le spectacle de tant de richesses entassées par les clercs, les rancunes que, dans le cœur d'héritiers « appauvris », éveillait le souvenir de tant de bonnes terres au soleil, naguère abandonnées par leurs ancêtres à des moines habiles à jouer de la terreur de l'enfer : tels furent — avec le mépris de l'homme d'armes pour une vie, à son gré, trop abritée — les aliments dont se nourrit, dans l'aristocratie laïque, l'espèce d'anticléricalisme élémentaire qui a laissé, en maints passages de l'épopée, de si brutales expressions ([325]). Pour se concilier fort bien avec les retours d'une générosité aumônière, aux heures du remords ou des ultimes angoisses, ces sentiments n'en devaient pas moins sous-tendre à la fois plus d'une attitude politique et plus d'un mouvement proprement religieux.

Dans un monde qui inclinait à concevoir tous les liens d'homme à homme sous l'image du plus prenant d'entre eux, il était presque fatal qu'à l'intérieur même de la société cléricale, on vît les habitudes de la vassalité imprégner des relations de subordination beaucoup plus anciennes et d'une nature, en soi, bien différente. Il arriva que l'évêque requît l'hommage des dignitaires de son chapitre ou des abbés de son diocèse et les chanoines, pourvus des prébendes les plus importantes, celui de leurs confrères moins bien partagés ; que des curés dussent le prêter au chef de la communauté religieuse dont dépendaient leurs paroisses ([326]). L'introduction, dans la cité spirituelle, de mœurs aussi visiblement empruntées au siècle ne pouvait manquer de soulever les protestations des rigoristes. Mais le mal se faisait beaucoup plus grave lorsque c'était dans des mains laïques que venaient se placer, pour le rite de soumission, les mains du prêtre, sanctifiées par l'huile bénite de l'ordination et le contact de l'Eucharistie. Le problème ici est inséparable d'un autre problème plus vaste, — l'un des plus angoissants, assurément, qui se soient jamais dressés devant l'Église : celui des nominations aux divers postes de la hiérarchie ecclésiastique.

Ce ne fut point l'ère féodale qui inventa de remettre aux pouvoirs temporels le soin de choisir les pasteurs des âmes. Pour les cures de villages, dont les seigneurs disposaient à peu près librement, l'habitude remontait aux origines mêmes du système paroissial. S'agissait-il d'évêques ou d'abbés ? Le seul procédé conforme à la règle canonique était incontestablement l'élection : par le clergé et le peuple de la cité, pour les premiers ; par les moines, pour les seconds. Mais, dès les derniers temps de la domination romaine, les empereurs n'avaient pas craint d'imposer leur volonté aux électeurs, dans les cités, parfois même de nommer directement des évêques. Les souverains des monarchies barbares imitèrent ces deux exemples et surtout, beaucoup plus largement qu'auparavant, le dernier. Quant aux monastères, ceux qui ne dépendaient pas, eux aussi, immédiatement du roi recevaient fréquemment leurs abbés de la main du fondateur de la maison ou de ses héritiers. La vérité était qu'aucun gouvernement sérieux ne pouvait tolérer de laisser en dehors de son contrôle l'attribution de charges qui, à côté d'une lourde responsabilité religieuse — dont nul chef, soucieux du bien de ses peuples, n'avait le droit de se désintéresser —, comportaient une si grande part de commandement proprement humain. Confirmée par la pratique carolingienne, l'idée qu'il appartenait aux rois de « désigner » les évêques finit par passer à l'état de maxime. Au xe siècle, au début du xie, papes et prélats s'accordent à l'exprimer ([327]).

Cependant, là comme ailleurs, les institutions et les usages légués par le passé devaient subir l'action d'une atmosphère sociale nouvelle.

Toute tradition, terre, droit ou charge, s'opérait, à l'ère féodale, par la transmission d'un objet matériel qui, passant de main en main, était censé représenter la valeur concédée. Le clerc appelé par un laïque au gouvernement d'une paroisse, d'un diocèse ou d'un monastère reçut donc, de ce collateur, une « investiture » dans les formes ordinaires. Pour l'évêque, en particulier, le symbole choisi fut, très naturellement, dès les premiers Carolingiens, une crosse ([328]), à laquelle on joignit plus tard l'anneau pastoral. Il va de soi que cette remise d'insignes, par un chef temporel, ne dispensait nullement de la consécration liturgique. En ce sens, elle était impuissante à créer un évêque. Mais on se tromperait lourdement en imaginant que son rôle se bornât à marquer la cession, au prélat, des biens attachés à sa nouvelle dignité. C'était à la fois le droit à la fonction et le droit à son salaire qui — sans que nul éprouvât le besoin de distinguer entre deux éléments indissolubles — étaient par là simultanément octroyés. Aussi bien cette cérémonie, si elle soulignait, assez brutalement, la part prépondérante que s'attribuaient, dans les nominations, les puissances du siècle, n'ajoutait en elle-même à peu près rien à un fait dès longtemps patent. Il en fut différemment d'un autre geste, chargé de résonances humaines beaucoup plus profondes.

Du clerc auquel il venait de confier une charge ecclésiastique, le potentat local ou le souverain attendait, en récompense, une sûre fidélité. Or, depuis la constitution de la vassalité carolingienne, aucun engagement de cette nature, au moins dans les hautes classes, ne paraissait véritablement astreignant s'il ne se contractait selon les formes élaborées par la commendise franque. Les rois et les princes s'habituèrent donc à exiger des évêques ou abbés de leur nomination une prestation d'hommage ; et les seigneurs de villages firent parfois de même pour leurs curés. Mais l'hommage était, au propre, un rite de sujétion. En outre, un rite très respecté. Par là, la subordination des représentants du pouvoir spirituel envers ceux du pouvoir laïque n'était pas seulement manifestée avec éclat. Elle se trouvait aussi renforcée. D'autant que l'union des deux actes formalistes — hommage et investiture — favorisait une dangereuse assimilation entre l'office du prélat et le fief du vassal.

Attribut essentiellement régalien, le droit de nommer les évêques et les grands abbés ne pouvait guère échapper au morcellement des droits monarchiques, en général, qui fut un des caractères des sociétés féodales. Mais cette fragmentation n'eut pas lieu partout à un degré égal. D'où, sur le recrutement du personnel ecclésiastique, des effets, à leur tour, extrêmement variables. Là où, comme en France, surtout dans le Midi et le Centre, beaucoup d'évêchés tombèrent sous l'autorité des hauts et même moyens barons, les pires abus trouvèrent leur terre d'élection : depuis la succession héréditaire du fils au père jusqu'à la vente avouée. Observez, par contraste, l'Allemagne, où les rois ont su rester maîtres de presque tous les sièges épiscopaux. Certes, ils ne s'inspirent pas, dans leurs choix, de motifs uniquement spirituels. Ne leur faut-il pas, avant tout, des prélats capables de gouverner, voire de se battre ? Bruno de Toul, qui, sous le nom de Léon IX, devait devenir un très saint pape, dut son siège épiscopal, avant tout, aux qualités dont il avait fait preuve comme officier de troupes. Aux églises pauvres, le souverain donne, de préférence, de riches évêques. Il ne dédaigne pas, pour lui-même, les cadeaux dont l'usage tend à imposer l'obligation aux nouveaux investis, que l'objet de l'investiture soit un fief militaire ou une dignité religieuse. Nul doute, cependant, que, dans l'ensemble, l'épiscopat impérial, sous les Saxons et les premiers Saliens, ne dépassât de beaucoup, par l'instruction et la tenue morale, celui des pays voisins. Du moment qu'il lui fallait obéir à un pouvoir laïque, mieux valait évidemment, pour l'Église, dépendre d'un pouvoir plus haut placé et, par là-même, susceptible de vues plus larges.

Vint l'élan grégorien. De cette tentative passionnée pour arracher les forces surnaturelles à l'emprise du siècle et réduire les pouvoirs humains au rôle, discrètement subordonné, de simples auxiliaires, embrigadés dans la grande œuvre du Salut, les péripéties n'ont pas à être retracées ici. Quant au bilan dernier, abstraction faite de beaucoup de nuances nationales, il peut se résumer en quelques mots.

Ce n'était pas du côté du système paroissial que s'était dirigé le principal effort des réformateurs. Au régime juridique des paroisses, peu de choses, en vérité, furent changées. Un nom plus décent, celui de patronat, substitué définitivement au terme brutal de propriété ; un contrôle un peu plus exact des choix, par l'autorité épiscopale : ces modestes innovations ne pesaient pas très lourd, en face du droit de nomination, pratiquement conservé par les seigneurs. Le seul trait nouveau qui fût de quelque portée appartint au domaine du fait, plutôt que du droit : par don ou par achat, un grand nombre d'églises de villages avaient passé des mains de laïques à celles d'établissements ecclésiastiques et, notamment, de monastères. La domination seigneuriale subsistait. Mais au profit, du moins, de maîtres qui comptaient dans la milice des clercs. Il s'avérait une fois de plus que, dans l'armature sociale de la féodalité, la seigneurie rurale, plus ancienne en elle-même que les autres rouages, constituait une des pièces les plus résistantes.

En ce qui concernait les hautes dignités de l'Église, les formes les plus choquantes de la sujétion au pouvoir temporel avaient été éliminées. Plus de monastères ouvertement « appropriés » par les dynastes locaux. Plus de barons d'épée s'érigeant eux-mêmes en abbés ou « archi-abbés » de tant de pieuses maisons. Plus d'investitures par les propres insignes de la puissance spirituelle : le sceptre remplace crosse et anneau et les canonistes posent en principe que la cérémonie, ainsi comprise, a pour unique objet d'octroyer la jouissance des droits matériels attachés à l'exercice d'une fonction religieuse indépendamment conférée. L'élection est universellement reconnue comme la règle et les laïques, même à titre de simples électeurs, sont définitivement exclus de toute participation régulière au choix de l'évêque, désigné dorénavant — à la suite d'une évolution qui occupe tout le XIIe siècle — par un collège réduit aux chanoines de l'église cathédrale : trait nouveau, absolument contraire à la loi primitive et qui, plus que tout autre, en disait long sur le schisme croissant entre le sacerdoce et la foule profane.

Cependant le principe électif jouait difficilement, parce qu'on se résignait mal à compter simplement les voix. La décision semblait appartenir, non à la majorité tout court, mais, selon la formule traditionnelle, à la fraction à la fois « la plus nombreuse et la plus saine ». Quelle minorité résistait à la tentation de dénier à ses adversaires, victorieux selon la loi du nombre, la moins pondérable de ces deux qualités ? D'où la fréquence des élections contestées. Elles favorisaient l'intervention des autorités plus haut placées : celle des papes assurément ; mais aussi celle des rois. Ajoutez que personne ne pouvait nourrir d'illusion sur les partis pris de collèges électoraux très restreints, souvent étroitement soumis à l'influence des intérêts locaux les moins avouables. Les canonistes les plus intelligents ne niaient guère qu'un contrôle, exercé dans un rayon plus large, ne dût être bienfaisant. Là encore le chef suprême de l'Église et les chefs d'État entraient en concurrence. En vérité, à la faveur du regroupement général des forces politiques, le menu fretin des barons, dans la plus grande partie de l'Occident, se vit peu à peu éliminé au profit des rois ou de quelques princes particulièrement puissants. Mais les souverains, qui demeuraient ainsi les seuls maîtres du terrain, n'en étaient que plus capables de manier efficacement les divers moyens de pression dont ils disposaient vis-à-vis des corps ecclésiastiques. L'un de ces procédés d'intimidation, la présence aux scrutins, n'avait-il pas été reconnu comme légal, en 1122, par le Concordat conclu entre le pape et l'Empereur ? Les monarques les plus sûrs de leur force n'hésitaient pas à recourir parfois à la désignation directe. L'histoire du second âge féodal, comme des siècles qui suivirent, retentit du bruit des innombrables querelles soulevées, d'un bout à l'autre de la catholicité, par les nominations épiscopales ou abbatiales. Tout bien considéré, pourtant, la réforme grégorienne avait montré son impuissance à arracher aux grands pouvoirs temporels ce levier de commande, en vérité presque indispensable à leur existence même, qu'était le droit de choisir les principaux dignitaires de l'Église ou, à tout le moins, d'en surveiller le choix.

Doté de vastes seigneuries qui, à leur possesseur imposaient, envers le roi ou le prince, les charges ordinaires de tout haut baron, qui même — car le domaine ecclésiastique, nous le verrons, était conçu comme attaché au domaine royal par un lien particulièrement étroit — entraînaient l'obligation de services plus que d'autres importants, l'évêque ou l'abbé des temps nouveaux demeurait astreint envers son souverain à des devoirs de fidélité dont nul ne pouvait nier la légitime puissance. Les réformateurs se bornèrent à leur réclamer une expression conforme à l'éminente dignité du clerc. Que le prélat prononce le serment de foi, rien de mieux. Mais, pour lui, point d'hommage. Telle fut la théorie, très logique et très claire, que, depuis la fin du XIe siècle, développèrent à l'envi conciles, papes et théologiens. L'usage longtemps s'en écarta. Peu à peu, cependant, elle gagna du terrain. Vers le milieu du XIIIe siècle, elle avait triomphé presque partout. A une exception près, toutefois et de taille. Terre de prédilection de la vassalité, la France était restée, sur ce point, obstinément respectueuse des pratiques traditionnelles. Sous réserve de quelques privilèges particuliers, elle devait leur demeurer attachée jusqu'au XVIe siècle. Qu'un

Saint Louis, rappelant à l'ordre un de ses évêques, n'ait pas craint de lui dire « vous êtes mon homme, de vos mains » : il n'est guère de témoignage plus éloquent de l'extraordinaire ténacité dont, jusque dans leur extension à une société d'essence spirituelle, firent preuve les représentations les plus caractéristiques de la féodalité ([329]).

II. VILAINS ET BOURGEOIS

Au-dessous du noble et du clerc, la littérature d'inspiration chevaleresque affectait de n'apercevoir qu'un peuple uniforme de « rustres » ou de « vilains ». En réalité, cette foule immense était traversée par un grand nombre de lignes de clivage social, profondément marquées. Cela était vrai des rustres eux-mêmes, au sens exact et restreint du mot. Non seulement, dans leurs rangs, les divers degrés de la sujétion envers le seigneur traçaient d'oscillantes frontières juridiques, peu à peu ramenées à l'antithèse entre la « servitude » et la « liberté ». Côte à côte avec ces différences de statut et sans se confondre avec elles, de graves inégalités économiques divisaient aussi les petites collectivités rurales. Pour ne citer que l'opposition la plus simple et le plus tôt formulée, quel « laboureur », fier de ses animaux de trait, eût accepté comme ses pairs les « brassiers » de son village, qui, pour mettre en valeur leurs maigres lopins, ne possédaient que leurs muscles ?

Surtout, à l'écart de la population paysanne, comme des groupes voués aux honorables tâches du commandement, il avait toujours existé des noyaux isolés de marchands et d'artisans. De ces germes, la révolution économique du second âge féodal fit surgir, accrue d'innombrables apports nouveaux, la masse puissante, et bien différenciée, des classes urbaines. L'étude de sociétés d'un caractère aussi nettement professionnel ne saurait être entreprise en dehors d'un examen approfondi de leur économie. Une rapide mise en place suffira ici à indiquer leur position sur la toile de fond de la féodalité.

Aucune des langues parlées dans l'Europe féodale ne disposait de termes qui permissent de distinguer clairement, en tant que lieu habité, la ville du village. « Ville », *town*, *Stadt* s'appliquaient indifféremment aux deux types de groupement. *Burg* désignait tout espace fortifié. « Cité » était réservé aux chefs-lieux de diocèses ou, par extension, à quelques autres centres d'une exceptionnelle importance. Dès le XIe siècle, par contre, aux mots de chevalier, de clerc, de vilain, le nom de bourgeois, français d'origine, mais vite adopté par l'usage international, s'oppose en un contraste sans ambiguïté. Si l'agglomération, en soi, demeure anonyme, les hommes qui y vivent ou, du moins, dans cette population, les éléments les plus agissants et, par leurs activités marchandes ou artisanes, les plus spécifiquement urbains possèdent donc, désormais, dans la nomenclature sociale, une place bien à eux. Un instinct très sûr avait saisi que la ville se caractérisait, avant tout, comme le site d'une humanité particulière.

Certes, il ne serait que trop aisé de forcer l'antithèse. Avec le chevalier, le bourgeois de la première époque urbaine partage l'humeur guerrière et le port usuel des armes. On le vit longtemps, comme un paysan, tantôt donner ses soins à la culture de champs dont les sillons parfois s'allongeaient à l'intérieur même de l'enceinte, tantôt, hors des murs, envoyer ses troupeaux paître l'herbe de communaux jalousement gardés. Devenu riche, il se fera, à son tour, acquéreur de seigneuries rurales. Rien de plus faux, par ailleurs, on le sait, que d'imaginer une classe chevaleresque idéalement détachée de tout souci de fortune. Mais, pour le bourgeois, les activités qui semblent ainsi le rapprocher des autres classes ne sont en vérité qu'un accessoire et, le plus souvent, comme les témoins attardés d'anciens modes d'existence, peu à peu secoués.

Essentiellement il vit d'échanges. Il tire sa subsistance de l'écart entre le prix d'achat et le prix de vente ou entre le capital prêté et la valeur du remboursement. Et comme la légitimité de ce profit intermédiaire, dès qu'il ne s'agit pas d'un simple salaire d'ouvrier ou de transporteur, est niée par les théologiens et que les milieux chevaleresques en comprennent mal la nature, son code de conduite se trouve ainsi en flagrant antagonisme avec les morales ambiantes. Parce qu'il tient à pouvoir spéculer sur les terrains, les entraves seigneuriales, sur ses biens-fonds, lui sont insupportables. Parce qu'il a besoin de traiter rapidement ses affaires et que celles-ci, en se développant, ne cessent de poser des problèmes juridiques nouveaux, les lenteurs, les complications, l'archaïsme des justices traditionnelles l'exaspèrent. La multiplicité des dominations qui se divisent la ville même le choque comme un obstacle à la bonne police des transactions et comme une insulte à la solidarité de sa classe. Les immunités diverses dont jouissent ses voisins d'Église ou d'épée lui paraissent autant d'empêchements à la liberté de ses gains. Sur les routes qu'il hante sans trêve, il abhorre d'une haine égale les exactions des péagers et les châteaux d'où fondent, sur les caravanes, les seigneurs pillards. En un mot, dans les institutions créées par un monde où il n'avait encore qu'une très petite place, presque tout le heurte ou le gêne. Pourvue de franchises conquises par la violence ou obtenues contre deniers sonnants, organisée en groupe solidement armé pour l'expansion économique en même temps que pour les nécessaires représailles, la ville qu'il rêve de construire sera, dans la société féodale, comme un corps étranger.

Rarement, il est vrai, l'indépendance collective, qui fut l'idéal de tant d'ardentes communautés, devait dépasser, en fin de compte, les variables degrés d'une autonomie administrative dans l'ensemble assez modeste. Mais, pour échapper aux inintelligentes contraintes des tyrannies locales, un autre remède s'offrait, qui, pour ne sembler peut-être qu'un pis-aller, à l'expérience s'avéra souvent le plus sûr : le recours aux grands gouvernements monarchiques ou territoriaux, gardiens de l'ordre sur de vastes espaces et, par le souci même de leurs finances, intéressés — comme ils surent de mieux en mieux le comprendre — à la prospérité de riches contribuables. Par là encore et peut-être plus efficacement, l'avènement de la force bourgeoise prit figure d'élément destructeur de l'armature féodale, dans un de ses traits caractéristiques : le morcellement des pouvoirs.

Un acte, entre tous significatif, marquait généralement l'entrée en scène de la nouvelle communauté urbaine, pour la révolte ou pour l'organisation : le serment mutuel des bourgeois. Jusque-là, il n'y avait eu que des individus isolés. Désormais, un être collectif était né. C'était l'association jurée ainsi créée qu'au propre on nommait, en France, « commune ». Nul mot ne fut jamais chargé de plus de passions. Cri de ralliement des bourgeoisies, au jour de la rébellion, cri d'appel du bourgeois en danger, il éveillait, dans les classes auparavant seules dirigeantes, de longs échos de haine. Pourquoi, envers « ce nom nouveau et détestable », comme dit Guibert de Nogent, tant d'hostilité ? Bien des sentiments, sans doute, y contribuèrent : inquiétudes de puissants, directement menacés dans leur autorité, leurs revenus, leur prestige ; craintes que, non sans raison, inspiraient aux chefs de l'Église les ambitions de groupes fort peu respectueux, lorsqu'elles les gênaient, des « libertés » ecclésiastiques ; mépris ou rancunes du chevalier pour le trafiquant ; vertueuses indignations soulevées, dans le cœur du clerc, par l'audace de ces « usuriers », de ces « profiteurs », dont les gains semblaient jaillir de sources impures ([330]). Il y avait plus, pourtant, et plus profond.

Dans la société féodale, le serment d'aide et « d'amitié » avait figuré, dès l'origine, comme une des pièces maîtresses du système. Mais c'était un engagement de bas en haut, qui à un supérieur attachait un sujet. L'originalité du serment communal fut d'unir des égaux. Assurément, le trait ne saurait passer pour absolument inédit. Tels avaient déjà été, nous le verrons, les serments prêtés « les uns aux autres » par les confrères de ces « guildes » populaires, qu'interdit Charlemagne ; et, plus tard, par les membres des associations de paix, dont, sous plus d'un rapport, les communes urbaines devaient recueillir l'héritage. Tels encore, ceux par où se liaient les marchands groupés dans les petites sociétés, parfois, elles aussi, appelées « guildes », qui, formées simplement pour les besoins du commerce et de ses aventures, n'en avaient pas moins offert, avant les premiers efforts des villes vers l'autonomie, une des plus anciennes manifestations de la solidarité bourgeoise. Jamais, cependant, avant le mouvement communal, la pratique de ces fois réciproques n'avait pris une pareille ampleur ni révélé une pareille puissance. Les « conspirations », surgies de toute part, étaient vraiment, selon le mot d'un sermonnaire, comme autant de « fagots d'épines entrelacées ». (331) Là fut, dans la commune, le ferment proprement révolutionnaire, violemment antipathique à un monde hiérarchisé. Certes, ces primitifs groupes urbains n'avaient rien de démocratique. Les « hauts bourgeois », qui en furent les authentiques fondateurs et que souvent les petits ne suivirent pas sans peine, étaient pour les pauvres gens des maîtres souvent très durs et d'impitoyables créanciers. Mais, en substituant à la promesse d'obéissance, rémunérée par la protection, la promesse d'entraide, ils apportaient à l'Europe un élément de vie sociale nouveau, profondément étranger à l'esprit qu'il est permis de dire féodal.

Livre deuxième : Le gouvernement des hommes

Chapitre premier

Les justices

I. CARACTÈRES GÉNÉRAUX DU RÉGIME JUDICIAIRE

Comment les hommes étaient-ils jugés ? Pour un système social, point de meilleure pierre de touche que celle-là. Interrogeons donc, là-dessus, l'Europe des environs de l'an mille. Dès le premier examen, quelques traits, qui dominent de haut le détail juridique, ressortent en un vif relief. C'est d'abord le prodigieux morcellement des pouvoirs judiciaires. C'est aussi leur enchevêtrement. Enfin, leur médiocre efficacité. D'innombrables cours étaient appelées à trancher, côte à côte, les débats les plus graves. Entre elles, assurément, certaines règles fixaient, en théorie, le partage des compétences. Mais non sans laisser la porte ouverte à de constantes incertitudes. Les dossiers des seigneuries, tels qu'ils nous sont parvenus, abondent en chartes relatives aux contestations entre justices concurrentes. Désespérant de savoir devant quelle autorité porter leurs litiges, les plaideurs souvent s'entendaient pour constituer, de leur propre gré, des arbitres ou bien à l'arrêt préféraient un accord amiable : quitte d'ailleurs, par la suite, à ne le point respecter. Incertain de son droit, incertain de sa force, le tribunal ne dédaignait pas toujours de réclamer, par avance ou après coup, l'acquiescement des parties à sa sentence. Avait-on obtenu une décision favorable ? Pour la faire exécuter, il n'était, trop fréquemment, d'autre ressource que de composer, avec un récalcitrant adversaire. En un mot, voici, ou jamais, le moment de se souvenir que le désordre peut être, à sa façon, un grand fait historique. Un fait, cependant, qui doit être expliqué. Visiblement il tenait, ici, pour une large part, à la coexistence de principes contradictoires, qui, issus de traditions diverses, contraints, en outre, de s'adapter, plus ou moins gauchement, aux besoins d'une société éminemment mouvante, allaient sans cesse se traversant. Mais il avait également sa source dans les conditions concrètes que le milieu humain imposait à l'exercice de la justice.

Dans cette société qui avait multiplié les rapports de dépendance, tout chef — et Dieu sait s'ils étaient nombreux — souhaitait d'être un juge. Parce que le droit de juger permettait seul de maintenir efficacement dans le devoir les subordonnés et, en évitant de les laisser se plier aux arrêts de tribunaux étrangers, fournissait le moyen le plus sûr à la fois de les protéger et de les dominer. Parce que ce droit, aussi, était essentiellement lucratif. Non seulement il comportait la perception d'amendes et de frais de justice, ainsi que les fructueux revenus des confiscations ; plus que tout autre, en outre, il favorisait cette transformation des usages en obligations dont les maîtres tiraient tant de profits. Ce ne fut point hasard si le mot de *justicia* vit parfois son acception s'étendre au point de désigner l'ensemble des pouvoirs seigneuriaux. A vrai dire, il y avait là, à beaucoup d'égards, l'expression d'une nécessité commune à presque toute vie de groupe : de nos jours même, tout employeur, dans son entreprise, tout commandant de troupe n'est-il pas, à sa façon, un juge ? Mais ses pouvoirs, à ce titre, ont pour limite une sphère d'activité bien déterminée. Il juge, il doit juger l'ouvrier et le soldat seulement en tant que tels. Le chef des temps féodaux visait plus loin, parce que les liens de soumission tendaient alors à étreindre l'homme tout entier.

Rendre la justice n'était pas d'ailleurs, à l'époque féodale, une besogne bien compliquée. Sans doute y fallait-il quelque connaissance du droit. Là où subsistaient des codes écrits, cette science revenait à posséder à peu près par cœur ou à se faire lire leurs règles, souvent nombreuses et détaillées, mais trop rigides pour ne pas dispenser, très largement, de tout effort de pensée personnelle. La coutume orale, au contraire, avait-elle chassé le texte ? Il suffisait d'avoir quelque familiarité avec cette tradition diffuse. Enfin, de toute façon, il convenait de savoir les gestes prescrits et les paroles nécessaires, qui enserraient la procédure dans un corset de formalisme. Affaire de mémoire, en somme, que tout cela, et de pratique. Les moyens de preuve étaient rudimentaires et d'application aisée. Médiocrement fréquent, l'emploi du témoignage se bornait à enregistrer les dires, plutôt qu'à les scruter. Prendre acte du contenu d'un écrit authentique — le cas, du reste, fut longtemps assez rare —, recevoir le serment d'une des parties ou celui des co-jureurs, constater le résultat d'une ordalie ou d'un duel judiciaire — ce dernier de plus en plus répandu, aux dépens des autres formes du jugement de Dieu — : de pareils soins n'exigeaient guère de préparation technique. Les procès mêmes ne portaient que sur des matières peu nombreuses et sans subtilité. L'anémie de la vie commerciale réduisait à l'extrême le chapitre des contrats. Lorsque, dans certains milieux particuliers, on vit se développer à nouveau une économie d'échanges plus active, l'incapacité dont le droit commun, comme les tribunaux habituels, faisait preuve vis-à-vis de pareils débats amena de bonne heure les groupes marchands à les trancher entre soi, d'abord par d'inofficiels arbitrages, plus tard au moyen de juridictions propres. La saisine — c'est-à-dire la possession sanctionnée par le long usage —, les pouvoirs sur les choses et les hommes : tel était l'objet constant de presque tous les litiges. Avec, cela va de soi, les crimes et les délits. Mais ici l'action des tribunaux était, dans la pratique, singulièrement limitée par la vengeance privée. Aucun obstacle intellectuel, en somme, n'empêchait que quiconque disposait de la puissance voulue ou en avait reçu la délégation ne s'érigeât en juge.

Côte à côte avec les tribunaux ordinaires existait cependant un système de cours spécialisées : celles de l'Église. Entendons : de l'Église, dans l'exercice de sa mission propre. Car les pouvoirs judiciaires qu'évêques et monastères possédaient sur leurs dépendants, au même titre que tant de seigneurs d'épée, ne se rangeaient naturellement pas sous la rubrique de la juridiction authentiquement ecclésiastique. De celle-ci, le champ d'action était double. Elle visait à s'étendre sur toutes les personnes que marquait le signe sacré : clercs et moines. Elle s'était, en outre, plus ou moins complètement annexé certains délits ou actes qui, même accomplis par des gens du siècle, étaient conçus comme de nature religieuse : depuis l'hérésie jusqu'au serment ou au mariage. Son développement, durant l'ère féodale, ne révèle pas seulement la faiblesse des grands pouvoirs temporels — la monarchie carolingienne avait, sur ce point, accordé beaucoup moins d'indépendance à son clergé —. Il atteste aussi la tendance du monde clérical à élargir de plus en plus l'abîme entre la petite collectivité des serviteurs de Dieu et la foule profane. Ici encore, le problème des compétences provoqua de vives querelles de bornage, acharnées surtout, en vérité, à partir du moment où, en face des empiètements du spirituel, se dressèrent, à nouveau, de vrais gouvernements d'État. Mais précisément parce que la justice comme le droit de l'Église étaient vraiment, parmi les institutions propres à la féodalité, comme un Empire dans un Empire, il sera conforme à la réalité, une fois rappelés, d'un mot, leur rôle et leur importance, d'en faire désormais abstraction

II. LE MORCELLEMENT DES JUSTICES

Comme le droit des personnes, le système judiciaire avait été, dans l'Europe barbare, dominé par l'opposition traditionnelle entre les hommes libres et les esclaves. Les premiers étaient, en principe, jugés par des cours composées, à leur tour, d'autres hommes libres et dont les débats étaient dirigés par un représentant du roi. Sur les seconds, le maître exerçait un pouvoir de décision — dans leurs différends entre eux — et de correction, trop exclusivement réglé par son bon plaisir pour pouvoir être proprement qualifié de justice. Il arrivait, à vrai dire, par exception, que des esclaves fussent traduits devant le tribunal public, soit que le propriétaire eût spontanément choisi ce moyen de mettre sa responsabilité à couvert, soit même que, dans un intérêt de bonne police, la loi, en certains cas, lui en fît une obligation. Mais c'était, alors même, pour voir leur sort remis entre les mains de supérieurs, non d'égaux. Rien de plus clair qu'une pareille antithèse. De bonne heure, cependant, elle dut céder devant l'irrésistible pression de la vie.

Dans la pratique, en effet, la brèche entre les deux catégories juridiques tendait, on le sait, de plus en plus à se combler. Beaucoup d'esclaves étaient devenus tenanciers, au même titre que tant d'hommes libres. Beaucoup d'hommes libres vivaient sous l'autorité d'un seigneur et de lui tenaient leurs champs. Sur ce petit peuple mêlé, qu'unissaient les liens d'une commune soumission, comment le maître n'eût-il pas été amené à étendre, uniformément, son droit de correction ? comment ne se fût-il par érigé en juge des litiges survenus dans le groupe ? Dès la fin de l'époque romaine, on voit poindre, en marge de la loi, ces justices privées des « puissants », parfois avec leurs prisons. Le biographe de saint Césaire d'Arles — qui mourut en 542 — loue-t-il son héros de n'avoir jamais fait distribuer, du moins à la fois, plus de trente-neuf coups de bâton à aucun de ses dépendants ? c'est pour préciser qu'il usait de cette mansuétude, non seulement envers ses esclaves, mais aussi envers « les ingénus de son obéissance ». Il était réservé aux royautés barbares de reconnaître, en droit, cette situation de fait.

Tel fut notamment un des objets principaux, dès l'origine, et bientôt la véritable raison d'être de l' « immunité » franque, qui, très ancienne en Gaule, devait se répandre par les soins des Carolingiens sur tout leur vaste empire. Le mot désignait l'union de deux privilèges : dispense de certaines perceptions du fisc ; interdiction aux officiers royaux de pénétrer, pour quelque motif que ce fût, sur le territoire « immune ». Il en résultait, presque nécessairement, la délégation au seigneur, sur les habitants, de certains pouvoirs judiciaires.

A vrai dire, l'octroi, par diplôme exprès, de ces immunités paraît avoir été strictement limité aux Églises. Les rares exemples contraires que l'on puisse être tenté d'invoquer ne sont pas seulement tardifs ; ils se justifiaient visiblement par des circonstances tout exceptionnelles. Aussi bien, plus que le silence, toujours suspect, des chartriers, celui des formulaires employés par la chancellerie franque méritet-il d'emporter la conviction : on y chercherait en vain un modèle d'acte de ce type en faveur de laïques. En pratique, cependant, un très grand nombre de ceux-ci avaient, par un autre biais, accédé aux mêmes avantages. Traditionnellement, les biens royaux étaient eux aussi classés comme « immunes ». Entendez qu'exploités directement au profit du prince et administrés par un corps spécial d'agents, ils échappaient à l'autorité des fonctionnaires du cadre normal. Au comte et à ses subordonnés, il était défendu d'y rien percevoir et même d'y entrer. Or, lorsqu'en récompense de services rendus ou à rendre, le roi cédait une de ses terres, c'était, ordinairement, en lui conservant l'exemption ancienne. Accordé à titre provisoire, le « bienfait » ne continuait-il pas à faire partie, en théorie, du domaine de la monarchie ? Les puissants, dont la fortune, pour une très large part, tirait son origine de ces libéralités, se trouvèrent donc, sur beaucoup de leurs seigneuries, jouir de privilèges légaux exactement semblables à ceux des immunistes d'Église. Nul doute, d'ailleurs, qu'ils n'aient souvent réussi à en étendre, moins légitimement, le profit à leurs possessions patrimoniales, sur lesquelles ils s'étaient, de si longue date, habitués à commander en maîtres.

A ces concessions, qui devaient se poursuivre durant tout le premier âge féodal et dont les chancelleries continuèrent beaucoup plus tard encore à se transmettre les formules devenues alors assez vaines, les souverains étaient amenés par des raisons diverses, mais également impérieuses. S'agissait-il d'églises ? Les combler de faveurs était un devoir de piété, qui était bien près de se confondre avec un devoir de bon gouvernement : par là, le prince appelait sur ses peuples la rosée des bénédictions célestes. Quant aux magnats et aux vassaux, ces largesses semblaient, envers eux, le prix nécessaire de leur fragile loyauté. Y avait-il, par ailleurs, un inconvénient bien grave à restreindre le champ d'action des officiers royaux ? Durs aux populations souvent médiocrement dociles à leur maître, leur conduite ne donnait que trop de prises à la méfiance. Autant que sur eux, c'était sur les chefs des petits groupes entre lesquels se répartissait la masse des sujets que la monarchie désormais faisait reposer le soin d'assurer l'ordre et l'obéissance ; en fortifiant l'autorité de ces responsables, elle pensait consolider son propre système de police. Longtemps, enfin, les juridictions privées s'étaient montrées d'autant plus envahissantes que, nées du simple exercice de la force, celle-ci décidait seule de leurs limites. Les légaliser devait permettre de les ramener, du même coup, dans de justes bornes. Très sensible dans l'immunité carolingienne, cette dernière préoccupation se rattachait à la réforme générale du régime judiciaire, qui, entreprise par Charlemagne, était destinée à peser d'un poids très lourd sur toute l'évolution suivante.

Dans l'État mérovingien, la circonscription judiciaire fondamentale avait été un territoire d'étendue assez médiocre : comme ordre de grandeur — réserve faite, cela va de soi, d'innombrables variations locales — à peu près l'équivalent des plus petits arrondissements napoléoniens. On l'appelait généralement de noms romans ou germaniques qui signifiaient « centaine » : désignation d'origine passablement mystérieuse, qui remontait aux vieilles institutions des peuples germains et peut-être à un système de numération différent du nôtre (le sens premier du mot que nous écrivons en allemand moderne *hundert* ayant été probablement : cent vingt). On disait aussi, en pays de langue romane, « voirie » ou « viguerie » (latin : *vicaria*). Le comte, au cours de ses tournées dans les diverses centaines placées sous son autorité, convoquait tous les hommes libres au lieu de son tribunal. Là, les sentences étaient rendues par un petit groupe de jugeurs pris dans l'assemblée ; le rôle de l'officier royal se bornait d'abord à présider les délibérations, puis à faire exécuter les arrêts.

A l'expérience, cependant, ce système parut entaché d'un double inconvénient : aux habitants il imposait de trop fréquentes convocations ; au comte, une charge trop lourde pour être correctement remplie. Charlemagne lui substitua donc l'étagement de deux juridictions, maîtresses chacune dans sa sphère. Le comte continue de se rendre régulièrement dans la centaine pour y tenir sa cour ; à celle-ci, comme par le passé, la population tout entière doit, en principe, se présenter. Mais ces assises comtales et plénières n'ont plus lieu que trois fois par an : périodicité réduite, qu'a rendue possible une limitation de compétence. Car seuls seront portés, désormais, devant ces « plaids généraux », les procès qui roulent sur les matières les plus importantes : les « causes majeures ». Quant aux « causes mineures », elles seront réservées à des sessions, à la fois moins rares et plus restreintes, où les jugeurs seulement sont obligés de venir et dont la présidence est confiée à un simple subordonné du comte : son représentant dans la circonscription, le « centenier » ou « voyer ».

Or, quelle que soit l'horrible imprécision de nos documents, on ne saurait guère douter que, sous Charlemagne et ses successeurs immédiats, l'étendue de la juridiction reconnue aux immunistes sur les hommes libres de leurs terres n'ait coïncidé généralement avec les « causes mineures ». En d'autres termes, le seigneur, ainsi privilégié, fait fonction chez lui, de centenier. S'agit-il, au contraire, d'une cause « majeure » ? L'immunité s'oppose à toute tentative du comte pour saisir, lui-même, le prévenu, le défendeur ou les co-jureurs sur le sol exempt. Mais le seigneur devra, sous sa propre responsabilité, présenter les personnes requises au tribunal comtal. Ainsi, faisant la part du feu, le souverain espérait du moins conserver aux cours de droit public les décisions les plus graves.

La distinction des causes majeures et mineures devait avoir de longs retentissements. C'est elle, en effet, que, durant toute l'ère féodale et bien plus tard encore, on voit se poursuivre, sous les noms nouveaux de « haute » et « basse » justices. Cette antithèse fondamentale, commune à tous les pays qui avaient subi l'influence carolingienne et à ceux-là seulement, continuait d'opposer deux degrés de compétence qui, sur un même territoire, n'étaient pas forcément réunis dans la même main. Mais ni les limites des attributions ainsi superposées, ni leur répartition ne demeurèrent, à beaucoup près, telles qu'elles avaient été primitivement établies.

Au criminel, l'époque carolingienne, après quelques hésitations, avait fixé aux « causes majeures » un critère tiré de la nature du châtiment : seul le tribunal comtal pouvait condamner à mort ou prononcer la réduction en esclavage. Ce principe, très clair, traversa les âges. A dire vrai, les transformations de la notion de liberté firent rapidement disparaître l'asservissement proprement pénal (les cas où l'on voit le meurtrier d'un serf contracter les mêmes liens envers le seigneur de la victime rentrent sous une tout autre rubrique : celle de l'indemnité). Le haut justicier, en revanche, resta toujours le juge normal des crimes « de sang » : entendez ceux qui entraînaient le dernier supplice. Le fait nouveau fut que ces « plaids de l'épée », comme dit le droit normand, cessèrent d'être le privilège de quelques grandes cours. Point de trait plus frappant, durant le premier âge féodal, que la multitude des petits chefs, ainsi pourvus du droit de mort ; ni non plus — bien qu'il ait été, sans doute, particulièrement accentué en France — de trait plus universel et, pour le destin des communautés humaines, plus décisif. Que s'était-il donc passé ? De toute évidence, ni la fragmentation de certains pouvoirs comtaux, par héritage ou par don, ni même les usurpations pures et simples ne sauraient suffire à donner la clef d'un pareil foisonnement. Aussi bien, divers indices attestent-ils clairement un véritable déplacement des valeurs juridiques. Toutes les grandes Églises désormais exercent, par elles-mêmes ou par leurs représentants, la justice de sang : c'est donc que celle-ci est devenue, au mépris des règles anciennes, une suite naturelle de l'immunité. On la nomme parfois « centaine » ou « voirie » : c'était constater, en quelque sorte officiellement, qu'elle était dorénavant considérée comme du ressort des cours du second degré. En d'autres termes, la barrière, naguère élevée par les Carolingiens, avait, sur ce point, cédé. Et sans doute l'évolution n'est-elle pas inexplicable.

Ne nous y trompons point, en effet : ces sentences capitales, jadis réservées aux plaids comtaux — ainsi que, plus haut encore, au tribunal royal ou aux assises convoquées par les *missi* —, elles n'avaient jamais été, à l'époque franque, bien nombreuses. Seuls les crimes qu'on tenait pour particulièrement odieux à la paix publique étaient alors frappés de pareils châtiments. Beaucoup plus souvent, le rôle des juges se bornait à proposer ou imposer un accord, puis à prescrire le versement d'une indemnité conforme au tarif légal et dont l'autorité, dotée des pouvoirs judiciaires, percevait une part. Mais vint, au moment de la grande carence des États, une période de vendettas et de violences presque constantes. Contre le vieux système de répression, dont les faits eux-mêmes semblaient ainsi dénoncer la redoutable inefficacité, une réaction ne tarda pas à se produire, étroitement liée au mouvement des ligues de paix. Elle trouva son expression la plus caractéristique dans l'attitude toute nouvelle adoptée par les milieux les plus influents de l'Église. Naguère, par horreur du sang, et des longues rancunes, ils avaient favorisé la pratique des « compositions » pécuniaires. Désormais, on les vit ardents à réclamer, au contraire, qu'à ces rachats trop faciles fussent substituées des peines afflictives, seules capables, pensaient-ils, d'effrayer les méchants. Ce fut en ce temps — vers le Xe siècle — que le code pénal de l'Europe commença à revêtir cet aspect d'extrême dureté, dont il était appelé à conserver l'empreinte jusqu'à l'effort humanitaire de jours beaucoup plus proches de nous : farouche métamorphose qui, si elle devait, à la longue, entretenir l'indifférence à la souffrance humaine, avait été, en son principe, inspirée par le désir d'épargner cette souffrance même.

Or, dans toutes les causes criminelles, si graves fussent-elles, où le bourreau n'intervenait pas, les juridictions inférieures, plaids de centaines ou d'immunité, avaient toujours été compétentes. Quand le prix en argent peu à peu recula devant la sanction, les juges restèrent les mêmes ; la nature des arrêts seule changea et les comtes cessèrent d'avoir le monopole des condamnations à mort. La transition fut d'ailleurs rendue aisée par deux traits du régime antérieur. Toujours les tribunaux des centeniers avaient possédé le droit de punir du dernier supplice les coupables surpris en flagrant délit. Ainsi avait paru l'exiger le souci de l'ordre public. Cette même préoccupation conseilla à ces cours de ne plus s'arrêter à la limite précédemment fixée. Toujours les immunistes avaient disposé de la vie de leurs esclaves. Parmi les dépendants où était, dorénavant, la frontière de la servitude ?

Crimes à part, les plaids du comte avaient eu dans leur ressort exclusif deux catégories de procès : ceux qui mettaient en jeu le statut, servile ou libre, d'une des parties ou concernaient la possession des esclaves ; ceux qui portaient sur la possession des alleux. Ce double héritage ne devait pas passer intact aux beaucoup plus nombreux hauts justiciers de l'époque postérieure. Les litiges relatifs aux alleux — d'ailleurs de plus en plus rares — demeurèrent souvent le monopole des véritables héritiers des droits comtaux : ainsi, jusqu'au XIIe siècle, à Laon, où le comte était l'évêque ([332]). Quant aux questions relatives à la servitude ou aux esclaves, la quasi-disparition de l'esclavage domestique, de même que l'apparition d'une nouvelle conception de la liberté, amenèrent à les confondre dans la masse des débats sur le patrimoine en général ou sur la dépendance de l'homme : genre de contestations qui n'avaient jamais fait partie des « causes majeures ». Dépouillée, de la sorte, vers le bas comme vers le haut, on eût pu croire la haute justice condamnée au rôle d'une juridiction purement pénale. Le « civil » — au sens moderne du mot — y opéra pourtant sa rentrée par l'intermédiaire de la procédure. A l'ère féodale, un très grand nombre de différends, de toute nature, étaient tranchés par le duel. Or, par une association d'idée naturelle, on admit — non point toujours, sans doute, mais très fréquemment — que ce mode de preuve sanglant ne pouvait se dérouler que devant les justices « de sang ».

Tout haut justicier, aux temps féodaux, possède également sur les terres de son obédience directe la basse justice. Mais l'inverse n'était point vrai ou du moins ne devait le devenir que dans certains pays — tel, à en croire Beaumanoir, le Beauvaisis du XIIIe siècle — et seulement au terme de l'évolution. Autrement dit, le cas, durant longtemps, ne fut point exceptionnel d'hommes qui, pour les procès du degré inférieur justiciables du seigneur sur le sol duquel ils vivaient, portaient, par contre, devant une cour voisine, leurs causes les plus graves. Quelle qu'eût été la dispersion des pouvoirs judiciaires, elle n'avait pas supprimé l'étagement des compétences entre des mains distinctes. Mais avec, sur toute la ligne, un abaissement d'un échelon. De même, en effet, que les successeurs des voyers ou centeniers et les immunistes, comme, certainement, en dehors de tout privilège, un grand nombre de simples puissants, ont enlevé au comte — affaires d'alleux à part — le monopole des causes majeures et se sont ainsi faits hauts justiciers, de même on les a vus perdre, à leur tour, au profit de la masse des seigneurs, celui des causes mineures. Quiconque se trouve à la tête d'un petit groupe d'humbles dépendants, quiconque perçoit les charges d'un petit groupe de tenures rurales dispose, désormais, au minimum, de la basse justice. Dans celle-ci, d'ailleurs, bien des éléments de date et de nature différentes étaient venus se mêler.

Elle comprenait d'abord le jugement de toutes les contestations qui mettaient face à face le seigneur lui-même et ses tenanciers. Notamment, quant aux charges qui pesaient sur ces derniers. Inutile d'évoquer ici l'héritage de systèmes judiciaires officiels. La véritable source de ce droit était dans l'image à la fois très ancienne et de plus en plus vivement conçue qu'on se faisait des pouvoirs propres au chef. Disons mieux : au personnage, quel qu'il fût, qui se trouvait en possession d'exiger d'un autre homme l'acquittement d'une obligation nuancée d'infériorité. Ne voit-on pas, en France, au XIIe siècle, le détenteur d'une modeste tenure en vilainage, qu'à son tour, il a accensée à un exploitant, se faire reconnaître par son propre seigneur, sur ce censitaire, au cas où la somme manquerait à être payée, « l'exercice de la justice pour cela seulement et pour rien d'autre » ([333]) ? De la juridiction proprement dite à l'exécution personnelle par le créancier — si fréquemment pratiquée alors et souvent légalement reconnue — les transitions n'étaient pas toujours bien sensibles et entre les deux notions la conscience commune, sans doute, distinguait assez mal. Cette justice sur les redevances — la « justice foncière » des juristes d'âge postérieur — ne constituait cependant pas toute la basse justice. Dans le bas-justicier, les hommes qui vivaient sur sa terre trouvaient aussi le juge normal d'à peu près tous les procès civils qu'ils pouvaient avoir entre eux — sous réserve du recours au duel judiciaire —, ainsi que de tous leurs menus et moyens délits : rôle où se confondaient le legs des « causes mineures » et celui des droits de décision et de correction depuis si longtemps maniés, en fait, par les maîtres.

Hautes et basses justices étaient, les unes comme les autres, attachées au sol. Qui résidait dans leurs frontières leur était soumis. Qui vivait en dehors leur échappait. Mais, dans cette société où les liens d'homme à homme étaient si forts, ce principe territorial subissait perpétuellement la concurrence d'un principe personnel. A quiconque étendait son « maimbour » sur un plus faible que lui, on faisait, à l'époque franque, à la fois un droit et un devoir d'accompagner son protégé au tribunal, de l'y défendre, de s'en porter garant. De là à revendiquer le pouvoir de prononcer la sentence, le pas devait être aisément franchi. Il le fut, en effet, à tous les degrés de la hiérarchie.

Parmi les dépendants personnels, les plus humbles et les plus strictement soumis étaient ceux qu'en raison du caractère héréditaire de l'attache on avait pris l'habitude de dire non-libres. Ils furent, en règle générale, considérés comme ne pouvant avoir, sinon d'autres juges, du moins d'autres juges de sang que leurs seigneurs « de corps ». Cela lors même qu'ils n'habitaient point sur sa terre ou que ce seigneur, sur ses autres tenanciers, n'exerçait pas de haute justice. Souvent on tenta d'appliquer des principes analogues à d'autres types de modestes subordonnés qui, pour n'être pas liés de père en fils au maître, n'en semblaient pas moins très proches de sa personne : aux serviteurs et servantes, par exemple, ou encore aux marchands que, dans les villes, les barons d'Église chargeaient de leurs achats et de leurs ventes. Difficiles à faire passer dans la pratique, ces revendications étaient une source constante d'incertitude et de conflits.

A dire vrai, dans la mesure où la nouvelle servitude avait conservé l'empreinte de l'ancienne, l'exclusive justice du seigneur sur ses serfs pouvait passer pour la suite naturelle du vieux droit de correction : telle est bien, d'ailleurs, l'idée que semble exprimer encore un texte allemand du XIIe siècle (334). Les vassaux militaires, au contraire, étant des hommes libres, relevaient, à l'époque carolingienne, seulement du tribunal public. Du moins, en droit. Comment douter qu'en fait le seigneur ne s'efforçât de régler lui-même les difficultés qui risquaient de mettre aux prises ses fidèles ? ou que les personnes lésées par les « satellites » d'un puissant n'aient ordinairement estimé plus sûr de chercher auprès de celui-ci le redressement du tort ? A partir du Xe siècle, ces pratiques donnèrent naissance à une véritable justice. La métamorphose, d'ailleurs, avait été favorisée et parfois rendue presque insensible par le sort que l'évolution générale des pouvoirs avait fait aux juridictions publiques. « Honneurs », puis fiefs patrimoniaux, celles-ci étaient, pour la plupart, tombées aux mains des magnats. Ils les peuplaient de leurs féaux ; et l'on peut suivre clairement, dans certaines principautés, comment le plaid du comte, ainsi composé, se transforma peu à peu en une cour vraiment féodale, où le vassal, avant tout, tranchait les procès des autres vassaux.

III. JUGEMENT PAR LES PAIRS OU JUGEMENT PAR LE MAITRE ?

L'homme libre jugé par une réunion d'hommes libres, l'esclave corrigé par son maître, seul : ce partage ne pouvait guère survivre aux bouleversements de la classification sociale et, notamment, à l'entrée en servitude de tant d'hommes anciennement libres qui, dans ces liens nouveaux, conservaient bien des traits de leur primitif statut. Le droit d'être jugés par « leurs pairs » ne fut jamais contesté aux personnes d'un rang tant soit peu relevé. Cela, d'ailleurs, moyennant l'introduction de distinctions hiérarchiques qui, on l'a vu, n'étaient pas sans porter de rudes atteintes au vieux principe de l'égalité judiciaire, née, simplement, d'une commune liberté. En outre, dans beaucoup de lieux, la coutume étendit à l'ensemble des dépendants et jusqu'aux serfs la pratique du jugement, sinon toujours par d'exacts égaux, du moins par des collèges composés de sujets du même maître. Dans les pays d'entre Seine et Loire, la haute justice continuait ordinairement de se rendre dans des « plaids généraux », où toute la population de la terre devait assister. Quant aux jugeurs, on les voyait souvent encore, conformément à la plus pure tradition carolingienne, nommés à vie par le détenteur des pouvoirs judiciaires — c'étaient les « échevins » — ; ou bien, la féodalisation des fonctions étant ici aussi intervenue, l'obligation de siéger au tribunal avait fini par se fixer héréditairement sur certaines tenures. Ailleurs, le seigneur ou son représentant semblent s'être contentés de s'entourer, un peu au hasard, des principaux notables, les « bons hommes » de l'endroit. Au-dessus de ces divergences, un fait central demeure. Parler de justice royale, baronale, seigneuriale peut être commode. Mais légitime seulement à condition de ne pas oublier que, presque jamais le roi ni le haut baron ne jugeaient en personne et qu'il en était ainsi même de beaucoup de seigneurs ou de maires de villages. Réunie par le chef, placée fréquemment sous sa présidence, c'était sa cour qui « disait » ou « trouvait » le droit : entendez, se remémorant les règles, les incorporait dans sa sentence. « La cour fait le jugement ; non le seigneur », affirme, en propres termes, un texte anglais ([335]). Et sans doute serait-il aussi imprudent d'exagérer que de nier absolument les garanties par là offertes aux justiciables. « Vite, vite, dépêchez-vous de me faire un jugement » : ainsi parlait l'impatient Henri Plantagenêt, réclamant à ses fidèles la condamnation de Thomas Becket ([336]). Le mot résume assez bien et les limites — infiniment variables selon les cas — que la puissance du chef mettait à l'impartialité des juges et l'impossibilité où le plus impérieux des tyrans était, cependant, de se passer d'un jugement collectif.

Mais que les non-libres et, par une assimilation naturelle, les plus humbles dépendants dussent ne connaître d'autre juge que leur maître, cette idée était trop anciennement ancrée dans les consciences pour s'oblitérer aisément. Dans les pays autrefois romanisés, elle trouvait, en outre, un appui dans ce qui pouvait rester de l'empreinte ou des souvenirs de l'organisation romaine ; les magistrats y avaient été les supérieurs, non les pairs, de leurs justiciables. Une fois de plus, l'opposition de principes contraires, entre lesquels il fallait bien opter, se traduisit par la diversité des coutumes. Selon les régions, voire les villages, les paysans étaient jugés tantôt par des cours collégiales, tantôt par le seigneur ou son sergent, tout seul. Ce dernier système ne semble pas avoir été d'abord le plus fréquent. Mais, durant le second âge féodal, l'évolution pencha nettement en sa faveur. « Cour baron », composée de libres tenanciers qui décident du sort d'autres libres tenanciers ; « cour coutumière », où le vilain, désormais considéré comme privé de la liberté, courbe la tête sous les arrêts du sénéchal : telle est la distinction, lourde de conséquences, qu'au XIIIe siècle les juristes anglais s'efforcent d'introduire dans la structure judiciaire, jusque-là beaucoup plus simple, des manoirs anglais. De même, en France, au mépris d'une pratique encore très répandue, la doctrine, dont Beaumanoir est l'interprète, veut, dans le jugement par les pairs, voir le monopole des gentilshommes. La hiérarchisation, qui était une des marques de l'époque, pliait à ses fins jusqu'au régime des tribunaux.

IV. EN MARGE DU MORCELLEMENT : SURVIVANCES ET FACTEURS NOUVEAUX

Si morcelée, si seigneurialisée que fût la justice, l'erreur serait grave, cependant, d'imaginer que dans le monde féodal rien ne survécût des anciennes juridictions de droit populaire ou public. Mais leur force de résistance, qui nulle part ne fut négligeable, varia grandement selon les pays. Le moment est donc venu de mettre l'accent, avec plus de netteté qu'il n'a pu être fait jusqu'ici, sur les contrastes nationaux.

En dépit d'incontestables originalités, l'évolution anglaise ne fut pas sans présenter, avec celle de l'État franc, d'évidentes analogies. Là encore, à la base de l'organisation judiciaire, nous trouvons la centaine, avec sa cour de libres jugeurs. Puis, vers le Xe siècle, commencèrent à s'établir, au-dessus des centaines, les comtés, en langue indigène *shires*. Dans le Sud, ils répondaient à de vivantes divisions ethniques, anciens royaumes peu à peu absorbés dans des monarchies plus vastes — tels le Kent ou le Sussex —, ou bien groupes spontanément formés au sein d'un peuple en voie d'établissement : ainsi le Suffolk et le Norfolk, « gens du Sud » et « gens du Nord », qui représentaient les deux moitiés de la primitive Est-Anglie. Dans le Centre et le Nord, au contraire, ils ne furent, dès l'origine, que des circonscriptions administratives et militaires, plus tardivement et plus arbitrairement créées, au moment de la lutte contre les Danois, avec une citadelle pour centre : ce pourquoi, dans cette partie du pays, on les voit, pour la plupart, porter simplement le nom de leur chef-lieu. Le *shire* lui aussi eut désormais sa cour d'hommes libres. Mais le partage des compétences fut ici beaucoup moins nettement tranché que dans l'Empire carolingien. Malgré quelques efforts pour réserver au tribunal du comté le jugement de certains crimes particulièrement odieux à la paix publique, il semble être intervenu surtout dans les cas où la juridiction inférieure s'était montrée impuissante. Par là s'explique que la distinction des haute et basse justices soit toujours restée étrangère au système anglais.

Comme sur le continent, ces juridictions de nature publique rencontrèrent la concurrence des justices de chefs. De bonne heure, nous entendons parler d'assises tenues par le seigneur dans sa maison, son « hall ». Puis les rois légalisèrent cet état de fait. A partir du xe siècle, on les voit distribuer des permissions de juger, qu'on appelait droit de *sake and soke* (*sake*, qui correspond au substantif allemand *Sache*, signifiait « cause » ou « procès » ; *soke*, qu'il faut rapprocher du verbe allemand *suchen*, désignait la « recherche » du juge, c'est-à-dire le recours à ses arrêts). Applicables tantôt à une terre donnée, tantôt à un groupe de personnes, les pouvoirs ainsi octroyés coïncidaient à peu près avec la compétence, très large, on le sait, de la centaine anglo-saxonne : ce qui leur conféra, dès le début, un rayon supérieur à la capacité d'action que comportait, en principe, l'immunité carolingienne, approximativement égal, par contre, aux droits qu'au xe siècle, les immunistes étaient parvenus à s'approprier. Leur répercussion sur les liens sociaux paraissait si grave que le libre tenancier tira de sa soumission au tribunal du maître son nom ordinaire : *sokeman*, au propre « le justiciable ». Parfois même certaines églises ou certains magnats reçurent, à titre de don perpétuel, le droit de tenir une cour de centaine ; et l'on alla jusqu'à reconnaître à quelques monastères, à vrai dire en très petit nombre, la faculté de juger tous les crimes, le jugement en fût-il habituellement réservé au roi.

Cependant ces concessions, si importantes fussent-elles, ne ruinèrent jamais complètement les vieilles juridictions collégiales de droit populaire. Là même où la cour de centaine était aux mains d'un baron, elle continuait de se réunir, comme au temps où elle avait été présidée par un délégué du roi. Quant aux cours de comté, leur fonctionnement, selon le schéma ancien, ne fut jamais interrompu. Sans doute les grands personnages, trop haut placés pour se soumettre à ses arrêts, les paysans, même libres, qu'avaient happés les justices seigneuriales, cessèrent généralement de paraître à ces assemblées : sauf, d'ailleurs, pour le menu peuple des villages, à devoir, en principe, s'y faire représenter par le prêtre, l'officier seigneurial et quatre hommes. Tout ce qu'il y avait, par contre, de moyen dans la puissance et la liberté restait astreint à les fréquenter. Étouffées entre les tribunaux seigneuriaux et — depuis la conquête normande — l'envahissante juridiction royale, leur rôle judiciaire se réduisit, progressivement, à assez peu de chose. Il n'était pas absolument négligeable, pourtant. Surtout c'était là — dans le cadre du comté, principalement, mais aussi dans celui, plus restreint, de la centaine — que les éléments vraiment vivants de la nation gardaient l'habitude de se rencontrer pour fixer la coutume du groupe territorial, répondre, en son nom, à toutes sortes d'enquêtes, voire porter, si besoin était, la responsabilité de ses fautes collectives : jusqu'au jour où, convoqués tous ensemble, les députés des cours de comté formèrent le premier noyau de ce qui devait être plus tard, la Chambre des Communes. Certes le régime parlementaire anglais n'eut point son berceau dans « les forêts de la Germanie ». Il reçut profondément l'empreinte du milieu féodal dont il était sorti. Sa tonalité propre, cependant, qui le mit si nettement à part des systèmes d' « États » du continent, et, plus généralement, cette collaboration des classes aisées au pouvoir, si caractéristique, dès le moyen âge, de la structure politique anglaise, comment ne pas en reconnaître l'origine dans le solide enracinement, sur le sol insulaire, de l'armature des plaids d'hommes libres, conformes à l'antique usage des temps barbares ?

Au-dessus de l'infinie variété des coutumes locales ou régionales, deux grands faits dominèrent l'évolution du régime judiciaire allemand. Le « droit des fiefs » demeurant distinct du « droit de la terre », ce fut côte à côte avec les anciennes juridictions et sans les absorber que se développèrent les tribunaux vassaliques. D'autre part, le maintien d'une hiérarchie sociale plus étagée, la longue survivance, surtout, de l'idée que jouir de la liberté c'était dépendre, sans intermédiaire, de la puissance publique conservèrent aux anciens plaids de comté et de centaine — avec des compétences, entre elles, assez imparfaitement délimitées — un rayon d'action encore fort étendu. Tel fut le cas surtout dans le Jura de Souabe et en Saxe, pays d'alleux nombreux et d'incomplète seigneurialisation. Des jugeurs ou « échevins » on s'habitua cependant à exiger, en règle générale, une certaine fortune foncière. Parfois même on en vint, selon la tendance alors presque universelle, à considérer leurs charges comme héréditaires. Si bien que le respect du vieux principe, qui soumettait l'homme libre au jugement de cours d'hommes libres, aboutit souvent, en fin de compte, à une composition des tribunaux plus qu'ailleurs oligarchique.

La France — avec, sans doute, l'Italie septentrionale — fut, par excellence, le pays de la justice seigneurialisée. Certes, les traces du système carolingien y demeurèrent profondément marquées, surtout vers le Nord. Mais elles n'intéressaient guère que la hiérarchisation des justices seigneuriales — en hautes et basses — et leur organisation interne. Les plaids de centaine ou « voirie » disparurent très vite et très complètement. Il est caractéristique que le ressort du haut justicier ait pris, ordinairement, le nom de châtellenie : comme si la conscience collective ne reconnaissait plus la source du droit de juger que dans la possession d'une maison forte, à la fois origine et symbole d'une puissance de fait. Ce n'est pas à dire, cependant, que rien ne subsistât des anciennes justices comtales. Dans les grandes principautés territoriales, le prince, parfois, sut se réserver le monopole des causes de sang, au moins sur de vastes étendues : ainsi en Flandre, en Normandie, en Béarn. Fréquemment, on l'a vu, le comte juge des alleux ; il tranche les procès où les églises, imparfaitement insérées dans la hiérarchie féodale, figurent comme parties ; sauf concessions ou usurpations, il détient, en principe, la justice des marchés et des voies publiques. Il y avait là, déjà, au moins en germe, un puissant antidote à la dispersion des pouvoirs judiciaires.

Ce n'était pas le seul. Dans toute l'Europe, deux grandes forces travaillaient à limiter ou à contrecarrer le morcellement des justices : l'une comme l'autre longtemps médiocrement efficaces, mais également riches d'avenir.

D'abord, les royautés. Que le roi fût, par essence, le suprême justicier de ses peuples, là-dessus tout le monde tombait d'accord. Restait à tirer de ce principe ses conséquences pratiques. Ici le problème passait sur le plan de l'action et de la puissance de fait. Au XIe siècle, le tribunal du Capétien ne fonctionne guère que pour juger les dépendants immédiats du prince et ses églises ou bien, plus exceptionnellement et beaucoup moins efficacement, comme cour vassalique, à laquelle ressortissent les grands feudataires de la Couronne. Celui du roi allemand, par contre, conçu sur le modèle carolingien, attire encore à lui un bon nombre de causes importantes. Mais, fussent-elles relativement agissantes, ces cours attachées à la personne du souverain demeuraient, de toute évidence, incapables d'atteindre la masse des sujets. Il ne suffisait même point que, comme en Allemagne, là où passait le roi, au cours de ses tournées de bon gouvernement, toute autre justice s'effaçât devant la sienne. Le pouvoir de la monarchie ne pouvait devenir un élément décisif du système juridictionnel qu'à condition de pousser ses tentacules à travers le royaume entier, grâce à tout un réseau de juges missionnaires ou de délégués permanents. Telle fut l'œuvre accomplie, au moment du regroupement général des forces qui marqua le terme du second âge féodal, par les souverains anglo-normands et anglo-angevins d'abord, plus tard et beaucoup plus lentement par les

Capétiens. Ils devaient, les uns comme les autres, mais les derniers surtout, trouver un point d'appui précieux dans le système vassalique lui-même. Car la féodalité, qui avait abouti à diviser entre tant de mains le droit de juger, fournissait cependant, par le jeu des appels, un remède contre ce fractionnement.

On ne concevait pas, à cette époque, qu'un procès, une fois tranché, pût recommencer, entre les mêmes adversaires, devant d'autres magistrats. En d'autres termes, l'erreur proprement dite, honnêtement commise, ne semblait pas susceptible de redressement. Un des plaideurs, par contre, estimait-il que le tribunal avait volontairement mal jugé ? ou bien lui reprochait-il d'avoir, plus brutalement encore, refusé tout jugement ? Rien n'empêchait qu'il n'en poursuivît les membres devant une autorité supérieure. Si, dans cette action, absolument distincte de la précédente, il obtenait gain de cause, les mauvais juges, généralement, subissaient un châtiment et leur sentence, de toute façon, était réformée. L'appel ainsi entendu — nous le nommerions, aujourd'hui, prise à partie du juge — existait dès le temps des royaumes barbares. Mais il ne pouvait être porté, alors, que devant la seule juridiction qui s'élevât au-dessus des plaids d'hommes libres : à savoir la cour royale. C'est dire que la pratique en était rare et difficile. Le régime vassalique ouvrit des possibilités nouvelles. Tout vassal, désormais, avait son seigneur de fief pour juge ordinaire. Or le déni de justice était un crime comme les autres. On lui appliqua donc, tout naturellement, la règle commune et les appels montèrent ainsi, d'échelon en échelon, le long de la filière des hommages. La procédure demeurait délicate à manier ; elle était surtout dangereuse : car la preuve s'y faisait habituellement par le duel. Du moins la cour féodale, à laquelle il convenait dorénavant de s'adresser, se trouvait-elle singulièrement plus accessible que celle d'un roi trop lointain; lorsqu'on en arrivait finalement au souverain, c'était de proche en proche. En fait les appels, dans la pratique des classes supérieures, devinrent de moins en moins exceptionnels. Parce qu'il comportait une hiérarchie des dépendances et, entre les chefs l'un au-dessus de l'autre étagés, établissait une série de contacts directs, le système de la vassalité et du fief permettait de réintroduire, dans l'organisation judiciaire, un élément d'unité que les monarchies du type ancien, hors de portée de la majeure partie des populations censées sujettes, s'étaient montrées impuissantes à sauvegarder.

Chapitre II

Les pouvoirs traditionnels : royautés et Empire

I. GÉOGRAPHIE DES ROYAUTÉS

Au-dessus de la poussière des seigneuries, des communautés familiales ou villageoises, des groupes vassaliques, s'élevaient, dans l'Europe féodale, divers pouvoirs dont l'horizon plus étendu eut longtemps pour rançon une action beaucoup moins efficace, dont le destin cependant fut de maintenir, dans cette société morcelée, certains principes d'ordre et d'unité. Au sommet, royautés et Empire tenaient leur force ou leurs ambitions d'un long passé. Plus bas, des dominations plus jeunes s'étageaient, par une gradation presque insensible, de la principauté territoriale à la simple baronnie ou châtellenie. Il convient de regarder d'abord du côté des puissances les plus chargées d'histoire.

L'Occident, après la chute de l'Empire romain, avait été découpé en royaumes gouvernés par des dynasties germaniques. C'était de ces monarchies « barbares » que, par une succession plus ou moins directe, descendaient presque toutes celles de l'Europe féodale. La filiation était particulièrement nette dans l'Angleterre anglo-saxonne qui, vers la première moitié du IXe siècle, se divisait encore en cinq ou six États, héritiers authentiques — quoique en beaucoup moins grand nombre — des dominations naguère fondées par les envahisseurs. On a vu comment les incursions scandinaves ne laissèrent finalement subsister que le Wessex, agrandi des dépouilles de ses voisins. Son souverain prit, au xe siècle, l'habitude de s'intituler, soit roi de toute la Bretagne, soit, plus souvent et plus durablement, roi des Angles ou Anglais. Sur les frontières de ce *regnum Anglorum* subsistait cependant, à l'époque de la conquête normande, une marge celtique. Les Bretons du Pays de Galles se répartissaient entre plusieurs petites principautés. Vers le Nord, une famille de chefs scots, c'est-à-dire irlandais, soumettant, tour à tour, les autres tribus celtes des hautes terres et les populations germaniques ou germanisées du Lothian, avait, pièce à pièce, constitué un vaste royaume, qui emprunta aux vainqueurs leur nom national : l'Écosse.

Dans la péninsule ibérique, quelques nobles goths, réfugiés dans les Asturies après l'invasion musulmane, s'y étaient donné un roi. Divisé à plusieurs reprises entre les héritiers du fondateur, mais considérablement accru par la Reconquête, l'État ainsi formé eut sa capitale transportée, vers le début du xe siècle, à León, sur le plateau au sud des monts. Au cours de ce même siècle, un commandement militaire établi, vers l'est, en Castille et qui d'abord avait dépendu des royaumes asturo-léonais, se rendit peu à peu autonome et son chef, en 1035, prit le titre de roi. Puis, une centaine d'années plus tard, une scission analogue donna naissance, dans l'Ouest, au Portugal. Cependant, les Basques des Pyrénées Centrales, que l'on appelait les Navarrais, vivaient à part dans leurs vallées. Eux aussi finirent par se constituer en un royaume, qui apparaît clairement aux environs de l'an 900 et dont se détacha, en 1037, une autre menue monarchie, dénommée, d'après le torrent qui en baignait le territoire, « Aragon ». Ajoutez, au nord du bas cours de l'Èbre, une « marche » créée par les Francs et qui, sous le nom de comté de Barcelone, fut considérée en droit, jusqu'à Saint Louis, comme un fief du roi de France. Telles furent — avec des frontières extrêmement mouvantes et soumises à toutes les vicissitudes des partages, des conquêtes et de la politique matrimoniale — les formations politiques d'où naquirent « les Espagnes ».

Au nord des Pyrénées, un des royaumes barbares, celui des Francs, avait été démesurément agrandi par les Carolingiens. La déposition de Charles le Gros, en novembre 887 que suivit bientôt sa mort, le 13 janvier de l'année suivante, marqua l'échec du dernier effort d'unité. Ce ne fut point caprice si le nouveau roi de l'Est, Arnulf, ne témoigna d'aucun empressement à accepter également la domination sur l'Ouest, que lui offrait l'archevêque de Reims. Visiblement, l'héritage de Charlemagne semblait trop lourd. La division s'opéra, en gros, selon les lignes qu'avait fixées le premier partage, celui de Verdun, en 843. Constitué, à cette date, par l'union de trois diocèses de la rive gauche du Rhin — Mayence, Worms et Spire — avec les vastes contrées germaniques naguère soumises, à l'est du fleuve, par les deux dynasties franques, le royaume de Louis le Germanique fut, en 888, rétabli au profit du seul survivant de ses descendants : Arnulf de Carinthie. Ce fut la « France Orientale », que, par un anachronisme sans danger, s'il est conscient, nous pouvons d'ores et déjà nommer « Allemagne ».

Dans l'ancien royaume de Charles le Chauve, la « France Occidentale » — notre France tout court —, deux grands seigneurs furent à peu près simultanément proclamés rois : un duc italien, mais de famille franque, Gui de Spolète ; un comte neustrien, d'origine probablement saxonne, Eude. Le second, qui disposait d'une clientèle beaucoup plus étendue et qu'avait illustré la guerre contre les Normands, l'emporta sans peine. La frontière fut approximativement, ici aussi, celle de Verdun. Faite d'une juxtaposition de limites entre comtés, elle coupait et recoupait plusieurs fois l'Escaut et venait toucher la Meuse un peu en aval de son confluent avec la Semois ; après quoi, elle courait à peu près parallèlement au fleuve et à quelques lieues de lui, sur la rive gauche. Elle atteignait ensuite la Saône, en aval de Port-sur-Saône, et se confondait, sur une assez longue distance, avec son cours, ne s'en écartant guère qu'en face de Chalon, pour un crochet vers l'est. Enfin, au sud du Mâconnais, elle abandonnait la ligne Saône-Rhône, de façon à laisser à la puissance voisine tous les comtés bordiers de la rive occidentale, et ne rattrapait le fil de l'eau que sur le delta, pour longer, jusqu'à la mer, le Petit Rhône.

Restait la bande intermédiaire, qui, s'insérant, au nord des Alpes, entre les États de Louis le Germanique et ceux de Charles le Chauve, puis se prolongeant sur la péninsule italienne jusque vers Rome, avait, en 843, formé le disparate royaume de Lothaire. De ce prince, aucun descendant, en ligne masculine, n'existait plus. Son héritage devait être finalement tout entier annexé à la France Orientale. Mais ce fut fragment par fragment.

Successeur de l'ancien État lombard, le royaume d'Italie couvrait le Nord et le Centre de la péninsule, moins Venise la byzantine. Il connut, pendant près d'un siècle, le plus orageux destin. Plusieurs lignées s'y disputèrent la couronne : ducs de Spolète, dans le Sud, et surtout, vers le nord, les maîtres de ces cols alpestres d'où il était si facile et si tentant de foncer sur la plaine : marquis de Frioul ou d'Ivrée, rois de Bourgogne, qui tenaient les passages des Alpes Pennines, rois ou comtes de Provence, ducs de Bavière. Plusieurs d'entre ces prétendants se firent, en outre, sacrer empereurs par le pape ; car, depuis le premier partage de l'Empire sous Louis le Pieux, la possession de l'Italie, en raison des droits de protection et de domination qu'elle entraînait sur Rome et sur l'église romaine, semblait à la fois la condition nécessaire de cette prestigieuse dignité et le meilleur des titres à la briguer. Cependant — à la différence des rois de la France Occidentale que leur éloignement même préservait de nourrir des ambitions italiennes ou impériales — les souverains de la France Orientale comptaient, eux aussi, parmi les proches voisins du beau royaume à l'abandon. Déjà, en 894 et 896, Arnulf, fort de son origine carolingienne, y était descendu, s'y était fait reconnaître roi et y avait reçu l'onction impériale. En 951, un de ses successeurs, Otton Ier, un Saxon, dont le grand-père peut-être avait naguère accompagné Arnulf au-delà des monts, reprit le même chemin. Il fut acclamé roi des Lombards dans la vieille capitale, à Pavie, puis — ayant dû, dans l'intervalle, se donner à d'autres tâches — revint dix ans après, soumit mieux le pays et poussa enfin jusqu'à Rome, où le pape fit de lui un « auguste empereur » (2 février 962). Désormais, sauf pour de courtes périodes de crises, l'Italie, ainsi entendue, n'aura, jusqu'au cœur des temps modernes d'autre monarque de droit que celui de l'Allemagne.

En 888, un très haut personnage, de race bavaroise, le Welf Rodolphe, se trouvait à la tête du grand gouvernement militaire que les Carolingiens, au cours des années précédentes, avaient établi entre le Jura et les Alpes et que l'on nommait ordinairement duché de Transjurane : position capitale, puisqu'elle commandait quelques-uns des principaux passages intérieurs de l'Empire. Rodolphe chercha, lui aussi, à pêcher en eau trouble une couronne et fit choix, pour cela, de cette espèce de « no man's land » que constituait, dans l'intervalle entre les « Frances » de l'Ouest et de l'Est, les pays que plus tard on devait dire, si justement, « d'Entre Deux ». Qu'il se soit fait sacrer à Toul indique suffisamment l'orientation de ses espérances. Cependant, si loin de son duché propre, il manquait de fidèles. Battu par Arnulf, il dut — tout en gardant le titre royal — se contenter de joindre à la Transjurane la plus grande partie de la province ecclésiastique de Besançon.

Au nord de celle-ci, tout un morceau de l'héritage de Lothaire restait donc vacant. C'était la région que, faute d'un terme géographique approprié, on appelait volontiers, du nom d'un prince qui, fils et homonyme de ce premier Lothaire, y avait régné quelque temps, la « Lotharingie » : vaste territoire bordé à l'ouest par les limites de la France Occidentale, telles qu'elles ont été précédemment définies, à l'est par le cours du Rhin, que la frontière n'abandonnait que sur 200 kilomètres environ, pour remettre à la France Orientale ses trois diocèses de la rive gauche ; pays de grosses abbayes et de riches évêchés, de beaux fleuves sillonnés par les barques marchandes ; contrée vénérable aussi, puisqu'elle avait été le berceau de la maison carolingienne et le cœur même du grand Empire. Les vivaces souvenirs que la dynastie légitime y avait laissés furent probablement l'obstacle qui empêcha aucune royauté indigène de s'y élever. Comme, néanmoins, là pas plus qu'ailleurs les ambitieux ne manquaient, leur jeu fut d'opposer l'une à l'autre les monarchies limitrophes. D'abord soumise de nom à Arnulf, qui était en 888 le seul des descendants de Charlemagne à porter la couronne, fort indocile ensuite envers le roi particulier qu'en la personne d'un de ses bâtards Arnulf bientôt lui avait donné, la Lotharingie, après qu'en 911 la branche carolingienne d'Allemagne eut péri, fut longtemps disputée entre les princes voisins. Bien qu'un sang différent coulât dans leurs veines, les rois de France Orientale se considéraient comme les héritiers d'Arnulf. Quant aux souverains de la France Occidentale — du moins lorsqu'ils appartenaient à la lignée carolingienne, ce qui fut le cas de 898 à 923, puis de 936 jusqu'à 987 — comment ne les eût-on pas vus revendiquer, sur la Meuse et le Rhin, la succession de leurs aïeux ? Cependant, la France Orientale, visiblement, était la plus forte : si bien que lorsqu'en 987, les Capétiens eurent pris, à leur tour, dans le royaume adverse, la place de l'ancienne race, ils renoncèrent tout naturellement à poursuivre un dessein étranger à leurs propres traditions familiales et pour lequel, d'ailleurs, il n'eussent plus trouvé, sur les lieux mêmes, l'appui d'une clientèle toute prête. Pour de longs siècles — voire pour toujours, en ce qui concerne sa partie nord-est, Aix-la-Chapelle et Cologne, Trèves et Coblence —, la Lotharingie était incorporée à la constellation politique allemande.

Aux abords de la Transjurane, le Lyonnais, le Viennois, la Provence, les diocèses alpestres étaient restés près de deux ans sans reconnaître aucun roi. Dans ces régions pourtant subsistaient le souvenir et les fidèles d'un ambitieux personnage, nommé Boson, qui, au mépris de la légitimité carolingienne, avait, dès avant 887, su s'y tailler un royaume indépendant. Son fils, Louis — descendant, en outre, par sa mère, de l'empereur Lothaire — réussit finalement à se faire sacrer à Valence, vers la fin de 890. Mais la royauté ainsi fondée devait être éphémère. Ni Louis qui, dès 905, eut les yeux crevés, dans Vérone, ni son parent Hugues d'Arles, qui après cette tragédie commanda longtemps au nom du malheureux aveugle, ne semblent jamais avoir vu dans leurs terres d'entre Rhône et monts autre chose qu'un point de départ commode pour la séduisante conquête de l'Italie. En sorte qu'après la mort de Louis, en 928, Hugues, proclamé roi en Lombardie, laissa à peu près librement les Welfs pousser leur domination jusqu'à la mer. A partir du milieu du xe siècle environ, le royaume de Bourgogne —

ainsi appelait-on généralement, l'État fondé par Rodolphe — s'étend donc de Bâle à la Méditerranée. Dès ce moment, cependant, ses faibles monarques faisaient, vis-à-vis des rois ou empereurs allemands, figure d'assez modestes protégés. Finalement — non sans beaucoup de répugnances d'ailleurs et de tergiversations — le dernier de la race, qui mourut en 1032, reconnut le souverain de l'Allemagne pour son successeur. A la différence de la Lotharingie, mais comme l'Italie, la « Bourgogne » ainsi entendue, — que l'on connaîtra, de préférence, depuis le XIIIe siècle, sous le nom de royaume d'Arles — ne fut, d'ailleurs, pas précisément absorbée dans l'ancienne France Orientale. On concevait l'union plutôt comme celle de trois royaumes distincts, rassemblés, indissolublement, dans la même main.

Ainsi l'ère féodale vit se dessiner les premiers linéaments d'une carte politique européenne, dont certains traits percent encore sous la nôtre, et débattre des problèmes de zones frontières destinés, jusqu'à nos jours, à faire verser tantôt de l'encre, tantôt du sang. Mais peut-être, tout bien considéré, le trait le plus caractéristique de cette géographie des royautés fut-il, avec des marges si mouvantes entre leurs territoires, l'étonnante stabilité du nombre des royautés elles-mêmes. Si, dans l'ancien Empire carolingien, une foule de dominations, en fait quasi indépendantes, s'élevèrent, pour se détruire sans cesse, aucun de ces « tyrans » locaux, parmi les plus puissants, n'osa — depuis Rodolphe et Louis l'Aveugle — s'attribuer le titre royal ni nier qu'il ne fût, en droit, le sujet ou le vassal d'un roi. Preuve, entre toutes éloquente, de ce que conservait de vigueur la tradition monarchique, beaucoup plus vieille que la féodalité et destinée à lui survivre longtemps.

II. TRADITIONS ET NATURE DU POUVOIR ROYAL

Les rois de l'ancienne Germanie faisaient volontiers remonter leur généalogie aux dieux. Semblables eux-mêmes, comme dit Jordanès, à des « Ases ou demi-dieux », c'était de la vertu mystique dont leurs personnes étaient héréditairement imprégnées que leurs peuples attendaient la victoire au combat, et, pendant la paix, la fécondité des champs. Les empereurs romains, de leur côté, avaient vécu entourés d'un nimbe divin. De ce double héritage et, surtout, du premier, les royautés de l'âge féodal tirèrent leur caractère sacré. Le christianisme l'avait sanctionné, en empruntant à la Bible un vieux rite d'avènement, hébraïque ou syriaque. Dans les États successeurs de l'Empire carolingien, en Angleterre, en Asturies, les rois, à leur accession, ne reçoivent pas seulement de la main des prélats les insignes traditionnels de leur dignité et, notamment, cette couronne dont ils se pareront désormais, solennellement, durant les cours tenues aux grandes fêtes, les « cours couronnées » qu'évoque une charte de Louis VI de France ([337]). Un évêque encore, nouveau Samuel, oint ces nouveaux Davids, sur diverses parties de leurs corps, avec une huile bénite : geste dont le sens universel, dans la liturgie catholique, est de faire passer un homme ou un objet de la catégorie du profane à celle du sacré. L'arme, à vrai dire, était à double tranchant. « Celui qui bénit est supérieur à celui qui est béni » : ainsi avait parlé saint Paul. De la consécration du roi par les prêtres, ne fallait-il donc point conclure à la suprématie du spirituel ? Tel fut, en effet, presque dès l'origine, le sentiment de plus d'un écrivain d'Église. La conscience des menaces dont une pareille interprétation était lourde explique sans doute que, parmi les premiers souverains de la France Orientale, plusieurs aient négligé ou refusé de se faire oindre. Leurs successeurs, cependant, ne tardèrent guère à venir à résipiscence. Comment eussent-ils souffert d'abandonner à leurs rivaux de l'Ouest le privilège de ce prestigieux charisme ? La cérémonie ecclésiastique de la remise des insignes — anneau, glaive, étendard, couronne même — eut ses imitateurs, plus ou moins tardivement, dans diverses principautés : Aquitaine, Normandie, duchés de Bourgogne ou de Bretagne. Il est caractéristique que, par contre, aucun grand feudataire, si puissant fût-il, n'ait jamais osé élever ses prétentions jusqu'au sacre, dans le sens propre du mot, c'est-à-dire à l'onction. En dehors des prêtres, on ne voyait de « Christs du Seigneur » que parmi les rois.

De cette empreinte surnaturelle, dont l'onction était la

confirmation plutôt que l'origine, la valeur ne pouvait manquer d'être vivement ressentie par un âge habitué à mêler sans cesse à la vie quotidienne les influences de l'au-delà. Assurément une royauté veritablement sacerdotale eût été incompatible avec la religion partout régnante. Les pouvoirs du prêtre catholique sont quelque chose de parfaitement défini : du pain et du vin, il peut et peut seul faire le corps et le sang du Christ. Incapables, n'ayant pas reçu l'ordination, de célébrer le saint sacrifice, les rois n'étaient donc pas, au sens strict, des prêtres. Mais, moins encore, de purs laïques. Il est difficile d'exprimer clairement des représentations rebelles, en elles-mêmes, à la logique. On en donnera cependant une idée approchée en disant que, sans être revêtus du sacerdoce, les rois, selon le mot d'un écrivain du XIe siècle, « participaient » à son ministère. D'où cette conséquence, infiniment grave, que, dans leurs efforts pour gouverner l'Église, c'est comme membres de celle-ci qu'ils croiront et qu'on les croira agir. Du moins, telle était l'opinion commune. Dans les milieux ecclésiastiques, elle n'avait jamais régné sans partage. Au XIe siècle, les Grégoriens l'attaquèrent avec la plus rude et la plus clairvoyante vigueur. Ils plaidaient pour cette distinction du spirituel et du temporel, où Rousseau et Renan nous ont appris à voir une des grandes innovations du christianisme. Ils ne séparaient d'ailleurs si bien les deux pouvoirs qu'afin d'humilier les maîtres des corps devant les maître des âmes : « la lune », qui n'est que reflet, devant « le soleil », source de toute lumière. Mais leur succès, sur ce point, fut mince. Bien des siècles devaient s'écouler avant qu'aux yeux des peuples, les royautés ne fussent ramenées à leur rôle de puissances modestement humaines.

Dans l'esprit des masses, ce caractère sacré ne se traduisait pas seulement par la notion, trop abstraite, d'un droit de direction ecclésiastique. Autour de la royauté, en général, ou des diverses royautés particulières, tout un cycle de légendes et de superstitions s'élabora. Il n'atteignit, à dire vrai, son plein épanouissement qu'à partir du moment où s'affermirent, en fait, la plupart des pouvoirs monarchiques : vers les XIIe et XIIIe siècles. Mais ses origines remontaient au premier âge féodal. Depuis la fin du IXe siècle, les archevêques de Reims prétendent conserver le dépôt d'une huile miraculeuse, jadis apportée à Clovis, par une colombe, du haut du firmament : admirable privilège qui permettra, du même coup, à ces prélats de revendiquer, en France, le monopole du sacre, et à leurs rois de se dire et se croire consacrés par le Ciel même. Les rois de France, depuis Philippe Ier au moins, probablement depuis Robert le Pieux, les rois d'Angleterre, depuis Henri Ier, passent pour guérir certaines maladies par le contact de leurs mains. Lorsqu'en 1081 l'empereur Henri IV — excommunié pourtant — traversa la Toscane, les paysans, accourus sur sa route, s'efforçaient de toucher ses vêtements, persuadés de s'assurer, par là, d'heureuses moissons ([338]).

A l'*aura* merveilleuse qui entourait ainsi les personnes royales, opposerons-nous, pour mettre en doute l'efficacité de cette image, le peu de respect que trop souvent obtenait l'autorité monarchique ? Ce serait mal poser le problème. Car regardons-y de près : de rois imparfaitement obéis, combattus et bafoués par leurs feudataires, voire prisonniers de ceux-ci, les exemples, en effet, sont sans nombre. Mais de rois qui aient péri de mort violente, de la main de leurs sujets, j'en vois, à l'époque qui nous occupe, sauf erreur, exactement trois : en Angleterre, Édouard le Martyr, victime d'une révolution de palais fomentée au profit de son propre frère ; en France, Robert Ier, usurpateur tué au combat par un partisan du roi légitime ; dans l'Italie, traversée de tant de luttes dynastiques, Bérenger Ier. A côté des hécatombes de l'Islam, en regard de ce qu'offrirait, dans l'Occident même, la liste des meurtres commis sur les grands vassaux des diverses couronnes, compte tenu, enfin, des mœurs familières à une époque de violences, on avouera que c'est peu.

Ces représentations, ainsi étagées du religieux au magique, n'étaient, sur le plan des forces surnaturelles, que l'expression de la mission politique reconnue comme propre aux rois : celle de « chef du peuple », *thiudans*, selon le vieux mot germanique. Dans le pullulement des dominations, qui caractérisait le monde féodal, les royautés, comme l'a justement écrit Guizot, constituaient des pouvoirs « sui generis » : non seulement supérieurs, en principe, à tous les autres, mais encore d'un ordre véritablement différent. Trait significatif : alors que les autres puissances étaient, pour la plupart, de simples agglomérats de droits divers, dont l'enchevêtrement voue à l'erreur toute tentative pour figurer sur la carte l'étendue d'aucun de ces « fiefs », grands ou petits, au moyen de contours linéaires, il existait au contraire, entre les États monarchiques, ce qu'on peut légitimement appeler des frontières. Non certes, là non plus, sous l'aspect de lignes exactement tirées au cordeau. L'occupation du sol, encore très lâche, n'en imposait pas le besoin. Pour séparer la France de l'Empire, dans les marches mosanes, ne suffisait-il point des halliers déserts de l'Argonne ? Mais, du moins, une ville ou un village, si disputée qu'en fût parfois l'appartenance, semblait ne devoir jamais dépendre, en droit, que d'un seul des royaumes affrontés, tandis qu'on pouvait fort bien voir un quelconque potentat y exercer, par exemple, la haute justice, un autre y posséder des serfs, un troisième des cens avec leur juridiction, un quatrième la dîme. En d'autres termes, pour une terre comme pour un homme, avoir plusieurs seigneurs était presque normal ; plusieurs rois, impossible.

Loin de l'Europe, au Japon, il advint qu'un système de subordinations personnelles et terriennes, fort analogue à notre régime féodal, se constitua peu à peu en face d'une monarchie, comme en Occident, beaucoup plus ancienne. Mais là les deux institutions coexistèrent, sans se pénétrer. Personnage sacré, comme nos rois, et beaucoup plus qu'eux proche de la divinité, l'empereur, au pays du Soleil Levant, demeura, en droit, le souverain du peuple entier. Au-dessous de lui, la hiérarchie des vassaux s'arrêtait au shogoun, leur chef suprême. Le résultat fut que, pour de longs siècles le shogoun accapara tout le pouvoir réel. En Europe, au contraire, les royautés, antérieures par leur date et, par leur nature, étrangères au réseau vassalique, n'en prirent pas moins place à son sommet. Elles surent éviter d'être elles-mêmes enveloppées dans le filet des dépendances. Arrivait-il que, par le jeu de la patrimonialité des fiefs, une terre, auparavant soumise à la mouvance d'un seigneur particulier ou d'une église, entrât dans le domaine royal ? La règle, universellement admise, était que le roi, s'il succédait à certaines des charges, se trouvait, cependant, dispensé de tout hommage : car il ne pouvait s'avouer le fidèle d'un de ses sujets. Par contre, rien n'avait jamais empêché que, parmi ceux-ci, qui tous étaient, en tant que tels, ses protégés, il ne fît choix de certains privilégiés pour étendre sur eux, selon le rite de l'hommage, une protection particulière.

Or, dans le nombre de ces « commendés » royaux figuraient, comme on l'a vu, depuis le IXe siècle, à côté d'une foule de petits « satellites », tous les magnats, hauts fonctionnaires bientôt mués en princes régionaux. Si bien que, recteur du peuple, en son ensemble, le monarque est, en outre, degré par degré, l'arrière-seigneur d'une quantité prodigieuse de vassaux, voire même, à travers eux, d'une multitude, plus nombreuse encore, d'humbles dépendants. Dans les pays dont la structure féodale exceptionnellement rigoureuse exclut l'alleu — telle, l'Angleterre après la conquête normande —, il n'est pauvre hère si bas placé dans l'échelle des sujétions qui, en levant les yeux, n'aperçoive, au dernier barreau, le roi. Ailleurs, la chaîne, avant d'atteindre si haut, parfois se rompt. Cependant, en tous lieux, cette féodalisation des royautés fut certainement pour elles un élément de salut. Là où il ne parvenait plus à commander comme chef de l'État, le roi, du moins, pouvait utiliser à son profit les armes du droit vassalique, nourri du sentiment de la plus vivante alors parmi les attaches humaines. Dans la *Chanson*, est-ce pour son souverain, est-ce pour le seigneur, auquel il a prêté hommage, que Roland combat ? Sans doute ne le sait-il pas lui-même. Mais il ne combat avec tant d'abnégation pour son souverain que parce que celui-ci est en même temps son seigneur. Plus tard, lorsque Philippe Auguste contestera au pape la faculté de disposer des biens d'un comte hérétique, il dira encore, tout naturellement : « ce comté est tenu de moi en fief » ; non : « il est de mon royaume ». En ce sens, la politique des Carolingiens, qui avaient rêvé de construire leur gouvernement sur la vassalité, ne devait peut-être pas, à longue échéance, se montrer aussi vaine que ses premiers échecs volontiers ne le feraient croire. Bien des raisons — nous l'avons déjà observé et nous aurons à y revenir — conspirèrent, durant le premier âge féodal, à réduire à peu de chose l'action vraiment efficace du pouvoir royal. Du moins disposait-il de deux grandes forces latentes, toutes prêtes à s'épanouir sous l'influence de conditions plus favorables : l'intact héritage de son prestige ancien ; le regain de jeunesse qu'il puisait dans son adaptation au système social nouveau.

III. LA TRANSMISSION DU POUVOIR ROYAL ; PROBLÈMES DYNASTIQUES

Cette dignité monarchique, cependant, lourde de traditions mêlées, comment se transmettait-elle ? Hérédité ? Élection ? Volontiers, nous tenons aujourd'hui les deux termes pour incompatibles. Qu'ils ne parussent point tels, au même degré, durant l'ère féodale, d'innombrables textes s'accordent à nous l'apprendre. « Nous avons obtenu l'élection unanime des peuples et des princes et la succession héréditaire du royaume indivisé », ainsi s'exprime, en 1003, le roi d'Allemagne Henri II. Et, en France, l'excellent canoniste qu'était Ive de Chartres : « A juste titre celui-là a été sacré roi, auquel la royauté revenait par droit héréditaire et qu'a désigné l'unanime consentement des évêques et des grands ([339]). » C'était qu'on ne concevait aucun des deux principes sous sa forme absolue. Conçue moins comme l'exercice d'un libre arbitre que sous l'aspect de l'obéissance à une sorte de révélation intime, qui faisait découvrir le juste chef, la pure élection trouva, à vrai dire, ses défenseurs chez les clercs. Hostiles à l'idée, quasi païenne, d'une vertu sacrée de la race, ils inclinaient, en outre, à voir la source légitime de tout pouvoir dans un mode de nomination que l'Église revendiquait, pour elle-même, comme seul conforme à sa loi : l'abbé ne devait-il pas être choisi par ses moines, l'évêque, par le clergé et le peuple de la cité ? Ces théologiens se rencontraient là-dessus avec les ambitions des grands feudataires, qui ne souhaitaient rien tant que de voir la monarchie tomber dans leur dépendance. Mais, imposée par tout un monde de représentations que le moyen âge avait reçu, principalement de la Germanie, l'opinion généralement répandue était toute différente. On croyait à la vocation héréditaire, non d'un individu, mais d'une lignée, seule censée capable de donner des chefs efficaces.

La conclusion logique eût sans doute été l'exercice de l'autorité, en commun, par tous les fils du roi défunt ou le partage du royaume, entre eux. Interprétées parfois, bien à tort, comme prouvant la prétendue assimilation de la royauté à un patrimoine, alors qu'elles exprimaient, au contraire, la participation de tous les descendants à un même privilège dynastique, ces pratiques, on le sait, avaient été familières au monde barbare. Les États anglo-saxons et espagnols les perpétuèrent, longtemps, à l'ère féodale. Cependant elles semblaient dangereuses pour le bien des peuples. Elles se heurtaient à cette notion d'une monarchie indivisible, sur laquelle un Henri II mettait, très consciemment, l'accent et qui répondait à la survivance, parmi tous les troubles, d'un sentiment, encore vigoureux, de l'État. Une autre solution, qui, d'ailleurs, avait toujours plus ou moins joué parallèlement avec la première, prévalut donc. Dans cette famille prédestinée, et dans elle seule — parfois, si la ligne masculine s'était éteinte, dans les familles alliées — les principaux personnages du royaume, représentants-nés de l'ensemble des sujets, nomment le nouveau roi. « L'usage des Francs », écrit, très pertinemment, en 893, l'archevêque de Reims, Foulque, « fut toujours, leur roi mort, d'en élire un autre dans la race royale ([340]) ».

L'hérédité collective, ainsi comprise, devait d'ailleurs presque nécessairement tendre à entraîner l'hérédité individuelle en ligne directe. Les fils du dernier roi ne participaient-ils pas éminemment aux vertus de son sang ? Mais ici le facteur décisif fut un autre usage, que l'Église aussi acceptait, chez elle, comme un utile antidote au hasard des élections. Fréquemment l'abbé, de son vivant, faisait reconnaître par ses moines le personnage qu'il désignait lui-même pour son successeur. Ainsi procédèrent, notamment, les premiers chefs du grand monastère de Cluny. De même, le roi ou le prince obtenait de ses fidèles que, de son vivant, l'un de ses fils fût associé à sa dignité, voire — s'il s'agissait d'un roi — sacré incontinent : pratique vraiment universelle, durant l'ère féodale, et dans laquelle on vit les doges de Venise ou les « consuls » de Gaète communier avec toutes les monarchies de l'Occident. Encore pouvait-il y avoir plusieurs fils. Parmi eux, comment choisir l'heureux bénéficiaire de cette élection anticipée ? Pas plus que le droit des fiefs, le droit monarchique ne se rallia d'emblée à l'aînesse. Volontiers, on opposait à celle-ci les droits de l'enfant né « dans la pourpre », c'est-à-dire alors que son père était déjà roi ; ou bien des raisons plus personnelles faisaient pencher la balance. Pourtant, fiction commode et d'ailleurs peu à peu imposée par l'exemple même du fief, le privilège de primogéniture, en dépit de quelques tentatives contraires, s'imposa presque dès l'origine en France. L'Allemagne, plus fidèle à l'esprit des vieilles coutumes germaniques, ne l'admit jamais sans réserves. En plein XIIe siècle, Frédéric Barberousse devait encore se donner, pour continuateur, son second fils.

Ce n'était là, d'ailleurs, que le signe de divergences plus profondes. Car, parties des mêmes notions dans lesquelles s'unissaient le principe électif et le droit de la race, les coutumes monarchiques évoluèrent, dans les différents États européens, en des sens singulièrement variables. Il suffira ici de retenir deux expériences particulièrement typiques : celles que nous offrent la France, d'une part, l'Allemagne, de l'autre.

L'histoire de la France Occidentale s'ouvrit, en 888, par une éclatante rupture avec la tradition dynastique. En la personne du roi Eude les grands avaient fait choix, dans toute la force du terme, d'un homme nouveau. C'était que de la descendance de Charles le Chauve il ne restait alors qu'un enfant de huit ans, qui, en raison de sa jeunesse, avait déjà été, par deux fois, écarté du trône. A peine, néanmoins, ce garçonnet — appelé, lui aussi, Charles et qu'une historiographie sans indulgence devait surnommer « le Simple » — avait-il dépassé cet âge de douze ans auquel le droit des Francs Saliens fixait la majorité, qu'on le vit, le 28 janvier 893, sacré à Reims. La guerre entre les deux rois dura longtemps. Mais, peu avant sa mort, qui survint le 1er janvier 898, Eude, conformément, semble-t-il, à un accord conclu quelques mois plus tôt, invita ses partisans à se rallier, lui disparu, au Carolingien. Ce fut seulement au bout de vingt-quatre ans que celui-ci retrouva un rival. Irrités par la faveur que Charles témoignait à un petit chevalier, naturellement enclins, d'ailleurs, à l'indocilité, quelques-uns des plus hauts personnages du pays se mirent en quête d'un autre roi. Eude n'ayant pas laissé de fils, son frère, Robert, avait hérité de ses honneurs patrimoniaux et de sa clientèle. Il fut l'élu des rebelles (29 juin 922). Pour avoir déjà touché à la couronne, cette famille semblait à demi consacrée. Puis, lorsque Robert, l'année suivante, eut été tué sur le champ de bataille, son gendre, le duc de Bourgogne Raoul, reçut à son tour l'onction ; et le guet-apens qui, peu après, fit de Charles, pour sa vie entière, le prisonnier d'un des principaux révoltés, assura la victoire de l'usurpateur. Pourtant, la mort de Raoul, lui aussi sans postérité masculine, devait donner le signal d'une véritable restauration. Le fils de Charles le Simple, Louis IV, fut rappelé d'Angleterre où il s'était réfugié (juin 936). Son propre fils, son petit-fils ensuite, lui succédèrent sans difficultés. Si bien que, vers la fin du xe siècle, tout paraissait conduire à tenir pour définitif le rétablissement de la légitimité.

Il fallut, pour la remettre en question, le hasard d'un accident de chasse, auquel succomba le jeune roi Louis V. Ce fut le petit-fils du roi Robert, Hugues Capet, que, le 1er juin 987, proclama l'assemblée de Noyon. Cependant il existait encore un fils de Louis IV, Charles, dont l'empereur allemand avait fait un duc de Basse-Lorraine. Il ne tarda pas à revendiquer par les armes son héritage et bien des gens, sans doute, ne voyaient dans Hugues, selon le mot de Gerbert, qu'un roi « intérimaire ». Un heureux coup de main en décida autrement. Traîtreusement abusé par l'évêque de Laon, Charles fut pris, le jour des Rameaux de l'année 991, dans cette ville. Comme son grand-père, Charles le Simple, il devait mourir en captivité. Jusqu'au jour où elle ne reconnaîtra plus de roi, la France désormais n'en aura que de race capétienne.

De cette longue tragédie, dénouée par la chance, il ressort assurément que le sentiment de la légitimité garda longtemps quelque force. Plus que les chartes aquitaines qui, sous Raoul, puis sous Hugues Capet, marquent, par leurs formules de datation, la volonté de ne pas reconnaître les usurpateurs — les pays au sud de la Loire avaient toujours mené une vie à part et le baronat y était naturellement hostile à des chefs issus de la Bourgogne ou de la France propre —, plus que l'indignation convenue ou intéressée de certaines chroniques, les faits ici parlent haut. Il fallait bien que l'expérience d'Eude, de Robert et de Raoul parût médiocrement tentante pour qu'elle ait mis tant d'années à être renouvelée. Aucun scrupule n'empêcha le fils de Robert, Hugues le Grand, de tenir, durant près d'un an, Louis IV prisonnier. Le curieux est qu'il n'ait pas osé mettre à profit cette circonstance si favorable pour se faire lui-même roi. Amené par la plus inopinée des morts, l'événement de 987 ne fut pas, quoi qu'on en ait dit, « avant tout un fait ecclésiastique ». Si l'archevêque de Reims, Adalbéron, en fut incontestablement le principal artisan, l'Église entière ne se rangeait pas derrière lui. Selon toute apparence, les fils de l'intrigue remontaient à la cour impériale de Germanie, à laquelle le prélat et son conseiller Gerbert étaient liés à la fois par l'intérêt personnel et par les convictions politiques. Car, aux yeux de ces prêtres instruits, Empire était synonyme d'unité chrétienne. Dans les Carolingiens de France, les Saxons, qui régnaient alors sur l'Allemagne et l'Italie, redoutaient le sang de Charlemagne, dont eux-mêmes, sans en descendre, avaient recueilli l'auguste héritage. Plus particulièrement, d'un changement de dynastie ils attendaient, à juste titre, la paisible possession de cette Lorraine que les Carolingiens, qui s'y sentaient chez eux, n'avaient jamais renoncé à leur disputer. Le succès fut facilité par la balance des forces, en France même. Non seulement, conduit à chercher fortune hors de son pays natal, Charles de Lorraine n'y avait guère de féaux. D'une façon plus générale, la cause carolingienne fut victime de l'incapacité où les derniers rois s'étaient trouvés de conserver sous leur domination directe assez de terres ou d'églises pour s'assurer l'appui héréditaire d'une vaste clientèle vassalique, constamment tenue en haleine par la promesse de nouvelles rémunérations. En ce sens, le triomphe des Capétiens représenta bien la victoire d'un pouvoir jeune — celui d'un prince territorial seigneur et distributeur de nombreux fiefs — sur la puissance traditionnelle d'une royauté presque pure.

L'étonnant est d'ailleurs moins leur première réussite que l'apaisement, dès 991, de toute querelle dynastique. La lignée carolingienne ne s'était pas éteinte avec Charles de Lorraine. Il laissait des fils, qui — les uns plus tôt, un autre plus tard — échappèrent à la captivité. On ne voit point qu'ils aient jamais rien tenté. Ni, non plus, malgré leur turbulence, les comtes de Vermandois, dont la maison, issue d'un fils de Charlemagne, ne devait prendre fin que dans la seconde moitié du XIe siècle. Peut-être, par une sorte de rétrécissement du loyalisme, hésitait-on à étendre les droits du sang jusqu'à ces collatéraux qui, s'il s'était agi d'un fief, eussent été alors généralement considérés comme exclus de la succession. L'argument semble avoir été utilisé en 987, contre Charles. A cette date et dans la bouche d'adversaires, il est suspect. Ne rend-il pas compte pourtant, en quelque mesure, de l'abstention de la branche de Vermandois, dès 888 ? Et qui sait quel eût été le sort des Capétiens, sans le merveilleux hasard qui, de 987 à 1316, fit que chaque père trouva, pour le continuer, un fils ? Surtout, obnubilé chez les grands par leurs ambitions, privé, d'autre part, de l'appui qu'eût été capable de lui fournir un groupe important de féaux personnels, le respect de la légitimité carolingienne n'eût guère pu être entretenu que dans ces milieux cléricaux qui, seuls ou presque seuls, avaient alors l'habitude d'horizons intellectuels assez larges pour voir au delà des petites intrigues quotidiennes. Que les plus actifs et les plus intelligents des chefs de l'Église, un Adalbéron, un Gerbert, en raison même de leur attachement à l'idée impériale, aient cru devoir sacrifier aux porteurs actuels de cette idée la dynastie de Charlemagne, tel fut, sans doute, dans l'équilibre des forces, non plus matérielles, mais morales, l'élément décisif.

Comment expliquer cependant qu'en dehors même des

derniers rejetons des Carolingiens, les Capétiens n'aient vu se lever contre eux, jamais, aucun concurrent ? L'élection ne disparut pas, de longtemps. Voyez, tel qu'il a été cité plus haut, le témoignage d'Ive de Chartres ; il se rapporte à Louis VI, qui fut sacré en 1108. Une cour solennelle se réunissait et proclamait un roi. Puis, le jour du sacre, le prélat, avant de procéder à l'onction, demandait encore aux assistants leur consentement. Seulement, ce choix prétendu tombait invariablement sur le fils du précédent souverain, le plus souvent du vivant de celui-ci, grâce à la pratique de l'association. Il arrivait que tel ou tel grand feudataire mît peu d'empressement à prêter l'hommage. Les rébellions étaient fréquentes. Mais d'anti-roi, point. Il est significatif que la nouvelle dynastie — comme Pépin et ses successeurs l'avaient déjà fait pour les Mérovingiens — ait d'emblée manifesté sa volonté de se rattacher à la tradition de la lignée qu'elle avait supplantée. Les rois parlent des Carolingiens comme de leurs prédécesseurs. De bonne heure, ils semblent s'être fait gloire de descendre d'eux par les femmes : ce qu'on peut croire exact, un peu du sang de Charlemagne ayant probablement coulé dans les veines de l'épouse de Hugues Capet. Puis, dès le temps de Louis VI, au plus tard, on voit l'entourage de la famille régnante chercher à utiliser, au profit de celle-ci, la légende du grand Empereur, qui, portée par l'épopée, s'épanouissait alors en France, voire, peut-être, collaborer à son rayonnement. Dans cet héritage, les Capétiens puisaient, avant tout, les précieux prestiges de la royauté sacrée. Ils ne tardèrent point à y ajouter, de leur propre cru, un miracle particulièrement émouvant : celui de la guérison. Le respect de l'onction, qui n'empêchait pas les révoltes, prévenait les usurpations. En un mot, à peu près étranger au monde romain, mais venu à l'Occident, par la Germanie, du lointain d'âges primitifs, le sentiment du mystérieux privilège qui semblait s'attacher à une race prédestinée avait tant de vigueur tenace que, du jour où il fut servi à la fois par le hasard des naissances masculines et par la présence, autour de la maison royale, de fidèles nombreux, on vit une légitimité toute fraîche se reconstruire très vite sur les ruines de l'ancienne.

En Allemagne, l'histoire des successions royales offrit, à ses débuts, des lignes beaucoup plus simples. Lorsque la dynastie carolingienne, dans sa branche germanique, se fut éteinte, en 911, le choix des magnats tomba sur un grand seigneur franc, allié à la race disparue, Conrad Ier. Mal obéi, mais sans que jamais se fût levé contre lui un autre prétendant, ce prince désigna lui-même, pour régner après sa mort, le duc de Saxe, Henri, qui, malgré la concurrence du duc de Bavière, fut élu et reconnu sans beaucoup de difficultés. Dès lors — cependant que le royaume de l'Ouest se débattait dans une longue querelle dynastique — les souverains de cette famille saxonne vont se suivre, durant plus d'une centaine d'années (919-1024), de père en fils, voire de cousin en cousin. L'élection, qui continuait régulièrement à avoir lieu, ne semblait que confirmer l'hérédité. Or, faisons maintenant, à travers les temps, un bond d'un siècle et demi environ. Entre les deux nations, le contraste subsiste. Mais il s'est inversé. En Europe, ce sera désormais un des lieux communs de la spéculation politique que d'opposer à la France, royaume héréditaire, l'Allemagne, où la monarchie, dit-on, est élective.

Trois grandes causes, qui agirent dans le même sens, avaient ainsi dévié l'évolution allemande. Le hasard physiologique, qui fut si favorable aux Capétiens, tourna ici au détriment de la continuité dynastique : successivement, on vit succomber, sans postérité masculine ni agnats, le cinquième des rois saxons, puis le quatrième roi issu de la lignée « salienne », c'est-à-dire franque, qui avait pris leur place. D'autre part, la royauté allemande, depuis Otton Ier, paraissait liée à la dignité impériale. Or, si les royautés de tradition foncièrement germanique reposaient sur l'idée d'une vocation héréditaire, sinon de l'individu, du moins du lignage, la tradition romaine, qui était à l'origine de l'Empire et qu'entretenait une littérature, historique ou pseudo-historique, de mieux en mieux connue depuis la fin du XIe siècle, n'avait au contraire jamais pleinement accepté ces privilèges du sang. « C'est l'armée qui fait l'Empereur », répétait-on volontiers ; et les hauts barons, naturellement, étaient tout prêts à assumer le rôle de ces légions ou encore, comme ils se plaisaient aussi à le dire, du « Sénat ». Enfin, la lutte violente qui, au temps du mouvement grégorien, éclata entre les souverains de l'Allemagne et la papauté, naguère réformée par leurs soins, amena les papes à dresser, contre le monarque ennemi, qu'ils souhaitaient faire déposer, le principe de l'élection, si conforme, par ailleurs, au sentiment de l'Église. Le premier anti-roi qu'ait connu l'Allemagne depuis 888 fut élu contre le Salien Henri IV, le 15 mars 1077, en présence des légats pontificaux. Il ne devait pas demeurer, à beaucoup près, le dernier ; et s'il est sans doute inexact que cette assemblée se soit expressément prononcée en faveur du caractère à jamais électif de la monarchie, le bruit qui, sur le moment, en courut dans les monastères témoignait, à tout le moins, d'une juste prescience de l'avenir. Mais l'âpreté même de la querelle qui divisait ainsi les rois allemands et la Curie ne s'explique, à son tour, que parce que ces rois étaient aussi empereurs. Alors qu'aux autres souverains les papes ne pouvaient reprocher que l'oppression d'églises particulières, dans les successeurs d'Auguste et de Charlemagne ils trouvaient des rivaux à la domination de Rome, du Siège Apostolique et de la Chrétienté.

IV. L'EMPIRE

L'effondrement de l'État carolingien avait eu pour effet de livrer à des factions locales les deux dignités pan-chrétiennes : la papauté, aux clans de l'aristocratie romaine ; l'Empire, aux partis qui se formaient et se défaisaient sans cesse dans le baronat italien. Car, on l'a déjà vu, le titre impérial semblait attaché à la possession du royaume d'Italie. Il ne reprit quelque sens que lorsqu'il eut été, depuis 962, approprié par les souverains allemands, dont les prétentions pouvaient s'appuyer sur une force, pour le temps, considérable.

Non, d'ailleurs, que les deux titres, royal et impérial, se soient jamais confondus. Durant la période qui s'était écoulée entre Louis le Pieux et Otton Ier, on avait vu définitivement s'affirmer le double caractère, à la fois romain et pontifical, de l'Empire d'Occident. Pour se dire empereur, il ne saurait donc suffire d'avoir été reconnu et sacré en Allemagne. Il faut, de toute nécessité, avoir reçu, à Rome même, des mains du pape une consécration spécifique, par une seconde onction et la remise des insignes proprement impériaux. Le fait nouveau est que désormais l'élu des magnats allemands passe pour le seul candidat légitime à cet auguste rite. Comme devait l'écrire, vers la fin du XIIe siècle, un moine alsacien : « quel que soit le prince que la Germanie a choisi comme chef, devant lui l'opulente Rome courbe la tête et l'adopte pour son maître. » Bientôt même on considérera que, dès son avènement comme roi d'Allemagne, ce monarque accède, par là-même et d'emblée, au gouvernement, non seulement de la France Orientale et de la Lotharingie, mais aussi de tous les territoires impériaux : Italie, plus tard royaume de Bourgogne. En d'autres termes, étant, selon le mot de Grégoire VII, le « futur Empereur », il commande déjà dans l'Empire : situation d'attente exprimée, depuis la fin du XIe siècle, par le nom de roi des Romains, que le souverain allemand porte, dorénavant, dès son élection au voisinage du Rhin, pour l'échanger contre un nom plus beau seulement le jour où, ayant enfin entrepris la classique « expédition romaine », le *Römerzug* traditionnel, il aura pu coiffer, sur les bords du Tibre, la couronne des Césars. A moins que les circonstances, mettant obstacle à ce long et difficile voyage, ne le condamnent à se contenter, toute sa vie durant, de n'être que le roi d'un Empire.

Supposons-le, cependant, assez heureux pour avoir été, vraiment, fait empereur : comme ce sera, d'ailleurs, jusqu'à Conrad III exclusivement (1138-1152), le sort, tôt ou tard, de tous les monarques appelés à régner sur l'Allemagne. De ce titre envié, quel était donc le contenu ? Nul doute qu'il ne semblât exprimer une supériorité sur le commun des rois : les « roitelets » (*reguli*), comme on se plaira à le dire, dans l'entourage du maître, au XIIe siècle. Ainsi s'explique qu'on ait vu parfois s'en parer, hors des limites de l'ancien Empire carolingien, divers souverains qui, par là, prétendaient à la fois marquer leur indépendance vis-à-vis de toute monarchie censément universelle et leur propre hégémonie sur les royaumes ou anciens royaumes voisins : tels, en Angleterre, certains rois de Mercie ou de Wessex et, plus souvent, en Espagne, ceux de León. Simples plagiats, à la vérité! Il n'était en Occident d'empereur authentique que l'empereur « des Romains », selon la formule que, dès 982, la chancellerie ottonienne avait reprise, face à Byzance. La mémoire des Césars fournissait en effet l'aliment dont se nourrissait le mythe de l'Empire. De préférence, les souvenirs des Césars chrétiens. Rome n'était-elle point, en même temps que « la tête du Monde », la cité apostolique, « rénovée » par le précieux sang des martyrs ? Aux réminiscences de l'universalité romaine, l'image de Charlemagne, lui aussi, selon le mot d'un évêque impérialiste, « conquérant du Monde » ([341]), venait se mêler, pour les fortifier d'évocations moins lointaines. Otton III, qui sur son sceau inscrivit la devise « Renouvellement de l'Empire Romain » — déjà, d'ailleurs, employée par Charlemagne lui-même — fit, d'autre part, rechercher à Aix la tombe du grand Carolingien, qu'avaient négligée des générations plus indifférentes à l'histoire et, tout en procurant à ces glorieux ossements un sépulcre cette fois digne de leur renommée, préleva, pour son propre usage, comme autant de reliques, un bijou et quelques fragments de vêtements pris au cadavre : gestes parallèles, par où s'exprimait éloquemment la fidélité à une double et indissoluble tradition.

Assurément c'étaient là, avant tout, des idées des clercs. Du moins, par l'origine. Il n'est pas bien sûr que des guerriers passablement incultes, comme un Otton Ier ou un Conrad II, leur aient jamais été parfaitement perméables. Mais les clercs qui environnaient et conseillaient les rois et parfois avaient fait leur éducation ne restaient pas sans influence sur leurs actes. Parce qu'il était jeune, instruit, de tempérament mystique, qu'il était né dans la pourpre et qu'il avait reçu les leçons d'une princesse byzantine, sa mère, Otton III épuisa les ivresses du rêve impérial. « Romain, triomphateur des Saxons, triomphateur des Italiens, esclave des Apôtres, par le don de Dieu auguste empereur du Monde » : le notaire qui, en tête d'un de ses diplômes, déroulait ainsi sa titulature, croira-t-on qu'il ne fût point, par avance, sûr de l'assentiment du maître ? Comme un refrain, les expressions de « recteur du Monde », de « seigneur des seigneurs du Monde » reviennent, un peu plus d'un siècle plus tard, sous la plume de l'historiographe officiel du premier des Saliens ([342]).

Seulement, cette idéologie, à y regarder de près, était un tissu de contradictions. Rien de plus séduisant, au premier abord, que de se laisser, comme Otton Ier, traiter de successeur du grand Constantin. Mais la fausse *Donation*, que la Curie avait mise sous le nom de l'auteur de la Paix de l'Église et par laquelle il était censé avoir cédé au pape l'Italie, voire l'Occident tout entier, était, pour le pouvoir impérial, si gênante, que, dans l'entourage d'Otton III, on se prit à en mettre en question l'authenticité ; l'esprit de parti avait éveillé le sens critique. En se faisant, depuis Otton Ier, sacrer, de préférence, à Aix-la-Chapelle, les rois allemands signifiaient qu'ils se tenaient pour les légitimes héritiers de Charlemagne. Pourtant dans cette Saxe, d'où la dynastie régnante était issue, le souvenir de la guerre atroce qu'y avait menée le conquérant avait laissé — nous le savons par l'historiographie — de longues rancœurs. L'Empire romain vivait-il vraiment encore ? On l'affirmait volontiers chez les clercs, puisque aussi bien l'interprétation ordinairement donnée à l'Apocalypse forçait à voir en lui le dernier des quatre Empires, avant la Fin du Monde. D'autres écrivains, cependant, doutaient de cette pérennité ; à leur gré le partage de Verdun avait, marqué dans l'histoire, un tout nouveau commencement. Enfin, ces Saxons, Francs, Bavarois ou Souabes — empereurs ou grands seigneurs de l'Empire —, qui voulaient marcher dans les pas des Romains de naguère, se sentaient, en réalité, vis-à-vis des Romains de leurs jours, des âmes d'étrangers et de vainqueurs. Ils ne les aimaient ni ne les estimaient et ils en étaient ardemment détestés. Des deux parts, jusqu'aux pires violences. Le cas d'Otton III, vraiment Romain de cœur, fut exceptionnel et son règne se termina dans la tragédie d'un songe déçu. Il mourut loin de Rome d'où l'avait chassé l'émeute, tandis que, parmi les Allemands, on l'accusait d'avoir négligé, pour l'Italie, « la terre de sa naissance, la délectable Germanie ».

Quant aux prétentions à la monarchie universelle, elles

manquaient évidemment de tout soutien matériel de la part de souverains que — pour ne pas parler de difficultés plus graves — une révolte des Romains ou des gens de Tivoli, un château tenu, à un point de passage, par un seigneur rebelle, voire la mauvaise volonté de leurs propres troupes empêchaient trop souvent de gouverner efficacement leurs propres États. En fait, jusqu'à Frédéric Barberousse (dont l'avènement se place en 1152), elles ne semblent pas avoir dépassé le domaine des formules de chancellerie. On ne voit point qu'au cours des nombreuses interventions des premiers empereurs saxons en France Occidentale, elles aient jamais été mises en avant. Ou du moins ces immenses ambitions ne cherchaient guère alors à se manifester que par un biais. Maître suprême de Rome, partant « avoué » de saint Pierre, c'est-à-dire son défenseur, héritier surtout des droits traditionnels que les empereurs romains et les premiers Carolingiens avaient exercés sur la papauté, gardien enfin de la foi chrétienne partout où s'étendait sa domination, réelle ou prétendue, l'empereur saxon ou salien n'avait pas, à ses propres yeux, de mission plus haute ni plus étroitement adhérente à sa dignité que de protéger, réformer et diriger l'Église romaine. Comme le dit un évêque de Verceil, c'est « à l'abri de la puissance de César » que « le pape lave les siècles de leurs péchés » ([343]). Plus précisément il s'estime, ce « César », en droit de nommer le souverain pontife ou, à tout le moins, d'exiger qu'il ne soit désigné qu'avec son assentiment. « Par amour de saint Pierre nous avons choisi comme pape notre précepteur le seigneur Silvestre et, avec la volonté de Dieu, nous l'avons ordonné et établi pape » : ainsi parle Otton III, dans un de ses diplômes. Par là, puisque le pape n'était pas seulement évêque de Rome, mais aussi et surtout le chef de l'Église universelle — *universalis papa*, répète à deux reprises le privilège accordé par Otton le Grand au Saint-Siège —, l'Empereur se réservait sur la chrétienté tout entière une sorte de droit de contrôle qui, réalisé, eût fait de lui beaucoup plus qu'un roi. Par là, aussi, un germe d'inévitable discorde entre le spirituel et le temporel était introduit dans l'Empire : germe de mort, à la vérité.

Chapitre III

Des principautés territoriales aux châtellenies

I. LES PRINCIPAUTÉS TERRITORIALES

En soi, la tendance qui poussait les grands États à se fragmenter en formations politiques de plus faible rayon était, dans l'Occident, chose très vieille. Presque au même degré que les ambitions des commandants d'armées, l'indocilité des aristocraties de cités, parfois groupées en ligues régionales, avait menacé l'unité de l'Empire romain finissant. Dans certains secteurs de l'Europe féodale survivaient encore, comme les témoins d'âges en d'autres lieux révolus, quelques-unes de ces petites *Romaniae* oligarchiques. Telle, la « communauté des Vénétiens », association de bourgades fondées dans les lagunes par les fugitifs de la Terre Ferme et dont le nom collectif, emprunté à la province d'origine, ne devait que tardivement se fixer sur la butte du Rialto — notre Venise —, peu à peu promue au rang de capitale. Telles aussi, dans l'Italie du Sud, Naples et Gaète. En Sardaigne, des dynasties de chefs indigènes avaient découpé l'île en « judicatures ». Ailleurs, l'établissement des royautés barbares entrava ce fractionnement. Non, cependant, sans que plus d'une concession ne dût être consentie à l'irrésistible pression des forces locales. N'avait-on pas vu les rois mérovingiens obligés de reconnaître, tantôt à l'aristocratie de tel ou tel comté le droit d'élire le comte, tantôt aux grands de la Bourgogne celui de se donner eux-mêmes leur maire du palais particulier ? Si bien que la constitution de pouvoirs provinciaux, qui s'opéra sur tout le continent lors de l'effondrement de l'Empire carolingien et dont l'analogue se retrouve, un peu plus tard, chez les Anglo-Saxons, put sembler, en un sens, un simple retour en arrière. Mais l'influence des institutions publiques, très fortes, de l'époque immédiatement antérieure, imprima alors au phénomène un tour original.

Dans tout l'Empire franc, à la base des principautés territoriales, nous trouvons régulièrement des agglomérations de comtés. En d'autres termes — puisque le comte carolingien était un vrai fonctionnaire — les bénéficiaires des pouvoirs nouveaux peuvent, sans trop d'anachronisme, être comparés à des sortes de sur-préfets, dont chacun, en même temps commandant d'armes, aurait réuni plusieurs départements sous son administration. Charlemagne, dit-on, s'était fait une loi de ne jamais confier à un même comte plusieurs circonscriptions à la fois. On ne saurait assurer, cependant, que, de son vivant même, cette sage précaution ait toujours été observée. Il est sûr que, sous ses successeurs et notamment après la mort de Louis le Pieux, elle cessa tout à fait de l'être. Elle ne se heurtait pas seulement à la voracité des magnats. Les circonstances même la rendaient difficilement applicable. Les invasions, comme les querelles des rois rivaux, ayant porté la guerre jusqu'au cœur du monde franc, l'établissement de vastes commandements militaires, pareils à ceux qui de tout temps avaient existé sur ses limites, s'imposait un peu partout. Parfois, ils prenaient leur origine dans une de ces tournées de contrôle que Charlemagne avait instituées ; l'inspecteur temporaire, le *missus*, se transformait en gouverneur permanent. Ainsi, entre Seine et Loire, Robert le Fort, ou, plus au Sud, l'ancêtre des comtes de Toulouse.

A ces concessions de comtés s'ajoutait ordinairement celle des principaux monastères royaux du pays. Devenu leur protecteur, voire leur « abbé » laïque, le grand chef en tirait d'importantes ressources en biens et en hommes. Souvent possessionné déjà, par lui-même, dans la province, il y acquérait de nouveaux fiefs ou de nouveaux alleux ; il s'y constituait — notamment en usurpant l'hommage des vassaux royaux — une importante clientèle. Incapable d'exercer directement son autorité sur tous les territoires qui lui étaient légalement soumis, obligé, par suite, d'installer ou d'accepter, dans quelques-uns d'entre eux, soit des comtes de rang inférieur, soit de simples vicomtes (mot à mot délégués du comte), il s'unissait du moins ces subordonnés par les liens de l'hommage. Pour désigner les rassembleurs de comtés, l'usage ancien ne fournissait aucune étiquette précise. On les intitulait et ils s'intitulaient eux-mêmes, à peu près indifféremment, « archicomtes », « comtes principaux », « marquis » — c'est-à-dire commandants d'une marche, par analogie avec les gouvernements des frontières qui avaient fourni le modèle de ceux de l'intérieur —, « ducs » enfin, ce qui était un emprunt à la terminologie mérovingienne et romaine. Mais ce dernier mot ne s'employait guère que là où une unité provinciale ou ethnique ancienne servait de support à la puissance nouvelle. La mode lentement fit triompher ici l'un, là un autre des titres concurrents, voire finalement, comme à Toulouse ou en Flandre, le simple nom de comte.

Ces constellations de pouvoirs n'acquirent, cela va de soi, une véritable stabilité qu'à partir du moment où — très tôt comme l'on sait, en France Occidentale, sensiblement plus tard dans l'Empire — l'hérédité des « honneurs » en général se fut introduite. Jusque-là une mort inopportune, les changeants desseins d'un roi, par aventure capable de faire sentir efficacement son autorité, l'hostilité de puissants ou habiles voisins pouvaient, à chaque instant, venir ruiner l'édifice. Dans le Nord de la France, deux tentatives, au moins, de réunions de comtés, par deux lignées différentes, précédèrent l'œuvre que les « marquis de Flandre », depuis leur citadelle de Bruges, devaient mener à bonne fin. En un mot, dans le succès ou l'échec, le hasard eut certainement une grande part. Ses jeux, cependant, n'expliquent pas tout.

Les fondateurs des principautés n'étaient sans doute pas de bien subtils géographes. Mais ils ne firent guère besogne utile que là où la géographie ne contrecarrait point leurs ambitions : là où ils surent coudre les uns aux autres des territoires entre lesquels les communications étaient suffisamment aisées et traditionnellement fréquentes ; là, surtout, où il leur fut donné de se rendre maîtres de ces points de passage dont déjà l'étude des monarchies nous a montré l'importance, à la fois positions militaires décisives et, par les péages, sources de beaux revenus. Menacé par beaucoup de circonstances défavorables, le principat bourguignon eût-il réussi à vivre et à prospérer si, d'Autun à la vallée de l'Ouche, les ducs n'avaient tenu les routes qui, à travers les âpres solitudes du haut pays, joignaient la France propre au bassin rhodanien ? « Il brûlait de posséder la citadelle de Dijon » — dit, d'un prétendant, le moine Richer —, « pensant bien que, du jour où il disposerait de cette place, il pourrait soumettre à ses lois la meilleure part de la Bourgogne. » Seigneurs des Apennins, les sires de Canossa ne tardèrent pas à étendre, du haut des monts, leur pouvoir sur les basses terres voisines, vers l'Arno comme vers le Pô.

Souvent aussi, la tâche était préparée par d'anciennes habitudes de vie commune. Ce ne fut pas sans raison que, sous la titulature de beaucoup de chefs nouveaux, on vit réapparaître de vieux noms nationaux. A dire vrai, là où le groupe ainsi désigné était trop étendu, il n'en subsista, au bout du compte, rien de plus qu'une étiquette, assez arbitrairement appliquée à un fragment du tout.

Parmi les grandes subdivisions traditionnelles de l'État franc, qui plus d'une fois avaient constitué des royautés séparées, l'Austrasie avait été presque tout entière absorbée dans la Lorraine. Des trois autres, par contre — Aquitaine, Bourgogne, Neustrie, enfin, que l'on s'était peu à peu accoutumé à nommer France, tout court — le souvenir, aux environs de l'an 900, ne s'était pas encore effacé de la mémoire des hommes. Placés à la tête de vastes commandements régionaux, divers personnages s'intitulèrent donc ducs des Aquitains, des Bourguignons ou des Francs. La réunion de ces trois principautés semblait si bien recouvrir le royaume entier que le roi lui-même se disait parfois « roi des Francs, des Aquitains et des Bourguignons » et qu'aspirant à tout dominer, le Robertien Hugues le Grand ne crut pas trouver, pour cela, de moyen plus sûr que de joindre au duché de France, dans lequel il avait succédé à son père, l'investiture des deux autres : concentration trop grandiose, d'ailleurs, pour avoir pu durer plus qu'un moment ([344]).

Mais, en fait, les ducs de France, devenus plus tard les rois Capétiens, n'exercèrent jamais d'autorité réelle que sur les comtés qu'ils tenaient directement en main et qui — ceux de la basse Loire ayant été usurpés par leurs propres vicomtes — se réduisaient, vers 987, à six ou huit circonscriptions environ, autour de Paris et d'Orléans. De l'antique terre des Burgondes, le nom fut finalement partagé, à l'époque féodale, entre le royaume des Rodolphiens, un grand fief tenu de ces rois (« la comté » de Bourgogne, notre Franche-Comté) et un duché français. Encore, ce dernier, étalé de la Saône à l'Autunois et à l'Avallonnais, était-il bien loin de comprendre tous les pays — ceux de Sens et de Troyes, par exemple — qui, dans la France Occidentale même, continuaient à être dits « en Bourgogne ». Le royaume d'Aquitaine s'était étendu au nord jusqu'à la Loire et longtemps le centre de gravité du duché, qui lui succéda, demeura proche du fleuve. Ce fut de Bourges que le duc Guillaume le Pieux data, en 910, la charte de fondation de Cluny. Cependant, le titre ayant été disputé entre plusieurs maisons rivales, celle qui le conserva se trouva d'abord ne plus posséder de droits effectifs que sur les plaines poitevines et l'Ouest du Massif Central. Puis, vers 1060, un héritage heureux lui permit de joindre à son premier patrimoine la principauté fondée, entre Bordeaux et les Pyrénées, par une famille de dynastes indigènes, qui — cette région ayant été naguère en partie occupée par des envahisseurs de langue euskarienne — s'étaient appelés ducs des Basques ou Gascons. L'État féodal issu de cette fusion était certes considérable. Il n'en laissait pas moins hors de ses prises de larges tranches de l'Aquitaine primitive.

Ailleurs la base ethnique était plus nette. Entendons, abstraction faite de toutes considérations prétendument raciales, la présence, comme substrat, d'un groupe pourvu d'une certaine unité traditionnelle de civilisation. Parmi bien des traverses, le duché breton fut l'héritier du « royaume » qu'à la faveur des troubles de l'Empire carolingien, des chefs celtes de l'Armorique avaient créé, en réunissant —

tout comme les rois scots au loin, dans le Nord — aux terres de peuplement celtique leurs confins d'autre langue : ici, les vieilles marches romanes de Rennes et de Nantes. La Normandie devait sa naissance aux « pirates » scandinaves. En Angleterre, les anciennes divisions de l'île, tracées par l'établissement des différents peuples germaniques, servirent approximativement de cadres aux grands gouvernements que les rois, à partir du xe siècle, prirent l'habitude de constituer au profit de quelques magnats. Mais nulle part ce caractère ne devait être plus accentué que dans les duchés allemands.

A leur origine, nous retrouvons les mêmes faits qu'en France Occidentale ou en Italie : réunion de plusieurs comtés en commandements militaires ; indétermination primitive de la titulature. Celle-ci, cependant, se fixa ici beaucoup plus vite et avec beaucoup plus d'uniformité. Dans un intervalle de temps remarquablement court — de 905 à 915 environ —, on vit surgir les duchés d'Alémanie ou Souabe, de Bavière, de Saxe, de Franconie (diocèses ripuaires de la rive gauche du Rhin et terres de colonisation franque, sur le Bas-Main), sans compter celui de Lorraine, où le duc n'était que le successeur amoindri d'un roi. Ces noms sont significatifs. Dans la « France de l'Est », qui n'avait pas subi, comme l'ancienne *Romania*, le grand brassage des invasions, persistaient, sous l'unité de principe d'un État très récent, les anciennes divisions en nations germaniques. N'était-ce pas groupés selon ces affinités ethniques que l'on voyait à l'élection royale les magnats paraître — ou s'abstenir ? Entretenu par l'usage de coutumes codifiées, propres à chaque peuple et, pratiquement, à son territoire, le sentiment particulariste se nourrissait des souvenirs empruntés à un proche passé. L'Alémanie, la Bavière, la Saxe n'avaient été annexées, tour à tour, à l'État carolingien que dans la seconde moitié du viiie siècle et le titre même de duc, relevé par les princes féodaux, reproduisait celui qu'avaient longtemps porté, sous une intermittente hégémonie franque, les souverains héréditaires des deux premiers pays. Observez, par contraste, la parfaite expérience négative qu'offre la Thuringe. Dépourvue d'existence nationale indépendante, depuis que la royauté indigène avait succombé, dès 534, aucun pouvoir ducal durable ne réussit à s'y établir. Le duc passait si bien pour le chef d'un peuple, plutôt que pour le simple administrateur d'une circonscription provinciale, que l'aristocratie du duché volontiers prétendait l'élire et, en Bavière, se fit parfois reconnaître par les rois le droit de participer, du moins par son assentiment, à la désignation. Pourtant la tradition de l'État carolingien était, en Allemagne, encore trop vivante pour que les rois pussent renoncer à traiter les personnages pourvus de ces grands gouvernements comme étant, avant tout, leurs délégués. Longtemps, on l'a vu, ils se refusèrent à leur reconnaître l'hérédité.

Or, le caractère de fonction publique, ainsi conservé par le pouvoir ducal, se joignit au sentiment persistant de la nationalité ethnique pour faire du duché allemand du xe siècle quelque chose de très différent des principautés françaises : quelque chose, si l'on veut, de beaucoup moins féodal, de très symptomatique, par conséquent, d'un pays qui n'en était pas arrivé, au même degré que la France, à ne guère connaître, parmi les puissants, d'autre forme efficace du commandement et de l'obéissance que la relation vassalique. Au lieu qu'en France, malgré les efforts des premiers ducs des Francs, des Aquitains ou des Bourguignons, le duc, le marquis, l'archicomte en vinrent très rapidement à n'exercer de pouvoir réel que sur les comtés dont ils étaient personnellement pourvus ou qui étaient tenus d'eux en fief, le duc allemand, tout en tirant évidemment une grande part de sa puissance de ses « honneurs » propres, demeura cependant le chef suprême d'un territoire beaucoup plus vaste que ceux-ci. Il se pouvait fort bien que, parmi les comtes dont les circonscriptions se trouvaient comprises dans les frontières de la province ducale, certains dussent directement l'hommage au roi. Ils n'en étaient pas moins, en quelque mesure, subordonnés au duc : un peu — si j'ose employer, une fois de plus, une comparaison trop manifestement anachronique — comme, chez nous, un sous-préfet, nommé par le pouvoir central, reste, malgré cela, le subordonné du préfet. Le duc convoque à ses cours solennelles tous les grands du duché, en commande l'ost et, chargé d'y maintenir la paix, étend sur lui un droit de justice, qui, de contours assez imprécis, n'est pourtant pas sans force.

Cependant, ces grands duchés « ethniques » — les *Stammesherzogtümer* des historiens allemands — étaient menacés vers le haut par la royauté, dont ils limitaient singulièrement la puissance, vers le bas par toutes les forces de morcellement, de plus en plus actives dans une société qui, s'écartant de ses origines, comme du souvenir des peuples anciens, allait vers une féodalisation progressive. Parfois supprimés purement et simplement — ce fut le cas de la Franconie, dès 939 —, le plus souvent fragmentés par les rois, privés de toute autorité sur les principales églises et sur les comtés qui avaient été rattachés à celles-ci, ils perdirent progressivement leurs caractères primitifs. Après que le titre ducal de Basse-Lorraine ou « Lothier » eut passé, en 1106, à la maison de Louvain, il arriva que, quatre-vingt-cinq ans plus tard, le détenteur de cette dignité prétendit faire valoir ses droits dans tout l'espace ancien. Il lui fut répondu par la cour impériale que, selon l'usage dûment constaté, « il n'avait de duché que dans les comtés qu'il tenait lui-même ou qui étaient tenus de lui ». Ce qu'un chroniqueur contemporain traduit en disant que les ducs de cette lignée « n'avaient jamais exercé la justice hors des limites de leurs propres terres » ([345]). Impossible de mieux exprimer l'orientation nouvelle de l'évolution. Des duchés de l'espèce première, il subsista quelques titres et parfois davantage qu'un titre. Mais les quelques principautés ainsi qualifiées ne se distinguaient plus guère de la foule des puissances « territoriales » qui, mettant à profit la faiblesse croissante de la monarchie, se constituèrent si fortement dans l'Allemagne du XIIe siècle finissant, et surtout du XIIIe, pour donner naissance, finalement, aux États fédérés dont nous avons encore connu les derniers : organismes politiques beaucoup plus proches du type français, puisqu'ils n'étaient, en somme, eux aussi, que des conglomérats de droits comtaux et d'autres pouvoirs d'essence variée. Par un de ces décalages d'évolution qui nous sont déjà familiers, l'Allemagne s'engageait, à deux siècles environ d'intervalle, dans la voie même dont sa voisine de l'Ouest semblait déjà sortir.

II. COMTÉS ET CHATELLENIES

Devenus tôt ou tard héréditaires, les comtés, dans les États issus de l'Empire carolingien, n'avaient pas tous été absorbés par les grandes principautés. Certains continuèrent longtemps à mener une existence indépendante : tel, bien que perpétuellement sous la menace de ses voisins angevins ou normands, le Maine, jusqu'en 1110. Mais le jeu des partages, l'institution de nombreuses immunités, les usurpations, enfin, aboutirent au morcellement des droits comtaux. Si bien qu'entre les héritiers légitimes des fonctionnaires francs et les simples « puissants », assez heureux ou assez habiles pour avoir rassemblé dans leurs mains un grand nombre de seigneuries et de justices, la différence, de plus en plus, tendit à se réduire à l'emploi ou à l'absence d'un nom — lui-même, d'ailleurs, parfois usurpé par certains représentants laïques des églises (ainsi les « avoués » de Saint-Riquier, devenus comtes de Ponthieu), voire, en Allemagne, par quelques riches alleutiers. Tant l'idée de l'office public s'effaçait devant la constatation, toute nue, du pouvoir de fait.

Dans l'établissement ou l'affermissement de ces dominations, de titre et de rayon variables, un trait commun se marque : le rôle joué, comme point de cristallisation, par les châteaux. « Il était puissant », dit Orderic Vital du sire de Montfort, « comme un homme qui disposait de forts châteaux, gardés par de fortes garnisons. » N'évoquons plus ici l'image de simples maisons fortifiées, comme s'en contentait, on l'a vu, la masse des chevaliers. Les bastilles des magnats étaient de vrais petits camps retranchés. La tour subsistait, à la fois demeure du maître et dernier réduit de la défense. Mais, autour d'elle, une ou plusieurs enceintes circonscrivaient un espace assez vaste où se groupaient les bâtiments réservés soit au logement des troupes, des serviteurs, des artisans, soit à l'engrangement des redevances ou des provisions. Tel nous apparaît, dès le xe siècle, le *castrum* comtal de Warcq-sur-Meuse ; tels encore, après deux siècles écoulés, ceux de Bruges ou d'Ardres, d'une construction assurément beaucoup plus perfectionnée, mais, dans les lignes fondamentales de leur plan, presque pareils. Les premières de ces citadelles avaient été élevées, au temps des invasions normandes et hongroises, par les rois ou les chefs des grands commandements militaires ; et jamais, par la suite, l'idée que le droit de fortification était, en son essence, un attribut de la puissance publique ne s'effaça tout à fait. D'âge en âge, on qualifiera d'illégitimes ou, selon l'expression anglo-normande, « d'adultérins », les châteaux construits sans la permission du roi ou du prince. La règle, cependant, n'avait d'autre force réelle que celle de l'autorité intéressée à la faire appliquer et seule la consolidation des pouvoirs monarchiques ou territoriaux, à partir du XIIe siècle, devait lui restituer un contenu concret. Chose plus grave encore : impuissants à empêcher l'érection de forteresses nouvelles, les rois et les princes ne réussirent pas beaucoup mieux à conserver le contrôle de celles qu'après les avoir bâties eux-mêmes, ils avaient remises à la garde de fidèles, à titre de fiefs. Contre les ducs ou les grands comtes, on vit se dresser leurs propres châtelains, eux aussi d'officiers ou de vassaux prompts à se muer en dynastes.

Or ces châteaux n'étaient pas seulement, pour le maître et parfois pour ses sujets, un abri sûr. Ils constituaient aussi, pour tout le pays environnant, un chef-lieu administratif et le centre d'un réseau de dépendances. Les paysans y exécutaient les corvées de fortification et y venaient porter leurs redevances ; les vassaux des alentours y montaient la garde et c'était souvent de la forteresse elle-même — ainsi, en Berry, de la « grosse tour » d'Issoudun — que leurs fiefs étaient dits être tenus. Là se rendait la justice ; de là partaient toutes les manifestations sensibles de l'autorité. Si bien qu'en Allemagne, à partir de la fin du XIe siècle, beaucoup de comtes, incapables désormais d'exercer leurs droits de commandement sur la totalité d'une circonscription irrémédiablement morcelée, s'habituèrent à substituer, dans leur titulature, au nom du district, du *Gau*, celui de leur principale forteresse patrimoniale. L'usage de cette désignation s'étendit parfois jusqu'à des personnages plus élevés encore en dignité : Frédéric Ier ne traitait-il pas le duc de Souabe de duc de Staufen ([346]) ? En France, ce fut approximativement vers le même temps que l'on s'accoutuma à qualifier de châtellenie le territoire d'une haute justice. Mais plus rare encore devait être la fortune d'un château aquitain, celui de Bourbon-l'Archambault : bien que ses possesseurs ne fussent pas de rang comtal, il donna naissance, finalement, à une véritable principauté territoriale, dont le nom survit dans celui d'une de nos provinces — le Bourbonnais —, comme dans le patronyme d'une illustre famille. Les tours et les murs qui étaient la source visible du pouvoir lui servaient d'étiquette, comme de justification.

III. LES DOMINATIONS ECCLÉSIASTIQUES

Suivant la tradition mérovingienne et romaine, les Carolingiens avaient toujours tenu pour normale et souhaitable la participation de l'évêque à l'administration temporelle de son diocèse. Mais c'était à titre de collaborateur ou, parfois, de surveillant du délégué royal : autrement dit, du comte. Les monarchies du premier âge féodal allèrent plus loin : de l'évêque, il arriva qu'elles firent en même temps le comte.

L'évolution eut lieu en deux phases. Plus encore que le reste du diocèse, la ville où s'élevait l'église cathédrale semblait placée sous la protection et l'autorité particulières de son pasteur. Alors que le comte avait mille occasions de courir les campagnes, l'évêque résidait, de préférence, dans sa « cité ». Au jour du danger, cependant que ses hommes aidaient à garnir les remparts, souvent construits ou réparés à ses frais, et que ses greniers s'ouvraient pour nourrir les assiégés, il était lui-même souvent amené à assumer le commandement. En lui reconnaissant sur cette forteresse urbaine et ses premiers glacis les pouvoirs comtaux, joints ordinairement à d'autres droits, tels que la monnaie ou la possession même de l'enceinte, les rois sanctionnaient un état de fait, jugé favorable à la défense. Tel fut le cas à Langres, dès 887 ; à Bergame, sans doute, en 904 ; à Toul, en

927 ; à Spire, en 946 — pour ne citer, pays par pays, que le plus ancien exemple accessible. Le comte conservait le gouvernement des terres environnantes. Ce partage quelquefois devait être durable. Pendant des siècles, la ville de Tournai eut son évêque ou son chapitre cathédral pour comte ; le comte de Flandre fut comte du Tournaisis. Ailleurs on préféra, finalement, octroyer à l'évêque tout le territoire. La concession du comté de Langres suivit ainsi, à soixante ans d'intervalle, celle du comté dans Langres. Puis, une fois introduit l'usage de ces dons de comtés entiers, on s'accoutuma à brûler les étapes : sans avoir jamais été, semble-t-il, comtes de Reims seul, les archevêques devinrent, en 940, comtes de Reims et du Rémois.

Les raisons qui poussaient les rois à ces concessions sont évidentes. Ils misaient sur deux tableaux : le Ciel et la Terre. Là-haut, les saints certainement s'applaudissaient de voir leurs serviteurs à la fois pourvus de lucratifs revenus et débarrassés d'incommodes voisins. Ici-bas, donner le comté à l'évêque, c'était remettre le commandement entre des mains jugées plus sûres. Car le prélat, qui ne risquait guère de transformer sa charge en patrimoine héréditaire, dont la nomination était soumise à l'assentiment du roi — quand même elle n'était pas simplement prononcée par celui-ci —, qu'enfin sa culture et ses intérêts volontiers rejetaient vers le parti monarchique, ne trouvait-on pas en lui, à tout prendre, dans le désordre des États féodaux, le moins indocile des fonctionnaires ? Il est significatif que les premiers comtés confiés par les rois allemands à l'épiscopat aient été, loin des villes cathédrales, certaines circonscriptions alpestres, dont la perte, en fermant les passages des monts, eût gravement compromis la politique impériale.

Cependant, partie de besoins partout pareils, l'institution évolua, selon les pays, dans des sens bien différents.

Dans le royaume français, beaucoup d'évêchés étaient tombés, dès le xe siècle, sous la dépendance des princes territoriaux, voire de simples comtes. Le résultat fut qu'un assez petit nombre d'évêques, groupés surtout dans la France propre et la Bourgogne, obtinrent eux-mêmes les pouvoirs comtaux. Deux d'entre eux, au moins, à Reims et à Langres, parurent un moment sur le point de constituer des principautés véritables, en réunissant autour de la circonscription centrale, qu'ils gouvernaient eux-mêmes, une constellation de comtés vassaux. Dans les guerres du xe siècle, point de force militaire plus souvent citée, ni avec plus de respect, que les « chevaliers de l'église de Reims ». Mais, serrées entre les principautés laïques voisines, victimes d'ailleurs de l'infidélité de leurs propres feudataires, ces vastes dominations ecclésiastiques semblent s'être rapidement étiolées. A partir du XIe siècle, les évêques-comtes, de toute catégorie, n'ont, contre les forces ennemies, d'autre recours que de se rattacher de plus en plus étroitement à la royauté.

Fidèles à la tradition franque, les souverains allemands semblent avoir hésité assez longtemps à toucher à l'ancienne organisation comtale. Cependant, vers la fin du xe siècle, on vit se multiplier rapidement, au profit des évêques, les octrois de comtés entiers, voire même de groupes de comtés : si bien que, les privilèges d'immunités et toutes sortes de concessions diverses s'ajoutant à ces dons, d'importantes puissances territoriales d'Église se créèrent en peu d'années. Visiblement, les rois s'étaient, quoique à regret, ralliés à l'idée que, pour lutter contre l'accaparement des pouvoirs locaux par d'indociles magnats et notamment par les ducs, il n'était pas de meilleure arme que le pouvoir temporel des prélats. Il est frappant que ces territoires ecclésiastiques aient été surtout nombreux et forts là où les duchés avaient été, soit rayés de la carte — comme en Franconie —, soit, comme dans l'ancienne Lorraine Rhénane ou la Saxe Occidentale, privés de toute domination efficace sur une partie de leur ancien rayon. L'événement devait, cependant, au bout du compte, donner tort à ces calculs. La longue querelle des papes et des empereurs et le triomphe, au moins partiel, de la réforme ecclésiastique firent que les évêques allemands, depuis le XIIe siècle, se considérèrent de moins en moins comme des fonctionnaires de la monarchie et, tout au plus, comme ses vassaux. Ici le principat ecclésiastique finit par prendre place, tout simplement, parmi les éléments de désunion de l'État national.

Dans l'Italie lombarde et — bien qu'à un moindre degré —

en Toscane, la politique impériale suivit d'abord les mêmes lignes qu'en Allemagne. Toutefois, les agglomérations de comtés, entre les mains d'une même église, y furent beaucoup plus rares et l'évolution aboutit à des résultats bien différents. Derrière l'évêque-comte un nouveau pouvoir surgit, très vite : celui de la commune urbaine. Pouvoir rival, à beaucoup d'égards, mais qui sut, finalement, utiliser, au profit de ses ambitions propres, les armes préparées par les anciens seigneurs de la cité. Ce fut souvent à titre d'héritières de l'évêque ou en s'abritant derrière son nom qu'on vit, depuis le XIIe siècle, les grandes républiques oligarchiques des villes lombardes affirmer leur indépendance et faire rayonner leur domination sur le plat pays.

Il y aurait d'ailleurs un excès de raffinement juridique à vouloir, en aucun pays, établir une distinction trop rigoureuse entre l'église pourvue de comtés et celle qui, privée de toute concession de cette espèce, n'en possède pas moins assez de seigneuries immunistes, assez de vassaux, de manants, de justiciables pour faire figure, presque au même titre, de vraie puissance territoriale. De toutes parts, le sol de l'Occident était sillonné par les frontières de ces grandes « libertés » ecclésiastiques. Souvent des lignes de croix en jalonnaient les contours, pareilles, selon le mot de Suger, à autant de « colonnes d'Hercule », infranchissables aux profanes ([347]). Infranchissables, du moins, en principe. Il en fut, en pratique, assez différemment. Dans le patrimoine des saints et des pauvres l'aristocratie laïque sut trouver un des aliments préférés de son appétit de richesse et de pouvoir : au moyen d'inféodations, arrachées sous la menace ou obtenues de la complaisance de trop faciles amis ; quelquefois, par la spoliation la plus simplement brutale ; enfin — du moins dans les limites de l'ancien État carolingien — par le biais de l'avouerie ([348]).

Lorsque la première législation carolingienne régularisa le fonctionnement des immunités, la nécessité parut s'imposer de pourvoir chaque église immuniste d'un représentant laïque, chargé à la fois de tenir, dans la seigneurie même, les plaids autorisés et de traduire, devant le tribunal comtal, les sujets qui, requis d'y comparaître, ne pouvaient plus être directement recherchés, sur la terre désormais exempte, par les propres officiers du roi. Cette création répondait à un double dessein, conforme, dans sa dualité même, aux orientations fondamentales d'une politique très consciente de ses fins : éviter de détourner, par de profanes obligations, les clercs et notamment les moines des devoirs de leur état ; comme prix de la reconnaissance officielle accordée aux juridictions seigneuriales, les insérer dans un système, régulier et contrôlé, de justices bien définies. Non seulement donc, toute église, dotée de l'immunité, dut posséder son « avoué » (*advocatus*) ou ses avoués. Mais le choix même de cet agent fut surveillé de près par l'autorité publique. L'avoué carolingien, en un mot, s'il était au service de l'évêque ou du monastère, n'en jouait pas moins, auprès d'eux, le rôle d'une sorte de délégué de la monarchie.

L'effondrement de l'édifice administratif bâti par Charlemagne n'entraîna pas la disparition de l'institution. Mais celle-ci s'altéra profondément. Dès l'origine, sans doute, l'avoué avait été rémunéré par l'octroi d'un « bienfait », prélevé sur le patrimoine de l'Église. Lorsque la notion de fonction publique s'obscurcit devant le triomphe des liens de dépendance personnelle, on cessa généralement de le considérer comme attaché au roi, auquel il ne prêtait pas l'hommage, pour ne plus apercevoir en lui que le vassal de l'évêque ou des moines. Leur choix désormais décida librement de sa nomination. Du moins jusqu'au moment où, très vite, malgré quelques réserves de droit, son fief, comme les autres, avec l'office, devint pratiquement héréditaire.

En même temps, le rôle de l'avoué avait singulièrement grandi. Comme juge, d'abord. Les immunités ayant accaparé les causes de sang, on le vit, dorénavant, au lieu de conduire les criminels au plaid comtal, manier lui-même l'arme redoutable de la haute justice. Surtout, il n'était plus uniquement un juge. Dans les troubles ambiants, il fallait aux églises des chefs de guerre pour conduire leurs hommes au combat sous le gonfanon du saint. L'État ayant cessé d'être un protecteur efficace, il leur fallait des défenseurs plus proches pour assurer la sauvegarde de biens constamment menacés. Elles crurent trouver les uns et les autres dans les représentants laïques dont les avait dotées la législation du grand Empereur ; et ces guerriers professionnels eux-mêmes s'empressèrent vraisemblablement d'offrir, voire d'imposer leurs services pour des tâches qui promettaient d'être riches d'honneur et de profits. D'où un véritable déplacement du centre de gravité de la charge. De plus en plus, lorsque les textes s'efforcent de définir la nature de l'avouerie ou de justifier les rémunérations réclamées par l'avoué, c'est sur l'idée de protection qu'ils mettent l'accent. Parallèlement, le recrutement se modifia. L'avoué carolingien avait été, en somme, un assez modeste officier. Au Xe siècle, les premiers parmi les « puissants », les membres mêmes des lignées comtales ne dédaignent plus de rechercher un titre qui naguère leur aurait paru bien au-dessous d'eux.

Cependant l'émiettement, qui fut alors le sort commun de tant de droits, n'épargna pas non plus celui-ci. La législation carolingienne semble avoir prévu, pour les établissements possessionnés sur de larges espaces, la présence d'un avoué par comté. Mais bientôt leur nombre se multiplia. A vrai dire, en Allemagne et en Lotharingie où, de toutes façons, l'institution s'écarta le moins de son caractère originel, ces avoués locaux, fréquemment appelés sous-avoués, demeurèrent en principe les délégués et, à l'ordinaire, les vassaux soit de l'avoué général de l'église, soit de l'un ou l'autre des deux ou trois avoués généraux entre lesquels celle-ci avait réparti ses biens. En France, comme on pouvait s'y attendre, le morcellement fut poussé plus loin : si bien qu'il n'y eut guère, au bout du compte, de terre ou de groupe de terres un peu important qui ne disposât de son « défenseur » particulier, recruté parmi les moyens potentats du voisinage. Là encore, pourtant, le personnage, habituellement plus haut placé, auquel revenait la garde de l'évêché ou du monastère, en tant que tels, dépassait de beaucoup, par les revenus et la puissance, la poussière des petits protecteurs locaux. Il arrivait d'ailleurs que ce magnat, en même temps que l'avoué de la communauté religieuse, en fût le « propriétaire » — entendez, avant tout, qu'il en désignât l'abbé, — voire qu'il eût revêtu lui-même, quoique laïque, le titre abbatial : confusion de notions bien caractéristique d'un âge qui, plus qu'aux subtilités juridiques, était sensible à la force du fait.

L'avoué ne disposait pas seulement de fiefs souvent très importants, attachés à sa fonction. Celle-ci même lui permettait d'étendre jusque sur les terres de l'église ses droits de commandement et d'y percevoir de fructueuses redevances. En Allemagne, plus qu'ailleurs, tout en devenant protecteur, il était resté un juge. Arguant du vieux principe qui aux clercs interdisait de verser le sang, maint *Vogt* allemand réussit à monopoliser presque entièrement, sur les seigneuries monastiques, l'exercice de la haute justice. La force relative de la monarchie et sa fidélité à la tradition carolingienne contribuèrent à faciliter cette mainmise. Car si, là aussi, les rois avaient dû renoncer à désigner les avoués, du moins continuaient-ils à leur donner, en principe, l'investiture du « ban », c'est-à-dire du droit de contraindre. Privés de cette délégation de pouvoir, qui passait ainsi, directement du souverain à leur vassal, à quel titre les religieux se seraient-ils érigés en hauts-justiciers ? A peine s'ils parvenaient à conserver la faculté de châtier les dépendants qui leur étaient unis par les nœuds les plus étroits, leurs domestiques ou leurs serfs. En France, où tous liens avaient été coupés entre l'autorité royale et les avoués, le partage des juridictions s'opéra selon des lignes plus variables ; et ce désordre, mieux sans doute que l'ordre allemand, servit les intérêts ecclésiastiques. Que d'« exactions », en revanche — pour parler comme les chartes —, partout imposées aux manants des églises par leurs « défenseurs », réels ou prétendus ! A vrai dire, même en France, où l'avouerie était tombée aux mains d'innombrables tyranneaux campagnards, particulièrement âpres à la curée, cette protection ne fut peut-être pas toujours aussi vaine que l'historiographie cléricale voudrait le faire croire. Un diplôme de Louis VI, pourtant rédigé selon toute apparence, dans une abbaye, ne la confesse-t-il pas « extrêmement nécessaire et tout à fait utile » ([349]) ? Mais elle s'achetait incontestablement très cher. Service d'aide, sous toutes ses formes, de la corvée rurale au gîte, de l'ost aux travaux de fortification ; rentes en avoine, en vin, en poules, en deniers, levées sur les champs et plus souvent encore (car c'était le village avant tout qu'il fallait défendre) sur les chaumières : la liste serait presque infinie de tout ce que l'ingéniosité des avoués sut tirer de paysans dont ils n'étaient pas les seigneurs directs. En vérité, comme écrit Suger, ils les dévoraient « à pleine bouche » ([350]).

Le Xe siècle, la première moitié du XIe furent l'âge d'or des avoueries : sur le continent s'entend, car l'Angleterre, étrangère à l'exemple carolingien, ne connut jamais l'institution. Puis, l'Église, revivifiée par l'effort grégorien, passa à l'offensive. Par accords, par décisions de justice, par rachats, grâce aussi aux concessions gratuitement obtenues du repentir ou de la piété, elle parvint peu à peu à cantonner les avoués dans l'exercice de droits strictement définis et progressivement réduits. Sans doute lui avait-il fallu leur abandonner de larges tranches de son patrimoine ancien. Sans doute continuaient-ils d'étendre, sur plus d'une de ses terres, leurs pouvoirs de justice et d'y lever quelques redevances, dont l'origine était de moins en moins bien comprise. Les paysans, d'autre part, n'avaient pas toujours tiré grand profit de l'œuvre patiente de leurs maîtres. Car la rente rachetée ne cessait point, pour autant, d'être perçue ; simplement elle était désormais payée au seigneur évêque ou aux seigneurs moines, au lieu d'aller enrichir quelque hobereau voisin. Mais, les sacrifices inévitables une fois consentis, la puissance seigneuriale de l'Église échappait à un des plus insidieux dangers qui l'eussent menacée.

Cependant, contraints de renoncer à l'exploitation de ressources naguère presque indéfiniment ouvertes et sans lesquelles plus d'une lignée chevaleresque du passé n'eût jamais réussi à sortir de sa médiocrité première, les petits et moyens dynastes faisaient avant tout les frais de la réforme. Les avoués locaux, vers la fin du second âge féodal, avaient été rendus à peu près inoffensifs. Les avoueries générales subsistaient. Les rois et les très hauts barons en avaient été, de tout temps, les principaux titulaires. Et déjà on voyait les monarchies commencer de revendiquer, sur toutes les églises de leurs États, une « garde » universelle. Aussi bien, si évêques, chapitres ou monastères avaient osé rejeter les onéreux services de tant de menus défenseurs, c'était parce que, pour assurer leur sécurité, ils pouvaient désormais se contenter de l'appui, redevenu efficace, des grands gouvernements monarchiques ou princiers. Or cette protection aussi, de quelque nom qu'elle se couvrît, elle avait toujours dû s'acheter, par des services fort lourds et des contributions en argent dont le poids alla sans cesse s'alourdissant. « Il convient que les Églises soient riches », faisait dire, naïvement, à Henri II d'Allemagne, un faussaire du XIIe siècle ; « car plus il est confié, plus il est exigé ([351]). » Inaliénables, en principe, préservées par leur nature même de l'éternel danger des partages successoraux, les dominations ecclésiastiques avaient été, dès l'origine, dans un monde mouvant, un élément remarquablement stable. Elles n'en devaient constituer qu'un instrument plus précieux aux mains des grands pouvoirs, lors du regroupement général des forces

Chapitre IV

Le désordre et la lutte contre le désordre

I. LES LIMITES DES POUVOIRS

Nous parlons volontiers d'États féodaux. Assurément, la notion n'était pas étrangère au bagage mental des doctes ; les textes prononcent quelquefois le vieux mot de *respublica.* A côté des devoirs envers le maître proche, la morale politique reconnaissait ceux qui s'imposaient vis-à-vis de cette autorité plus haute. Le chevalier, dit Bonizon de Sutri, doit « ne pas épargner sa vie pour défendre celle de son seigneur et pour l'état de la chose publique combattre jusqu'à la mort » ([352]). Mais l'image ainsi évoquée était très différente de ce qu'elle serait aujourd'hui. Elle avait surtout un contenu beaucoup plus mince.

La liste serait longue des activités qui nous apparaissent inséparables de l'idée d'État et que les États féodaux, pourtant, ont radicalement ignorées. L'enseignement appartenait à l'Église. De même, l'assistance, qui se confondait avec la charité. Les travaux publics étaient abandonnés à l'initiative des usagers ou des petites puissances locales : rupture entre toutes sensible avec la tradition romaine, voire avec celle de Charlemagne. Les gouvernants ne recommencèrent guère à nourrir de pareils soucis avant le XIIe siècle, et moins encore, à cette date, dans les monarchies que dans certaines principautés d'évolution précoce : l'Anjou de Henri Plantagenêt, bâtisseur des levées de la Loire ; la Flandre qui à son comte Philippe d'Alsace dut quelques canaux. Il fallut attendre le siècle suivant pour voir rois ou princes intervenir, comme l'avaient fait les Carolingiens, dans la fixation des prix et esquisser, timidement, une politique économique. A dire vrai, depuis le second âge féodal, les véritables mainteneurs d'une législation de bien-être avaient été à peu près exclusivement des pouvoirs de beaucoup plus faible rayon et, par leur nature, tout à fait étrangers à la féodalité proprement dite : les villes, préoccupées, presque dès leur constitution en communautés autonomes, d'écoles, d'hôpitaux et de règlements sur l'économie.

En fait, le roi ou le haut baron a trois devoirs fondamentaux et n'a guère que ceux-là : par de pieuses fondations et par la protection accordée à la vraie foi, assurer le salut spirituel de son peuple ; défendre celui-ci contre les ennemis du dehors — fonction tutélaire à laquelle s'ajoute, quand faire se peut, la conquête, inspirée par le point d'honneur autant que par le désir de puissance — ; faire régner enfin la justice et la paix intérieure. Donc, sa mission lui imposant avant tout de pourfendre les envahisseurs ou les méchants, il guerroie, punit, réprime plutôt qu'il n'administre. Aussi bien, la tâche ainsi comprise était-elle déjà assez lourde.

Car un des traits communs de tous les pouvoirs est, sinon précisément leur faiblesse, du moins le caractère toujours intermittent de leur efficacité ; et cette tare n'apparaît jamais avec plus d'éclat que là où les ambitions sont plus grandes et plus vaste le rayon d'action prétendu. Un duc de Bretagne, en 1127, s'avoue-t-il incapable de protéger un de ses monastères contre ses propres chevaliers ? il ne dénonce par là que la débilité d'une médiocre principauté territoriale. Mais, parmi les souverains dont les chroniqueurs font sonner le plus haut la puissance, on n'en trouverait pas un seul qui n'ait dû passer de longues années à mater les révoltes. Le moindre grain de sable suffit parfois à enrayer la machine. Un petit comte rebelle qui se fortifie dans son repaire, et voici l'empereur Henri II arrêté trois mois durant ([353]). Nous avons déjà rencontré les principales raisons de ce manque de souffle : lenteur et difficultés des liaisons ; absence de réserves en numéraire ; nécessité, pour exercer une autorité véritable, d'un contact direct avec les hommes. En 1157, dit Otton de Freising, qui, par là, croit naïvement vanter son héros, Frédéric Barberousse : « regagna le Nord des Alpes : par sa présence la paix fut rendue aux Francs » — entendez aux Allemands — ; « par son absence, ôtée aux Italiens ». Ajoutez, naturellement, la tenace concurrence des liens personnels. En plein XIIIe siècle, un coutumier français reconnaît encore qu'il est des cas où le vassal lige d'un baron peut légitimement faire la guerre au roi, en embrassant la cause de son seigneur ([354]).

Les meilleurs esprits concevaient nettement la permanence de l'État. A Conrad II d'Allemagne son chapelain prête ce mot : « Quand le roi périt, le royaume demeure, comme le navire dont le capitaine a succombé. » Mais les gens de Pavie, auxquels s'adressait cette semonce, étaient sans doute beaucoup plus près de l'opinion commune, lorsqu'ils niaient qu'on pût leur imputer à crime la destruction du palais impérial. Car, disaient-ils, elle avait eu lieu durant l'interrègne. « Nous avons servi notre empereur tant qu'il a vécu ; lui mort, nous n'avions plus de roi. » Les personnes prudentes ne manquaient pas de se faire confirmer par le nouveau souverain les privilèges qu'avait octroyés son prédécesseur et, en plein XIIe siècle, des moines anglais ne craignaient pas de soutenir devant la cour royale qu'un édit, dérogeant à une vieille coutume, ne devait avoir de force que durant la vie de son auteur ([355]). En d'autres termes, de l'idée abstraite du pouvoir on séparait mal l'image concrète du chef. Les rois mêmes avaient peine à s'élever au-dessus d'un sentiment familial étroitement limité. Voyez en quels termes Philippe Auguste, partant pour la croisade, règle l'emploi qui, s'il meurt durant le voyage de Terre Sainte, devra être fait de son trésor, base indispensable de toute puissance monarchique. Si son fils lui survit, la moitié seulement sera distribuée en aumônes ; le tout, au contraire, si l'enfant succombe avant le père.

N'imaginons point cependant, en droit pas plus qu'en fait, un régime d'absolutisme personnel. Selon le code de bon gouvernement alors universellement admis, aucun chef, quel qu'il fût, ne pouvait rien décider de grave sans avoir pris conseil. Non point du peuple, assurément. Nul ne pensait qu'il dût être interrogé directement ou dans ses élus. Pour représentants naturels, n'avait-il point, selon le plan divin, les puissants ou les riches ? Ce sera donc de ses principaux sujets et fidèles particuliers que le roi ou le prince sollicitera l'avis : de sa cour, en un mot, au sens vassalique du terme. Les plus fiers monarques ne manquent jamais de rappeler dans leurs diplômes cette nécessaire consultation. L'empereur Otton Ier n'avoue-t-il point qu'une loi, dont la promulgation était prévue pour une assemblée déterminée, n'a pu y être publiée, « en raison de l'absence de quelques grands » ([356]) ? L'application plus ou moins stricte de la règle dépendait de la balance des forces. Mais il n'eût jamais été prudent de la violer trop ouvertement. Car les seuls ordres que les sujets d'un rang un peu élevé se crussent obligés de respecter vraiment étaient ceux qui avaient été donnés, sinon toujours avec leur assentiment, du moins en leur présence. Dans cette incapacité à concevoir le lien politique autrement que sous l'aspect du face à face, reconnaissons, une fois de plus, une des causes profondes du morcellement féodal.

II. LA VIOLENCE ET L'ASPIRATION VERS LA PAIX

Un tableau de la société féodale, surtout durant son premier âge, se condamnerait à ne donner de la réalité qu'une image bien infidèle si, soucieux seulement d'institutions juridiques, il laissait oublier que l'homme vivait alors en état de perpétuelle et douloureuse insécurité. Ce n'était pas, comme aujourd'hui, l'angoisse du danger atroce, mais collectif, mais intermittent, que recèle un monde de nations en armes. Ni non plus — ou du moins ce n'était pas surtout — l'appréhension des forces économiques qui broient le petit ou le malchanceux. La menace, qui était de tous les jours, pesait sur chaque destin individuel. Elle atteignait, comme les biens, la chair même. Au reste, la guerre, le meurtre, l'abus de la force, il n'est guère de page de notre analyse sur lesquelles nous n'ayons déjà vu se profiler leurs ombres. Quelques mots suffiront maintenant pour rassembler les causes qui de la violence firent véritablement la marque d'une époque et d'un système social.

« Quand, l'Empire romain des Francs ayant péri, divers rois prendront place sur le trône auguste, chaque homme ne se fiera plus qu'à l'épée » : ainsi, sous couleur de prophétie, parlait, vers le milieu du IXe siècle, un clerc ravennate, qui avait vu et déploré l'évanouissement du grand rêve impérial carolingien ([357]). Les contemporains en eurent donc nettement conscience : effet elle-même, dans une large mesure, d'irrépressibles habitudes de désordre, la carence des États avait, à son tour, favorisé le déchaînement du mal. De même, les invasions qui, faisant pénétrer partout l'homicide et le pillage, travaillèrent en outre, si efficacement, à rompre les vieux cadres des pouvoirs. Mais la violence tenait aussi au plus profond de la structure sociale et de la mentalité.

Elle était dans l'économie ; en un temps d'échanges rares et difficiles, pour devenir riche, quel moyen plus sûr que tantôt le butin et tantôt l'oppression ? Toute une classe dominatrice et guerrière vivait surtout de cela et un moine, froidement, pouvait faire dire à un petit seigneur, dans une charte : je donne cette terre « libre de toute redevance, de toute exaction ou taille, de toute corvée... et de toutes ces choses que par violence les chevaliers ont coutume d'extorquer aux pauvres » ([358]).

Elle était dans le droit : en raison du principe coutumier qui, à la longue, aboutissait à légitimer presque toute usurpation ; par suite aussi de la tradition solidement enracinée qui à l'individu ou au petit groupe reconnaissait la faculté ou même imposait le devoir de se faire justice à soi-même. Responsable d'une infinité de drames sanglants, la « faide » familiale n'était pas la seule forme d'exécution personnelle qui mît constamment en danger l'ordre public. Lorsqu'à la victime d'un tort matériel, réel ou fictif, les assemblées de paix interdisaient de s'indemniser directement en saisissant un des biens de l'auteur du dommage, elles savaient bien atteindre par là une des plus fréquentes occasions de trouble.

La violence, enfin, était dans les mœurs, parce que, médiocrement capables de réprimer leur premier mouvement, peu sensibles, nerveusement, au spectacle de la douleur, peu respectueux de la vie, où ils ne voyaient qu'un état transitoire avant l'Éternité, les hommes étaient, par surcroît, très portés à mettre leur point d'honneur dans le déploiement quasi animal de la force physique. « Tous les jours », écrit vers 1024, l'évêque Burchard de Worms, « des meurtres, à la façon des bêtes sauvages, se commettent parmi les dépendants de Saint-Pierre. On se court sus par ivresse, par orgueil ou pour rien du tout. Dans le courant d'une année, trente-cinq serfs de Saint-Pierre, parfaitement innocents, ont été tués par d'autres serfs de l'église ; et les meurtriers, loin de se repentir, se glorifient de leur crime. » Près d'un siècle plus tard, une chronique anglaise, louant la grande paix que Guillaume le Conquérant avait établie dans son royaume, ne croyait pouvoir mieux en exprimer la plénitude que par ces deux traits : désormais nul homme ne peut en mettre un autre à mort, quelque tort qu'il ait reçu de lui ; chacun peut parcourir l'Angleterre, sa ceinture pleine d'or, sans danger ([359]). C'était découvrir naïvement la double racine des maux les plus ordinaires : la vengeance qui, selon les idées du temps, pouvait arguer d'une justification morale ; mais aussi le brigandage, dans sa nudité.

Cependant, de ces brutalités tout le monde, en fin de compte, souffrait et les chefs, plus que quiconque, avaient conscience des désastres qu'elles entraînaient. Si bien que des profondeurs de cette époque troublée s'élève, avec toute la force d'une aspiration vers le plus précieux et le plus inaccessible des « dons de Dieu », un long cri de paix. Entendez, avant tout, la paix intérieure. Pour un roi, pour un prince, point d'éloge plus beau que le titre de Pacifique. Le mot doit être pris dans son sens plein : non qui accepte la paix, mais qui l'impose. « Que la paix soit dans le royaume » : ainsi prie-t-on au jour des sacres. « Bénis soient les apaiseurs » s'écriera saint Louis. Commun à tous les pouvoirs, ce souci s'exprime parfois en termes d'une candeur touchante. Ce même roi Knut, dont un poète de cour avait dit : « tu étais bien jeune, ô Prince, que déjà, à mesure que tu avançais, on voyait brûler les demeures des hommes », écoutez-le, dans ses sages lois. « Nous voulons », dit-il, « que tout homme, au-dessus de douze ans, jure de ne jamais voler ni se faire complice d'un voleur » ([360]). Mais comme, précisément, les grands pouvoirs temporels étaient inefficaces, on vit se développer, en marge des autorités régulières et sous l'impulsion de l'Église, un effort spontané pour l'organisation de cet ordre tant désiré.

III. PAIX ET TRÊVE DE DIEU ([361])

Ce fut dans des réunions d'évêques que prirent naissance les associations de paix. Chez les clercs, le sentiment de la solidarité humaine se nourrissait de l'image de la chrétienté, conçue comme le corps mystique du Sauveur. « Qu'aucun chrétien ne tue un autre chrétien », disent, en 1054, les évêques de la province de Narbonne ; « car tuer un chrétien, nul doute que ce ne soit répandre le sang du Christ. » Dans la pratique, l'Église se savait particulièrement vulnérable. Enfin elle tenait pour son devoir particulier de protéger, avec ses propres membres, tous les faibles, ces *miserabiles personae* dont le droit canon lui confiait la tutelle.

Cependant, malgré le caractère œcuménique de l'institution mère et réserve faite de l'appui tardivement accordé par la papauté réformée, le mouvement, dans ses origines, fut très spécifiquement français et, plus particulièrement, aquitain. Né, semble-t-il, vers 989, près de Poitiers, au concile de Charroux que, depuis la Marche d'Espagne jusqu'au Berry ou au Rhône, de nombreux synodes bientôt devaient suivre, ce fut seulement dans la deuxième décennie du XIe siècle qu'on le vit se propager en Bourgogne et dans le nord du royaume. Quelques prélats du royaume d'Arles et l'abbé de Cluny se firent, en 1040 et 1041, ses propagandistes auprès des évêques d'Italie. Sans grand succès, semble-t-il ([362]). La Lorraine et l'Allemagne ne furent sérieusement touchées que vers la fin du siècle ; l'Angleterre, jamais. Les différences de la structure politique expliquent aisément les particularités de ce développement. Lorsqu'en 1023 les évêques de Soissons et de Beauvais, ayant formé une association de paix, engagèrent leur confrère de Cambrai à s'y joindre, ce prélat, comme eux suffragant de la métropole de Reims, qui était située en France, mais sujet de l'Empire, refusa : il serait « inconvenant », dit-il, qu'un évêque se mêlât de ce qui appartient aux rois. Dans l'Empire, notamment chez l'épiscopat impérial, l'idée de l'État était encore bien vivante et l'État lui-même n'y paraissait pas complètement incapable de remplir sa tâche. De même, dans la Castille et le León, il fallut, en 1124, une crise de succession, qui avait considérablement affaibli la monarchie, pour permettre l'introduction, par le grand archevêque de Compostelle, Diego Gelmirez, de décisions conciliaires prises à l'imitation « des Romains et des Francs ». En France, au contraire, l'impuissance de la monarchie frappait partout les yeux. Mais nulle part davantage que dans ces anarchiques pays du Sud et du Centre, habitués de longue date à une existence quasi indépendante. Là, en outre, aucune principauté aussi solidement constituée que la Flandre ou la Normandie, par exemple, n'avait réussi à s'établir. Force était donc de s'aider soi-même ou de périr dans le désordre.

Supprimer toutes les violences, il n'y fallait pas songer. Du moins pouvait-on espérer leur fixer des bornes. On y tâcha d'abord — et ce fut ce qui se nomma en propre « Paix de Dieu » — en plaçant sous une sauvegarde spéciale certaines personnes ou certains objets. La liste du concile de Charroux est encore très rudimentaire : interdiction de pénétrer par force dans les églises ou de les piller, d'enlever aux paysans leur bétail, de frapper un clerc, à condition qu'il ne porte pas d'armes. Puis on développa et précisa. On comprit les marchands parmi les protégés par nature : pour la première fois, semble-t-il, au synode du Puy, en 990. On élabora, sous une forme de plus en plus détaillée, l'inventaire des actes défendus : par exemple détruire un moulin, arracher des vignes, attaquer un homme qui va à l'église ou en revient. Encore certaines exceptions demeuraient-elles prévues. Les unes semblaient imposées par les nécessités de la guerre : le serment de Beauvais, en 1023, autorise à tuer les bestiaux des paysans si c'est pour s'en nourrir ou nourrir son escorte. D'autres s'expliquaient par le respect des contraintes, voire des violences, alors conçues comme légitimement inséparables de tout exercice du commandement : « Je ne dépouillerai pas les vilains », promettent, en 1025, les seigneurs réunis à Anse, sur la Saône, « je ne tuerai pas leurs bêtes, sauf sur mes propres terres. » D'autres, enfin, étaient rendues inévitables par des traditions juridiques ou morales universellement obéies. Expressément ou par prétérition, presque toujours le droit à la « faide », après un meurtre, est réservé. Empêcher que les innocents et les petits ne fussent entraînés dans les querelles des puissants ; prévenir la vengeance, lorsqu'elle n'avait d'autre justification, comme dit le concile de Narbonne, qu'un débat sur une terre ou sur une dette ; surtout, mettre un frein au brigandage : ces ambitions déjà paraissaient assez hautes.

Mais s'il y avait des êtres et des choses particulièrement respectables, n'était-il pas aussi des jours fermés à la violence ? Déjà un capitulaire carolingien interdisait que la « faide » fût poursuivie le dimanche. Reprise pour la première fois, semble-t-il, en 1027, par un modeste synode diocésain réuni en Roussillon, « au pré de Toulonges », — non sans doute que l'obscur capitulaire fût directement connu, mais l'idée était vivace — cette prescription, qu'on joignait généralement à celles de l'autre type, eut un rapide succès. De bonne heure, d'ailleurs, on refusa de se contenter d'une seule journée de répit. Déjà, parallèlement au tabou dominical, celui de Pâques avait, dans le Nord cette fois, fait son apparition (à Beauvais, en 1023). La « trêve de Dieu » — ainsi appelait-on cet armistice périodique — fut peu à peu étendue, en même temps qu'aux grandes fêtes, aux trois jours de semaine (depuis le mercredi soir) qui précèdent le dimanche et semblaient y préparer. Si bien qu'au bout du compte, la guerre disposait de moins de temps que la paix. Comme ici à peu près aucune exception n'était, en principe, admise, nulle loi n'eût été plus salutaire, si, pour avoir trop demandé, la règle n'était demeurée, le plus souvent, lettre morte.

Les tout premiers conciles, comme celui de Charroux, s'étaient bornés à légiférer, de la façon la plus banale, sous la sanction de peines religieuses. Mais, vers 990, l'évêque du Puy, Guy, ayant réuni ses diocésains, chevaliers et vilains, dans un pré, « les pria de s'engager par serment à observer la paix, à ne pas opprimer les églises ni les pauvres dans leurs biens, à restituer ce qu'ils auraient enlevé... Ils refusèrent ». Sur ce, le prélat fit venir, à la faveur de la nuit, des troupes, qu'il avait secrètement concentrées. « Au matin, il entreprit de contraindre les récalcitrants à jurer la paix et à donner des otages ; ce qui, Dieu aidant, fut fait ([363]). » Telle fut, selon la tradition locale, l'origine, qu'on ne saurait dire purement volontaire, du premier « pacte de paix ». D'autres suivirent, et bientôt il n'y eut plus guère d'assemblée, occupée à limiter les violences, qui ne se prolongeât ainsi par un grand serment collectif de réconciliation et de bonne conduite. En même temps, la promesse, inspirée des décisions conciliaires, se faisait de plus en plus précise. Parfois elle s'accompagnait de remises d'otages. Dans ces unions jurées, qui à l'œuvre pacificatrice s'efforçaient d'associer le peuple entier, représenté naturellement, avant tout, par ses chefs, petits ou grands, résida l'originalité véritable du mouvement des paix.

Restait tantôt à contraindre et tantôt à punir ceux qui n'avaient pas juré ou, l'ayant fait, avaient manqué à leurs engagements. Car des peines spirituelles, il n'y avait, de toute évidence, à attendre qu'une efficacité fort intermittente. Quant aux châtiments temporels que les assemblées s'efforçaient aussi d'établir — notamment sous forme d'indemnités aux victimes et d'amendes —, ils ne pouvaient eux-mêmes avoir quelque poids que s'il se trouvait une autorité capable de les imposer.

On semble s'en être d'abord remis aux pouvoirs existants. La violation de la paix demeurait justiciable du « seigneur du pays », dûment obligé par son serment et dont la responsabilité, elle aussi, comme on le voit au concile de Poitiers, en l'an mille, pouvait être tenue en haleine par des otages. N'était-ce point cependant revenir au système même qui s'était avéré impuissant ? Par une évolution presque fatale, les associations jurées, dont l'objet premier n'avait été que de lier les hommes par une vaste promesse de vertu, tendirent à se transformer en organes d'exécution. Peut-être se donnèrent-elles quelquefois, du moins en Languedoc, des juges particuliers, chargés, en marge des juridictions ordinaires, de châtier les délits contre le bon ordre. Il est sûr, en tout cas, que beaucoup d'entre elles constituèrent de véritables milices :

simple régularisation, en somme, du vieux principe qui, à la communauté menacée, reconnaissait le droit de courir sus aux brigands. Ce fut, originellement, ici encore, avec le visible souci de respecter les autorités établies : les forces auxquelles le concile de Poitiers confie la mission de réduire à résipiscense le coupable, si son seigneur propre n'a pas réussi à en venir à bout, sont celles d'autres seigneurs participants au commun serment. Mais des ligues d'un type nouveau bientôt se créèrent, qui débordaient résolument les cadres traditionnels. Le hasard d'un texte nous a conservé le souvenir de la confédération qu'en 1038 institua l'archevêque de Bourges, Aimon. Le serment était exigé de tous les diocésains de plus de quinze ans, par l'intermédiaire de leurs curés. Ceux-ci, déployant les bannières de leurs églises, marchaient en tête des levées paroissiales. Plus d'un château fut détruit et brûlé par cette armée populaire, jusqu'au jour où, mal armée et réduite, dit-on, à monter sa cavalerie à dos d'ânes, elle se fit massacrer, par le sire de Déols, sur les bords du Cher.

Aussi bien, des unions de cette sorte devaient-elles nécessairement soulever de vives hostilités, qui ne se bornaient pas aux cercles les plus directement intéressés à la prolongation du désordre. Car il y avait en elles, incontestablement, un élément antithétique à la hiérarchie : non seulement parce qu'aux seigneurs pillards elles opposaient des vilains ; mais aussi et peut-être surtout parce qu'elles engageaient les hommes à se défendre eux-mêmes, au lieu d'attendre leur protection des pouvoirs réguliers. Le temps n'était pas si loin où, aux beaux jours des Carolingiens, Charlemagne avait proscrit les « guildes » ou « confréries », même lorsqu'elles avaient pour objet de réprimer le brigandage. Ce qui, dans ces associations survivait, sans doute, de pratiques héritées du paganisme germain, n'avait pas été alors le seul motif de l'interdiction. Un État qui cherchait à se construire à la fois sur l'idée de fonction publique et sur les rapports de subordination personnelle, employés au profit de l'ordre monarchique, ne pouvait souffrir que la police fût prise en main par des groupes sans mandat, que les capitulaires nous représentent déjà comme composés généralement de paysans. Les barons et les seigneurs de l'ère féodale n'étaient pas moins jaloux de leurs droits. Leurs réactions se manifestèrent, avec un relief singulier, dans un épisode qui fut, en Aquitaine, comme le dernier sursaut d'un mouvement déjà près de deux fois séculaire.

En 1182, un charpentier du Puy, instruit pas des visions, fonda une confrérie de paix, qui se répandit rapidement dans tous les pays de Languedoc, en Berry et jusqu'en Auxerrois. L'emblème en était un chaperon blanc, avec une sorte d'écharpe, dont la bande antérieure, pendant sur la poitrine, portait autour de l'image de la Vierge Mère, l'inscription : « Agneau de Dieu, qui ôtes les péchés du monde, donne-nous la paix. » On racontait que Notre Dame elle-même, apparaissant à l'artisan, lui avait remis l'insigne avec la devise. Toute « faide » était expressément proscrite du groupe. Un de de ses membres a-t-il commis un meurtre ? le frère du mort, s'il appartient lui-même aux Capuchonnés, donnera au meurtrier le baiser de paix, et, le conduisant dans sa propre maison, l'y fera manger, en témoignage d'oubli. Ces Pacifiques, d'ailleurs, — ainsi aimaient-ils à se nommer — n'avaient rien de Tolstoïsants. Ils menèrent contre les routiers une dure guerre, et victorieuse. Mais ces exécutions spontanées ne tardèrent pas à susciter les inquiétudes des milieux seigneuriaux. Par un revirement significatif, on voit le même moine, à Auxerre, en 1183, accabler d'éloges ces bons serviteurs de l'ordre, puis, l'année suivante, couvrir de boue leur « secte » indocile. Selon le mot d'un autre chroniqueur, on les accusait de poursuivre « la ruine des institutions qui nous régissent par la volonté de Dieu et le ministère des puissants de ce monde ». Ajoutez que les inspirations sans contrôle d'un illuminé laïque et, par suite, présumé ignorant — qu'il s'agît du charpentier Durand ou de Jeanne d'Arc — ont toujours, et non sans motifs, paru aux gardiens de la foi grosses de menaces pour l'orthodoxie. Écrasés par les armes conjuguées des barons, des évêques et des routiers, les « Jurés » du Puy et leurs alliés finirent aussi misérablement qu'au siècle précédent les milices berrichonnes.

Ces catastrophes n'étaient que le symptôme, particulièrement éloquent, d'un échec de portée plus générale. Inca·

pables de créer, de toutes pièces, la bonne police et la droite justice sans lesquelles il n'était point de paix possible, les conciles ni les ligues ne parvinrent jamais à réprimer durablement les troubles. « Le genre humain », écrit Raoul le Glabre, « fut pareil au chien qui retourne à son vomissement. La promesse avait été faite. Elle ne fut pas tenue. » Mais dans d'autres milieux et sous des formes diverses le grand rêve évanoui devait laisser des traces profondes.

Ce fut par des expéditions punitives dirigées, les bannières des églises au vent, contre les châteaux des seigneurs pillards que débuta au Mans, en 1070, le mouvement communal français. Il n'est pas jusqu'au mot de « saintes institutions », par où la jeune collectivité mancelle désignait ses décrets, qui à l'historien des « paix » ne rende un son familier. Certes bien d'autres besoins, d'une nature très différente, engageaient les bourgeois à s'unir. Comment oublier, cependant, que de l' « amitié » urbaine, selon le beau nom que certains groupes aimaient à se donner, la répression ou l'apaisement des vendettas, parmi les associés, la lutte, au dehors, contre le brigandage furent, dès l'origine, une des principales justifications ? Comment ne pas rappeler, surtout, du pacte de paix au pacte communal, la filiation établie par ce trait, des deux parts présent et dont nous avons déjà vu l'accent révolutionnaire : le serment des égaux ? Mais, à la différence des grandes confédérations créées sous les auspices des conciles et des prélats, la commune se bornait à rassembler, dans une seule ville, des hommes liés par une vigoureuse solidarité de classe et déjà accoutumés au coude à coude. Ce resserrement fut une des grandes raisons de sa force.

Cependant, les rois et les princes, eux aussi, par vocation ou par intérêt, recherchaient l'ordre intérieur. Ce mouvement, qui avait surgi en dehors d'eux, pouvaient-ils hésiter longtemps à le mettre à profit, en se constituant, à leur tour, chacun dans sa sphère, selon le titre que devait se donner expressément en 1226, un comte de Provence, « grands paciaires» ([364]) ? Déjà il semble bien que des fameuses milices du Berry l'archevêque Aimon avait rêvé de faire, à son bénéfice, l'instrument d'une véritable souveraineté provinciale. En Catalogne, on vit les comtes, qui d'abord s'étaient bornés à participer aux synodes, en incorporer bientôt les décisions dans leurs propres ordonnances, non sans donner à ces emprunts un tour par où la paix d'Église se transformait peu à peu en paix du prince. Dans le Languedoc et, notamment, dans les diocèses du Massif Central, les progrès, au XIIe siècle, de la circulation monétaire avaient permis de constituer aux associations de paix des finances régulières : sous le nom de « commun de paix » ou « pezade », un subside était levé, qui avait pour objet, à la fois, d'indemniser les victimes des troubles et de solder les expéditions. Les cadres paroissiaux servaient à la perception. L'évêque gérait la caisse. Mais, très rapidement, cette contribution fut détournée de sa nature première. Les magnats — les comtes de Toulouse, surtout, maîtres ou seigneurs féodaux de nombreux comtés — forcèrent les évêques à en partager avec eux les revenus ; les évêques mêmes en oublièrent la première destination. Si bien qu'en fin de compte le grand effort de défense spontanée eut ici pour résultat le plus durable — car la « pezade » devait vivre autant que l'Ancien Régime — de favoriser la création, remarquablement précoce, d'un impôt territorial.

A l'exception de Robert le Pieux, qui réunit de grandes assemblées pour y faire jurer la paix, les Capétiens ne semblent guère s'être souciés d'institutions qu'ils tenaient peut-être pour attentoires à leur propre mission de justiciers. Ce fut au service direct du roi que, sous Louis VI, on vit les contingents des paroisses monter à l'assaut des fertés seigneuriales. Quant à la paix solennelle qu'en 1155 son successeur promulgua pour dix ans, si sensible qu'y soit l'influence des décisions conciliaires usuelles, elle portait, en elle-même, tous les caractères d'un acte d'autorité monarchique. Par contre, dans les principautés les plus vigoureuses de la France du Nord, en Normandie et en Flandre, les princes estimèrent d'abord utile de s'associer à l'œuvre des paix jurées. Dès 1030, Baudoin IV de Flandre s'unit à l'évêque de Noyon-Tournai pour provoquer une vaste promesse collective. En 1047, un concile, à Caen, peut-être sous l'influence de textes flamands, proclama la Trêve de Dieu. Mais point de ligues armées. Elles n'eussent pas été tolérées et auraient paru sans objet. Puis, très vite, le comte ou le duc

— ce dernier aidé, en Normandie, par certaines traditions propres au droit scandinave — se substituèrent à l'Église comme législateurs, juges et gendarmes du bon ordre.

Ce fut dans l'Empire que le mouvement des paix à la fois eut les plus longs effets et subit les plus curieuses déviations. Nous connaissons déjà les répugnances qu'il y avait d'abord rencontrées. Certes, là aussi on vit, depuis le début du XIe siècle, les peuples, au cours de grandes assemblées, invités à la réconciliation générale et à l'abstention de toute violence. Mais c'était dans les diètes royales et par des décrets royaux. Du moins, les choses demeurèrent en cet état jusqu'à la grande querelle de Henri IV et de Grégoire VII. Puis, pour la première fois, en 1082, une Trêve de Dieu fut proclamée, à Liège, par l'évêque, assisté des barons du diocèse. Le lieu et la date méritent également l'attention. Plus que l'Allemagne propre, la Lotharingie s'ouvrait aux influences venues de l'Ouest. Cinq ans à peine, d'autre part, s'étaient écoulés depuis que s'était levé, contre Henri IV, le premier anti-roi. Dû à l'initiative d'un évêque impérialiste, l'acte n'avait d'ailleurs nullement sa pointe dirigée contre la monarchie. Henri le confirma. Mais du fond de l'Italie. Vers le même temps, dans les parties de l'Allemagne où l'autorité impériale n'était plus reconnue, les barons sentaient la nécessité de s'unir pour lutter contre le désordre. L'Église et les pouvoirs locaux visiblement tendaient à prendre en main la tâche des rois.

Pourtant, la monarchie impériale était encore trop forte pour abandonner cette arme. Dès son retour d'Italie, Henri IV se prit à légiférer à son tour contre les violences et, désormais, pendant plusieurs siècles, on put voir les empereurs ou les rois promulguer, de temps à autre, de vastes constitutions de paix applicables tantôt à telle ou telle province particulière, tantôt et plus souvent à l'Empire tout entier. Ce n'était pas là le retour, pur et simple, aux pratiques antérieures. Transmise par la Lorraine, l'influence des paix françaises avait appris à substituer, aux ordres très généraux de naguère, un grand luxe de règles de plus en plus minutieuses. A ce point que l'habitude s'introduisit, progressivement, de glisser dans ces textes toutes sortes de prescriptions, qui avec leur objet primitif n'avaient plus qu'un rapport lointain. « Les *Friedesbriefe* », dit justement une chronique souabe du début du XIIIe siècle, « sont les seules lois dont usent les Allemands » ([365]). Parmi les conséquences du grand effort tenté par les conciles et les associations jurées, la moins paradoxale ne fut pas, ayant en Languedoc aidé à naître l'impôt princier, de favoriser, en Allemagne, la résurrection de la législation monarchique.

L'Angleterre des Xe et XIe siècles eut aussi, à sa façon, ses ligues, ses « guildes » de paix. Mis par écrit entre 930 et 940, les statuts de celle de Londres sont un extraordinaire document d'insécurité et de violence : justice expéditive, poursuivants lancés sur la piste des voleurs de bétail, ne se croirait-on point parmi les pionniers du Far West, aux temps héroïques de la « Frontière » ? Mais c'était ici la police toute laïque d'une rude communauté, un code pénal populaire dont la sanglante rigueur — une addition au texte en témoigne — n'allait pas sans choquer le roi et les évêques. Sous le nom de guildes, le droit germanique avait entendu des associations d'hommes libres formées en dehors des liens de parenté et destinées, en quelque mesure, à en tenir lieu : un serment, des beuveries périodiques qu'avaient accompagnées aux temps païens des libations religieuses, parfois une caisse commune, surtout une obligation d'entraide en étaient les caractères principaux : « pour l'amitié comme pour la vengeance, nous resterons unis quoi qu'il advienne », disent les ordonnances londoniennes. En Angleterre, où les rapports de dépendance personnelle tardèrent, beaucoup plus que sur le continent, à tout envahir, ces groupements, loin d'être frappés d'interdiction, comme dans l'État carolingien, furent volontiers reconnus par les rois, qui espéraient s'appuyer sur eux pour le maintien de l'ordre. La responsabilité du lignage ou celle du lord manquaient-elles à jouer ? La responsabilité de la guilde pour ses membres les remplaçait. Après la conquête normande, lorsqu'une royauté très forte se fut instaurée, elle reprit à la tradition anglo-saxonne ces pratiques de caution mutuelle. Mais ce fut pour en faire, finalement — sous le nom de ce *frankpledge* dont nous avons déjà esquissé l'histoire ([366]) — un des rouages du nouveau système seigneurial. Dans l'originale évolution de la société anglaise qui, d'un régime où l'action collective de l'homme libre n'avait pas été complètement abaissée devant le pouvoir du chef, passa, directement, à une dure monarchie, les institutions de paix du type français n'avaient pas trouvé à s'insérer.

Sur le continent même, c'était aux royautés et aux principautés territoriales qu'était réservé, en opérant l'indispensable regroupement des forces, de donner corps, enfin, aux aspirations dont conciles et pactes avaient du moins manifesté l'intense ferveur.

Chapitre V

Vers la reconstitution des Etats : Les évolutions nationales

I. RAISONS DU REGROUPEMENT DES FORCES

Au cours du second âge féodal, on vit, de toutes parts, le pouvoir sur les hommes, jusque-là divisé à l'extrême, commencer de se concentrer dans des organismes plus vastes : non point neufs assurément, mais dans leur capacité d'action véritablement rénovés. Les exceptions apparentes, comme l'Allemagne, s'évanouissent dès lors qu'on veut bien cesser d'envisager l'État uniquement sous les couleurs de la royauté. Un phénomène aussi général ne saurait avoir été commandé que par des causes également communes à tout l'Occident. Pour les énumérer, il suffirait presque de reprendre à rebours le tableau de celles qui précédemment avaient conduit au morcellement.

L'arrêt des invasions avait libéré les pouvoirs royaux et princiers d'une tâche où s'usaient leurs forces. En même temps, il permettait le prodigieux essor démographique que dénonce, à partir du milieu du XIe siècle, la poussée des défrichements. La densité accrue de la population ne rendait pas seulement le maintien de l'ordre plus aisé. Elle favorisait aussi le renouveau des villes, de l'artisanat et des échanges. Grâce à une circulation monétaire devenue plus abondante et plus active, l'impôt réapparaissait. Avec lui, le fonctionnariat salarié et, substituées à l'inefficace régime de services héréditairement contractuels, les armées soldées. Assurément le petit ou moyen seigneur ne manquait pas de tirer profit, lui aussi, des transformations de l'économie ; il eut, comme on l'a vu, ses « tailles ». Mais le roi ou le prince possédait, presque toujours, plus de terres et plus de vassaux que quiconque. En outre, la nature propre de son autorité lui fournissait de multiples occasions de lever des taxes, notamment sur les églises et sur les villes. Le revenu quotidien de Philippe Auguste, à sa mort, égalait, comme ordre de grandeur, environ la moitié du revenu annuel accusé, un peu plus tard, par une seigneurie monastique qui, sans compter parmi les plus riches, disposait cependant de biens fort étendus, dans une province particulièrement prospère ([367]). Ainsi l'État avait, dès lors, commencé d'acquérir cet élément essentiel de sa suprématie : une fortune incomparablement plus considérable que celle de n'importe quelle personne ou collectivité privées.

Les modifications de la mentalité allaient dans le même sens. La « renaissance » culturelle, depuis la fin du XIe siècle, avait rendu les esprits plus aptes à concevoir le lien social, toujours un peu abstrait de nature, qu'est la subordination de l'individu à la puissance publique. Elle avait réveillé aussi le souvenir des grands États policés et monarchiques du passé : l'Empire romain, dont les Codes, comme les livres d'histoire, disaient, sous des princes absolus, la majestueuse grandeur ; l'Empire carolingien, embelli par le culte de la légende. Sans doute les hommes assez instruits pour que de pareilles influences pussent s'exercer sur eux demeuraient, proportionnellement à la masse, une poignée. Mais, en elle-même, cette élite était devenue beaucoup plus nombreuse. Surtout l'instruction avait gagné, dans les milieux laïques, à côté de la haute aristocratie, jusqu'à la classe chevaleresque. Plus utiles que les clercs, en un temps où tout administrateur devait être en même temps chef de guerre, moins qu'eux sujets à l'attraction d'intérêts étrangers aux puissances temporelles, rompus enfin, de longue date, à la pratique du droit, ces gentilshommes de médiocre fortune devaient former, bien avant la bourgeoisie, l'état-major des monarchies renouvelées : l'Angleterre de Henri Plantagenêt, la France de Philippe Auguste et de Saint Louis. L'usage, le goût, la possibilité de l'écrit permirent aux États de se constituer ces archives administratives sans lesquelles il ne saurait être de pouvoir vraiment continu. Tableaux des services dus par les fiefs, comptabilité périodique, registres des actes expédiés ou reçus : autant d'aide-mémoire qu'on voit surgir, dès le milieu du XIIe siècle, dans l'État anglo-normand et le royaume, normand aussi, de Sicile ; vers la fin de ce même siècle ou au cours du siècle suivant, dans le royaume de France et la plupart de ses grandes principautés. Leur apparition fut comme le signe avertisseur que se levait à l'horizon une puissance nouvelle ou du moins réservée jusque-là aux grandes églises et à la cour pontificale : la bureaucratie.

Pour quasi universel qu'ait été, dans ses traits fondamentaux, ce développement, il n'en suivit pas moins, selon les pays, des lignes bien différentes. On se bornera ici à considérer rapidement, à titre en quelque sorte expérimental, trois types d'État.

II. UNE MONARCHIE NEUVE : LES CAPÉTIENS

La monarchie carolingienne de la grande époque avait tiré sa force, d'ailleurs toute relative, de l'application de quelques principes généraux : service militaire exigé de tous les sujets ; prééminence du tribunal royal ; subordination des comtes, alors véritables fonctionnaires ; réseau de vassaux royaux, partout répandus ; pouvoir sur l'Église. De tout cela, que restait-il à la royauté française, vers la fin du Xe siècle ? Presque rien, en vérité. Assurément, — surtout depuis qu'en accédant à la couronne les ducs robertiens lui ont fait apport de leurs fidèles — un assez grand nombre de moyens et de petits chevaliers continuent de prêter l'hommage directement au roi. Mais on les rencontre désormais, presque exclusivement, dans cet espace assez restreint de la France du nord où la dynastie jouit elle-même de droits comtaux. Ailleurs, elle n'a plus guère — hauts barons à part — que des arrière-vassaux : inconvénient terrible en un temps où le seigneur proche est le seul auquel on se sente moralement attaché. Les comtes ou rassembleurs de comtés, qui sont ainsi devenus le maillon intermédiaire de tant de chaînes vassaliques, ne nient point tenir leurs dignités du roi.

Mais l'office est devenu un patrimoine, que chargent des obligations d'un type particulier. « Je n'ai point agi contre le roi », fait dire un contemporain à Eude de Blois, qui avait cherché à enlever à un autre vassal de Hugues Capet le château comtal de Melun ; « il ne lui importe pas qu'un homme ou un autre tienne le fief ([368]). » Entendez : du moment que la relation vassalique subsiste. On croirait un fermier : « ma personne est indifférente, pourvu que le loyer soit acquitté ». Encore ce loyer de fidélité et de service était-il en l'espèce souvent bien mal payé.

Pour toute armée, le roi en est, dans la pratique courante, réduit à ses petits vassaux, aux « chevaliers » des églises sur lesquelles il n'a pas perdu tout pouvoir, à la piétaille levée dans ses propres villages et sur les terres de ces mêmes églises. Parfois, quelques ducs ou grands comtes lui amènent leur contingent. Comme alliés, plutôt que comme sujets. Parmi les plaideurs qui persistent à porter leurs causes devant son tribunal, ce sont encore les mêmes cercles que nous trouvons à peu près exclusivement représentés : petits seigneurs liés par l'hommage direct, églises royales. Si, en 1023, un magnat, le comte de Blois, affecte de se soumettre au jugement de la cour, c'est en posant comme condition que lui soient d'abord concédés les fiefs qui formaient précisément l'objet du litige. Passés sous la domination des dynasties territoriales, plus des deux tiers des évêchés — avec quatre provinces ecclésiastiques entières : Rouen, Dol, Bordeaux et Narbonne — échappent totalement à la royauté. A vrai dire, ceux qui lui restent immédiatement soumis sont encore nombreux. Grâce à certains d'entre eux, elle demeure, en quelque mesure, présente jusqu'au cœur de l'Aquitaine — avec Le Puy — ou, avec Noyon-Tournai, au milieu même des pays de domination flamande. Mais la plupart de ces évêchés royaux sont eux aussi concentrés entre la Loire et la frontière de l'Empire. Tel est également le cas des abbayes « royales », dont beaucoup proviennent de l'héritage des Robertiens, en leur temps ducal cyniques accapareurs de monastères. Ces églises devaient être une des meilleures réserves de force de la monarchie. Les premiers Capétiens, toutefois, semblaient trop faibles pour qu'aux privilèges dont ils pouvaient distribuer la manne leur propre clergé attachât un grand prix. De Hugues Capet, on connaît, en dix ans de règne, une douzaine de diplômes ; de son contemporain Otton III d'Allemagne, en moins de vingt années — dont les premières furent occupées par une minorité — plus de quatre cents.

Cette opposition entre la défaillance de la royauté, en France Occidentale, et son éclat relatif, dans le grand État voisin, ne manqua point de frapper les contemporains. On parlait volontiers, en Lotharingie, des « mœurs indisciplinées » des *Kerlinger*, c'est-à-dire des habitants de l'ancien royaume de Charles le Chauve ([369]). Il est plus aisé de constater le contraste que d'en rendre compte. Les institutions carolingiennes n'avaient pas eu, à l'origine, moins de force d'un côté que de l'autre. Probablement l'explication doit-elle être cherchée dans des faits profonds de structure sociale. Le grand principe moteur du morcellement féodal fut toujours le pouvoir du chef local ou personnel sur de petits groupes, soustraits ainsi à toute autorité plus large. Or, une fois laissée de côté l'Aquitaine, traditionnellement indocile, les régions qui formaient proprement le cœur de la monarchie française étaient précisément ces pays d'entre Loire et Meuse où la seigneurie rurale remontait au plus lointain des âges et dans lesquels la « commendise » d'homme à homme avait trouvé sa terre d'élection. Dans une contrée où l'immense majorité des biens-fonds étaient soit tenure, soit fief, et où on en arriva, de bonne heure, à dire « libre », non l'homme sans seigneur, mais celui auquel restait encore, pour tout privilège, le droit de choisir son maître, il n'y avait plus guère de place pour un véritable État.

Cependant cette ruine même du droit public ancien devait finalement servir le destin de la monarchie capétienne. Non certes que la dynastie nouvelle se soit jamais proposé de rompre avec la tradition carolingienne, dont elle tirait le meilleur de sa force morale. Mais aux vieux organes vermoulus de l'État franc, elle fut, par nécessité, contrainte de substituer d'autres instruments de puissance. Tenant les comtes pour leurs délégués, les rois de naguère n'avaient pas imaginé pouvoir gouverner aucun territoire important autrement que par l'intermédiaire de ces officiers. On n'observe point qu'aucun comté, placé directement sous la main royale, ait été trouvé par Hugues Capet dans l'héritage des derniers Carolingiens. Au contraire, issus d'une famille dont la grandeur était née d'une accumulation « d'honneurs » comtaux, les Capétiens, tout naturellement, continuèrent sur le trône la même politique.

Ce ne fut pas, à vrai dire, sans incertitudes. On a quelquefois comparé nos rois à des paysans, cousant patiemment le champ au champ. L'image est doublement trompeuse. Elle exprime fort mal la mentalité d'oints du Seigneur, au surplus grands donneurs de coups d'épée et, de tout temps — comme la classe chevaleresque à laquelle les rattachaient leurs façons de sentir —, dangereusement soumis aux prestiges de l'aventure. Elle suppose, dans leurs desseins, une continuité que l'historien, pour peu qu'il y regarde de près, constate rarement. Si ce Bouchard de Vendôme, que Hugues Capet avait fait comte de Paris, de Corbeil et de Melun ne s'était trouvé dépourvu de tout autre héritier direct qu'un fils dès longtemps entré dans les ordres, on eût vu se constituer, au cœur même de l'Ile-de-France, la plus redoutablement située des principautés territoriales. Henri Ier encore envisagera, dans un diplôme, l'inféodation de Paris, comme une éventualité nullement invraisemblable ([370]). Visiblement, on avait peine à se dégager des pratiques carolingiennes.

Cependant, depuis le début du XIe siècle, une série de comtés sont successivement acquis par les rois sans que ceux-ci y établissent aucun comte nouveau. Les souverains, en d'autres termes, ayant cessé, à bon droit, de considérer ces magnats comme des fonctionnaires, hésitent de moins en moins à se faire eux-mêmes leurs propres comtes. Sur les terres, héritées des ancêtres ou récemment annexées, d'où est ainsi éliminé l'écran d'une puissance interposée, les seuls représentants de l'autorité royale sont d'assez petits personnages, placés chacun à la tête d'une assez petite circonscription ; et si, à l'origine, quelques-uns de ces « prévôts », que leur médiocrité même rendait peu menaçants, semblent s'être succédé de père en fils dans leurs charges, leurs maîtres n'eurent pas grand-peine, durant le XIIe siècle, à les transformer presque tous en fermiers à temps. Puis, à partir de Philippe Auguste, ce sera, à un degré supérieur de la hiérarchie administrative, l'apparition d'authentiques fonctionnaires salariés : les baillis ou sénéchaux. Parce que, s'adaptant aux conditions sociales nouvelles, la royauté française avait fait modestement reposer son pouvoir sur le commandement direct de groupes d'hommes peu étendus, elle put, lorsque les circonstances favorisèrent le regroupement des forces, en tirer, au profit des idées et des sentiments très antiques qu'elle continuait d'incorporer, le principal profit.

Elle ne fut pas cependant la seule à en bénéficier. Car le même phénomène se produisit également au sein des grandes principautés territoriales, encore subsistantes. Entre la mosaïque des comtés que, de Troyes à Meaux et à Provins, Eude de Blois, vers 1022, grâce à des liens familiaux astucieusement exploités, avait réussi à s'approprier et l'État champenois du début du XIIIe siècle, avec son droit successoral qui, fondé sur la primogéniture, excluait désormais le partage, avec ses circonscriptions administratives bien tracées, ses fonctionnaires, ses archives, il n'y avait pas moins de différence qu'entre le royaume de Robert le Pieux et celui de Louis VIII. Les cadres ainsi constitués furent si forts que même l'absorption finale par la monarchie ne parvint pas à les rompre. De toutes façons, les rois rassemblèrent la France bien plutôt qu'ils ne l'unifièrent. En Angleterre, la « Grande Charte » ; dans la France de 1314-1315, les Chartes aux Normands, aux Languedociens, aux Bretons, aux Bourguignons, aux Picards, aux Champenois, aux Auvergnats, aux gens des « Basses-Marches » de l'Ouest, aux Berrichons, aux Nivernais ; — en Angleterre le Parlement ; en France les États provinciaux, toujours beaucoup plus fréquents et, en somme, plus actifs que les États Généraux — en Angleterre la *common law*, à peine teintée d'exceptions régionales ; en France, l'infinie bigarrure des coutumes régionales : autant de contrastes qui devaient peser d'un poids très lourd sur notre évolution nationale. En vérité, d'avoir tiré sa force première, très « féodalement », d'une agglomération de comtés, de châtellenies, de droits sur les églises, il semble que la royauté française, même l'État une fois ressuscité, soit restée pour toujours marquée.

III. UNE MONARCHIE ARCHAÏSANTE : L'ALLEMAGNE

Constatant que « la perpétuité des fiefs s'établit en France plus tôt qu'en Allemagne », Montesquieu mettait en cause « l'humeur flegmatique et, si j'ose dire, l'immutabilité de l'esprit de la nation allemande » ([371]). Psychologie assurément aventureuse, même en la nuançant, comme Montesquieu, d'un « peut-être ». Mais l'intuition subsiste, singulièrement pénétrante. Au lieu « d'humeur flegmatique », disons modestement « archaïsme » : le mot sera celui qu'impose toute étude de la société médiévale allemande, comparée, date pour date, avec la société française. Or, vraie, comme on l'a vu, de la vassalité et du fief, du régime seigneurial, de l'épopée — si véritablement archaïque par ses thèmes légendaires et l'atmosphère païenne de son merveilleux —, non moins exacte dans le domaine de l'économie (la « renaissance urbaine », en Allemagne, retarda d'un siècle ou deux sur l'Italie, la France et la Flandre), l'observation conserve toute sa valeur, lorsqu'on passe à l'évolution de l'État. Point d'expérience plus décisive que cette concordance, une fois de plus retrouvée, entre la structure sociale et la structure politique. Dans l'Allemagne beaucoup moins profondément et moins uniformément « féodalisée » et « seigneurialisée » que la France, la monarchie, beaucoup plus longtemps qu'en France, demeura fidèle au type carolingien.

Le roi gouverne à l'aide de comtes qui ne virent leur hérédité se confirmer que lentement et, même celle-ci une fois établie, restèrent conçus comme les titulaires moins d'un fief que d'une fonction. Lors même qu'ils ne sont pas directement les vassaux du souverain, c'est de lui, qu'en principe, comme les « avoués » des églises immunistes, ils tiennent, par une concession spéciale, leur pouvoir d'ordonner et de punir, leur « ban ». Certes, la monarchie, ici aussi, se heurta à la rivalité des principautés territoriales, sous la forme surtout de ces duchés dont nous avons dit l'originale structure. En dépit des suppressions ou des divisions opérées par les Ottoniens, les ducs ne cessèrent d'être dangereusement puissants et indociles. Mais, contre eux, les rois ont su utiliser l'Église. Car, à la différence des Capétiens, l'héritier allemand de Charlemagne a réussi à rester le maître d'à peu près tous les évêchés du royaume. L'abandon des évêchés bavarois que Henri Ier dut consentir au duc de Bavière ne fut qu'une mesure de circonstance, bientôt retirée ; la tardive concession des sièges d'outre-Elbe, octroyée par Frédéric Barberousse au duc de Saxe, n'intéressait qu'un pays de missions et ne se trouva d'ailleurs guère plus durable ; le cas des petits évêchés alpestres, remis à l'investiture de leur métropolitain de Salzbourg, constituait une exception sans portée. La chapelle royale est le séminaire des prélats d'Empire et c'est ce personnel de clercs, instruits, ambitieux, rompus aux affaires, qui, avant tout, maintient la continuité de l'idée monarchique. Évêchés et monastères royaux, de l'Elbe à la Meuse, des Alpes à la mer du Nord, mettent à la disposition du souverain leurs « services » : prestations en argent ou en nature ; gîte offert au Prince ou à ses gens; devoir militaire surtout. Les contingents des églises forment la part la plus considérable et la plus stable de l'armée royale. Non la seule. Car le roi persiste à revendiquer l'aide de tous ses sujets et, si la levée en masse proprement dite, « l'appel au pays » (*clamor patriae*), n'a d'application réelle que sur les frontières, en cas de raids barbares, l'obligation de servir avec leur chevalerie incombe aux ducs et comtes du royaume entier et ne laisse pas d'être, en fait, assez efficacement accomplie.

Ce système traditionnel, cependant, ne joua jamais parfaitement. Assurément, il permit les grands desseins des « expéditions romaines ». Par là même, favorisant de trop vastes ambitions, elles-mêmes anachroniques, il était déjà dangereux. Car, à l'intérieur du pays, l'armature n'était pas, en réalité, assez forte pour soutenir un pareil poids. Ce gouvernement sans impôt autre que les quelques « services » financiers des églises, sans fonctionnaires salariés, sans armée permanente, ce gouvernement nomade, qui ne disposait pas de moyens de communication convenables et que les hommes sentaient physiquement et moralement très loin, comment eût-il réussi à obtenir une constante obéissance ? Point de règne sans rébellions.

Aussi bien, avec quelque retard et bien des différences, l'évolution vers le morcellement des pouvoirs publics en petits groupes de commandement personnel emportait-elle l'Allemagne comme la France. La dissolution des comtés, entre autres, retirait peu à peu à l'édifice sa base nécessaire. Or, les rois allemands, étant beaucoup plus que des princes territoriaux, ne s'étaient, d'autre part, rien donné qui ressemblât au domaine restreint, mais bien centré, des ducs robertiens, devenus les rois de France. Même le duché de Saxe, que Henri Ier avait détenu avant son avènement, se trouva finalement — bien qu'avec une étendue moindre — échapper à la royauté. Ce fut un des premiers exemples d'un usage qui progressivement prit force de loi. Point de fief de dignité qui, provisoirement acquis à la Couronne, par confiscation ou par vacance, ne doive presque aussitôt être réinféodé : cette règle, caractéristique de la monarchie impériale, fut entre toutes fatale à ses progrès. Appliquée à la France, elle eût empêché Philippe Auguste de conserver la Normandie, comme, en Allemagne, une trentaine d'années plus tôt, elle s'était opposée, en fait, à l'annexion, par Frédéric Barberousse, des duchés enlevés à Henri le Lion. Assurément, il était réservé au XIIe siècle de la formuler dans toute sa rigueur, sous la pression du baronat. Mais elle tirait sans nul doute ses origines du caractère de fonction publique tenacement attaché, là-bas, aux « honneurs » comtaux et ducaux. Un souverain saurait-il, sans paradoxe, se constituer son propre délégué ? Certes, le roi allemand était le seigneur direct de nombreux villages ; il avait ses vassaux particuliers, ses ministériaux, ses châteaux. Tout cela, cependant, dispersé sur d'immenses espaces. Tardivement, Henri IV comprit le péril. On le vit, à partir de 1070, s'efforcer de se créer, en Saxe, une véritable Ile-de-France, toute hérissée de forteresses. Il échoua : car déjà se préparait la grande crise de la lutte avec les papes, qui devait mettre au jour tant de germes de faiblesse.

Ici encore, il faut oser le mot d'anachronisme. Si, du conflit d'apparence banale, qui, depuis quelques années, dressait l'un contre l'autre Henri IV d'Allemagne et Grégoire VII, sortit brusquement, en 1076, une inexpiable guerre, le coup de théâtre de Worms en fut la cause : cette déposition du pape, prononcée, après consultation d'un concile allemand, par un roi qui n'était même pas encore excommunié. Or, ce geste n'était que réminiscences. Otton Ier avait fait casser un pape ; le propre père et prédécesseur d'Henri IV : trois, d'un coup. Seulement, depuis lors, le monde avait changé. Réformée par les empereurs mêmes, la papauté avait reconquis son prestige moral et un grand mouvement de réveil religieux faisait d'elle le plus haut symbole des valeurs spirituelles.

Nous avons déjà vu comment cette longue querelle ruina définitivement, en Allemagne, le principe héréditaire. Elle acheva de jeter les souverains dans le guêpier italien, sans cesse renaissant. Elle servit de point de cristallisation à toutes les révoltes. Surtout elle atteignit profondément les pouvoirs sur l'Église. Non, à beaucoup près, que jusqu'au XIIIe siècle, les rois aient cessé d'exercer sur les nominations épiscopales ou abbatiales une influence qui, pour varier extrêmement selon les règnes ou les moments, n'en demeurait pas moins dans l'ensemble fort considérable. Mais, investis désormais par le sceptre, symbole du fief, les prélats, cessant de passer pour les détenteurs d'une fonction publique, paraîtront, à l'avenir, de simples feudataires. En outre, l'évolution de la conscience religieuse, ébranlant l'idée de la valeur sacrée jusque-là attachée à la dignité royale, rendait le clergé incontestablement moins docile à des tentatives de domination qui heurtaient, chez lui, un sens plus aiguisé de la prééminence du surnaturel. Parallèlement, les transformations de la société muaient définitivement les anciens représentants de la royauté, dans les provinces, en seigneurs héréditaires de domaines morcelés, diminuaient le nombre des hommes libres, au sens premier du mot, retiraient enfin beaucoup de leur caractère public à des tribunaux progressivement seigneurialisés. Assurément, au XIIe siècle, Frédéric Barberousse fait encore figure de monarque très puissant. Jamais l'idée impériale, nourrie par une culture plus riche et plus consciente, ne s'exprimera plus fortement que sous son règne et dans son entourage. Mais l'édifice, mal étayé, mal adapté aux forces du présent, est déjà à la merci de tout choc un peu rude.

Cependant d'autres pouvoirs s'apprêtent à naître sur les ruines à la fois de la monarchie et des vieux duchés ethniques. De principautés territoriales, jusque-là assez lâchement assemblées, on verra, depuis le tournant de la fin du XIIe siècle, se dégager peu à peu des États fonctionnarisés, relativement policés, soumis à l'impôt, pourvus d'assemblées représentatives. Ce qui subsiste de l'organisation vassalique y est tourné au profit du prince et l'Église même y obéit. Plus guère d'Allemagne, politiquement parlant ; mais, comme on disait chez nous, « les Allemagnes ». D'une part le retard, spécifiquement allemand, de l'évolution sociale ; de l'autre, l'avènement, commun à presque toute l'Europe, des conditions propres à une concentration de la puissance publique : la rencontre de ces deux chaînes causales fit que le regroupement, en Allemagne, ne s'opéra qu'au prix d'une longue fragmentation de l'ancien État.

IV. LA MONARCHIE ANGLO-NORMANDE : FAITS DE CONQUÊTE ET SURVIVANCES GERMANIQUES

L'État anglo-normand était issu d'une double conquête : de la Neustrie occidentale par Rollon, de l'Angleterre par Guillaume le Bâtard. Il dut à cette origine une structure beaucoup plus régulière que celle des principautés édifiées par pièces et morceaux ou des monarchies chargées d'une longue et parfois confuse tradition. Ajoutez que la seconde conquête, celle de l'Angleterre, s'était produite au moment même où le changement des conditions économiques et mentales, dans tout l'Occident, commençait à favoriser la lutte contre le morcellement. Il est significatif que, presque dès le début, cette monarchie, née d'une guerre heureuse, nous apparaisse fondée sur l'écrit ; très tôt aussi, pourvue d'un personnel instruit et d'habitudes bureaucratiques.

L'Angleterre anglo-saxonne des derniers temps avait vu se constituer, aux mains de ses *earls*, de véritables principautés territoriales, formées, selon le type classique, par des agglomérations de comtés. La guerre de conquête et les révoltes postérieures, rudement matées, ayant fait disparaître de la scène les grands chefs indigènes, tout péril, de ce côté-là, put sembler écarté pour l'unité de l'État. Cependant, l'idée qu'il fût possible pour un roi de gouverner directement son royaume entier était alors si étrangère aux esprits que Guillaume crut devoir créer, à son tour, des commandements de type analogue. Heureusement pour la monarchie, l'infidélité même de ces hauts barons amena très vite — à la seule exception du comté de Chester, sur les marches galloises, et de la principauté ecclésiastique de Durham, sur les marches écossaises — la suppression des redoutables formations politiques auxquelles les rebelles avaient été préposés. Les rois persistent à créer parfois des comtes ; mais dans les comtés dont ils portaient le titre, ces personnages se bornaient désormais à recevoir une part des produits de la justice. L'exercice même des pouvoirs judiciaires, la levée des troupes, la perception des revenus fiscaux appartenaient à des représentants directs du roi, dénommés, en anglais, *sheriffs*. Fonctionnaires ? Pas tout à fait. D'abord parce qu'ils affermaient leur charge, moyennant une somme fixe versée au Trésor : en un temps où les conditions économiques ne permettaient pas encore le salariat, ce système de fermage était la seule solution qui s'offrît, quand on ne voulait pas de l'inféodation. Ensuite parce qu'au début un assez grand nombre d'entre eux parvinrent à se rendre héréditaires. Mais cette évolution menaçante fut brusquement arrêtée par la forte main des souverains angevins. Le jour où, en 1170, on vit Henri II, d'un coup, destituer tous les sheriffs du royaume, soumettre leur gestion à une enquête et n'en replacer que quelques-uns, il fut sensible à tous les yeux que dans l'Angleterre entière le roi était maître de ceux qui commandaient en son nom. Parce que la fonction publique ne s'y était point pleinement confondue avec le fief, l'Angleterre fut, beaucoup plus tôt qu'aucun royaume du continent, un État vraiment un.

Féodal, cependant, nul État, à certains égards, ne le fut plus parfaitement. Mais de telle façon que le pouvoir royal en tirait, finalement, un surcroît de prestige. Dans ce pays où toute terre était une tenure, le roi n'était-il pas littéralement le seigneur de tous les seigneurs ? Nulle part, surtout, le système des fiefs militaires ne fut plus méthodiquement appliqué. Dans les armées ainsi recrutées, le problème essentiel était, on le sait, d'obtenir que les vassaux directs du roi ou du prince se fissent accompagner, à l'ost, d'un nombre suffisant de ces arrière-vassaux dont, nécessairement, le gros des troupes se trouvait composé. Or, au lieu d'être livré, comme ce fut ailleurs si souvent le cas, à l'arbitraire d'une variable coutume ou à des conventions individuelles plus ou moins mal respectées, ce chiffre, dans le duché normand déjà, puis, sur une échelle beaucoup plus vaste, en Angleterre, fut pour chaque baronnie fixé définitivement — au moins à titre de minimum — par le pouvoir central. Et, comme il était de principe que presque toute obligation de faire pouvait être remplacée par son équivalent en numéraire, les rois, dès les premières années du XIIe siècle, prirent l'habitude d'exiger parfois de leurs tenants en chef, au lieu de soldats, un impôt, perçu au prorata du nombre de chevaliers ou, selon l'expression courante, « d'écus », qu'ils eussent dû fournir.

Mais cette organisation féodale admirablement concertée s'alliait à des traditions empruntées à un plus lointain passé. La forte paix établie, dès l'occupation des comtés neustriens, par les « ducs des pirates », comment ne pas reconnaître en elle le code d'une armée au cantonnement, pareil à ces lois que l'historien danois Saxo Grammaticus attribue au roi Frodé, conquérant de légende ? Surtout, gardons-nous de diminuer à l'excès la part de l'héritage anglo-saxon. Le serment de fidélité qu'en 1086 Guillaume requit de tous ceux qui avaient autorité en Angleterre, « de quelque seigneur qu'ils fussent les hommes », et que par la suite ses deux premiers successeurs firent renouveler — cette promesse transcendante à tous les liens vassaliques et qui les primait —, était-ce autre chose, après tout, que l'antique serment des sujets, familier à toutes les royautés barbares et que les souverains de la dynastie du Wessex, comme les Carolingiens, avaient pratiqué ? Si faible qu'apparût, en ses derniers temps, la monarchie anglo-saxonne, elle n'en avait pas moins su maintenir, seule entre toutes ses contemporaines, un impôt qui, d'avoir servi d'abord à payer rançon aux envahisseurs danois, puis à les combattre, avait tiré son nom de *Danegeld.* Dans cette étonnante survivance, qui semble bien supposer dans l'île une circulation monétaire moins qu'ailleurs anémiée, les rois normands devaient trouver un instrument singulièrement efficace. Enfin, la persistance, en Angleterre, des anciennes cours d'hommes libres, associées, de tant de façons, au maintien de l'ordre public — institution germanique, s'il en fut — favorisa grandement le maintien, puis l'extension de la justice et de la puissance administrative royales.

La force de cette monarchie complexe n'était d'ailleurs que toute relative. Là aussi, les éléments de dissociation demeuraient à l'œuvre. Le service des fiefs fut de plus en plus difficilement obtenu parce que, capable d'exercer quelque contrainte sur ses tenants en chef, le gouvernement royal l'était beaucoup moins d'atteindre, à travers eux, la masse des petits feudataires, souvent récalcitrants. Le baronnage fut presque constamment indocile. De 1135 à 1154, durant les longs troubles dynastiques du règne d'Étienne, l'édification d'innombrables châteaux « adultérins », l'hérédité reconnue à des sheriffs, qui réunissaient parfois plusieurs comtés sous leur domination et portaient eux-mêmes le titre de comte, semblaient annoncer l'irrésistible poussée du morcellement. Cependant, après le redressement qui marqua le règne d'Henri II, on verra les magnats, dans leurs rébellions, chercher désormais beaucoup moins à déchirer le royaume qu'à le dominer. La classe chevaleresque, de son côté, trouvait, dans les cours de comtés, l'occasion de se grouper et de se donner des délégués. La puissante royauté des conquérants n'avait pas anéanti tous les autres pouvoirs. Mais elle les avait forcés à n'agir, fût-ce contre elle, que dans les cadres de l'État.

V. LES NATIONALITÉS

Dans quelle mesure ces États étaient-ils aussi ou devinrent-ils des nations ? Comme tout problème de psychologie collective, celui-ci exige que l'on distingue avec soin, non seulement les temps, mais aussi les milieux.

Ce ne fut point parmi les hommes les plus instruits que put naître le sentiment national. Tout ce qui subsistait de culture un peu profonde se réfugia, jusqu'au XIIe siècle, dans une fraction du clergé. Or bien des raisons détournaient cette *intelligentsia* de partis pris qu'elle eût volontiers traités de préjugés : l'usage du latin, langue internationale, avec les facilités de communication intellectuelle qui en découlaient ; le culte, surtout, des grands idéaux de paix, de piété et d'unité qui, humainement, semblaient se concrétiser dans les images jumelées de Chrétienté et d'Empire. Aquitain et ancien dignitaire de l'église de Reims, à ce double titre sujet du roi de France, Gerbert ne croyait assurément trahir aucun devoir essentiel en se faisant, au temps où l'héritier de Charlemagne était un Saxon, « soldat dans le camp de César » ([372]). Pour découvrir les obscurs préludes de la nationalité, il faut se tourner vers des milieux plus frustes et plus portés à vivre dans le présent ; moins sans doute vers les masses populaires, dont aucun document d'ailleurs ne nous permet de deviner les états d'âme, que du côté à la fois des classes chevaleresques et de cette partie du monde clérical qui, d'instruction médiocre, se bornait à refléter, dans ses écrits, avec plus de netteté d'accent, les opinions ambiantes.

Par réaction contre l'historiographie romantique, il a été de mode, chez certains historiens plus récents, de refuser aux premiers siècles du moyen âge toute conscience de groupe, national ou ethnique. C'était oublier que, sous la forme naïvement brutale de l'antagonisme contre l'étranger, le « horsin », de pareils sentiments n'exigent pas un bien grand raffinement d'esprit. Nous savons aujourd'hui qu'ils se sont manifestés, à l'époque des invasions germaniques, avec beaucoup plus de force que ne le croyait, par exemple, Fustel de Coulanges. Dans la seule grande expérience de conquête que nous offre l'ère féodale — celle de l'Angleterre normande —, on les voit clairement à l'œuvre. Lorsque le dernier fils de Guillaume, Henri Ier, eut, par un geste en lui-même caractéristique, jugé adroit d'épouser une princesse issue de l'antique dynastie du Wessex — de la « droite lignée d'Angleterre », disait un moine de Canterbury —, les chevaliers normands, par dérision, se plurent à affubler le couple royal de sobriquets saxons. Mais, célébrant ce même mariage, un demi-siècle environ plus tard, sous le règne du petit-fils de Henri et d'Edith, un hagiographe écrivait : « Maintenant l'Angleterre a un roi de race anglaise ; elle trouve dans la même race des évêques, des abbés, des barons, de braves chevaliers, issus de l'une et l'autre semence ([373]). » L'histoire de cette assimilation, qui est celle même de la nationalité anglaise, ne saurait être même esquissée ici, dans un cadre trop restreint. C'est, en dehors de tout fait de conquête, dans les limites de l'ancien Empire franc, au nord des Alpes, qu'il faudra nous contenter de scruter la formation des entités nationales : la naissance, si l'on veut, du couple France-Allemagne ([374]).

La tradition ici était, bien entendu, l'unité : tradition, à vrai dire, relativement récente et quelque peu artificielle, dans son application à l'Empire carolingien tout entier ; plusieurs fois séculaire, par contre, et appuyée sur une réelle communauté de civilisation, dès lors qu'il s'agissait seulement du vieux *regnum Francorum.* Quelque sensibles que pussent être, une fois atteintes les couches profondes de la population, les contrastes de mœurs ou de langues, une même aristocratie et un même clergé avaient aidé les Carolingiens à gouverner, depuis l'Elbe jusqu'à l'Océan, l'immense État. Ces grandes familles encore, apparentées entre elles, avaient fourni, après 888, aux royautés ou aux principautés issues du démembrement, leurs chefs, nationaux seulement en apparence. Des Francs se disputaient la couronne d'Italie ; un Bavarois avait ceint celle de Bourgogne ; un Saxon d'origine peut-être — avec Eude —, celle de France Occidentale. Comme, dans les vagabondages que leur imposaient tantôt la politique des rois, distributeurs d'honneurs, tantôt leurs propres ambitions, les magnats entraînaient, à leur suite, toute une clientèle, la classe des vassaux elle-même participait à ce caractère, si l'on ose dire, supra-provincial. A juste titre, le déchirement de 840-843 avait donné aux contemporains le sentiment d'une guerre civile.

Cependant, sous cette unité, subsistait le souvenir de groupements plus anciens. Ce furent ceux-ci que, dans l'Europe divisée, on vit d'abord se réaffirmer, dans une réciprocité de mépris ou de haine. Neustriens, du haut de l'orgueil que leur inspire « la plus noble région du monde », empressés à traiter les Aquitains de « perfides » et les Bourguignons de « poltrons » ; la « perversité » des « Francs » à son tour dénoncée par les Aquitains et la « fraude » souabe, par les Mosans ; brossé par les Saxons, tous beaux et qui jamais ne fuient, le noir tableau de la couardise thuringienne, des rapineries alamanes et de l'avarice bavaroise : il ne serait pas malaisé de grossir d'exemples, empruntés à des écrivains qui s'échelonnent de la fin du IXe au début du XIe siècle, cette injurieuse anthologie ([375]). Pour des raisons que l'on connaît déjà, les oppositions de ce type furent, en Allemagne, particulièrement tenaces. Loin de servir les États monarchiques, elles menaçaient leur intégrité. Le patriotisme du moine chroniqueur Widukind, sous Otton Ier, ne manquait certes ni de ferveur, ni d'intransigeance. Mais c'était un patriotisme saxon, non allemand. De là, comment s'opéra le passage à la conscience de nationalités adaptées aux cadres politiques nouveaux ?

On ne saurait guère penser clairement une patrie anonyme. Or rien n'est plus instructif que la difficulté où les hommes se trouvèrent, longtemps, de nommer les deux principaux États que les partages avaient découpés dans le *regnum Francorum*. Tous deux étaient des « Frances ». Mais les adjectifs d'Orientale et Occidentale, par où on se contenta longtemps de les distinguer, ne constituaient pas pour une conscience nationale un support bien évocateur. Quant aux étiquettes de Gaule et de Germanie que quelques écrivains, de bonne heure, cherchèrent à faire revivre, elles ne parlaient qu'à l'esprit des doctes. En outre, elles s'appliquaient fort mal aux frontières nouvelles. Se rappelant que César avait arrêté la Gaule au Rhin, les chroniqueurs allemands désignaient volontiers de ce nom leurs propres provinces de la rive gauche. Parfois, soulignant inconsciemment ce que les délimitations avaient eu originellement d'artificiel, on s'accrochait au souvenir du premier souverain au profit duquel le royaume avait été taillé : pour leurs voisins, Lorrains ou gens de par delà, les Francs de l'Ouest restaient les hommes de Charles le Chauve (*Kerlinger*, *Carlenses*), tout comme les Lorrains eux-mêmes ceux de l'obscur Lothaire II.

Longtemps la littérature allemande devait demeurer fidèle à cette terminologie, probablement parce qu'il lui répugnait de reconnaître au peuple occidental le monopole du titre de Francs tout court ou de Français — la *Chanson de Roland* emploie encore indifféremment les deux termes —, auquel tous les États successeurs semblaient avoir un droit légal.

Que cette restriction de sens pourtant se soit finalement produite, chacun le sait. Au temps même du *Roland*, le chroniqueur lorrain Sigebert de Gembloux la tenait pour généralement admise ([376]). Comment eut-elle lieu ? C'est, encore beaucoup trop mal étudiée, la grande énigme de notre nom national. L'habitude semble s'être implantée au temps où, en face du royaume de l'Est gouverné par des Saxons, celui de l'Ouest était revenu à l'authentique dynastie franque, la race carolingienne. Elle trouva un appui dans la titulature royale elle-même. Par contraste avec ses rivaux qui, dans leurs diplômes, ne se dénommaient que rois, sans plus, et afin, précisément, de signifier avec éclat sa dignité d'héritier de Charlemagne, Charles le Simple, après avoir conquis la Lorraine, avait relevé le vieux titre de *rex Francorum*. Ses successeurs, bien qu'ils ne régnassent plus que sur notre France et lors même qu'ils avaient cessé d'appartenir à l'ancienne lignée, continuèrent, de plus en plus généralement, à s'en parer. Ajoutez qu'en Allemagne le mot de Francs, face aux autres groupes ethniques, conservait presque forcément un caractère particulariste : il y servait, en effet, couramment à désigner les gens des diocèses ripuaires et de la vallée du Main — nous disons, aujourd'hui, Franconie — et un Saxon, par exemple, n'eût guère accepté de se laisser qualifier ainsi. De l'autre côté de la frontière, au contraire, il s'appliquait sans difficultés, sinon à toutes les populations du royaume, du moins aux habitants de ce pays d'entre Loire et Meuse dont les coutumes et les institutions demeuraient si profondément marquées de l'empreinte franque. Enfin la France de l'Ouest s'en vit d'autant plus aisément réserver l'emploi que l'autre France était en voie de se donner, issu d'une réalité entre toutes sensible, un nom bien différent.

Entre les « hommes de Charles » et ceux du royaume de l'Est, un contraste très frappant se marquait. C'était — en dépit des différences dialectales, à l'intérieur de chaque groupe — une antithèse linguistique. D'une part, les Francs « romans » ; de l'autre, les Francs « thiois ». Par ce dernier mot, conformément à l'usage médiéval, je traduis l'adjectif dont est issu l'allemand actuel *deutsch* et qu'alors les clercs, en leur latin bourré de réminiscences classiques, rendaient volontiers, au mépris de toute étymologie, par « teuton ». L'origine n'en souffre point de doute. La *theotisca lingua*, dont parlaient les missionnaires de l'époque carolingienne, n'était rien d'autre, au sens propre, que la langue du peuple (*thiuda*), opposée au latin d'Église ; peut-être aussi la langue des païens, des « gentils ». Or, — le terme de Germain, plus savant que populaire, ayant, par ailleurs, toujours été dépourvu, dans la conscience commune, de racines profondes — l'étiquette, ainsi créée pour désigner un mode d'expression, passa très rapidement à la dignité d'un nom ethnique : « le peuple parlant thiois », dit déjà, sous Louis le Pieux, le prologue d'un des plus anciens poèmes rédigés en ce langage. De là à désigner une formation politique, le pas était aisé à franchir. L'usage, probablement, s'y décida bien avant que les écrivains n'osassent accorder droit de cité à un tour si peu conforme à l'historiographie traditionnelle. Dès 920, pourtant, des annales salzbourgeoises mentionnent le royaume des Thiois (ou Teutons) ([377]).

Peut-être cette aventure sémantique ne laissera-t-elle point d'étonner les personnes qui, dans l'attachement aux faits de langue, inclinent à voir une effervescence récente de la conscience nationale. L'argument linguistique, cependant, aux mains des politiques, n'est pas d'aujourd'hui. Au Xe siècle un évêque lombard, s'indignant des prétentions — historiquement très fondées — des Byzantins sur l'Apulie, n'écrivait-il pas : « que ce pays appartienne au royaume d'Italie, la langue de ses habitants en est la preuve » ([378]) ? Non seulement l'usage de moyens d'expression communs rend toujours les hommes plus proches les uns des autres et manifeste, en même temps qu'il en crée de nouvelles, les similitudes des traditions mentales. Chose plus sensible encore à des âmes encore rudes : l'opposition des langages entretenait le sentiment des différences, source elle-même d'antagonismes. Un moine souabe, au IXe siècle, notait déjà que les « Latins » tournaient en dérision les mots germaniques, et ce fut de moqueries sur leurs idiomes respectifs que naquit, en 920, entre les escortes de Charles le Simple et de Henri Ier, une rixe assez sanglante pour avoir mis fin à l'entrevue des deux souverains ([379]). Aussi bien, à l'intérieur même du royaume de l'Ouest, la curieuse évolution, encore mal expliquée, qui dans le gallo-roman avait provoqué la formation de deux groupes de parlers distincts, fit que pendant de longs siècles les « Provençaux » ou gens de Languedoc, sans posséder, le moins du monde, l'unité politique, eurent nettement le sentiment de constituer une collectivité bien à part. De même, lors de la seconde croisade, on vit les chevaliers lorrains, sujets de l'Empire, se rapprocher des Français, dont ils entendaient et parlaient le langage ([380]). Rien de plus absurde que de confondre la langue avec la nationalité. Mais il ne le serait pas moins de nier son rôle dans la cristallisation des consciences nationales.

Que celles-ci — s'agissant de la France et de l'Allemagne — apparaissent déjà très clairement formées vers les alentours de l'an 1100, les textes ne permettent pas d'en douter. Durant la première croisade, Godefroi de Bouillon, qui, grand seigneur lotharingien, parlait, heureusement pour lui, les deux langues, eut fort à faire pour apaiser l'hostilité, déjà, nous dit-on, traditionnelle, des chevaleries française et thioise ([381]). La « douce France » de la *Chanson de Roland* est présente à toutes les mémoires : France encore un peu incertaine dans ses limites, aisément confondue avec le gigantesque Empire d'un Charlemagne de légende, mais dont le cœur se plaçait néanmoins, de toute évidence, dans le royaume capétien. Aussi bien d'être ainsi comme doré par le souvenir carolingien — l'emploi du nom de France favorisant l'assimilation, et la légende, à son tour, aidant à fixer le nom —, l'orgueil national, chez des hommes volontiers enivrés de conquêtes, recevait une vigueur plus grande. Les Allemands, d'autre part, tiraient une grande fierté d'être demeurés le peuple impérial. La loyauté monarchique contribuait à entretenir ces sentiments. Il est significatif que leur expression fasse à peu près complètement défaut dans les poèmes épiques d'inspiration purement baronale, comme le cycle des *Lorrains*. N'imaginons point cependant une confusion totale. Patriote fervent, le moine Guibert, qui, sous Louis VI, donna à son récit de la croisade le titre fameux de *Gesta Dei per Francos*, n'était qu'un bien tiède admirateur des Capétiens. La nationalité se nourrissait d'apports plus complexes : communauté de langue, de tradition, de souvenirs historiques plus ou moins bien compris ; sens du destin commun qu'imposaient des cadres politiques délimités fort au hasard, mais dont chacun répondait pourtant, en son ensemble, à des affinités profondes et déjà vieilles.

Tout cela, le patriotisme ne l'avait pas créé. Mais au cours de ce second âge féodal, caractérisé à la fois par le besoin que les hommes éprouvaient de se grouper en collectivités plus larges et par la plus claire conscience que, de toutes façons, la société prenait d'elle-même, il fut de ces réalités latentes comme la manifestation enfin explicite et, par là, à son tour créatrice de réalités nouvelles. Déjà, dans un poème un peu postérieur au *Roland*, « nul Français ne vaut mieux que lui », dit-on pour vanter un chevalier particulièrement digne d'estime ([382]). L'époque dont nous cherchons à retracer l'histoire profonde ne vit pas seulement se former les États. Elle vit aussi se confirmer ou se constituer — vouées encore à bien des vicissitudes — les patries.

Livre troisième : La féodalité comme type social et son action

Chapitre premier

La féodalité comme type social

I. FÉODALITÉ OU FÉODALITÉS : SINGULIER OU PLURIEL ?

Aux yeux de Montesquieu, l'établissement des « lois féodales » en Europe était un phénomène unique en son genre, « un événement arrivé une fois dans le monde et qui n'arrivera peut-être jamais ». Moins rompu, sans doute, à la précision des définitions juridiques, mais curieux d'horizons plus larges, Voltaire protesta : « La féodalité n'est point un événement ; c'est une forme très ancienne qui subsiste dans les trois quarts de notre hémisphère, avec des administrations différentes ([383]). » La science, de nos jours, s'est généralement ralliée au parti de Voltaire. Féodalités égyptienne, achéenne, chinoise, japonaise : autant d'alliances de mots — et j'en passe — désormais familières. Aux historiens de l'Occident elles ne laissent pas d'inspirer parfois de discrètes inquiétudes. Car ils ne sauraient ignorer la diversité des définitions dont ce fameux nom, sur son sol natal même, a été l'objet. La base de la société féodale, a dit Benjamin Guérard, est la terre. C'est le groupe personnel, réplique Jacques Flach. Les féodalités exotiques, dont l'histoire universelle apparaît aujourd'hui toute parsemée, le sont-elles selon Guérard ? ou selon Flach ? A ces équivoques, point d'autre remède que de reprendre le problème à ses prémices. Puisque, de toute évidence, tant de sociétés, séparées par le temps et par l'espace, n'ont reçu le nom de féodales qu'en raison de leurs similitudes, véritables ou supposées, avec notre féodalité à nous, les caractères de ce cas type, placé ainsi comme au centre d'un vaste système de références, sont ce qu'il importe avant tout de dégager. Non, toutefois, sans qu'aient été préalablement écartés quelques emplois, manifestement abusifs, d'une expression trop sonore pour ne pas avoir subi bien des déviations.

Dans le régime qu'ils baptisèrent féodalité, ses premiers parrains, nous le savons, percevaient avant tout ce qu'il eut d'antithétique à la notion d'un État centralisé. De là à qualifier ainsi tout morcellement des pouvoirs sur les hommes, la distance était courte. D'autant qu'à la simple constatation d'un fait un jugement de valeur venait, ordinairement, se mêler. La souveraineté d'un État assez vaste étant conçue comme la règle, toute atteinte à ce principe paraissait se classer dans l'anormal. Cela seul suffirait à condamner un usage qui, d'ailleurs, ne saurait qu'engendrer un insupportable chaos. Parfois, à la vérité, une notation plus précise s'entrevoit. Dès 1783, un modeste agent municipal, le hallier de Valenciennes, dénonçait comme responsable du renchérissement des denrées « une féodalité de gros propriétaires campagnards » ([384]). Que de polémistes, depuis lors, ont voué aux gémonies les « féodalités » bancaires ou industrielles ! Chargé de réminiscences historiques plus ou moins vagues, le mot semble, sous certaines plumes, n'évoquer rien de plus que la brutalité du commandement ; mais souvent aussi, d'une façon moins élémentaire, l'idée d'un empiètement des puissances économiques sur la vie publique. Or il est bien vrai, en effet, que la confusion de la richesse —alors principalement terrienne — avec l'autorité fut un des traits marquants de la féodalité médiévale. Mais c'était moins en raison des caractères proprement féodaux de cette société que parce qu'elle était, en même temps, fondée sur la seigneurie.

Féodalité, régime seigneurial : la confusion, cette fois, remonte beaucoup plus haut. Elle s'était produite d'abord dans l'emploi du mot de « vassal ». L'empreinte aristocratique que ce terme avait reçue d'une évolution en somme secondaire n'était pas si forte qu'on ne l'ait vu, dès le moyen âge, appliqué parfois, soit à des serfs, — primitivement bien proches des vassaux proprement dits par la nature personnelle de leur dépendance —, soit même à de simples tenanciers. Ce qui n'était alors qu'une sorte d'aberration sémantique, fréquente surtout dans des régions assez incomplètement féodalisées comme la Gascogne ou le León, devint, à mesure que s'effaçait la conscience du lien authentiquement vassalique, un usage de plus en plus généralement répandu. « Il est connu de tout le monde », écrit, en 1786, Perreciot, « que les sujets des seigneurs sont communément appelés en France leurs vassaux » ([385]). Parallèlement, on prit l'habitude de désigner, en dépit de l'étymologie, sous le nom de « droits féodaux » les charges qui pesaient sur les tenures paysannes : si bien qu'en annonçant leur intention de détruire la féodalité, c'était, avant tout, à la seigneurie rurale que les hommes de la Révolution entendaient s'attaquer. Mais ici encore l'historien doit réagir. Élément essentiel de la société féodale, la seigneurie, en elle-même, était plus ancienne ; et elle devait être beaucoup plus durable. Il importe à une saine nomenclature que les deux notions demeurent clairement distinctes.

De la féodalité européenne, au sens juste, cherchons donc à rassembler, à grands traits, ce que nous a appris son histoire.

II. LES CARACTÈRES FONDAMENTAUX DE LA FÉODALITÉ EUROPÉENNE

Le plus simple sera sans doute de commencer par dire ce que cette société n'était pas. Bien que les obligations nées de la parenté y fussent conçues comme très vigoureuses, elle ne se fondait pas tout entière sur le lignage. Plus précisément, les liens proprement féodaux n'avaient de raison d'être que parce que ceux du sang ne suffisaient pas. D'autre part, malgré la persistance de la notion d'une autorité publique superposée à la foule des petits pouvoirs, la féodalité coïncida avec un profond affaiblissement de l'État, notamment dans sa fonction protectrice. Mais la société féodale n'était pas seulement différente et d'une société de parentèles et d'une société dominée par la force de l'État. Elle venait après des sociétés ainsi constituées et portait leur empreinte. Les rapports de dépendance personnelle qui la caractérisaient gardaient quelque chose de la parenté artificielle qu'avait été, à beaucoup d'égards, le primitif compagnonnage et, parmi les droits de commandement exercés par tant de menus chefs, une bonne part faisaient figure de dépouilles arrachées à des puissances « régaliennes ».

C'est donc comme le résultat de la brutale dissolution de sociétés plus anciennes que se présente la féodalité européenne. Elle serait, en effet, inintelligible sans le grand bouleversement des invasions germaniques qui, forçant à se fusionner deux sociétés originellement placées à des stades très différents de l'évolution, rompit les cadres de l'une comme de l'autre et fit revenir à la surface tant de modes de pensée et d'habitudes sociales d'un caractère singulièrement primitif. Elle se constitua définitivement dans l'atmosphère des dernières ruées barbares. Elle supposait un profond ralentissement de la vie de relations, une circulation monétaire trop atrophiée pour permettre un fonctionnariat salarié, une mentalité attachée au sensible et au proche. Quand ces conditions commencèrent à changer, son heure commença de passer.

Elle fut une société inégale, plutôt que hiérarchisée : de chefs, plutôt que de nobles ; de serfs, non d'esclaves. Si l'esclavage n'y avait pas joué un rôle aussi faible, les formes de dépendance authentiquement féodales, dans leur application aux classes inférieures, n'auraient pas eu lieu d'exister. Dans le désordre général, la place de l'aventurier était trop grande, la mémoire des hommes trop courte, la régularité du classement social trop mal assurée pour permettre la stricte constitution de castes régulières.

Pourtant, le régime féodal supposait l'étroite sujétion économique d'une foule d'humbles gens envers quelques puissants. Ayant reçu des âges antérieurs la *villa* déjà seigneuriale du monde romain, la chefferie de village germanique, il étendit et consolida ces modes d'exploitation de l'homme par l'homme et, joignant en un inextricable faisceau le droit à la rente du sol avec le droit au commandement, fit de tout cela véritablement la seigneurie. Au profit d'une oligarchie de prélats ou de moines, chargés de rendre le Ciel propice. Au profit, surtout, d'une oligarchie de guerriers.

Qu'en effet, parmi les caractères distinctifs des sociétés féodales, on doive ranger la quasi-coïncidence établie entre la classe des chefs et une classe de guerriers professionnels, servant de la seule façon qui alors parût efficace, c'est-à-dire en cavaliers lourdement armés, la plus rapide des enquêtes comparatives suffit à le montrer. Nous l'avons vu : les sociétés où subsista une paysannerie armée, tantôt ignorèrent l'armature vassalique, comme celle de la seigneurie, tantôt de l'une et l'autre ne connurent que des formes très imparfaites : ainsi en Scandinavie, par exemple, ou dans les royaumes du groupe asturo-léonais. Le cas de l'Empire byzantin est peut-être plus significatif encore, parce que les institutions y portèrent la marque d'une pensée directrice beaucoup plus consciente. Là, depuis la réaction anti-aristocratique du VIIe siècle, un gouvernement, qui avait conservé les grandes traditions administratives de l'époque romaine et que préoccupait, d'autre part, le besoin de se donner une armée solide, créa des tenures chargées, envers l'État, d'obligations militaires : vrais fiefs en un sens, mais à la différence de l'Occident, fiefs de paysans, constitués chacun par une modeste exploitation rurale. Les souverains, désormais, n'auront pas de souci plus cher que de protéger ces « biens de soldats », comme d'ailleurs les petits possesseurs en général, contre l'accaparement par les riches et les puissants. Vint cependant, vers la fin du XIe siècle, le moment où l'Empire, débordé par les conditions économiques qui à des paysans constamment endettés rendaient l'autonomie de plus en plus difficile, affaibli aussi par des dissensions intérieures, cessa d'étendre sur les libres exploitants aucune protection utile. Il n'y perdit pas seulement de précieuses ressources fiscales. Il tomba, du même coup, à la merci des magnats, seuls capables, désormais, de lever, parmi leurs dépendants, les troupes nécessaires.

Dans la société féodale, le lien humain caractéristique fut l'attache du subordonné à un chef tout proche. D'échelon en échelon, les nœuds ainsi formés joignaient, comme par autant de chaînes indéfiniment ramifiées, les plus petits aux plus grands. La terre même ne semblait une richesse si précieuse que parce qu'elle permettait de se procurer des « hommes », en les rémunérant. Nous voulons des terres, disent, en substance, les seigneurs normands, qui refusent les cadeaux de bijoux, d'armes, de chevaux offerts par leur duc. Et ils ajoutent entre eux : « il nous sera ainsi possible d'entretenir de nombreux chevaliers et le duc ne le pourra plus ([386]). »

Restait à créer une modalité de droits fonciers appropriée à la récompense des services et dont la durée se modelât sur celle même du dévouement. De la solution qu'elle sut trouver à ce problème, la féodalité occidentale tira un de ses traits les plus originaux. Alors que les gens de service groupés autour des princes slaves continuaient à recevoir de lui leurs domaines en pur don, le vassal franc, après quelques tâtonnements, ne se vit plus octroyer que des fiefs, en principe viagers. Car, dans les classes les plus élevées, distinguées par l'honorable devoir des armes, les relations de dépendance avaient revêtu, à l'origine, la forme de contrats librement consentis, entre deux vivants, placés face à face. De la nécessité de ce contact personnel, elles tirèrent toujours le meilleur de leur valeur morale. De bonne heure, cependant, divers éléments étaient venus ternir la pureté de l'obligation : l'hérédité, naturelle dans une société où la famille demeurait si vigoureusement constituée ; la pratique du « chasement » qui, imposée par les conditions économiques, aboutissait à charger la terre de services plutôt que l'homme de fidélité ; la pluralité des hommages, enfin et surtout. La loyauté du commendé restait, dans beaucoup de cas, une grande force. Mais comme ciment social par excellence, appelé à unir, de haut en bas, les divers groupes, à prévenir le morcellement et à enrayer le désordre, elle se manifesta décidément inefficace.

A dire vrai, dans l'immense portée donnée à ces liens, il y avait eu, dès le principe, une part d'artificiel. Leur généralisation fut aux temps féodaux le legs d'un État moribond — celui des Carolingiens —, qui à l'effritement social avait imaginé d'opposer une des institutions nées de cet effritement même. Par lui-même, l'étagement des dépendances n'était sans doute pas incapable de servir, en effet, la cohésion de l'État. Témoin, la monarchie anglo-normande. Mais il y fallait une autorité centrale secondée, comme en Angleterre, moins encore par la conquête seule que par la coïncidence, avec celle-ci, de conditions matérielles et morales nouvelles. Au IXe siècle, la poussée vers la dispersion était trop forte.

Dans l'aire de la civilisation occidentale, la carte de la féodalité offre quelques larges vides : péninsule scandinave, Frise, Irlande. Peut-être est-il plus important encore de constater que l'Europe féodale ne fut pas tout entière féodalisée au même degré ni selon le même rythme et, surtout, qu'elle ne le fut nulle part complètement. En aucun pays, la population rurale ne tomba, totalement, dans les liens d'une dépendance personnelle et héréditaire. Presque partout — bien qu'en nombre extrêmement variable selon les régions —, il subsista des alleux, grands ou petits. La notion de l'État ne disparut jamais absolument et, là où elle conserva le plus de force, des hommes persistèrent à s'appeler « libres », au sens ancien du mot, parce qu'ils ne dépendaient que du chef du peuple ou de ses représentants. Des groupes de paysans guerriers se maintinrent en Normandie, dans l'Angleterre danoise, en Espagne. Le serment mutuel, antithétique aux serments de subordination, vécut dans les institutions de paix et triompha dans les communes. Sans doute est-il dans la destinée de tout système d'institutions humaines de ne jamais se réaliser qu'imparfaitement. Dans l'économie européenne du début du XXe siècle, placée incontestablement sous le signe du capitalisme, plus d'une entreprise ne continuait-elle pas d'échapper à ce schéma ?

Entre Loire et Rhin et dans la Bourgogne des deux rives de la Saône, un espace fortement ombré, qu'au XIe siècle les conquêtes normandes élargiront brusquement vers l'Angleterre et l'Italie du Sud ; tout autour de ce noyau central des teintes presque régulièrement dégradées, jusqu'à atteindre en Saxe et, surtout, en León et Castille un extrême espacement des traits : voilà, à peu près, sous quel aspect se présenterait, cerclée de ses blancs, la carte féodale que nous commencions tout à l'heure d'imaginer. Dans la zone la plus nettement marquée, il n'est pas difficile de reconnaître les contrées où l'influence de la régularisation carolingienne avait été la plus profonde, où aussi le mélange, plus poussé qu'ailleurs, des éléments romanisés et des éléments germains avait, sans doute, le plus complètement disloqué l'armature des deux sociétés et permis le développement de germes particulièrement anciens de seigneurie terrienne et de dépendance personnelle.

III. UNE COUPE A TRAVERS L'HISTOIRE COMPARÉE

Sujétion paysanne ; à la place du salaire, généralement impossible, large emploi de la tenure-service, qui est, au sens précis, le fief ; suprématie d'une classe de guerriers spécialisés ; liens d'obéissance et de protection qui attachent l'homme à l'homme et, dans cette classe guerrière, revêtent la forme particulièrement pure de la vassalité ; fractionnement des pouvoirs, générateur de désordre ; au milieu de tout cela, cependant, la survivance d'autres modes de groupement, parentèle et État, dont le dernier devait, durant le second âge féodal, reprendre une vigueur nouvelle : tels semblent donc être les traits fondamentaux de la féodalité européenne. Comme tous les phénomènes décelés par cette science de l'éternel changement qu'est l'histoire, la structure sociale ainsi caractérisée porta certainement l'empreinte originale d'un temps et d'un milieu. De même, cependant, que le clan à filiation féminine ou agnatique ou encore que certaines formes d'entreprises économiques se retrouvent à peu près semblables dans des civilisations fort diverses, il n'est pas impossible, en soi, que des civilisations différentes de la nôtre n'aient traversé un stade approximativement analogue à celui qui vient d'être défini. Si cela est, elles mériteront, durant cette phase, le nom de féodales. Mais le travail de comparaison ainsi compris excède visiblement les forces d'un seul homme. Je me bornerai donc à un exemple, capable de suggérer, au moins, l'idée de ce que, conduite par des mains plus sûres, pourrait donner une pareille recherche. La tâche sera facilitée par d'excellentes études, marquées déjà au coin de la plus saine méthode comparative.

Dans les lointains de l'histoire du Japon, ce qu'on entrevoit, c'est une société de groupes consanguins, ou censés tels. Puis vient, vers la fin du VIIe siècle de notre ère, sous l'influence chinoise, l'instauration d'un régime d'État qui, tout comme nos Carolingiens, s'efforce à une sorte de patronat moral des sujets. Enfin s'ouvre — à partir du XIe siècle ou environ — la période que l'on a pris l'habitude d'appeler féodale et dont l'avènement semble bien, selon un schéma que nous connaissons déjà, avoir coïncidé avec un certain ralentissement des échanges économiques. Ici donc, comme en Europe, la « féodalité » aurait été précédée par deux structures sociales très différentes. Comme chez nous également, elle conserva profondément l'empreinte de l'une et de l'autre. Plus étrangère, on l'a vu, qu'en Europe à l'édifice proprement féodal — puisque les filières d'hommages s'arrêtaient avant d'atteindre l'Empereur —, la monarchie subsista, en droit, comme la source théorique de toute puissance ; et, là aussi, le morcellement des droits de commandement, qui se nourrissait d'habitudes très anciennes, se présenta officiellement comme une suite d'empiétements sur l'État.

Au-dessus de la paysannerie, une classe de guerriers professionnels s'était élevée. Ce fut dans ce milieu que, sur le modèle donné par les rapports du suivant d'armes avec son chef, se développèrent les dépendances personnelles, affectées ainsi, semble-t-il, dès l'origine, d'un caractère de classe beaucoup plus accentué que la « commendise » européenne Elles étaient, de même qu'en Europe, hiérarchisées. Mais la vassalité japonaise fut, beaucoup plus que la nôtre, un acte de soumission et beaucoup moins un contrat. Elle fut beaucoup plus rigoureuse aussi, puisqu'elle n'admettait pas la pluralité des seigneurs. Comme il fallait entretenir ces guerriers, des tenures, qui ressemblaient beaucoup à nos fiefs, leur furent distribuées. Parfois, même, à l'instar de nos fiefs de « reprise », l'octroi, purement fictif, portait en réalité sur des terres qui avaient originellement appartenu au patrimoine du prétendu donataire. Ces combattants consentirent naturellement de moins en moins volontiers à cultiver le sol. A quelques exceptions près, toutefois. Car au Japon, aussi, il y eut jusqu'au bout des cas aberrants de « vavasseurs » paysans. Les vassaux vécurent donc surtout des rentes de leurs propres tenanciers. Leur masse cependant était trop nombreuse — beaucoup plus, apparemment, qu'en Europe

— pour permettre la constitution, à leur profit, de vraies seigneuries, avec de forts pouvoirs sur les sujets. Il ne s'en forma guère qu'aux mains du baronat et des temples. Encore, passablement dispersées et dépourvues de réserves d'exploitation directe, rappelaient-elles plutôt les seigneuries embryonnaires de l'Angleterre anglo-saxonne que celles des régions vraiment seigneurialisées de l'Occident. Aussi bien, sur ce sol où les rizières irriguées représentaient la culture dominante, les conditions techniques étaient-elles trop différentes des pratiques européennes pour que la sujétion paysanne ne revêtît pas, elle aussi, des formes originales.

Bien trop sommaire, assurément, et, dans l'appréciation des contrastes entre les deux sociétés, insuffisamment nuancée, cette esquisse n'en permet pas moins, semble-t-il, une conclusion assez ferme. La féodalité n'a pas été « un événement arrivé une fois dans le monde ». Comme l'Europe — bien qu'avec d'inévitables et profondes différences — le Japon traversa cette phase. D'autres sociétés ont-elles également passé par elle ? Et, s'il en a été ainsi, sous l'action de quelles causes, peut-être communes ? C'est le secret des travaux futurs. On serait heureux si ce livre, en proposant aux chercheurs un questionnaire, pouvait préparer les voies à une enquête qui le dépassera de beaucoup.

Chapitre II

Les prolongements de la féodalité européenne

I. SURVIVANCES ET RÉVIVISCENCES

Depuis le milieu du XIIIe siècle, les sociétés européennes s'écartèrent définitivement du type féodal. Cependant, simple moment d'une évolution continue au sein de groupements doués de mémoire, un système social ne saurait mourir tout entier ni d'un coup. La féodalité eut ses prolongements.

Longtemps le régime seigneurial, qu'elle avait marqué de son empreinte, lui survécut. Parmi bien des vicissitudes, d'ailleurs, qui ne nous appartiennent pas ici. Comment cependant ne pas observer que, cessant d'être inséré dans tout un réseau d'institutions de commandement qui lui étaient étroitement apparentées, il ne pouvait manquer, aux yeux des populations sujettes, de paraître de plus en plus inintelligible et, par suite, plus odieux ? De toutes les formes de la dépendance à l'intérieur de la seigneurie, la plus authentiquement féodale avait été le servage. Profondément transformé, devenu plus terrien que personnel, il subsista, néanmoins, en France, jusqu'à la veille de la Révolution. Qui se souvenait alors que, parmi les mainmortables, il s'en trouvait assurément dont les ancêtres s'étaient « commendés » eux-mêmes à un défenseur ? Et ce lointain souvenir, s'il avait été connu, aurait-il rendu plus légère une condition anachronique ?

A l'exception de l'Angleterre, où la première Révolution du XVIIe siècle abolit toute distinction entre les fiefs de chevaliers et les autres tenures, les obligations vassaliques et féodales, inscrites dans le sol, durèrent soit, comme en France, aussi longtemps que le régime seigneurial, soit, comme dans la Prusse qui, au XVIIIe siècle, procéda à « l'allodification » générale des fiefs, à peine moins longtemps. Seuls capables, dorénavant, d'utiliser la hiérarchie des dépendances, les États ne renoncèrent que très lentement à tirer parti de l'instrument militaire qu'elle semblait leur mettre en main. Louis XIV encore convoqua, à plusieurs reprises, « l'arrière-ban » vassalique. Mais ce n'était plus, de la part de gouvernements en mal de soldats, qu'une entreprise désespérée, voire même, par le jeu des amendes et des exemptions, un simple expédient fiscal. Parmi les caractères du fief, seules les charges pécuniaires qui pesaient sur lui et les règles particulières à sa succession conservaient réellement, depuis la fin du moyen âge, une valeur pratique. Comme il n'y avait plus de vassaux domestiques, l'hommage était désormais uniformément attaché à la possession d'une terre. Son aspect cérémoniel, si « vain » qu'il pût sembler aux yeux de juristes formés par le rationalisme des temps nouveaux ([387]), ne laissait pas indifférente une classe nobiliaire naturellement soucieuse d'étiquette. Le rite même, pourtant, chargé jadis d'un sens humain si profond, ne servait plus guère — outre les perceptions auquel parfois il donnait lieu — qu'à constater la mouvance du bien, source de droits, selon les coutumes, plus ou moins lucratifs. Essentiellement contentieuses, les « matières féodales » occupaient la jurisprudence. Elles approvisionnèrent de beaux thèmes de dissertations une foisonnante littérature de doctrinaires et de praticiens. Que l'édifice cependant fût bien vermoulu et les profits, qu'en attendaient ses bénéficiaires, de rapport en somme assez faible, rien ne le montre mieux, en France, que son facile écroulement. La disparition du régime seigneurial ne s'opéra qu'au prix de bien des résistances et non sans troubler gravement la répartition des fortunes. Celle du fief et de la vassalité parut l'inévitable et presque insignifiant aboutissement d'une longue agonie.

Pourtant, dans une société qui demeurait sujette à bien des troubles, les besoins qui avaient suscité les anciennes pratiques du compagnonnage, puis du vasselage n'avaient point cessé de faire sentir leurs effets. Parmi les raisons diverses qui provoquèrent la création des ordres de chevalerie, fondés, en si grand nombre, aux XIVe et XVe siècles, une des plus décisives, sans doute, fut le désir que les princes éprouvaient de s'attacher, par un lien particulièrement astreignant, un groupe de fidèles haut placés. Les chevaliers de Saint-Michel, selon les statuts donnés par Louis XI, promettaient au roi « bonne et vraye amour » et de le servir loyalement dans ses justes guerres. Tentative, d'ailleurs, aussi vaine que, jadis, celle des Carolingiens : sur la plus ancienne liste des personnages honorés du fameux collier, la troisième place était occupée par le connétable de Saint-Pol, qui si bassement devait trahir son maître.

Plus efficace — et plus dangereuse — fut, durant les désordres du moyen âge finissant, la reconstitution de troupes de guerriers privés, fort proches des vassaux « satellites » dont les écrivains de l'ère mérovingienne avaient dénoncé les brigandages. Fréquemment, leur dépendance s'exprimait par le port d'un costume aux couleurs de leur seigneur de guerre ou à ses armes. Condamné en Flandre par Philippe le Hardi ([388]), cet usage semble avoir été particulièrement répandu dans l'Angleterre des derniers Plantagenêts, des Lancastre et des York : si bien que les groupements ainsi formés autour des hauts barons y reçurent le nom de « livrées ». Pas plus que la vassalité « non chasée » d'autrefois, ils ne comprenaient uniquement des aventuriers de basse naissance. La « gentry » leur fournit la plus grosse part sans doute de leurs contingents. L'homme avait-il un procès ? Le lord le couvrait de son autorité, devant le tribunal. Illégale, mais singulièrement tenace, ainsi qu'en témoignent les interdictions répétées par les Parlements, cette pratique de la « maintenance » ou soutien en justice reproduisait, presque trait pour trait, l'antique *mithium* que, dans la Gaule franque, le « puissant » avait étendu sur son fidèle. Et comme les souverains aussi trouvaient profit à utiliser, sous sa forme neuve, l'attache personnelle, on vit Richard II s'efforcer de répandre, à travers le royaume, pareils à autant de *vassi dominici*, ses suivants, reconnaissables au « blanc cœur » dont leur uniforme était blasonné ([389]).

Dans la France même des premiers Bourbons, le gentilhomme qui, pour se pousser dans le monde, se faisait le domestique d'un grand, n'offrait-il pas l'image d'une condition singulièrement voisine de la primitive vassalité ? Avec une force digne du vieux langage féodal, on disait de tel ou tel qu'il « était » à M. le Prince ou au Cardinal. A dire vrai, le rite manquait. Mais remplacé souvent par un engagement écrit. Car, depuis la fin du moyen âge, la « promesse d'amitié » s'était substituée à l'hommage défaillant. Lisez ce « billet » que, le 2 juin 1658, souscrivit à Fouquet un certain capitaine Deslandes. « Je promets et donne ma foy à Monseigneur le Procureur Général... de n'estre jamais à autre personne qu'à luy, auquel je me donne et m'attache du dernier attachement que je puis avoir ; et je luy promets de le servir généralement contre toute personne sans exception et de n'obéir à personne qu'à luy, ni mesme d'avoir aucun commerce avec ceux qu'il me défendra... Je luy promets de sacrifier ma vie contre tous ceux qu'il luy plaira... sans en excepter dans le monde un seul... ([390]). » Ne croirait-on pas entendre, à travers les âges, l'écho des plus pleines parmi les formules de commendise : « tes amis seront mes amis, tes ennemis seront mes ennemis » ? Sans même la réserve au profit du roi !

En un mot, la vassalité authentique avait beau ne plus se survivre que comme un assemblage de gestes vainement cérémoniels et d'institutions juridiques à jamais sclérosées, l'esprit qui l'avait animée renaissait sans cesse de ses cendres. Et sans doute ne serait-il guère malaisé de retrouver dans des sociétés encore plus proches de nous les manifestations de sentiments et de nécessités presque semblables. Mais ce n'étaient plus là que des pratiques sporadiques, particulières à certains milieux, proscrites d'ailleurs par l'État aussitôt qu'elles semblaient le menacer, incapables, au total, de s'unir en un système bien lié et d'imposer à la structure sociale tout entière leur tonalité.

II. L'IDÉE GUERRIÈRE ET L'IDÉE DE CONTRAT

Aux sociétés qui la suivirent, l'ère féodale avait légué la chevalerie, cristallisée en noblesse. De cette origine, la classe dominante garda l'orgueil de sa vocation militaire, que symbolisait le droit au port de l'épée. Elle s'y attacha avec une force particulière là où, comme en France, elle en tirait la justification de précieux avantages fiscaux. Les nobles ne doivent pas payer la taille, exposent, vers 1380, deux écuyers de Varennes-en-Argonne ; car « par la noblesse, les nobles sont astreints d'exposer leurs corps et chevances ès guerres » ([391]). Sous l'Ancien Régime, la noblesse de vieille extraction, par opposition à l'aristocratie des offices, persistait à se dire « d'épée ». Jusque dans nos sociétés où se faire tuer pour son pays a totalement cessé d'être le monopole d'une classe ou d'un métier, le tenace sentiment d'une sorte de suprématie morale liée à la fonction du guerrier professionnel — parti pris si étranger à d'autres civilisations, telle que la chinoise — demeure comme un souvenir du partage opéré, vers le début des temps féodaux, entre le rustre et le chevalier.

L'hommage vassalique était un vrai contrat, et bilatéral. Le seigneur, s'il manquait à ses engagements, perdait ses droits. Transportée, comme il était inévitable, dans le domaine politique — puisque les principaux sujets du roi étaient en même temps ses vassaux —, rejointe d'ailleurs sur ce terrain par les très antiques représentations qui, tenant le chef du peuple pour mystiquement responsable du bien-être de ses sujets, le vouaient au châtiment en cas de malheur public, cette idée devait exercer une influence profonde. D'autant que ces vieux courants se trouvèrent ici s'unir à une autre source de pensée, née, dans l'Église, de la protestation grégorienne contre le mythe de la royauté surnaturelle et sacrée. Ce furent les écrivains de ce groupe essentiellement religieux qui exprimèrent les premiers, avec une force longtemps inégalée, la notion d'un contrat liant le souverain à son peuple, « comme le porcher au maître qui l'emploie », écrivait, vers 1080, un moine alsacien. Propos dont le sens apparaît encore plus plein, une fois mis en regard du cri indigné d'un partisan cependant assez modéré de la monarchie : « un oint du Seigneur ne saurait pourtant être révoqué comme un maire de village ! » Mais ces doctrinaires du clergé eux-mêmes ne manquaient pas d'invoquer, parmi les justifications de la déchéance à laquelle ils condamnaient le mauvais prince, le droit universellement reconnu au vassal d'abandonner le mauvais seigneur ([392]).

Surtout le passage à l'action vint des milieux de vassaux, sous l'influence des institutions qui avaient formé leur mentalité. En ce sens, il y avait, dans tant de révoltes qui, au premier abord, ne paraissent que désordre, un principe fécond : « L'homme peut résister à son roi et à son juge, quand celui-ci agit contre le droit et même aider à lui faire la guerre... Par là, il ne viole pas le devoir de fidélité. » Ainsi parle le *Miroir des Saxons* ([393]). Déjà en germe dans les Serments de Strasbourg de 843 et dans le pacte conclu, en 856, par Charles le Chauve avec ses grands, ce fameux « droit de résistance » retentit, aux XIIIe et XIVe siècles, d'un bout à l'autre du monde occidental, dans une foule de textes issus, pour la plupart, tantôt de la réaction nobiliaire, tantôt de l'égoïsme des bourgeoisies, et pourtant gros d'avenir : Grande Charte anglaise de 1215 ; « Bulle d'or » hongroise de 1222 ; coutumier du royaume de Jérusalem ; privilège de la noblesse brandebourgeoise ; Acte d'Union aragonais de 1287 ; charte brabançonne de Cortenberg ; statut delphinal de 1341 ; déclaration, en 1356, des communes du Languedoc. Ce ne fut point hasard, assurément, si le régime représentatif, sous la forme, très aristocratique, du Parlement anglais, des « États » français, des Stände de l'Allemagne et des Cortès espagnols, naquit dans des États qui se dégageaient à peine du stade féodal et en subissaient encore l'empreinte ; si, par ailleurs, dans le Japon, où la soumission vassalique était beaucoup plus unilatérale et qui, du reste, laissait le divin pouvoir de l'Empereur en dehors de l'édifice des hommages, rien de pareil ne sortit d'un régime pourtant, à tant d'égards, très voisin de notre féodalité. Dans cet accent, mis sur l'idée d'une convention, capable de lier les pouvoirs, réside l'originalité de notre féodalité à nous. Par là, si dur aux petits qu'ait été ce régime, il a véritablement légué à nos civilisations quelque chose dont nous souhaitons vivre encore.

Notes

(1) *Histoire de l'ancien gouvernement de la France avec XIV Lettres Historiques sur les Parlemens ou États-Généraux*. La Haye, 1727. La quatrième lettre a pour titre *Détail du gouvernement féodal et de l'établissement des Fiefs* (t. I, p. 286) et on y lit (p. 300) cette phrase : « Je me suis étendu dans l'extrait de cette ordonnance, la croyant propre à donner une idée exacte de l'ancienne féodalité. »

(2) Parmi les Français dont la boutonnière se fleurit aujourd'hui d'un ruban ou d'une rosette rouges, combien savent qu'un des devoirs imposés à leur ordre par sa constitution première du 19 mai 1802 était « de combattre... toute entreprise tendant à rétablir le régime féodal »?

(3) *Phédon*, 109 *b*.

(4) *Auctores Antiquissimi* (*Mon. Germ.*), t. XI, p. 362; WIDUKIND, I, 19.

(5) Tout ouvrage d'histoire, pour peu qu'il s'adresse à un public relativement étendu, pose à son auteur un problème pratique des plus troublants : celui des références. L'équité eût voulu, peut-être, que fussent multipliés, dans les notes, les noms des savants travaux sans lesquels ce livre n'existerait pas. Quitte, cependant, à encourir le désobligeant reproche d'ingratitude, j'ai cru pouvoir laisser à la bibliographie, que l'on trouvera à la fin du volume, le soin de guider le lecteur dans les chemins de la littérature érudite. Par contre je me suis fait une loi de ne jamais citer un document sans donner à tout travailleur un peu expérimenté le moyen de retrouver le passage visé et d'en vérifier l'interprétation. Si le renvoi manque, c'est que les renseignements fournis par l'exposé lui-même et, dans la publication dont le témoignage est tiré, la présence de tables bien conçues suffisent à rendre la recherche aisée. Dans le cas contraire, une note sert de flèche indicatrice. A un tribunal, après tout, l'état civil des témoins importe beaucoup plus que celui des avocats.

(6) C'est le nom dont le village actuel de La Garde-Freinet conserve le souvenir. Mais, située au bord de la mer, la citadelle des Sarrasins n'était pas à La Garde, qui se trouve dans l'intérieur.

(7) Le nom même de Hongrois est probablement turc. De même peut-être, au moins dans un de ses éléments, celui de Magyar, qui semble d'ailleurs ne s'être appliqué, originellement, qu'à une tribu.

(8) LANTBERTUS, *Vita Heriberti*, c. I, dans *SS.* t. IV, p. 741.

(9) FLODOARD, *Annales*, 937.

(10) LÉON, *Tactica*, XVIII, 62.

(11) K. Schünemann, *Die Entstehung des Städtewesens in Südosteuropa*, Breslau, s. d., p. 18-19.

(12) Sur les conditions, assez obscures, de l'érection de la Hongrie en royaume, cf. P. E. Schramm, *Kaiser, Rom und Renovatio*, t. I, 1929, p. 153 et s.

(13) L'histoire de la carte ethnique, dans l'Europe « extra-féodale », ne nous intéresse pas directement ici. Notons cependant que l'établissement hongrois, dans la plaine danubienne, aboutit à couper en deux le bloc slave.

(14) Les rapports de ces Götar scandinaves avec les Goths, dont le rôle fut si considérable dans l'histoire des invasions germaniques, posent un problème délicat et sur lequel l'accord est loin d'être fait entre les spécialistes.

(15) Les « Normands » que les sources de provenance anglo-saxonne mettent parfois en scène sont — selon l'usage même des textes scandinaves — les Norvégiens, opposés aux Danois *stricto sensu*.

(16) Asser, *Life of king Alfred*, éd. W. H. Stevenson, 1904, c. 66.

(17) Shetelig, *Les origines des invasions des Normands* (Bergens Museums Arbog, Historisk-antikvarisk rekke, nr. 1), p. 10.

(18) *Landnamabók*, c. 303, 334, 344, 379.

(19) Deux interprétations, principalement, ont été proposées. Certains érudits font venir le mot du scandinave *vik*, baie ; d'autres voient en lui un dérivé du germanique commun *wik*, désignant un bourg ou un marché. (Cf. le bas allemand *Weichbild*, droit urbain, et un grand nombre de noms de lieux, tels que Norwich, en Angleterre, ou Brunswick — *Braunschweig* — en Allemagne.) Dans le premier cas, le Viking eût tiré son nom des baies où il s'embusquait; dans le second, des bourgs que tantôt il fréquentait en paisible commerçant, tantôt il pillait. Aucun argument absolument décisif n'a pu jusqu'ici être fourni, dans l'un ou l'autre sens.

(20) R. Poupardin, *Monuments de l'histoire des abbayes de Saint-Philibert*, 1905, avec l'*Introduction*, et G. Tessier, *Bibliothèque de l'Éc. des Chartes*, 1932, p. 203.

(21) *King Alfred's old English version of Boethius*, éd. W. J. Sedgefield, XV.

(22) Montelius, *Sverige och Vikingafäderna västernt* (La Suède et les expéditions des Vikings vers l'Ouest) dans « Antikvarisk Tidskrift », t. XXI, 2, page 14 (plusieurs autres exemples).

(23) Sur l'énorme littérature relative au poème, l'édition Klaeber, 1928, suffira à orienter. La date est contestée, les critères linguistiques s'avérant d'interprétation singulièrement difficile. L'opinion avancée dans le texte semble répondre aux vraisemblances historiques : cf. Schüking, *Wann entstand der Beowulf*? dans « Beiträge zur Gesch. der deutschen Sprache » t. XLII, 1917. Récemment, M. Ritchie Girvan (*Beowulf and the seventh century*, 1935) s'est efforcé de reculer la rédaction jusqu'aux environs de 700. Mais il n'explique pas l'empreinte scandinave, si sensible dans le sujet lui-même.

(24) M. Petit-Dutaillis, *La monarchie féodale*, p. 63, considère comme vraisemblable une entente entre les deux envahisseurs, qui auraient envisagé un traité de partage. L'hypothèse est ingénieuse, mais elle n'est guère susceptible de preuves.

(25) En même temps, semble-t-il, que le Maine, dont la cession fut plus tard révoquée.

(26) Plus tard, sur divers points de la France, plusieurs familles seigneuriales prétendirent avoir pour ancêtres des chefs normands : tels les seigneurs de Vignory et de la Ferté-sur-Aube (M. Chaume, *Les origines du duché de Bourgogne*, t. I, p. 400 n. 4). Un érudit, M. Moranvillé, a attribué la même origine à la maison de Roucy

(*Bibl. Éc. Chartes*, 1922). Mais les preuves certaines manquent.

(27) FLODOARD, *Annales*, 924 (à propos de Rögnvald).

(28) GUILLAUME DE JUMIÈGES, *Gesta*, éd. Marx, V, 12, p. 86.

(29) MABILLON, *AA. SS. ord. S. Bened.*, saec. II, éd. de 1733, t. II, p. 214. — *Landnamabók*, III, 14, 3.

(30) *Saga d'Olaf le Saint*, c. LX. Cf. traduction SAUTREAU, 1930, p. 56.

(31) NORDENSTRENG, *Die Züge der Wikinger*, trad. L. MEYN, Leipzig, 1925, p. 19.

(32) *Cartulaire de l'abbaye de Saint-Victor de Marseille*, éd. Guérard, n° LXXVII.

(33) Bibl. Nat., Baluze 76, fol. 99 (900, 14 sept.).

(34) *Ann. Bertiniani*, 859 (avec la correction proposée par F. LOT, *Bibl. Éc. Chartes*, 1908, p. 32, n. 2). — REGINO DE PRÜM, 882. DUDON DE SAINT-QUENTIN, II, 22.

(35) *King Alfred's West Saxon Version of Gregory's Pastoral Care*, éd. Sweet (*E.E.S.*, 45), p. 4.

(36) Cf. VERCAUTEREN, *Étude sur les cités de la Belgique seconde*, Bruxelles, 1934, p. 371, n. 1; cf. pour Tournai, *V. S. Amandi*, III, 2 (*Poetae aevi carol.*, t. III, p. 589).

(37) *Memorie e documenti per servir all'istoria del ducato di Lucca*, t. V, 2, n° 855.

(38) Testament du roi Aethelwulf, dans *Asser's Life of King Alfred*, éd. W. H. Stevenson, c. 16.

(39) R. POUPARDIN. *Le royaume de Provence sous les Carolingiens*, 1901 (Bibl. Éc. Hautes Études, Sc. histor., 131). — L. DELISLE, *Instructions adressées par le Comité des travaux historiques... Littérature latine*, 1890, p. 17. — MURATORI, *Antiquitates*, 1738, t. I, col. 22.

(40) *Capitularia*, t. II, n° 273, c. 31. — F. LOT, dans *Bibl. Éc. Chartes*, 1915, p. 486. — CHAUME, *Les origines du duché de Bourgogne*, t. II, 2, pp. 468-469.

(41) JOLLIFFE, *The constitutional history of medieval England*, Londres, 1937, p. 102.

(42) *Saga d'Olaf le Saint*, c. XX (trad. SAUTREAU, p. 24).

(43) ADÉMAR DE CHABANNES, *Chronique*, éd. Chavanon, III, c. 44 (pour l'aventure de la vicomtesse). — SHETELIG, *Vikingeminner i Vest Europa* (Les souvenirs archéologiques des Vikings dans l'Europe Occidentale), Oslo, 1933 (Instituttet for sammenlignende kulturforksning, A, XVI), p. 242 (pour la présence de contingents normands à la bataille de Clontarf).

(44) *Ibid.*, III, c. 27.

(45) Cf. F. LOT, *Études critiques sur l'abbaye de Saint-Wandrille*, 1913 (Bibl. Éc. Hautes Études, Sc. histor., fasc. 204), p. XIII et s. et p. L, n. 2.

(46) Lois d'Edgar, IV, 2, 1.

(47) Pour le mot *dreng* : STEENSTRUP, *Normandiets Historie under de syv förste Hertuger 911-1066* (avec un résumé en français) dans « Mémoires de l'Académie royale des sciences et des lettrde es Danemark », 7e série, Sect. des Lettres, t. V, n° 1, 1925, p. 268. Pour la législation de paix, YVER, *L'interdiction de la guerre privée dans le très ancien droit normand* (Extrait des travaux de la semaine d'histoire du droit normand), Caen, 1928. Il y a encore profit à lire l'article de K. AMIRA (à propos de STEENSTRUP, *Normannerne*, t. I) : *Die Anfänge des normannischen Rechts*, dans *Hist. Zeitschrift*, t. XXXIX, 1878.

(48) C'est à tort, je crois, que contrairement à l'opinion générale des érudits anglais, M. JOLLIFFE se refuse à reconnaître dans la « charruée » de l'Angleterre du Nord-Est un effet du bouleversement causé par l'invasion scandinave ; voir notamment *The era of the folk*, dans *Oxford Essays in medieval history presented to H.E. Salter*, 1934.

(49) Cf. ALLEN MAWER, *The redemption of the five boroughs*,

dans *Engl. Hist. Rev.*, t. XXXVIII, 1923.

(50) MONTELIUS, *Sverige och Vikingafäderna västernt* (La Suède et les expéditions des Vikings vers l'Ouest), p. 20.

(51) E.-H. DUPRAT, *A propos de l'itinéraire maritime : I, Citharista, La Ciotat,* dans Mém. de l'Institut Historique de Provence, t. IX, 1932.

(52) *Ep.* 16, (*Monum. Germ., E.E.*, t. IV), p. 42.

(53) Sur cette lenteur du développement maritime de l'Angleterre, cf. F. LIEBERMANN, *Matrosenstellung aus Landgütern der Kirche London um 1000* dans *Archiv für das Studium der neueren Sprachen*, t. CIV, 1900. La bataille navale livrée, en 851, par les gens du Kent est un fait isolé; aussi bien sur ce secteur du littoral les relations avec les ports, tout proches, de la Gaule, avaient sans doute entretenu une vie maritime moins ralentie qu'ailleurs.

(54) *Prolégomènes*, trad. SLANE, t. I, p. 291. Sur les Mongols, voir les fines observations de GRENARD, dans *Annales d'hist. économ.*, 1931, p. 564; je lui emprunte quelques expressions.

(55) *Monuments de l'histoire des abbayes de Saint-Philibert*, éd. Poupardin, p. 62.

(56) Cf., par exemple, L. LÉVY-BRUHL, *La mentalité primitive*, p. 377.

(57) *Analecta Bollandiana*, 1883, p. 71.

(58) MIGNE, *P.L.*, t. CXXXI, col. 966.

(59) *Analecta Bollandiana*, 1883, p. 78.

(60) NITHARD, *Histoire des fils de Louis le Pieux*, éd. Lauer, II, c. 8.

(61) LOUP DE FERRIÈRES, *Correspondance*, éd. Levillain, t. I, n° 41.

(62) *Capitularia*, t. II, n° 281, c. 25.

(63) Cf. E. FARAL, dans *Revue critique*, 1933, p. 454.

(64) *Ep.*, n° 69, dans MIGNE, *P. L.*, t. CXLI, col. 235.

(65) ASSER, *Life of King Alfred*, éd. Stevenson, c. 104. Un système semblable, à en croire L. REVERCHON, *Petite histoire de l'horlogerie*, p. 55, aurait encore été employé par Charles V.

(66) GISLEBERT DE MONS, éd. Pertz, pp. 188-189 (1188).

(67) P. VIOLLET, *Les Établissements de Saint Louis*, 1881-1886 (Soc. de l'Hist. de France), t. III, p. 165, n. 8.

(68) *Pastoral Care*, éd. Sweet, p. 6.

(69) GUNZO NOVARIENSIS dans MIGNE, *P.L.*, t. CXXXVI, col. 1286.

(70) ADÉMAR DE CHABANNES, *Chronique*, éd. Chavanon, III, c. 54. L'empereur Henri III, dont il sera question plus bas, se faisait copier des manuscrits par les moines : *Codex epistolarum Tegernseenstum* (*Mon. Germ., Ep. selectae*, t. III), n° 122.

(71) MENENDEZ PIDAL, *La España del Cid*, Madrid, 1929, pp. 590 et 619.

(72) Cf. O. HÖFLER, *Kultische Geheimbünde der Germanen*, t. I, 1934, p. 160.

(73) RABAN MAUR, *De Universo libri XXII*, dans MIGNE, *P.L.*, t. CXI, col. 12.

(74) HELMOLD, *Chronica Slavorum*, I, 55.

(75) *Apologeticus*, dans MIGNE, *P. L.*, t. CXXXIX, col. 472.

(76) TARDIF, *Cartons des rois*, n° 357. — *Diplom. regum et imperatorum Germaniae*, t. I, Otton Ier, n° 366.

(77) WILMART, dans *Revue Mabillon*, t. XI, 1921.

(78) Cf. E. PERELS, *Das Kaisertum Karls des Grossen in mittelalterlichen Geschichtsquellen* dans Sitzungsberichte der preussischen Akademie, phil-hist. Klasse, 1931.

(79) P. FOURNIER et G. LE BRAS, *Histoire des collections canoniques*, t. II, 1932. p. 338.

(80) *De civ. Dei*, XVII, 1.

(81) Ch. E. PERRIN, *Recherches sur la seigneurie rurale en Lorraine d'après les plus anciens censiers*, p. 684.

(82) *Huon de Bordeaux*, éd. Guessard et Grandmaison, p. 148.

(83) AIRELD DE RIEVAULX, *Speculum charitatis*, II, 17, dans MIGNE, *P.L.*, t. CXCV, col. 565.

(84) V. 1880-1882. Ces propos sont d'autant plus frappants que la *Chanson* les met dans la bouche d'un archevêque. Visiblement la réforme grégorienne n'avait pas encore passé par là.

(85) Il n'est pas impossible que dans le *Couronnement de Louis* on ne trouve, par exceptions, quelques traces d'utilisation de chroniques : Cf. SCHLADKO, dans *Zeitschrift für die französische Sprache*, 1931, p. 428.

(86) Prologue de la *Thidreksaga*; cf. H. J. SEEGER, *Westfalens Handel*, 1926, p. 4.

(87) *De perfectione monachorum*, dans MIGNE, *P.L.*, t. CXLV, col. 324.

(88) PIERRE DAMIEN, *De elemosina*, c. 7 dans MIGNE, *P.L.*, t. CXLV, col. 220.

(89) Cf. F. LOT, dans *Romania*, 1928, p. 375; et, sur tout ce qui précède, la série d'articles publiés par ce savant.

(90) LAMBERT D'ARDRE, *Chronique de Guines et d'Ardre*, c. CXXX, éd. Ménilglaise, p. 311.

(91) *Miracles de Saint Benoît*, éd. Certain, VIII, 36.

(92) C. ERDMANN, dans *Zeitschrift für deutsches Altertum*, 1936, p. 88 et 1937, p. 116.

(93) *Histoire de Guillaume le Maréchal*, éd. P. Meyer, t. I, v. 8444 et s. — PHILIPPE DE NOVARE, *Mémoires*, éd. Ch. Kohler, c. LXXII; cf. c. CL et s.

(94) Disparition dont, soit dit en passant, l'étude — qui ne semble pas avoir été jusqu'ici entreprise — fournirait un bon moyen de dater la popularité de la légende de Roland.

(95) GIRALDUS CAMBRENSIS, *De principis instructione*, dist. III, c. XII (*Opera, Rolls Series*, t. VIII, p. 258).

(96) JEAN DE SALISBURY dans H. DENIFLE et E. CHATELAIN, *Chartularium universitatis Parisiensis*, t. I, p. 18-19.

(97) *Histoire de sa vie*, I, 4; éd. G. Bourgin, pp. 12-13.

(98) D'ARBOIS DE JUBAINVILLE, *Histoire des ducs et comtes de Champagne*, t. III, p. 189 et s. — *Chroniques des comtes d'Anjou*, éd. Halphen et Poupardin, pp. 217-219.

(99) LAMBERT D'ARDRE, *Chronique*, c. LXXX, LXXXI, LXXXVIII, LXXXIX.

(100) MANEGOLD DE LAUTENBACH, *Ad Gebehardum liber* dans *Monum. Germ.*, *Libelli de lite*, t. I, pp. 311 et 420.

(101) *Tetralogus*, éd. Bresslau, v. 197 et s.

(102) ASSER, *Life of King Alfred*, éd. Stevenson, c. 106.

(103) De même en Espagne, où, comme on l'a vu, une certaine instruction subsistait chez les laïques, la codification visigothique continua d'être copiée et étudiée.

(104) GLANVILL, *De legibus et consuetudinibus regni Angliae*, éd. G. E. Woodbine, New Haven (USA), 1932 (Yale Historical Publications, Manuscripts, XIII), p. 24.

(105) HINCMAR, *De ordine palatii*, c. 21. — MIGNE, *P.L.*, t. CLI, col. 356 (1092, 2 déc.). Cf. TERTULLIEN, *De virginibus velandis*, c. 1.

(106) *Chron. Ebersp.*, dans *SS*, t. XX, p. 14; tout le passage est extrêmement curieux.

(107) *Histor. de Fr.*, t. VI, p. 541. — LAMBERT D'ARDRE, *Chronique*, CXXVIII.

(108) HINOJOSA, *El regimen señorial y la cuestion agraria en Cataluña*, pp. 250-251.

(109) MARTENE et DURAND, *Ampl. Collectio*, t. I, col. 470 (1065).

(110) E. MABILLE, *Cartulaire de Marmoutier pour le Dunois*, 1874, nos CLVI et LXXVIII.

(111) *Rev. hist. du Droit*, 1922, p. 301.

(112) WALTER MAP, *De nugis curialium*, éd. M. R. James, p. 237.

(113) Parmi les très anciennes législations royales figure aussi celle des rois de Jérusalem. Cf. H. MITTEIS dans *Beiträge zur Wirtschaftsrecht*, t. I, Marbourg, 1931 et GRANDCLAUDE dans *Mélanges Paul Fournier*, 1929. Également, celle des rois normands de Sicile. Mais celle-ci, pour une part, prenait la suite de traditions étrangères à l'Occident.

(114) Au moins dans la seule version que nous possédions. Elle avait probablement été précédée par une rédaction latine, qui est aujourd'hui perdue.

(115) *Cartulaire de Sainte-Madeleine de Davron* : Bibl. Nat., ms. latin 5288, fol. 77 v°. Cette équivalence des mots : « ami » et « parent » se retrouve dans les textes juridiques gallois et irlandais; cf. R. THURNEYSSEN, dans *Zeitschr. der Savigny-Stiftung, G. A.*, 1935, pp. 100-101.

(116) JOINVILLE, éd. de Wailly (*Soc. de l'histoire de France*), p. 88. — *Garin le Lorrain*, éd. P. Paris, t. I, p. 103. — ROBERT DE TORIGNY, éd. L. Delisle, pp. 224-225. — GISLEBERT DE MONS, éd. Pertz, p. 235 et p. 258. — AETHELSTAN, *Lois*, VI, c. VIII, 2.

(117) HINOJOSA, *Das germanische Element im spanische Rechte* dans *Zeitschrift der Savigny-Stiftung*, G. A., 1910.

(118) J. TARDIF, *Coutumiers de Normandie*, t. I, p. 52, c. LXI.

(119) *Le couronnement de Louis*, éd. E. Langlois, v. 787-789.

(120) DAVIDSON, *Geschichte von Florenz*, t. IV, 3, 1927, pp. 370 et 384-385.

(121) REGINO DE PRÜM, *De synodalibus causis*, éd. Wasserschleben, II, 5.

(122) HARIULF, *Vita Arnulfi episcopi*, dans *SS.*, t. XV, p. 889. — THOMAS DE CANTIMPRÉ, *Bonum universale de apibus*, II, 1, 15.

(123) Raoul GLABER, éd. Prou, II, c. X.

(124) On en trouvera, dans le livre du vicomte du MOTEY, *Origines de la Normandie et du duché d'Alençon*, 1920, un récit qu'anime une candide partialité en faveur des Talvas.

(125) F. CATTIER, *La guerre privée dans le comté de Hainaut*, dans « Annales de la Faculté de philosophie de Bruxelles », t. I, (1889-90), pp. 221-223. Cf. pour la Bavière : SCHNELBÖGL, *Die innere Entwicklung des bayer. Landfriedens*, 1932, p. 312.

(126) Par exemple, en Flandre, WALTERUS, *Vita Karoli*, c. 19, dans *SS.*, t. XII, p. 547.

(127) G. ESPINAS, *Recueil de documents relatifs à l'histoire du droit municipal, Artois*, t. I, p. 236, c. XXVIII. Il est significatif que cette prescription ait disparu de la « Keure » de 1469, p. 251, c. IV *j*.

(128) Et aussi, comme on le verra plus loin, au seigneur de la victime ou à son vassal; mais cela, par une véritable assimilation du lieu de protection et de dépendance personnelles avec le rapport de parenté.

(129) GIRART DE ROUSSILLON, traduction P. MEYER, p. 104, n° 787. — *Leges Edwardi Confessoris*, XII, 6.

(130) *Établissements de Saint Louis*, éd. P. Viollet, à la table.

(131) L. DELISLE et E. BERGER, *Recueil des actes de Henri II*, n° CLXII; cf. CXCIV. — M. QUANTIN, *Recueil de pièces pour faire suite au cartulaire général de l'Yonne*, n° 349.

(132) Bibl. nat., ms. latin 4763, fol. 47 r°.

(133) FELIBIEN, *Histoire de l'abbaye royale de Saint Denys*, p. just., n° CLV. — A. LUCHAIRE, *Louis VI*, n° 531.

(134) B. de BORN, éd. Appel, 19, v. 16-17. — PORÉE, *Les statuts de la communauté des seigneurs pariers de La Garde-Guérin (1238-1313)* dans Bibliothèque de l'École des Chartes, 1907 et *Études historiques sur le Gévaudan*, 1919.

(135) *Lex Saxonum*, c. LXII.

(136) Voir un exemple (arrêt de la cour de Blois), Ch. MÉTAIS,

Cartulaire de Notre-Dame de Josaphat, t. I, n° CIII; cf. n° CII.

(137) B. GUÉRARD, *Cartulaire de l'abbaye de Saint-Père de Chartres*, t. II, p. 278, n° XIX.

(138) Cette restriction apparaît dès 1055-1070, dans une notice du *Livre Noir de Saint-Florent de Saumur* : Bibl. nat., nouv. acquis. lat. 1930, fol. 113 v°.

(139) Dès l'époque anglo-saxonne, d'ailleurs, on avait vu se créer, en Angleterre, une catégorie de terres, à vrai dire médiocrement nombreuses, qui, sous le nom de *book-land*, échappaient aux restrictions coutumières et pouvaient s'aliéner librement.

(140) *Miracula S. Ursmari*, c. 6, dans *SS.*, t. XV, 2, p. 839.

(141) GEOFFROI DE VIGEOIS I, 25, dans LABBÉ, *Bibliotheca nova*, t. II, p. 291.

(142) *L'histoire de Guillaume le Maréchal*, éd. P. Meyer, t. I, v. 339 et s.

(143) GUILLAUME DE TYR, XII, 12. — JOINVILLE, éd. de Wailly (*Soc. de l'Hist. de France*), pp. 105-106.

(144) *Garin le Lorrain*, éd. P. Paris, t. II, p. 268.

(145) W.-O. FARNSWORTH, *Uncle and nephew in the old French chansons de geste : a study in the survival of matriarchy*, New York, 1913 (Columbia University : *Studies in romance philology and literature*); — Cl. H. BELL, *The sister's son in the medieval german epic : a study in the survival of matriliny*, 1922 (University of California : *Publications in modern philology*, vol. X, n° 2).

(146) *Polyptyque de l'abbé Irminon*, éd. A. Longnon, II, 87, Il arrivait que le désir de marquer ainsi la double filiation entraînât à d'étranges non-sens; tel, le nom anglo-saxon Wigfrith : mot à mot « paix de la guerre ».

(147) *Livre Roisin*, éd. R. Monier, 1932, § 143-144. — A. GIRY, *Histoire de la ville de Saint-Omer*, t. II, p. 578, c. 791. Ainsi s'explique que le droit canon ait pu, sans trop de présomption, étendre jusqu'au septième degré l'interdiction des mariages consanguins.

(148) *Annales Altahenses maiores*, 1037, dans *SS.*, t. XX, p. 792. JEHAN MASSELIN, *Journal des États Généraux*, éd. A. BERNIER, pp. 582-584.

(149) PHILIPPE DE NOVARE, *Mémoires*, éd. Kohler, pp. 17 et 56.

(150) HASKINS, *Norman institutions*, Cambridge (USA), 1918, Harvard Historical Studies, XXIV, p. 63.

(151) C'est par un véritable contresens que « suzerain » a quelquefois été employé dans cette acception, depuis les feudistes de l'Ancien Régime. La signification véritable en était bien différente. Soit Paul, qui a prêté hommage à Pierre, qui lui-même l'a prêté à Jacques. Jacques — et non Pierre — sera le « seigneur suzerain » ou, en bref, le suzerain de Paul : entendez le seigneur supérieur (le mot semble dérivé de l'adverbe *sus*, par analogie avec souverain). En d'autres termes, mon suzerain est le seigneur de mon seigneur, non mon seigneur direct. L'expression paraît d'ailleurs tardive (XVIe siècle?).

(152) MIROT, *Les ordonnances de Charles VII relatives à la prestation des hommages* dans *Mémoires de la Société pour l'Histoire du droit et des institutions des anciens pays bourguignons*, fasc. 2, 1935; G. DUPONT-FERRIER, *Les origines et le premier siècle de la Cour du Trésor*, 1936, p. 108; P. DOGNON, *Les institutions politiques et administratives du pays de Languedoc*, 1895 p. 576 (1530).

(153) H. WARTMANN, *Urkundenbuch der Abtei Sanct-Gallen*, t. I, n° 31.

(154) RABAN MAUR, dans *Zeitschrift für deutsches Altertum*, t. XV, 1872, p. 444.

(155) G. DOTTIN, *La langue gauloise*, 1920, p. 296.

(156) Au moins dans ce sens. Car c'est à ambacte que remonte — par des détours qui n'impor-

tent pas ici — notre mot « ambassade ».

(157) *Capitularia*, t. I, n° 64, c. 17.

(158) *Ibid.*, t. I, n° 141, c. 27.

(159) THIETMAR DE MERSEBOURG, *Chronique*, VII, 30. — *Miracula S. Bertini*, II, 8, dans MABILLON *AA. SS. ord. S. Benedicti*, III, I, pp. 133-134.

(160) L'utilisation de l'hommage comme acte expiatoire, qui a été signalée plus haut (p. 192), rentre dans son rôle comme geste de soumission, propre aux classes relativement élevées. Des témoignages mis à jour par Platon, dans un article d'ailleurs insuffisamment critique (*L'hommage comme moyen de contracter des obligations privées*, dans *Revue générale du droit*, t. XXVI, 1902.), montrent, en outre, dans ce rite, un moyen de contracter diverses obligations de droit privé. Il s'agit d'une pratique aberrante, limitée à un petit nombre de régions (Catalogne; peut-être Castille) et de date tardive.

(161) Le meilleur exposé, du point de vue linguistique, dans WARTBURG, *Französisches etymologisches Wörterbuch*, 1928 et suiv. t. III (mais la charte de Charles le Gros, de 884, est un faux).

(162) *Recueil des chartes de l'abbaye de Cluny*, éd. Bruel et Bernard, t. I, nos 24; 39; 50; 54; 68; 84; 103; 236; 243.

(163) *Cartulaire de Maguelonne*, éd. J. Rouquette et A. Villemagne, n° III (texte différent dans *Histoire de Languedoc*, t. V, n° 48). Date : 893, 23 janvier — 894, 27 janvier, ou (plus probablement), 898, 1er janv. - 31 déc. Pour les exemples postérieurs, il m'est impossible ici de citer mes références. La forme provençale *feuz* est attestée dès le 9 juin 956 (*Hist. de Languedoc*, t. V. n° 100).

(164) A. MIRAEUS, *Donationes belgicae*, II, XXVII.

(165) Dans le poème de l'*Heliand* (822-840), les deux thèmes auxquels se rattachent notre fief et l'allemand *Lehn* se trouvent curieusement associés dans l'expression *lehni feho* = bien emprunté (v. 1548).

(166) Les exemples de fiefs de sergenterie (le *feuum sirventale* du Midi : cf. *Hist. de Languedoc*, t. V, n° 1037) sont bien connus. De même pour le *feudum presbyterale*. Sur les fiefs d'artisans, voir M. BLOCH, *Un problème d'histoire comparée : la ministérialité en France et en Allemagne* dans *Revue historique du droit*, 1928, pp. 54-55.

(167) GISLEBERT DE MONS, éd. Pertz, p. 35. — *Red Book of the Exchequer*, éd. H. Hall, t. I, p. 283.

(168) *Cartulaire de Saint-Sernin de Toulouse*, éd. Douais, n° 155.

(169) H. ROUND, *Feudal England* Londres, 1907; H. M. CHEW, *The English ecclesiastical tenants-in-chief and knight-service, especially in the thirteenth and fourteenth century*. Pour Salzbourg, *SS*, t. XI, c. 25, p. 46.

(170) *S. Stephani. Lemovic Cartul.*, éd. Font-Réaulx, n° XCI et XVIII.

(171) LAMBERT D'ARDRE, *Chronique de Guines*, éd. Ménilglaise, c. CI.

(172) Du moins dans les pays profondément féodalisés, comme la majeure partie de la France. En Italie, il en fut autrement.

(173) G.-G. DEPT, *Les influences anglaise et française dans le comté de Flandre*, 1928; KIENAST, *Die deutschen Fürsten im Dienste der Westmächte*, t. I, 1924, p. 159; t. II, p. 76, n. 2; 105, n. 2; 112; H.-F. DELABORDE, *Jean de Joinville*, n° 341.

(174) Sur les *drengs* anglais, le meilleur exposé par LAPSLEY, dans *Victoria County Histories Durham*, t. I, p. 284; cf. JOLLIFFE, *Northumbrian institutions* dans *English Historical Review*, t. XLI, 1926.

(175) P. GUIDI et E. PELLEGRINETTI, *Inventari del vescovato, della cattedrale e di altre chiese di Lucca* dans *Studi e Testi pubblicati*

per cura degli scrittori della Biblioteca Vaticana, t. XXXIV, 1921, n° 1.

(176) *Capitularia*, t. I, n° 88.

(177) Dans la bulle relative à Terracine, 1000, décembre 26. Cf. JORDAN, *Das Eindringen des Lehnwesens in das Rechtsleben der römischen Kurie* dans *Archiv. für Urkundenforschung*, 1931.

(178) Cf. L. HÜTTEBRAUKER, *Das Erbe Heinrichs der Löwen* dans *Studien und Vorarbeiten zum historischen Atlas Niedersachsens*, H. 9, Göttingen, 1927.

(179) AETHELSTAN, II, 2. — Parmi les conventions conclues à Mersen, en 847, par les trois fils de Louis le Pieux figure, dans la proclamation de Charles le Chauve, la phrase suivante : « Volumus etiam ut unusquisque liber homo in nostro regno seniorem, qualem voluerit, in nobis et in nostris fidelibus accipiat. » Mais l'examen des dispositions analogues contenues dans les divers partages de l'Empire montre que « volumus » signifie ici « nous permettons », non point « nous ordonnons ».

(180) ROBERT DE TORIGNY, éd. L. Delisle, t. I, p. 320.

(181) Sur les institutions asturo-léonaises, je dois d'utiles indications à l'amabilité de M. P. Bernard, archiviste de la Savoie.

(182) E. LESNE, *Histoire de la propriété ecclésiastique en France*, t. II, 2, pp. 251-252.

(183) *Pro ecclesiae libertatum defensione*, dans MIGNE, *P.L.*, t. CXXV, col. 1050.

(184) *Mon. Germ.*, *EE*, t. V, p. 290, n° 20; LOUP DE FERRIÈRES, éd. Levillain, t. II, n° 122. — WARTMANN, *Urkundenbuch der Abtei Sanct-Gallen*, t. II, n° 386.

(185) *Le Couronnement de Louis*, éd. E. Langlois, v. 83.

(186) MÉTAIS, *Cartulaire de l'abbaye cardinale de La Trinité de Vendôme*, t. I, nos LXVI et LXVII.

(187) *Cantatorium S. Huberti*, dans *SS.*, t. VII, pp. 581-582.

(188) Les frères, toutefois, furent de bonne heure l'objet de privilèges spéciaux — voyez la loi de Conrad II — qui, parfois, conformément aux partis pris de certains droits populaires en faveur de la génération la plus âgée, allèrent jusqu'à leur donner le pas sur les fils : cf. G. GARAUD, dans *Bullet. Soc. Antiquaires Ouest*, 1921.

(189) WOLFRAM VON ESCHENBACH, *Parzival*, I, str. 4-5.

(190) Certains historiens expliquent cette prestation par l'habitude qu'auraient eue primitivement les seigneurs d'équiper eux-mêmes leurs vassaux; le harnois ainsi fourni devait, dit-on, être rendu après la mort de l'homme. Mais du moment que le fils était à son tour accepté pour vassal, à quoi bon une pareille restitution? L'interprétation proposée ici a l'avantage de tenir compte de l'évidente ressemblance entre le relief féodal et les autres redevances de nature voisine : par exemple les droits d'entrée dans certains métiers, également versés au seigneur sous forme d'objets qui répondaient à la profession du redevable.

(191) Les mêmes préoccupations imposèrent dans l'Angleterre, en 1290, l'interdiction de pratiquer la vente du fief sous la forme de la sous-inféodation. L'acheteur dut désormais tenir le bien directement du seigneur de son vendeur.

(192) *Mon. Germ. Constitutiones*, t. I, n° 447, c. 5.

(193) H. MITTEIS, *Lehnrecht und Staatsgewalt* p. 103 et W. KIENAST, dans *Historische Zeitschrift*, t. CXLI, 1929-1930, croient avoir relevé des exemples plus anciens. Mais le seul où l'on voit véritablement s'exprimer une double fidélité a trait au partage de l'autorité, à Rome, entre le pape et l'empereur : dualisme de souveraineté, non de relation entre seigneur et commendé. La charte de Saint-Gall, que ni M. Ganshof, ni M. Mitteis n'ont pu retrouver et qui porte en réalité dans l'*Urkundenbuch* le n° 440, se

rapporte à une cession de terre moyennant un cens.

(194) *Ruodlieb*, éd. F. Seiler, I, v. 3. — K. LEHMANN, *Das Langobardische Lehnrecht*, II, 2, 3. — W. LIPPERT, *Die deutschen Lehnsbücher*, p. 2.

(195) *Vita Burchardi*, éd. de la Roncière, p. 19; cf. p. XVII.

(196) GANSHOF, *Depuis quand a-t-on pu en France être vassal de plusieurs seigneurs?* dans « Mélanges Paul FOURNIER », 1929. — *Us. Barc.*, c. 25.

(197) Pour les références, voir les travaux cités à la bibliographie. Y ajouter : pour les deux monastères, Arch. Nat., LL 1450 A, fol. 68, r° et v° (1200-1209); pour Morigny, Bibl. Nat., lat. 5648, fol. 110 r° (1224, déc.); pour les serfs, Marc BLOCH, *Rois et Serfs*, 1920, p. 23, n. 2.

(198) *Leges Henrici*, 43, 6 et 82, 5; 55, 2 et 3; *Us. Barcin.*, c. 36.

(199) *Chartes du Forez*, n° 467.

(200) *Mon. Germ.*, *EE.*, t. V, p. 127, n° 34.

(201) HASKINS, *Norman institutions*, p. 15. — ROUND, *Family Origins*, 1930, p. 208; CHEW, *The English ecclesiastical tenants-in-chief and knight-service, especially in the thirteenth and fourteenth century*. — GLEASON, *An ecclesiastical barony of the middle ages*, 1936. — H. NAVEL, *L'enquête de 1133*, 1935, p. 71.

(202) HARIULF, *Chronique*, III, 3, éd. Lot, p. 97. — *Us. Barc.*, c. CXXIV. — DU CANGE, *Dissertations sur l'hist. de Saint Louis*, V, éd. Henschel, t. VII, p. 23.

(203) En Angleterre, toutefois, les termes finirent par se hiérarchiser, celui d' « aide » étant réservé aux vassaux et « taille » aux plus modestes dépendants.

(204) Premier cartulaire de Saint-Serge, restitution de Marchegay. Arch. Maine-et-Loire, H. fol. 293. Naturellement les cas différaient sur les fiefs d'église; sur ceux qui dépendaient de l'évêque de Bayeux, par exemple, c'étaient le voyage de l'évêque à Rome, une réparation à la cathédrale, l'incendie du palais épiscopal (GLEASON, *An ecclesiastical barony*, p. 50).

(205) Cf. ci-dessus, p. 258.

(206) STEINMEYER et SIEVERS, *Althochdeutschen Glossen*, I, pp. 268 et 23.

(207) FLODOARD, *Hist. Remensis eccl.*, III, 26, dans *SS.*, t. XIII, p. 540; cf. déjà *Actus pontificum Cenomannensium*, pp. 134 et 135 (616 : « nutritura »), — COMMYNES, VI, 6 (éd. Mandrot, t. II, p. 50).

(208) *Codex Euricianus*, c. 310. Par contre, le vassal, marié par ses deux maîtres successifs, que met en scène le synode de Compiègne de 757, est, conformément au sens premier du mot, un simple esclave et ne nous intéresse pas ici.

(209) *Ordonnances*, t. XII, p. 295. — *Et. de Saint Louis*, I, c. 67. — STENTON, *The first century of English feudalism (1066-1166)*, pp. 33-34.

(210) *Très ancien Coutumier*, XXXV, 5.

(211) *Le Roman de Thèbes*. éd. L. Constans, t. I, v. 8041 et s., et 8165 et s. — Arch. Nat., X 1A, 6, fol. 185; cf. O. MARTIN, *Histoire de la coutume de la prévôté et vicomté de Paris*, t. I, p. 257, n. 7.

(212) FOURGOUS et BEZIN, *Les Fors de Bigorre* (« Travaux sur l'histoire du droit méridional » fasc. 1, 1901), c. 6.

(213) *Girart de Roussillon*, trad. P. MEYER, p. 100 (éd. Foerster, *Romanische Studien*, t. V, v. 3054). — *Prem. cartul. de Saint Serge*, restitution Marchegay, Arch. Maine-et-Loire, H, fol. 88. — *Doon de Maience*, éd. Guessard, p. 276.

(214) Par exemple *Girart de Roussillon*, trad. P. MEYER, p. 83; *Garin le Lorrain*, éd. P. Paris, t. II, p. 88. — Concile : MIGNE, *P.L.*, t. CXLII, col. 400.

(215) *Alfred*, dans LIEBERMANN, *Die Gesetze der Angelsachsen*, t. I, p. 47 (49, 7); *Leges Henrici*, 75, 1. — GISLEBERT DE MONS, éd. Pertz, p. 30. — PHI-

LIPPE DE NOVARE, éd. Kohler, p. 20.

(216) *The Christ of Cynewulf*, éd. A. S. Cook, v. 457. — MIGNE, *P. L.*, t. CXCIII, col. 523 et 524. — L. GOUGAUD, *Dévotions et pratiques du moyen âge*, 1925, p. 20 et s.

(217) RICHER, IV, 78. Autres exemples (jusqu'au XIIIe siècle), JOLLIFFE, *The constitutional history of medieval England*, p. 164.

(218) *Alfred*, XLII, 6. — *Two of the Saxon chronicles*, éd. Plummer, t. I, pp. 48-49 (755). — K. LEHMANN, *Das Langobardische Lehnrecht : Vulgata*, II, 28, 4.

(219) *Leges Henrici*, 55, 3. — *Raoul de Cambrai*, v. 1381. — *Chron. mon. de Abingdon* (*R. S.*), t. II, p. 133 (1100-1135). — *Renaud de Montauban*, éd. Michelant, p. 373, v. 16.

(220) J. DEPOIN, *Recueil de Chartes et documents de Saint-Martin-des-Champs*, t. I, n° 47, et *Liber Testamentorum S. Martini*, n° XVIII.

(221) Par exemple, fief du peintre, B. de BROUSSILLON, *Cartulaire de l'abbaye de Saint-Aubin d'Angers*, t. II, n° CCCCVIII.

(222) Ch.-V. LANGLOIS, *Textes relatifs à l'histoire du Parlement*, n° CXI, c. 5 bis.

(223) Aux exemples français ajouter, par exemple, CHALANDON, *Histoire de la domination normande en Italie et en Sicile*, t. II, p. 565; HOMEYER, *System des Lehnrechts der sächsischen Rechtsbücher* dans *Sachsenspiegel* (t. II, 2, Berlin, p. 273); KIENAST, *Die deutschen Fürsten im Dienste der Westmächte bis zum Tode Philipps des Schönen von Frankreich*, t. II, p. 44.

(224) On ne l'a peut-être pas assez remarqué : évoquant l'image de ces petits vassaux, l'ordonnance française de 1188, sur la dîme de croisade, postule, en effet, qu'ils ont un seul seigneur lige.

(225) *Cap.*, t. I, n° 132, c. 5.

(226) A. LESORT, *Chronique et chartes... de Saint-Mihel*, n° 33.

(227) *Acta Murensia*, dans *Quellen zur schweizer Geschichte*, t. III, 2, p. 68, c. 22.

(228) *Chartes du Forez antérieures au XIVe siècle*, n° 500 (t. IV).

(229) *Monumenta Historiae Patriae*, t. XIII, col. 711.

(230) *Olim*, t. I, p. 661, n° III.

(231) SUGER, *De rebus*, éd. Lecoy de La Marche, c. X, p. 167.

(232) *Cap.*, I, n° 162, c. 3; n° 50 c. 2.

(233) *Lex Romana Visigothorum*, éd. Haenel, *Cod. Theod.*, V, 10, 1 et *Interpretatio*.

(234) A. BERNARD et A. BRUEL, *Rec. des chartes de... Cluny*, t. IV, n° 3024.

(235) Bibl. de Tours, ms. 2041, feuillet de garde. — *Histor. de France*, t. XII, p. 340. — *Cartulaire de Saint-Vaast*, p. 177.

(236) Coutumes de Montchauvet (concédées primitivement vers 1101-1137) dans *Mém. Soc. archéol. Rambouillet*, t. XXI, 1910, p. 301. — Cf. aussi *Ordonn.*, t. XI, p. 286 (Saint-Germain-des-Bois).

(237) PIERRE DE FONTAINES, *Le Conseil de Pierre de Fontaines*, éd. A.-J. Marnier, XXI, 8, p. 225. — Marc BLOCH, *Les transformations du servage* dans « Mélanges d'histoire du Moyen Age offerts à M. F. Lot », 1925, p. 55 et s.

(238) PERRIN, *Recherches sur la seigneurie rurale en Lorraine d'après les plus anciens censiers*, p. 225 et s.; *Chronique de l'abbaye de Saint-Bénigne...*, éd. E. Bougaud et J. Garnier, pp. 396-397 (1088-1119).

(239) Charte de Codalet en Conflent, 1142, dans B. ALART, *Privilèges et titres relatifs aux franchises... de Roussillon*, t. I, p. 40.

(240) Le dernier exposé du problème par J. CALMETTE, dans *Annales du Midi*, 1928.

(241) H. PRENTOUT, *Les origines de la maison de Bellême*, dans « Études sur quelques points d'histoire de Normandie », 1926.

(242) *Bibliotheca Casinensis*, t. IV, p. 151.

(243) *Mon. Germ. LL.*, t. IV, p. 557, col. 2, l. 6.

(244) HARIULF, *Chronique*, éd. Lot, p. 308; cf. p. 300. — *Monumenta boica* t. XXVIII, 2, p. 27, n° XVII.

(245) RICHER, *Histoires*, I, c. 15.

(246) Serment de paix de Beauvais, dans PFISTER, *Études sur le règne de Robert le Pieux*, 1885, p. LXI.

(247) DELOCHE, *Cartulaire de l'abbaye de Beaulieu*, n° L. — *Casus S. Galli*, c. 48.

(248) Fritz MEYER, *Die Stände... dargestellt nach den altfr. Artus- und Abenteuerromanen*, 1892, p. 114. — *Poema del mio Cid*, éd. Menendez Pidal, v. 918.

(249) H. DERENBOURG, *Ousâma Ibn Mounkidh*, t. I (Publications Ec. Langues Orientales, 2e série, t. XII, 1), p. 476.

(250) Ed. Appel, n° 40; comparez, par exemple, *Girart de Vienne*, éd. Yeandle, v. 2108 et s.

(251) HARTMANN VON AUE, *Gregorius*, v. 1547-1553.

(252) *La chançun de Guillelme*, éd. Suchier, v. 1055 et s.

(253) ORDERIC VIDAL, *Histoire ecclésiastique*, éd. Le Prevost, t. III, p. 248.

(254) *Guillaume le Maréchal*, éd. P. Meyer, v. 2777 et 2782 (il s'agit d'ailleurs de chevaliers qui courent les tournois).

(255) PONS DE CAPDEUIL, dans RAYNOUARD, *Choix*, IV, pp. 89 et 92.

(256) ERDMANN, *Die Entstehung des Kreuzzugsgedankens*, 1935 (« Forschungen zur Kirchen- und Geistesgeschichte », VI), pp. 312-313.

(257) GEOFFROI DE VIGEOIS, I, 6 dans LABBE, *Bibliotheca*, t. II, p. 281.

(258) BERTRAND DE B., éd. Appel, 10, 2; 35, 2; 37, 3; 28, 3.

(259) GUIBERT DE NOGENT, *De vita*, éd. Bourgin, I, c. 13, p. 43. — *Girart de Roussillon*, trad. P. MEYER, p. 42.

(260) Pour le butin, par exemple, *Codex Euricianus*, c. 323; MARLOT, *Histoire de l'église de Reims*, t. III, P. just. n° LXVII (1127); — Les chariots : *Garin le Lorrain*, éd. P. Paris, t. I, pp. 195 et 197. — Les plaintes des moines du Canigou : LUCHAIRE, *La société française au temps de Philippe Auguste*, 1909, p. 265.

(261) *Huon*, éd. F. Guessard, p. 41, v. 1353-54. — LOUIS IX, *Enseignemens*, c. 23, dans Ch. V. LANGLOIS, *La vie spirituelle*, p. 40. — B. DE BORN, 26, v. 15.

(262) *Girart de Roussillon*, trad. P. MEYER, § 633 et 637. — *Vita Heinrici*, éd. W. Eberhard, c. 8.

(263) *Casus S. Galli*, c. 43.

(264) *Vita Johannis ep. Teruanensis*, c. 12, dans *SS.*, t. XIV, 2, p. 1146.

(265) *Miracula S. Benedicti*, éd. Certain, VIII, c. 16.

(266) *Règles* de Robert GROSSETÊTE dans WALTER OF HENLEY'S, *Husbandry*, éd. E. Lamond.

(267) Marc BLOCH, *Les caractères originaux de l'histoire rurale française*, 1931, p. 148.

(268) *Fors de Bigorre*, c. XIII.

(269) LAMBERT D'ARDRES, *Chronique*, c. LXXXVIII. — *Garin le Lorrain*, éd. P. Paris, t. II, p. 244.

(270) Ch. MÉTAIS, *Cartulaire de l'abbaye... de la Trinité de Vendôme*, t. I, n° CCLXI.

(271) Sur les tournois, outre les travaux signalés à la Bibliographie, voir WAITZ, *Deutsche Verfassungsgeschichte*, t. V, 2e éd., p. 456. — *Guillaume le Maréchal*, éd. P. Meyer, t. III, p. XXXVI et s. — *Chronique* de GISLEBERT DE MONS, éd. Pertz, pp. 92-93; 96; 102; 109-110; 128-130; 144. — *Raoul de Cambrai*, v. 547.

(272) *Joinville*, c. CIX.

(273) RANGERIUS, *Vita Anselmi* dans *SS.*, XXX, 2, p. 1252, v. 1451.

(274) *Joinville*, c. CLIX.

(275) *Girart de Roussillon*, trad. P. MEYER, S. 257 et 299. Cf. *La Mort de Garin*, éd. E. du Méril, p. XL. Et voyez, entre autres, la scène délicatement voluptueuse du *Lancelot*, éd. Sommer, *The*

vulgate version of the Arthurian romances, t. III, p. 383.

(276) On a parfois aussi, à propos de l'amour courtois et de la poésie lyrique qui lui servit d'expression, soulevé le problème d'une influence arabe. Il ne semble pas que jusqu'ici aucune preuve concluante ait été apportée. Cf., outre Al. JEANROY, *La poésie lyrique des troubadours*, t. II, p. 366, un compte rendu de C. APPEL dans *Zeitschrift für romanische Philologie*, t. LII, 1932, p. 770 (sur A. R. Nykl).

(277) ALBERT DE MALASPINA, dans C. APPEL, *Provenzalische Chrestomathie*, 3e éd., n° 90, v. 19 et s.

(278) GEOFFROI DE VIGEOIS, I, 69 dans LABBE, *Bibliotheca*, t. II, p. 322.

(279) RAIMON LULL, *Libro de la orden de Caballeria*, éd. J. R. de Luanco. Trad. fr. dans P. ALLUT, « Étude biographique et historique sur Symphorien Champier », Lyon, 1859, IV, 11. — LAMBERT D'ARDRES, *Chronique*, c. XCI

(280) HASKINS, *Norman institutions*, 1918, p. 282, c. 5.

(281) *Rec. des Histor. de France*, t. XV, p. 187.

(282) *Ed. Rothari*, c. 359. La liturgie de l'adoubement n'a fait jusqu'ici l'objet que de recherches insuffisantes. On trouvera, à la bibliographie, l'indication des ouvrages et des recueils auxquels j'ai eu recours. Ce premier essai de classement, si rudimentaire soit-il, m'a été rendu possible seulement grâce à l'aide qu'a bien voulu me prêter mon collègue de Strasbourg, M. l'abbé Michel Andrieu.

(283) *Jehan et Blonde*, éd. H. Suchier (*Œuvres poétiques de Ph. de Rémi*, t. II, v. 5916 et s.).

(284) *Policraticus*, VI, 10 (éd. Webb, t. II, p. 25).

(285) GUILLAUME DURANT, *Rationale*, IV, 16.

(286) PIERRE DE BLOIS, ép. XCIV.

(287) *Der Welsche Gast*, éd. Rückert, v. 7791-92.

(288) ANSELME, *Ep.* I, (*P. L.*, t. CLVIII, col. 1147). — S. BERNARD, *De laude novae militiae*, 77, c. 2.

(289) RAIMON LULL, *op. cit.*, I, 9. Tout le passage est d'une saveur singulière.

(290) Ancienne règle : G. SCHNÜRER, *Die ursprüngliche Templerregel*, 1903. — Règle en français : H. de CURZON, *La règle du Temple* (*Soc. de l'hist. de France*), c. 431; 445; 446; 448. — Dispositions analogues chez les Hospitaliers, au chapitre général de 1262, 19 sept. : DELAVILLE LE ROULX, *Cartulaire général*, t. III, p. 47, c. 19.

(291) *Constitutiones*, t. I, p. 197, c. 10; p. 451, c. 20. — H. NIESE, *Die Gesetzgebung der norm. Dynastie*, p. 67. — MARCA, *Marca Hisp.*, col. 1430, c. 12. — PAPON, *Histoire générale de Provence*, t. III, p. 423. — *Siete Partidas*, Part. II, t. XXI, I, 2. — Cf. pour le Portugal, PRESTAGE, *Chivalry : a series of studies to illustrate its historical significance and civilizing influence, by members of Kings's College, London*, Londres, 1928, p. 143. — Pour la France, références trop nombreuses pour être citées; cf. PETIT-DUTAILLIS, *L'essor des États d'Occident*, p. 22 et s.

(292) RAIMON LULL, *op. cit.*, III, 8. — *Girart de Roussillon*, trad. P. MEYER, p. 28 (cf. éd. Foerster, *Roman. Studien*, t. V, v. 940 et s.

(293) P. THOMAS, *Textes historiques sur Lille*, t. II, 1936, p. 237.

(294) *Rec. des Hist. de France*, t. XXII, p. 18.

(295) OTTON DE FREISING, *Gesta*, II, 23.

(296) *Hist. de Languedoc*, 2e éd., t. VIII, col. 1747.

(297) *Annal. Colmar.* dans *SS.*, t. XVII, p. 208, l. 15; cf. p. 224, l. 31.

(298) BARTHÉLEMY, *De la qualification de chevalier* dans « Revue nobiliaire » 1868, p. 123 et ID., *Étude sur les lettres d'anoblis-*

sement, dans « Revue nobiliaire », 1869, p. 205.

(299) *Usatici Barcin.*, c. 9 et 8. — Ch. PORÉE, *Études historiques sur le Gévaudan*, 1919 (et *Bibl. Ec. Chartes*, 1907), p. 62, c. 1. — *Charte de paix du Hainaut* (1200), dans *SS.*, XXI, p. 619.

(300) *Summa de legibus*, dans TARDIF, t. II, XIV, 2. — F. BENOIT, *Recueil des actes des comtes de Provence*, t. II, n° 246, c; IX *a*, 275, *c*; V *a*, 277, 278 (1235-1238). — GUILHIERMOZ, *Essai sur les origines de la noblesse en France au moyen âge*, 1902, p. 481, n. 5.

(301) *Annales Colonienses max.* dans *SS.*, t. XVII, p. 845.

(302) BARTHÉLEMY, *Étude sur les lettres d'anoblissement*, p. 198.

(303) BEAUMANOIR, t. II § 1434.

(304) Voir plus haut, p. 287.

(305) Les travaux de A. SCHULTE, *Der Adel und die deutsche Kirche im Mittelalter*, 2e éd., Stuttgart, et de dom URSMER BERLIÈRE, *Le recrutement dans les monastères bénédictins aux XIIIe et XIVe siècles* (Mém. Acad. royale Belgique, in-8°, 2e série, t. XVIII) fournissent à cet égard un grand nombre de renseignements. Mais avec des précisions chronologiques et critiques insuffisantes. Quoi qu'en pense Schulte, il ressort des textes cités que — réserve faite de l'emploi très lâche fait anciennement des mots de *nobiles* ou *ignobiles* — le monopole des nobles, au sens exact du terme, fut partout un phénomène relativement récent. Quant à l'admission des non-libres, acceptée ou non, elle posait un tout autre problème.

(306) *Olim*, t. I, p. 427, n° XVII (Chandeleur, 1255). — F. BENOIT, *Recueil des actes*, passages cités ci-dessus, p. 453, n. 300. — M. Z. ISNARD, *Livre des privilèges de Manosque*, 1894, n° XLVII, p. 154.

(307) Cf. E. et A. G. PORRITT, *The unreformed House of Commons*, 2e éd. 1909, t. I, p. 122.

(308) Pour la Provence, KIENER, *Verfassungsgeschichte der Provence seit der Ostgothenherrschaft bis zur Errichtung der Konsulate (510-1200)*, Leipzig, p. 107. Sur les « bacheliers », cf. E. F. JACOB, *Studies in the period of baronial Reform*, 1925, (*Oxford Studies in social and legal history*, VIII), p. 127 et s.

(309) *Usatici.*, c. 6.

(310) *Ibid.*, c. 6.

(311) Cf. F. TOUT, *Chapters in administrative history*, t. III, p. 136 et s.

(312) En faveur du duc de Bretagne : DOM MORICE, *Histoire de Bretagne Pr.*, t. I, col. 1122. — Sur les revendications des pairs, cf. PETIT-DUTAILLIS, *L'essor des États d'Occident*, pp. 266-267.

(313) BORRELLI DE SERRES, *Recherches sur divers services publics*, t. III, 1909, p. 276.

(314) Les références, pour ce paragraphe, étant aisées à trouver dans les divers travaux indiqués à la bibliographie (p. 667), sous le titre : « Sergents et sergenterie » (auxquels il faut ajouter ROTH von SCHRECKENSTEIN, *Die Ritterwürde und der Ritterstand...*), on comprendra que j'aie réduit les notes au strict minimum.

(315) *Girart de Roussillon*, trad. P. MEYER, § 620 (éd. Foerster, v. 9139).

(316) *Sur les routes de l'émigration. Mémoires de la duchesse de Saulx-Tavannes*, éd. de Valous, 1934, *Introduction*, p. 10.

(317) La condition servile de ce personnage — comme l'a bien vu W. M. NEWMAN (*Le domaine royal sous les premiers Capétiens*, 1937, p. 24, n. 7) — ressort du fait que le roi recueillit, après sa mort, sa mainmorte.

(318) *Quellenwerk zur Entstehung der schweizerischen Eidgenossenschaft*, n° 1650.

(319) K. ROST, *Die Historia pontificum Romanorum aus Zwettl*, Greifswald, 1932, p. 177, n. 4.

(320) Voir, notamment, Z. N. BROOKE, dans *Cambridge Historical Journal*, t. II, p. 222.

(321) Ci-dessus, p. 444.

(322) Jacques P. MIGNE, *P. L.*, t. CLXXXIX, col. 146. — P. ABAELARDI, *Opera*, éd. V. COUSIN, t. I, p. 572.

(323) A. WAUTERS, *Les libertés communales. Preuves*, Bruxelles, 1869, p. 83 (1221, avril). — Cf. Marc BLOCH, dans *Anuario de historia del derecho español*, 1933, p. 79 et s.

(324) L. RAYNAL, *Histoire du Berry*, t. I, 1845, p. 477, n° XI (1071, 23 avril — 1093, 22 avril. — Saint-Silvain de Levroux).

(325) GUIBERT DE NOGENT, *Histoire de sa vie*, I, 11 (éd. Bourgin, p. 31). — THIETMAR DE MERSEBOURG, *Chronicon*, II, 27 (éd. Holtzmann, pp. 72-73). — Texte épique caractéristique : *Garin le Lorrain*, éd. P. Paris, t. I, p. 2.

(326) On a parfois prêté aux papes de la grande époque grégorienne le dessein de se constituer en seigneurs féodaux de certains rois. Il semble bien, en fait, qu'ils se soient bornés à réclamer et parfois à obtenir un serment de fidélité et un tribut : formes de sujétion, assurément, mais qui n'avaient rien de proprement féodal. L'hommage ne fut alors demandé qu'à de simples princes territoriaux (chefs normands de l'Italie du Sud; comte languedocien de Substantion). Jean sans Terre, il est vrai, le prêta, mais beaucoup plus tard (1213).

(327) JAFFÉ-WATTENBACH, *Regesta pontificum*, t. I, n° 3564. — RATHIER DE VÉRONE, dans MIGNE, *P. L.*, t. CXXXVI, col. 249. — THIETMAR, *Chronicon*, I, 26 (p. 34-35).

(328) L'un des plus anciens exemples — souvent omis — : G. BUSSON et LEDRU, *Actus pontificum Cenomannensium*, p. 299 (832).

(329) JOINVILLE, c. CXXXVI.

(330) Cf. le synode de Paris, 1212 : MANSI, *Concilia*, t. XXII, col. 851, c. 8 (*feneratoribus et exactoribus*).

(331) A. GIRY, *Documents sur les relations de la royauté avec les villes*, 1885, n° XX, p. 58.

(332) Institution de paix de Laon (1128, 26 août) dans WARNKŒNIG et STEIN, *Französische Staats- und Rechtsgeschichte*, t. I, *Urkundenbuch*, p. 31, c. 2.

(333) *Cartulaire du prieuré de N.-D. de Longpont*, éd. MARION, n° 25.

(334) ORTLIEB DE ZWIEFALTEN, *Chronicon*, I, c. 9 dans *SS.*, t. X, p. 78.

(335) *Monumenta Gildhallae Londoniensis* (*Rolls Series*), t. I, p. 66.

(336) ROGER DE HOVEDEN, *Chronica* (*Rolls Series*), t. I, 228.

(337) WARNKOENIG et STEIN, *op. cit.*, p. 34, c. 22.

(338) RANGERIUS, *Vita Anselmi*, dans *SS.*, XXX, 2, p. 1256, v. 4777 et s.

(339) *Diplom. regum et imp.*, t. III, n° 34. — *Histor. de France*, t. XV, p. 144, n° CXIV.

(340) FLODOARD, *Historia Remensis ecclesiae*, t. IV, 5, dans *SS*, t. XIII, p. 563.

(341) LIUDPRAND, *Antapodosis*, II, c. 26.

(342) WIPONIS, *Opera*, éd. BRESSLAU, pp. 3 et 106.

(343) Hermann BLOCH, dans *Neues Archiv*, 1897, p. 115.

(344) On a quelquefois soutenu que le titre de duc de France, porté, depuis Robert Ier, par les Robertiens, exprimait une sorte de vice-royauté sur le royaume entier. Il est possible que certains contemporains aient eu ce sentiment, encore que je n'en voie nulle part d'expression bien nette dans les textes (le terme de *dux Galliarum* employé par Richer, II, 2, n'est qu'une traduction pédante de *dux Franciae*; II, 39, *omnium Galliarum ducem constituit* fait allusion à l'investiture à Hugues le Grand du duché de Bourgogne, à côté du duché de France). Mais que le sens premier fût territorial ne semble point douteux. Dans l'hypothèse contraire, comment comprendre la réunion des trois duchés, tentée

par Hugues? Peut-être la dignité de comte du palais (royal) avait-elle également été divisée, comme en Allemagne, selon les mêmes lignes, chaque duché ayant désormais son comte du palais particulier : ainsi s'expliquerait le titre de comte palatin parallèlement revendiqué, en « France » par le comte de Flandre, en Bourgogne par le comte de Troyes (dit, plus tard, « de Champagne »), en Aquitaine par le comte de Toulouse. Pour le titre royal tripartite, *Rec. des Hist. de France*, t. IX, pp. 578 et 580 (933 et 935).

(345) GISLEBERT DE MONS, éd. Pertz, pp. 223-224 et 58.

(346) *Monumenta Boica*, t. XXIX, 1, n° CCCCXCI ; *Württemberger Urkundenbuch*, t. II, n° CCCLXXXIII.

(347) SUGER, *Vie de Louis VI*, éd. Waquet, p. 228.

(348) Aucune étude détaillée sur l'avouerie post-carolingienne en France; c'est une des lacunes les plus graves des recherches sur le moyen âge et une des plus aisées à combler. En Allemagne l'institution a surtout été examinée — non sans un certain abus de la théorie — dans ses rapports avec le système judiciaire.

(349) *Mém. Soc. archéol. Eure-et-Loir*, t. X, p. 36, et *Gallia christ.*, t. VIII, instr., col. 323.

(350) *De rebus*, éd. Lecoy de La Marche, p. 168.

(351) *Diplom. regum et imperatorum*, t. III, n° 509.

(352) BONIZO, *Liber de vita christiana*, éd. Perels, 1930 (*Texte zur Geschichte des römischen und kanonischen Rechts*), VII, 248.

(353) *Cartulaire de Redon*, éd. de Courson, p. 298, n° CCCXLVII; cf. p. 449. — Siegfried Hirsch, *Jahrbücher des Deutschen Reiches unter Heinrich II*, t. III, p. 174.

(354) *Et. de Saint Louis*, I, 53.

(355) BIGELOW, *Placita Anglo-Normannica*, p. 145.

(356) *Constitutiones regum et imp.*, t. I, n° XIII, pp. 28-29.

(357) *SS. rer., Langob. Saec.* VI-IX (Mon. Germ.), p. 385, c. 166.

(358) *Cartulaire de Saint-Aubin d'Angers*, éd. B. de Broussillon, t. II, n° DCCX, 1138, 17 sept.)

(359) *Constitutiones*, t. I, p. 643, c. 30. — *Two of the Saxon Chronicles*, éd. Plummer, t. I, p. 220. — Impossible d'accumuler les anecdotes. Il en faudrait cependant, pour faire saisir la vraie couleur de l'époque. Henri Ier d'Angleterre, par exemple, n'a pas laissé la réputation d'une bête sauvage. Voyez, pourtant, dans Orderic Vital, comment le mari d'une de ses bâtardes ayant fait arracher les yeux au jeune fils d'un châtelain royal, il ordonna à son tour que fussent aveuglées et mutilées ses propres petites-filles.

(360) M. ASHDOWN, *English and Norse documents relating to the reign of Ethelred the Unready*, 1930, p. 137. — KNUT, *Lois*, II, 21.

(361) Les ouvrages relatifs à l'histoire des paix de Dieu (notamment HUBERTI, *Studien zur Rechtsgeschichte der Gottesfrieden und Landesfrieden : I, Die Friedensordnungen in Frankreich*, Ansbach, 1892; GÖRRIS, *De denkbeelden over oorlog en de bemoeiingen voor vrede in de elfde eeuw* (Les idées sur la guerre et les efforts en faveur de la paix au XIe siècle), Nimègue, 1912 (Diss. Leyde), contenant de nombreuses références, faciles à retrouver, on voudra bien ne pas s'étonner de trouver dans ce qui va suivre un grand nombre de citations sans renvois.

(362) Dans le sud de la péninsule, la trêve de Dieu fut introduite par un pape français (Urbain II) et les barons normands : JAMISON, dans *Papers of the British School at Rome*, 1913, p. 240.

(363) *Histoire de Languedoc*, t. V, col. 15.

(364) R. BUSQUET, dans *Les Bouches-du-Rhône. Encyclopédie*

départementale. Première partie, t. II. *Antiquité et moyen âge*, 1924. p. 563.

(365) *SS*., t. XXIII, p. 361. Cf. FRENSDORFF dans *Nachr. von der Kgl. Gesellsch. zu Göttingen. Phil. hist. Kl.*, 1894. La même transformation eut lieu en Catalogne et Aragon.

(366) Voir plus haut p. 377 et s.

(367) Revenu quotidien à la mort de Philippe Auguste, d'après le témoignage de Conon de Lausanne : 1200 livres parisis (*SS*., t. XXIV, p. 782). Revenu annuel de l'abbaye Sainte-Geneviève de Paris, d'après une estimation pour les décimes, en 1246 : 1810 livres par. ; *Biblioth. Sainte-Geneviève*, ms. 356, p. 271. Le premier chiffre probablement trop haut, le second trop bas. Ajoutez, cependant, pour rétablir l'écart, qu'une hausse des prix, entre les deux dates, est vraisemblable. De toutes façons le contraste est saisissant.

(368) RICHER, IV, 80.

(369) *Gesta ep. Cameracensium*, III, 2, dans *SS*., XVII, p. 466; cf. III, 40, p. 481.

(370) TARDIF, *Cartons des rois*, n° 264.

(371) *Esprit des Lois*, XXXI, 30.

(372) *Lettres*, éd. Havet, n°s 12 et 37.

(373) Marc BLOCH, *La vie de S. Edouard le Confesseur par Osbert*, dans *Analecta Bollandiana*, t. XLI, 1923, pp. 22 et 38.

(374) Outre la Bibliographie, (p. 673, sous-titre : « Les Nationalités ») voir LOT, *Les derniers carolingiens*, p. 308 et s. — LAPOTRE, *L'Europe et le Saint-Siège*, 1895, p. 330 et s. — F. KERN, *Die Anfänge der französischen Ausdehnungspolitik*, 1910, p. 124 et s. — M. L. BULST-THIELE, *Kaiserin Agnes*, 1933, p. 3, n. 3.

(375) ABBO, *De bello Parisiaco*, éd. Pertz, I, v. 618 ; II, v. 344 et 452. — ADÉMAR DE CHABANNES, *Chronique*, éd. Chabanon, p. 151. — *Gesta ep. Leodensium*, II, 26 dans *SS*., t. VII, p. 204. — WIDUKIND, éd. P. Hirsch, I, 9 et 11 ; II, 3. — THIETMAR DE MERSEBOURG, éd. R. Holtzmann, V, 12 et 19.

(376) *SS*., t. VI, p. 339 et 41-42.

(377) Prologue du *Heliand*, éd. E. Sievers, p. 3. La distinction des vassaux royaux *Teutisci quam et Langobardi* est faite dans un acte italien de 845 (MURATORI, *Ant*., t. II, col. 971). — *Annales Juvavenses maximi*, dans *SS*., t. XXX, 2, p. 738.

(378) LIUDPRAND, *Legatio*, c. 7.

(379) WALAFRID STRABO, *De exordiis*, c. 7, dans *Capitularia reg. Francorum*, t. II, p. 481. — RICHER, I, 20.

(380) EUDES DE DEUIL, dans *SS*., t. XXVI, p. 65.

(381) EKKEHARD D'AURA, dans *SS*., t. VI, p. 218.

(382) *Girart de Roussillon*, trad. P. MEYER, § 631; éd. Foerster, (*Romanische Studien*, V) v. 9324.

(383) *Esprit des Lois*, XXX, I. — VOLTAIRE, *Fragments sur quelques révolutions dans l'Inde*, II (éd. Garnier, t. XXIX, p. 91).

(384) G. LEFEBVRE, *Les paysans du Nord*, 1924, p. 309.

(385) Par exemple, E. LODGE, *Serfdom in the Pyrenees*, dans *Vierteljahrschr. für Soz. und WG*., 1905, p. 31. — SANCHEZ-ALBORNOZ, *Estampas de la vida en León*, 2e éd., p. 86, n. 37. — PERRECIOT, *De l'état civil des personnes*, t. II, 1786, p. 193, n. 9.

(386) DUDON DE SAINT-QUENTIN, éd. Lair, *Mém. Soc. Antiquaires Normandie*, t. XXIII, III, 43-44 (1933).

(387) P. HÉVIN, *Consultations et observations sur la coutume de Bretagne*, 1724, p. 343.

(388) P. THOMAS, *Textes historiques sur Lille et le Nord*, t. II, 1936, p. 285 (1385 et 1397); cf. p. 218 (n° 68).

(389) T. F. TOOT, *Chapters in the administrative history*, t. IV, 1928, p. 62.

(390) COLBERT, *Lettres*, éd. P. Clément, t. II, p. XXX. Pour un

exemple ancien de promesse d'amitié, voir J. QUICHERAT, *Rodrigue de Villandrando*, 1879, p. just., n° XIX.

(391) Ch. AIMOND, *Histoire de la ville de Varennes*, 1925, p. 50.

(392) MANEGOLD DE LAUTENBACH, dans *Libelli de lite* (*Mon. Germ.*), t. I, p. 365. — WENRICH, *Ibid.*, p. 289. — Paul DE BERNRIED, *Vita Gregorii*, c. 97 dans WATTERICH, *Romanorum pontificum vitae*, t. I, p. 532.

(393) *Landr.* III, 78, 2. Sens contesté par ZEUMER dans *Zeitschrift der Savigny-Stiftung, G. A.*, 1914, pp. 68-75; bien rétabli par KERN, *Gottesgnadentum und Widerstandsrecht im früheren Mittelalter*, 1914.

Bibliographie

TOME I. LA FORMATION DES LIENS DE DÉPENDANCE

NOTE POUR L'USAGE DE LA BIBLIOGRAPHIE

Une bibliographie de la société féodale, telle que l'étude du sujet a été comprise ici, exigerait une place démesurée; et elle doublerait inutilement, en n'en donnant qu'une reproduction réduite, d'autres listes. Pour les sources, je me suis donc borné à indiquer les grands inventaires qu'en ont dressés les érudits. Seuls ont été recensés à part, dans ce volume, les principaux documents de la littérature juridique. Quant aux travaux des historiens, il a semblé que sur les aspects sociaux qui n'ont été ci-dessus abordés que de biais — mentalité, vie religieuse, modes d'expression littéraire —, il suffisait de prier, une fois pour toutes, le lecteur de se reporter aux autres volumes de *l'Évolution de l'Humanité*, où ces problèmes sont ou seront traités pour eux-mêmes. Exception a été faite, seulement, pour quelques questions qui ont été l'objet d'une attention particulière et ne seront sans doute pas reprises ailleurs : telles, les « terreurs » de l'an mille. Je me suis, par contre, attaché à fournir des bibliographies de travail beaucoup plus complètes sur les dernières invasions d'une part, les faits de structure sociale de l'autre. Bibliographies choisies, cela va de soi. Parmi les lacunes que pourront y relever les spécialistes, il en est assurément d'involontaires. Mais aussi de pleinement conscientes : soit qu'ayant été dans l'impossibilité de me procurer l'ouvrage, je me sois refusé à le citer sur la parole d'autrui; soit que l'ayant consulté, il ne m'ait pas paru devoir être retenu.

Il convient d'ajouter que, dans le tome qui suit celui-ci et est consacré à l'étude des classes et du gouvernement des hommes, durant l'ère féodale, une autre bibliographie trouve place, réservée aux questions traitées dans ce second ouvrage. On prend la liberté d'y renvoyer, par avance (p. 663), pour les problèmes qui, destinés à être alors examinés plus à fond, ont dû cependant être déjà en quelque mesure effleurés dans le présent exposé.

Un classement a été tenté. Comme tous les classements, il est imparfait. Tel quel, il a semblé plus pratique qu'une énumération tout d'un trait.

Le plan des principales divisions est donné ci-dessous. A l'intérieur de chaque rubrique, l'ordre suivi, selon les cas méthodique, géographique ou simplement alphabétique, ne présentera, espérons-nous, guère de difficultés à l'usager. Les ouvrages sans indication de lieu ont été publiés à Paris.

PLAN DE LA BIBLIOGRAPHIE

I. *Les témoignages.* — 1. Principaux inventaires des documents. — 2. Sémantique historique et emploi des diverses langues. — 3. L'historiographie. — 4. Dépouillements des témoignages littéraires.

II. *Les attitudes mentales.* — 1. Façons de sentir et de penser; mœurs; instruction. — 2. Les « terreurs » de l'an mille.

III. *Principales histoires générales.* — 1. L'Europe. — 2. Histoires nationales ou par règnes.

IV. *Structure juridique et politique.* — 1. Principales sources juridiques. — 2. Principaux ouvrages sur l'histoire des institutions et du droit. — 3. La mentalité juridique et l'enseignement du droit. — 4. Les idées politiques.

V. *Les dernières invasions.* — 1. Généralités. — 2. Les Sarrasins dans les Alpes et l'Italie péninsulaire. — 3. Les Hongrois. — 4. Les Scandinaves en général et leurs invasions. — 5. La conversion du Nord. — 6. Traces et effets des invasions scandinaves.

VI. *Les liens du sang.* — 1. Généralités; solidarité criminelle. — 2. Le lignage comme société économique.

VII. *Les institutions proprement féodale.* — 1. Généralités; origines de la féodalité franque. — 2. Études par pays ou par régions. — 3. Compagnonnage, vassalité, hommage. — 4. Précaire, « bienfait », fief et alleu. — 5. Le droit du fief. — La pluralité des seigneurs et l'hommage lige.

VIII. *Le régime féodal comme institution militaire.* — 1. Ouvrages généraux sur l'art militaire et les armées. — 2. Les problèmes de la cavalerie et de l'armement. — 3. L'obligation militaire et les armées soldées. — 4. Le château.

IX. *Les liens de dépendance dans les classes inférieures.*

X. *Quelques pays sans féodalité.* — 1. La Sardaigne. — 2. Les sociétés allemandes des rives de la mer du Nord.

I. LES TÉMOIGNAGES

§ 1. *Principaux inventaires de documents* (1)

POTTHAST (August), *Bibliotheca historica medii aevi,* 2 vol., Berlin, 1875-96.

MANITIUS (Max.), *Geschichte der lateinischen Literatur des Mittelalters,* 3 vol. Munich, 1911-1931 (*Handbuch der Klassischen Altertumswissenschaft,* herausgg. *von* I. MÜLLER.

UEBERWEG (Friedrich), *Grundriss der Geschichte der Philosophie,* t. II, 11e éd., Berlin, 1928.

Bibliotheca hagiographica latina antiquae et mediae aetatis, 2 vol. et 1 vol. de supplément, Bruxelles, 1898-1911.

DAHLMANN-WAITZ, *Quellenkunde der deutschen Geschichte,* 9e éd., Leipzig, 2 vol., 1931-32.

(1) A l'exception des sources littéraires en langue vulgaire.

JACOB (Karl), *Quellenkunde der deutschen Geschichte im Mittelalter*, Berlin, 1917 (*Sammlung Göschen*).

JANSEN (M.), et SCHMITZ-KALLENBERG (L.), *Historiographie und Quellen der deutschen Geschichte bis 1500*, 2ᵉ édit., Leipzig, 1914 (A. MEISTER, *Grundriss*, I, 7).

VILDHAUT (H.), *Handbuch der Quellenkunde zur deutschen Geschichte bis zum Ausgange der Staufer*, 2ᵉ éd., 2 vol., Werl, 1906-09.

WATTENBACH (W.), *Deutschlands Geschichtsquellen in Mittelalter bis zur Mitte des dreizehnten Jahrhunderts*, t. I, 7ᵉ éd., Berlin, 1904, t. II, 6ᵉ éd., Berlin, 1874.

WATTENBACH (W.) et HOLTZMANN (R.), *Deutschlands Geschichtsquellen im Mittelalter. Deutsche Kaiserzeit*, t. I, fasc. 1, Berlin, 1938.

GROSS (Charles), *The sources and literature of English history from the earliest times to about 1485*, 2ᵉ éd., Londres, 1915.

PIRENNE (Henri), *Bibliographie de l'histoire de Belgique*, 3ᵉ éd., Bruxelles, 1931.

BALLESTER (Rafael), *Fuentes narrativas de la historia de España durante la Edad Media*, Palma, 1912.

BALLESTER (Rafael), *Bibliografia de la historia de España*, Gérone, 1921.

MOLINIER (Auguste), *Les sources de l'histoire de France des origines aux guerres d'Italie*, 6 vol., 1901-1906.

EGIDI (Pietro), *La storia medievale*, Rome, 1922.

OESTERLEY (H.), *Wegweiser durch die Literatur der Urkunden-Sammlung*, 2 vol., Berlin, 1886.

STEIN (Henri), *Bibliographie générale des cartulaires français ou relatifs à l'histoire de France*, 1907.

§ 2. *Sémantique historique et emploi des diverses langues*

ARNALDI (Fr.), *Latinitatis Italicae medii aevi inde ab A. CDLXXVI usque ad A. MDXXII lexicon imperfectum* dans *Archivum latinitatis medii aevi*, t. X, 1936.

BAXTER (J.-H.), etc. *Medieval latin word-list from British and Irish sources*, Oxford, 1934.

DIEFENBACH (L.), *Glossarium latino-germanicum mediae et infimae latinitatis*, Francfort, 1857. *Novum Glossarium*, Francfort, 1867.

DU CANGE, *Glossarium mediae et infimae latinitatis*, Éd. HENSCHEL, 7 vol., 1830-50. Réimpression, Niort, 1883-1887.

HABEL (E.), *Mittellateinisches Glossar*, Paderborn, 1931.

MEYER-LÜBKE (W.), *Romanisches Etymologisches Wörterbuch*, 3ᵉ éd., Heidelberg, 1935.

KLUGE (Friedrich), *Etymologisches Wörterbuch der deutschen Sprache*, 11ᵉ éd., Berlin, 1934.

MURRAY (J. A. H.), *The Oxford English dictionary*, Oxford, 1888-1928.

BLOCH (Oscar) avec la collaboration de W. von WARTBURG, *Dictionnaire étymologique de la langue française*, 1932.

GAMILLSCHEG (E.), *Etymologisches Wörterbuch der französischen Sprache*, Heidelberg, 1928.

WARTBURG (W. von), *Französisches etymologisches Wörterbuch*, 1928 et suiv.

BRUNEL (Cl.), *Le latin des chartes* dans *Revue des études latines*, 1925.

HECK (Philippe), *Uebersetzungsprobleme im früheren Mittelalter*, Tubingue, 1931.

HEGEL (Karl), *Lateinische Wörter und deutsche Begriffe* dans *Neues Archiv der Gesellschaft für ältere deutsche Geschichtskunde*, 1893.

Ogle (M.-B.), *Some aspects of mediaeval latin style* dans *Speculum*, 1926.

Strecker (Karl), *Introduction à l'étude du latin médiéval*, traduction P. van de Woestijne, Gand, 1933.

Traube (L.), *Die lateinische Sprache des Mittelalters* dans Traube, *Vorlesungen und Abhandlungen*, t. II, Munich, 1911.

Brunel (Cl.), *Les premiers exemples de l'emploi du provençal* dans *Romania*, 1922.

Merkel (Felix), *Das Aufkommen der deutschen Sprache in den städtischen Kanzleien des ausgehenden Mittelalters*, Leipzig, 1930 (*Beiträge zur Kulturgeschichte des Mittelalters*, 45).

Nélis (H.), *Les plus anciennes chartes en flamand* dans *Mélanges d'histoire offerts à H. Pirenne*, Bruxelles, 1926, t. I.

Obreen (H.), *Introduction de la langue vulgaire dans les documents diplomatiques en Belgique et dans les Pays-Bas* dans *Revue belge de philologie*, 1935.

Vancsa (Max), *Das erste Auftreten der deutschen Sprache in den Urkunden*, Leipzig, 1895 (*Preisschriften gekrönt... von der fürstlich Jablonowskischen Gesellschaft, histor-nationalökonom. Section* XXX).

§ 3. *L'historiographie*

Balzani (Ugo), *Le cronache italiane nel medio evo*, 2e éd., Milan, 1900.

Gilson (E.), *Le moyen âge et l'histoire* dans Gilson, *L'esprit de la philosophie médiévale*, t. II, 1932.

Heisig (Karl), *Die Geschichtsmetaphysik des Rolandliedes und ihre Vorgeschichte* dans *Zeitschift für romanische Philologie*, t. LV, 1935.

Lehmann (Paul), *Das literarische Bild Karls des Grossen, vornehmlich im lateinischen Schrifttum des Mittelalters* dans *Sitzungsber. der bayerischen Akad., Phil.-hist. Kl.*, 1934.

Poole (R.-L.), *Chronicles and annals : a brief outline of their origin and growth*, Oxford, 1926.

Schmidlin (Joseph), *Die geschichtsphilosophische und kirchenpolitische Weltanschauung Ottos von Freising. Ein Beitrag zur mittelalterlichen Geistesgeschichte*. Fribourg-en-Brisgau, 1906 (*Studien und Darstellungen aus dem Gebiete der Geschichte, hgg. von* H. Grauert, IV, 2-3).

Spörl (Johannes), *Grundformen hochmittelalterlicher Geschichtsanschauung*, Munich, 1935.

§ 4. *Dépouillements des témoignages littéraires*

Acher (Jean), *Les archaïsmes apparents dans la Chanson de « Raoul de Cambrai »* dans *Revue des langues romanes*, 1907.

Falk (J.), *Étude sociale sur les chansons de geste*, Nyköping, 1879.

Kalbfleisch *Die Realien im altfranzösischen Epos « Raoul de Cambrai »*, Giessen, 1897 (*Wissenchaftliche Beilage zum Jahresbericht des Grh. Realgymnasiums*).

Meyer (Fritz), *Die Stände, ihr Leben und Treiben dargestellt nach den altfr. Artus- und Abenteuerromanen*, Marbourg, 1892 (*Ausg. und Abh. aus dem Gebiete der roman. Philologie*, 89).

Tamassia (G.), *Il diritto nell' epica francese dei secoli XII e XIII* dans *Revistà italiana per le scienze giuridiche*, t. I, 1886.

II. LES ATTITUDES MENTALES

§ 1. *Façons de sentir et de penser ; mœurs ; instruction* (1)

BESZARD (L.), *Les larmes dans l'épopée*, Halle, 1903.
BILFINGER, *Die mittelalterlichen Horen und die modernen Stunde*, Stuttgart, 1892.
DOBIACHE-RODJESVENSKY, *Les poésies des Goliards*, 1931.
DRESDNER (Albert), *Kultur- und Sittengeschichte der italienischen Geistlichkeit im 10. und 11. Jahrhundert*, Breslau, 1910.
EICKEN (Heinrich v.), *Geschichte und System der mittelalterlichen Weltanschauung*, Stuttgart, 1887.
GALBRAITH (V. H.), *The literacy of the medieval English kings*, dans *Proceedings of the British Academy*, 1935.
GHELLINCK (J. de), *Le mouvement théologique du XIIe siècle*, 1914.
GLORY (A.) et UNGERER (Th.), *L'adolescent au cadran solaire de la cathédrale de Strasbourg*, dans *Archives alsaciennes d'histoire de l'art*, 1932.
HASKINS (Ch. H.), *The renaissance of the twelfth century*, Cambridge (Mass.), 1927.
HOFMEISTER (Ad.), *Puer, iuvenis, senex : zum Verständnis der mittelalterlichen Altersbezeichnungen* dans *Papstum und Kaisertum... Forsch. P. Kehr dargebr.*, 1926.
IRSAY (St. d'), *Histoire des universités françaises et étrangères*, t. I, 1933.
JACOBIUS (Helene), *Die Erziehung des Edelfraüleins im alten Frankreich nach Dichtungen des XII., XIII. und XIV. Jahrhunderts*, Halle, 1908 (*Beihefte zür Zeitschr. für romanische Philologie*, XVI).
LIMMER (Rod.), *Bildungszustände und Bildungsideen des 13. Jahrhunderts*, Munich, 1928.
PARÉ (G.) BRUNET (A.) TREMBLAY (P.), *La renaissance du XIIe siècle : les écoles et l'enseignement*, 1933 (*Publications de l'Institut d'études médiévales d'Ottawa*, 3).
RASHDALL (H.), *The Universities of Europe in the middle ages*, 2e éd. par F. M. POWICKE et A. B. EMDEN, 3 vol., Oxford, 1936.
SASS (Johann), *Zur Kultur- und Sittengeschichte der sächsischen Kaiserzeit*, Berlin, 1892.
SÜSSMILCH (Hans), *Die Lateinische Vagantenpoesie des 12. und 13. Jahrhunderts als Kulturerscheinung*, Leipzig, 1917 (*Beiträge zur Kulturgesch. des Mittelalters und der Renaissance*, 25).

§ 2. *Les « terreurs » de l'an mille*

BURR (G. L.), *The year 1000* dans *American Histor. Review*, 1900-01.
EICKEN (H. von), *Die Legende von der Erwartung des Weltuntergangs und der Wiederkehr Christi im Jahre 1000* dans *Forschungen zur deutschen Gesch.*, t. XXIII, 1883.
ERMINI (Filippo), *La fine del mondo nell' anno mille e il pensiero di Odone di Cluny* dans *Studien zur lateinischen Dichtung des Mittelalters, Ehrengabe für K. Strecker*, Dresde, 1931 (*Schriftenreihe der Histor. Viertel-jahrschrift*, 1).
GRUND (Karl), *Die Anschauungen des Radulfus Glaber in seinen Historien*, Greifswald, 1910.

(1) Bibliographie très sommaire, notamment pour l'instruction; les ouvrages cités renverront aux autres études, plus anciennes ou plus détaillées.

ORSI (P.), *L'anno mille* dans *Rivista storica italiana*, IV, 1887.
PLAINE (dom François), *Les prétendues terreurs de l'an mille* dans *Revue des questions historiques*, t. XIII, 1873.
WADSTEIN (Ernst), *Die eschatologische Ideengruppe : Antichrist-Weltsabbat-Weltende und Weltgericht*, Leipzig, 1896.

III. PRINCIPALES HISTOIRES GÉNÉRALES

§ 1. *L'Europe*

BARBAGALLO (Corrado), *Il medio evo*, Turin, 1935.
CALMETTE (Joseph), *Le monde féodal*, s. d. (Clio, 4).
The Cambridge Medieval history, 8 vol., Cambridge, 1911-1936.
CARTELLIERI (Alexander), *Weltgeschichte als Machtgeschichte : 382-911. Die Zeit der Reichsgründungen. — Die Weltstellung des deutschen Reiches, 911-1047*, 2 vol., Munich, 1927 et 1932.
EAST (Gordon), *An historical geography of Europe*, Londres, 1935.
GLOTZ (G.), *Histoire générale : Histoire du moyen âge*, t. I, *Les destinées de l'Empire en Occident*, par F. LOT, Chr. PFISTER, F. L. GANSHOF, 1928-1935 — T. II. *L'Europe occidentale de 888 à 1125*, par A. FLICHE, 1930. — T. IV, 2, *L'essor des États d'Occident*, par Ch. PETIT-DUTAILLIS et P. GUINARD, 1937.
HASKINS (Ch. H.), *The Normans in European history*, Boston, 1915.
PIRENNE (Henri), *Histoire de l'Europe, des invasions au XVI*[e] *siècle*, 1936.
VOLPE (G.), *Il medio evo*, Florence [1926].

§ 2. *Histoires nationales ou par règnes* (1)

GEBHARDT (Bruno), *Handbuch der deutschen Geschichte*, t. I, 7e éd., Stuttgart, 1930.
Jahrbücher der deutschen Geschichte, Berlin, depuis 1862 (Pour le détail, voir DAHLMANN-WAITZ, p. 640).
HAMPE (Karl), *Herrschergestalten des deutschen Mittelalters*, Leipzig [1927].
LAMPRECHT (Karl), *Deutsche Geschichte*, t. II et III, Berlin, 1892-93.
BÜHLER (Johannes), *Deutsche Geschichte. Urzeit, Bauerntum und Aristocratie bis um 1100*, Berlin, 1934.
MANITIUS (Max.), *Deutsche Geschichte unter den sächsischen und salischen Kaisern*, Stuttgart, 1889.
CARTELLIERI (Al.), *Kaiser Otto II.* dans *Beiträge zur thüringischen und sächsischen Geschichte, Festschrift für O. Dobenecker*, 1929.
CARTELLIERI (Al.), *Otto III, Kaiser der Römer* dans *Judeich-Festschrift*, 1929.
TER BRAAK (Menno), *Kaiser Otto III*, Amsterdam, 1928.
HAMPE (Karl), *Deutsche Kaisergeschichte in der Zeit der Salier und Staufer*, 3e éd., Leipzig.
HUNT (W.) et POOLE (R. L.), *The political history of England*, t. I, *To 1066*, par Th. HODGKIN, Londres, 1920; t. II, *1066-1216*, par G. B. ADAMS, 1905; t. III, *1216-1377*, par T. F. TOUT, 1905.

(1) Les ouvrages relatifs aux provinces seront groupés, dans la bibliographie du tome suivant, avec les travaux concernant l'histoire des principautés territoriales (cf. p. 671).

OMAN (C.-W. C), *A history of England*, t. I, *Before the Norman Conquest*, par C. W. OMAN, Londres, 1910; t. II, *Under the Normans and Angevins*, par H. W. C. DAVIS, 1905.
RAMSAY (J. H.), *The foundations of England C. B. C. 55, A. D. 1154*) 2 vol., Londres, 1890. — *The Angevin Empire, 1154-1216*, 1903. — *The dawn of the constitution*, 1908.
HODGKIN (R. H.), *A history of the Anglo-Saxons*, 2 vol., Oxford, 1935.
LEES (B. A.), *Alfred the Great*, Londres, 1915.
PLUMMER (Charles), *The life and time of Alfred the Great*, Oxford, 1902.
LARSON (L. M.), *Canute the Great*, New York, 1912.
STENTON (F. M.), *William the Conqueror and the rule of the Normans*, Londres, 1908.
NORGATE (K.), *Richard the Lion Heart*, Londres, 1924.
PIRENNE (Henri), *Histoire de Belgique*, t. I, 3ᵉ éd., Bruxelles, 1929.
POUPARDIN (René), *Le royaume de Bourgogne* (*888-1038*), 1907 (*Biblioth. Éc. Hautes Études, Sc. histor.* 163).
ALTAMIRA (R.), *Historia de España y de la civilización española*, t. I et II, 4ᵉ éd., Barcelone, 1928-29.
BALLESTEROS Y BERETTA (Antonio), *Historia de España y su influencia en la historia universal*, t. II, Barcelone, 1920.
ANGLÈS, FOLCH I TORRÈS, LAUER (Ph.), D'OLWER (Nicolau), PUIG I CADAFALCH, *La Catalogne à l'époque romane*, Paris, 1932 (Université de Paris, Bibliothèque d'art catalan, II).
LAVISSE (E.), *Histoire de France*, t. II, 1 (C. BAYET, C. PFISTER, A. KLEINCLAUSZ); t. II, 2 et III, 1 (A. LUCHAIRE); t. III, 2 (Ch.-V. LANGLOIS), 1901-1903.
KALCKSTEIN (K. von), *Geschichte des Französischen Königtums unter den ersten Kapetingern*, I. *Der Kampf der Robertinern und Karolingern*, Leipzig, 1877.
FAVRE (E.), *Eudes, comte de Paris et roi de France*, 1893 (*Bibliothèque Éc. Hautes Études, Sc. histor.*, 99).
ECKEL (A.), *Charles le Simple*, 1899 (*Bibliothèque Éc. Hautes Études, Sc. histor.*, 124).
LAUER (Ph.), *Robert Iᵉʳ et Raoul de Bourgogne*, 1910.
LAUER (Ph.), *Le règne de Louis IV d'Outre-Mer*, 1900 (*Bibliothèque Éc. Hautes Études, Sc. histor.*, 127).
LOT (Ferdinand), *Les derniers Carolingiens*, 1891 (*Bibliothèque Éc. Hautes Études, Sc. histor.*, 87).
LOT (Ferdinand), *Études sur le règne de Hugues Capet*, 1903 (*Bibliothèque Éc. Hautes Études, Sc. histor.*, nᵒ 147).
PFISTER (C.), *Études sur le règne de Robert le Pieux*, 1885 (*Bibliothèque Éc. Hautes Études, Sc. histor.*, 64).
FLICHE (Augustin), *Le règne de Philippe Iᵉʳ*, 1912.
LUCHAIRE (Achille), *Louis VI le Gros*. 1890.
CARTELLIERI (Al.), *Philipp II August*, Leipzig, 1899-1922.
PETIT-DUTAILLIS (Ch.), *Étude sur la vie et le règne de Louis VIII*, 1894.
CASPAR (Erich), *Roger II* (*1101-1154*) *und die Gründung der normannisch-sicilischen Monarchie*, Innsbruck, 1904.
CHALANDON (F.), *Histoire de la domination normande en Italie et en Sicile*, 2 vol., 1907.
MONTI (G. M.), *Il mezzogiorno d'Italia nel medio evo*, Bari, 1930.
PONTIERI (E.), LEICHT (P. S.) etc., *Il regno normanno*, Milan, 1932.
POUPARDIN (R.), *Le royaume de Provence sous les Carolingiens*, 1901 (*Biblioth. Éc. Hautes Études, Sc. histor.* 131).
PARISOT (R.), *Le royaume de Lorraine sous les Carolingiens* (*843-923*) 1899.

IV. STRUCTURE JURIDIQUE ET POLITIQUE

§ 1. *Principales sources juridiques*

Capitularia regum Francorum, éd. A. BORETIUS et V. KRAUSE, Hanovre, 1883-1897 (*Mon. Germ.*, in-4°).
Formulae merowingici et Karolini aevi, éd. K. ZEUMER, Hanovre, 1886 (*Mon. Germ.*, in-4°).
Sachsenspiegel, éd. K. A. ECKHARDT, Hanovre, 1933 (*Mon. Germ.*, *Fontes iuris germanici, Nova series*).
ATTENBOROUGH (F. L.), *The laws of the earliest English Kings*, Cambridge, 1922.
LIEBERMANN (F.), *Die Gesetze der Angelsachsen*, 3 vol., Halle, 1903-1916 (comprend également les coutumiers de l'époque normande et un précieux index historique) (1).
ROBERTSON (A. J.), *The laws of the kings of England from Edmund to Henry I*, Cambridge, 1925.
BRACTON, *De legibus et consuetudinibus Angliae*, éd. G.-E. WOODBINE, 2 vol., New-Haven (U. S.) 1915-1932 (*Yale Hist. Publ. Ms.* III); éd. TWISS, 6. vol., Londres, 1878-83 (*Rolls Series*).
GLANVILL, *De legibus et consuetudinibus regni Angliae*, éd. G. E. WOODBINE, New-Haven (U. S.), 1932 (*Yale Historical Publications, Manuscripts*, XIII).
Le Conseil de Pierre de Fontaines, éd. A.-J. MARNIER, 1886.
Les Établissements de Saint Louis, éd. P. VIOLLET, 4 vol., 1881-1886 (*Soc. de l'Hist. de France*).
FOURGOUS (J.), et BEZIN (G. de), *Les Fors de Bigorre*, Bagnères, 1901 (*Travaux sur l'histoire du droit méridional*, fasc. 1).
PHILIPPE DE BEAUMANOIR, *Coutumes de Beauvaisis*, éd. A. SALMON, 2 vol., 1899-1900 (*Coll. de textes pour servir à l'étude... de l'hist.*).
TARDIF (Joseph), *Coutumiers de Normandie*, 2 vol., Rouen, 1881-1903.
MUÑOZ ROMERO (T.), *Colección de fueros municipales y cartas pueblas de los reinos de Castilla, Leon, Corona de Aragon y Navarra*, t. I, Madrid, 1847.
Usatges de Barcelona, editats amb una introduccio per R. d'ABADAL I VINYALS *i* F. VALLS TABERNER, Barcelone, 1913 (*Textes de dret catala*, I).
ACHER (Jean), *Notes sur le droit savant au moyen âge* dans *Nouvelle Revue historique du droit*, 1906 (traité des hommages de J. de Blanot).
GUILLAUME DURAND. *Speculum judiciale*. (Le texte, composé entre 1271 et 1276, a été plusieurs fois imprimé).
LEHMANN (Karl), *Das Langobardische Lehnrecht* (*Handschriften, Textentwicklung, ältester Text und Vulgattext nebst den capitula extraordinaria*), Göttingen, 1896.
SECKEL (Em.), *Ueber neuere Editionen juristischer Schriften des Mittelalters* dans *Zeitschrift der Savigny Stiftung, G. A*, 1900 (sur les *Summae feudorum* du XIIIe siècle).

§ 2. *Principaux ouvrages sur l'histoire des institutions et du droit*

MAYER (Ernst), *Mittelalterliche Verfassunsgsgeschichte: deutsche und französische Geschichte vom 9. bis zum 14. Jahrhundert*, 2 vol., Leipzig, 1899.

(1) Les références aux lois anglo-saxonnes ont été données ci-dessus, par noms de rois; celles aux coutumiers, par leurs titres.

Below (Georg. v.), *Der deutsche Staat des Mittelalters*, t. I, Leipzig, 1914.
Below (Georg v.), *Vom Mittelalter zur Neuzeit*, Leipzig, 1924 (*Wissenschaft und Bildung*, 198).
Brunner (Heinrich), *Deutsche Rechtsgeschichte*, 2 vol., 2e éd., Leipzig, 1906 et 1928.
Keutgen (F.), *Der deutsche Staat des Mittelalters*, Iéna, 1918.
Meyer (Walter), *Das Werk des Kanzlers Gislebert von Mons besonders als verfassungsgeschichtliche Quelle betrachtet*, Königsberg, 1888.
Schröder (R.), *Lehrbuch der deutschen Rechtsgeschichte*, 6 éd., Leipzig, 1919-1922.
Waitz (G.), *Deutsche Verfassungsgeschichte*, t. I à VI en 2e éd., Berlin, 1880-1896; t. VII et VIII, Kiel, 1876-78.
Chadwick (H. M.), *The origin of the English nation*, Cambridge, 1924.
Chadwick (H.-M.), *Studies in Anglo-Saxon Institutions*, Cambridge, 1905.
Holdsworth (W. S.), *A history of English law*, t. I, II et III, 3e éd., Londres, 1923.
Jolliffe (J. E. A.), *The constitutional history of medieval England*, Londres, 1937.
Maitland (F. W.), *Domesday Book and Beyond*, Cambridge, 1921.
Pollock (Frederick) et Maitland (F. W.), *The history of English law before the time of Edward I*, 2 vol., Cambridge, 1898.
Pollock (F.), *The land laws*, 3e éd., Londres, 1896.
Stubbs (William), *Histoire constitutionnelle de l'Angleterre*, trad. par Ch. Petit-Dutaillis et G. Lefebvre, 3 vol., 1907-1927 (avec notes additionnelles par les traducteurs).
Vinogradoff (P.), *English society in the eleventh century*. Oxford, 1908
Gama-Barros (H. da), *Historia da administraçao publica em Portugal nos seculos XII a XV*, 2 vol., Lisbonne, 1885-96 (beaucoup de renseignements aussi sur le León et la Castille).
Mayer (Ernst), *Historia de las instituciones sociales y politicas de España y Portugal durante los siglos V a XIV*, 2 vol., Madrid, 1925-26.
Riaza (Romàn) et Gallo (Alfonso Garcia), *Manual de historia del derecho espanol*, Madrid, 1935.
Sanchez-Albornoz (Cl.), *Conferencias en la Argentina* dans *Anuario de historia del derecho español*, 1933.
Sanchez-Albornoz (Cl.), *La potestad real y los señorios en Asturias, León y Castilla* dans *Revista de Archivos*, 3e série, XXXI, 1914.
Besnier (Robert), *La coutume de Normandie. Histoire externe*, 1935.
Chénon (Émile), *Histoire générale du droit français public et privé*, 2 vol., 1926-1929.
Esmein (A.), *Cours élémentaire d'histoire du droit français*, 14e éd., 1921.
Flach (J.), *Les origines de l'ancienne France*, 4 vol., 1886-1917.
Fustel de Coulanges, *Histoire des institutions politiques de l'ancienne France*, 6 vol., 1888-1892.
Haskins (Ch. H.), *Norman institutions*, Cambridge (Mass.), 1918 (*Harvard Historical Studies*, XXIV).
Kiener (Fritz), *Verfassungsgeschichte der Provence seit der Ostgothenherrschaft bis zur Errichtung der Konsulate* (*510-1200*), Leipzig, 1900.
Luchaire (Achille), *Manuel des institutions françaises. Période des Capétiens directs*, 1892.
Olivier-Martin, *Histoire de la coutume de la prévôté et vicomté de Paris*, 3 vol., 1922-1930.
Rogé (Pierre), *Les anciens fors de Béarn*, Toulouse, 1907.

VIOLLET (Paul). *Histoire des institutions politiques et administratives de la France*, 3 vol. 1890-1903
BESTA (E.), *Fonti, legislazione e scienza giuridicha della caduta dell'impero romano al sec. VX°*, Milan, 1923 (*Storia del diritto italiano... di* P. GIUDICE).
FICKER (J.), *Forschungen zur Reichs- und Rechtsgeschichte Italiens*, 4 vol., Innsbruck, 1868-74.
LEICHT (P. S.), *Ricerche sul diritto privato nei documenti preirneriani*, 2 vol., Rome, 1914-1922.
MAYER (Ernst), *Italienische Verfassungsgeschichte von der Gothenzeit zur Zunftherrschaft*, 2 vol., Leipzig, 1900.
SALVIOLI (G.), *Storia del diritto italiano*, 8ᵉ éd., Turin, 1921.
SOLMI (A.), *Storia del diritto italiano*, 3ᵉ éd., Milan, 1930.
JAMISON (E.), *The Norman administration of Apulia and Capua* dans *Papers of the British School at Rome*, VI, 1913.
NIESE (Hans), *Die Gesetzgebung der normannischen Dynastie im regnum Siciliae*, Halle, 1910.

§ 3. *La mentalité juridique et l'enseignement du droit*

CHÉNON (E.), *Le droit romain à la Curia regis* dans *Mélanges Fitting*, t. I, Montpellier, 1907 (Compte rendu par J. ACHER, *Rev. générale de droit*, XXXII, 1908).
BESTA (E.), *L'opera d'Irnerio*, Turin, 1910.
BRIE (S.), *Die Lehre vom Gewohnheitsrecht, I : Geschichtliche Grundlegung*, Breslau, 1899.
CHIAPPELLI (L.), *Recherches sur l'état des études de droit romain en Toscane au XIᵉ siècle* dans *Nouv. Revue histor. de droit*, 1896.
CONRAT (Max), *Die Quellen und Literatur des Römischen Rechts im früheren Mittelalter*, Leipzig, 1891.
FLACH (J.), *Études critiques sur l'histoire du droit romain au moyen âge*, 1890.
FOURNIER (P.), *L'Église et le droit romain au XIIIᵉ siècle* dans *Nouv. Revue historique de droit*, 1890.
GARAUD (Marcel), *Le droit romain dans les chartes poitevines du IXᵉ au XIᵉ siècle* dans *Bull. de la Soc. des Antiquaires de l'Ouest*, 1925.
GOETZ (W.), *Das Wiederaufleben des römischen Rechts im 12. Jahrhundert* dans *Archiv. für Kulturgeschichte*, 1912.
MEYNIAL (E.), *Note sur la formation de la théorie du domaine divisé... du, XIIᵉ au XIVᵉ siècle* dans *Mélanges Fitting*, t. II, Montpellier, 1908.
MEYNIAL (E.), *Remarques sur la réaction populaire contre l'invasion du droit romain en France aux XIIᵉ et XIIIᵉ siècles* dans *Mélanges Chabaneau*, Erlangen, 1907.
OLIVIER-MARTIN (Fr.), *Le roi de France et les mauvaises coutumes* dans *Zeitschrift der Savigny Stiftung*, G. A., 1938.
VINOGRADOFF (P.), *Roman Law in medieval Europe*, 2ᵉ éd., Oxford, 1929.
WEHRLÉ (R.), *De la coutume dans le droit canonique*, 1928.

§ 4. *Les idées politiques*

CARLYLE (R. W. et A. J.), *A history of medieval politicaltheory in the West.*, t. I à III, Londres, 1903-1915.
DEMPF (Alois), *Sacrum imperium : Geschichts- und Staatsphilosophie des Mittelalters und der politischen Renaissance*, Münich, 1929.
HERN (Fritz), *Recht und Verfassung in Mittelalter* dans *Historische Zeitschrift*, 1919.

V. LES DERNIÈRES INVASIONS

§ 1. *Généralités*

LOT (Ferdinand), *Les invasions barbares et le peuplement de l'Europe : introduction à l'intelligence des derniers traités de paix*, 2 *vol.*, 1937.

§ 2. *Les Sarrasins dans les Alpes et l'Italie péninsulaire* (voir aussi POUPARDIN, p. 645)

DUPRAT (Eug.), *Les Sarrasins en Provence* dans *Les Bouches-du-Rhône. Encyclopédie départementale*, 1924.
LATOUCHE (R.), *Les idées actuelles sur les Sarrasins dans les Alpes* dans *Revue de géographie alpine*, 1931.
PATRUCCO (Carlo E.), *I Sarraceni nelle Alpi Occidentali* dans *Biblioteca della Societa storica subalpina*, t. XXXII, 1908.
VEHSE (O.), *Das Bündnis gegen die Sarazenen vom Jahre 915* dans *Quellen und Forsch. aus italienischen Archiven*, t. XIX, 1927.

§ 3. *Les Hongrois*

BÜDINGER (Max), *Œsterreischische Geschichte bis zum Ausgange des dreizehnten Jahrhunderts*, t. I, Leipzig, 1858.
CARO (G.), *Der Ungarntribut unter Heinrich I.* dans *Mitteilungen des Instituts für œsterr. Geschichtsforschung*, t. XX, 1899.
DARKO (E.), *Influences touraniennes sur l'évolution de l'art militaire des Grecs, des Romains et des Byzantins* dans *Byzantion*, 1935 et 1937.
JOKAY (Z.), *Die ungarische Ortsnamenforschung* dans *Zeitschrift für Ortsnamenforschung*, 1935.
KAINDL (R. F.), *Beiträge zur älteren ungarischen Geschichte*, Vienne, 1893.
LÜTTICH (Rudolph), *Ungarnzüge in Europa im* 10. *Jahrhundert*, Berlin, 1910 (*Ebering's Histor.* Studien, 74).
MACARTNEY (C. A.), *The Magyars in the ninth century*, Cambridge, 1930 (Compte rendu par G. MORAVSIK, dans *Byzantinische Zeitschrift*, 1933).
MARCZALI (Heinrich), *Ungarns Geschichtsquellen im Zeitalter der Arpaden*, Berlin, 1882.
MARQUART (J.), *Osteuropäische und ostasiatische Streifzüge*, Leipzig, 1903.
SAUVAGEOT (A.), *L'origine du peuple hongrois* dans *Revue des études hongroises*, t. II, 1924.
SCHÖNEBAUM (Herbert), *Die Kenntnis der byzantinischen Geschichstsschreiber von der ältesten Geschichte der Ungarn vor der Landnahme*, Berlin, 1922.
SEBESTYEN (Charles C. S.), *L'arc et la flèche des Hongrois* dans *Nouvelle Revue de Hongrie*, t. LI, 1934.
STEINACKER (Harold), *Ueber Stand und Aufgabe der ungarischen Verfassungsgeschichte* dans *Mitteilungen des Instituts für œsterr. Geschichtsforschung*, t. XVIII, 1907.
SZINNYEI, *Die Herkunft der Ungarn, ihre Sprache und Urkultur*, 2e éd., Berlin, 1923.
ZICHY (Étienne), *L'origine du peuple hongrois* dans *Revue des études hongroises*, t. I, 1923.

§ 4. *Les Scandinaves en général et leurs invasions*

ARBMAN (Holger) et STENBERGER (Marten), *Vikingar i Västerled* (Les Vikings sur les routes de l'Ouest), Stockholm, 1935.
BUGGE (Alexander), *The Norse settlements in the British Islands* dans *Transactions of the Royal Historical Society*, 1921.
BUGGE (Alexander), *Die Wikinger: Bilder aus der nordischen Vergangenheit*, Halle, 1906.
CLAPHAM (H. J.), *The horsing of the Danes* dans *English Historical Review*, 1910.
COLLINGWOOD (W. G.), *Scandinavian Britain*, Londres, 1908.
CURTIS (E.), *The English and Ostmen in Ireland* dans *English Historical Review*, 1908.
DARLINGTON (R. R.), *The last phase of Anglo-Saxon history* dans *History*, 1937.
FALK (H.), *Altnordisches Seewesen* dans *Wörter und Sachen*, t. IV, 1912.
GARAUD (Marcel), *Les invasions des Normands en Poitou et leurs conséquences* dans *Rev. historique*, t. CLXXX, 1937.
GOSSES (I. H.), *Deensche Heerschappijen in Friesland gedurende den Noormannentijd* dans *Mededeelingen der koninklijke Akademie van Wetenschappen, Afd. Letterkunde*, Deel 56, Série B, 1923.
HOFMEISTER (A.), *Ein angeblicher Normannenzug ins Mittelmeer um 825* dans *Historische Aufsätze K. Zeumer dargebracht*, Weimar, 1909.
JACOBSEN (Lis), *Les Vikings suivant les inscriptions runiques du Danemark* dans *Revue Historique*, t. CLVIII, 1938.
JORANSON (Einar), *The Danegeld in France*, Rock-Island, 1923 (Augustana Library Publ., 10).
KENDRICK (T. D.), *A history of the Vikings*, Londres, 1930.
LOT (F.), *La grande invasion normande de 856-862*, dans *Bibliothèque de l'École des Chartes*, 1908.
LOT (F.), *La Loire, l'Aquitaine et la Seine de 862 à 866*, dans *Bibliothèque de l'École des Chartes*, 1915.
LOT (F.), *Le monastère inconnu pillé par les Normands en 845*, dans *Bibliothèque de l'École des Chartes*, 1909.
MONTELIUS (Oskar), *Kulturgeschichte Schwedens von den ältesten Zeiten bis zum elften Jahrhundert*, Leipzig, 1906.
MONTELIUS (Oskar), *Sverige och Vikingafäderna västernt* (La Suède et les expéditions des Vikings vers l'Ouest) dans *Antikvarisk Tidskrift*, t. XXI, 2.
NORDENSTRENG (Rolf), *Die Züge der Wikinger*, trad. L. MEYN, Leipzig, 1925.
OMAN (Charles W. C.), *The danish kingdom of York* dans *The Archaeological Journal*, t. XCI, 1934.
OLRIK (Axel), *Viking Civilization*, Londres, 1930.
PAULSEN (P.), *Studien zur Wikingerkultur*, Neumünster, 1933.
PRENTOUT (Henri), *Étude critique sur Dudon de Saint-Quentin*, 1916.
PRENTOUT (Henri), *Essai sur les origines et la formation du duché de Normandie*, Caen, 1911.
SHETELIG (Haakon), *Les origines des invasions des Normands* (*Bergens Museums Arbog, Historisk-antikvarisk rekke, nr. 1*).
SHETELIG (Haakon), *Préhistoire de la Norvège*, Oslo, 1926 (*Instituttet for sammenlignende Kulturforskning*, Série A, t. V).
STEENSTRUP (J.), *Normandiets Historie under de syv förste Hertuger 911-1066* (avec un résumé en français) dans *Mémoires de l'Académie royale des sciences et des lettres de Danemark*, 7e Série, *Sections des Lettres*, t. V, n° 1, 1925.

STEENSTRUP (J.), *Normannerne*, 4 vol., Copenhague, 1876-1882 (Le tome I partiellement traduit sous le titre d'*Études préliminaires pour servir à l'histoire des Normands*, dans *Bullet. Soc. Antiquaires Normandie*, t. V et à part, 1881).
VAN DER LINDEN, *Les Normands à Louvain* dans *Revue historique*, t. CXXIV, 1917.
VOGEL (W.), *Die Normannen und das fränkische Reich bis zur Gründung der Normandie (799-911)*, Heidelberg, 1906.
VOGEL (Walther), *Handelsverkehr, Städtewesen und Staatenbildung in Nordeuropa im früheren Mittelalter* dans *Zeitschrift der Gesellschaft für Erdkunde zu Berlin*, 1931.
VOGEL (Walther), *Wik-Orte und Wikinger: eine Studie zu den Anfängen des germanischen Städtewesens* dans *Hansische Geschichtsblätter*, 1935.
WADSTEIN, *Le mot viking*, dans *Mélanges de philologie offerts à M. Johan Vising*, 1925.

§ 5. *La conversion du Nord*

JOHNSON (E. N.), *Adalbert of Hamburg-Bremen* dans *Speculum*, 1934.
MAURER (Konrad), *Die Bekehrung des norwegischen Stammes zum Christentum*, 2 vol., Munich, 1855-1856.
MOREAU (E. de), *Saint Anschaire*, Louvain, 1930.
SCHMEIDLER (B.), *Hamburg-Bremen und Nordwest-Europa von 9. bis 11. Jahrh.*, Leipzig, 1918.

§ 6. *Traces et effets des établissements scandinaves*

ANDERSON (Olaf S.), *The English hundred-names*, Lund, 1934.
BRÖNDAL (Viggo), *Le normand et la langue des Vikings* dans *Normannia*, 1930.
EKWALL (E.), *How long did the Scandinavian language survive in England* dans *A grammatical miscellany offered to O. Jespersen*, Copenhague, 1930.
EKWALL (E.), *Scandinavians and Celts in the North-West of England*, Lund, 1918 (*Lunds Universitets Årsskrift*, N. F, Afd. 1, Bd. 14).
EKWALL (E.), *The scandinavian element* dans A. MAWER et F. W. STENTON, *Introduction to the survey of English Place-Names*, Part. I, Cambridge, 1929.
EKWALL (E.), *The scandinavian element* dans H. C. DARBY, *An historical geography of England*, Cambridge, 1936.
EMANUELLI, *La colonisation normande dans le département de la Manche* dans *Revue de Cherbourg*, 1907 et suiv.
JESPERSEN (O.), *Growth and structure of the English language*, 7ᵉ éd., Leipzig, 1933.
JORET (Ch.), *Les noms de lieu d'origine non romane et la colonisation germanique et scandinave en Normandie* dans *Congrès du millénaire de la Normandie*, Rouen, 1912, t. II et (developpé) à part, 1913.
LINDKVIST, *Middle English Place-Names of Scandinavian origin*, Upsal, 1912.
LOT (Ferdinand), *De l'origine et de la signification historique des noms de lieux en ville et en court* dans *Romania* 1933 (Cf. MARC BLOCH, *Réflexions d'un historien sur quelques travaux de toponymie* dans *Annales d'histoire économique*, t. VI, 1934).
MAWER (A.), *Problems of Place-Name study*, Cambridge, 1929.
MAWER (A.), *The scandinavian settlements in England as reflected in English Place-Names* dans *Acta Philologica Scandinavica*, t. VII, 1932-33.

PRENTOUT (H.), *Le rôle de la Normandie dans l'histoire* dans *Rev. historique*, t. CLX, 1929.

SHETELIG (H.), *Vikingeminner i Vest Europa* (Les souvenirs archéologiques des Vikings dans l'Europe Occidentale), Oslo, 1933 (*Instittutet for sammenlignende kulturforksning*, A, XVI.

SION (Jules), *Les paysans de la Normandie orientale*, 1908.

SJÖGREN (A.), *Le genre des mots d'emprunt norrois en normand*, dans *Romania*, 1928.

STENTON (F. M.), *The Danes in England* dans *History*, 1920-21.

STENTON (F. M.), *The Danes in England* dans *Proceedings of the British Academy*, t. XIII, 1927.

VI. LES LIENS DU SANG

§ 1. *Généralités; solidarité criminelle*

ROEDER (Fritz), *Die Familie bei den Angelsachsen*, tome I, Halle, 1899 (*Studien zur englischen Philologie*, IV).

BRUNNER (Heinrich), *Sippe und Wergeld in den niederdeutschen Rechten* dans BRUNNER, *Abhandlungen zur Rechtsgeschichte*, t. I, Weimar, 1931 (précédemment *Zeitschr. der Savigny-St.*, G. A., III).

CATTIER (F.), *La guerre privée dans le comté de Hainaut* dans *Annales de la Faculté de philosophie de Bruxelles*, t. I, 1889-90.

DUBOIS (Pierre), *Les asseurements au XIIIe siècle dans nos villes du Nord*, 1900.

ESPINAS (G.), *Les guerres familiales dans la commune de Douai aux XIIe et XIIIe siècles* dans *Nouv. Revue historique de droit*, 1900.

FRAUENSTÄDT (Paul), *Blutrache und Todtschlagsühne im deutschen Mittelalter*, Leipzig, 1881.

HINOJOSA (Eduardo de), *Das germanische Element im spanischen Rechte* dans *Zeitschrift der Savigny-Stiftung*, G. A., 1910.

HIS (R.), *Gelobter und gebotener Friede im deutschen Mittelalter* dans *Zeitschrift der Savigny-Stiftung*, G. A., 1912.

PETIT-DUTAILLIS (Ch.), *Documents nouveaux sur les mœurs populaires et le droit de vengeance dans les Pays-Bas au XVe siècle*, 1908 (avec bibliographie).

PHILLPOTTS (Bertha Surtees), *Kindred and clan in the middle ages and after : a study in the sociology of the Teutonic races*, Cambridge, 1913 (*Cambridge Archaeological and Ethnological Series*).

VALAT (G.), *Poursuite privée et composition pécuniaire dans l'ancienne Bourgogne*, Dijon, 1907.

VAN KEMPEN (Georges) *De la composition pour homicide d'après la Loi Salique. Son maintien dans les Coutumes de Saint-Omer jusqu'à la fin du XVIe siècle*, Saint-Omer, 1902.

WILKE (Carl), *Das Friedegebot : ein Beitrag zur Geschichte des deutschen Strafrechts*, Heidelberg, 1911 (*Deutschrechtliche Beiträge*, VI, 4).

YVER (J.), *L'interdiction de la guerre privée dans le très ancien droit normand* (*Extrait des travaux de la semaine d'histoire du droit normand*), Caen, 1928.

§ 2. *Le lignage comme société économique*

BRUNNER (H.), *Der Totenteil in germanischen Rechten* dans BRUNNER, *Abhandlungen zur Rechtsgeschichte*, t. II, Weimar, 1937 (précédemment dans *Zeitschrift der Savigny-St.*, G. A., XIX).

Caillemer (Robert), *Les idées coutumières et la renaissance du droit romain dans le Sud-Est de la France : I « Laudatio » des héritiers* dans *Essays in legal history ed. by P. Vinogradoff*, Oxford, 1913.

Caillemer (Robert), *Le retrait lignager dans le droit provençal* dans *Studi giuridici in onore di Carlo Fadda*, t. IV, Naples, 1906.

Falletti (Louis), *Le retrait lignager en droit coutumier français*, Paris, 1923.

Formentini (Ubaldo), *Sulle origini e sulla costituzione d'un grande gentilizio feodale dans Atti della Società ligure di storia patria*, t. LIII, 1926.

Génestal (Robert), *Le retrait lignager en droit normand* dans *Travaux de la semaine d'histoire du droit normand...* 1923, Caen, 1925.

Laplanche (Jean de), *La réserve coutumière dans l'ancien droit français*, 1925.

Plucknett (Théodore F. T.), *Bookland and Folkland* dans *The Economic history Review*, t. VI, 1935-1936 (avec bibliographie).

Porée (Charles), *Les statuts de la communauté des seigneurs pariers de La Garde-Guérin (1238-1313)* dans *Bibliothèque de l'École des Chartes*, 1907 et *Études historiques sur le Gévaudan*, 1919.

Schultze (Alf.), *Augustin und der Seelteil des germanischen Erbrechts* dans *Abh. der sächs. Akad. der Wiss., Phil. hist. Kl.* 28.

Tamassio (G.), *Il diritto di prelazione e l'espropriazione forzata negli statuti dei comuni italiani* dans *Archivio giuridico*, 1885.

VII. LES INSTITUTIONS PROPREMENT FÉODALES

§. 1. *Généralités; origines de la féodalité franque* (1)

Bloch (Marc), *Feudalism (European)* dans *Encyclopaedia of the social sciences*, VI, 1931.

Bourgeois (Em.), *Le capitulaire de Kiersy-sur-Oise : étude sur l'état et le régime politique de la société carolingienne à la fin du IXe siècle d'après la législation de Charles le Chauve*, 1885.

Calmette (J.), *La Société féodale*, 1923 (Collection A. Colin).

Dopsch (A.), *Benefizialwesen und Feudalität* dans *Mitteilungen des oesterreichischen Instituts für Geschichtsforschung*, 1932.

Dopsch (A.), *Die Leudes und das Lehnwesen* dans *Mitteilungen des œsterr. Instituts für Geschichtsforschung*, 1926.

Dopsch (A.), *Die Wirtschaftsentwicklung der Karolingerzeit*, 2e éd., Vienne, 1921-1922.

Dumas (Auguste), *Le serment de fidélité et la conception du pouvoir du Ier au IXe siècle* dans *Revue historique de droit*, 1931 (Cf. Lot (F.), *Le serment de fidélité à l'époque franque* dans *Revue belge de philologie*, 1933 ; Dumas (A.), *Le serment de fidélité à l'époque franque*, *ibid*, 1935.)

Ganshof (F. L.), *Note sur les origines de l'union du bénéfice avec la vassalité* dans *Études d'histoire dédiées à la mémoire de Henri Pirenne*, Bruxelles, 1937.

Guilhiermoz (A.), *Essai sur les origines de la noblesse en France au moyen âge*, 1902.

Halphen (L.), *A propos du capitulaire de Quierzy* dans *Revue historique*, t. CVI, 1911.

Kienast (W.), *Die deutschen Fürsten im Dienste der Westmächte bis zum Tode Philipps des Schönen von Frankreich*, 2 vol., Utrecht, 1924-1931.

(1) Voir aussi ci-dessous, VIII, 2.

KIENAST (W.), *Lehnrecht und Staatsgewalt im Mittelalter* dans *Histor. Zeitschrift*, t. CLVIII, 1938.
KRAWINKEL (H.), *Zur Entstehung des Lehnwesens*, Weimar, 1936.
LESNE (Em.), *Histoire de la propriété ecclésiastique en France*, 4 vol., Lille, 1910-1936
MENZEL (Viktor) *Die Entstehung des Lehnwesens*, Berlin, 1890.
MAYER (Ernst), *Die Entstehung der Vasallität und des Lehnwesens* dans *Festgäbe für R. Sohm.*, Munich, 1914.
MITTEIS (H.), *Lehnrecht und Staatsgewalt*, Weimar, 1933.
MITTEIS (H.), *Politische Prozesse des früheren Mittelalters in Deutschland und Frankreich* dans *Sitzungsber. der Heidelberger Akad. der Wissenschaften*, 1926.
ROTH (P.), *Feudalität und Unterthanenverband*, Weimar, 1863.
SOCIÉTÉ JEAN BODIN, *Les liens de vassalité et les immunités*, Bruxelles, 1936 (*et Revue de l'Institut de Sociologie*, 1936).
VINOGRADOFF (P.), *Foundations of Society* et *Feudalism* dans *Cambridge Medieval History*, t. II et III.
WAITZ (G.), *Die Anfänge des Lehnwesens* dans WAITZ, *Gesammelte Abhandlungen*, t. I, Göttingen, 1896.

§ 2. *Études par pays ou par régions*

BESELER (Georg), *System des gemeinen deutschen Privatrechts*, t. II, Berlin, 1885.
HOMEYER (C. G.), *System des Lehnrechts der sächsischen Rechtsbücher* dans *Sachsenspiegel*, éd. Homeyer, t. II, 2, Berlin, 1844.
LIPPERT (Woldemar), *Die deutschen Lehnsbücher*, Leipzig, 1903.
ADAMS (G. B.), *Anglo-saxon feudalism* dans *American Historical Review*, t. VII, 1901-02.
CHEW (H. M.), *The English ecclesiastical tenants-in-chief and knight-service, especially in the thirteenth and fourteenth century*, Oxford, 1932.
DOUGLAS (D. C.), *Feudal documents from the abbey of Bury St-Edmunds*, Londres, 1932 (*Records of the Soc. and Ec. Hist. of England*, VIII) : importante introduction.
JOLLIFFE (J. E. A.), *Northumbrian institutions* dans *English Historical Review*, t. XLI, 1926.
MAC KECHNIE, (W. S.), *Magna Carta : a commentary*, 2e éd., Glascow, 1914.
ROUND (H.), *Feudal England*, Londres, 1907.
ROUND (H.), *Military tenure before the Conquest* dans *English historical Review*, t. XII, 1897.
STENTON (F. M.), *The changing feudalism of the middle ages* dans *History*, t. XIX, 1934-35.
STENTON (F. M.), *The first century of English feudalism* (1066-1166), Oxford, 1932.
MENENDEZ PIDAL, *La España del Cid*, 2 vol., Madrid, 1929. Traduction anglaise abrégée *The Cid and his Spain*, 1934; allemande *Das Spanien des Cid*, 2 vol., Munich, 1936-37.
MUÑOZ-ROMERO (T.), *Del estado de las personas en los reinos de Asturias y Leon* dans *Revista de Archivos*, 1883.
PAZ (Ramon), *Un nuevo feudo castellano* dans *Anuario de historia del derecho español*, 1928.
SANCHEZ-ALBORNOZ (Cl.), *Las behetrias* et *Muchas paginas más sobre las behetrias* dans *Anuario de historia del derecho español*, 1924 et 1927.
SANCHEZ-ALBORNOZ (Cl.), *Un feudo castellano del XIII* dans *Anuario de historia del derecho español*, 1926.

Secrétan (E.), *De la féodalité en Espagne* dans *Rev. historique du droit*, 1863.

Espinay (G. d'), *La féodalité et le droit civil français*, Saumur, 1862 (*Rec. de l'Académie de Législation de Toulouse*. Livraison supplémentaire).

Dillay (Madeleine), *Le « service » annuel en deniers des fiefs de la région angevine* dans *Mélanges Paul Fournier*, 1919.

Brutails (J.-A.), *Les fiefs du roi et les alleux en Guienne* dans *Annales du Midi*, 1917.

Lagouelle (Henri), *Essai sur la conception féodale de la propriété foncière dans le très ancien droit normand*, 1902.

Rabasse (Maurice), *Du regime des fiefs en Normandie au moyen âge*, 1905.

Richardot (Hubert), *Le fief roturier à Toulouse aux XIIe et XIIIe siècles* dans *Rev. histor. de droit français*, 1935.

Strayer (J. R.), *Knight-Service in Normandy* dans *Anniversary essays by studens of Ch. H. Haskins*, 1929.

Yver (Jean), *Les contrats dans le très ancien droit normand*, 1926.

Del Giudice (P.) et Calisse (C.), *Feudo* dans *Il Digesto italiano*, t. XI, 2, 1892-1898.

Schneider (F.), *Die Entstehung von Burg- und Landgemeinde in Italien*. Berlin, 1924 (*Abhandl. zur mittleren und neueren Gesch.*, 68).

Wunderlich (Erich), *Aribert von Antemiano, Erzbischof von Mailand*, Halle, 1914.

Brooke (Z. N.), *Pope Gregory VII's demand of fealty from William the Conqueror* dans *English Historical Review*, t. XXVI, 1911.

Erdmann (Karl), *Das Papsttum und Portugal im ersten Jahrhunderte der portugiesischen Geschichte* dans *Abh. der Preussischen Akademie, Phil.-hist. Kl.*, 1938.

Jordan (Karl), *Das Eindringen des Lehnwesens in das Rechtsleben der römischen Kurie* dans *Archiv. für Urkundenforschung*, 1931.

Kehr (P.), *Die Belehnungen der süditalienischen Normannenfürsten durch die Päpste* dans *Abhandl. der preussischen Akademie, Phil.-hist. Kl.*, 1934.

Kehr (P.), *Das Papsttum und der katalanische Prinzipat bis zur Vereinigung mit Aragon* dans *Abhandl. der preussischen Akademie, Phil.-hist. Kl.*, 1926.

Kehr (P.), *Das Papsttum und die Königreiche Navarra und Aragon bis zur Mitte des XII. Jahrhunderts* dans *Abh. der pr. Akademie, Phil.-hist. Kl.*, 1928.

Kehr (P.), *Wie und wann wurde das Reich Aragon ein Lehen der römischen Kirche*, dans *Sitzungsber. der preussischen Akademie, Phil.-hist. Kl.*, 1928.

Kölmel (W.), *Rom und der Kirchenstaat im 10. und 11. Jahrhundert bis in die Anfänge der Reform*, Berlin, 1935 (*Abh. zur mittleren und neueren Gesch.*, 78).

Tomassetti (G.), *Feudalismo romano* dans *Rivista internazionale di scienze sociale*, t. V, 1894.

Capasso (B.), *Sul catalogo dei feudi e dei feudatari delle provincie napoletane sotto la dominazione normanna* dans *Atti della r. Accademia di archeologia*, t. IV (1868-69).

Ceci (C.), *Normanni di Inghilterra e Normanni d'Italia* dans *Archivio Scientifico del R. Istituto Sup. di Sc. Economiche... di Bari*, t. VII, 1932-33.

Monti (G.-M.), *Ancora sulla feudalità e i grandi domani feudali del regno di Sicilia* dans *Rivistà di storia del diritto ital.*, t. IV, 1921.

La Monte (J. L.), *Feudal monarchy in the Latin Kingdom of Jerusalem*, Cambridge (U. S.), 1932 (*Monographs of the Mediaeval Acad.*, 4).

§ 3. *Compagnonnage, vassalité, hommage*

Bloch (Marc), *Les formes de la rupture de l'hommage dans l'ancien droit féodal*, dans *Nouvelle Revue historique de droit*, 1912.

Brunner (H.), *Zur Geschichte des fränkischen Gefolgswesens* dans *Forschungen zur Geschichte des d. und fr. Rechtes*, Stuttgart, 1894 (précédemment *Zeitschr. der Savigny St.*, G. A., IX).

Calmette (Joseph), *Le « comitatus » germanique et la vassalité* dans *Nouvelle Revue historique de droit*, 1904.

Chénon (E.), *Le rôle juridique de l'osculum dans l'ancien droit français* dans *Mém. Soc. nationale des Antiquaires*, 8e Série, t. VI, 1919-1923.

Doublier (Othmar), *Formalakte beim Eintritt in die altnorwegische Gefolgschaft* dans *Mitteilungen des Instituts für œsterr. Geschichtsforschung, Ergänzungsband VI*, 1901.

Ehrenberg (V.), *Commendation und Huldigung nach fränkischem Recht*, 1877.

Ehrismann (G.), *Die Wörter für « Herr » im Althochdeutschen* dans *Zeitschrift für deutsche Wortforschung*, t. VII, 1905-06.

Grosse (Robert), *Römische Militärgeschichte von Gallienus bis zum Beginn der byzantinischen Themenverfassung*, Berlin, 1920.

His (Rudolf), *Todschlagsühne und Mannschaft* dans *Festgabe für K. Güterbock*, Berlin, 1910.

Jud (J.), *Zur Geschichte und Herkunft von frz. « dru »* dans *Archivum romanicum*, 1926.

Larson (L. M.), *The King's Household in England before the Conquest*, Madison, 1904.

Lécrivain (Ch.), *Les soldats privés au Bas-Empire* dans *Mélanges d'archéologie et d'histoire*, 1890.

Leicht (P. S.), *Gasindi e vassalli* dans *Rendiconti della r. Accademia naz. dei Lincei, Sc. morali*, 6e Série, t. III, 1927.

Little (A. G.), *Gesiths and thegns* dans *English historical Review*, t. IV, 1887.

Meyer-Lübke (W.), *Senyor, « Herr »* dans *Wörter und Sachen*, t. VIII, 1923.

Mirot (Léon), *Les ordonnances de Charles VII relatives à la prestation des hommages*, dans *Mémoires de la Société pour l'Histoire du droit et des institutions des anciens pays bourguignons*, fasc. 2, 1935.

Müller (Martin), *Minne und Dienst in der altfranzösichen Lyrik*, Marbourg, 1907.

Myrick (Arthur B.), *Feudal terminology in medieval religious poetry* dans *The romanic review*, t. XI, 1920.

Petot (Pierre), *La capacité testimoniale du vassal* dans *Revue historique du droit*, 1931.

Platon (G.), *L'hommage féodal comme moyen de contracter des obligations privées*, dans *Revue générale de droit*, t. XXVI, 1902.

Ramos y Loscertales, *La « devotio iberica »* dans *Anuario de Historia del derecho español*, 1924.

Richter (Elise), *Senior, Sire* dans *Wörter und Sachen*, t. XII, 1929.

Schubert (Carl), *Der Pflegesohn (nourri) im französischen Heldenepos*, Marbourg, 1906.

Seeck (Otto), *Buccellarii* dans Pauly Wissowa, *Real-Encyclopädie der classischen Altertumswissenschaft*, t. III, 1899.

Seeck (Otto), *Das deutsche Gefolgswesen auf römischem Boden* dans *Zeitschrift der Savigny Stiftung*, G. A., 1896.

WAITZ (G.), *Ueber die Anfänge der Vasallität* dans WAITZ, *Gesammelte Abhandl.*, t. I, Göttingen, 1896.
WECHSSLER (Eduard), *Frauendienst und Vasallität* dans *Zeitschrift für französische Sprache*, t. XXIV, 1902.
WECHSSLER (E.), *Das Kulturproblem des Minnesangs*, t. I, Halle, 1907.
WINDISCH, *Vassus und vassallus* dans *Berichte über die Verhandl. der k. sächs. Gesellschaft der Wissenschaften*, 1892.

§ 4. *Précaire, « bienfait », fief et alleu*

BLOCH (Marc), *Un problème d'histoire comparée : la ministérialité en France et en Allemagne* dans *Revue historique du droit*, 1928.
BONDROIT, *Les « precariae verbo regis » devant le concile de Leptinnes* dans *Revue d'histoire ecclésiastique*, 1900.
BRUNNER (H.), *Die Landschenkungen der Merowinger und Agilolfinger* dans *Forschungen zur Geschichte des d. und fr. Rechtes*, Stuttgart, 1877 (précédemment *Sitzungsber. der pr. Akad., Phil.-hist. Kl.*, 1885).
CHÉNON (E.), *Étude sur l'histoire des alleux*, 1888.
CLOTET (L.), *Le bénéfice sous les deux premières races* dans *Comptes rendus du Congrès scientifique international des catholiques*, 1891.
GIERKE (O.), *Allod* dans *Beiträge zum Wörterbuch der deutschen Rechtssprache*, Weimar, 1908.
GLADISS (D. v.), *Die Schenkungen der deutschen Könige zu privatem Eigen* dans *Deutsches Archiv für Geschichte des Mittelalters*, 1937.
KERN (H.), *Feodum, fief* dans *Mémoires Soc. Linguistique Paris*, t. II 1872.
KRAWINKEL (H.), *Feudum*, Weimar, 1938 (*Forschungen zum d. Recht*, III, 2).
KRAWINKEL (H.), *Untersuchungen zum fränkischen Benefizialrecht*, Weimar, 1936 (*Forschungen zum d. Recht*, II, 2).
JOLLIFFE (J. E. A.), *Alod and fee* dans *Cambridge historical journal*, 1937.
LESNE (Em.), *Les bénéficiers de Saint-Germain-des-Prés au temps de l'abbé Irminon* dans *Revue Mabillon*, 1922.
LESNE (Em.), *Les diverses acceptions du mot « beneficium » du VIII*ᵉ *au IX*ᵉ *siècle* dans *Revue historique du droit*, 1921.
LOT (Ferdinand), *Origine et nature du bénéfice* dans *Anuario de historia del derecho español*, 1933.
PÖSCHL (A.), *Die Entstehung des geistlichen Benefiziums* dans *Archiv. für Kathol. Kirchenrecht*, 1926.
ROTH (P.), *Geschichte des Benefizialwesens von den ältesten Zeiten bis ins zehnte Jahrhundert*, Erlangen, 1850.
SCHÄFER (D.), *Honor... im mittelalterlichen Latein* dans *Sitzungsber. der pr. Akad., Phil.-hist. Kl.*, 1921.
STUTZ (U.), *Lehen und Pfründe* dans *Zeitschrift der Savigny Stiftung, G. A.*, 1899.
WIART (René), *Le régime des terres du fisc sous le Bas-Empire. Essai sur la precaria*, 1894.

§ 5. *Le droit du fief.*
(voir aussi ACHER, p. 642)

ARBOIS DE JUBAINVILLE (d'), *Recherches sur la minorité et ses effets dans le droit féodal français* dans *Bibliothèque de l'Éc. des Chartes*, 1851 et 1852.
BELLETTE (Em.), *La succession aux fiefs dans les coutumes flamandes*, 1927.

BLUM (Edgard), *La commise féodale* dans *Tijdschrift voor Rechtsgeschiedenis*, IV, 1922-23.
ERMOLAEF, *Die Sondertstellung der Frau im französischen Lehnrecht*, Ostermundingen, 1930.
GÉNESTAL (R.), *La formation du droit d'aînesse dans la coutume de Normandie* dans *Normannia*, 1928.
GÉNESTAL (R.), *Le parage normand*, Caen, 1911 (*Biblioth. d'hist. du droit normand*, 2ᵉ Série, I, 2.)
GÉNESTAL (R.), *Études de droit privé normand. I, La tutelle*, 1930 (*Biblioth. d'hist. du droit normand*, 2ᵉ série, III).
KLATT (Kurt), *Das Heergewäte*, Heidelberg, 1908 (*Deutschrechtliche Beiträge*, t. II, fasc. 2).
MEYNIAL (E.), *Les particularités des successions féodales dans les Assises de Jérusalem* dans *Nouvelle Revue histor. de droit*, 1892.
MITTEIS (Heinrich), *Zur Geschichte der Lehnsvormundschaft* dans *Alfred Schulze Festschrift*, Weimar, 1934.
SCHULZE (H. J. F.), *Das Recht der Erstgeburt in den deutschen Fürstenhäusern und seine Bedeutung für die deutsche Staatsentwicklung*, Leipzig, 1851.
STUTZ (U.), « *Römerwergeld* » *und* « *Herrenfall* » dans *Abhandlungen der pr. Akademie, Phil.-hist. Kl.*, 1934.

§ 6. *La pluralité des seigneurs et l'hommage lige*

BAIST (G.), *Lige, liege* dans *Zeitschrift für romanische Philologie*, t. XXVIII, 1904, p. 112.
BEAUDOIN (Ad.), *Homme lige* dans *Nouvelle Revue historique de droit*, t. VII, 1883.
BLOOMFIELD, *Salic* « *Litus* » dans *Studies in honor of H. Collitz*, Baltimore, 1930.
BRÜCH (Joseph), *Zur Meyer-Lübke's Etymologischem Wörterbuch* dans *Zeitschrift für romanische Philologie*, t. XXXVIII, 1917, p. 701-702.
GANSHOF (F. L.), *Depuis quand a-t-on pu en France être vassal de plusieurs seigneurs?* dans *Mélanges Paul Fournier*, 1929 (Compte rendu W. KIENAST, *Historische Zeitschrift*, t. CXLI, 1929-1930).
PIRENNE (Henri), *Qu'est-ce qu'un homme lige?* dans *Académie royale de Belgique, Bulletin de la classe des lettres*, 1909.
PÖHLMANN (Carl), *Das ligische Lehensverhältnis*, Heidelberg, 1931.
ZEGLIN (Dorothea), *Der* « *homo ligius* » *und die französische Ministerialität*, Leipzig, 1917 (*Leipziger Historische Abhandlungen*, XXXIX).

VIII. LE RÉGIME FÉODAL COMME INSTITUTION MILITAIRE

§ 1. *Ouvrages généraux sur l'art militaire et les armées*

BALTZER (Martin), *Zur Geschichte des deutschen Kriegswesens in der Zeit von den letzten Karolingern bis auf Kaiser Friedrich II*, Leipzig, 1877.
BOUTARIC (Edgar), *Institutions militaires de la France*, 1863.
DELBRÜCK (Hans), *Geschichte der Kriegskunst im Rahmen der politischen Geschichte*, t. III, Berlin, 1907.
DELPECH (H.), *La tactique au XIIIᵉ siècle*, 2 vol., 1886.
FRAUENHOLZ (Eugen v.), *Entwicklungsgeschichte des deutschen Heerwesens*, t. I, *Das Heerwesen der germanischen Frühzeit, des Frankenreiches und des ritterlichen Zeitalters*, Munich, 1935.

KÖHLER (G.), *Entwicklung des Kriegswesens und der Kriegsführung in der Ritterzeit*, 3 vol., Breslau, 1886-1893.

OMAN (Ch.), *A history of the art of war. The middle ages from the fourth to the fourteenth century*, 2ᵉ éd., Londres, 1924.

§ 2. *Les problèmes de la cavalerie et de l'armement*

BACH (Volkmar), *Die Verteidigungswaffen in den altfranzösischen Artus- und Abenteuerromanen*, Marbourg, 1887 (*Ausg. und Abh. aus dem Gebiete der roman. Philologie* 70).

BRUNNER (Heinrich), *Der Reiterdienst und die Anfänge des Lehnwesens* dans *Forschungen zum d. und fr. Recht*, Stuttgart, 1874 (précédemment *Zeitschrift der Savigny-Stift.*, *G. A.*, VIII)

DEMAY (G.), *Le costume au moyen âge d'après les sceaux*, Paris, 1880.

GESSLER (E. A.), *Die Trutzwaffen der Karolingerzeit vom VIII. bis zum XI. Jahrhundert*, Bâle, 1908.

GIESSE (W.), *Waffen nach den provenzalischen Epen und Chroniken des XII. und XIII. Jahrhunderts* dans *Zeitschr. für roman. Philologie*, t. LII, 1932.

LEFEBVRE DES NOËTTES, *L'attelage et le cheval de selle à travers les âges*, 2 vol., 1931 (Cf. MARC BLOCH, *Les inventions médiévales*, dans *Annales d'hist. économique*, 1935).

MANGOLDT-GAUDLITZ (Hans von), *Die Reiterei in den germanischen und fränkischen Heeren bis zum Ausgang der deutschen Karolinger*, Berlin, 1922 (*Arbeiten zur d. Rechts und Verfassungsgeschichte*, IV).

ROLOFF (Gustav), *Die Umwandlung des fränkischen Heeres von Chlodwig bis Karl den Grossen* dans *Neue Jahrbücher für das klassische Altertum*, t. IX, 1902.

SANCHEZ-ALBORNOZ (Cl.), *Los Arabes y los origines del feudalismo* dans *Anuario de historia del derecho español*, 1929 ; *Les Arabes et les origines de la féodalité* dans *Revue historique de droit*, 1933.

SANCHEZ-ALBORNOZ (Cl.), *La caballeria visigoda* dans *Wirtschaft und Kultur : Festschrift zum 70. Geburtstag von A. Dopsch*, Vienne, 1938.

SCHIRLING (V.), *Die Verteidigungswaffen im altfranzösischen Epos*, Marbourg, 1887 (*Ausg. und Abh. aus dem Gebiete der roman. Philologie*, 69).

SCHWIETERING (Julius), *Zur Geschichte vom Speer und Schwert im 12. Jahrhundert* dans *Mitteilungen aus dem Museum für Hamburgische Geschichte*, N° 3 (*8. Beiheft, 2. Teil zum Jahrbuch der Hamburgischen wissenschaftlichen Anstalten*, XXIX, 1911).

STERNBERG (A.), *Die Angriffswaffen im altfranzösischen Epos*, Marbourg, 1886 (*Ausg. und Abh. aus dem Gebiete der roman. Philologie*, 48).

§ 3. *L'obligation militaire et les armées soldées*

FEHR (Hans), *Landfolge und Gerichstfolge im fränkischen Recht* dans *Festgabe für R. Sohm*, Munich, 1914.

NOYES (A. G.), *The military obligation in mediaeval England*, Columbus (Ohio), 1931.

ROSENHAGEN (Gustav), *Zur Geschichte der Reichsheerfahrt von Heinrich VI. bis Rudolf von Habsburg*, Meissen, 1885.

SCHMITTHENNER (Paul), *Lehnkriegswesen und Söldnertum im abendländischen Imperium des Mittelalters* dans *Histor. Zeitschrift*, 1934.

WEILAND (L.), *Die Reichsheerfahrt von Heinrich V. bis Heinrich VI. nach ihrer staatsrechtlichen Seite* dans *Forschungen zur d. Geschichte*, t. VII, 1867.

§ 4. *Le château*

Armitage (E. S.), *Early Norman Castles of the British Isles*, Londres, 1913 (cf. Round, *English Historical Review*, 1912, p. 544).
Coulin (Alexander), *Befestigungshoheit und Befestigungsrecht*, Leipzig, 1911.
Desmarez (G.), *Fortifications de la frontière du Hainaut et du Brabant au XIIe siècle* dans *Annales de la Soc. royale d'archéologie de Bruxelles*, 1914.
Enlart (C.), *Manuel d'archéologie française*. Deuxième partie. T. II, *Architecture militaire et navale*, 1932.
Painter (Sidney), *English castles in the middle-ages* dans *Speculum*, 1935.
Round (J. H.), *Castle-guard* dans *The archaeological journal*, LIX, 1902.
Schrader (Erich), *Das Befestigungsrecht in Deutschland*, Göttingen, 1909.
Schuchardt (C.), *Die Burg im Wandel der Geschichte*, Potsdam, 1931.
Thompson (A. Hamilton), *Military architecture in England during the middle-ages*, Oxford, 1912.

IX. Les liens de dépendance dans les classes inférieures (1)

(cf. Cl. Sanchez-Albornoz, p. 654)

Below (G. v.), *Geschichte der deutschen Landwirtschaft des Mittelalters*, Iéna, 1937.
Bloch (Marc), *Les caractères originaux de l'histoire rurale française*, 1931.
Bloch (Marc), *Les « colliberti », étude sur la formation de la classe servile* dans *Revue historique*, t. CLVII, 1928.
Bloch (Marc), *De la cour royale à la cour de Rome : le procès des serfs de Rosny-sous-Bois* dans *Studi di storia e diritto in onore di E. Besta*, Milan, 1938.
Bloch (Marc), *Liberté et servitude personnelles au moyen âge* dans *Anuario de historia del derecho español*, 1933.
Bloch (Marc), *Les transformations du servage* dans *Mélanges d'histoire du moyen âge offerts à M. F. Lot*, 1925.
Boeren (P.-C.), *Étude sur les tributaires d'église dans le comté de Flandre du IXe au XIVe siècle*, Amsterdam, 1936 (*Uitgaven van het Instituut voor middeleeuwsche Geschiedenis der... Universitet te Nijmegen*, 3).
Caro (G.), *Beiträge zur älteren deutschen Wirtschafts- und Verfassungsgeschichte*, Leipzig, 1905.
Caro (G.), *Neue Beiträge zur deutschen Wirtschafts- und Verfassungsgeschichte*, Leipzig, 1911.
Coulton (G. G.), *The medieval village*, Cambridge, 1925.
Hinojosa (E. de), *El regimen señorial y la cuestion agraria en Cataluña*, Madrid, 1905.

(1) Bibliographie sommaire, limitée par principe aux plus importants travaux relatifs aux dépendances personnelles. La bibliographie générale de la seigneurie rurale et des populations paysannes sera donnée dans un autre volume de la collection; les travaux qui traitent de la division des classes, en général, sont indiqués dans la bibliographie du deuxième tome (p. 663).

KELLER (Robert v.), *Freiheitsgarantien für Person und Eigentum im Mittelalter*, Heidelberg, 1933 (*Deutschrechtliche Beiträge*, XIV, 1).

KIELMEYER (O. A.), *Die Dorfbefreiung auf deutschem Sprachgebiet*, Bonn, 1931.

LUZZATO (G.), *I servi nelle grande proprietà ecclesiastiche italiane nei secoli IX e X*, Pise, 1910.

MINNIGERODE (H. v.), *Wachzinsrecht* dans *Vierteljahrschrift für Sozial- und Wirtschaftsgeschichte*, 1916.

PERRIN (Ch.-Edmond), *Essai sur la fortune immobilière de l'abbaye alsacienne de Marmoutier*, Strasbourg, 1935.

PERRIN (Ch.-Edmond), *Recherches sur la seigneurie rurale en Lorraine d'après les plus anciens censiers*, Strasbourg.

PETIT (A.), *Coliberti ou culverts : essai d'interprétation des textes qui les concernent* (*X^e-XIIe siècles*), Limoges, 1926.

PETIT (A.), *Coliberti ou culverts : réponse à diverses objections*, Limoges, 1930.

PETOT (P.), *L'hommage servile* dans *Revue historique du droit*, 1927 (cf. la contribution du même auteur à *Le Servage*, ci-dessous.

PETOT (P.), *La commendise personnelle* dans *Mélanges Paul Fournier*, 1929 (cf. MARC BLOCH, *Ann. d'hist. économ.*, 1931, p. 254 et suiv.).

PIRENNE (Henri), *Liberté et propriété en Flandre du VIIe au IXe siècle* dans *Bulletin Académie royale de Belgique, Cl. Lettres*, 1911.

PUIGARNAU (Jaime M. Mans), *Las clases serviles bajo la monarquia visigoda y en los estados cristianos de la reconquista española*, Barcelone, 1928.

SÉE (Henri), *Les classes rurales et le régime domanial en France au moyen âge*, 1901.

SEELIGER (G.), *Die soziale und politische Bedeutung der Grundherrschaft im früheren Mittelalter* dans *Abhandlungen der sächsischen Gesellschaft der Wissensch.*, t. XX, 1903.

SOCIÉTÉ JEAN BODIN, *Le servage*, Bruxelles, 1937 (et *Revue de l'Institut de Sociologie*, 1937).

SOCIÉTÉ JEAN BODIN, *La tenure*, Bruxelles, 1938.

THIBAULT (Fabien), *La condition des personnes en France du IXe siècle au mouvement communal* dans *Revue historique de droit*, 1933.

VACCARI (P.), *L'affrancazione dei servi della gleba nell' Emilia e nella Toscana*, Bologne, 1925 (*R. Accademia dei Lincei. Commissione per gli atti delle assemblee costituzionali*).

VANDERKINDERE, *Liberté et propriété en Flandre du IXe au XIIe siècle* dans *Bulletin Académie royale de Belgique, Cl. des Lettres*, 1906.

VERRIEST (L.), *Le servage dans le comté de Hainaut* dans *Académie royale de Belgique, Cl. des Lettres. Mémoires in-8°*, 2e Série, t. VI, 1910.

VINOGRADOFF (P.), *Villainage in England*, Oxford, 1892.

WELLER (K.), *Die freien Bauern in Schwaben* dans *Zeitschrift der Savigny Stift., G. A.*, 1934.

WITTICH (W.), *Die Frage der Freibauern* dans *Zeitschrift der Savigny Stift., G. A.*, 1934.

X. QUELQUES PAYS SANS FÉODALITÉ

§ 1. *La Sardaigne*

BESTA (E.), *La Sardegna medievale*, 2 vol., Palerme, 1909.

RASPI (R.-C.), *Le classi sociali nella Sardegna medioevale*, Cagliari, 1938.

SOLMI (A.), *Studi storici sulle istutizione della Sardegna nel medio evo*, Cagliari, 1917.

§ 2. *Les sociétés allemandes des rives de la mer du Nord*

GOSSE (J. H.), *De Friesche Hoofdeling* dans *Mededeelingen der Kl. Akademie van Wetenschappen, Afd. Letterk.*, 1933.

KÖHLER (Johannes), *Die Struktur der Dithmarscher Geschlechte*, Heide, 1915.

MARTEN (G.) et MÄCKELMANN (K.) *Dithmarschen*, Heide 1927.

SIEBS (B. E.), *Grundlagen und Aufbau der altfriesischen Verfassung*, Breslau, 1933 (*Untersuchungen zur deutschen Staats und Rechtsgeschichte*, 144).

TOME II. LES CLASSES ET LE GOUVERNEMENT DES HOMMES

NOTE POUR L'USAGE DE LA BIBLIOGRAPHIE

Les principes généraux qui ont présidé à l'établissement de cette bibliographie ont été exposés en tête de l'instrument de travail, de même nature, qui figure au tome précédent (p. 639) sous le titre : *La formation des liens de dépendance*. On a évité, à très peu d'exceptions près, de répéter ici les titres des ouvrages déjà recensés dans l'inventaire précédent, auquel le lecteur est prié de se reporter, notamment, pour toutes les études générales sur la société féodale. La liste a été arrêtée, comme la rédaction même, au mois de février 1939.

PLAN DE LA BIBLIOGRAPHIE

I. LES CLASSES EN GÉNÉRAL ET LA NOBLESSE

1. *Généralités sur l'histoire des classes et de la noblesse*

BLOCH (Marc), *Sur le passé de la noblesse française : quelques jalons de recherche* dans *Annales d'histoire économique et sociale*, 1936.

DENHOLM-YOUNG (N.), *En remontant le passé de l'aristocratie anglaise : le moyen âge* dans *Annales d'histoire économique et sociale*, 1937.
DESBROUSSES (X.), *Condition personnelle de la noblesse au moyen âge*, Bordeaux, 1901.
DU CANGE, *Des chevaliers bannerets. Des gentilshommes de nom et d'armes* (*Dissertations sur l'histoire de saint Louis*, IX et X) dans *Glossarium*, éd. Henschel, t. VII.
DUNGERN (O. v.), *Comes, liber, nobilis in Urkunden des 11. bis 13. Jahrhundert* dans *Archiv für Urkundenforschung*, 1932.
DUNGERN (O. v.), *Der Herrenstand im Mittelalter*, T. I. Papiermühle, 1908.
DUNGERN (O. v.), *Die Entstehung der Landeshoheit in Oesterreich*, Vienne, 1930.
ERNST (Viktor), *Die Entstehung des niederen Adels*, Stuttgart, 1916.
ERNST (Viktor), *Mittelfreie, ein Beitrag zur schwäbischen Standesgeschichte*, 1920.
FEHR (Hans), *Das Waffenrecht der Bauern im Mittelalter* dans *Zeitschrift der Savigny Stiftung, G. A.*, 1914 et 1917.
FICKER (Julius), *Vom Heerschilde*, Innsbruck, 1862.
FORST-BATTAGLIA (O.), *Vom Herrenstande*, Leipzig, 1916.
FRENSDORFF (F.), *Die Lehnsfähigkeit der Bürger* dans *Nachrichten der K. Gessellschaft der Wissensch. zu Göttingen, Phil.-hist. Kl.*, 1894.
GARCIA RIVES (A.), *Clases sociales en León y Castilla* (*Siglos X-XIII*) dans *Revista de Archivos*, t. XLI et XLII, 1921 et 1922.
GUILHIERMOZ (A.), *Essai sur les origines de la noblesse en France au moyen âge*, 1902.
HECK (Philipp), *Beiträge zur Geschichte der Stände im Mittelalter*, 2 vol., Halle, 1900-1905.
HECK (Ph.), *Die Standesgliederung der Sachsen im frühen Mittelalter*, Tubingue, 1927.
HECK (Ph.), *Uebersetzungsprobleme im früheren Mittelalter*, Tubingue, 1931.
LANGLOIS (Ch.-V.), *Les origines de la noblesse en France* dans *Revue de Paris*, 1904, V (à propos de GUILHIERMOZ, ci-dessus).
LA ROQUE (de), *Traité de la noblesse*, 1761.
LINTZEL (M.), *Die ständigen Ehehindernisse in Sachsen* dans *Zeitschr. der Savigny-Stiftung, G. A.*, 1932.
MARSAY (de), *De l'âge des privilèges au temps des vanités*, 1934 et *Supplément*, 1933.
MINNIGERODE (H. v.), *Ebenburt und Echtheit. Untersuchungen zur Lehre von der adeligen Heiratsebenburt vor dem 13. Jahrhundert* Heidelberg, 1932 (*Deutschrechtliche Beiträge*, VIII, 1).
NECKEL (Gustav.), *Adel und Gefolgschaft* dans *Beiträge zur Gesch. der deutschen Sprache*, t. XVLI, 1916.
NEUFBOURG (de), *Les origines de la noblesse* dans MARSAY, *Supplément*.
OTTO (Eberhard F.), *Adel und Freiheit im deutschen Staat des frühen Mittelalters*, Berlin, 1937 (1).
PLOTHO (V.), *Die Stände des deutschen Reiches im 12. Jahrhundert und ihre Fortentwicklung* dans *Vierteljahrschrift für Wappen-Siegel und Familienkunde*, t. XLV, 1917.
REID (R. R.), *Barony and Thanage* dans *English historical Review*, t. XXXV, 1920.

(1) Je n'ai pu prendre connaissance de cet ouvrage, dans certaines de ses thèses sans doute contestable, mais très riche de faits et d'idées, qu'après avoir remis à l'impression les chapitres relatifs à la noblesse.

ROUND (J. A.), « *Barons* » *and* « *knights* » *in the Great Charter* dans *Magna Carta : Commemoration essays*, Londres, 1917.
ROUND (J. A.), *Barons and peers* dans *English historical Review*, 1918.
SANTIFALLER (Leo), *Ueber die Nobiles* dans SANTIFALLER, *Das Brixner Domkapitel in seiner persönlichen Zusammensetzung*, t. I, p. 59-64, Innsbruck, 1924 (*Schleiern-Schriften*, 7).
SCHNETTLER (Otto), *Westfalens Adel und seine Führerrolle in der Geschichte*, Dortmund, 1926.
SCHNETTLER (Otto), *Westfalens alter Adel*, Dortmund, 1928.
SCHULTE (Aloys), *Der Adel und die deutsche Kirche im Mittelalter*, 2ᵉ éd., Stuttgart.
VOGT (Friedrich), *Der Bedeutungswandel des Wortes edel*, Marbourg, 1909 (*Marburger Akademische Reden*, n° 20).
WERMINGHOFF (Albert), *Ständische Probleme in der Geschichte der deutschen Kirche des Mittelalters* dans *Zeitschrift der Savigny-Stiftung, K. A.*, 1911.
WESTERBLAD (C. A.), *Baro et ses dérivés dans les langues romanes*, Upsal, 1910.

2. *L'adoubement : les textes liturgiques*

ANDRIEU (Michel), *Les ordines romani du haut moyen âge : I, Les manuscrits*. Louvain, 1931 (*Spicilegium sacrum lovaniense*, 11).
FRANZ (Ad.), *Die kirchlichen Benediktionen des Mittelalters*, 2 vol. Fribourg en B., 1909.
Benedictio ensis noviter succincti, Pontifical mayençais : ms. et éd. cf. Andrieu, p. 178 et table mot *ensis*; fac-similé MONACI, *Archivio paleografico*, t. II, n° 73.
Bénédiction de l'épée : Pontifical de Besançon : cf. Andrieu, p. 445. Éd : Martène, *De antiquis eccl. ritibus*, t. II, 1788, p. 239; FRANZ, t. II, p. 294.
Liturgie de l'adoubement : Pontifical rémois; cf. ANDRIEU, p. 112. Éd. Hittorp, *De divinis catholicae ecclesiae officiis*, 1719, col. 178; FRANZ, t. II, p. 295.
Liturgie de l'adoubement : Pontifical de Guill. Durant. Éd. J. Catalani, *Pontificale romanum*, t. I, 1738, p. 424.
Liturgie de l'adoubement : Pontifical romain. Éd. (entre autres) Catalani, t. I, p. 419.

3. *Les traités de la chevalerie*

BONIZO, *Liber de vita christiana*, éd. Perels, 1930 (*Texte zur Geschichte des römischen und kanonischen Rechts I*), VII, 28.
CHRÉTIEN DE TROYES, *Perceval le Gallois*, éd. Potvin, t. II, v. 2831 suiv.
Lancelot dans H. O. SOMMER, *The vulgate version of the Arthurian romances*, t. III, 1, p. 113-115.
DER MEISSNER, « Swer ritters name wil empfan... », dans F. H. VON DER HAGEN, *Minnesinger*, t. III, p. 107, n° 10.
NAVONE (G.), *Le rime di Folgore da San Gemignano*, Bologne, 1880, p. 45-49 (*Scelta di curiosità letterarie*, CLXXII).
L'Ordene de Chevalerie dans BARBAZAN, *Fabliaux*, 2ᵉ éd. par MÉON, t. I, 1808, pp. 59-79.
RAIMON LULL, *Libro de la orden de Caballeria*, éd. J. R. de Luanco, Barcelone, R. Academia de Buenos Letras, 1901. Traduction française dans P. ALLUT, *Étude biographique et historique sur Symphorien*

Champier, Lyon, 1859, p. 266 et suiv. Traduction anglaise, *The book of the ordre of chivalry, translated and printed by W. Caxton*, éd. Byles, 1926 (*Early English Texts Soc.*, t. CLXVIII).

4. *Travaux sur la chevalerie et l'adoubement*

BARTHÉLEMY (Anatole de), *De la qualification de chevalier* dans *Revue nobiliaire*, 1868.

ERBEN (Wilhelm), *Schwertleite und Ritterschlag : Beiträge zu einer Rechtsgeschichte der Waffen* dans *Zeitschrift für historische Waffenkunde*, t. VIII, 1918-1920.

GAUTIER (Léon), *La chevalerie*, 3e éd., S. d.

MASSMANN (Ernst Heinrich), *Schwertleite und Ritterschlag, dargestellt auf Grund der mittelhochdeutschen literarischen Quellen*, Hambourg, 1932.

PIVANO (Silvio), *Lineamenti storici e giuridici della cavalleria medioevale* dans *Memorie della r. Accad. delle scienze di Torino*, Série II, t. LV, 1905, *Scienze Morali*.

PRESTAGE (Edgar), *Chivalry : a series of studies to illustrate its historical significance and civilizing influence, by members of King's College, London*, Londres, 1928.

ROTH VON SCHRECKENSTEIN (K. H.), *Die Ritterwürde und der Ritterstand. Historisch-politische Studien über deutsch-mittelalterliche Standesverhältnisse auf dem Lande und in der Stadt*, Fribourg-en-Brisgau, 1886.

SALVEMINI (Gaetano), *La dignita cavalleresca nel Comune di Firenze*, Florence, 1896.

TREIS (K.), *Die Formalitäten des Ritterschlags in der altfranzösischen Epik*, Berlin, 1887.

5. *Les anoblissements*

ARBAUMONT (J.), *Des anoblissements en Bourgogne* dans *Revue nobiliaire*, 1866.

BARTHÉLEMY (Anatole de), *Étude sur les lettres d'anoblissement* dans *Revue nobiliaire*, 1869.

KLÜBER (J. L.), *De nobilitate codicillari* dans KLÜBER, *Kleinei uristische Bibliothek*, t. VII, Erlangen, 1793.

THOMAS (Paul), *Comment Guy de Dampierre, comte de Flandre, anoblissait les roturiers* dans *Commission histor. du Nord*, 1933; cf. P. THOMAS, *Textes historiques sur Lille et le Nord*, t. II, 1936, p. 229.

6. *La vie noble et chevaleresque*

APPEL (Carl), *Bertran von Born*, Halle, 1931.

BORMANN (Ernst), *Die Jagd in den altfranzösischen Artus-und Abenteuerromanen*, Marbourg, 1887 (*Ausg. und Abh. aus dem Gebiete der roman. Philologie*, 68).

DU CANGE, *De l'origine et de l'usage des tournois. Des armes à outrance, des joustes, de la Table Ronde, des behourds et de la quintaine* (*Dissertations sur l'histoire de saint Louis*, VI et VII) dans *Glossarium*, éd. Henschel, t. VII.

DUPIN (Henri), *La courtoisie au moyen âge* (*d'après les textes du XIIe et du XIIIe siècle*) [1931].

EHRISMANN (G.), *Die Grundlagen des ritterlichen Tugendsystems* dans *Zeitschrift für deutsches Altertum*, t. LVI, 1919.

ERDMANN (Carl), *Die Entstehung des Kreuzzugsgedankens*, Stuttgart, 1935 (*Forschungen zur Kirchen-und Geistesgeschichte*, VI).
GEORGE (Robert H.), *The contribution of Flanders to the Conquest of England* dans *Revue Belge de philologie*, 1926.
GILSON (Étienne), *L'amour courtois*, dans GILSON, *La Théologie Mystique de saint Bernard*, 1934, p. 192-215.
JANIN (R.), *Les « Francs » au service des Byzantins* dans *Échos d'Orient*, t. XXXIX, 1930.
JEANROY, Alfred, *La poésie lyrique des troubadours*. 2 vol., 1934.
CH.-V. LANGLOIS, *Un mémoire inédit de Pierre du Bois*, 1313 : *De torneamentis et justis* dans *Revue Historique*, t. XLI, 1889.
NAUMANN (Hans), *Ritterliche Standeskultur um* 1200 dans NAUMANN (H.) et MÜLLER (GUNTHER), *Höfische Kultur*, Halle, 1929 (*Deutsche Vierteljahrschrift für Literaturwissenschaft und Geistesgeschichte, Buchreihe*, t. XVII).
NAUMANN (Hans), *Der staufische Ritter*, Leipzig, 1936.
NIEDNER (Felix), *Das deutsche Turnier im XII. und XIII. Jahrhundert*, Berlin, 1881.
PAINTER (Sidney), *William Marshal, knight-errant, baron and regent of England*, Baltimore, 1933 (*The Johns Hopkins Historical Publications*).
RUST (Ernst), *Die Erziehung des Ritters in der altfranzösischen Epik*, Berlin, 1888.
SCHRADER (Werner), *Studien über das Wort « höfisch » in der mittelhochdeutschen Dichtung*, Bonn, 1935.
SCHULTE (Aloys), *Die Standesverhältnisse der Minnesänger*, dans *Zeitchrift für deutsches Altertum*, t. XXXIX, 1895.
SCHULTZ (Alwin), *Das höfische Leben zur Zeit der Minnesinger*, 2e éd., 2 vol., 1889.
SEILER (Friedrich), *Die Entwicklung der deutschen Kultur im Spiegel des deutschen Lehnworts*, II. *Von der Einführung des Christentums bis zum Beginn der neueren Zeit*, 2e éd., Halle, 1907.
WHITNEY (Maria P.), *Queen of medieval virtues : largesse* dans *Vassar Mediaeval Studies... edited by*, C. F. Fiske, New Haven, 1923.

7. *Les armoiries*

BARTHÉLEMY (A. de), *Essai sur l'origine des armoiries féodales* dans *Mém. soc. antiquaires de l'Ouest*, t. XXXV, 1870-71.
ILGEN (Th.), *Zur Entstehung und Entwicklungsgeschichte der Wappen* dans *Korrespondenzblatt des Gesamtvereins der d. Geschichts- und Altertumsvereine*, t. LXIX, 1921.
ULMENSTEIN (Chr. U. v.), *Ueber Ursprung und Entstehung des Wappenwesens* Weimar, 1935 (*Forsch. zum deutschen Recht*, I, 2.).

8. *Sergents et sergenteries*

(Pour la bibliographie allemande et française antérieure à 1925, voir GANSHOF, ci-dessous.)

BLOCH (Marc), *Un problème d'histoire comparée : la ministérialité en France et en Angleterre*, dans *Revue historique du droit*, 1928.
BLUM (E.), *De la patrimonialité des sergenteries fieffées dans l'ancienne Normandie*, dans *Revue générale de droit*, 1926.
GANSHOF (F. L.), *Étude sur les ministeriales en Flandre et en Lotha-*

ringie, dans *Mém. Acad. royale Belgique, Cl. Lettres*, in-8°, 2e série, XX, 1926.

GLADISS (D. v.), *Beiträge zur Geschichte der staufischen Ministerialität.*, *Berlin*, 1934 (*Ebering's Histor. Studien*, 249).

HAENDLE (Otto), *Die Dienstmannen Heinrichs des Löwen*, Stuttgart, 1930 (*Arbeiten zur d. Rechts- und Verfassungsgeschichte*, 8).

KIMBALL (E. G.), *Serjeanty tenure in mediaeval England*, New York, 1936 (*Yale Historical Publications, Miscellany*, XXX).

LE FOYER (Jean), *L'office héréditaire de Focarius regis Angliae*, 1931 (*Biblioth. d'histoire du droit normand*, 2e série, 4).

STENGEL (Edmund E.), *Ueber den Ursprung der Ministerialität* dans *Papsttum und Kaisertum : Forsch... P. Kehr dargebracht*, Munich, 1925.

II. L'ÉGLISE DANS LA SOCIÉTÉ FÉODALE : L'AVOUERIE

On n'a pas cru devoir énumérer ci-dessous les histoires générales de l'Église, dans son ensemble ou par pays, non plus que les travaux relatifs aux divers problèmes de l'histoire ecclésiastique proprement dite. On se bornera à rappeler tout le profit que l'historien de la société féodale trouve à consulter le grand ouvrage d'A. HAUCK, *Kirchengeschichte Deutschlands*, 5 vol., Leipzig, 1914-1920 et le beau livre de P. FOURNIER et G. LE BRAS, *Histoire des collections canoniques en Occident depuis les Fausses Décrétales jusqu'au Décret de Gratien*, 2 vol., 1931-1932.

Pour l'avouerie, voir aussi — beaucoup de travaux allemands, en particulier, distinguant mal les problèmes, d'ailleurs étroitement liés, de l'avouerie d'une part, des justices, en général, de l'autre — la section III de la présente bibliographie.

GÉNESTAL (R.), *La patrimonialité de l'archidiaconat dans la province ecclésiastique de Rouen* dans *Mélanges Paul Fournier*, 1929.

LAPRAT (R.), *Avoué* dans *Dictionnaire d'histoire et de géographie ecclésiastique*, t. V, 1931.

LESNE (Em.), *Histoire de la propriété ecclésiastique en France*, 4 vol., Lille, 1910-1938.

MERK (C. J.), *Anschauungen über die Lehre und das Leben der Kirche im altfranzösischen Heldenepos*, Halle, 1914 (*Zeitschrift für romanische Philologie*, Beiheft, 41).

OTTO (Ebehard F.), *Die Entwicklung der deutschen Kirchenvogtei im* 10. *Jahrhundert*, Berlin, 1933 (*Abhandl. zur mittleren und neueren Geschichte*, 72).

PERGAMENI (Ch.), *L'avouerie ecclésiastique belge*. Gand, 1907. Cf. BONENFANT (P.), *Notice sur le faux diplôme d'Otton Ier* dans *Bulletin Commission royale histoire*, 1936.

SENN (Félix), *L'institution des avoueries ecclésiastiques en* France, 1903. Cf. compte rendu par W. SICKEL, *Göttingische Gelehrte Anzeigen*, t. CLVI, 1904.

SENN (Félix), *L'institution des vidamies en France*, 1907.

WAAS (Ad.), *Vogtei und Bede in der deutschen Kaiserzeit*, 2 vol., Berlin, 1919-1923.

III. LES JUSTICES

AULT (W. O.), *Private Juridiction in England*. New Haven, 1923 (*Yale Historical Publications. Miscellany*, X).

BEAUDOIN (Ad.), *Étude sur les origines du régime féodal : la recomman-*

dation et la justice seigneuriale dans *Annales de l'enseignement supérieur de Grenoble*, I, 1889.

BEAUTEMPS-BEAUPRÉ, *Recherches sur les juridictions de l'Anjou et du Maine*, 1890.

CAM (Helen M.), *Suitors and Scabini* dans *Speculum*, 1935.

CHAMPEAUX (Ernest), *Nouvelles théories sur les justices du moyen âge* dans *Revue historique du droit*, 1935, p. 101-111.

ESMEIN (Ad.), *Quelques renseignements sur l'origine des juridictions privées* dans *Mélanges d'archéologie et d'histoire*, 1886.

FERRAND (N.), *Origines des justices féodales* dans *Le Moyen Age*, 1921.

FRÉVILLE (R. de), *L'organisation judiciaire en Normandie aux XIIe et XIIIe siècles* dans *Nouv. Revue historique de droit*, 1912.

GANSHOF (François L.), *Notes sur la compétence des cours féodales en France* dans *Mélanges d'histoire offerts à Henri Pirenne*, 1926.

GANSHOF (F.-L.), *Contribution à l'étude des origines des cours féodales en France* dans *Revue historique de droit*, 1928.

GANSHOF (F.-L.), *La juridiction du seigneur sur son vassal à l'époque carolingienne* dans *Revue de l'Université de Bruxelles*, t. XXVIII, 1921-22.

GANSHOF (F.-L.), *Recherches sur les tribunaux de châtellenie en Flandre, avant le milieu du XIIIe siècle*, 1932 (*Universiteit te Gent, Werken uitgg. door de Faculteit der Wijsbegeerte en Letteren*, 68).

GANSHOF (F.-L.), *Die Rechtssprechung des gräflichen Hofgerichtes in Flandern* dans *Zeitschrift der Savigny Stiftung*, G. A., 1938.

GARAUD (Marcel), *Essai sur les institutions judiciaires du Poitou sous le gouvernement des comtes indépendants* : 902-1137, Poitiers, 1910.

GARCIA DE DIEGO (Vicenze), *Historia judicial de Aragon en los siglos VIII al XII* dans *Anuario de historia del derecho español*, t. XI, 1934.

GLITSCH (Heinrich), *Der alamannische Zentenar und sein Gericht* dans *Berichte über die Verhandlungen der k. sächsischen Ges. der Wissenschaften, Phil-histor. Kl.*, t. LXIX, 1917.

GLITSCH (H.), *Untersuchungen zur mittelalterlichen Vogtgerichtsbarkeit*, Bonn, 1912.

HALPHEN (L.), *Les institutions judiciaires en France au XIe siècle : région angevine* dans *Revue historique*, t. LXXVII, 1901.

HALPHEN (L.), *Prévôts et voyers au XIe siècle; région angevine* dans *Le Moyen Age*, 1902.

HIRSCH (Hans), *Die hohe Gerichtsbarkeit im deutschen Mittelalter*, Prague, 1922.

HIRSCH (Hans), *Die Klosterimmunität seit dem Investiturstreit*, Weimar, 1913.

KROELL (Maurice), *L'immunité franque*, 1910.

LOT (Ferdinand), *La « vicaria » et le « vicarius »* dans *Nouvelle Revue historique de droit*, 1893.

MASSIET DU BIEST (J.), *A propos des plaids généraux* dans *Revue du Nord*, 1923.

MORRIS (W.-A.), *The frankpledge system*, New York, 1910 *Harvard Historical Studies*, XIV).

PERRIN (Ch.-Edmond), *Sur le sens du mot « centena » dans les chartes lorraines du moyen âge* dans *Bulletin Du Cange*, t. V, 1929-30.

SALVIOLI (Giuseppe), *L'immunità et le giustizie delle chiese in Italia* dans *Atti e memorie delle R. R. Deputazioni di Storia Patria per le provincie Modenesi e Parmesi*, Série III, vol. V et VI, 1888-1890.

SALVIOLI (G.), *Storia della procedura civile e criminale*, Milan, 1925 (*Storia del diritto italiano pubblicata sotto la direzione di* PASQUALE DEL GIUDICE, vol. III, *Parte prima*).

STENGEL (Edmund E.), *Die Immunität in Deutschland bis zum Ende des 11. Jahrhunderts. Teil I, Diplomatik der deutschen Immunitäts-Privilegien*, Innsbruck, 1910.

THIRION (Paul), *Les échevinages ruraux aux XIIe et XIIIe siècles dans les possessions des églises de Reims* dans *Études d'histoire du moyen âge dédiées à G. Monod*, 1896.

IV. LE MOUVEMENT DES PAIX

ERDMANN (C.), *Zur Ueberlieferung der Gottesfrieden-Konzilien* dans ERDMANN, *op. cit.* (p. 667).

GÖRRIS (G.-C.-W.), *De denkbeelden over oorlog en de bemoeeiingen voor vrede in de elfde eeuw* (Les idées sur la guerre et les efforts en faveur de la paix au XIe siècle). Nimègue, 1912 (Diss. Leyde).

HERTZBERG-FRANKEL (S.), *Die ältesten Land-und Gottesfrieden in Deutschland* dans *Forschungen zur deutschen Geschichte*, t. XXIII, 1883.

HUBERTI (Ludwig), *Studien zur Rechtsgeschichte der Gottesfrieden und Landesfrieden : I, Die Friedensordnungen in Frankreich*, Ansbach, 1892.

KLUCKHOHN (A.), *Geschichte des Gottesfriedens*, Leipzig, 1857.

MANTEYER (G. de), *Les origines de la maison de Savoie... La paix en Viennois* (*Anse, 17? juin 1025*) dans *Bulletin de la Soc. de statistique de l'Isère*, 4e série, t. VII, 1904.

MOLINIÉ (Georges), *L'organisation judiciaire, militaire et financière des associations de la paix : étude sur la Paix et la Trêve de Dieu dans le Midi et le Centre de la France*, Toulouse, 1912.

PRENTOUT (H.), *La trêve de Dieu en Normandie* dans *Mémoires de l'Acad. de Caen*, Nouv. Série, t. VI, 1931.

QUIDDE (L.), *Histoire de la paix publique en Allemagne au moyen âge*, 1929.

SCHNELBÖGL (Wolfgang), *Die innere Entwicklung des bayerischen Landfriedens des 13. Jahrhunderts*, Heidelberg, 1932 (*Deutschrechtliche Beiträge*, XIII, 2).

SÉMICHON (E.), *La Paix et la Trêve de Dieu*, 2e éd., 2 vol. 1869.

YVER (J.), *L'interdiction de la guerre privée dans le très ancien droit normand* (*Extrait des travaux de la semaine d'histoire du droit normand...* mai 1927) 1928.

WOHLHAUPTER (Eugen), *Studien zur Rechtsgeschichte der Gottes-und Landfrieden in Spanien*, Heidelberg, 1933 (*Deutschrechtliche Beiträge* XIV, 2).

V. L'INSTITUTION MONARCHIQUE (1)

BECKER (Franz), *Das Königtum des Nachfolgers im deutschen Reich des Mittelalters*, 1913 (*Quellen und Studien zur Verfassung des d. Reiches*, V, 3).

BLOCH (Marc), *L'Empire et l'idée d'Empire sous les Hohenstaufen*, dans *Revue des Cours et Conférences*, t. XXX, 2, 1928-1929.

BLOCH (Marc), *Les rois thaumaturges : étude sur le caractère surnaturel*

(1) Les bibliographies relatives aux institutions politiques des divers États ayant été données ou devant l'être dans d'autres volumes de la collection, on a cru pouvoir se borner ici aux travaux relatifs à la conception de la monarchie, en général, ou aux plus importants problèmes du droit monarchique.

attribué à la puissance royale, particulièrement en France et en Angleterre, Strasbourg, 1924 (*Biblioth. de la Faculté des Lettres de l'Univ. de Strasbourg*, XIX).
EULER (A.), *Das Königtum im altfranzösischen Karls-Epos*. Marbourg, 1886 (*Ausgaben und Abhandl. aus dem Gebiete der romanischen Philologie*, 65).
KAMPERS (Fr.), *Rex und sacerdos* dans *Histor. Jahrbuch*, 1925.
KAMPERS, *Vom Werdegang der abendländischen Kaisermystik*, Leipzig, 1924.
KERN (Fritz), *Gottesgnadentum und Widerstandsrecht im früheren Mittelalter*, Leipzig, 1914.
HALPHEN (Louis), *La place de la royauté dans le système féodal* dans *Revue historique*, t. CLXXII, 1933.
MITTEIS (Heinrich), *Die deutsche Königswahl : ihre Rechtsgrundlagen bis zur Goldenen Bulle*, Baden bei Wien [1938].
NAUMANN (Hans), *Die magische Seite des altgermanischen Königtums und ihr Fortwirken* dans *Wirtschaft und Kultur. Festschrift zum 70. Geburtstag von A. Dopsch*, Vienne, 1938.
PERELS (Ernst), *Der Erbreichsplan Heinrichs VI*. Berlin, 1927.
ROSENSTOCK (Eugen), *Königshaus und Stämme in Deutschland zwischen 911 und 950*, Leipzig, 1914.
SCHRAMM (Percy E.), *Die deutschen Kaiser und Könige in Bildern ihrer Zeit*, I, 751-1152, 2 vol., Leipzig, 1928 (*Veröffentlichungen der Forschungsinstitute an der Univ. Leipzig, Institut für Kultur-und Universalgesch.*, I).
SCHRAMM (P.-E.), *Geschichte des englischen Königtums im Lichte der Krönung*, Weimar, 1937. Traduction anglaise : *A history of the English coronation* (avec bibliographie générale du sacre, en Europe).
SCHRAMM (P. E.), *Kaiser, Rom und Renovatio*, 2 vol. Leipzig, 1929 (*Studien der Bibliothek Warburg*, XVII).
SCHULTE (Aloys), *Anläufe zu einer festen Residenz der deutschen Könige im Mittelalter* dans *Historisches Jahrbuch*, 1935.
SCHULTZE (Albert), *Kaiserpolitik und Einheitsgedanken in den Karolingischen Nachfolgestaaten (876-962)*, Berlin, 1926.
VIOLLET (Paul), *La question de la légitimité à l'avènement de Hugues Capet* dans *Mém. Académie Inscriptions*, t. XXXIV, 1, 1892.

VI. LES POUVOIRS TERRITORIAUX

VACCARI (Pietro), *Dall' unità romana al particolarismo giuridico del Medio evo*, Pavie, 1936.
FICKER (J.) et PUNTSCHART (P.), *Vom Reichsfürstenstande*, 4 vol. Innsbruck, Graz et Leipzig, 1861-1923.
HALBEDEL (A.), *Die Pfalzgrafen und ihr Amt : ein Ueberblick* dans HALBEDEL, *Fränkische Studien*, Berlin, 1915 (*Ebering's Histor. Studien*, 132).
LÄWEN (Gerhard), *Stammesherzog und Stammesherzogtum*. Berlin, 1935.
LINTZEL (Martin), *Der Ursprung der deutschen Pfalzgrafschaften* dans *Zeitschrift der Savigny Stiftung, G. A.*, 1929.
PARISOT (Robert), *Les origines de la Haute-Lorraine et sa première maison ducale*, 1908.
ROSENSTOCK (Eugen), *Herzogsgewalt und Friedensschutz : deutsche Provinzialversammlungen des 9-12. Jahrhunderts*, Breslau, 1910 (*Untersuchungen zur deutschen Staats-und Rechtsgeschichte*, H., 104).

SCHMIDT (Günther), *Das würzburgische Herzogtum und die Grafen und Herren von Ostfranken vom 11. bis zum 17. Jahrhundert*, Weimar, 1913 (*Quellen und Studien zur Verfassungsgeschichte des deutschen Reiches*, V, 2).

WERNEBURG (Rudolf), *Gau, Grafschaft und Herrschaft in Sachsen bis zum Uebergang in das Landesfürstentum Hannover*, 1910 (*Forschungen zur Geschichte Niedersachsens*, III, 1).

LAPSLEY (G. Th.), *The county palatine of Durham*, Cambridge, Mass., 1924 (*Harvard Historical Studies*, VIII).

ARBOIS DE JUBAINVILLE (d'), *Histoire des ducs et comtes de Champagne*, 7 vol., 1859-1866.

AUZIAS (Léonce), *L'Aquitaine carolingienne* (778-897), 1937.

BARTHÉLEMY (Anatole de), *Les origines de la maison de France*, dans *Revue des questions historiques*, t. XIII, 1873.

BOUSSARD (J.), *Le comté d'Anjou sous Henri Plantagenet et ses fils* (1151-1204), 1938 (*Biblioth. Éc. Hautes-Études, Sc. histor.* 271).

CHARTROU (Josèphe), *L'Anjou de 1109* à *1151*, 1928.

CHAUME (M.), *Les origines du duché de Bourbogne*, 2 vol., Dijon, 1925-31.

FAZY (Max.), *Les origines du Bourbonnais*, 2 vol., Moulins, 1924.

GROSDIDIER DE MATONS (M.), *Le comté de Bar des origines au traité de Bruges* (vers 750-1301), Bar-le-Duc, 1922.

HALPHEN (Louis), *Le comté d'Anjou au XIe siècle*, 1906.

JAURGAIN (J. de), *La Vasconie*, 2 vol., Pau, 1898.

JEULIN (Paul), *L'hommage de le Bretagne en droit et dans les faits* dans *Annales de Bretagne*, 1934.

LA BORDERIE (A. LE MOYNE de), *Histoire de Bretagne*, t. II et III, 1898-99.

LATOUCHE (Robert), *Histoire du comté du Maine*, 1910 (*Biblioth. Éc. Hautes Études, Sc. histor.*, 183).

LEX (Léonce), *Eudes, comte de Blois...* (995-1007) *et Thibaud, son frère* (995-1004), Troyes, 1892.

LOT (Ferdinand), *Fidèles ou vassaux?*, 1904.

POWICKE (F. M.), *The loss of Normandy* (1189-1204), 1913 (*Publications of the University of Manchester, Historical Series*, XVI).

SPROEMBERG (Heinrich), *Die Entstehung der Grafschaft Flandern. Teil I : die ursprüngliche Grafschaft Flandern* (864-892), Berlin, 1935, Cf. F. L. GANSHOF, *Les origines du comté de Flandre*, dans *Revue belge de philologie*, 1937.

VALIN (L.), *Le duc de Normandie et sa cour*, 1909.

VALLS-TABERNER (F.), *La cour comtale barcelonaise*, dans *Revue historique du droit*, 1935.

Les Bouches du Rhône, Encyclopédie départementale. Première partie, t. II. *Antiquité et moyen âge*, 1924.

KIENER (Fritz), *Verfassungsgeschichte der Provence seit der Ostgothenherrschaf bis zur Errichtung der Konsulate* (510-1200), Leipzig, 1900.

MANTEYER (G.), *La Provence du Ier au XIIe siècle*, 1908.

PREVITÉ-ORTON (C. W.), *The early history of the House of Savoy* (1000-1223), Cambridge, 1912.

TOURNADRE (Guy de), *Histoire du comté de Forcalquier* (XIIe siècle), [1930].

GRIMALDI (Natale), *La contessa Matilde e la sua stirpe feudale*, Florence, [1928].

HOFMEISTER (Adolf), *Markgrafen und Markgrafschaften im italienischen Königreich in der Zeit von Karl dem Grossen bis auf Otto den Grossen* (774-962) dans *Mitteilungen des Instituts für œsterreichische Geschichtsforschung*, VII, *Ergänzungsband*, 1906.

VII. LES NATIONALITÉS

CHAUME (M.), *Le sentiment national bourguignon de Gondebaud à Charles le Téméraire* dans *Mém. Acad. Sciences Dijon*, 1922.
COULTON (G. G.), *Nationalism in the middle ages* dans *The Cambridge Historical Journal*, 1935.
HUGELMANN (K. G.), *Die deutsche Nation und der deutsche Nationalstaat im Mittelalter* dans *Histor. Jahrbuch*, 1931.
KURTH (G.), *Francia et Francus* dans *Études franques*, 1919, t. I.
MONOD (G.), *Du rôle de l'opposition des races et des nationalités dans la dissolution de l'Empire carolingien* dans *Annuaire de l'Éc. des Hautes Études*, 1896.
REMPPIS (Max), *Die Vorstellungen von Deutschland im altfranzösischen Heldenepos und Roman und ihre Quellen*, Halle, 1911 (*Beihefte zur Zeitschrift für roman. Philologie*, 234).
SCHULTHEISS (Franz Guntram), *Geschichte des deutschen Nationalgefühls*, t. I, Munich, 1893.
VIGENER (Fritz), *Bezeichnungen für Volk und Land der Deutschen vom 10. bis zum 13. Jahrhundert*, Heidelberg, 1901.
ZIMMERMAN (K. L.), *Die Beurteilung der Deutschen in der französischen Literatur des Mittelalters mit besonderer Berücksichtigung der Chansons de geste* dans *Romanische Forschungen*, t. XIX, 1911.

VIII. LA FÉODALITÉ DANS L'HISTOIRE COMPARÉE

HINTZE (O.), *Wesen und Verbreitung des Feudalismus* dans *Sitzungsber. der preussischen Akad., Phil.-histor. Kl.*, 1929.
DÖLGER (F.), *Die Frage des Grundeigentums in Byzanz* dans *Bulletin of the international commission of historical sciences*, t. V, 1933.
OSTROGORSKY (Georg), *Die wirtschaftlichen und sozialen Entwicklungsgrundlagen des byzantinischen Reiches* dans *Vierteljahrschrift für Sozial- und Wirtschaftsgeschichte*, 1929.
STEIN (Ernst), *Untersuchungen zur spätbyzantinischen Verfassungs- und Wirtschaftsgeschichte* dans *Mitteilungen zur osmanischen Geschichte*, t. II, 1923-25.
THURNEYSSEN (R.), *Das unfreie Lehen* dans *Zeitschrift für keltische Philologie*, 1923; *Das freie Lehen*, *ibid.*, 1924.
FRANKE (O.), *Feudalism : Chinese* dans *Encyclopaedia of the social sciences*, t. VI, 1931.
FRANKE (O.), *Zur Beurteilung des chinesischen Lehnwesens* dans *Sitzungsber. der preussischen Akad., Phil.-histor. Kl.*, 1927.
ERSLEV (Kr.), *Europaeisk Feudalisme og dansk Lensvaesen* dans *Historisk Tidsskrift*, Copenhague, 7e série, t. II, 1899.
BECKER (C. H.), *Steuerpacht und Lehnwesen : eine historische Studie über die Enstehung des islamischen Lehnwesens* dans *Islam*, t. V, 1914.
BELIN, *Du régime des fiefs militaires dans l'Islamisme et principalement en Turquie* dans *Journal Asiatique*, 6e série, t. XV, 1870.
LYBYER (A. H.), *Feudalism : Sarracen and Ottoman* dans *Encyclopaedia of the social sciences*, t. VI, 1931.
ASAKAWA (K.), *The documents of Iriki illustrative of the development of the feudal institutions of Japan*, New Haven, 1929 (*Yale Historical Publ., Manuscripts and edited texts, X*). Avec une importante introduction.
ASAKAWA (K.), *The origin of feudal land-tenure in Japan* dans *American Historical Review*, XXX, 1915.

ASAKAWA (K.), *The early sho and the early manor : a comparative study* dans *Journal of economic and business history*, t. I, 1929.

FUKUDA (Tokusa), *Die gesellschaftliche und wirtschaftliche Entwickelung in Japan*, Stuttgart, 1900 (*Münchner volkswirtschaftliche Studien*, 42).

RUFFINI AVONDO (Ed.), *Il feudalismo giapponese visto da un giurista europeo* dans *Rivista di storia del diritto italiano*, t. III, 1930.

SANSOM (J. B.), *Le Japon : histoire de la civilisation japonaise*, 1938.

UYEHARA (Senroku), *Gefolgschaft und Vasallität im fränkischen Reiche und in Japan* dans *Wirtschaft und Kultur. Festschrift zum 70. Geburstag von A. Dopsch* , Vienne, 1938.

LÉVI (Sylvain), *Le Népal*, 2 vol., 1905 (*Annales du Musée Guimet, Bibliothèque*, t. XVII et XVIII).

HÖTZCH (C. V.), *Adel und Lehnwesen in Russland und Polen* dans *Historische Zeitschrift*, 1912.

WOJCIECHOWSKI (Z.), *La condition des nobles et le problème de la féodalité en Pologne au moyen âge* dans *Revue historique du droit*, 1936 et 1937 (avec bibliographie).

ECK (Al.), *Le moyen âge russe*, 1933.

Index

C

I

J

M

N

S

T

U

V

Table des matières

Livre deuxième

Les conditions de vie et l'atmosphère mentale

DEUXIÈME PARTIE

LES LIENS D'HOMME A HOMME

Livre premier

Les liens du sang

Livre deuxième

La vassalité et le fief

Livre troisième

Les liens de dépendance dans les classes inférieures

TOME II

LES CLASSES ET LE GOUVERNEMENT DES HOMMES

Livre premier

Les classes

Livre deuxième

Le gouvernement des hommes

Livre troisième

La féodalité comme type social et son action

DU MÊME AUTEUR

Rois et Serfs : un chapitre d'histoire capétienne, Megariots Reprints, 1920.

Mélanges historiques, Paris, E.H.E.S.S., 2 vol., 1963.

Seigneurie française et manoir anglais, Paris, Armand Colin, 1967.

Souvenirs de guerre, 1914-1915, Paris, Armand Colin, 1969.

Les Rois thaumaturges, Paris, Gallimard, 1983.

Les Caractères originaux de l'histoire rurale française, Paris, Armand Colin, 1988 (dernière édition).

L'Étrange Défaite, Paris, Gallimard-Folio, 1990.

Apologie pour l'histoire ou le métier d'historien, Paris, Armand Colin, 1993 (dernière édition).

Édition exclusivement réservée aux adhérents du Club
Le Grand Livre du Mois
15, rue des Sablons
75116 Paris
réalisée avec l'autorisation des Éditions Albin Michel

L'impression a été effectuée
par Normandie Roto Impression s.a. à Lonrai (61250)

N° d'impression : 982033
Dépôt légal : août 1998